StGB

Schweizerisches Strafgesetzbuch

D1666403

StGB
Schweizerisches Strafgesetzbuch

Mit den zugehörigen Verordnungen

Herausgegeben und kommentiert
von Dr. Jörg Rehberg,
Professor an der Universität Zürich

Dreizehnte, überarbeitete Auflage 1995
Studienausgabe
© 1995 Orell Füssli Verlag
Umschlaggestaltung: Andreas Zollinger
Printed in Germany
ISBN 3 280 02345 9

Vorwort zur Ausgabe 1995

Die Studienausgabe des Schweizerischen Strafgesetzbuches (an der mein Kollege Robert Hauser aus gesundheitlichen Gründen leider nicht mehr mitarbeiten kann) erschien erstmals im Frühjahr 1993. Seither sind nicht weniger als vier Revisionen dieses Gesetzes in Kraft getreten, nämlich:

a) am 1. Juli 1993 das Bundesgesetz vom 19. Juni 1992, womit in Art. 351bis–351septies sowie Art. 363bis Bestimmungen über die Amtshilfe im Bereich der Polizei und die Bekanntgabe hängiger Strafuntersuchungen eingefügt wurden;

b) am 1. August 1994 das Bundesgesetz vom 18. März 1994: Revision des Einziehungsrechts (Art. 58–60), neue Strafnorm «Kriminelle Organisation» (Art. 260ter), Einführung des Melderechts des Financiers (Art. 305ter Abs. 2).

c) am 1. Januar 1995 (nach Annahme in der Volksabstimmung vom 25. September 1994) das Bundesgesetz vom 18. Juni 1993, welches den Tatbestand der Rassendiskriminierung (Art. 261bis) in das StGB einfügte;

d) am 1. Januar 1995 das Bundesgesetz vom 17. Juni 1994 mit einer Revision der strafbaren Handlungen gegen das Vermögen (Art. 137–172ter) und der Urkundenfälschung (Art. 110 Ziff. 5, 251, 252, 317). Weiter wurden dabei eingefügt bzw. geändert die Art. 70 Abs. 3, 128bis, 258, 314, 326, 326ter, 326quater und 327.

Besonders diese letzte Revision ist von großer Tragweite, wurden doch im Vermögensstrafrecht einerseits ganz neue Tatbestände geschaffen (insbesondere die sog. Computerdelikte), andererseits erfuhren die traditionellen Delikte dieser Art teilweise erhebliche Änderungen in ihrem Inhalt und ihrer systematischen Einordnung ins Gesetz; so erscheinen eine Reihe von Bestimmungen unter anderen als den altvertrauten Artikelnummern. Unter diesen Umständen drängte es sich auf, die Studienausgabe neu aufzulegen.

Der Band enthält den aktuellen Gesetzestext sowie erläuternde Bemerkungen zu den einzelnen Bestimmungen, insbesondere Hinweise auf die einschlägige Gerichtspraxis, bei welcher die bis Mitte Dezember 1994 publizierten Entscheide berücksichtigt werden konnten. Angemerkt sei, daß ich mich auch bei kommentarloser Wiedergabe der in den Urteilen vertretenen Auffassungen nicht notwendigerweise mit diesen identifiziere. Um Umfang und Kosten der Studienausgabe möglichst niedrig zu halten, sehe ich dagegen von Literaturangaben ab. Gleiches gilt für die bisherigen Anhänge IV und V (Bundesstrafrechtspflege, Europäische Menschenrechtskonvention). Andererseits findet der Leser als Anhang IV neu den Text des Konkordates über die Rechtshilfe und die interkantonale Zusammenarbeit in Strafsachen vom 5. November 1992, das am 2. November 1993 in Kraft trat und welches die von Art. 352 und 353 StGB vorgeschriebene Rechtshilfe zwischen den Kantonen erweitert.

Meine Mitarbeiterinnen und Mitarbeiter Dr. Philipp Maier, lic. iur. Ruth Wallimann und lic. iur. Eva Weishaupt haben mich bei der Sichtung der Judikatur und der Erstellung des Sachregisters tatkräftig unterstützt, wofür ich ihnen sehr dankbar bin.

Ich hoffe, Studierenden wie auch Praktikerinnen und Praktikern des Strafrechts mit der Neuauflage der Studienausgabe ein nützliches Hilfsmittel an die Hand zu geben, bin aber über Hinweise auf Fehler, Kritik und Anregungen jederzeit froh.

PS: Jetzt gibt es im Orell Füssli Verlag den **Navigator für Juristen** auf CD-Rom, ein professionelles Volltextsuchsystem, welches innerhalb der Bundesgerichtsentscheide (1960 bis 1993) und aktuellen Gesetzestexten, BV, ZGB, OR, SVG, StGB, SchKG, KG, UWG, PüG, gezieltes Suchen nebst anderen Funktionen ermöglicht.

8032 Zürich, im Dezember 1994
Wilfriedstraße 6   Jörg Rehberg

Abkürzungen

AHVG	BG über die Alters- und Hinterbliebenenversicherung vom 20. Dezember 1946 (SR 831.10)
ANAG	BG über Aufenthalt und Niederlassung der Ausländer vom 26. März 1931 (SR 142.20)
AS	Amtliche Sammlung der Bundesgesetze, zitiert nach Band- und Seitenzahl
BankG	BG über die Banken und Sparkassen vom 8. November 1934 (SR 952.0)
BBl	Bundesblatt, zitiert nach Jahrgang und Seitenzahl
BetMG	BG über die Betäubungsmittel vom 3. Oktober 1951 (SR 812.121)
BG	Bundesgesetz
BGE	Amtliche Sammlung der Entscheidungen des Bundesgerichts, zitiert nach Bandzahl, Teil und Seitenzahl
BJM	Basler Juristische Mitteilungen, zitiert nach Jahrgang und Seitenzahl
BStP	BG über die Bundesstrafrechtspflege vom 15. Juni 1934 (SR 312.0)
BV	Bundesverfassung (SR 101)
DSG	Bundesgesetz über den Datenschutz vom 19. Juni 1992 (SR 235.1)
EG	Einführungsgesetz
EMRK	Konvention zum Schutze der Menschenrechte und Grundfreiheiten vom 4. November 1950 (SR 0.101)
Erw	Erwägung
EuGRZ	Europäische Grundrechte Zeitschrift, zitiert nach Jahrgang und Seitenzahl
FMG	Fernmeldegesetz vom 21. Juni 1991 (SR 784.10)
IRSG	BG über internationale Rechtshilfe in Strafsachen (Rechtshilfegesetz) vom 20. März 1981 (SR 351.1)
JdT	Journal des Tribunaux, zitiert nach Jahrgang und Seitenzahl
Krim	Kriminalistik, Zeitschrift für die gesamte kriminalistische Wissenschaft und Praxis, zitiert nach Jahrgang und Seitenzahl

KUVG	BG über die Krankenversicherung vom 13. Juni 1911 (SR 832.01)
leg. cit.	legis citatae (des zitierten Gesetzes)
LMG	BG betr. den Verkehr mit Lebensmitteln und Gebrauchsgegenständen vom 8. Dezember 1905 (SR 817.0)
LMV	Verordnung über Lebensmittel und Gebrauchs-gegenstände vom 26. Mai 1936 (SR 817.02)
MKGE	Entscheidungen des Militärkassationsgerichts, zitiert nach Band und Nummer des Entscheides
MStG	Militärstrafgesetz vom 13. Juni 1927 (SR 321.0)
MStP	Militärstrafprozeß vom 23. März 1979 (SR 322.1)
OG	BG über die Organisation der Bundesrechtspflege vom 16. Dezember 1943 (SR 173.110)
OHG	BG über die Hilfe der Opfer von Straftaten vom 4. Oktober 1991 (SR 312.5)
OR	Obligationenrecht vom 30. März 1911 (SR 220)
PKG	Die Praxis des Kantonsgerichtes von Graubünden, zitiert nach Jahrgang und Nummer des Entscheides
Pr	Die Praxis des Bundesgerichts, zitiert nach Band und Nummer des Entscheides
PVG	Postverkehrsgesetz vom 2. Oktober 1924 (SR 783.0)
recht	recht, Zeitschrift für juristische Ausbildung und Praxis, zitiert nach Jahrgang und Seitenzahl
RS	Rechtsprechung in Strafsachen, mitgeteilt durch die Schweizerische Kriminalistische Gesellschaft, zitiert nach Jahrgang und Nummer des Entscheides
SchKG	BG über Schuldbetreibung und Konkurs vom 11. April 1889 (SR 281.1)
Sem	Semaine judiciaire, zitiert nach Jahrgang und Seitenzahl
SJK	Schweizerische Juristische Kartothek
SJZ	Schweizerische Juristenzeitung, zitiert nach Band, Jahrgang und Seitenzahl
SR	Systematische Sammlung des Bundesrechts
StGB	Schweizerisches Strafgesetzbuch vom 21. Dezember 1937 (SR 311.0)
StPO	Strafprozeßordnung
StVS	Der Strafvollzug in der Schweiz, Vierteljahresschrift, zitiert nach Jahrgang, Heft und Seitenzahl

SVG	Straßenverkehrsgesetz vom 19. Dezember 1958 (SR 741.01)
UVG	BG über die Unfallversicherung vom 20. März 1981 (SR 832.20)
UWG	BG über den unlauteren Wettbewerb vom 19. Dezember 1986 (SR 241)
VEB	Verwaltungsentscheide der Bundesbehörden (seit 1964 VPB = Verwaltungspraxis der Bundesbehörden)
VO	Verordnung
VPB	Verwaltungspraxis der Bundesbehörden, zitiert nach Jahrgang und Nummer des Entscheides
VStGB1	Verordnung (1) zum Schweizerischen Strafgesetzbuch vom 13. 11. 1973 (SR 311.01), abgedruckt in Anhang I
VStGB2	Verordnung (2) zum Schweizerischen Strafgesetzbuch vom 6. Dezember 1982 (SR 311.02), abgedruckt in Anhang II
VStGB3	Verordnung (3) zum Schweizerischen Strafgesetzbuch vom 16. Dezember 1985 (SR 311.03), abgedruckt in Anhang III
VStrR	BG über das Verwaltungsstrafrecht vom 22. März 1974 (SR 313.0)
VwVG	BG über das Verwaltungsverfahren vom 20. Dezember 1968 (SR 172.021)
ZBJV	Zeitschrift des Bernischen Juristenvereins, zitiert nach Band, Jahrgang und Seitenzahl
ZBl	Schweizerisches Zentralblatt für Staats- und Gemeindeverwaltung, zitiert nach Band, Jahrgang und Seitenzahl
ZGB	Schweizerisches Zivilgesetzbuch vom 10. Dezember 1907 (SR 210)
ZPO	Zivilprozeßordnung
ZR	Blätter für Zürcherische Rechtsprechung, zitiert nach Band und Nummer des Entscheides
ZSR	Zeitschrift für Schweizerisches Recht, zitiert nach Jahrgang, Band und Seitenzahl
ZStrR	Schweizerische Zeitschrift für Strafrecht, zitiert nach Band, Jahrgang und Seitenzahl

Inhaltsverzeichnis

3. Titel   Strafen, sichernde und andere Maßnahmen

Erster Abschnitt. Die einzelnen Strafen und Maßnahmen

Zweites Buch
Besondere Bestimmungen

3. Titel   Strafbare Handlungen gegen die Ehre und den Geheim- oder Privatbereich

Drittes Buch
Einführung und Anwendung des Gesetzes

4. Titel^{bis} Mitteilung bei strafbaren Handlungen
gegenüber Unmündigen

5. Titel Strafregister   *359–364*

Erstes Buch
Allgemeine Bestimmungen

Erster Teil
Verbrechen und Vergehen

Erster Titel
Der Bereich des Strafgesetzes

1. Keine Strafe ohne Gesetz

Strafbar ist nur, wer eine Tat begeht, die das Gesetz ausdrück- **1**
lich mit Strafe bedroht.

Zu Art. 1–110: Die *Anwendung* der Bestimmungen auf andere Bundesgesetze (Nebenstrafgesetze) ergibt sich aus Art. 333 Abs. 1. Vgl. auch SVG Art. 102. Werden die Allgemeinen Bestimmungen des StGB auf das den Kantonen vorbehaltene Strafrecht (Art. 335) für anwendbar erklärt, so gelten sie als Ersatzrecht, das keiner Überprüfung mittels der eidgenössischen Nichtigkeitsbeschwerde untersteht: BGE 96 I 28, 97 IV 69. Das StGB bezieht sich auf die Täterschaft der *natürlichen Personen:* BGE 101 Ia Erw. 4, 105 IV 175 Erw. 3. Eine Ausnahme gilt für *juristische Personen* nur dort, wo dies ausdrücklich vorgeschrieben ist, z. B. VStrR Art. 7, UWG Art. 26 und andere Nebengesetze. Zur Haftung des Geschäftsherrn oder Vorgesetzten VStrR Art. 6, UWG Art. 20 und andere Nebengesetze, dazu ZStrR 92 (1976) 370, ZStR 96 (1979) 90, 97 (1980) 73.

Auch für das Strafrecht gilt der in ZGB Art. 2 verankerte Grundsatz von *Treu und Glauben.* Rechtsmißbrauch ist beachtlich bei der Ausübung des Strafantragsrechts nach Art. 28ff.: BGE 104 IV 94, 105 IV 237. Im Offizialverfahren kann jedoch der Einwand nicht gehört werden, die Einreichung einer Strafanzeige sei mißbräuchlich erfolgt: BGE 108 IV 135.

Der Grundsatz «*in dubio pro reo*» ergibt sich nicht aus dem StGB und auch nicht aus dem Bundesverfassungsrecht: BGE 96 I 444, 100 IV 269, 107 IV 191; vgl. aber die Vermutung der Unschuld in EMRK Art. 6 Ziff. 2, dazu BGE 106 IV 89.

Zur *Auslegung (Interpretation):* Bei ihr ist nach dem Sinn des Gesetzes unter dem Gesichtspunkt der gegenwärtigen Verhältnisse, «geltungszeitliche Methode» (im Gegensatz zur subjektiv/historischen oder objektiv/historischen) zu forschen: BGE 90 IV 187, 105 Ib 60f., 112 Ia 313.

Die Auslegung ist im Strafrecht im Rahmen von Art. 1 die gleiche wie in den übrigen Rechtsgebieten: BGE 76 IV 241. Die Auslegung gebietet eine präzise und umfassende Berücksichtigung der sprachlichen, historischen, systematischen und teleologischen Aspekte einer Strafbestimmung: SJZ 81 (1985) 80. Bei unterschiedlicher Formulierung in den drei Amtssprachen ist der Text verbindlich, welcher den wahren Sinn wiedergibt: BGE 77 IV 78, 107 IV 122, 109 IV 119. Die Titelüberschriften oder Marginale gestatten nicht, den sich aus dem Wortlaut ergebenden Sinn umzudeuten, doch können sie zur Auslegung herangezogen werden: BGE 108 IV 163, 119 IV 62. – Bei der Auslegung ist der Richter nicht an die Rechtsauffassung der Verfahrensbeteiligten gebunden, «ius novit curia»: BGE 72 IV 212. – Der Grundsatz «in dubio pro reo» gilt nicht für Auslegungsfragen: BGE 83 IV 205. – Die Auslegung kann auch extensiv zu Lasten des Angeklagten geschehen: BGE 111 IV 122, 116 IV 136, 118 Ib 451, 555.

Das Gesetz ist in erster Linie nach seinem Wortlaut auszulegen, «grammatikalische Interpretation», sie ist maßgebend, wenn sich daraus zweifelsfrei eine sachlich richtige Lösung ergibt: BGE 105 Ib 53, 110 Ib 8. Vom klaren Wortlaut darf nur abgewichen werden, wenn triftige Gründe zur Annahme berechtigen, daß die Bestimmung nicht ihren wahren Sinn wiedergibt, oder wenn das Gesetz in störender Weise dem Gerechtigkeitsdenken zuwiderläuft: BGE 102 IV 155, 106 Ia 211, 113 Ia 14 lit. c. – Ist der Text nicht völlig eindeutig, so ist die Tragweite der Norm unter Berücksichtigung aller maßgebenden Elemente zu ermitteln; in Betracht kommen: Die (unverbindlichen) Materialien: BGE 111 IV 86, 113 Ia 314, 117 IV 2, 247, 279, 489, 118 Ib 556, 118 IV 489. Berücksichtigung von neuen Bestimmungen, die noch dem Referendum unterstehen, bei der Auslegung noch geltender Bestimmungen. BGE 117 IV 456; 118 IV 55. Der Zusammenhang mit andern Vorschriften, «systematische Interpretation»; zu berücksichtigen sind: Das StGB: BGE 79 IV 11 (Gewerbsmäßigkeit), BGE 116 IV 314 (besondere Gefährlichkeit), 102 IV 19 (Art. 139 Ziff. 2), 97 f. (Art. 195 II). Die Beziehungen des StGB zu andern Gesetzen: BGE 85 IV 230 f. (ZGB und OR; das Strafrecht kann aber auch autonom ausgelegt werden: BGE 87 IV 117 f.; zum Ganzen ZStrR 94 [1977] 108), BGE 83 IV 186, 97 IV 239 (Fristenlauf nach Art. 29 gemäß den Prozeßgesetzen). Die angedrohte Strafe: BGE 74 IV 84, 81 IV 227, 83 IV 154, 102 IV 97 f., 105 IV 202, 106 IV 191, 116 IV 314, 319, 117 IV 22, 318, 446, 118 IV 56, 65, 204, 119 IV 49. Die dem Gesetz innewohnenden Wertungen und Zweckgedanken (ratio legis), teleologische Interpretation: BGE 90 IV 187, 105 Ib 53, 113 Ia 314, 116 IV 141, 118 IV 179, 118 Ib 452.

Dabei kann das Schutzobjekt einer Strafbestimmung eine Rolle spielen: BGE 83 IV 102 (Handelsreisendengesetz Art. 2), 95 IV 117 (Art. 317), 98 IV 202 (Art. 191), 109 IV 31 (Art. 140 Ziff. 1 Abs. 2). –

Für die Auslegung sind alle genannten Hilfsmittel geeignet. Methoden-pluralismus: BGE 83 IV 128, 110 Ib 8; im Vordergrund steht die teleologische Interpretation: ZR 66 Nr. 57 S. 105, 72 Nr. 31 S. 55 f.

Sind verschiedene Auslegungen vertretbar, so ist jene, die im Einklang mit der Verfassung steht, zu wählen, «verfassungskonforme Auslegung», wobei aber die Bindung des Richters an das Gesetz zu beachten ist: BGE 102 IV 155, 105 Ib 53, 108 IV 38. Verfassungs- und EMRK-konforme Auslegung: BGE 116 IV 298, 118 IV 162. Analogie- und Umkehrschluß sind auch im Strafrecht zulässig (BGE 116 IV 139, 117 IV 399). Bei unbestimmten Rechtsbegriffen ist der Strafrichter zur Konkretisierung verpflichtet. Dabei muß er Kriterien angeben, die für den Entscheid wesentlich sind (BGE 116 IV 314, 117 IV 277).

Zur *Überprüfungsbefugnis* des Strafrichters: Gemäß BV Art. 113 Abs. 3 ist das Bundesgericht und mit ihm die übrige Justiz an die Bundesgesetze und die Staatsverträge gebunden: BGE 113 Ia 169 (keine Überprüfung der Art. 346 ff. auf ihre Verfassungsmäßigkeit). – Verordnungen überprüft der Richter dahin, ob sie auf einer gesetzlichen Ermächtigung beruhen und ob sich ihr Inhalt im Rahmen der Delegation hält: BGE 107 IV 193, 112 Ib 368, 113 Ib 209 Erw. 4b, 114 Ia 112 f., Ib 19 Erw. 2. – Der Richter hat gegebenenfalls von Amtes wegen zu prüfen, ob die anzuwendende kantonale Norm mit dem Bundesrecht vereinbar ist, und hat bundesrechtswidriges Recht unbeachtet zu lassen: BGE 112 Ia 313 Erw. 2c. – Für richterliche Kognition gegenüber Verwaltungsverfügungen hat VStrR Art. 77 Abs. 4 für Entscheide der Verwaltungsbehörden über Leistungs- und Rückleistigenspflichten eine Regelung getroffen. Der Strafrichter kann die Entscheidung der Verwaltung (nicht aber der Gerichte) hinsichtlich offensichtlicher Gesetzesverletzungen oder Ermessensmißbrauch überprüfen; gegebenenfalls weist der Richter die Akten an die Verwaltungsbehörde zur neuen Entscheidung zurück: BGE 111 IV 195 Erw. 4 (Verbindlichkeit der Entscheidung der Zollrekurskommission), vgl. auch BGE 116 IV 225. Für andere Verwaltungsakte ist die etwas ausgedehntere Prüfungsbefugnis gemäß der Rechtsprechung zu Art. 292 zu beachten.

Verhältnis des Strafrechts zu *administrativen Maßnahmen* (z. B. Entzug des Führerausweises nach SVG Art. 16) und *Ordnungs- oder Disziplinarrecht:* Die auf diesem Gebiete ergehenden Anordnungen sind ihrem Wesen nach verschieden von Strafen und von diesen unabhängig. Die Verwaltungsbehörde behandelt den Fall unabhängig vom Urteil des Strafrichters. Das Interesse an der Einheit des Rechtes verlangt jedoch, daß die Verwaltung nicht ohne Not von der Meinung des Strafrichters abweicht, wenn ein Zusammenhang von Verwaltungsmaßnahme und Erkenntnis der Strafjustiz besteht: BGE 96 I 774 Erw. 4, 98 IV 89, 101 Ia 175, 307, 101 Ib 273 f. Wenn das Verschulden und die rechtliche Qualifikation der Tat bestritten sind, soll der Entscheid des Strafrichters in der Regel abgewartet werden: BGE 106 Ib 398, 109 Ib 204.

Art. 1: Der Grundsatz der Gesetzmäßigkeit folgt aus BV Art. 4 und gilt unmittelbar noch für das kantonale und kommunale Strafrecht: BGE 118 Ia 318; 112 Ia 112 Erw. 3a. Der Bundesgesetzgeber hat diese Regelung für das eidgenössische Strafrecht in Art. 1 und 333 Abs. 1 übernommen. Sie gilt auch für Maßnahmen: BGE 75 I 216.

Das Gebot von Art. 1 ist verletzt, wenn ein Bürger wegen einer Handlung, die im Gesetz überhaupt nicht als strafbar bezeichnet ist, strafrechtlich verfolgt wird oder wenn eine Handlung, derentwegen ein Bürger strafrechtlich verfolgt wird, zwar in einem Gesetz mit Strafe bedroht ist, dieses Gesetz selber aber nicht als rechtsbeständig angesehen werden kann: BGE 112 Ia 112, 114 Ia 113 Erw. 2b. Nach dem Legalitätsprinzip bedarf jede freiheitsentziehende oder -beschränkende Sanktion einer klaren gesetzlichen Grundlage in einem formellen Gesetz. Für andere Strafen genügt eine Verordnung, die sich im Rahmen von Verfassung und Gesetz hält. Dies ist nicht der Fall, wenn eine Verordnung ein Verhalten mit Buße bedroht, welches das Gesetz nicht verbieten wollte: BGE 112 Ia 112 Erw. 3 lit. b, dazu ZBJV 124 (1988) 500f. – Art. 1 verbietet insbesondere die Ausfüllung von Lücken im Strafgesetz durch sog. Analogieschluß, soweit sie nicht zugunsten des Beschuldigten erfolgt. Zu solchen Fällen BGE 103 Ia 96, 103 IV 130, 105 IV 17, 117 IV 307.

Die Garantiefunktion des Legalitätsprinzips erheischt, daß das strafbare Verhalten und dessen Folgen im Zeitpunkt seiner Ausführung bestimmt und für jedermann klar erkennbar seien: BGE 112 Ia 113, ZR 88 (1989) Nr. 25. Das Gesetz muß aber lediglich so präzise formuliert sein, daß der Bürger sein Verhalten danach richten und die Folgen eines bestimmten Verhaltens mit einem den Umständen entsprechenden Grad an Gewißheit erkennen kann (BGE 117 Ia 479, 109 Ia 282).

Aus dem strafrechtlichen Legalitätsprinzip ist nicht zu folgern, daß alle Mitbeschuldigten verfolgt und bestraft werden müssen: BGE 105 IV 11. Zur Zulässigkeit einer alternativen Verurteilung nach zwei verschiedenen Bestimmungen: SJZ 90 (1994) 1.

Die Verletzung von BV Art. 4 auf dem Gebiete des kantonalen Strafrechts ist mit der staatsrechtlichen Beschwerde (OG Art. 84 Abs. 1 lit. a), diejenige von Art. 1 mit der eidgenössischen Nichtigkeitsbeschwerde (BStP Art. 269 Abs. 1) zu rügen: BGE 112 Ia 112 Erw. 3a, 118 Ia 318 Erw. 7a.

2. Zeitliche Geltung des Gesetzes

[1] Nach diesem Gesetz wird beurteilt, wer nach dessen Inkraft- 2
treten ein Verbrechen oder ein Vergehen verübt.

[2] Hat jemand ein Verbrechen oder ein Vergehen vor Inkrafttreten dieses Gesetzes verübt, erfolgt die Beurteilung aber erst
nachher, so ist dieses Gesetz anzuwenden, wenn es für den
Täter das mildere ist.

Art. 2: Keine Anwendbarkeit auf bloße Änderungen bezüglich der
Auslegung eines Straftatbestandes: Pr 72 Nr. 69, vgl. RS 1985 Nr. 910.
Abs. 1: Vgl. Art. 401 Abs. 1. – Grundsatz: Keine Nachwirkung alten
Rechts, keine Rückwirkung neuen Rechts (ergibt sich auch aus EMRK
Art. 7 Ziff. 1). – Verhältnis des neuen zum alten Recht: Art. 336–339. –
Art. 2 gilt auch bei Teilrevisionen des StGB: BGE 77 IV 105, 145. –
Art. 2 kann nicht angerufen werden bei Zeitgesetzen, die nach ihrem
Wegfall die Bestrafung noch nicht beurteilter Delikte zulassen: BGE
102 IV 202, 116 IV 262. Die Bestimmung ist ferner nicht anwendbar auf
Verfahrensnormen einschließlich Zuständigkeitsvorschriften: Pr 81
Nr. 220 Erw. 4d, BGE 113 Ia 425, 114 IV 4, 117 IV 375; für das IRSG
vgl. Pr 81 Nr. 220 Erw. 4f.
Abs. 2: *Grundsatz des mildern Rechts* (lex mitior). Er findet Anwendung für das gesamte Bundesstrafrecht: BGE 76 IV 53, Pr 80 (1991)
Nr. 24 (Verwaltungsstrafrecht). Er gilt nach Art. 333 Abs. 1 auch im
Falle der Änderung einer Verwaltungsvorschrift im Nebenstrafrecht,
wenn nicht Vorschriften die Rückwirkung des neuen Rechts ausschließen: BGE 97 IV 236, dazu ZBJV 108 (1972) 335. – Nach dem Grundsatz
von Art. 2 Abs. 2 ist auf die Tat sowohl das alte als auch das neue Recht
anzuwenden und durch Vergleich das Ergebnis festzustellen, nach welchem Recht der Täter besser wegkommt: BGE 114 IV 82. Ob das Ubiquitätsprinzip nach Art. 7 auch für das zeitliche Distanzdelikt gilt, ist
umstritten; jedenfalls bewirkt der Eintritt einer objektiven Strafbarkeitsbedingung im Zeitpunkt des neuen Rechtes keine Anwendung der
lex mitior: BGE 103 IV 233. Eine Tat darf nicht teilweise nach altem
und teilweise nach neuem Recht beurteilt werden: BGE 114 IV 82. Verübt ein Täter mehrere Taten verschiedener Art, so ist es möglich, auf
einen Sachverhalt altes und auf einen andern das neue mildere Recht
anzuwenden: BGE 102 IV 197, 114 IV 5. – Die Frage des mildern
Rechts stellt sich nur, wenn nach beiden Rechtsordnungen eine *Strafe*
auszusprechen wäre, also *nicht bezüglich Maßnahmen:* BGE 68 IV 37,
66, dazu jedoch ZBJV 109 (1973) 401. Bei der Strafe ist in erster Linie
auf die Hauptstrafe abzustellen, allfällige Nebenstrafen sind nur bei
Gleichwertigkeit der Hauptstrafen zu berücksichtigen: BGE 114 IV 82.

Zur Anwendung des Grundsatzes bei Änderungen der Verjährungsfristen vgl. BGE 114 IV 3. Wenn das kantonale Urteil unter altem Recht gefällt worden ist, kann der Kassationshof auf Nichtigkeitsbeschwerde hin nicht milderes neues Recht anwenden: BGE 101 IV 361. Hingegen hat dies eine kantonale Kassationsinstanz mit sachrichterlichen Funktionen zu tun: BGE 117 IV 369.

3.   Räumliche Geltung des Gesetzes

Verbrechen oder Vergehen im Inland

3 1. Diesem Gesetz ist unterworfen, wer in der Schweiz ein Verbrechen oder ein Vergehen verübt.

Hat der Täter im Auslande wegen der Tat eine Strafe ganz oder teilweise verbüßt, so rechnet ihm der schweizerische Richter die verbüßte Strafe an.

2. Ist ein Ausländer auf Ersuchen der schweizerischen Behörde im Auslande verfolgt worden, so wird er in der Schweiz wegen dieser Tat nicht mehr bestraft:

wenn das ausländische Gericht ihn endgültig freigesprochen hat,

wenn die Strafe, zu der er im Auslande verurteilt wurde, vollzogen, erlassen oder verjährt ist. Hat der Täter die Strafe im Auslande nicht oder nur teilweise verbüßt, so wird in der Schweiz die Strafe oder deren Rest vollzogen.

Zu Art. 3–7: Die Bestimmungen regeln nicht nur den Anwendungsbereich des Gesetzes, sondern umschreiben gleichzeitig auch, in welchen Fällen die Schweiz Strafhoheit beansprucht und sich zur Verfolgung und Bestrafung eines Verhaltens zuständig erklärt (Gerichtsbarkeit): BGE 108 IV 146, 113 Ia 170, 117 IV 375. – Unter bestimmten Voraussetzungen kann auch kantonales Recht extraterritoriale Anwendung finden: BGE 118 Ia 137. – Die Verletzung von Art. 3–7 kann mit eidgenössischer Nichtigkeitsbeschwerde nach BStP Art. 268 f. gerügt werden: BGE 102 IV 38. Welcher Kanton bei gegebener Gerichtsbarkeit der Schweiz für die Verfolgung und Beurteilung zuständig ist, ergibt sich aus den Gerichtsstandsvorschriften von Art. 346 ff. (vgl. BGE 108 IV 146, 113 Ia 170).

Zum *Auslieferungsrecht:* IRSG und Europäisches Auslieferungsübereinkommen vom 13. Dezember 1957 (SR 0.353.1). – Krim 1969 151, SJZ 77 (1981) 89, 105, ZStrR 68 (1953) 111, 83 (1967) 112, 92 (1976) 294, 94 (1977) 430, 99 (1982) 11.

Über die originäre Gerichtsbarkeit (Art. 3ff.) hinaus sehen die Möglichkeit einer Strafverfolgung durch die Schweiz vor: Art. 240 Abs. 3 und 245 Ziff. 1 Abs. 3, 260bis Abs. 3, 260ter Ziff. 3, IRSG Art. 85f., SVG 101, BetMG Art. 19 Ziff. 4, LFG Art. 97bis. Die Art. 3f. betreffen nicht das Verhältnis zu ausländischen Strafrechtsordnungen, weshalb es zu Doppelverfolgungen oder -bestrafungen ohne Rücksicht auf den Grundsatz «ne bis in idem» kommen kann: BGE 114 IV 84. – Die Schweizer Behörden können ebenfalls die *Vollstreckung* von Strafen und Maßnahmen, die im Ausland verhängt wurden, nach IRSG Art. 94ff. und dem Übereinkommen über die Überstellung verurteilter Personen vom 21. März 1983 (SR 0.343) übernehmen (dazu ZStrR 107 [1990] 112).

Art. 3 Ziff. 1 Abs. 2: *Territorialitätsprinzip* als Grundlage des internationalen Strafrechts (vgl. BGE 108 IV 146). Begriff des «Verübens» einer Straftat: Art. 7 (Ubiquitätsprinzip). – Die Schweiz beansprucht auch dann die Gerichtsbarkeit, wenn bei einer einheitlichen Tathandlung nur ein Teil in der Schweiz begangen wurde und ein ausländischer Staat sich wegen des auf seinem Gebiet begangenen Tatanteils ebenfalls zur Strafverfolgung zuständig erachtet: BGE 111 IV 2 (Fahren in angetrunkenem Zustand), vgl. auch BGE 109 IV 146. – Es besteht keine Exterritorialität bezüglich ausländischer Botschaften (BGE 109 IV 157) oder Zollfreilager (BGE 110 IV 108).

Die in der Schweiz begangene *Anstiftung* oder *Beihilfe* zu einer im Ausland begangenen Tat gilt nach dem Grundsatz der Akzessorietät als im Ausland verübt, so daß das Territorialitätsprinzip insoweit eingeschränkt wird: BGE 108 IV 86, kritisch hiezu ZBJV 115 (1979) 530, vgl. auch Sem 1984, 161 (betr. Anstiftungsversuch).

Abs. 2: *Anrechnungsprinzip,* wenn der Täter ohne Dazutun der schweizerischen Behörden im Ausland für die in der Schweiz verübte Tat verurteilt und die ausländische Strafe vom Täter ganz oder teilweise verbüßt wurde bzw. der Täter eine Geldstrafe bezahlt hat. Die Anrechnung einer bezahlten Buße auf eine Gefängnisstrafe ist nach richterlichem Ermessen vorzunehmen: BGE 105 IV 228, 111 IV 4 (keine schematischen Anrechnungssätze). Das Anrechnungsprinzip ist auch für eine strafähnliche Sanktion des ausländischen Rechts zu beachten, wie z. B. die Auflage an den Verurteilten, gemäß Deutschem Strafgesetzbuch § 56b, einen Geldbetrag an eine gemeinnützige Einrichtung oder an die Staatskasse zu zahlen: BGE 114 IV 84 Erw. 2. – Die Anrechnung ist auch im schweizerischen Verfahren zum Widerruf des bedingten Strafvollzugs (Art. 41 Ziff. 3) zu beachten: ZR 67 Nr. 62.

Ziff. 2: Ist die Verfolgung im Ausland auf Ersuchen einer schweizerischen Behörde eingeleitet worden (sog. Strafübernahmebegehren) und auf die in Ziff. 2 umschriebene Weise behandelt worden, so findet in der Schweiz kein neues Verfahren statt, sog. *Erledigungsprinzip* zur Beachtung des Grundsatzes «ne bis in idem»: BGE 99 IV 123. Keine Erledigung liegt vor, wenn das ausländische Urteil den Strafvollzug bedingt aufgeschoben hat: RS 1979 Nr. 667.

Verbrechen oder Vergehen im Auslande gegen den Staat

4 [1] Diesem Gesetz ist auch unterworfen, wer im Ausland ein Verbrechen oder Vergehen gegen den Staat begeht (Art. 265, 266, 266bis, 267, 268, 270, 271, 275, 275bis, 275ter), verbotenen Nachrichtendienst betreibt (Art. 272–274) oder die militärische Sicherheit stört (Art. 276 und 277).

[2] Hat der Täter wegen der Tat im Ausland eine Strafe ganz oder teilweise verbüßt, so rechnet ihm der schweizerische Richter die verbüßte Strafe an.

Abs. 1 in neuer Fassung gemäß BG vom 5. Oktober 1950, in Kraft seit 5. Januar 1951, Real- bzw. Staatsschutzprinzip. – ZStrR 73 (1958) 141. – Gerichtsstand: Art. 348.

Verbrechen oder Vergehen im Auslande gegen Schweizer

5 [1] Wer im Auslande gegen einen Schweizer ein Verbrechen oder ein Vergehen verübt, ist, sofern die Tat auch am Begehungsort strafbar ist, dem schweizerischen Gesetz unterworfen, wenn er sich in der Schweiz befindet und nicht an das Ausland ausgeliefert, oder wenn er der Eidgenossenschaft wegen dieser Tat ausgeliefert wird. Ist das Gesetz des Begehungsortes für den Täter das mildere, so ist dieses anzuwenden.

[2] Der Täter wird wegen des Verbrechens oder Vergehens nicht mehr bestraft, wenn die Strafe, zu der er im Auslande verurteilt wurde, vollzogen, erlassen oder verjährt ist.

[3] Hat der Täter die Strafe im Auslande nicht oder nur teilweise verbüßt, so wird in der Schweiz die Strafe oder deren Rest vollzogen.

Art. 5 und 6: Das hier geregelte passive bzw. aktive Personalitätsprinzip begründet *originäre* Gerichtsbarkeit der Schweiz, so daß IRSG Art. 85 ff. nicht anwendbar sind: BGE 119 IV 115 (kein Strafübernahmebegehren des Tatortstaates erforderlich). Gerichtsstand: Art. 348.
Abs. 1 Satz 1: Die Gerichtsbarkeit der Schweiz besteht nicht mehr,

wenn der Beschuldigte diese zur Zeit der gerichtlichen Beurteilung bereits verlassen hat, selbst wenn er hier im Vorverfahren noch einvernommen worden ist: BGE 108 IV 146. – Treffen die Voraussetzungen von Art. 5 Abs. 1 mit jenen von Art. 6 Abs. 1 zusammen (auch der Täter ist Schweizer), so sind beide Bestimmungen sinngemäß zu kombinieren: BGE 119 IV 118. Der Täter hat Anspruch auf eine neue Beurteilung durch die Schweizer Gerichte i. S. von Art. 6 Ziff. 2 letzter Absatz: BGE 104 IV 84. – «Schweizer» kann auch eine juristische Person sein: SJZ 52 (1956) 362 (ausländische Niederlassung eines schweizerischen Unternehmens). – Das passive Personalitätsprinzip versagt, wenn es nicht möglich ist, den Täter zwangsweise einem schweizerischen Richter zuzuführen; es ist ausgeschlossen, ein Abwesenheitsverfahren durchzuführen: SJZ 62 (1966) 272 f.; BGE 108 IV 146. – Der Täter darf nicht unter Umgehung der Bestimmungen des Auslieferungsrechts in die Schweiz gelockt worden sein: ZR 66 Nr. 119. – Bei der Ermittlung des mildern Rechts ist ein umfassender Vergleich der zwei Rechtsordnungen notwendig: ZR 59 Nr. 40, 62 Nr. 113. Das bedeutet aber nicht, daß das im ausländischen Recht aufgestellte Erfordernis eines Strafantrages zu berücksichtigen sei: BGE 99 IV 262, kritisch ZBJV 110 (1974) 378.

Satz 2: Vgl. Bem. zu Art. 6 Ziff. 1 Satz 2.

Abs. 3 läßt den Vollzug des ausländischen Urteils ohne neue Beurteilung in der Schweiz zu, es sei denn, der Täter sei Schweizer, so daß Art. 5 und 6 zusammentreffen: BGE 108 IV 84.

Verbrechen oder Vergehen von Schweizern im Ausland

1. Der Schweizer, der im Ausland ein Verbrechen oder ein **6** Vergehen verübt, für welches das schweizerische Recht die Auslieferung zuläßt, ist, sofern die Tat auch am Begehungsorte strafbar ist, diesem Gesetz unterworfen, wenn er sich in der Schweiz befindet oder der Eidgenossenschaft wegen dieser Tat ausgeliefert wird. Ist das Gesetz des Begehungsortes für den Täter das mildere, so ist dieses anzuwenden.

2. Der Täter wird in der Schweiz nicht mehr bestraft:

wenn er im Auslande wegen des Verbrechens oder Vergehens endgültig freigesprochen wurde;

wenn die Strafe, zu der er im Auslande verurteilt wurde, vollzogen, erlassen oder verjährt ist.

Ist die Strafe im Auslande nur teilweise vollzogen, so wird der vollzogene Teil angerechnet.

Art. 6: Vgl. Bem. zu Art. 5 und 6. Art. 6 geht Art. 6bis und den Bestimmungen des IRSG über die stellvertretende Strafrechtspflege und die Vollstreckung ausländischer Strafurteile vor (Pr 81 Nr. 220 Erw. 5c). Die Bestimmung findet auch dann Anwendung, wenn der Täter das Schweizer Bürgerrecht *nach* der Verübung von Verbrechen im Ausland erworben hat (Pr 81 Nr. 220 Erw. 6).

Nach IRSG Art. 7 I darf kein Schweizer Bürger ohne seine schriftliche Zustimmung einem fremden Staat ausgeliefert oder zur Strafverfolgung bzw. Strafvollstreckung übergeben werden.

Ziff. 1 Satz 1: Die Gerichtsbarkeit der Schweiz besteht nicht mehr, wenn der Beschuldigte das Land zur Zeit der gerichtlichen Beurteilung bereits verlassen hat, selbst wenn er hier im Vorverfahren noch einvernommen worden ist; ein Abwesenheitsurteil darf nicht ausgefällt werden: BGE 108 IV 146. – Treffen die Voraussetzungen der Bestimmungen mit jenen von Art. 5 Abs. 1 Satz 1 zusammen (auch der Geschädigte ist Schweizer), so sind beide Bestimmungen sinngemäß zu kombinieren. Das bedeutet, daß die Beschränkung der schweizerischen Gerichtsbarkeit auf Auslieferungsdelikte nicht gilt und sich der Beschuldigte nicht auf einen im Ausland erfolgten Freispruch berufen kann: BGE 108 IV 84, kritisch hiezu ZBJV 120 (1984) 2, vgl. auch BGE 119 IV 117. Zulässigkeit der Auslieferung nach schweiz. Recht setzt nur deren Möglichkeit voraus, nicht aber, daß der Täter tatsächlich ausgeliefert wird: BGE 119 IV 17. Nach IRSG Art. 35 Abs. 1 lit. a ist Auslieferung zulässig, wenn das Recht des ausländischen Staates und der Schweiz die Tat mit einer freiheitsbeschränkenden Sanktion im Höchstmaß von mindestens einem Jahr oder mit einer schweren Sanktion bedroht (vgl. BGE 119 IV 117). Damit werden die meisten der im StGB umschriebenen Vergehen als Auslieferungsdelikte anerkannt. Die Konkurrenz zwischen einem Auslieferungsdelikt und einem nicht auslieferungsfähigen Delikt (z. B. Fiskaldelikt nach IRSG Art. 3 Abs. 3) schließt die Anwendung von Art. 6 Ziff. 1 nicht aus: BGE 79 IV 51. – Die Voraussetzungen von Art. 6 sind auch beim Widerruf des bedingten Strafvollzugs infolge einer ausländischen Verurteilung (Art. 41 Ziff. 3) zu beachten: BGE 86 IV 152.

Satz 2: Zur Ermittlung des mildern Rechts müssen das schweizerische und das ausländische Recht konkret verglichen werden: BGE 118 IV 307. Der Schweizer Richter, der ausl. Recht anwendet, hat die Pflicht, die Sanktion, die nach ausländischem Recht auszusprechen wäre, in eine gleichartige und gleichwertige Sanktion des schweizerischen Rechts umzuwandeln: BGE 118 IV 308. Eine gleichzeitige Anwendung von in- und ausländischem Recht im konkreten Fall ist ausgeschlossen: BGE 118 IV 307. – Möglichkeit der eidgenössischen Nichtigkeitsbeschwerde gegen das neue Erkenntnis: BGE 83 IV 113.

Ziff. 2: Ein im Ausland hängiges Verfahren verbietet die Durchführung eines Prozesses in der Schweiz nicht: ZBJV 121 (1985) 510. Ein im Ausland ergangener Freispruch bleibt unbeachtlich, falls auch der Geschädigte Schweizer ist: BGE 108 IV 84. Eine Einstellung aufgrund einer Amnestie kann nicht einem Freispruch im Sinne von Ziff. 1 Abs. 2 gleichgestellt werden: SJZ 75 (1979) 7.

Abs. 4 verlangt eine Neubeurteilung durch ein schweizerisches Gericht. Auf sie hat auch Anspruch der Schweizer, der im Ausland gegenüber einem Schweizer eine Straftat verübt: BGE 108 IV 84.

Andere Verbrechen oder Vergehen im Ausland

1. Wer im Ausland ein Verbrechen oder Vergehen verübt, zu **6bis** dessen Verfolgung sich die Schweiz durch ein internationales Übereinkommen verpflichtet hat, ist diesem Gesetz unterworfen, sofern die Tat auch am Begehungsort strafbar ist, der Täter sich in der Schweiz befindet und nicht an das Ausland ausgeliefert wird. Ist das Gesetz des Begehungsortes für den Täter das mildere, so ist dieses anzuwenden.

2. Der Täter wird in der Schweiz nicht mehr bestraft:

wenn er im Tatortstaat wegen des Verbrechens oder Vergehens endgültig freigesprochen wurde;

wenn die Strafe, zu der er im Ausland verurteilt wurde, vollzogen, erlassen oder verjährt ist.

Ist die Strafe im Ausland nur teilweise vollzogen, so wird der vollzogene Teil angerechnet.

Art. 6bis eingefügt durch BG vom 17. März 1982 aufgrund des Beitritts der Schweiz zum Europäischen Übereinkommen zur Bekämpfung des Terrorismus, in Kraft seit 1. Juli 1983. Die Anwendbarkeit von Art. 6bis unterliegt dem Rückwirkungsverbot von Art. 2 Abs. 1: Pr 81 Nr. 220 Erw. 4f und g. Bei Betäubungsmitteldelikten gilt BetMG Art. 19 Ziff. 4, nicht Art. 6bis: BGE 116 IV 247.

Ort der Begehung

[1] Ein Verbrechen oder ein Vergehen gilt als da verübt, wo der **7** Täter es ausführt, und da, wo der Erfolg eingetreten ist.

[2] Der Versuch gilt als da begangen, wo der Täter ihn ausführt, und da, wo nach seiner Absicht der Erfolg hätte eintreten sollen.

Art. 7: Die Strafbarkeit wird beim Distanzdelikt nach dem *Ubiquitätsprinzip* behandelt. Es genügt ein in der Schweiz gelegener Ausführungs- *oder* Erfolgsort. Dabei kommt es auf die tatbestandsmäßige Willensbetätigung oder den Eintritt der tatbestandsmäßigen Erfolgsmerkmale an, unter Ausschluß der Vorbereitungshandlungen (Bem. zu Art. 21) und des Verhaltens nach der Beendigung der Tat. Teilhandlungen in der Schweiz oder Mitwirkungshandlungen des Teilnehmers nach der Vollendung und vor der Beendigung der Tat reichen aus: BGE 99 IV 124. – Der Begriff des Erfolgs ist i. S. des Erfolgsdelikts zu verstehen: BGE 105 IV 328 f. (Praxisänderung). Dessen Eigenart liegt darin, daß das Handeln oder Unterlassen des Täters eine von diesem Verhalten räumlich und zeitlich getrennte Wirkung herbeiführt (vgl. BGE 118 Ia 141), was auf sog. schlichte Tätigkeitsdelikte wie z. B. Diebstahl nach Art. 139 nicht zutrifft. Gemäß BGE 109 IV 2 gilt bei den Tatbeständen, die – wie der Betrug – die bloße Absicht einer unrechtmäßigen Bereicherung voraussetzen, auch deren Eintritt als Erfolg. Unterlassungsdelikte (Bem. zu Art. 9) gelten als dort ausgeführt, wo der Täter hätte handeln sollen: BGE 69 IV 129, 99 IV 181 f.

Einzelne Probleme: Anstiftung (Art. 24): BGE 81 IV 291, Sem 1984, 161. – Mittäterschaft: BGE 99 IV 124. – Mittelbare Täterschaft: BGE 78 IV 252. – Betrug: BGE 109 IV 2, 117 Ib 214. – Wucher: BGE 86 IV 68. – Ehrverletzung mittels eines ausländischen Presseerzeugnisses (Art. 173 f.): BGE 102 IV 38; durch Äußerungen über einen Einwohner der Schweiz im Ausland: RS 1985 Nr. 764. – Mehrfache Ehe (Art. 215): BGE 105 IV 330. – Gebrauch im Ausland gefälschter Urkunden (Art. 251 Ziff. 1 Abs. 2): BGE 96 IV 167. – Fälschung von Ausweisen (Art. 252): BGE 97 IV 210. – Erschleichung einer falschen Beurkundung (Art. 253): RS 1983 Nr. 456. – Markenschutz: BGE 109 IV 146.

4. Persönliche Geltung des Gesetzes

8 Dieses Gesetz ist nicht anwendbar auf Personen, die nach dem Militärstrafrecht zu beurteilen sind.

Art. 8: Die dem Militärstrafrecht unterstehenden Personen werden von MStG Art. 2–6 bestimmt (zur Gerichtsbarkeit MStG Art. 218–222).

Kompetenzkonflikte zwischen militärischer und bürgerlicher Gerichtsbarkeit entscheidet das Bundesgericht (II. Öffentlichrechtliche Abteilung): MStG Art. 223, dazu BGE 97 I 147, 98 Ia 221, 99 Ia 97, 101 Ia 428, 106 Ia 51.

Zweiter Titel

Die Strafbarkeit

1. Verbrechen und Vergehen

[1] Verbrechen sind die mit Zuchthaus bedrohten Handlungen. 9

[2] Vergehen sind die mit Gefängnis als Höchststrafe bedrohten Handlungen.

Art. 9: Zuchthaus: Art. 35, Gefängnis: Art. 36. *Übertretungen* sind die mit Haft oder Buße oder Buße allein bedrohten Handlungen: Art. 101 (vgl. auch Art. 333 II). – Die Qualifikation einer Tat als Verbrechen oder Vergehen richtet sich allein nach der für den betreffenden Tatbestand angedrohten Höchststrafe, ohne Rücksicht auf die nach den Grundsätzen über die Strafzumessung (Art. 63 ff.) bzw. auf die nach dem besonderen Straf- und Maßnahmesystem des Jugendstrafrechts (Art. 82 ff.) im gegebenen Fall verwirkte Sanktion: BGE 92 IV 123, 96 IV 32, 102 IV 203, 104 IV 244. – Die Schärfungs- und Milderungsgründe des *besonderen Teils* des StGB sind bei der Feststellung des angedrohten gesetzlichen Höchstmaßes der Strafe zu berücksichtigen, sofern der Richter dabei in objektiver Weise unter Vernachlässigung aller den konkreten Fall berührenden subjektiven Elemente den Gehalt der betreffenden Qualifikation feststellt: BGE 108 IV 42 (Verjährung bei «schwerem Fall» des wirtschaftlichen Nachrichtendienstes).

Strafbare *Unterlassungen: Echte Unterlassungsdelikte* sind im Gesetz als passives Verhalten formuliert, so z. B. in Art. 128 und 217. – *Unechte Unterlassungsdelikte* sind als Begehung umschrieben; die betreffenden Tatbestände können nach Lehre und Rechtsprechung jedoch unter bestimmten Voraussetzungen auch durch passives Verhalten erfüllt werden. Zur Abgrenzung zwischen Handlung und Unterlassung: BGE 115 IV 204. Nach BGE 113 IV 72 muß wenigstens die Herbeiführung des Erfolges durch aktives Handeln ausdrücklich mit Strafe bedroht werden, der Beschuldigte durch sein Tun den Erfolg tatsächlich abwenden können und infolge seiner besonderen Rechtsstellung dazu auch so sehr verpflichtet gewesen sein, daß die Unterlassung der Erfolgsherbeiführung durch aktives Handeln gleichwertig erscheint.

Die *besondere* Rechtsstellung (Garantenstellung) soll sich gemäß BGE 96 IV 174 außer aus anderen Gesetzen (z. B. den familienrechtli-

chen Beistandspflichten des ZGB, vgl. BGE 83 IV 13) und Vertrag
(z. B. bei Medizinalpersonen oder Bergführern) auch aus den «Umständen» ergeben können, was in dieser Allgemeinheit zu weit geht.
Anerkannt ist, daß derjenige, welcher eine naheliegende Gefahr für
Rechtsgüter geschaffen oder ein entsprechendes Risiko erhöht hat,
nach einem ungeschriebenen Rechtsgrundsatz (Ingerenzprinzip) verpflichtet ist, die nötigen Sicherheitsmaßnahmen zu treffen (dies gilt,
was allerdings umstritten ist, auch wenn er rechtmäßig gehandelt hat).
Vgl. dazu BGE 83 IV 27 (Schaffung von Gefahren durch Deponierung
heißer Asche), 90 IV 250 und 101 IV 30 (bei Erdarbeiten), 108 IV 5
(durch Veranlassen einer Patientin zu einer Fastenkur), in welchen Fällen allerdings die Verurteilung des Verantwortlichen schon an aktives
Tun hätte angeknüpft werden können. Moralische Pflichten und Lebensgemeinschaften schaffen noch keine Garantenstellung. Das gleiche gilt für Gefahrengemeinschaften, wenn sie nicht auf vertraglichem
Zusammenschluß beruhen (umstritten). Der Begründung der Garantenstellung durch Vertrag ist diejenige durch ein öffentlichrechtliches
Dienstverhältnis gleichzusetzen: BGE 88 IV 109 und 96 IV 9 (von
Bahnpersonal unterlassenes Schließen eines Signals bzw. einer Barriere). Zur Frage der Garantenstellung eines Arbeitgebers Pr 80
Nr. 212.

Unterlassenes Einschreiten gegen das *Delikt eines anderen* durch
einen Garanten für das davon betroffene Rechtsgut ist als Gehilfenschaft zu erfassen (vgl. Bem. zu Art. 25), unterbliebenes Anzeigen
einer Straftat bzw. Aussagen hierüber durch einen dazu Verpflichteten
als Begünstigung (vgl. Bem. zu Art. 305) oder Hehlerei (vgl. Bem. zu
Art. 144 und ferner BGE 86 IV 220: Jagdhehlerei, begangen von einem
Wildhüter durch Absehen von der Anzeige eines rechtswidrigen Abschusses). In BGE 96 IV 173 wurde in sehr fragwürdiger Weise sogar
Mittäterschaft eines Geschäftsherrn zu den mit seinem Wissen von Angestellten bei der Tätigkeit des Betriebes begangenen Straftaten angenommen, gegen die er nicht einschritt.

Der nicht verhinderte Erfolgseintritt (bzw. bei der Beihilfe: die Straftat eines anderen) muß stets vom Vorsatz des Garanten erfaßt sein, bei
Fahrlässigkeitsdelikten auf dessen pflichtwidrigem Verhalten beruhen
(vgl. Bem. zu Art. 18). Die Strafbarkeit wegen Taten dieser letzten Art
sowie vollendeten Vorsatzdelikten setzt voraus, daß der Garant durch
die von ihm geforderte Handlung den Erfolgseintritt mit an Sicherheit
grenzender Wahrscheinlichkeit hätte vermeiden können: BGE 102 IV
102, ähnlich BGE 105 IV 20, 106 IV 402, 108 IV 7, 109 IV 140 (ein Teil
der Theorie will sich demgegenüber damit begnügen, daß die Handlung
das Risiko des Erfolgseintrittes erhöhte, was abzulehnen ist).

2. Zurechnungsfähigkeit

Unzurechnungsfähigkeit

Wer wegen Geisteskrankheit, Schwachsinn oder schwerer Stö- **10**
rung des Bewußtseins zur Zeit der Tat nicht fähig war, das Unrecht seiner Tat einzusehen oder gemäß seiner Einsicht in das
Unrecht der Tat zu handeln, ist nicht strafbar. Vorbehalten sind
Maßnahmen nach den Artikeln 43 und 44.

Art. 10/11: Diese Bestimmungen sind auch auf Fahren in angetrunkenem Zustand (SVG Art. 91) anwendbar: BGE 117 IV 294, 118 IV 2.

Die Zurechnungsfähigkeit ist relativ, d. h. stets für eine bestimmte
Tat zu beurteilen. – Kognition des Bundesgerichts: Dieses prüft auf
Nichtigkeitsbeschwerde hin nur, ob der Täter im Lichte der Feststellung des Sachverhaltes durch die kantonale Behörde im Zeitpunkt der
Tat die rechtlichen Merkmale der Unzurechnungsfähigkeit bzw. verminderten Zurechnungsfähigkeit aufweist. Rechtsfrage ist, ob die Vorinstanz bezüglich dieser Merkmale von richtigen Begriffen ausgegangen ist und ob sie diese im konkreten Fall richtig angewendet hat: BGE
98 IV 153, 102 IV 226, 107 IV 4, Sem 1985, 49. Zur Anwendung der
Bestimmungen auf Fahren in angetrunkenem Zustand: BGE 117 IV
295, 119 IV 122.

Zur Untersuchung der Zurechnungsfähigkeit vgl. Art. 13, zu den
Maßnahmen gegenüber geistig Abnormen und Süchtigen bei Übertretungen Art. 104 Abs. 2.

Art. 10 in der Fassung gemäß BG vom 18. März 1971, in Kraft seit
1. Juli 1971. Für völlige Zurechnungsunfähigkeit ist erforderlich, daß
dem Täter bei Verübung der Straftat wegen einer psychischen Abnormität von der im Gesetz genannten Art entweder die sog. Einsichtsfähigkeit oder die sog. Bestimmungsfähigkeit gänzlich fehlte. Auch der
vollständig Zurechnungsunfähige kann willentlich handeln: BGE 115
IV 223. War die Zurechnungsunfähigkeit die Folge einer von ihm selbst
verschuldeten schweren Bewußtseinsstörung, kommt unter den dort
genannten Voraussetzungen eine Bestrafung nach Art. 12, allenfalls
statt dessen nach Art. 263 in Betracht. In den übrigen Fällen von Zurechnungsunfähigkeit kommt nur die Anordnung von Maßnahmen
nach Art. 43 und 44 in Frage, die trotz unterbleibendem Schuldspruch
dem Richter vorbehalten ist.

Verminderte Zurechnungsfähigkeit

War der Täter zur Zeit der Tat in seiner geistigen Gesundheit **11**

oder in seinem Bewußtsein beeinträchtigt oder geistig mangel-
haft entwickelt, so daß die Fähigkeit, das Unrecht seiner Tat
einzusehen oder gemäß seiner Einsicht in das Unrecht der Tat
zu handeln, herabgesetzt war, so kann der Richter die Strafe
nach freiem Ermessen mildern (Art. 66). Vorbehalten sind
Maßnahmen nach den Artikeln 42–44 und 100bis.

Art. 11 in der Fassung vom 18. März 1971, in Kraft seit 1. Juli 1971.
Verminderte Zurechnungsfähigkeit besteht bei bloß herabgesetzter
Einsichts- oder Bestimmungsfähigkeit infolge einer der im Gesetz genannten psychischen Abnormitäten, welche minder schwere Formen
derjenigen in Art. 10 darstellen. Zum Begriff der verminderten Zurechnungsfähigkeit: BGE 91 IV 68, 100 IV 130, 102 IV 226. Nach diesen
Entscheiden werden psychische Abweichungen erst dann relevant,
wenn sie in hohem Maße in den Bereich des Abnormen fallen. Dies
braucht z. B. nicht zuzutreffen bei Pädophilie (BGE 75 IV 148), Trieb-
haftigkeit (BGE 91 IV 68), Pubertätskrise (BGE 98 IV 132), Psycho-
pathie (BGE 98 IV 154 und 100 IV 131, wo immerhin Extremfälle vorbehalten werden), Alkoholisierung (BGE 107 IV 5, vgl. auch BGE 95
IV 98 und 102 IV 226).

Verminderte Zurechnungsfähigkeit führt (obligatorisch) zur Strafmilderung nach Art. 66, außer im Falle der sog. actio libera in causa
(Art. 12). Die Strafe ist dem Grad der Verminderung entsprechend
herabzusetzen, auch wenn die Tat objektiv schwer wiegt: BGE 118 IV 4
(vgl. zur Bemessung beim Zusammentreffen mit Strafschärfungsgrün-
den nach Art. 67 und 68 BGE 116 IV 302). Daneben können bei Vorliegen der entsprechenden Voraussetzungen stets die von Art. 11 genannten Maßnahmen getroffen werden.

Ausnahme

12 Die Bestimmungen der Artikel 10 und 11 sind nicht anwendbar,
wenn die schwere Störung oder die Beeinträchtigung des Bewußtseins vom Täter selbst in der Absicht herbeigeführt wurde,
in diesem Zustande die strafbare Handlung zu verüben.

Art. 12: Sog. actio libera in causa. Die Bestimmung findet Anwendung, wenn der Täter vorsätzlich (namentlich durch Alkohol- oder
Drogenkonsum) sein Bewußtsein mindestens bis zur Verminderung
seiner Zurechnungsfähigkeit beeinträchtigt und in diesem Zustand eine
schon vorher beabsichtigte oder wohl auch nur vorausgesehene und in
Kauf genommene Straftat begeht. Sie kommt namentlich auch für den
Tatbestand des Fahrens in angetrunkenem Zustand in Betracht: BGE

117 IV 295 (mit differenzierter Erörterung verschiedener Situationen), 118 IV 4. Das Bundesgericht erachtet Art. 12 auch auf Fahrlässigkeitstaten, die im Zustand aufgehobener oder verminderter Zurechnungsfähigkeit verübt wurden, für anwendbar (BGE 93 IV 41, 104 IV 254, 120 IV 170); doch ergibt sich schon aus Art. 18, daß volle Bestrafung zu erfolgen hat, wenn die Pflichtwidrigkeit gerade darin besteht, daß der Täter sein Bewußtsein beeinträchtigte und die Begehung des Deliktes infolge dieses Zustandes konkret voraussehen konnte (vgl. BGE 117 IV 295, 120 IV 170). – Erst wenn weder die Voraussetzungen der vorsätzlichen noch der fahrlässigen actio libera in causa gegeben sind, kommt Bestrafung nach Art. 263 in Betracht: BGE 93 IV 41, 104 IV 254, RS 1975 Nr. 876, 1978 Nr. 512.

Zweifelhafter Geisteszustand des Beschuldigten

[1] Die Untersuchungs- oder die urteilende Behörde ordnet eine **13** Untersuchung des Beschuldigten an, wenn sie Zweifel an dessen Zurechnungsfähigkeit hat oder wenn zum Entscheid über die Anordnung einer sichernden Maßnahme Erhebungen über dessen körperlichen oder geistigen Zustand nötig sind.

[2] Die Sachverständigen äußern sich über die Zurechnungsfähigkeit des Beschuldigten sowie auch darüber, ob und in welcher Form eine Maßnahme nach den Artikeln 42 bis 44 zweckmäßig sei.

Art. 13 in der Fassung gemäß BG vom 18. März 1971, in Kraft seit 1. Juli 1971. Zur Begutachtung im Hinblick auf sichernde Maßnahmen vgl. auch Art. 42 Ziff. 1 Abs. 2, 43 Ziff. 1 Abs. 3, 44 Ziff. 1 Abs. 2 und Ziff. 6. – Gutachten über Täter von 7–18 Jahren: Art. 83, 90, über solche von 18–25 Jahren: Art. 100 Abs. 2.
Abs. 1: Die Untersuchung ist auch anzuordnen, wenn der Richter nach den Umständen des Falles Zweifel an der Zurechnungsfähigkeit haben *sollte;* ernsthafter Anlaß zu derartigen Zweifeln genügt: BGE 98 IV 157, 102 IV 75, 106 IV 242, 116 IV 273 (mit Auflistung bedeutsamer Umstände), 118 IV 7 (Beginn der Straffälligkeit deckt sich mit jenem einer schweren allergischen oder psychosomatischen Erkrankung), 119 IV 123 (bei Tatbegehung im alkoholisierten Zustand kann die Begutachtung unterbleiben, wenn außer der Blutalkoholkonzentration keine weiteren Indizien für Zweifel an der Zurechnungsfähigkeit bestehen). Bei *Drogensüchtigen* muß sich der kantonale Richter ausdrücklich über die Erforderlichkeit eines Gutachtens äußern: BGE 102 IV 75, BJM 1984, 42. Dieses ist u. U. auch dann einzuholen, wenn die körperliche

Drogenabhängigkeit nicht mehr besteht: Pr 79 (1990) Nr. 176. – Begehung der Tat in *angetrunkenem Zustand* allein bildet noch keinen Grund, um an der Zurechnungsfähigkeit des Täters zu zweifeln: BGE 91 IV 68, 107 IV 6, ebensowenig der Hinweis auf zwei früher erlittene Hirnerschütterungen: Sem 1977, 248. – Für die Anordnung einer *sichernden Maßnahme* bedarf es einer eindeutigen Stellungnahme des Gutachtens: BGE 101 IV 128. – Dem Richter ist nicht verboten, einen bestimmten biologisch-psychologischen Sachverhalt, den er als verminderte Zurechnungsfähigkeit würdigt, *anders* als durch ein psychiatrisches Gutachten festzustellen: BGE 81 IV 7, vgl. aber BGE 106 IV 242, wonach die Behörde, welche den Täter nicht für voll zurechnungsfähig hält, stets ein Gutachten einzuholen habe. Ob auch eine von der Verteidigung eingereichte Privatexpertise ausreicht, entscheidet der Richter nach seinem Ermessen (BGE 113 IV 1). – Auf ein früher erstattetes Gutachten darf abgestellt werden, wenn sich der Geisteszustand des Täters seither nicht geändert hat; dies ist Tatfrage: BGE 106 IV 237. – Im *Wiederaufnahmeverfahren* darf von einer weiteren Begutachtung abgesehen werden, wenn voraussichtlich keine wesentlich neuen Tatsachen mehr festgestellt werden können, die möglicherweise zu erheblich milderer Bestrafung führen: BGE 101 IV 249. – Die Begutachtung muß einem *Facharzt* für Psychiatrie übertragen werden: BGE 84 IV 138. – Mit der *eidgenössischen Nichtigkeitsbeschwerde* kann nur geltend gemacht werden, daß trotz Vorliegen der Voraussetzungen von Art. 13 I überhaupt kein Gutachten über die Zurechnungsfähigkeit und die Zweckmäßigkeit von Maßnahmen eingeholt wurde. Hingegen steht für die Rüge, die Vorinstanz habe zu Unrecht auf ein bestimmtes Gutachten (nicht) abgestellt oder auf die Einholung einer zweiten Expertise verzichtet, auf Bundesebene ausschließlich die staatsrechtliche Beschwerde wegen Verletzung von BV Art. 4 zur Verfügung: BGE 106 IV 99, 107 IV 4, Sem 1986, 76, vgl. auch RS 1985 Nr. 861. – Wurde auf ein früher erstattetes Gutachten abgestellt, kann mit der Nichtigkeitsbeschwerde nur geltend gemacht werden, daß die Vorinstanz aufgrund der von ihr festgestellten seitherigen Änderungen im Geisteszustand des Täters eine neue Expertise hätte anordnen müssen: BGE 106 IV 238.

Abs. 2: Das Gutachten unterliegt der *freien Beweiswürdigung* durch den Richter; dieser braucht der Auffassung des Experten nicht zu folgen: BGE 81 IV 7, 96 IV 97. Eine Abweichung ist aber nach Auffassung des Bundesgerichts nur dann erlaubt, wenn zuverlässig bewiesene Tatsachen dessen Überzeugungskraft ernstlich erschüttern: BGE 101 IV 129, wenn triftige Gründe für ein Abweichen in *Fachfragen* sprechen: BGE 102 IV 226 (keine Ermessensüberschreitung, wenn gutachtlich festgestellter biologischer Zustand nicht angezweifelt, aber für Annahme verminderter Zurechnungsfähigkeit als nicht ausreichend erachtet wird), 107 IV 8 (bei Vorliegen mehrerer voneinander abweichender Gutachten kann der Richter «in freier Würdigung seine Wahl treffen, ohne an eine andere Schranke als diejenige des Willkürverbotes gebunden zu sein»). – Das Gutachten hat sich bei verminderter Zurechnungsfähigkeit auch über den Grad ihrer Herabsetzung zu äußern: BGE 106 IV 242. – *Kognition des Bundesgerichts:* vgl. Bem. zu Art. 10 und 11.

Aufgehoben durch BG vom 18. März 1971 ab 1. Juli 1971.   **14 bis 17**

3. Schuld

Vorsatz und Fahrlässigkeit

[1] Bestimmt es das Gesetz nicht ausdrücklich anders, so ist nur strafbar, wer ein Verbrechen oder ein Vergehen vorsätzlich verübt.   **18**

[2] Vorsätzlich verübt ein Verbrechen oder ein Vergehen, wer die Tat mit Wissen und Willen ausführt.

[3] Ist die Tat darauf zurückzuführen, daß der Täter die Folge seines Verhaltens aus pflichtwidriger Unvorsichtigkeit nicht bedacht oder darauf nicht Rücksicht genommen hat, so begeht er das Verbrechen oder Vergehen fahrlässig. Pflichtwidrig ist die Unvorsichtigkeit, wenn der Täter die Vorsicht nicht beobachtet, zu der er nach den Umständen und nach seinen persönlichen Verhältnissen verpflichtet ist.

Art. 18: – Entgegen dem Titel der Bestimmung stellen Vorsatz und Fahrlässigkeit nach heute überwiegender Meinung keine Schuldformen, sondern Elemente des jeweiligen Tatbestandes dar; schon dieser entfällt bei ihrem Fehlen.

Abs. 1 gilt auch für die Übertretungstatbestände des StGB (Art. 102), dagegen nicht für jene der Nebenstrafgesetzgebung: Art. 333 Abs. 3.

Abs. 2: *Wissen:* Anforderungen bei normativen Tatbestandsmerkmalen: BGE 99 IV 59. – Zum Vorsatz gehört nur das auf die objektiven Merkmale des Deliktstatbestandes bezogene Wissen und Wollen, nicht aber auch das Bewußtsein der Rechtswidrigkeit oder gar dasjenige der Strafbarkeit: BGE 99 IV 58, 104 IV 182, 107 IV 192, 207. Fehlt das Bewußtsein der Rechtswidrigkeit, so gilt Art. 20: BGE 90 IV 49. Der Vorsatz umfaßt den tatbestandsmäßigen Erfolg auch dann, wenn dieser durch einen von den Vorstellungen des Täters nur unwesentlich abweichenden Kausalverlauf bewirkt wurde: BGE 109 IV 95. – *Willen:* Der deliktische Erfolg muß mit dem vom Täter erstrebten Ziel nicht übereinstimmen; es genügt, daß er jenen Erfolg, mag ihm dieser gleichgültig oder sogar unerwünscht sein, als notwendige Folge oder als Mittel zur Erreichung des verfolgten Zwecks in seinen Entschluß miteinbezogen hat: BGE 98 IV 66, 99 IV 60, 119 IV 194 (auch dann liegt direkter Vorsatz vor). Ebenso irrelevant ist das Motiv: BGE 100 IV 182, 101 IV 66. – Aus dem Wissen des Täters um das Vorliegen eines objektiven Tatbestandsmerkmals allein kann ohne weiteres auf das Wollen geschlossen werden, wenn sein (jenes Merkmal umfassendes) Handeln vernünftigerweise nicht anders denn als Billigung des vom Gesetz verpönten Verhaltens ausgelegt werden kann: BGE 99 IV 62 (Unzüchtigkeit eines vorgeführten Films). – *Eventualvorsatz* genügt nach ständiger Praxis des Bundesgerichtes: vgl. BGE 96 IV 99, 99 IV 60, 108 Ib 303. Er liegt vor, wenn der Täter den als möglich vorausgesehenen Erfolg für den Fall seines Eintritts billigt, sich mit ihm abfindet oder ihn in Kauf nimmt: BGE 96 IV 100, vgl. BGE 98 IV 66 und 105 IV 14 (das Willenselement muß in gleicher Weise erfüllt sein wie beim direkten Vorsatz), 103 IV 68 (der Erfolg kann dem Täter auch unerwünscht sein), 104 IV 36, 105 IV 14, 177, 109 IV 51. – Aus dem Wissen des Täters um den möglichen Eintritt des Erfolges allein darf auf das Wollen geschlossen werden, wenn sich ihm dieser als so wahrscheinlich aufdrängte, daß sein Verhalten vernünftigerweise nicht anders denn als Billigung jenes Erfolges ausgelegt werden kann: BGE 92 IV 67, vgl. BGE 99 IV 62, 101 IV 46, 104 IV 36, 109 IV 140; nach BGE 80 IV 191, 101 IV 46 *muß* der Richter alsdann diesen Schluß ziehen. – Eventualvorsatz genügt *nicht,* wenn das Gesetz ein Verhalten «wider besseres Wissen» oder eine «wissentliche Gefährdung» verlangt: BGE 76 IV 244, 94 IV 66. – Vorsatz bei Unterlassungsdelikten (vgl. zu diesen Bem. zu Art. 9): Der Garant ist als Vorsatztäter strafbar, wenn er die Tatbestandsverwirklichung erkennt oder als möglich voraussieht und sie dennoch nicht nach seinen Möglichkeiten in ihrer Wirkung aufhebt oder verhindert, weil er sie will oder zumindest in Kauf nimmt: BGE 105 IV 174. – Was der Täter weiß, will oder in Kauf nimmt, ist *Tatfrage* (BStP Art. 277bis): BGE 98 IV 66 und 259, 100 IV 121, 221, 237 und 247, 101 IV 50, 104 IV 36, 119 IV 2. – Wo das Gesetz eine über den zur Vollendung des Deliktes gehörenden objektiven Tatbestand hinausgehende *Absicht* verlangt, ist darunter nicht der Beweggrund der Tat zu verstehen, sondern ein besonderer, auf eine künftige Handlung oder den zukünftigen Eintritt eines Erfolges gerichteter *Vorsatz;* Eventualabsicht genügt: BGE 74 IV 45, 105 IV 36, vgl. BGE 101 IV 206, 102 IV 83 und 105 IV 335. Nach diesen Entscheiden soll indessen keine Absicht im Sinne von Art. 148 (nunmehr Art. 146) vorliegen, wenn der vorausgesehene Erfolgseintritt für den Täter bloß gleichgültige oder unerwünschte Folge eines von ihm erstrebten anderen Erfolges ist (dagegen mit Recht *Schultz,* ZBJV 112 [1976] 419). – Das Vorliegen der Absicht ist Tatfrage: BGE 99 IV 8, 100 IV 148, 178.

Abs. 3: *Pflichtwidrige Unvorsichtigkeit:* Die Vorsicht, welche der Täter nicht beachtet hat, muß objektiv geboten und subjektiv zumutbar gewesen sein: es kann ihm als strafrechtliche Fahrlässigkeit nur das angerechnet werden, was unter den Tatumständen von ihm bei Anwendung der gebotenen Vorsicht und bei Berücksichtigung seiner Kenntnisse und Erfahrungen erwartet werden durfte: BGE 99 IV 65, 131, 103 IV 13 f., 292, vgl. ZR 69 Nr. 39 Erw. 3. – Pflichtwidrig handelt schon, wer eine Aufgabe übernimmt, obschon ihm die fachlichen Voraussetzungen für ihre Bewältigung erkennbarerweise fehlen: BGE 106 IV 313 (Anstellung als Sprengmeister). – Besondere Kenntnisse oder Erfahrungen des Täters führen zu einer erhöhten Sorgfaltspflicht: BGE 97 IV 172, vgl. auch BGE 98 IV 177, 103 IV 292, 104 IV 19.

Wo besondere Normen ein bestimmtes Verhalten gebieten, bemißt sich die gebotene Sorgfalt in erster Linie nach diesen (BGE 116 IV 308, 118 IV 133). Doch rechtfertigt nicht jeder Verstoß gegen eine gesetzliche Verhaltensregel den Vorwurf der Fahrlässigkeit, wie umgekehrt ein solcher begründet sein kann, auch wenn nicht gegen eine bestimmte Verhaltensregel verstoßen wurde: BGE 106 IV 81 (Sprengarbeiten), vgl. schon BGE 85 IV 48 (Straßenverkehr), 99 IV 65 und 104 IV 19 (Eisenbahnverkehr). – Es ist entschuldbar, wenn der Fahrzeuglenker, der sich durch vorschriftswidriges Verhalten eines andern plötzlich in eine gefährliche Lage versetzt sieht, von verschiedenen Maßnahmen nicht diejenige ergreift, welche bei nachträglicher Überlegung als die objektiv zweckmäßigste erscheint: BGE 83 IV 84, vgl. BGE 106 IV 395. Der vorschriftsgemäß fahrende Straßenbenützer braucht nach dem Vertrauensgrundsatz (SVG Art. 26) in der Regel Fehlverhalten anderer Verkehrsteilnehmer nicht in Rechnung zu stellen: BGE 99 IV 21, 175, 101 IV 241, 104 IV 30, 106 IV 393, 107 IV 46 und SJZ 80 (1984) 307, vgl. aber BGE 106 IV 395 (erkennbare Anzeichen für Fehlverhalten). – Allgemein ist Zeitnot zu berücksichtigen, die nur eine beschränkte Möglichkeit zur Überlegung läßt: BGE 98 IV 9.

Wer einen gefährlichen Zustand schafft, ist dazu verpflichtet, die nach den Umständen erforderlichen Maßnahmen zu treffen, um eine Verwirklichung der Gefahr zu verhindern. BGE 90 IV 11 und 250, 101 IV 30. – Ob ein bestimmtes Verhalten unter den vom kantonalen Richter festgestellten Umständen und persönlichen Verhältnissen des Täters pflichtwidrig-unvorsichtig war, ist Rechtsfrage: BGE 99 IV 64.

Sorgfaltspflichten im einzelnen: BGE 75 IV 9 (Schlittschuhläufer), 80
IV 50 und 106 IV 350 (Skifahrer, FIS-Regeln als Maßstab für die zu beachtende Sorgfalt), 91 IV 118 und 118 IV 140 (Leitung einer Skifahrer-
gruppe bei Lawinengefahr), 101 IV 396, 109 IV 100, 111 IV 16 und 117
IV 417 (Verkehrssicherungspflicht für Skipisten; vgl. auch ZBJV 113
[1977] 436), RS 1985 Nr. 777, SJZ 85 (1989) 323 und BGE 115 IV 189,
83 IV 15 (Hochtour mit ungeübter Begleiterin), 91 IV 183 (Leitung
eines Gebirgskurses), 100 IV 212 (Faktischer Leiter einer Bergsteiger-
gruppe), 91 IV 129 (Delegation der Leitung eines Ausrittes durch Reit-
lehrer), 88 IV 2 (Wasserskifahrer), BGE 109 IV 104 (regelwidriges
Fußballspiel; dazu recht 1984, 56). – BGE 79 IV 168 (Rangierleiter), 88
IV 102 (unterbliebenes Abschalten der Fahrleitung bei Entladearbei-
ten im Bahnbetrieb), 90 IV 9 (Transport von Betonplatten), 90 IV 248
(Grabarbeiten im Bereich von Leitungen), 91 IV 158 (Signalisation
einer Baustelle), 99 IV 130 (unrichtiges Auffüllen eines Grabens; Gas-
austritt), ZR 69 Nr. 39 (Verantwortlichkeit eines Werkplatzleiters für
richtige Instruktion des Personals), BGE 92 IV 86, 101 IV 149 (vorschriftswidriges Verhalten bei Installationsarbeiten), 110 IV 70 (Über-
lassung eines Gerätes ohne Instruktion über die mit seiner Verwendung
verbundenen speziellen Unfallgefahren), BGE 101 IV 30 (Unterlassene Instruktion von Arbeitern über Gefahren bei Grabarbeiten),
BGE 104 IV 97 (Überwachungspflichten des Bauführers), 106 IV 265
(Sorgfaltspflicht bei Wahl einer ungewöhnlichen Konstruktionsme-
thode), 112 IV 4, Pr 1988 N 1. 233 (mangelnde Sicherung bei Dachar-
beiten), SJZ 73 (1977) 205 (bewußte und unbewußte Fahrlässigkeit bei
unsachgemäßem Gebrauch von Propangasflaschen), 103 IV 154 (Änderung von Herstellungsverfahren in einer chemischen Fabrik), 103 IV
292 (Betrieb eines Skiliftes ohne «Zielwächter»), BGE 96 IV 3 (Barrie-
renwärterin), 99 IV 64 (Bedienung eines Stellwerkes durch Stations-
lehrling), 83 IV 141 (Überanstrengung eines jugendlichen Angestellten), ZR 71 Nr. 60 (mit Röntgenstrahlen arbeitender Spezialarzt), ZR
71 Nr. 110 (Vorkehren bei Operation durch einen Privatarzt). – BGE
108 IV 5 (angeblicher Fachmann ermuntert eine Patientin zur Weiterführung einer totalen Fastenkur und zieht bei Verschlechterung ihres
Gesundheitszustandes keinen Arzt bei). – BGE 116 IV 185 (unterlassene Schließung einer lawinengefährdeten Straße), 116 IV 310 (ungenügende Signalisation einer Straßenbaustelle). – BGE 89 IV 9 (Vorsichtspflicht des Fahrzeugführers gegenüber am Straßenrand befindlichen Kindern), 90 IV 219, 91 IV 80, 92 IV 23 (Vorsichtspflicht bei Fußgängerstreifen), BGE 103 IV 108, 106 IV 393 (Vorsichtspflicht gegenüber Fußgängern außerhalb von Fußgängerstreifen), 103 IV 103 (Verletzung der Vorsichtspflicht eines Automobilisten gegenüber einem
sich verkehrswidrig verhaltenden Mopedfahrer verneint), BGE 94 IV

25 (Zulässige Geschwindigkeit bei nächtlicher Autofahrt), 106 IV 399 (nächtliches Abstellen eines Anhängers ohne Pannendreieck), 95 IV 140 (sichtbehindernde Straßenreinigung), 97 IV 163 (Fahrt mit Straßenbelagsmaschine bei unsichtigem Wetter), 98 IV 11 (Überlassen eines Autos an einen fahrunfähigen Führer), 104 IV 208 (Berechnung der Nutzlast eines Fahrzeuges). – BGE 91 IV 139 (Ablegen einer brennenden Zigarette im Freien), 103 IV 13 (Ablegen einer geladenen Pistole, mit der Jugendliche spielen), 97 IV 171, 98 IV 5 (Helikopterpilot), 104 IV 49 (unterlassene Abklärung von Wetter- und Sichtverhältnissen vor Antritt eines Fluges), 102 IV 141 (fahrlässiges Jagenlassen von Hunden), 103 IV 13 (Versorgen von Waffen und Munition), SJZ 79 (1983) 44 (Pflichten des Leiters eines Lagers für Jugendliche), RS 1985 Nr. 66 (Pflichten des Leiters eines Fallschirmspringens).

Erforderliche Beziehung zwischen pflichtwidrig-unvorsichtigem Verhalten und Eintritt des tatbestandsmäßigen Erfolges (außer dem natürlichen Kausalzusammenhang bei Begehungsdelikten):

a) Obwohl dieses Element Voraussetzung für die Vorhersehbarkeit des Erfolgseintrittes bildet, also keine selbständige Bedeutung hat, verlangt das Bundesgericht als erstes den *adäquaten Kausalzusammenhang* zwischen dem Verhalten des Täters und dem Eintritt der Verletzung. Er liegt vor, wenn das sorgfaltswidrige Verhalten des Täters nach den Erfahrungen des Lebens und dem gewöhnlichen Lauf der Dinge geeignet war, einen Erfolg von der Art des eingetretenen herbeizuführen oder zu begünstigen: BGE 111 IV 19, 116 IV 185, 117 IV 133, 118 IV 134. Jenes Verhalten braucht nicht die einzige oder unmittelbare Ursache des Erfolges gewesen zu sein: BGE 91 IV 187. Von anderen Personen gesetzte Mitursachen vermögen den Kausalzusammenhang nur aufzuheben, wenn sie derart unsinnigem Verhalten zuzuschreiben sind, daß nach dem gewöhnlichen Lauf der Dinge damit schlechthin nicht hätte gerechnet werden müssen (fragwürdig): BGE 92 IV 88, vgl. BGE 94 IV 27, 95 IV 143, 106 IV 402, ähnlich BGE 103 IV 291 für mitwirkende Materialfehler. Das Vorliegen des natürlichen Kausalzusammenhanges ist Tatfrage, des adäquaten Kausalzusammenhangs Rechtsfrage: BGE 97 IV 245, 98 IV 173, 101 IV 152, 117 IV 133.

b) Der Erfolgseintritt muß für den konkreten Täter bei Anwendung der nach den Umständen und seinen persönlichen Verhältnissen erforderlichen Vorsicht als Folge seines sorgfaltswidrigen Verhaltens *voraussehbar* gewesen sein; ob dies zutrifft, ist Rechtsfrage: BGE 99 IV 131, vgl. auch BGE 87 IV 64, 158, 93 IV 115, 100 IV 280 (Voraussehbarkeit in problematischer Weise trotz außergewöhnlicher bzw. komplizierter Kausalverläufe bejaht). Ob der Täter hätte bedenken können und sollen, daß sich die Ereignisse gerade so abspielen würden, wie sie sich dann zugetragen haben, ist unerheblich: BGE 98 IV 17.

c) Der Eintritt des Erfolges hätte bei Anwendung der pflichtgemä-
ßen Sorgfalt *vermieden* werden können (unzutreffenderweise auch als
«natürlicher Kausalzusammenhang» bezeichnet). Diese Voraussetzung ist nach der Rechtsprechung des Bundesgerichtes erfüllt, wenn
der Erfolg durch Anwendung pflichtgemäßer Vorsicht höchstwahrscheinlich vermieden worden wäre, keinen Unterschied macht es dabei aus, ob die Pflichtwidrigkeit in einem Tun oder Unterlassen liegt:
BGE 105 IV 20, 106 IV 395, 108 IV 20, 110 IV 74, 116 IV 310, 116
IV 185, 310. Abzulehnen ist demgegenüber im Hinblick auf Art. 1
die sog. Risikoerhöhungstheorie, wonach es ausreichen soll, wenn
das unsorgfältige Verhalten die Gefahr erheblich steigerte (vgl. immerhin BGE 116 IV 311 betr. eine Ausnahme bei Unmöglichkeit,
über einen hypothetischen Geschehensablauf beweismäßig Aussagen
zu machen). Ob und gegebenenfalls mit welcher Wahrscheinlichkeit
pflichtgemäßes Verhalten den Erfolgseintritt abgehalten hätte, ist
Tatfrage (BGE 103 IV 291, vgl. BGE 105 IV 21, unklar BGE 106 IV
402).

Als *Rechtfertigungsgründe* für regelmäßig als pflichtwidrig-unvorsichtig anzusehende Verhaltensweisen kommen in Betracht: Notwehr
(vgl. BGE 79 IV 151), Notstand (vgl. BGE 75 IV 49), Einwilligung des
Verletzten in die Gefährdung (vgl. BGE 109 IV 105, BGE 114 IV 103)
und Wahrung berechtigter Interessen (BGE 113 IV 7) – Die Konstruktion einer Mittäterschaft beim fahrlässigen Erfolgsdelikt bei fehlendem
Nachweis, wer von zwei sorgfaltswidrig handelnden Personen den schädigenden Erfolg verursachte (BGE 113 IV 58), ist mit dem Gesetz nicht
vereinbar.

Irrige Vorstellung über den Sachverhalt

19 [1] Handelt der Täter in einer irrigen Vorstellung über den Sachverhalt, so beurteilt der Richter die Tat zugunsten des Täters
nach dem Sachverhalte, den sich der Täter vorgestellt hat.

[2] Hätte der Täter den Irrtum bei pflichtgemäßer Vorsicht
vermeiden können, so ist er wegen Fahrlässigkeit strafbar, wenn die fahrlässige Verübung der Tat mit Strafe bedroht
ist.

Art. 19: Die irrige Vorstellung über den Sachverhalt kann sich
einerseits als sog. Tatbestandsirrtum, andererseits als Irrtum über das
Vorliegen der tatsächlichen Voraussetzungen eines Rechtfertigungsgrundes auswirken.

Tatbestandsirrtum liegt vor, wenn dem Täter das Wissen um das
Vorliegen eines von ihm objektiv verwirklichten Merkmals des Tat-

bestandes und damit der gemäß Art. 18 Abs. 1 geforderte Vorsatz fehlt. Irrtümer über Umstände, die den Tatbestand nicht berühren, z. B. über die Identität eines vom Täter angegriffenen Menschen oder der von ihm weggenommenen Sache, fallen außer Betracht. Bedeutsam sind dagegen falsche Vorstellungen über alle Tatbestandselemente, die vom Vorsatz erfaßt sein müssen, auch wenn ihr Vorliegen von Rechtsnormen oder Rechtsverhältnissen abhängt: BGE 82 IV 202, 109 IV 66 (Abgrenzung zum Rechtsirrtum nach Art. 20). Nach BGE 117 IV 272 ist Art. 19 auch anwendbar bei Irrtum über einen Umstand tatsächlicher Natur, der einen Strafausschluß- oder Strafmilderungsgrund bildet. – Rechtsfolgen des Tatbestandsirrtums: Gemäß Art. 19 Abs. 1 ist der Täter, wenn seine Vorstellung einem mit geringerer Strafe bedrohten Tatbestand entspricht, nach diesem zu bestrafen (und zwar wegen vollendeter Tat), sonst entfällt seine Strafbarkeit wegen eines Vorsatzdeliktes. In beiden Fällen ist weiter abzuklären, ob die Voraussetzungen von Art. 19 Abs. 2 (vgl. hiezu BGE 101 1b 36, 104 IV 262) gegeben sind. Ist dies der Fall, tritt die Verurteilung wegen des betreffenden Fahrlässigkeitsdeliktes zur allfälligen Bestrafung nach Abs. 1 hinzu.

Einzelne Fälle: BGE 71 IV 90 und 185 (der Täter hält die von ihm behändigte, tatsächlich noch in fremdem Gewahrsam befindliche Sache für verloren: Beurteilung als Fundunterschlagung statt als Diebstahl), 82 IV 201 (Irrtümliche Annahme, eine Münzart besitze den von Art. 240 ff. geforderten gesetzlichen Kurs nicht), 85 IV 191 (Straflosigkeit der Aneignung von Sachen bei irrtümlicher Annahme, der Eigentümer habe sie nicht verloren, sondern das Eigentum daran aufgegeben), 98 IV 20 (Wegnahme einer Sache, auf die der Täter einen Anspruch zu haben glaubt: Mangels Absicht der unrechtmäßigen Bereicherung Beurteilung als Sachentziehung statt als Diebstahl), 105 IV 36 (Ausschluß von Veruntreuung mangels Absicht unrechtmäßiger Bereicherung, weil der Täter irrtümlich das Bestehen einer Schuld ihm gegenüber annahm, für die er sich bezahlt machen wollte), 116 IV 145 (der Täter hält den von ihm verletzten, einem anderen gehörenden Habicht, einen Jagdvogel, irrtümlich für einen wildlebenden Sperber), 116 IV 156 (vermeintlich fehlende Befugnis eines Beamten zu einer Handlung bei Art. 286); vgl. ferner BGE 75 IV 75, 80 IV 92, 102 IV 11, 116 IV 156, Pr 83 Nr. 175.

Irrtümliche Annahme der *tatsächlichen Voraussetzungen eines Rechtfertigungsgrundes*: vgl. BGE 93 IV 83 und 102 IV 67 zur Putativnotwehr, BGE 75 IV 52 und 98 IV 50 zum Putativnotstand. Ein derartiger Irrtum führt zur Straflosigkeit wegen des vom Täter verwirklichten Vorsatzdeliktes, sofern kein Notwehr- bzw. Notstandsexzeß vorliegt (vgl. RS 1983 Nr. 420). – Was sich der Täter vorstellte, ist Tatfrage (BGE 116 IV 145).

Rechtsirrtum

20 Hat der Täter aus zureichenden Gründen angenommen, er sei zur Tat berechtigt, so kann der Richter die Strafe nach freiem Ermessen mildern (Art. 66) oder von einer Bestrafung Umgang nehmen.

Art. 20: Verhältnis des Verbotsirrtums zum Vorsatz: BGE 90 IV 49, 99 IV 58 (kein Entfallen des Vorsatzes), zum Sachverhaltsirrtum BGE 103 IV 253 (Rechtsirrtum bezieht sich auf Strafbarkeit des Sachverhaltes, den sich der Täter richtig vorstellte) und BGE 109 IV 66 (Art. 20 regelt ausschließlich den Irrtum darüber, ob ein bestimmtes Verhalten verboten ist), 115 IV 167, 118 IV 175. – Handeln im Bewußtsein, Unrecht zu tun, schließt Rechtsirrtum schlechthin aus: BGE 99 IV 250, 104 IV 184, 118 IV 175. – Rechtsunkenntnis entschuldigt grundsätzlich nicht, sofern die Rechtsnorm genügend klar ist: BGE 97 IV 66, 98 IV 303, 100 IV 247, 104 IV 184 (Ausnahme für Rechtsfragen, die der Täter wegen ihrer besonderen Natur und erhöhten Kompliziertheit nicht erkennen konnte) 106 IV 319, 112 IV 132, ebensowenig Verkennen einer Rechtsnorm, wenn sie so klar ist, daß auch ein Rechtsunkundiger das darin enthaltene Verbot oder Gebot erkennen kann: BGE 100 IV 246 (Zumutbarkeit, sich bei erlassender Behörde über Tragweite einer Ausweisungsverfügung zu erkundigen). Gleiches gilt für den sog. Subsumtionsirrtum, d. h. jenen über die anwendbare Strafbestimmung (BGE 112 IV 132).

Auf Rechtsirrtum kann sich nur berufen, wer zureichende Gründe zur Annahme hatte, er tue *überhaupt nichts Unrechtes,* und nicht schon, wer die Tat bloß für straflos hielt: BGE 98 IV 303, 99 IV 185 und 250 (für den Ausschluß eines Rechtsirrtums genügt schon das unbestimmte Empfinden, daß das in Aussicht genommene Verhalten gegen das verstößt, was recht ist; dabei sind die Auffassungen der Rechtsgemeinschaft maßgebend, welcher der Täter angehört. Sein Empfinden, seine Handlung widerspreche den herrschenden sittlichen Vorstellungen über die sozialen Beziehungen, stellt einen gewichtigen Hinweis auf sein Unrechtsbewußtsein dar), 104 IV 218 (fehlendes Bewußtsein der Rechts- und Sittenwidrigkeit des Beischlafes mit einem 15jährigen Mädchen bei einem Süditaliener).

Zureichend ist ein Grund, wenn dem Täter aus seinem Rechtsirrtum kein Vorwurf gemacht werden kann, weil er auf Tatsachen beruht, durch die sich auch ein gewissenhafter Mensch hätte in die Irre führen lassen: BGE 98 IV 303, 99 IV 186 (das Gesetz verlangt vom Täter eine gewissenhafte Überlegung oder ein Erkundigen bei Behörden oder vertrauenswürdigen Personen. Hat er von einer ihm objektiv gegebenen Gelegenheit, auf solche Weise die Rechtswidrigkeit seines Verhaltens zu erkennen, keinen Gebrauch gemacht, obgleich dazu für ihn Anlaß bestand, so handelt es sich um einen nach Art. 20 unerheblichen Rechtsirrtum. Besonders sorgfältig ist das Vorliegen zureichender Gründe zu prüfen, wenn der Täter annimmt, seine Handlung sei wohl erlaubt, aber nach vorherrschender sittlicher Anschauung verpönt), BGE 99 IV 251 (wer sich Rechenschaft gibt oder geben sollte von der Mißbilligung, die seine Handlung bei den meisten seiner Mitbürger unfehlbar erregen wird, ist verpflichtet, geeignete Erkundigungen einzuziehen), BGE 103 IV 254, 104 IV 220, 265 (zureichende Gründe des Täters dafür, seine Tat für *nicht strafbar* zu halten, sind ungenügend), 116 IV 68 (fraglich); seine Gründe müssen die Annahme, er tue *überhaupt kein Unrecht,* zu entschuldigen vermögen: BGE 100 IV 51. In BGE 116 IV 68 billigte das Bundesstrafgericht jedoch einer Beamtin trotz ihrer juristischen Ausbildung in kaum haltbarer Weise «zureichende Gründe» für einen Rechtsirrtum bei einer Verletzung des Amtsgeheimnisses zu, weil sie die Befugnisse ihrer von ihr außergewöhnlich verehrten Vorgesetzten, auf deren Weisung sie handelte, außerordentlich hoch eingeschätzt habe. – Aufklärung des Täters durch Behörden bzw. Beamte über die Rechtslage schließt Berufung auf Art. 20 aus: BGE 83 IV 202, 88 IV 123, 90 IV 119, 95 IV 170, 97 IV 83, 100 IV 51, 108 IV 170, ZR 78 Nr. 89, vgl. auch ZR 84 Nr. 73 (Aufforderung, keine Pornofilme mehr zu zeigen).

Zureichende Gründe können dagegen bestehen in der unrichtigen Belehrung durch die zuständige Behörde: BGE 79 IV 41, 98 IV 287 (vgl. auch RS 1984 Nr. 647), vorausgegangenem Freispruch des Täters wegen einer ähnlichen Handlung: BGE 91 IV 164, 99 IV 186, jahrelangem Dulden der gleichen strafbaren Handlung durch die Polizei: BGE 91 IV 204, ZR 78 Nr. 89, vgl. aber auch BGE 99 IV 125 (Duldung in anderem Kanton genügt nicht), der Unklarheit einer Bestimmung, die zu entgegengesetzten Auffassungen innerhalb der Justizbehörden führt: BGE 97 IV 66. – Die unrichtige Auskunft eines Rechtsanwaltes gibt indessen dem falsch Beratenen nicht in jedem Falle Anspruch auf Strafbefreiung wegen Rechtsirrtums: BGE 92 IV 73 (unlauterer Wettbewerb), vgl. auch BGE 98 IV 303.

Weitere Einzelfälle, in denen die Voraussetzungen von Art. 20 *verneint* wurden: BGE 70 IV 162 (Unzucht mit unmündiger Pflegebefohlenen, die mit dem Täter verlobt ist), 75 IV 152 (Unzucht mit weniger als 16 Jahre altem, aber geistig und körperlich reifem Kind), 75 IV 173 (Strafschuß auf Jagdhund), 79 IV 133 (Gültigkeit des Lernfahrausweises nur für begleitete Fahrten), 80 IV 275 (widersprüchliche Straßensignalisation), 81 IV 111 (nach Art. 206 unzulässiges Anlocken zur Unzucht auch bei Duldung der Gewerbsunzucht durch die Polizei), 81 IV 295 (Regelung des Vortrittsrechts innerorts), 82 IV 17 (Fernbleiben von der angekündigten Pfändung wegen deren vermeintlicher Unzulässigkeit an Samstagen), 83 IV 202 (Gültigkeitsdauer von Retourbilletten), 86 IV 214 (Unzucht mit Kind, welches nach Heimatrecht ehemündig ist), 88 IV 123 (Glaubens- und Gewissensfreiheit schließt Militärpflichtersatz nicht aus), 90 IV 118 (zulässige Zahl von Lehrlingen in einem Betrieb), 94 IV 39 (unlauterer Wettbewerb, Berufung auf gleiches Verhalten anderer Kaufleute), 95 IV 170 (Führerausweisentzug verbietet auch Fahren mit ausländischem Ausweis), 97 IV 83 (vermeintliche Rechtfertigung einer Betriebsstörung durch die Demonstrationsfreiheit), 98 IV 303 (Werbeveranstaltung als unerlaubte Lotterie), 99 IV 185 und 250 (Zulässigkeit der Vorführung anstößiger Filme), 100 IV 51 (Verwendung einer nicht bewilligten Abhöranlage zur Aufzeichnung von Telefongesprächen), 101 Ib 36 (Annahme, Automobil gelte bei Grenzübertritt als «persönliche Habe»), 101 IV 404 (private Festnahme), 102 IV 88 (notarielle Feststellung der Gleichzeitigkeit zweier Willenserklärungen), 103 IV 205 (Verwendung einer anderen als der im Handelsregister eingetragenen Firma), 103 IV 254 (Zulässigkeit der Darstellung geschlechtlicher Vorgänge in einer Jugendzeitschrift), 104 IV 183 (wirtschaftlicher Nachrichtendienst), 104 IV 46 (Verletzung des Gewässerschutzgesetzes durch Versenken eines Tresors), 104 IV 264 (Pflicht zur Bedienung des Fahrtenschreibers), 106 IV 315 (Abschießen streunender Hunde in Tollwutsperrgebieten).

Ob der Täter mit Unrechtsbewußtsein handelte, ist *Tatfrage* (BStP Art. 277bis), ob er zureichende Gründe für seine Annahme hatte, zur Tat berechtigt zu sein, ist *Rechtsfrage* (BStP Art. 269 Abs. 1): BGE 98 IV 259, 118 IV 175. – Werden die Voraussetzungen von Art. 20 bejaht, so liegt es im Ermessen des Richters, ob er von einer Strafe Umgang nimmt oder sie bloß mildert: BGE 91 IV 165, 92 IV 73.

4.   Versuch

Unvollendeter Versuch. Rücktritt

21 [1] Führt der Täter, nachdem er mit der Ausführung eines Verbrechens oder eines Vergehens begonnen hat, die strafbare Tätigkeit nicht zu Ende, so kann er milder bestraft werden (Art. 65).

[2] Führt er aus eigenem Antriebe die strafbare Tätigkeit nicht zu Ende, so kann der Richter von einer Bestrafung wegen des Versuches Umgang nehmen.

Zu Art. 21–23: Strafbarkeit des Versuches bei *Übertretungen:* Art. 104 Abs. 1. – Versuch kann auch mit Eventualvorsatz begangen werden: BGE 103 IV 67, 112 IV 65, Pr 71 Nr. 278. Bestrafung wegen der vollendeten Tat gilt auch die unmittelbar vorausgegangenen Versuche ab: ZR 64 Nr. 32 (zu eng BGE 79 IV 60). Gleiches gilt bei Verurteilung wegen gewerbsmäßiger Verübung bestimmter Straftaten in bezug auf die Fälle, wo es beim Versuch blieb: ZR 66 Nr. 49.

Art. 21: Strafbarkeit tritt regelmäßig erst bei Beginn der Ausführung einer Straftat gemäß Art. 21 Abs. 1 ein; vorausgehende Vorbereitungshandlungen werden nur ausnahmsweise mit Strafe bedroht (Art. 260bis).

Abs. 1: *Abgrenzung zwischen strafloser Vorbereitungshandlung und Beginn der Ausführung:* Das Bundesgericht steht auf dem Boden der *subjektiven Theorie.* Darnach beginnt der Täter mit der «Ausführung», wenn er den letzten entscheidenden Schritt vollzieht, von dem es in der Regel kein Zurück mehr gibt, es sei denn wegen äußerer Umstände, die eine Weiterverfolgung der Absicht erschweren oder verunmöglichen; BGE 87 IV 155, 99 IV 153, 104 IV 181, 114 IV 114, 117 IV 384, 396, 119 IV 227 (kritisch dazu ZStrR 99 [1982] 225). Doch soll Versuch jedenfalls bei Verwirklichung eines objektiven Tatbestandsmerkmales gegeben sein: BGE 80 IV 179 (problematisch). – Ob ein bestimmtes Verhalten den Beginn der Ausführung darstellt, ist Rechtsfrage: BGE 87 IV 155, 99 IV 152. – *Im einzelnen:* Ausführungsbeginn bei Abtreibung: BGE 87 IV 155, bei Tötungsdelikten: BGE 115 IV 15, 117 IV 383, bei Raub: BGE 83 IV 145, 100 IV 163, Sem 1978, 65, bei Einbruchdiebstahl: BGE 71 IV 205, bei Betrug: BGE 73 IV 26, 75 IV 177, bei Vergewaltigung: BGE 99 IV 153, 119 IV 225, bei Brandstiftung: BGE 115 IV 223, bei Gefangenenbefreiung: BGE 117 IV 396. Gemäß BGE 120 IV 113 ist versuchte Begehung eines *qualifizierten* Delikts (hier Raub mit Lebensgefährdung) erst gegeben, wenn der Täter mit der Ausführung des qualifizierenden Verhaltens begonnen hat.

Abs. 2: Rücktritt vom Versuch *aus eigenem Antrieb:* Die Bestimmung setzt voraus, daß der Täter sein Vorhaben freiwillig aufgibt, d. h. obwohl er die Vollendung seiner Tat immer noch für möglich hielt; das Motiv zu diesem Entschluß ist nicht entscheidend (vgl. BGE 83 IV 1, 108 IV 104, Sem 1978, 65). – Zur Abgrenzung von Art. 21 Abs. 1 zu Art. 260bis Abs. 2: BGE 115 IV 121, 118 IV 369. – Die Beurteilung, ob der Wille zur Deliktsausführung aufgegeben worden ist, ist *Tatfrage:* Sem 1975, 381. – Statt von Strafe Umgang zu nehmen, kann der Richter die Strafe nach freiem Ermessen mildern: BGE 92 IV 114 (analoge Anwendung auf Gehilfen, der sich vor Vollendung der Haupttat zurückzieht, offengelassen).

Vollendeter Versuch. Tätige Reue

22 [1] Wird die strafbare Tätigkeit zu Ende geführt, tritt aber der zur Vollendung des Verbrechens oder des Vergehens gehörende Erfolg nicht ein, so kann der Täter milder bestraft werden (Art. 65).

[2] Hat der Täter aus eigenem Antriebe zum Nichteintritt des Erfolges beigetragen oder den Eintritt des Erfolges verhindert, so kann der Richter die Strafe nach freiem Ermessen mildern (Art. 66).

Art. 22 Abs. 1: Die Anwendbarkeit dieser Bestimmung ist auf Erfolgsdelikte im technischen Sinne beschränkt: BGE 101 IV 3 (kein vollendeter Versuch bei Notzucht als schlichtem Tätigkeitsdelikt; vgl. auch ZBJV 112 [1976] 402), anders noch BGE 99 IV 153. Vollendeter Versuch liegt vor, wenn der Täter alles nach seiner Vorstellung Erforderliche getan hat, um den tatbestandsmäßigen Erfolg herbeizuführen, dieser aber ausgeblieben ist. Führt die strafbare Tätigkeit den tatbestandsmäßigen Erfolg auf einem anderen Wege herbei, als sich der Täter vorstellte, so ist die Tat vollendet und nicht bloß versucht, wenn es sich um eine nur unwesentliche Abweichung vom angenommenen Kausalverlauf handelt: BGE 109 IV 95. – *Im einzelnen:* BGE 78 IV 146 (Tötungsversuch durch Verabfolgen eines zur Tötung an sich tauglichen Giftes in ungenügender Menge), BGE 77 IV 163 (Sachentziehung), ZBJV 82 (1946) 229 (Sachbeschädigung), BGE 73 IV 24, 100 IV 179 (Betrug), BGE 100 IV 167 (Betrug und ungetreue Geschäftsführung), BGE 100 IV 163 (Raub), BGE 103 IV 67 (eventualvorsätzliche Tötung), Pr 71 Nr. 278 (eventualvorsätzlicher Mord), BGE 111 IV 100 (Transport von Betäubungsmitteln).

Abs. 2: Tätige Reue: BGE 77 IV 163, 112 IV 67 (anwendbar selbst bei fehlender objektiver Gefahr des Erfolgseintrittes). «Eigener Antrieb» dürfte nur fehlen, wenn der Täter unter massivem Druck von anderen handelt (vgl. BGE 108 IV 104).

Untauglicher Versuch

23 [1] Ist das Mittel, womit jemand ein Verbrechen oder ein Vergehen auszuführen versucht, oder der Gegenstand, woran er es auszuführen versucht, derart, daß die Tat mit einem solchen Mittel oder an einem solchen Gegenstande überhaupt nicht ausgeführt werden könnte, so kann der Richter die Strafe nach freiem Ermessen mildern (Art. 66).

[2] Handelt der Täter aus Unverstand, so kann der Richter von einer Bestrafung Umgang nehmen.

Art. 23: Strafbar ist auch der sowohl mit untauglichen Mitteln wie auch am untauglichen Objekt begangene Versuch: BGE 83 IV 133. – Die Regelung bezieht sich nur auf Handlungen mit Mitteln oder Objekten, die sich von vornherein und nicht bloß unter den besonderen Umständen des Einzelfalls als untauglich erweisen; sonst findet Art. 21 oder 22 Anwendung. Ist das *Subjekt* untauglich, besteht überhaupt keine Strafbarkeit (verkannt in BGE 94 IV 2, der untauglichen Versuch des falschen Zeugnisses annahm, obwohl dem Einvernommenen die Zeugeneigenschaft fehlte). – Die Untauglichkeit des *Mittels* muß absolut sein, d. h. dieses darf nicht nur wegen unzulänglicher Anwendung ohne Erfolg bleiben, sondern dessen Herbeiführung als «rein unmöglich» erscheinen lassen: BGE 78 IV 174, vgl. auch BGE 111 IV 100. – Untauglichkeit des *Objektes:* BGE 73 IV 169 (Aussetzung eines unrettbaren Kindes), 90 IV 89, 194 und 106 IV 255 (Veruntreuung einer bloß vermeintlich mit dem Eigentumsvorbehalt zugunsten einer anderen Person behafteten und daher für den Täter nicht «fremden» Sache). Gleichgestellt ist der Fall, daß es an einem Angriffsobjekt überhaupt *fehlt:* BGE 76 IV 154 und 83 IV 133 (Abtreibungsversuch bei nicht vorhandener Leibesfrucht). Gegenbeispiele: BGE 80 IV 179, 87 IV 18.

Abs. 2: Handeln aus Unverstand setzt eine Untauglichkeit voraus, welche von jedem normal denkenden Menschen ohne weiteres erkannt werden kann und vom Täter nur aus besonderer Dummheit verkannt wird: BGE 70 IV 50.

5. Teilnahme

Anstiftung

[1] Wer jemanden zu dem von ihm verübten Verbrechen oder **24** Vergehen vorsätzlich bestimmt hat, wird nach der Strafandrohung, die auf den Täter Anwendung findet, bestraft.

[2] Wer jemanden zu einem Verbrechen zu bestimmen versucht, wird wegen Versuchs dieses Verbrechens bestraft.

Art. 24–26: Nicht unter die Bestimmungen der Teilnahme fallen Mittäter und unmittelbarer Täter, die als Täter zu bestrafen sind. Eine Ausnahme besteht immerhin für sog. *echte Sonderdelikte,* bei denen als Täter nur bestraft werden darf, wer die im betreffenden Tatbestand genannten besonderen Eigenschaften aufweist. Fehlen sie einem Mitwirkenden, kann er stets nur nach Art. 24 oder 25 verurteilt werden (vgl.

BGE 71 IV 137 betr. Falschaussage eines Zeugen nach Art. 307, BGE 98 IV 150 betr. Veruntreuung der einem anderen anvertrauten Sache). – *Begriff des Mittäters:* Nach der älteren Rechtsprechung des Bundesgerichts (vgl. BGE 108 IV 92) ist Mittäter, wer bei der Entschließung, Planung oder Ausführung eines Delikts vorsätzlich und in maßgebender Weise mit andern Tätern so zusammenwirkt, daß er als Hauptbeteiligter dasteht. Nach neuer Praxis (BGE 118 IV 399, vgl. schon BGE 118 IV 230) wird außerdem verlangt, daß der Beteiligte über die tatsächliche Begehung der Tat nicht allein, sondern zusammen mit anderen zu entscheiden hat, wofür eine (Mit-)Tatherrschaft vorauszusetzen sei, nämlich eine arbeitsteilige, für den Erfolg wesentliche Mitwirkung im Ausführungsstadium (problematisch im Fall, daß ein arbeitsteiliges Vorgehen nicht sinnvoll ist; hier kann nur die sog. Austauschbarkeit der Rollen maßgebend sein, vgl. auch BGE 88 IV 54). Bezüglich des gemeinsamen Tatentschlusses wird in BGE 118 IV 230 und 399 klargestellt, daß er nicht ausdrücklich bekundet zu werden braucht, sondern auch konkludent zum Ausdruck kommen kann, und daß es genügt, wenn der Beteiligte sich den Vorsatz seines Mittäters zueigen macht. Zur älteren Praxis des Kassationshofes vgl. BGE 85 IV 133, 96 IV 169, 98 IV 259, 99 IV 85, 101 IV 49, 104 IV 169, 108 IV 91, 111 IV 77. – Die Annahme einer Mittäterschaft ist ausgeschlossen, wenn eine Strafbestimmung voraussetzt, daß die Tathandlung eigenhändig vorgenommen werden muß (vgl. BGE 116 IV 79 betr. Fahren in angetrunkenem Zustand). – Tatentschluß und Planung müssen sich nicht auf alle Einzelheiten beziehen. So genügt auch eine generelle Vereinbarung darüber, daß und wie man sich in gegenseitigem Zusammenwirken zur Wehr setze, wenn die gemeinsame Aktivität durch Interventionen Dritter gestört oder gefährdet werde: BGE 108 IV 93 (Mittäterschaft des Angeklagten auch für nach dessen Festnahme von seinen Komplizen begangene Taten bejaht). – Mittäterschaft kann nach Meinung des Bundesgerichts auch durch *Unterlassung* gegeben sein: BGE 96 IV 169 (Leiter eines Betriebs, der strafbare Handlungen seiner Angestellten nicht unterbindet, problematisch). Sie soll selbst erst nach der Vollendung des Deliktes durch einen anderen möglich sein: BGE 106 IV 296, Pr 70 Nr. 121 (nicht haltbar). Ebenso unhaltbar ist die Konstruktion einer Mittäterschaft beim fahrlässigen Erfolgsdelikt (entgegen BGE 113 IV 58). *Eventualdolus* kann dazu ausreichen, Mittäterschaft zu begründen: BGE 115 IV 161.

Verhältnis zur Anstiftung: Anstiftung geht in der Mittäterschaft auf: BGE 100 IV 3 (Kritik in ZBJV 111 [1975] 482), 101 IV 50; zur *Gehilfen*schaft: Während der Gehilfe die Stellung eines nebensächlich Beteiligten einnimmt, wirkt der Mittäter hauptsächlich an der Tat mit: BGE 69

IV 98, 70 IV 36, 102. Wer in eigener Person alle objektiven und subjektiven Merkmale eines Tatbestandes erfüllt, kann nur Täter, nicht Gehilfe sein: BGE 106 IV 73. – Zum *Gerichtsstand* vgl. Art. 349 Abs. 2, zum *Begehungsort* Bem. zu Art. 7.

Begriff des mittelbaren Täters in der Formulierung des Bundesgerichtes: Der mittelbare Täter benutzt einen anderen Menschen (den Tatmittler) als sein willenloses oder wenigstens nicht vorsätzlich handelndes Werkzeug, um durch ihn die beabsichtigte strafbare Tat ausführen zu lassen: BGE 71 IV 136, 77 IV 91, 85 IV 23, 101 IV 310, vgl. auch BGE 116 IV 348. – *Strafbar* (wegen vorsätzlicher Tatbegehung) ist nur der mittelbare Täter, nicht aber der Tatmittler: BGE 77 IV 91 (der Tatmittler kann nicht Mittäter sein). – Zum *Begehungsort* vgl. Bemerkungen zu Art. 7.

Bei der *Teilnahme* nach Art. 24 und 25 gilt *Grundsatz der Akzessorietät:* Die Teilnahmehandlung ist in dreifacher Hinsicht von der Haupttat abhängig: Gemäß dem Grundsatz der *logischen Akzessorietät* muß die Teilnahmehandlung sich auf eine bestimmte fremde Haupttat beziehen. Der Grundsatz der *tatsächlichen Akzessorietät* verlangt, daß die Haupttat mindestens versucht worden ist (vgl. aber Art. 24 Abs. 2): BGE 81 IV 291; nach dem Grundsatz der *limitierten Akzessorietät* muß die Haupttat nur tatbestandsmäßig und rechtswidrig sein: BGE 74 IV 123 (Haupttäter erfüllt Tatbestand nicht), 80 IV 32 (juristische Person als «Haupttäter»); nicht erforderlich ist dagegen eine Bestrafung des Haupttäters: BGE 74 IV 74 (Haupttäter dem Gericht unbekannt), 80 IV 33 (keine Anklage gegen Haupttäter), 82 IV 130 (Rückzug des Strafantrags gegen den Haupttäter); ebenfalls strafbar ist eine Person ohne die besonderen Tätereigenschaften als Teilnehmer an einem echten Sonderdelikt (umstritten): BGE 95 IV 117 (Anstiftung zu Falschbeurkundung nach Art. 317), 111 IV 74 (Beihilfe zu Verletzung des Bankgeheimnisses nach BankG Art. 47).

Gemäß dem Grundsatz der *Akzessorietät der Strafdrohung* unterliegt der Teilnehmer der gleichen Strafdrohung wie der Haupttäter: *Sachliche* Merkmale der Tat sind akzessorisch zu behandeln: BGE 75 IV 8 (Gehilfenschaft beim untauglichen Versuch der Selbstabtreibung durch eine Nichtschwangere), 85 IV 135 (Anstiftung zu Gehilfenschaft bei qualifizierter Brandstiftung, Ausführung einer einfachen Brandstiftung; vgl. aber Art. 24 Abs. 2); insbesondere erfolgt die Bestrafung nach dem Grundtatbestand, wenn bei einem unechten Sonderdelikt die qualifizierenden sachlichen Merkmale nur in bezug auf den Teilnehmer gegeben sind: BGE 87 IV 54, 96 IV 117 (Gehilfenschaft bei Unzucht mit Kindern nach Art. 191 Ziff. 1 I durch die Eltern des Kindes); dagegen ist auch der Teilnehmer nach dem qualifizierten Tatbestand zu bestrafen, wenn die qualifizierenden Merkmale nur in bezug auf den Täter vorliegen: BGE 81 IV 288 (Beamtenqualität, vgl. aber auch BGE 95 IV 115); dem Teilnehmer muß aber das qualifizierende Merkmal bewußt sein: ZR 76 Nr. 35 (Anstiftung zu Urkundenfälschung nach Art. 251 bei fehlender Kenntnis der Beamteneigenschaft des Haupttäters). Nicht akzessorisch zu behandeln sind nach Art. 26 die *persönlichen* Merkmale, welche die Strafbarkeit erhöhen, vermindern oder ausschließen, vgl. Bem. zu Art. 26.

Zum *Begehungsort* vgl. Bem. zu Art. 7, zur *Verjährung* Bem. zu Art. 70 ff. *Verhältnis* der Art. 24–26 zur *Teilnahme an Pressedelikten* (Art. 27) vgl. Bem. zu Art. 27.

Art. 24: Vgl. auch Art. 259 (öffentliche Aufforderung zu Verbrechen oder zu Gewalttätigkeit), Art. 257ter Abs. 3 (Aufforderung zur Bildung einer rechtswidrigen Vereinigung), Art. 276 (Aufforderung und Verleitung zur Verletzung militärischer Dienstpflichten).

Abs. 1: Vollendete Anstiftung zu einer Übertretung ist nach Art. 102 ebenfalls strafbar. – Das *Hervorrufen des Tatentschlusses* kann durch Überreden, Bitten usw. erfolgen, wobei die Überwindung eines erheblichen Widerstandes nicht erforderlich ist: BGE 100 IV 2. Angestiftet werden kann auch jemand, der allgemein zur Begehung gewisser Delikte bereit ist (durch Anregung einer näher bestimmten einzelnen Tat), nicht aber, wer als sog. omnimodo facturus von vornherein zur konkreten vorgeschlagenen Tat bereit ist: BGE 72 IV 100, 81 IV 148, 93 IV 57, 100 IV 2 und 116 IV 2, abweichend noch BGE 69 IV 205. Das gilt entgegen BGE 81 IV 148 und Sem 1969, 209 auch, wenn der Tatentschluß aufgrund einer früheren Anstiftung gefaßt wurde. Erkennt der Anstifter den bereits getroffenen Tatentschluß nicht, liegt entgegen BGE 72 IV 100 *tauglicher* Anstiftungsversuch vor. Im übrigen kann sein Verhalten evtl. als psychische Gehilfenschaft erfaßt werden (vgl. Bem. zu Art. 25). – *Straftat:* Es müssen weder das Opfer noch die gewünschten Handlungen im Detail beschrieben werden, sondern lediglich Straftaten bestimmter Art ins Auge gefaßt werden: BGE 74 IV 217 («irgendeinen Juden verschwinden lassen»). Die gewünschte Tat muß eine *vorsätzliche* und *strafbare* Handlung sein: BGE 71 IV 135 (keine Anstiftung zu unbewußter falscher Zeugenaussage), 98 IV 215 (keine Anstiftung zu falschem Zeugnis, wenn nicht voraussehbar war, daß der zu Befragende nicht als Angeschuldigter, sondern als Zeuge einvernommen werden würde), 115 IV 231, 118 IV 182 (Anstiftung zu Selbstbegünstigung bleibt straflos); sie kann in einem Verbrechen, Vergehen oder in einer Übertretung bestehen, auch in einer Teilnahmehandlung: BGE 73 IV 217 (Anstiftung), 100 IV 2 (Gehilfenschaft).

Subjektiv muß der Anstifter wenigstens mit dem Eventualvorsatz handeln, in der von ihm angegangenen Person den Entschluß zur Verübung einer strafbaren Handlung hervorzurufen: BGE 74 IV 41. Wer dies nur durch unbedachte Äußerungen bewirkt, kann auch nicht wegen fahrlässiger Verübung des von der anderen Person in der Folge begangenen Deliktes bestraft werden: BGE 105 IV 333. Außerdem ist erforderlich, daß er sich alle objektiven und subjektiven Merkmale der von ihm angeregten Straftat vorstellt (vgl. BGE 98 IV 215 betr. falsches Zeugnis und 105 IV 40 betr. Brandstiftung) sowie will, daß der Täter den betreffenden Tatbestand auch verwirklicht. Hieran fehlt es im Fall des sog. *agent provocateur,* der nur den Tatentschluß hervorrufen will (umstritten); vgl. ZR 83 Nr. 124, BJM 1984, 258, Krim 1954, 538, ferner BGE 108 Ib 538, 112 Ia 21. – Die Anstiftung wird im Sinne von Art. 24 Abs. 1 erst damit vollendet, daß der Angestiftete die Tat begeht oder mindestens in strafbarer Weise versucht.

Konkurrenz mit *Mittäterschaft* vgl. Bemerkungen zu Art. 24–26, von Anstiftung zur Vortat mit *Hehlerei:* BGE 70 IV 69 (echte Konkurrenz).

Abs. 2: Der *Anstiftungsversuch* ist nur bei Verbrechen strafbar, vgl. BGE 81 IV 146. *Vollendeter Versuch* liegt vor, wenn der Anstifter alle vorgesehenen Beeinflussungen des Anzustiftenden ausgeführt hat, dieser aber die Tat nicht ausführen wollte oder konnte (vgl. BGE 81 IV 292); *unvollendeter Versuch* wird angenommen, wenn der Anstifter nicht alle vorgesehenen Beeinflussungen durchführen konnte: ZBJV 82 (1946) 230. – *Konkurrenz von vollendeter und versuchter Anstiftung:* Bezieht sich die Anstiftung auf ein Verbrechen, wird aber nur ein gleichartiges Vergehen ausgeführt, macht sich der Anstifter sowohl der versuchten Anstiftung zum Verbrechen als auch der vollendeten Anstiftung zum Vergehen strafbar: BGE 85 IV 135 (einfache und qualifizierte Brandstiftung).

Gehilfenschaft

Wer zu einem Verbrechen oder zu einem Vergehen vorsätzlich **25** Hilfe leistet, kann milder bestraft werden (Art. 65).

Art. 25: Die Beihilfe zu Übertretungen ist in der Regel nicht strafbar (Art. 104). Anders als bei der Anstiftung (Art. 24 Abs. 2) bleibt die bloß versuchte Gehilfenschaft zu Verbrechen und Vergehen straflos. Zur Abgrenzung der Beihilfe zur Mittäterschaft vgl. Bem. zu Art. 24–26.

Gehilfenschaft ist jeder kausale Beitrag, der die Tat *fördert,* so daß sich diese ohne Mitwirkung des Gehilfen anders abgespielt hätte, nicht aber, daß sie dann überhaupt unterblieben wäre: BGE 98 IV 85, 108 Ib 302, 109 IV 149, 117 IV 188, 118 IV 312. Die Unterstützung kann vor der Tat geleistet werden oder während ihrer Ausführung bis zur Vollendung, bei sog. Dauer- und Absichtsdelikten bis zu deren Beendigung:

BGE 98 IV 85, 99 IV 124, 106 IV 295, Pr 70 Nr. 121, SJZ 76 (1980) 195.
Unterlassungen können nur als Beihilfe bestraft werden, wenn jemand rechtlich zum Einschreiten gegen die Tat eines anderen verpflichtet war, aber untätig blieb: BGE 118 IV 313, vgl. BGE 79 IV 147, 87 IV 49, Sem 1978, 182, ZR 71 Nr. 107.

Beispiele für Gehilfenschaft: BGE 75 IV 180 (Brandlegung am Auto des Täters zum Zwecke des Versicherungsbetruges), 78 IV 7 (Bekanntmachen mit einem Vermittler von Abtreiberadressen), 88 IV 27 (Weiterleiten von Briefen eines Untersuchungshäftlings zum Zwecke des Pfändungsbetruges), 87 IV 49 (Nichteinschreiten gegen Unzucht mit dem eigenen Kind), 98 IV 85 (Wegschaffen der von einer anderen Person gestohlenen Ware), 104 IV 160 (Übergabe eines Schlüssels zur Verübung von Diebstählen), 108 Ib 303 (Übergabe einer in der Folge für ein Attentat verwendeten Schußwaffe), 111 IV 34 (Aushändigen einer Liste von Radiofrequenzen, deren Empfang verboten ist), 116 IV 74, 117 IV 187 (Überlassen eines Wagens an einen angetrunkenen Lenker), 119 IV 289 (Lieferung von Waren an einen Verkäufer im Bewußtsein, daß dieser sie nur betrügerisch verwenden kann). Verneint wurde Gehilfenschaft eines passiven Passagiers zu Fahren in angetrunkenem Zustand (BGE 113 IV 96) und eines Pannenhelfers auf verbotenem Drogentransport (BGE 113 IV 90). – Unter Art. 25 fällt auch die sog. psychische Gehilfenschaft, als welche nach BGE 79 IV 147 jede seelische Einwirkung auf den Haupttäter zur Stützung oder Förderung seiner Tatbereitschaft gelten soll. Dafür genügt die bloße Billigung des Tatentschlusses nicht (BGE 70 IV 19), nach BGE 72 IV 100 wohl aber die Aufforderung, eine Tat zu begehen, zu welcher der Aufgeforderte schon bereit war (fraglich).

Subjektiv ist erforderlich, daß der Gehilfe weiß oder damit rechnet, eine bestimmt geartete Straftat zu unterstützen, und daß er dies will oder in Kauf nimmt (vgl. BGE 109 IV 150, 111 IV 35, 117 IV 188). Die von ihm geförderte Straftat braucht ihm jedoch nicht in ihren Einzelheiten bekannt zu sein: BGE 108 Ib 303.

Die Beihilfe ist *vollendet*, wenn die Haupttat begangen oder mindestens in strafbarer Weise versucht und zudem vom Gehilfen tatsächlich gefördert wurde. Die von Art. 25 vorgesehene Strafmilderung ist fakultativ (vgl. Sem 1976, 613).

Persönliche Verhältnisse

26 Besondere persönliche Verhältnisse, Eigenschaften und Umstände, die die Strafbarkeit erhöhen, vermindern oder ausschließen, werden bei dem Täter, dem Anstifter und dem Gehilfen berücksichtigt, bei dem sie vorliegen.

Art. 26: Die Bestimmung betrifft nicht nur den allgemeinen Teil des StGB; auch Merkmale der einzelnen Straftatbestände können persönliche Verhältnisse, Eigenschaften und Umstände im Sinne jener Bestimmung darstellen: BGE 105 IV 187. – *Persönliche Merkmale,* die auf besonderen Eigenschaften eines Beteiligten beruhen, können nur diesem gegenüber die Strafbarkeit beeinflussen: BGE 87 IV 50. *Sachliche Merkmale,* welche die objektive Schwere der Tat verändern, berühren die Akzessorietät dagegen nicht: BGE 95 IV 115; der Beteiligte untersteht, sofern er um das Vorhandensein des Merkmals wußte, der gleichen Strafdrohung wie der Haupttäter.

Persönliche Umstände sind insbesondere *Handeln aus Gewinnsucht* (BGE 94 IV 101 zu Art. 50) und die bei verschiedenen Tatbeständen straferhöhende *gewerbsmäßige* Deliktsbegehung: BGE 70 IV 125. Gemäß neuer Praxis des Bundesgerichts zur Gewerbsmäßigkeit bei Vermögensdelikten (BGE 116 IV 322, 336) ist diese bei *berufsmäßigem* Handeln gegeben. Ein solches liegt vor, wenn sich aus der Zeit und den Mitteln, die der Täter für die deliktische Tätigkeit aufwendet, aus der Häufigkeit der Einzelakte innerhalb eines bestimmten Zeitraums sowie aus den angestrebten und erzielten Einkünften ergibt, daß er die deliktische Tätigkeit nach der Art eines Berufes ausübt. Diese Umschreibung hat nur Richtlinienfunktion und bedarf der Konkretisierung. Wesentlich ist, daß der Täter sich darauf eingerichtet hat, durch deliktische Handlungen relativ regelmäßige Einnahmen zu erzielen, die einen namhaften Beitrag an die Kosten der Finanzierung seiner Lebenshaltung darstellen. Ob dies der Fall sei, ist aufgrund der gesamten Umstände zu entscheiden (Anzahl bzw. Häufigkeit der während eines bestimmten Zeitraums bereits verübten Taten, die Entwicklung eines bestimmten Systems bzw. einer bestimmten Methode, Aufbau einer Organisation, Investition usw.). Die Höhe der für gewerbsmäßige Begehung des betreffenden Deliktes angedrohten Mindeststrafe ist mitzuberücksichtigen. Auch eine quasi nebenberufliche deliktische Tätigkeit kann als Voraussetzung für Gewerbsmäßigkeit genügen. Dazu muß wie nach früherer Praxis kommen, daß der Täter die Erzielung eines Erwerbseinkommens beabsichtigte und zur Verübung einer Vielzahl entsprechender Taten bereit war: BGE 119 IV 133. – Persönliche Umstände sind weiter z. B. auch das *jugendliche Alter* des Haupttäters: BGE 81 IV 145, verminderte Zurechnungsfähigkeit (Art. 11), Rechtsirrtum (Art. 20), Rücktritt vom Versuch (Art. 21 Abs. 2), tätige Reue (Art. 22 Abs. 2), mildernde Umstände nach Art. 64, Affekt bei Totschlag (Art. 113): BGE 87 IV 52, Zwangslage nach Art. 308 Abs. 2: BGE 118 IV 182.

Zu den *sachlichen Umständen* vgl. Bem. zu Art. 24–26.

6.   Verantwortlichkeit der Presse

27 1. Wird eine strafbare Handlung durch das Mittel der Druckerpresse begangen und erschöpft sich die strafbare Handlung in dem Presseerzeugnis, so ist, unter Vorbehalt der nachfolgenden Bestimmungen, der Verfasser dafür allein verantwortlich.

2. Kann bei nicht periodischen Druckschriften der Verfasser nicht ermittelt werden oder hat die Veröffentlichung ohne sein Wissen oder gegen seinen Willen stattgefunden, so ist der Verleger und, wenn ein solcher fehlt, der Drucker als Täter strafbar.

3. Kann der Verfasser eines in einer Zeitung oder Zeitschrift erschienenen Artikels nicht ermittelt oder in der Schweiz nicht vor Gericht gestellt werden, oder hat die Veröffentlichung ohne sein Wissen oder gegen seinen Willen stattgefunden, so ist der als verantwortlich zeichnende Redaktor als Täter strafbar.

Der Redaktor ist nicht verpflichtet, den Namen des Verfassers zu nennen. Weder gegen den Redaktor, noch gegen den Drucker und sein Personal, noch gegen den Herausgeber oder Verleger dürfen prozessuale Zwangsmittel angewendet werden, um den Namen des Verfassers zu ermitteln.

4. Kann der Einsender eines in einem Anzeigeblatt oder im Anzeigeteil einer Zeitung oder Zeitschrift erschienenen Inserates nicht ermittelt werden, so wird diejenige Person als Täter bestraft, die als für die Anzeigen verantwortlich bezeichnet ist und, wenn eine solche nicht genannt ist, der Verleger oder Drucker.

Wird die für die Anzeigen verantwortliche Person zu einer Buße verurteilt, so haftet dafür auch der Verleger.

5. Die wahrheitsgetreue Berichterstattung über die öffentlichen Verhandlungen einer Behörde bleibt straflos.

6. Die Bestimmungen der Ziffer 3 Absatz 2 finden keine Anwendung bei Hochverrat und Landesverrat (Art. 265–267), bei Unterstützung ausländischer Unternehmungen und Bestrebungen, die gegen die Sicherheit der Schweiz gerichtet sind (Art. 266bis), bei verbotenem Nachrichtendienst (Art. 272–274), bei Angriffen auf die verfassungsmäßige Ordnung (Art. 275), bei staatsgefährlicher Propaganda (Art. 275bis), bei rechtswidriger Vereinigung (Art. 275ter) und bei Störung der militärischen Sicherheit (Art. 276 und 277).

Fassung gemäß BG vom 5. Oktober 1950, in Kraft seit 5. Januar 1951. – Zur *Pressefreiheit:* BGE 96 I 586. – *Ergänzende Bestimmungen:* Art. 322 (Presseübertretung), Art. 347 (Gerichtsstand).

Art. 27 führt im Interesse der Freiheit und der Anonymität der Presse eine ausschließliche und subsidiäre Haftung ein, sog. *Kaskadenhaftung* mit Schutz des Redaktionsgeheimnisses: BGE 73 IV 67, 82 IV 2, 83 IV 62. Dies gilt jedoch nur für den internen Presse-, Verlags- oder Druckereibetrieb, die außerhalb des Betriebes stehenden Personen sind nach den Regeln der Teilnahme zu verfolgen: BGE 73 IV 67, 86 IV 147.

Ziff. 1: Voraussetzung zur Anwendung von Art. 27 bildet, daß es sich um ein *Presseerzeugnis* (Druckschrift), d. h. um eine mechanische oder elektronische Vervielfältigung handelt (BGE 74 IV 130, 78 IV 128, 82 IV 80, 96 I 588, 117 IV 365) und die strafbare Handlung sich im Presseerzeugnis erschöpft (z. B. Ehrverletzung, Kreditschädigung, unlauterer Wettbewerb, vgl. hierzu BGE 117 IV 365). – Art. 27 gilt auch für *geschäftliche Bekanntmachungen* (Inserate usw.): BGE 77 IV 193. – Grundsätzlich ist unter Vorbehalt von Ziff. 2–6 der *Verfasser* des Druckerzeugnisses *allein* verantwortlich. Zum *Begriff* des Verfassers: BGE 73 IV 220 (Zeitungsartikel); 82 IV 74 (nicht Presseagenturen).

Ziff. 2: Bei *nicht periodischen* Druckschriften ist infolge Unmöglichkeit der Ermittlung des Verfassers oder bei Veröffentlichung ohne sein Wissen bzw. gegen seinen Willen der Verleger und subsidiär der Drukker strafbar. Zum Begriff der nicht periodischen Druckschrift: SJZ 55 (1959) 363; SJZ 72 (1976) 80 Nr. 25. – Zum Begriff des *Verlegers:* OR Art. 380. Das Gesetz geht allerdings davon aus, daß es bei nicht periodischen Druckschriften keinen Verleger zu geben braucht: BGE 105 IV 133. – Zum Begriff des *Druckers:* BGE 70 IV 177. – *Zwangsmittel* zur Ermittlung des Verfassers dürfen von Bundesrechts wegen angeordnet werden; zur Vereinbarkeit des Zeugnisverweigerungsrechts für den Verleger oder Drucker nach zürcherischer StPO § 300: SJZ 55 (1959) 363 f.

Ziff. 3 regelt die Haftung bei periodischen Presseerzeugnissen: SJZ 79 (1983) 221. – Den Schutz des Redaktionsgeheimnisses von Ziff. 3 genießen nur Zeitungen und Zeitschriften, die den verantwortlichen Redaktor nach Art. 322 Ziff. 2 bekanntgeben. Um als Zeitung oder Zeitschrift zu gelten, muß das Presseerzeugnis in einer gewissen Kontinuität und in kürzern zeitlichen Abständen erscheinen: SJZ 55 (1959) 363, 72 (1976), 80 Nr. 25 (Fasnachtszeitung ist keine periodische Druckschrift).

Abs. 1: Verfasser und Redaktor haften nicht solidarisch; vielmehr muß für die Verantwortung des Redaktors feststehen, daß der Verfasser nicht ermittelt, in der Schweiz nicht vor Gericht gestellt werden kann oder die Veröffentlichung ohne sein Wissen bzw. gegen seinen Willen stattgefunden hat: BGE 70 IV 149; 82 IV 74. Der Verfasser gilt als in der Schweiz vor Gericht stellbar, wenn ein allfälliger Strafvollzug als ausreichend gesichert erscheint: SJZ 71 (1975) 127. Der Redaktor kann aus seiner strafrechtlichen Verantwortung entlassen und hinterher der Verfasser verfolgt werden, wenn die Voraussetzungen zu dessen Verfolgung erst nachträglich erfüllt werden: SJZ 71 (1975) 128. – Zum Begriff des *Verfassers* und des *Redaktors:* BGE 79 IV 56, 82 IV 74, 100 IV 7; SJZ 55 (1959) 362/63. – Zur *Ermittlung* des Verfassers: BGE 76 IV 7, 67, 82 IV 3. – Zur Unmöglichkeit der *Gestellung* des Verfassers: ZR 72 Nr. 106. – Die Strafbarkeit des Redaktors setzt weder eigenes Verschulden noch dasjenige des Verfassers voraus; sie besteht auch bei wörtlicher Wiedergabe eines Zitats: BGE 100 IV 7. – Beginn der Frist zur Stellung des *Strafantrags* gegenüber dem Redaktor: BGE 70 IV 149, 76 IV 6, 80 IV 146.

Abs. 2 statuiert unter der Voraussetzung der Übernahme der Verantwortung ein *Recht* zur Verweigerung des Zeugnisses und der Herausgabe von Schriftstücken sowie ein *Verbot* zur Durchsuchung: SJZ 55 (1959) 363; ZBJV 99 (1963) 227/28; 105 (1969) 45. – Macht der Redaktor von seinem Recht Gebrauch, so kann er sich nicht nachträglich der Verantwortung entziehen, wenn der Verfasser später bekannt wird: BGE 82 IV 3. – Das Verbot von *Zwangsmaßnahmen* gilt nur für Pressedelikte und entbindet den Redaktor nicht von der Zeugnis- und Editionspflicht im Strafverfahren, das kein Pressedelikt zum Gegenstand hat: BGE 83 IV 61 (zu BStP Art. 74ff.); BGE 115 IV 78 (zu BStP Art. 65); BGE 98 Ia 420 (zu Zürcher StPO §§ 128ff.), ZBl 80 (1979) 174f. (Beschlagnahme nach Zürcher StPO §§ 96ff. und Einziehung nach StGB Art. 58), BGE 107 Ia 47f. (Beschlagnahme von Pressefotos nach Zürcher StPO §§ 96ff.), 107 IV 210 (Durchsicht eines der Zeitung zugekommenen Briefes nach BStP Art. 65, sofern dieser für die Untersuchung von Bedeutung ist). – Möglichkeit der Bestrafung des renitenten Journalisten wegen Begünstigung (Art. 305): SJZ 76 (1980) 318.

Ziff. 4: Zum Begriff des *Einsenders:* BGE 73 IV 66.

Ziff. 5: Die Bestimmung ist wegen ihres Ausnahmecharakters restriktiv auszulegen: BGE 106 IV 165. Sie findet aber grundsätzlich Anwendung auf die Beratungen der Bürgerversammlung einer Gemeinde, wenn nur einzelne Personen aus bestimmten Gründen von der Teilnahme ausgeschlossen werden: BGE 119 IV 273. Die wörtliche Wiedergabe offiziell erhältlicher, nicht geheimzuhaltender Berichte an das Parlament, das diese in öffentlicher Sitzung behandelt, fällt ebenfalls unter Ziff. 5. Der Begriff der Berichterstattung erfaßt außer der wörtlichen Wiedergabe auch Kommentare und Kritiken, sofern sie sich auf die öffentlichen Debatten stützen: BGE 106 IV 166. Eine Berichterstattung ist nicht schon allein deshalb wahrheitswidrig, weil darin einzelne Stellungnahmen weggelassen werden: BGE 119 IV 276.

Ziff. 6: Im Umfange von Ziff. 6 entfällt ein Zeugnisverweigerungsrecht nach Ziff. 3 Abs. 2: BGE 83 IV 62.

7.　Strafantrag

Antragsrecht

[1] Ist eine Tat nur auf Antrag strafbar, so kann jeder, der durch **28** sie verletzt worden ist, die Bestrafung des Täters beantragen.

[2] Ist der Verletzte handlungsunfähig, so ist sein gesetzlicher Vertreter zum Antrage berechtigt. Ist er bevormundet, so steht das Antragsrecht auch der Vormundschaftsbehörde zu.

[3] Ist der Verletzte achtzehn Jahre alt und urteilsfähig, so ist auch er zum Antrage berechtigt.

[4] Stirbt ein Verletzter, ohne daß er den Strafantrag gestellt oder auf den Strafantrag ausdrücklich verzichtet hat, so steht das Antragsrecht jedem Angehörigen zu.

[5] Hat der Antragsberechtigte ausdrücklich auf den Antrag verzichtet, so ist der Verzicht endgültig.

Zu Art. 28–31: Begriff des Strafantrages: BGE 106 IV 245, 115 IV 3 (Willenserklärung des Verletzten, daß für die angezeigte Handlung die Strafverfolgung stattfinden solle; rechtliche Würdigung des Sachverhaltes gehört nicht dazu), vgl. auch BGE 97 IV 159. Rechtsnatur: Prozeßvoraussetzung, nicht objektive Strafbarkeitsbedingung: BGE 81 IV 92, 99 IV 262 (Auswirkung auf die beidseitige Strafbarkeit und das mildere Recht gemäß Art. 5 I), ZR 81 Nr. 136 (Auswirkung auf die Kostenauflage). Vgl. demgegenüber SJZ 71 (1975) 289 (Prozeßvoraussetzung nur bei relativen Antragsdelikten). Für den nötigen Inhalt der Erklärungen gemäß Art. 28 Abs. 1 und Abs. 5 sowie Art. 31 Abs. 1 ist Bundesrecht, für ihre Form und die Behörde, an welche sie zu richten sind, kantonales Recht maßgebend: BGE 80 IV 145, 89 IV 58, 98 IV 248 (Gültigkeit des bei einer unzuständigen Behörde gestellten Strafantrages beurteilt sich nach kantonalem Recht), 103 IV 132 (Fristberechnung), 106 IV 245 (ein gültiger Strafantrag liegt vor, wenn der Antragsberechtigte innert Frist bei der nach kantonalem Recht zuständigen Behörde und in der ebenfalls von kantonalem Recht vorgeschriebenen Form so erklärt, daß das Strafverfahren ohne weitere Willenserklärung weiterläuft), 108 IV 171 (Anerkennung eines frist- und formgerecht gestellten Strafantrages, wenn das Strafverfahren gegen den Täter gemäß Art. 350 an einen anderen Kanton übergeht).

Rechtsmißbräuchliche Ausübung des Strafantragsrechts: Das StGB sieht in Art. 165 Ziff. 2 Abs. 3 den Ausschluß des Verletzten vom Antragsrecht bei rechtsmißbräuchlicher Ausübung vor. Es handelt sich um einen Anwendungsfall des allgemein gültigen Verbots des Rechtsmißbrauchs: BGE 104 IV 94. Voraussetzung bildet, daß der Antragsteller durch grobes, rechtswidriges Verhalten zur strafbaren Handlung unmittelbar Anlaß geboten hat: BGE 104 IV 95 lit. b, 105 IV 230. Siehe im einzelnen BGE 86 IV 150 (mißbräuchliche Antragstellung, nachdem der Anzeiger vorher zugesichert hat, er werde keine Strafverfolgung einleiten), 90 IV 171 (kein Rechtsmißbrauch, wenn bei einem fortgesetzten Delikt mit dem Strafantrag lange zugewartet wird), 104 IV 95, 105 IV 232 Erw. 3 (schikanöses Verhalten des Antragstellers, das zum Entziehen von Unmündigen nach Art. 220 führt, kann das Strafantragsrecht illusorisch machen).

Art. 28 Abs. 1: «Verletzt» ist nur der Träger des unmittelbar angegriffenen Rechtsgutes, nicht aber der durch die Tat bloß mittelbar Betroffene. Bei Eigentumsdelikten gilt indessen neben dem Eigentümer der Sache auch jemand als verletzt, in dessen Rechtskreis die Tat unmittelbar eingreift, und derjenige, dem eine besondere Verantwortung für die Erhaltung der Sache obliegt (z. B. ein Mieter oder jemand, dem sie anvertraut wurde): BGE 118 IV 211. – Zur Legitimation bei Delikten nach Art. 177 ff.: BGE 86 IV 82, 92 IV 116 (der Ehemann wird durch eine Beleidigung seiner Ehefrau nur dann verletzt, wenn sie auch einen verdeckten Angriff gegen ihn selber enthält), Art. 179 bis: BGE 111 IV 63 (fehlende Legitimation einer Gemeinde, wenn anläßlich ihrer Gemeindeversammlung ein Teilnehmer die Äußerung von Votanten ohne deren Einwilligung aufnimmt), Art. 186: BGE 87 IV 121 (keine Antragsberechtigung von Angehörigen und Familiengenossen des Wohnungsinhabers), Art. 220: BGE 98 IV 3, 108 IV 25, Art. 321: BGE 87 IV 106 (die Eltern bezüglich Verletzung von Geheimnissen in bezug auf ihr Kind), UWG Art. 23: BGE 102 IV 150. – Juristische Personen: BGE 99 IV 3 (befugt ist dasjenige Organ, das die durch das Delikt verletzten Interessen wahrt), bei Handelsgeschäften kommen je nach Rechtsgut die Verwaltung oder ein Generalbevollmächtigter in Frage (BGE 118 IV 169). SJZ 68 (1972) 142 (Bauführer und Werkchef im Namen ihrer Arbeitgeberfirmen). Einfache Gesellschaft: BGE 71 IV 186, 117 IV 439 (jeder Gesellschafter antragsberechtigt). Vereine (Präsident befugt): BGE 117 IV 439. Anstalten und Körperschaften des öffentlichen Rechts: antragsbefugt ist das nach dem betreffenden Recht zur Ausübung der Verfügungsgewalt über das Rechtsgut zuständige Organ: BGE 90 IV 76 (leitende Spitalorgane bei widerrechtlichem Eindringen in Krankenzimmer), RS 1972 Nr. 214 (Vorsteher einer kant. Verwaltungsabteilung in bezug auf die dieser dienenden Vermögenswerte und unberechtigtes Eindringen in ihre Amtsräume). – Das

Recht, Strafantrag zu stellen, ist grundsätzlich höchstpersönlicher Natur und unübertragbar: BGE 99 IV 2. Doch kann einem bevollmächtigten Vertreter die Befugnis eingeräumt werden, die Willenserklärung abzugeben: BGE 86 IV 83 Erw. 2. Der Bevollmächtigte bedarf dazu einer speziellen, auf den konkreten Fall zugeschnittenen ausdrücklichen oder konkludenten Ermächtigung: SJZ 67 (1971) 211. Das kantonale Prozeßrecht kann dazu Formvorschriften (Mündlichkeit oder Schriftlichkeit) erlassen; ist dies nicht der Fall, genügt ein vom Anwalt nach erfolgter Instruktion mündlich oder schriftlich eingereichter Strafantrag: BGE 106 IV 245, RS 1984 Nr. 559. Eine Handlungsvollmacht i. S. von OR Art. 462 Abs. 1 umfaßt die Ermächtigung zum Strafantrag nicht, hiefür ist eine besondere Vollmacht i. S. von Art. 462 II erforderlich: BGE 99 IV 3. Wesentlich ist, daß die Vollmacht zur Stellung eines Strafantrages vom Verletzten vor Ablauf der Antragfrist nach Art. 29 ausgesprochen oder nachgebracht wird: SJZ (1981) 68, RS 1989 Nr. 559.

Der Antrag auf strafrechtliche Verfolgung muß (abgesehen von deren gesetzlichen Bedingungen) vorbehaltlos erklärt werden: BGE 80 IV 145. Bei Verfolgung im Zivil- bzw. Privatstrafklageverfahren ist erforderlich, daß die Erklärung nach dem anwendbaren Prozeßrecht die Strafverfolgung in Gang setzt und das Verfahren ohne weitere Erklärung des Antragstellers seinen Lauf nehmen läßt: BGE 98 IV 247, 105 IV 105 (Sühnebegehren gilt nur dann als Strafantrag, wenn es den Streit hängig macht). Der Verletzte kann einen Sachverhalt auch nur teilweise zur Verfolgung stellen sowie ein Offizialdelikt anzeigen, ohne die Verfolgung der damit einhergehenden Antragsdelikte zu verlangen: BGE 85 IV 75. Immerhin soll nach BGE 115 IV 2 eine Anzeige wegen falscher Anschuldigung auch einen Strafantrag wegen Ehrverletzung umfassen können. Ein Strafantrag gegen unbekannte Täterschaft ist zulässig und braucht nach deren Ermittlung nicht in einen namentlichen Antrag umgewandelt zu werden: BGE 92 IV 75. Bei Pressedelikten muß indessen der Verfasser im Antrag namentlich bezeichnet werden, wenn er bekannt ist: BGE 97 IV 158. Der Strafantrag gibt von Bundesrechts wegen nur Anspruch auf Einleitung des Verfahrens, nicht auf die Beteiligung des Antragstellers daran: BGE 84 IV 131.

Abs. 4: Strafantrag fällt mit dem Tod des Verletzten nicht dahin: BGE 95 IV 161. – Strafantragsrecht der Eltern eines minderjährigen Kindes wegen Verletzung des Arztgeheimnisses (Art. 321) nach dem Tode des Kindes: BGE 87 IV 105. Das Bundesgericht hat das Antragsrecht der Angehörigen auf Delikte nach Art. 186 sowie 179quater Abs. 1 ausgedehnt, die *nach* dem Tode des Betroffenen begangen wurden, da dessen höchstpersönliche Rechte noch nach seinem Ableben während einer gewissen Zeit weiterbestünden (BGE 118 IV 322; fragwürdig). – Eine durch Konkurs aufgelöste Aktiengesellschaft ist für nach ihrer Auflösung begangene Widerhandlungen gegen das UWG nicht mehr strafantragsberechtigt: BGE 102 IV 147. – *Zum Verfahren* vgl. Art. 365. – Die zur Bestimmung des *Gerichtsstandes* (Art. 346f) nötigen Feststellungen sind bei Antragsdelikten vom Strafkläger zu treffen: BGE 73 IV 62.

Abs. 5: Erfordernis des *ausdrücklichen* Verzichtes: BGE 68 IV 70 (Erklärung des «Desinteressements» am betreffenden Strafprozeß genügt), 74 IV 87 (Versöhnung zwischen Täter und Opfer ist noch kein Verzicht, vgl. auch RS 1975 Nr. 843), 75 IV 19 (ebensowenig das lange Zuwarten mit der Antragstellung bei Einheitstaten), vgl. demgegenüber auch BGE 115 IV 4. Verzicht auf die Verfolgung einer Tat verhindert die Bestrafung des Täters unter allen rechtlichen Gesichtspunkten, die einen Strafantrag erfordern: BGE 68 IV 70. Er gilt für alle Beteiligten (vgl. Art. 30).

Frist

29 Das Antragsrecht erlischt nach Ablauf von drei Monaten. Die Frist beginnt mit dem Tag, an welchem dem Antragsberechtigten der Täter bekannt wird.

Art. 29: Für den *Fristbeginn* ist auch die Kenntnis des Verletzten von der *Tat* erforderlich: BGE 101 IV 116 (offengelassen, ob nur die objektiven oder auch die subjektiven Tatbestandsmerkmale bekannt sein müssen), 105 IV 165, 107 IV 10. Wenn der Täter im Sinne einer «Einheitstat» während einer ganzen Zeit und ohne Unterbrechung einen Tatbestand mehrfach erfüllt, beginnt die Antragsfrist erst mit dessen letzten schuldhaften Erfüllung zu laufen (BGE 118 IV 328). Die Kenntnis von Tat und Täter muß so sicher und zuverlässig sein, daß der Antragsberechtigte bei der Verfolgung der betreffenden Person erhebliche Erfolgsaussichten hat und nicht selber riskieren muß, wegen übler Nachrede oder falscher Anschuldigung verfolgt zu werden. Bloßes «Kennenmüssen» oder bloßer Verdacht genügt nicht, doch braucht der Antragsberechtigte andererseits noch über keine Beweismittel zu verfügen: BGE 101 IV 116, RS 1988 Nr. 443. Maßgebend ist nur die persönliche Kenntnis des Verletzten, nicht seines bevollmächtigten Vertreters: BGE 80 IV 213. Zur Beweislast in bezug auf das Vorliegen der Voraussetzungen für den Fristbeginn: BGE 97 I 774. – Ein Strafantrag gegen unbekannte Täterschaft kann schon vor Fristbeginn gestellt werden und braucht nach dem Bekanntwerden des Täters nicht erneuert zu werden: BGE 92 IV 75.

Berechnung und Wahrung der Frist: Der Tag, an dem der Verletzte die nötige Kenntnis erlangte, wird nicht mitgezählt: BGE 97 IV 238. Berechnung der drei Monate: Art. 110 Ziff. 6. Die Frist ist gewahrt, wenn der Antrag am letzten Tag der Frist bei der zuständigen Behörde gestellt oder zu ihren Handen der schweizerischen Post übergeben wird: BGE 81 IV 322. Fällt der letzte Tag auf einen Samstag, Sonntag oder staatlich anerkannten Feiertag, so endet die Frist am darauffolgenden Werktag: BGE 83 IV 186, BG über den Fristenlauf an Samstagen vom 21. Juni 1963 (SR 173.110.3). Ob auch der rechtzeitig, aber bei einer unzuständigen Behörde gestellte Antrag gültig ist, bestimmt sich nach kantonalem Recht: BGE 98 IV 248, BJM 1992, 273. Der durch einen nichtbevollmächtigten Vertreter gestellte Strafantrag ist nur wirksam, wenn ihn der Antragsberechtigte noch innert der Frist genehmigt: BGE 103 IV 72. Bei Verfolgung im Zivil- oder Privatstrafklageverfahren genügt im allgemeinen nur Klageeinleitung, nicht aber Sühnbegehren innerhalb der Dreimonatefrist: vgl. Bemerkungen zu Art. 28; BGE 103 IV 132 (Anklageerhebung beim Bezirksgericht *und* Sühnbegehren beim Friedensrichter nach Zürcher Recht). Vgl. ferner BGE 105 IV 165 und 106 IV 244 (Ehrverletzungssachen in den Kantonen St. Gallen und Aargau). Inhalt des Urteilsspruches bei Verwirkung des Antragsrechtes: BGE 80 IV 5.

Unteilbarkeit

Stellt ein Antragsberechtigter gegen einen an der Tat Beteilig- **30** ten Strafantrag, so sind alle Beteiligten zu verfolgen.

Art. 30 gilt nach BGE 97 IV 3 nur dann, wenn der Antragsberechtigte nicht erklärt, seinen Antrag auf einen einzelnen Beteiligten beschränken zu wollen; in diesem Fall ist der Strafantrag wegen unzulässigen Inhalts schlechthin ungültig. Haben jedoch die Strafbehörden trotz einem rechtsgültig gegen einen Beteiligten gestellten Antrag das Verfahren nicht oder nicht rechtzeitig auf die anderen ausgedehnt, so daß diese nicht mehr bestraft werden können, so geht es nach dem erwähnten Entscheid jedoch nicht an, den Strafantrag als nicht gestellt zu betrachten und das Verfahren gegen alle Beteiligten einzustellen (vgl. auch BGE 110 IV 90). Zu den Auswirkungen der Unteilbarkeit des Antrages auf das Privatstrafklageverfahren: BGE 80 IV 212, 86 IV 147. – «Beteiligte» sind Mittäter, Anstifter und Gehilfen, nicht aber Nebentäter: BGE 80 IV 211, 81 IV 274, 86 IV 147 (auch bei Strafantrag gegen den Verfasser eines Artikels bei Pressedelikten), 97 IV 4. Sie müssen den Tatbestand objektiv und subjektiv erfüllt haben: SJZ 68 (1972) 240. Der Grundsatz der Unteilbarkeit gilt sinngemäß auch für den Verzicht auf Strafantrag (Art. 28 Abs. 5) sowie ausdrücklich für dessen Rückzug

(Art. 31 Abs. 3): Er bezieht sich nicht auf die sog. relativen Antragsdelikte, bei denen nur die Verfolgung von Angehörigen und Familiengenossen des Verletzten einen Strafantrag voraussetzt und die übrigen Beteiligten von Amtes wegen zu verfolgen sind.

Rückzug

31 [1] Der Berechtigte kann seinen Strafantrag zurückziehen, solange das Urteil erster Instanz noch nicht verkündet ist.

[2] Wer seinen Strafantrag zurückgezogen hat, kann ihn nicht nochmals stellen.

[3] Zieht der Berechtigte seinen Strafantrag gegenüber einem Beschuldigten zurück, so gilt der Rückzug für alle Beschuldigten.

[4] Erhebt ein Beschuldigter gegen den Rückzug des Strafantrages Einspruch, so gilt der Rückzug für ihn nicht.

Art. 31: Abs. 1: Für den Rückzug genügt statt einer ausdrücklichen Erklärung auch konkludentes Verhalten, sofern es sich dabei um eine unmißverständliche Willensäußerung handelt: BGE 86 IV 149, 89 IV 58. Der Rückzug muß bedingungslos sein: BGE 79 IV 100. Nach diesem Entscheid sollen dem Rückzug zugrundeliegende Willensmängel unbeachtlich sein (fraglich). – Die Nichterfüllung der vertraglich eingegangenen, infolge des Eintritts einer vereinbarten aufschiebenden Bedingung unbedingt gewordenen Verpflichtung zum Rückzug eines Strafantrages kann gegen Treu und Glauben verstoßen: BGE 106 IV 176 (Zusicherung zum Rückzug des Strafantrages wegen Vernachlässigung von Unterstützungspflichten bei Einhaltung neu eingegangener Verpflichtungen). Begriff des erstinstanzlichen Urteils: Sachentscheid, der im ordentlichen Gerichtsverfahren (wenn auch ohne mündliche Parteiverhandlung) ergangen ist: BGE 96 IV 7. Gleichgestellt wird der Strafbefehl, wenn er mangels Anfechtung in Rechtskraft erwachsen ist; im Falle seiner Anfechtung kann der Strafantrag noch bis zur Verkündung des Urteils der ersten Instanz im ordentlichen Verfahren zurückgezogen werden: BGE 92 IV 163 (vgl. auch BGE 96 IV 7). – Ein erstinstanzliches Urteil gilt dann als verkündet, wenn das Dispositiv mündlich oder schriftlich mitgeteilt wurde: BGE 117 IV 1. Kein Rückzug mehr möglich nach Aufhebung eines bereits verkündeten Versäumnisurteils auf Begehren des Verurteilten: BGE 81 IV 81, 82 IV 131. Der vom Verletzten gestellte Antrag kann nach seinem Tode von seinen Angehörigen nicht zurückgezogen werden: BGE 73 IV 74.

Abs. 3: «Beschuldigte» sind Beteiligte im Sinne von Art. 30 (siehe dort). Die Bestimmung findet keine Anwendung, wenn der Rückzug des Strafantrages gegen einen Beschuldigten nur deshalb erfolgt, weil er offensichtlich nicht beteiligt ist: BGE 80 IV 213, ZBJV 101 (1965) 272.

Abs. 4: Der Einspruch des Beschuldigten gegen den Rückzug des Strafantrages muß als Willenserklärung in den Formen des kantonalen Rechtes bei der zuständigen Behörde eingereicht werden. Das Prozeßrecht ist auch für die Einzelheiten des Verfahrens, in dem der Einspruch behandelt und entschieden wird, maßgebend: SJZ 52 (1956) 361.

8. Rechtmäßige Handlungen

Gesetz, Amts- oder Berufspflicht

Die Tat, die das Gesetz oder eine Amts- oder Berufspflicht gebietet, oder die das Gesetz für erlaubt oder straflos erklärt, ist kein Verbrechen oder Vergehen. **32**

Zu Art. 32–34: Das StGB selber enthält Rechtfertigungsgründe in den Art. 33, 34, 120 Ziff. 2, 179octies, 320 Ziff. 2, 321 Ziff. 2, 321bis Abs. 2 und 358ter. – Übergesetzliche, d. h. in keinem Gesetz genannte *Rechtfertigungsgründe* sind möglich, doch dürfen sie nicht weniger streng gehandhabt werden als Art. 34: BGE 94 IV 70, ZR 72 Nr. 107, 76 Nr. 98, zum Teil kritisch ZBJV 105 (1969) 387. Einen solchen Rechtfertigungsgrund kann die *Einwilligung* des Verletzten bilden, auch die mußmaßliche Einwilligung für die in seinem Interesse gelegenen Handlungen. Voraussetzung bildet, daß der Verletzte über das Rechtsgut verfügen kann, was z. B. bei Art. 114 und 119 Ziff. 1 nicht zutrifft, und die Zustimmung nicht sittenwidrig (ZGB Art. 27) ist: BGE 99 IV 209 f. (medizinischer Eingriff), 100 IV 159. Der tatsächliche Umfang der Einwilligung hängt vom Willen des Berechtigten ab, Einwilligung unter Bedingungen, die vom Täter mißachtet werden, genügt nicht: BGE 100 IV 159 f. Der gesetzliche Vertreter kann einwilligen, wenn die Verletzung im Interesse des Verletzten oder höherrangiger fremder Interessen liegt: SJZ 62 (1966) 59. Einwilligung des Geschädigten in eine *fahrlässige* Körperverletzung: BGE 109 IV 104 (verneint für Schädigung eines Fußballers infolge vorsätzlicher oder schwerer Mißachtung von Spielregeln durch einen anderen Spieler), vgl. hiezu recht 1984, 56. Als weitere übergesetzliche Rechtfertigungsgründe kommen namentlich in Betracht: *Notstandsähnliche Widerstandsrechte* gegen eine Amtshandlung (BGE 98 IV 45 und 103 IV 75 zu den Voraussetzungen) und *Wahrung berechtigter Interessen,* so z. B. solcher finanzieller

Natur (BGE 82 IV 18 betr. Fernbleiben von einer Pfändung), zur
Orientierung der Öffentlichkeit über Mißstände in der Verwaltung
(BGE 94 IV 70 betr. Verletzung des Amtsgeheimnisses), zur Verkehrs-
sicherung (BGE 113 IV 7 betr. Mißachtung von Verkehrsregeln durch
den Begleitmotorradfahrer eines Velorennens), zur Geheimhaltung
eines Informanten über eine Gewässerverschmutzung durch einen Politiker (SJZ 77 1981 267 betr. Art. 293; problematisch), zur Einreise eines
Staatenlosen mit gefälschten Papieren, um die Eheschließung mit einer
Schweizerin, der Mutter seiner anderthalbjährigen Tochter, vorzube-
reiten (BGE 117 IV 177 betr. Art. 23 Abs. 1 al. 1 ANAG). Vorauszusetzen ist stets, daß der Täter die zum Erreichen des berechtigten Zieles
notwendigen und diesem angemessenen Mittel angewendet hat sowie
daß seine Tat den einzig möglichen Weg darstellt und offenkundig weniger schwer wiegt als die zu wahrenden Interessen: BGE 113 IV 7. –
Die Erfüllung einer sittlichen Pflicht ist kein Rechtfertigungsgrund:
BGE 97 IV 23. – In den kantonalem Recht unterstellten Strafsachen
kann die Nichtanwendung von Art. 32 f. nicht als Verletzung eidgenössischen Rechts nach BStP Art. 269 Abs. 1 gerügt werden: BGE 97 IV
69.

Art. 32: *Amtspflichten* gebieten oder erlauben die Erfüllung von
Straftatbeständen in Ausübung hoheitlicher Befugnisse; sie bedürfen
der Rechtsgrundlage, wozu eine Verwaltungsvorschrift genügt. Der
Grundsatz der Verhältnismäßigkeit ist zu beachten: BGE 96 IV 20.
Der Beamte ist nicht verpflichtet, eine Ermächtigungsvorschrift auf
ihre Verfassungs- und Gesetzesmäßigkeit zu überprüfen: BGE 100 Ib
17. – Im einzelnen: Ehrenrührige Ausführungen in einem Polizeirap-
port: BGE 76 IV 26; in der Begründung des Entscheides eines Gerichtes oder einer Verwaltungsbehörde: BGE 106 IV 181 (wer in amtlicher Funktion ehrenrührige Fakten erwähnen und persönliche Eigenschaften und Motive werten muß, ist durch Art. 32 StGB gedeckt,
soweit er nicht über das Notwendige hinausgeht oder wider besseres
Wissen handelt); in Äußerungen eines Funktionärs gegenüber der
Presse: BGE 108 IV 95 (wem in amtlicher Funktion eine Informa-
tionspflicht obliegt, ist durch Art. 32 gedeckt, soweit die für die
Öffentlichkeit bestimmten Äußerungen den gebotenen Sachbezug
haben, nicht wider besseres Wissen getan wurden sowie nicht unnötig
verletzend und unverhältnismäßig sind). – Polizeilicher Gebrauch von
Waffen: BGE 94 IV 7, 96 IV 20, 99 IV 255, 111 IV 113, 115 IV 163,
SJZ 83 (1987) 138. Anwendung physischer Gewalt durch die Polizei:
BGE 107 IV 85 (mit näheren Ausführungen zum Erfordernis der Ver-
hältnismäßigkeit der durch Amtspflicht gebotenen Handlung). –
Recht und Pflicht einer Behörde zur Erstattung einer Strafanzeige:
BGE 93 I 86. – Erziehungspflicht des Lehrers: BGE 72 IV 178 (Ehr-

verletzung). Dessen Recht zur Züchtigung setzt eine formelle gesetzliche Grundlage voraus: BGE 117 IV 18.

Berufspflicht: Sie muß sich ebenfalls auf eine gesetzliche Grundlage stützen können. Abgelehnt wurde die Annahme einer rechtfertigenden Berufspflicht des Arztes zu einem medizinischen Eingriff (BGE 99 IV 211) und des Journalisten zu einer Veröffentlichung gemäß Art. 293 (SJZ 77 1981 269), begrenzt bejaht für Vorbringen eines Anwalts in einem Prozeß (BGE 118 IV 252). Der Hinweis auf die *vom Gesetz erlaubte Tat* zielt namentlich auf Rechtssätze außerhalb des StGB. Auch solche des kantonalen Rechts kommen in Betracht, sofern sie dem Grundsatz der Verhältnismäßigkeit entsprechen und das Bundesrecht nicht den Vorrang beansprucht: BGE 94 IV 8, 96 IV 20, 99 IV 255, 101 IV 316. Die gesetzliche Grundlage kann sich auch aus einer Verordnung oder einem Reglement ergeben: BGE 94 IV 7, 101 Ib 16. Als solche außerstrafgesetzliche Rechtfertigungsgründe kommen u. a. in Frage: Erlaubte Selbsthilfe nach ZGB Art. 701, 926 (dazu BGE 85 IV 5, 118 IV 292, SJZ 63 1967 243), OR Art. 52 Abs. 3, 57 (dazu BGE 76 IV 228, 77 IV 196, 78 IV 83, 104 IV 93 betr. Durchsetzung des Besuchsrechts). Melderecht des Arztes nach SVG Art. 14 Abs. 4 (dazu SJZ 56 1960 130) und BetmG Art. 15. Erziehungs- und Züchtigungsrecht nach ZGB Art. 302 Abs. 1, 405 (dazu SJZ 56 1960 130). – Recht des Bürgers zur Festnahme und Beschlagnahme im Strafprozeß: SJZ 57 (1961) 26 f. (kein Schußwaffengebrauch), 64 (1968) 9. – Zeugenaussage über ein unehrenhaftes Verhalten: BGE 80 IV 60, SJZ 74 (1978) 128. – Behauptungspflicht der Partei im Zivilprozeß: BGE 116 IV 213. Aussagen als Angeschuldigter in einem Strafverfahren: BGE 118 IV 250. – Entgegennahme von Betäubungsmitteln durch einen Fahndungsbeamten nach BetmG Art. 23: BGE 108 Ib 538.

Irrige Annahme des Bestehens eines Rechtfertigungsgrundes ist nach Art. 20 zu behandeln: SJZ 65 (1969) 241 Erw. 7.

Notwehr

[1] Wird jemand ohne Recht angegriffen oder unmittelbar mit **33** einem Angriffe bedroht, so ist der Angegriffene und jeder andere berechtigt, den Angriff in einer den Umständen angemessenen Weise abzuwehren.

[2] Überschreitet der Abwehrende die Grenzen der Notwehr, so mildert der Richter die Strafe nach freiem Ermessen (Art. 66). Überschreitet der Abwehrende die Grenzen der Notwehr in entschuldbarer Aufregung oder Bestürzung über den Angriff, so bleibt er straflos.

Art. 33: Abs. 1: *Notwehr und Notwehrhilfe*

Der Angriff kann sich gegen alle persönlichen Rechtsgüter richten: BGE 102 IV 3 (Hausrecht), vgl. BGE 104 IV 55 (Bewegungsfreiheit), 107 IV 13 (Eigentum). Er muß rechtswidrig und im Gang sein oder unmittelbar bevorstehen: BGE 93 IV 83, 104 IV 236 (die aggressive Haltung einer von sich gegenüberstehenden Gruppen genügt nicht). Abgeschlossen ist er erst, wenn das Delikt beendet ist; beim Dauerdelikt (z. B. Hausfriedensbruch; vgl. auch Bemerkungen zu Art. 71 Abs. 3) dauert er so lange, als der Täter den rechtswidrigen Zustand aufrechterhält: BGE 102 IV 5. Ein Angriff auf das Eigentum und seine Abwehr im Sinne von Art. 33 dauern an, solange der Berechtigte und der Angreifer unmittelbar im Anschluß an die Tat um den Gewahrsam an der Sache streiten: BGE 107 IV 13. Nach BGE 109 IV 7 soll der Angriff auf das Vermögen eines Taxichauffeurs noch andauern, während der Fahrgast nach Abschluß der von ihm ohne Zahlung erschlichenen Fahrt flieht (fragwürdig, schon was die Annahme eines «Angriffes» anbelangt). Auch wer schuldhaft zum Angriff Anlaß gegeben hat, ist rechtswidrig angegriffen, wenn er die Situation nicht direkt provoziert hat: BGE 102 IV 230, 104 IV 56. – Der Angriff muß *rechtswidrig* sein, was namentlich nicht zutrifft, wenn der Angreifer sich seinerseits auf einen Rechtfertigungsgrund berufen kann (BGE 93 IV 84, 109 IV 7 betr. Notwehrsituation für den Angreifer). Abwehr des Angriffs eines Tieres fällt nur unter Art. 33, wenn er durch dessen Halter veranlaßt wurde; im übrigen ist Art. 34 anzuwenden: BGE 97 IV 73. – *Putativnotwehr* liegt vor, wenn der Täter über das Vorliegen eines rechtswidrigen Angriffes irrt; der Irrtum hierüber ist nach Art. 19 zu beurteilen: BGE 93 IV 83 f., 102 IV 67.

Durch Notwehr können sowohl vorsätzlich wie unvorsätzlich verursachte Rechtsgüterverletzungen gedeckt sein: BGE 79 IV 148, 86 IV 1, 104 IV 1, 56. Stets wird jedoch vorausgesetzt, daß der Täter die Handlung, die zu einem deliktischen Erfolg führt, bewußt und gewollt zum Zweck der Abwehr eines Angriffs vorgenommen hat: BGE 93 IV 83, 104 IV 2. – Die Abwehr ist nur gegen den Angreifer zulässig; im Verhältnis zum unbeteiligten Dritten kann aber Notstand vorliegen: BGE 75 IV 51. – Die Abwehr muß verhältnismäßig sein, d. h. der Schwere des tatsächlichen oder drohenden Angriffs sowie der Wichtigkeit des gefährdeten Rechtsgutes einerseits und der Bedeutung des Gutes, das durch die Abwehr verletzt wird, andererseits angepaßt werden: Sem 1988, 121, BGE 102 IV 68, vgl. BGE 102 IV 6 (Überschreitung der Notwehr durch Abgabe eines Warnschusses bei Hausfriedensbruch), BGE 102 IV 230 (Unangemessenheit eines Messerstiches in den Bauch als Abwehr eines Angriffes mit Faustschlägen und Fußtritten), 106 IV 249 (Überschreitung der Notwehr durch Herabstoßen des mit einem Hasel-

stecken bewehrten Angreifers von einer Rampe), 107 IV 12 (Anschie-
ßen eines mit großer Beute fliehenden Diebes als angemessene Abwehr), 109 IV 15 (Abwehr von Schlägen mit einem Kabelstück durch
Messerstiche gegen den Angreifer als Notwehrüberschreitung), Sem
1985, 138 (offenkundige Unverhältnismäßigkeit zwischen dem dem
Angreifer erwachsenden Schaden und einem solchen, der dem Angegriffenen drohte). Für die Angemessenheit eines Abwehrmittels
kommt es nicht auf dessen Gefährlichkeit, sondern auf diejenige seiner
Verwendung an: BGE 101 IV 120, vgl. auch BGE 107 IV 15. – Der Bedrohte braucht einem Angriff nicht aus dem Wege zu gehen oder vor
dem Angreifer zu flüchten, auch wenn dies möglich wäre: BGE 101 IV
121, 102 IV 230.

Abs 2: *Notwehrüberschreitung, Notwehrexzeß*
Überschreitung der Notwehr bleibt rechtswidrig, auch wenn der Abwehrende bloß irrtümlich meint, angegriffen zu werden (RS 1983
Nr. 420). Straflos ist der Täter nur, wenn Art und Umstände des Angriffs eine entschuldbare Aufregung oder Bestürzung hervorriefen:
BGE 115 IV 169. Die Gemütsbewegung muß nicht heftig sein, aber
eine gewisse Stärke aufweisen: BGE 102 IV 7, vgl. auch BGE 101 IV 21
(Strafloserklärung ist gleichbedeutend mit Freispruch). Wer selber
durch deliktisches Verhalten die Ursache des Angriffs gesetzt hat, kann
nicht geltend machen, eine unangemessene Abwehr sei auf eine *entschuldbare* Aufregung oder Bestürzung zurückzuführen: BGE 109 IV
7. – Die in Notwehrexzeß begangene Tötung kann auch unter Art. 113
(Totschlag) fallen: BGE 102 IV 229.

Notstand

1. Die Tat, die jemand begeht, um sein Gut, namentlich **34**
Leben, Leib, Freiheit, Ehre, Vermögen, aus einer unmittelbaren, nicht anders abwendbaren Gefahr zu erretten, ist straflos,
wenn die Gefahr vom Täter nicht verschuldet ist und ihm den
Umständen nach nicht zugemutet werden konnte, das gefährdete Gut preiszugeben.

Ist die Gefahr vom Täter verschuldet, oder konnte ihm den
Umständen nach zugemutet werden, das gefährdete Gut preiszugeben, so mildert der Richter die Strafe nach freiem Ermessen (Art. 66).

2. Die Tat, die jemand begeht, um das Gut eines andern, namentlich Leben, Leib, Freiheit, Ehre, Vermögen, aus einer unmittelbaren, nicht anders abwendbaren Gefahr zu erretten, ist
straflos. Konnte der Täter erkennen, daß dem Gefährdeten die

Preisgabe des gefährdeten Gutes zuzumuten war, so mildert der Richter die Strafe nach freiem Ermessen (Art. 66).

Art. 34 ist im Verhältnis zu Art. 33 subsidiär (vgl. BGE 75 IV 151, 97 IV 73 und Bem. zu Art. 33 Abs. 1).

Ziff. 1: Die Bestimmung erfaßt nur den individuellen Notstand, nicht aber die Wahrung allgemeiner Rechtsgüter, in bezug auf solche kommen nur übergesetzliche Rechtfertigungsgründe in Betracht: BGE 94 IV 70, ZR 76 Nr. 95 (verkannt in BGE 106 IV 68). Auch Beweisnotstand kommt in Betracht: Sem 1986, 36. Die Rettungshandlung kann indessen auch in Rechtsgüter der Allgemeinheit eingreifen: vorausgesetzt in BGE 106 IV 2 und 68 (Verletzung von Verkehrsvorschriften). Wer zur Duldung von Eingriffen in Rechtsgüter verpflichtet ist, kann diese nicht unter Berufung auf Notstand abwenden: BGE 104 IV 232. Weitere Voraussetzungen: Die Gefahr muß unmittelbar (und damit auch konkret) sein, d. h. sich nur durch sofortiges Eingreifen abwenden lassen: BGE 101 IV 5, 108 IV 128, 109 IV 158, ZBJV 123 (1987) 449 (Zeitnot und Mitführen schwerer Lasten begründen keinen Notstand, der die Mißachtung eines Fahrverbotes rechtfertigen könnte). Zum fehlenden Verschulden des Täters an der Entstehung der Gefahr BGE 108 IV 33 (Hausfriedensbruch, um sich der selbstverschuldeten Gefahr einer polizeilichen Verhaftung zu entziehen, begründet keinen Notstand), zur fehlenden anderweitigen Abwendbarkeit der Gefahr (Subsidiarität) BGE 75 IV 51, 97 IV 75, 98 IV 10, 50, 101 IV 5, 106 IV 3, 108 IV 128, zur Unzumutbarkeit der Preisgabe des gefährdeten Gutes (Angemessenheit des mit der Rettungshandlung verbundenen Eingriffes), BGE 75 IV 51, 97 IV 76, 106 IV 4. – Irrtümliche Annahme einer unmittelbaren Gefahr ist nach Art. 19 zu behandeln: SJZ 75 (1979) 44 (Abschuß eines vermeintlich tollwütigen Hasen).

Ziff. 2: *Notstandshilfe* unter den Voraussetzungen von Ziff. 1 zugunsten eines anderen. Der Nothelfer ist nicht gehalten, sich selber der dem Dritten drohenden Gefahr auszusetzen: BGE 98 IV 75. Die Überschreitung der Höchstgeschwindigkeit durch einen Automobilisten, um dem Begleiter ein letztes Gespräch mit dem sterbenden Ehegatten zu ermöglichen, kann durch Art. 34 gedeckt sein: SJZ 70 (1974) 86. Zur Frage der Verhältnismäßigkeit der Verletzung von Verkehrsregeln, um einen Patienten notfallmäßig in eine Klinik zu bringen: BGE 106 IV 2, RS 1991 Nr. 3, vgl. auch SJZ 87 (1991) 398. Zur Frage einer Fahrt in angetrunkenem Zustand als Notstandshilfe: BGE 116 IV 366. – Dem Inhaber eines privaten Polizeiunternehmens zum Schutz von Kunden ist es nicht erlaubt, ohne Bewilligung die den vortrittsberechtigten Fahrzeugen vorbehaltenen besonderen akustischen

und optischen Signale an seinem Wagen anzubringen: BGE 101 IV 5.
Wer eine Botschaft besetzt und deren Angehörige gefangenhält, um
dadurch auf die schwierige Lage des Volkes in seiner Heimat aufmerksam zu machen, kann sich nicht auf Art. 34 Ziff. 2 berufen: BGE 109 IV
158. – Rechtsirrtum und Notstand: SJZ 70 (1974) 56f.

Dritter Titel
Strafen, sichernde und andere Maßnahmen

Erster Abschnitt
Die einzelnen Strafen und Maßnahmen

1.   Freiheitsstrafen

Zuchthausstrafe

35 Die Zuchthausstrafe ist die schwerste Freiheitsstrafe. Ihre kürzeste Dauer ist ein Jahr, die längste Dauer zwanzig Jahre. Wo das Gesetz es besonders bestimmt, ist sie lebenslänglich.

> **Art. 35 ff.:** Verhältnis zwischen Strafen und resozialisierenden Maßnahmen: BGE 90 IV 59. Nebenstrafen: Art. 51 ff.
> **Art. 35:** Neue Fassung gemäß BG vom 18. März 1971, in Kraft seit 1. Juli 1971. – Vollzug: Art. 37. – Bedingter Strafvollzug: Art. 41. – Bevormundung: ZGB Art. 371 und 432.

Gefängnisstrafe

36 Die kürzeste Dauer der Gefängnisstrafe ist drei Tage. Wo das Gesetz nicht ausdrücklich anders bestimmt, ist die längste Dauer drei Jahre.

> **Art. 36:** Neue Fassung gemäß BG vom 18. März 1971, in Kraft seit 1. Juli 1971. – Vollzug: Art. 37, 37bis. – Bedingter Strafvollzug: Art. 41. – Bevormundung: ZGB Art. 371 und 432.

Vollzug der Zuchthaus- und Gefängnisstrafe

37 1. Der Vollzug der Zuchthaus- und Gefängnisstrafe soll erziehend auf den Gefangenen einwirken und ihn auf den Wiedereintritt in das bürgerliche Leben vorbereiten. Er soll zudem darauf hinwirken, daß das Unrecht, das dem Geschädigten zugefügt wurde, wiedergutgemacht wird.

Der Gefangene ist zur Arbeit verpflichtet, die ihm zugewiesen wird. Er soll womöglich mit Arbeiten beschäftigt werden, die seinen Fähigkeiten entsprechen und die ihn in den Stand setzen, in der Freiheit seinen Unterhalt zu erwerben.

2. Zuchthaus- und Gefängnisstrafen können in der gleichen Anstalt vollzogen werden. Diese ist, unter Vorbehalt von Sonderbestimmungen dieses Gesetzes, von den andern im Gesetz genannten Anstalten zu trennen.

Der Verurteilte, der innerhalb der letzten fünf Jahre vor der Tat weder eine Zuchthausstrafe noch eine Gefängnisstrafe von mehr als drei Monaten verbüßt hat und noch nie in eine Anstalt gemäß Artikel 42 oder 91 Ziffer 2 eingewiesen war, ist in eine Anstalt für Erstmalige einzuweisen. Er kann in eine andere Anstalt eingewiesen werden, wenn besondere Umstände wie Gemeingefährlichkeit, ernsthafte Fluchtgefahr oder besondere Gefahr der Verleitung anderer zu strafbaren Handlungen vorliegen.

Die zuständige Behörde kann ausnahmsweise einen Rückfälligen in eine Anstalt für Erstmalige einweisen, wenn dies notwendig ist und dem erzieherischen Zweck der Strafe entspricht.

3. Der Gefangene wird während der ersten Stufe des Vollzuges in Einzelhaft gehalten. Die Anstaltsleitung kann mit Rücksicht auf den körperlichen oder geistigen Zustand des Gefangenen davon absehen. Sie kann ihn auch später wieder in Einzelhaft zurückversetzen, wenn sein Zustand oder der Zweck des Vollzugs dies erfordert.

Gefangene, die mindestens die Hälfte der Strafzeit, bei lebenslänglicher Zuchthausstrafe mindestens zehn Jahre verbüßt und sich bewährt haben, können in freier geführte Anstalten oder Anstaltsabteilungen eingewiesen oder auch außerhalb der Strafanstalt beschäftigt werden. Diese Erleichterungen können auch anderen Gefangenen gewährt werden, wenn ihr Zustand es erfordert.

Die Kantone regeln Voraussetzungen und Umfang der Erleichterungen, die stufenweise dem Gefangenen gewährt werden können.

Art. 37 ff.: Gemeinsame Bestimmungen über den Vollzug von Freiheitsstrafen und sichernden Maßnahmen (Art. 41–44, 100bis) finden sich in Art. 46 und 47, 374–392, 397bis, VStGB 1 Art. 2, 3, 5 und 6, VStGB 2 Art. 1.

Zu Art. 37 und 37bis: Ergänzende Vollzugsvorschriften in Art. 40, VStGB 1 Art. 4 und VStGB 3 Art. 1, 2 und 3a. Bedingter Strafvollzug: Art. 41. Die mit dem Strafvollzug verbundenen Freiheitsbeschränkungen müssen in einem kantonalen Gesetz oder Reglement festgelegt sein, welches das Regime in der Anstalt wenigstens in groben Zügen ordnet; sie haben dem Grundsatz der Verhältnismäßigkeit zu entsprechen und dürfen nicht über das hinausgehen, was der Haftzweck und das normale Funktionieren der Strafanstalt erfordern: BGE 106 IV 280, vgl. schon BGE 99 Ia 268, 100 Ia 459, 101 Ia 150, 103 Ia 295 und ferner BGE 102 Ia 283, 103 Ia 166, 105 Ia 35, 107 IV 149.

Art. 37: Neue Fassung gemäß BG vom 18. März 1971, in Kraft seit 1. Juli 1971. Bedingte Entlassung: Art. 38.

Ziff. 1 Abs. 1: Fassung gemäß BG über die Hilfe an Opfer von Straftaten vom 4. Oktober 1991; in Kraft ab 1. Januar 1993.

Ziff. 2 Abs. 1: Eine Sonderbestimmung für Frauenanstalten findet sich in VStGB 2 Art. 1.

Ziff. 3 Abs. 2: Beschäftigung außerhalb der Anstalt wird als *Halbfreiheit* bezeichnet. Bei dieser Vollzugsform gehe der Gefangene von der geschlossenen oder halboffenen Anstalt oder von einer freier geführten Anstalt oder Anstaltsabteilung aus in einem nicht zur Anstalt gehörenden öffentlichen oder privaten Betrieb zur Arbeit, und zwar wie ein «gewöhnlicher» Arbeitnehmer: VPB 1981 Nr. 59. Ausnahmen bezüglich der gesetzlichen Voraussetzungen für die Gewährung der Halbfreiheit, die gemäß Satz 2 der Bestimmung möglich sind, können nur mit Zurückhaltung gewährt werden: BGE 116 IV 278 (Verweigerung bei einem Gefangenen, bei dem angesichts seines vorangegangenen Verhaltens ein erhöhtes Rückfallsrisiko besteht). – Von der Halbfreiheit ist die *Halbgefangenschaft* gemäß Art. 39 Ziff. 3 Abs. 2 sowie VStGB 1 Art. 4 Abs. 3 und VStGB 3 Art. 1 zu unterscheiden, bei welcher der Gefangene von Beginn des Strafvollzuges an auswärts beschäftigt werden kann. Bedingungen, die erfüllt sein müssen, damit der Vorteil der Halbgefangenschaft gewährt werden kann: Sem 113 (1991) 25. Nach der letztgenannten Bestimmung können die Kantone diese Vollzugsform auch für Gefängnisstrafen von drei bis sechs Monaten gewähren. Auszunehmen ist der Fall, daß der Verurteilte mehrere Sanktionen dieser Art zu verbüßen hat, welche zusammen mehr als sechs Monate betragen: BGE 113 IV 8.

Vollzug kurzer Gefängnisstrafen

37bis 1. Ist für strafbare Handlungen des Verurteilten eine Gefängnisstrafe von nicht mehr als drei Monaten zu vollziehen, so sind die Bestimmungen über die Haft anwendbar.

Für gleichzeitig vollziehbare Strafen bleibt Artikel 397bis Absatz 1 Buchstabe *a* vorbehalten, ebenso für Gesamtstrafen und Zusatzstrafen.

2. Ist von einer längeren Gefängnisstrafe des Verurteilten infolge der Anrechnung von Untersuchungshaft oder aus andern Gründen nur eine Reststrafe von nicht mehr als drei Monaten zu vollziehen, so bestimmt die Vollzugsbehörde, ob er in eine Anstalt zum Vollzug von Haftstrafen einzuweisen sei.

Die Vollzugsgrundsätze des Artikels 37 bleiben in der Regel sinngemäß anwendbar.

3. Der Gefangene ist in jedem Fall zur Arbeit verpflichtet, die ihm zugewiesen wird.

Art. 37bis: Neue Vorschrift gemäß BG vom 18. März 1971, in Kraft seit 1. Juli 1971. – Zum Vollzug an jungen Erwachsenen: VPB 1987 Nr. 26.

Ziff. 1 Abs. 1: Diese Bestimmungen finden sich in Art. 39. Tageweiser Vollzug und Vollzug in Form der Halbgefangenschaft: VStGB 1 Art. 4, in Form gemeinnütziger Arbeit VStGB 3 Art. 3a.

Abs. 2: Die im erwähnten Artikel vorgesehene Regelung ist enthalten in VStGB 1 Art. 2 und 3.

Ziff. 3: In dieser Hinsicht unterscheidet sich der Vollzug einer kurzfristigen Gefängnisstrafe von demjenigen der Haft (Art. 39 Ziff. 3).

Bedingte Entlassung

1. Hat der zu Zuchthaus oder Gefängnis Verurteilte zwei Drittel der Strafe, bei Gefängnis mindestens drei Monate, verbüßt, so kann ihn die zuständige Behörde bedingt entlassen, wenn sein Verhalten während des Strafvollzuges nicht dagegen spricht und anzunehmen ist, er werde sich in der Freiheit bewähren. **38**

Hat ein zu lebenslänglicher Zuchthausstrafe Verurteilter fünfzehn Jahre erstanden, so kann ihn die zuständige Behörde bedingt entlassen.

Die zuständige Behörde prüft von Amtes wegen, ob der Gefangene bedingt entlassen werden kann. Sie holt einen Bericht der Anstaltsleitung ein. Sie hört den Verurteilten an, wenn er kein Gesuch gestellt hat oder wenn auf Gesuch hin eine bedingte Entlassung nicht ohne weiteres gegeben ist.

2. Die zuständige Behörde bestimmt dem bedingt Entlasse-

nen eine Probezeit, während der er unter Schutzaufsicht gestellt werden kann. Diese Probezeit beträgt mindestens ein und höchstens fünf Jahre. Wird ein zu lebenslänglicher Zuchthausstrafe Verurteilter bedingt entlassen, so beträgt die Probezeit fünf Jahre.

3. Die zuständige Behörde kann dem bedingt Entlassenen Weisungen über sein Verhalten während der Probezeit erteilen, insbesondere über Berufsausübung, Aufenthalt, ärztliche Betreuung, Verzicht auf alkoholische Getränke und Schadensdeckung.

4. Begeht der Entlassene während der Probezeit eine strafbare Handlung, für die er zu einer drei Monate übersteigenden und unbedingt zu vollziehenden Freiheitsstrafe verurteilt wird, so ordnet die zuständige Behörde die Rückversetzung an. Wird der Entlassene zu einer milderen oder zu einer bedingt zu vollziehenden Strafe verurteilt, so kann die zuständige Behörde von der Rückversetzung Umgang nehmen.

Handelt der Entlassene trotz förmlicher Mahnung der zuständigen Behörde einer ihm erteilten Weisung zuwider, entzieht er sich beharrlich der Schutzaufsicht oder täuscht er in anderer Weise das auf ihn gesetzte Vertrauen, so ordnet die zuständige Behörde die Rückversetzung an. In leichten Fällen kann sie davon Umgang nehmen.

Die Haft während des Rückversetzungsverfahrens ist auf den noch zu verbüßenden Strafrest anzurechnen.

Wird von der Rückversetzung Umgang genommen, so kann die zuständige Behörde den Entlassenen verwarnen, ihm weitere Weisungen erteilen und die Probezeit höchstens um die Hälfte der ursprünglich festgesetzten Dauer verlängern.

Trifft eine durch den Entscheid über die Rückversetzung vollziehbar gewordene Reststrafe mit dem Vollzug einer Maßnahme nach Artikel 43, 44 oder 100bis zusammen, so ist der Vollzug aufzuschieben.

Der Vollzug der Reststrafe kann nicht mehr angeordnet werden, wenn seit Ablauf der Probezeit fünf Jahre verstrichen sind.

5. Bewährt sich der Entlassene bis zum Ablauf der Probezeit, so ist er endgültig entlassen.

Art. 38: Neue Fassung gemäß BG vom 18. März 1971, in Kraft seit 1. Juli 1971.

Ziff. 1 Abs. 1: Frühester Zeitpunkt bei gemeinsam vollzogenen Strafen: VStGB 1 Art. 2 Abs. 5. – Als verbüßte Strafzeit gilt auch die angerechnete Untersuchungshaft: BGE 110 IV 67, vgl. ZBl 47, 74. Eine (erneute) bedingte Entlassung ist auch nach Rückversetzung in den Strafvollzug gemäß Art. 38 Ziff. 4 Abs. 1 zulässig: BGE 115 IV 6. – Die Prognose erfordert eine Gesamtwürdigung, in welcher das gesamte Vorleben, die Täterpersönlichkeit, das deliktische und sonstige Verhalten des Täters und die zu erwartenden Lebensverhältnisse zu prüfen sind. Hierbei fallen auch die seelische Einstellung, der Grad der Reife des Gefangenen sowie die Wirkungen von allfälligen Weisungen und Schutzaufsicht während der Probezeit ins Gewicht. Das Verhalten in der Anstalt und die Art der Straftaten sind nur insoweit beachtlich, als sie Rückschlüsse auf das künftige Verhalten erlauben: BGE 104 IV 282, vgl. auch BGE 103 Ib 27, 119 IV 6. Die bedingte Entlassung ist die Regel, von der nur aus guten Gründen abgewichen werden kann. Die Behörde hat ihre Gründe für die Verweigerung der bedingten Entlassung anzugeben: BGE 119 IV 8. Die Schwere eines möglichen Rückfalles ist in Rechnung zu stellen: BGE 103 Ib 27. Bei unbedingt vollziehbarer Landesverweisung nach der Anstaltsentlassung darf eine gewisse Zurückhaltung für die positive Prognose geübt werden: BGE 105 IV 168. Prognose bei einem ausländischen Berufsverbrecher BGE 101 Ib 153, bei einem Alkoholiker BGE 101 Ib 454, bei Drogentätern BGE 104 IV 282 und 105 IV 167.

Ziff. 1 Abs. 3: Anspruch auf rechtliches Gehör: BGE 98 Ib 172, 99 Ib 349, 101 Ib 250 (persönliches Auftreten vor der entscheidenden Behörde). BGE 105 IV 166 (läßt Anhörung durch einen Sekretär genügen, statuiert aber andererseits auch Recht auf Akteneinsicht). Eidg. Rechtsmittel gegen die Verweigerung des bedingten Strafvollzuges ist die Verwaltungsgerichtsbeschwerde an das Bundesgericht. Mit ihr kann gemäß OG Art. 104a Bundesrechtsverletzung, Überschreitung und Mißbrauch des Ermessens geltend gemacht werden (vgl. dazu BGE 100 Ib 325, 100 Ib 454, 105 IV 167). Zur Beschwerde gegen die Entlassung eines Verurteilten ist die seinerzeit von ihm geschädigte Person nicht legitimiert: BGE 111 Ib 62.

Ziff. 2: Schutzaufsicht: Art. 47 und 379. Die Schutzaufsicht soll dem Betroffenen vor allem eine Hilfe sein; ihre Anordnung ist daher in weitem Umfang zulässig: BGE 118 IV 219. Die Bevormundung des Bestraften nach ZGB 371 schließt die Errichtung einer Schutzaufsicht nicht aus: RS 1981 Nr. 151. – Die bedingte Entlassung eines Ausländers gibt diesem keinen Anspruch auf eine Aufenthaltsbewilligung: BGE 109 Ib 178.

Ziff. 3: Vgl. Bem. zu Art. 41 Ziff. 2 Abs. 1. – Zulässige Weisungen: BGE 101 Ib 454 (Aufsicht durch Alkoholfürsorger), 107 IV 89 (Weisungen im wirtschaftlichen Bereich; allg. Ausführungen zum möglichen Inhalt von Weisungen). – Bedeutung der Ablehnung einer Weisung durch den Entlassenen: BGE 101 Ib 454 (Prüfung, ob günstige Prognose in Verbindung mit einer anderen Weisung möglich ist).

Ziff. 4 Abs. 1: Eine Ausnahme von dieser Bestimmung wird in Art. 66bis Abs. 2 vorgesehen. – Unbedingte Gefängnisstrafe von über drei Monaten für Straftaten, die teils innerhalb, teils außerhalb der Probezeit begangen wurden: BGE 101 Ib 154, 104 Ib 22. Nach BGE 120 IV 126 soll die drohende Rückversetzung durch entsprechende Bemessung der Strafe für die neuen Tage berücksichtigt werden, wenn sich der Täter seither aufgefangen hat. – Der Rückversetzungsentscheid betrifft den Strafvollzug und stellt daher keine Verurteilung dar, welche nach der EMRK in die Zuständigkeit des Richters fällt: BGE 106 IV 156. Er bedeutet nicht, daß die Reststrafe stets völlig zu verbüßen wäre: BGE 115 IV 6 (erneute bedingte Entlassung ist möglich).

Abs. 4: Diese Frist läuft vom Rückversetzungsentscheid an: BGE 113 IV 54.

Haftstrafe

39 1. Die Haftstrafe ist die leichteste Freiheitsstrafe. Ihre kürzeste Dauer ist ein Tag, die längste Dauer drei Monate.

Ist im Gesetz neben der Gefängnisstrafe wahlweise Buße angedroht, so kann der Richter statt auf Gefängnis auf Haft erkennen.

2. Die Haftstrafe wird in einer besondern Anstalt vollzogen, jedenfalls aber in Räumen, die nicht dem Vollzug anderer Freiheitsstrafen oder von Maßnahmen dienen.

3. Der Haftgefangene wird zur Arbeit angehalten. Es ist ihm gestattet, sich angemessene Arbeit selbst zu beschaffen. Macht er von dieser Befugnis keinen Gebrauch, so ist er zur Leistung der ihm zugewiesenen Arbeit verpflichtet.

Wenn es die Umstände rechtfertigen, kann er außerhalb der Anstalt mit Arbeit beschäftigt werden, die ihm zugewiesen wird.

Art. 39 in neuer Fassung gemäß BG vom 18. März 1971, in Kraft seit 1. Juli 1971. – Weitere Vollzugsbestimmungen: vgl. Bem. zu Art. 37 ff. Tageweiser Vollzug und Vollzug in Form der Halbgefangenschaft: VStGB 1 Art 4. Diese letztere kann auch für eine Haftstrafe gewährt werden, die mit einer Gefängnisstrafe von höchstens sechs Monaten zusammentrifft: BGE 113 IV 8. – Bedingter Strafvollzug: Art. 41.

Ziff. 3 Abs. II: Sog. Halbgefangenschaft, vgl. Bem. zu Art. 37 Ziff. 3 Abs. 2. Die Bestimmung schließt es nicht aus, dem Häftling die Fortsetzung einer schon *vor* Strafantritt ausgeübten Tätigkeit außerhalb seines Hauses im Sinne von VStGB 1 Art. 4 zu gestatten: BGE 99 Ib 47.

Unterbrechung des Vollzuges

[1] Der Vollzug einer Freiheitsstrafe darf nur aus wichtigen **40** Gründen unterbrochen werden.

[2] Muß der Verurteilte während des Strafvollzuges in eine Heil- oder Pflegeanstalt verbracht werden, so wird ihm der Aufenthalt in dieser Anstalt auf die Strafe angerechnet. Die zuständige Behörde kann die Anrechnung ganz oder teilweise ausschließen, wenn die Verbringung in die Heil- oder Pflegeanstalt wegen Krankheiten oder anderer Ursachen erforderlich wurde, die offenkundig schon vor dem Strafantritt bestanden haben. Die Anrechnung unterbleibt, wenn der Verurteilte die Verbringung arglistig veranlaßt oder soweit er die Verlängerung des Aufenthaltes in der Anstalt arglistig herbeigeführt hat.

Art. 40: Neues Marginale gemäß BG vom 18. März 1971, in Kraft seit 1. Juli 1971. – Verhältnis zu Art. 45 und 397bis Abs. 1 lit. g: BGE 100 Ib 273.

Abs. 1: BGE 86 IV 237 (Anwendung auf in Haft umgewandelte Bußen). Hafterstehungsunfähigkeit führt nicht zwingend zur Unterbrechung des Vollzuges. Pflege und Heilung eines kranken Strafgefangenen sind grundsätzlich im Rahmen des gegebenenfalls modifizierten Strafvollzuges durchzuführen: BGE 106 IV 323, vgl. ZR 85 Nr. 4 und RS 1987 Nr. 253 (kein Unterbruch wegen Risiko eines Selbstmordes). Ein Klinikaufenthalt zur Abklärung der Straferstehungsfähigkeit gilt als Strafhaft: RS 1981 Nr. 8. Der Strafvollzug muß nicht unterbrochen werden, wenn dem Gesundheitszustand des Inhaftierten durch Einweisung in eine Klinik Rechnung getragen werden kann: BGE 103 Ib 185.

Abs. 2 in neuer Fassung gemäß BG vom 5. Oktober 1950, in Kraft seit 5. Januar 1951. Anrechnung: SJZ 65 (1969) 348, RS 1975 Nr. 846/47.

Bedingter Strafvollzug

1. Der Richter kann den Vollzug einer Freiheitsstrafe von nicht **41** mehr als 18 Monaten oder einer Nebenstrafe aufschieben, wenn

Vorleben und Charakter des Verurteilten erwarten lassen, er werde dadurch von weitern Verbrechen oder Vergehen abgehalten, und wenn er den gerichtlich oder durch Vergleich festgestellten Schaden, soweit es ihm zuzumuten war, ersetzt hat.

Der Aufschub ist nicht zulässig, wenn der Verurteilte innerhalb der letzten fünf Jahre vor der Tat wegen eines vorsätzlich begangenen Verbrechens oder Vergehens eine Zuchthaus- oder eine Gefängnisstrafe von mehr als drei Monaten verbüßt hat. Ausländische Urteile sind den schweizerischen gleichgestellt, wenn sie den Grundsätzen des schweizerischen Rechts nicht widersprechen.

Schiebt der Richter den Strafvollzug auf, so bestimmt er dem Verurteilten eine Probezeit von zwei bis zu fünf Jahren.

Beim Zusammentreffen mehrerer Strafen kann der Richter den bedingten Vollzug auf einzelne derselben beschränken.

2. Der Richter kann den Verurteilten unter Schutzaufsicht stellen. Er kann ihm für sein Verhalten während der Probezeit bestimmte Weisungen erteilen, insbesondere über Berufsausübung, Aufenthalt, ärztliche Betreuung, Verzicht auf alkoholische Getränke und Schadensdeckung innerhalb einer bestimmten Frist.

Die Umstände, die den bedingten Strafvollzug rechtfertigen oder ausschließen, sowie die Weisungen des Richters sind im Urteil festzuhalten. Der Richter kann die Weisungen nachträglich ändern.

3. Begeht der Verurteilte während der Probezeit ein Verbrechen oder Vergehen, handelt er trotz förmlicher Mahnung des Richters einer ihm erteilten Weisung zuwider, entzieht er sich beharrlich der Schutzaufsicht oder täuscht er in anderer Weise das auf ihn gesetzte Vertrauen, so läßt der Richter die Strafe vollziehen.

Wenn begründete Aussicht auf Bewährung besteht, kann der Richter in leichten Fällen statt dessen, je nach den Umständen, den Verurteilten verwarnen, zusätzliche Maßnahmen nach Ziffer 2 anordnen und die im Urteil bestimmte Probezeit um höchstens die Hälfte verlängern.

Bei Verbrechen oder Vergehen während der Probezeit entscheidet der dafür zuständige Richter auch über den Vollzug der bedingt aufgeschobenen Strafe oder deren Ersatz durch die vorgesehenen Maßnahmen. In den übrigen Fällen ist der Richter zuständig, der den bedingten Strafvollzug angeordnet hat.

Trifft eine durch den Widerruf vollziehbar erklärte Strafe mit dem Vollzug einer Maßnahme nach Artikel 43, 44 oder 100bis zusammen, so ist der Strafvollzug aufzuschieben.

Der Vollzug der aufgeschobenen Strafe kann nicht mehr angeordnet werden, wenn seit Ablauf der Probezeit fünf Jahre verstrichen sind.

4. Bewährt sich der Verurteilte bis zum Ablauf der Probezeit und sind die Bußen und die unbedingt ausgesprochenen Nebenstrafen vollzogen, so verfügt die zuständige Behörde des Urteilskantons die Löschung des Urteils im Strafregister.

Art. 41: Neue Fassung gemäß BG vom 18. März 1971, in Kraft seit 1. Juli 1971. BJM 1957 57, ZStrR 87 (1971) 347, 89 (1973) 52. – Anwendbar auch auf Übertretungen und die Haft als Umwandlungsstrafe: Art. 102, 105 und 49 Ziff. 3 Abs. 3. – Betr. Bußen vgl. Art. 49 Ziff. 4. –

Ziff. 1 Abs. 1: *Aufschiebbare Strafen:* Maßgebend ist die Länge der ausgesprochenen, nicht der noch zu vollziehenden Strafe: BGE 68 IV 102. Auch wenn eine Freiheitsstrafe von nicht erheblich längerer Dauer als 18 Monaten in Betracht fällt, soll diese Grenze bei der Strafzumessung gemäß BGE 118 IV 337 mitberücksichtigt (d. h. die Strafe allenfalls auf 18 Monate herabgesetzt) werden. – Bed. Strafvollzug ist auch möglich, wenn eine Strafe als ganz durch Untersuchungshaft getilgt erklärt wird: BGE 81 IV 212, 84 IV 10. – Ausschluß für eine Zusatzstrafe nach Art. 68 Ziff. 2, wenn diese zusammen mit der früher ausgefällten Strafe 18 Monate übersteigt: BGE 94 IV 49, 109 IV 69 (auch wenn die Zusatzstrafe den überwiegenden Teil einer neuen *Gesamtstrafe* ausmacht). – Bei Anordnung sichernder Maßnahmen kann der Vollzug gleichzeitig ausgefällter Strafen nicht nach Art. 41, sondern nur nach Art. 43 Ziff. 2 bzw. 44 Ziff. 1 aufgeschoben werden: ZBJV 111 (1975) 87 und 233, RS 1983 Nr. 543, 1985 Nr. 769; vgl. BGE 69 IV 9 und 71 IV 3. – Über die Gewährung des bedingten Strafvollzuges kann in bezug auf eine Haupt- und eine Nebenstrafe unterschiedlich entschieden werden: BGE 104 IV 224, vgl. auch BGE 114 IV 97, 117 IV 4, 118 IV 103, 119 IV 197.

Erfordernisse im allgemeinen: Unzulässig sind zusätzliche *allgemeine* Voraussetzungen für die Gewährung des bed. Strafvollzuges: BGE 71 IV 3 (Wohnsitz in der Schweiz). Generalpräventive Gründe können nur *mitbestimmend* sein: BGE 91 IV 60; kein Ausschluß bestimmter Deliktskategorien von der Gewährung des bed. Strafvollzuges: BGE 68 IV 36, 76 und 81, vgl. auch BGE 98 IV 160, 101 IV 7, 258. – Dieser kann jedoch auf Grund von Überlegungen verweigert werden, die sich auf die *Umstände der Tat* stützen, soweit dabei nicht gegen den Grundgedanken von Art. 41 verstoßen wird: BGE 91 IV 115.

Erwartung künftigen Wohlverhaltens: Berücksichtigung der Gesamtheit des Verhaltens und der Gesinnung des Verurteilten: BGE 101 IV 329 (Schluß von Tatumständen und Vorleben auf besondere Rücksichtslosigkeit), 101 IV 122 (Besondere Verwerflichkeit und Gefährlichkeit des Rauschgifthandels allein lassen keine Schlüsse auf Bewährungsaussichten zu), 102 IV 63 und 117 IV 4 (Bewährung am Arbeitsplatz stellt einen wesentlichen Faktor der Prognose dar). – Die günstige Prognose darf sich nicht auf die Dauer der Probezeit oder auf Verbrechen und Vergehen von der Art des verübten Deliktes beschränken: BGE 74 IV 196, 91 IV 59, 95 IV 52, 102 IV 64 und muß sich bei Verurteilungen wegen Übertretungen zu Haft auch auf Unterbleiben weiterer *Übertretungen* erstrecken: SJZ 69 (1973) 11. Ungenügend ist die Annahme, der bed. Strafvollzug vermöge den Verurteilten eher zu bessern als die Vollstreckung der Strafe: BGE 74 IV 195, oder die unbestimmte Hoffnung auf Bewährung: BGE 91 IV 1. – Mitberücksichtigt werden dürfen die voraussichtlichen Wirkungen unterstützender Maßnahmen (Schutzaufsicht, Weisungen) sowie nachträglich zu vollstreckender früherer Strafen (fragwürdig): BGE 99 IV 69, 193, 100 IV 196, 257, 107 IV 93, Pr 79 Nr. 278, Pr 80 Nr. 25. Bei Vorliegen der Voraussetzungen für Maßnahmen nach Art. 43 oder 44 fehlt dagegen die günstige Prognose: ZBJV 111 (1975) 87 und 233.

Straftaten, für welche der Verurteilte innerhalb der Frist von Abs. 2 zusammen weniger als drei Monate Freiheitsstrafe erlitten hat, begründen noch nicht ohne weiteres eine negative Prognose: BGE 98 IV 313. Berücksichtigung weiter zurückliegender Strafen sowie früherer Verfahren, die zu keiner Verurteilung führten: BGE 76 IV 171, 77 IV 69, 82 IV 121. – Erneute Straffälligkeit auf gleichem oder ähnlichem Gebiet nach früherer Verurteilung mit bed. Strafvollzug schafft für sich allein Grund zu ungünstiger Prognose: BGE 100 IV 132, vgl. 101 IV 195 und 105 IV 226 (auch Straftaten und Verurteilungen im Ausland sind für die Stellung der Prognose von Bedeutung). – Erste Voraussetzung für eine dauernde Besserung ist Einsicht in das begangene Unrecht, deren Fehlen jedoch nicht allein daraus gefolgert werden darf, daß der Verurteilte die Tat leugnet oder im Verfahren schweigt: BGE 95 IV 120, 124, 101 IV 258, SJZ 86 (1990) 382. Berücksichtigung seines Verhaltens im Verfahren: BGE 69 IV 113, 82 IV 81; seiner Haltung in bezug auf den von ihm verursachten, aber nicht gerichtlich bzw. durch Vergleich festgestellten Schaden: BGE 70 IV 104, 77 IV 141. Zur Berücksichtigung der Schock- und Warnwirkung des Vollzuges einer früher ausgesprochenen kurzen Freiheitsstrafe: BGE 116 IV 100.

Aus generalpräventiven Gründen soll bei der Beurteilung der Bewährungsaussichten ein strengerer Maßstab angelegt werden dürfen (fragwürdig): BGE 73 IV 80, 95 IV 50, 98 IV 160. Für die Prognose können außer dem Vorleben und Charakter des Verurteilten auch die besonderen Umstände des Falles herangezogen werden und allein zur Verweigerung des bed. Strafvollzuges führen, soweit damit nicht gegen den Grundgedanken dieser Maßnahme verstoßen wird: BGE 88 IV 6, 91 IV 115. – Fahren in angetrunkenem Zustand (SVG Art. 91 I): In Abkehr von seiner jahrzehntelangen, sehr zurückhaltenden Praxis in der Gewährung des bedingten Vollzuges hält das Bundesgericht nunmehr die gleichen Kriterien wie bei anderen Delikten für maßgebend (BGE 118 IV 101). Bedingter Strafvollzug bei Verurteilung wegen Vereitelung einer Blutprobe (SVG 91 Abs. 3): BGE 92 IV 168, 106 IV 6, 117 IV 300, bei fahrlässiger Tötung durch rücksichtslose Fahrweise: BGE 91 IV 115. – Eine ungünstige Voraussage kann durch eidgenössische Nichtigkeitsbeschwerde nur wegen Ermessensüberschreitung angefochten werden: BGE 96 IV 103, 98 IV 314, 100 IV 194, 101 IV 329, 105 IV 293, Pr 78 Nr. 257, BGE 116 IV 280.

Ersatz des Schadens: «Gerichtliche Feststellung», «Feststellung durch Vergleich»: BGE 77 IV 139. Einbezug von Genugtuungsleistungen: BGE 79 IV 105. Zumutbarkeit des Ersatzes: BGE 77 IV 141.

Abs. 2: Die Ausschlußwirkung tritt ein, wenn innerhalb von fünf Jahren seit der tatsächlichen Beendigung des Vollzugs der früheren Strafe mindestens eine der neu zu beurteilenden Taten verübt wurde. Dabei kann es sich auch um eine Übertretung handeln, die zusammen mit einem späteren Verbrechen oder Vergehen mit einer Gesamtstrafe geahndet wird: BGE 113 IV 55, ZBJV 125 (1989) 398. Unmaßgeblich ist der Zeitpunkt der *Beurteilung* des neuen strafbaren Verhaltens: BGE 110 IV 2 (Ausschluß selbst bei Verurteilung nach über zehn Jahren).

Die früher ausgefällte Strafe muß tatsächlich vollzogen worden sein: BGE 109 IV 9 (Begnadigung ist der Verbüßung nicht gleichzusetzen). – Als *Vorstrafen* gelten auch militärisch vollzogene Freiheitsstrafen: BGE 68 IV 168, nicht aber Einschließung nach Art. 95: BGE 79 IV 2. – Die angerechnete Untersuchungshaft wird einer verbüßten Freiheitsstrafe gleichgestellt: BGE 101 IV 385, 110 IV 65. – Verbüßung einer Strafe von mehr als drei Monaten, die wegen vorsätzlicher *und fahrlässiger* Delikte erfolgte: RS 1974 Nr. 590. – Wurden in der Fünfjahresfrist mehrere kurze Freiheitsstrafen bis zu drei Monaten vollzogen, so ist der bed. Strafvollzug nur dann ausgeschlossen, wenn sie zusammen mehr als drei Monate betrugen und *in einem* Zug verbüßt wurden: BGE 99 IV 134, 108 IV 149 (fraglich). – Der Vollzug einer *sichernden Maßnahme* nach Art. 43, 44, 91 oder 100 bis während mehr als drei Monaten innerhalb der Fünfjahresfrist soll die Gewährung des bed. Strafvollzuges nach BGE 113 IV 11 nicht ausschließen (fraglich).

Abs. 3: Für Übertretungen vgl. Art. 105. – Die Dauer der Probezeit ist nach den Umständen des Einzelfalls, insbesondere nach Persönlichkeit und Charakter des Verurteilten sowie der Gefahr seiner Rückfälligkeit, zu bemessen: BGE 95 IV 122. Sie beginnt mit der Eröffnung desjenigen Urteils, das vollstreckbar wird: BGE 90 IV 242. Beginn der Probezeit: BGE 104 IV 59, 109 IV 89 (mit der nach kant. Recht maßgeblichen Eröffnung desjenigen Urteils, das vollstreckbar wird), BGE 118 IV 102 (bei einer bedingten Landesverweisung, wenn der Vollzug der gleichzeitig ausgesprochenen Freiheitsstrafe nicht aufgeschoben worden ist), 105 IV 295 (bei einer Zusatzstrafe erst mit deren Ausfällung). – Bei erneuter Verurteilung zu einer bedingt vollziehbaren Strafe im Wiederaufnahmeverfahren oder nach Kassation des früheren Urteils ist die bereits erstandene Probezeit anzurechnen: BGE 114 IV 138, 120 IV 175.

Abs. 4: Bei Ausfällung einer *Zusatzstrafe* nach Art. 68 Ziff. 2 ist der Richter in bezug auf die Frage des bed. Strafvollzuges nicht an den Entscheid im ersten Urteil gebunden: BGE 73 IV 88. Doch ist die Gewährung ausgeschlossen, wenn die Dauer jener Strafe zusammen mit der früher ausgesprochenen Strafe 18 Monate übersteigt: BGE 94 IV 49, 109 IV 70. – Auch bei Ausfällung einer *Nebenstrafe* kann der bed. Strafvollzug auf diese oder auf die Hauptstrafe beschränkt werden: BGE 86 IV 215, 95 IV 15. Die Gewährung des bedingten Vollzugs von Nebenstrafen richtet sich nach den gleichen Kriterien wie bei der Hauptstrafe: Sem 1975 S. 382.

Ziff. 2 Abs. 1: Schutzaufsicht: Art. 47 und 379. Voraussetzungen ihrer Anordnung: BGE 118 IV 219, 335. Sie darf auch zur Überwachung des Verurteilten angeordnet werden: BGE 104 IV 63. – *Weisungen:* Wahl und Inhalt müssen sich nach dem spezialpräventiven Zweck des bed. Strafvollzuges (Besserung, erzieherische Einwirkung) richten; unzulässig sind unerfüllbare oder unzumutbare Weisungen sowie solche, die vorwiegend darauf abzielen, dem Verurteilten Nachteile zuzufügen oder Dritte vor ihm zu schützen. Innerhalb der sich daraus ergebenden Schranken sind Wahl und Inhalt ins richterliche Ermessen gestellt: BGE 94 IV 12, 95 IV 123, 102 IV 8, 103 IV 136, 105 IV 206, 289, 106 IV 327, 108 IV 152 (Unzulässigkeit der Verpflichtung zu einer sühnenden Arbeitsleistung als Weisung), vgl. auch BGE 107 IV 89. – Zulässige Weisungen im einzelnen: Verbot des Führens von Motorfahrzeugen (BGE 94 IV 12, 100 IV 257, 106 IV 327, vgl. auch BGE 102 IV 9 und SJZ 76 1980 152), Gebot der Ausübung einer unselbständigen Erwerbstätigkeit (BGE 95 IV 122, 107 IV 89), Verbot des Betriebs von «Sex-Shops» (BGE 105 IV 289), Gebot der pünktlichen Bezahlung künftiger Alimente (BGE 105 IV 204). Zur Weisung, den Schaden zu decken: BGE 92 IV 171 (Nichtbezahlung des Militärpflichtersatzes). BGE 103 IV 136 (Einschränkung bei Vorliegen eines Konkursverlustscheines), 105 IV 205 (verfallene Alimente), 105 IV 236 (Weisung ist auch dann zulässig, wenn der Richter nicht zur Beurteilung der Frage des Schadenersatzes angerufen wird und dieser auch noch nicht Gegenstand eines Zivilurteils oder Vergleichs war). – Die Kognition des Bundesgerichtes beschränkt sich auf Mißbrauch und Überschreitung des Ermessens der kantonalen Behörden: BGE 106 IV 328.

Abs. 2: Es müssen *Tatsachen* genannt werden, welche den bed. Strafvollzug rechtfertigen oder ausschließen: BGE 75 IV 156 (Werturteil über den Charakter), 82 IV 5 und 82 (Einsichtslosigkeit). Voraussetzungen für die Änderung von Weisungen: BGE 106 IV 330.

Ziff. 3 Abs. 1: Im Falle erneuter Delinquenz sieht Art. 66 bis Abs. 2 eine Ausnahme von dieser Regel vor. – Art. 41 Ziff. 3 Abs. 1 ist nicht anwendbar auf bedingten Strafvollzug, der von der *Begnadigungsbehörde* gewährt wurde (Art. 396): BGE 84 IV 140. – Beginn der Probezeit: vgl. Bem. zu Ziff. 1 Abs. 3. – *Erneute Straffälligkeit:* BGE 101 IV 277. – Dieser Widerrufsgrund liegt nur vor, wenn das Verbrechen oder Vergehen zu einer Verurteilung führt: ZStrR 89 (1973) 70, wenn auch lediglich zu Haft oder Buße oder mit bed. Strafvollzug: BGE 76 IV 261, 83 IV 134. Ein fahrlässiges Vergehen genügt (vgl. SJZ 69 1973 238). – Gleichgestellt sind, unter dem Vorbehalt, daß sie dem schweizerischen ordre public nicht widersprechen, ausländische Verurteilungen wegen strafbarer Handlungen, die nach schweizerischem Recht Verbrechen oder Vergehen darstellen: BGE 80 IV 215, 95 IV 126, vgl. auch BGE 86 IV 152 (Berücksichtigung nur, wenn die Voraussetzungen von Art. 6 Ziff. 1 erfüllt sind) und andererseits ZR 83 Nr. 61 (richtigerweise ohne diese Einschränkung). Bei Auslieferung an die Schweiz wegen der neuen Straftat muß sich deren Bewilligung nach dem Grundsatz der Spezialität auch auf das Widerrufsverfahren erstrecken: BGE 90 IV 124, 117 IV 223.

Mißachtung einer Weisung muß schuldhaft sein und eine zulässige Weisung betreffen: BGE 71 IV 179/80, 100 IV 197, 118 IV 333. Der Richter hat, bevor er den bedingten Strafvollzug wegen Nichtbefolgung einer Weisung widerruft, zu prüfen, ob die Voraussetzungen für einen Verzicht darauf gemäß Art. 41 Ziff. 3 Abs. 2 gegeben sind. Mahnung ist auch bei einer Weisung, den Schaden binnen einer bestimmen Frist zu ersetzen, erforderlich: BGE 86 IV 4. – Bei unterbliebener Mahnung kann die Mißachtung von Weisungen eine anderweitige Täuschung des Vertrauens darstellen: BGE 89 IV 126 (problematisch). – *Beharrlicher Entzug vor der Schutzaufsicht:* RS 1984 Nr. 680 (aus Renitenz oder Nachlässigkeit). – *Täuschung des Vertrauens in anderer Weise:* Dazu zählt jedes Verhalten, in dessen Voraussicht der

Strafvollzug nicht aufgeschoben worden wäre, sofern sich der Verurteilte der Pflichtwidrigkeit seines Handelns auch ohne besondere Mahnung bewußt sein mußte und seine Verfehlung von einer Schwäche zeugt, der er mit Rücksicht auf die Bewährungsprobe hätte meistern können und sollen: BGE 90 IV 178. – Begehen von Übertretungen: BGE 83 IV 136, 90 IV 178. – Hat der zuständige Richter von einem Widerruf abgesehen, darf er das ihm bekannte Verhalten des Täters bis zu diesem Zeitpunkt in einem neuen Entscheid über den Widerruf nur in Verbindung mit neuen Widerrufsgründen berücksichtigen: BGE 103 IV 138. – *Anspruch auf rechtliches Gehör* im Widerrufsverfahren: BGE 98 Ib 175, 102 Ib 250, 106 IV 333.

Abs. 2: SJZ 74 (1978) 139. – Die Bestimmung bezieht sich auch auf den Fall, daß der Verurteilte während der Probezeit ein Verbrechen oder Vergehen begangen hat: BGE 98 IV 164. – Nach der neuen Praxis des Bundesgerichtes (BGE 117 IV 100) kommt bei der Frage, ob ein leichter Fall angenommen werden kann, dem Strafmaß die maßgebliche Bedeutung zu. Dabei kann eine Freiheitsstrafe von bis zu drei Monaten in der Regel als leicht bezeichnet werden. Diese Grenze ist aber keine starre Regel. Von ihr kann abgewichen werden, wenn dies durch besondere objektive oder subjektive Umstände gerechtfertigt ist. Für die Annahme eines leichten Falles trotz höherer Strafe können z. B. folgende Umstände sprechen: Unverhältnismäßige Härte des nachträglichen Vollzuges für den Täter; Ablauf längerer Zeit zwischen der früheren Verurteilung und dem Widerrufsentscheid oder zwischen der neuen Verfehlung und diesem Entscheid (hier bei Wohlverhalten des Täters); Rückfall erst gegen Ende der Probezeit; die neue Strafe umfaßt auch Taten, die außerhalb der Probezeit begangen wurden. *Begründete Aussicht auf Bewährung:* Gleiche Voraussetzungen wie für eine günstige Prognose nach Art. 41 Ziff. 1; insbesondere ist begründete Aussicht auf *dauernde* Besserung erforderlich: BGE 98 IV 77. Ist der Betroffene seit der Verurteilung nicht mehr straffällig geworden, lebt er in stabilen familiären Verhältnissen und bewährt er sich am Arbeitsplatz, soll von der Möglichkeit des Widerrufs nur mit Zurückhaltung Gebrauch gemacht werden: BGE 118 IV 335. Bei der Bewertung der Besserungsaussichten sind die Wirkungen unterstützender Maßnahmen (Schutzaufsicht, Weisungen) sowie einer zweiten, vollziehbaren Strafe einzubeziehen: BGE 99 IV 69, 107 IV 93, 116 IV 178, 117 IV 106. Bei Gewährung des bed. Strafaufschubes für die neue Tat braucht von der Anordnung des Vollzuges nicht abgesehen zu werden: BGE 100 IV 257. – Bei Verzicht auf den Widerruf des bed. Strafvollzuges ist die Anordnung einer Ersatzmaßnahme obligatorisch: BGE 98 IV 77, 100 IV 199, 110 IV 5. Eine ersatzweise angeordnete zusätzliche Probezeit braucht nicht an die ursprüngliche anzuschließen. In diesem Fall ist die Zwischenzeit bei der Berechnung der höchstzulässigen Dauer der Verlängerung nicht anzurechnen: BGE 104 IV 147, 110 IV 4 (Berechnung von der Eröffnung des Verlängerungsbeschlusses an).

Abs. 3 ist bloße Zuständigkeitsregel; auch bei Verübung neuer Verbrechen oder Vergehen kann nur in *leichten Fällen* von der Anordnung des Vollzuges abgesehen werden: BGE 98 IV 164, 99 IV 192. – Der für das neue Verbrechen oder Vergehen zuständige Richter entscheidet auch über den Vollzug einer bedingt aufgeschobenen *Jugendstrafe:* BGE 98 IV 166, 104 IV 75 (maßgebend für den Widerruf ist in diesem Falle Art. 96) sowie über einen vom Bundesstrafgericht angeordneten bedingten Strafvollzug: BGE 101 IV 263. – Bei einer *Auslandstat* ist für den Entscheid derjenige Richter zuständig, der seinerzeit den bedingten Strafvollzug gewährt hat: BGE 106 IV 7; es sei denn, ein Schweizer Richter beurteile jene Tat: GVP 1981, 102. – Die Begnadigungskompetenz im Falle eines Widerrufs steht der Behörde desjenigen Kantons zu, in welchem die bedingt aufgeschobene Strafe ausgesprochen wurde: BGE 101 Ia 283. – Militärgerichte können den von bürgerlichen Gerichten gewährten bed. Strafvollzug widerrufen und umgekehrt: ZR 81 Nr. 50, RS 1983 Nr. 424. – Der frühere Richter entscheidet nur, wenn keine neuen Verbrechen oder Vergehen begangen wurden, aber andere Widerrufsgründe vorliegen: SJZ 71 (1975) 338.

Abs. 4: Bei Anordnung einer ambulanten Behandlung für die neue Tat kann die durch Widerruf vollstreckbar gewordene Strafe nur dann weiter aufgeschoben werden, wenn der Richter den Vollzug der neuen Strafe gemäß Art. 43 Ziff. 2 Abs. 2 aufschiebt: BGE 100 IV 200, RS 1975 Nr. 861.

Abs. 5: Im Falle einer nachträglichen Verlängerung der Probezeit beginnt die neue Widerrufsfrist erst mit der Eröffnung des Verlängerungsbeschlusses: BGE 104 IV 148, 110 IV 4.

Ziff. 4: Die Löschung ist auch anzuordnen, wenn sich der Verurteilte erst während einer ihm gemäß Ziff. 3 Abs. 2 auferlegten zusätzlichen Probezeit klaglos verhalten hat: ZBJV 110 (1974) 71. – Die Löschung ist aufzuheben, wenn ein während der Probezeit begangenes Verbrechen oder Vergehen nachträglich, aber vor Ablauf der Frist von Ziff. 3 Abs. 5, entdeckt wird, vgl. BGE 76 IV 10, ferner BGE 94 IV 15. Vorgehen, wenn der Verurteilte die Buße nicht bezahlt, sich aber im übrigen bewährt hat: BJM 1981, 99 (Verweigerung der Löschung, aber Absehen von Ersatzmaßnahmen).

2. Sichernde Maßnahmen

Verwahrung von Gewohnheitsverbrechern

42 1. Hat der Täter schon zahlreiche Verbrechen oder Vergehen vorsätzlich verübt und wurde ihm deswegen durch Zuchthaus- oder Gefängnisstrafen oder eine Arbeitserziehungsmaßnahme die Freiheit während insgesamt mindestens zwei Jahren entzogen, oder war er an Stelle des Vollzugs von Freiheitsstrafen bereits als Gewohnheitsverbrecher verwahrt, und begeht er innert fünf Jahren seit der endgültigen Entlassung ein neues vorsätzliches Verbrechen oder Vergehen, das seinen Hang zu Verbrechen oder Vergehen bekundet, so kann der Richter an Stelle des Vollzuges einer Zuchthaus- oder Gefängnisstrafe Verwahrung anordnen.

Der Richter läßt den geistigen Zustand des Täters soweit erforderlich untersuchen.

2. Die Verwahrung ist in einer offenen oder geschlossenen Anstalt zu vollziehen, jedoch in keinem Falle in einer Anstalt für Erstmalige, in einer Haftanstalt, in einer Arbeitserziehungsanstalt oder in einer Trinkerheilanstalt.

3. Der Verwahrte ist zur Arbeit verpflichtet, die ihm zugewiesen wird.

Verwahrte, die mindestens die Hälfte der Strafzeit und wenigstens zwei Jahre in der Anstalt verbracht und sich dort bewährt haben, können außerhalb der Anstalt beschäftigt werden. Diese Erleichterung kann ausnahmsweise auch andern Verwahrten gewährt werden, wenn es ihr Zustand erfordert.

4. Der Verwahrte bleibt mindestens bis zum Ablauf von zwei Dritteln der Strafdauer und wenigstens drei Jahre in der Anstalt. Die vom Richter nach Artikel 69 auf die Strafe angerechnete Untersuchungshaft ist dabei zu berücksichtigen.

Die zuständige Behörde verfügt auf das Ende der Mindestdauer die bedingte Entlassung für drei Jahre, wenn sie annimmt, die Verwahrung sei nicht mehr nötig, und stellt den Entlassenen unter Schutzaufsicht.

Im Falle der Rückversetzung beträgt die Mindestdauer der neuen Verwahrung in der Regel fünf Jahre.

5. Die Verwahrung kann auf Antrag der zuständigen Be-

hörde vom Richter ausnahmsweise schon vor Ende der Mindestdauer von drei Jahren aufgehoben werden, wenn kein Grund zur Verwahrung mehr besteht und zwei Drittel der Strafdauer abgelaufen sind.

Art. 42 ff: Ergänzende Bestimmungen für den Vollzug sichernder Maßnahmen enthalten VStGB 1 Art. 2 und 3, VStGB 2 Art. 2 und VStGB 3 Art. 3; vgl. ferner Bem. zu Art. 37 ff. (gemeinsame Vollzugsregeln für Strafen und Maßnahmen).

Art. 42 in neuer Fassung gemäß BG vom 18. März 1971, in Kraft seit 1. Juli 1981, hiezu ZStrR 80 (1973) 276. Zweck der Verwahrung ist Sicherung der Öffentlichkeit vor unverbesserlichen und sozialgefährlichen Rechtsbrechern; Erziehbarkeit wird nicht vorausgesetzt: BGE 84 IV 148, 105 IV 85, 118 IV 12, 107. – Ausschluß der Anwendung bei Übertretungen: Art. 103. – Amtsunfähigkeit als Folge der Verwahrung: Art. 51 Ziff. 2 Abs. 2.

Ziff. 1 Abs. 1: *Vorstrafen:* Mitberücksichtigt werden auch *im Ausland verbüßte Strafen und vollzogene Maßnahmen,* wenn sie den schweizerischen Strafen und Maßnahmen vergleichbar und durch schweizerischen Grundsätzen nicht widersprechende Urteile angeordnet worden sind: BGE 99 IV 72, 101 IV 269, sowie *militärische Vorstrafen:* ZBJV 111 (1975) 234. Eine besondere Schwere der Taten wird nicht verlangt: BGE 101 IV 269, 102 IV 12. – Auch der *Hang zu Verbrechen oder Vergehen* braucht sich nicht auf besonders schwere Taten zu beziehen: BGE 102 IV 12 (vgl. immerhin auch S. 14 des Entscheides, wo auf das Prinzip der Verhältnismäßigkeit Bezug genommen wird). Bei der Verwahrung ist in bezug auf die Anlaßtat und die zu erwartenden Delikte der Grundsatz der Verhältnismäßigkeit zu beachten. Eine Verwahrung ist um so zurückhaltender anzuordnen, je geringer die zu erwartenden Straftaten sind; auch im Falle von mittelschweren Anlaßtaten kann auf eine Verwahrung verzichtet werden: BGE 118 IV 215. Andere strafrechtliche Maßnahmen zu seiner Bekämpfung müssen außer Betracht fallen: BGE 91 IV 80; dies ergibt sich aus dem Rückfall eines früher verwahrt gewesenen Täters nicht notwendigerweise: BGE 86 IV 202. Ob die neue Tat einen solchen Hang bekundet, hängt von der Beurteilung des Charakters und der Persönlichkeit des Täters ab und ist Tatfrage: BGE 100 IV 141. – *Verhältnis zur Grundstrafe:* Die Verwahrung ist auch zulässig, wenn die Freiheitsstrafe *verbüßt* oder durch Anrechnung der Untersuchungshaft *getilgt* ist: BGE 69 IV 53, 87 IV 1. – Sie kann ebenfalls bei Ausfällung einer *Zusatzstrafe* im Sinne von Art. 68 Ziff. 2 angeordnet werden und tritt dann anstelle von Grund- *und* Zusatzstrafe: BGE 75 IV 100. – Verwahrt kann auch werden, wer das neue Verbrechen oder Vergehen *während* des Straf- oder Maßnahmenvollzuges oder während der bedingten, aber vor der endgültigen Entlassung aus dem Strafvollzug, einer Verwahrung oder einer Arbeitserziehung verübt hat: BGE 100 IV 138, 102 IV 70, 104 IV 60, 106 IV 335. – *Absehen von der Verwahrung:* Sind die gesetzlichen Voraussetzungen erfüllt, so darf von der Verwahrung nur abgesehen werden, wenn der Richter überzeugt ist, daß schon der Vollzug der Strafe den Verurteilten dauernd vor neuen Rückfällen bewahren wird bzw. sonst keine zureichende Sicherung der Gesellschaft gegen den Rechtsbrecher besteht: BGE 92 IV 79 (kein Absehen von der Verwahrung, wenn eine frühere Verwahrung noch andauert oder mit Rückversetzung in diese zu rechnen ist, oder wenn der Richter eine vormundschaftliche oder administrative Maßnahme für geeigneter hält), 99 IV 72 (kein Ersatz durch Landesverweisung, kein Verzicht auf die Maßnahme wegen wahrscheinlicher Inhaftierung des Täters im Ausland nach seiner Ausweisung aus der Schweiz), 101 IV 268 (kein Verzicht auf die Maßnahme bei voraussichtlicher Auslieferung des Täters ins Ausland), 103 IV 140, 107 IV 19 (der Richter hat von der Verwahrung abzusehen, sobald nach den Umständen vom Strafvollzug eine Wirkung erwartet werden darf, die in präventiver Hinsicht einer sichernden Maßnahme gemäß Art. 42 mindestens gleichkommt), RS 1991 Nr. 5 (Verwahrung auch bei einer Vielfalt untergeordneter Vermögensdelikte nicht gerechtfertigt). – Verwahrung von Straftätern, die nach bedingter Entlassung erneut straffällig werden: Bem. zu Ziff. 4 Abs. 3.

Abs. 2: Der Täter kann für die neue Tat vermindert zurechnungsfähig, nicht aber unzurechnungsfähig sein: Art. 11 Satz 2, BGE 71 IV 70, 88 IV 10. – Die Begutachtung ist außer bei Zweifeln an der Zurechnungsfähigkeit des Täters (Art. 13 Abs. 1) regelmäßig erforderlich, wenn nicht feststeht, daß die Voraussetzungen zur Anordnung einer anderen sichernden Maßnahme fehlen (vgl. auch BGE 118 IV 105, wonach vor der Verwahrung gemäß Art. 42 in der Regel ein Gutachten über den Täter einzuholen ist).

Ziff. 2: Solange der Bund von den in Art. 379bis StGB gewährten Befugnissen keinen Gebrauch gemacht hat, entscheidet das kantonale Recht darüber, ob und unter welchen Voraussetzungen die Verwahrung an kranken, gebrechlichen oder betagten Personen vollzogen werden soll: BGE 100 Ib 272.

Ziff. 3 Abs. 2: Sog. Halbfreiheit, vgl. Bem. zu Art. 37 Ziff. 3 Abs. 2.

Ziff. 4 Abs. 1: Anzurechnen ist auch eine bereits *verbüßte Freiheitsstrafe:* BGE 87 IV 3, ebenso eine nach Beginn des Vollzuges der Verwahrung wegen Flucht ins Ausland ausgestandene Auslieferungshaft: BGE 105 IV 84. Zusammentreffen verschiedener Verwahrungen sowie einer solchen mit einer Strafe im Vollzug: VStGB 1 Art. 2 Abs. 7.

Abs. 2: Prüfung der Voraussetzungen einer bedingten Entlassung: Art. 45 Ziff. 1, vgl. BGE 98 Ib 194 (Die Vollzugsbehörde hat selber die erforderlichen Abklärungen zu treffen). – Schutzaufsicht: Art. 47 und 379. – Weisungen: Art. 45 Ziff. 2. – Bewährung und Nichtbewährung: Art. 45 Ziff. 3 und 4.

Abs. 3: Voraussetzungen der Rückversetzung: Art. 45 Ziff. 3. – Die Rückversetzung durch die Vollzugsbehörde hindert den die neuen Straftaten beurteilenden Richter nicht daran, auch seinerseits eine neue Verwahrung anzuordnen: BGE 102 IV 72. Die neue Verwahrung ist selbständig (zusätzlich zur bereits bestehenden) anzuordnen: BGE 83 IV 6, vgl. BGE 100 IV 138. Verzicht hierauf ist jedoch für die Frage der Rückversetzung belanglos: BGE 106 IV 335. – Gegen den Rückversetzungsbeschluß steht die Verwaltungsgerichtsbeschwerde an das Bundesgericht zur Verfügung. Mit ihr kann jedoch nicht geltend gemacht werden, das Urteil, in welchem seinerzeit die Verwahrung angeordnet worden war, verstoße gegen Bundesrecht: BGE 106 IV 334. – Eine bedingte Entlassung des Rückversetzten nach Ablauf der absoluten Mindestdauer gemäß Abs. 1 ist nicht ausgeschlossen: BGE 106 IV 335, vgl. BGE 101 Ib 30.

Ziff. 5: Ein Grund zur Verwahrung besteht nur dann nicht mehr, wenn mit an Sicherheit grenzender Wahrscheinlichkeit feststeht, daß der Verwahrte nach seiner Entlassung auch ohne weitere Betreuung und Beaufsichtigung keine weiteren Straftaten mehr verüben wird: BGE 106 IV 187, 118 IV 12 = Pr 82 Nr. 197 (Voraussetzungen der vorzeitigen Aufhebung bei Verwahrtem, der nach Verbüßung von zwei Dritteln der Strafe entwichen ist und der sich seither im Ausland während mehreren Jahren wohlverhalten hat). Gegen entsprechende richterliche Entscheide steht die Kassationsbeschwerde an den Kassationshof des Bundesgerichtes zur Verfügung: BGE 106 IV 186. Der Verwahrte hat kein Antragsrecht, sondern kann nur die Vollzugsbehörde ersuchen, dem Richter die vorzeitige Aufhebung zu beantragen. Ein negativer Entscheid der Vollzugsbehörde kann auf Bundesebene nur mit der Verwaltungsgerichtsbeschwerde angefochten werden: BGE 106 IV 187.

Maßnahmen an geistig Abnormen

43 1. Erfordert der Geisteszustand des Täters, der eine vom Gesetz mit Zuchthaus oder Gefängnis bedrohte Tat begangen hat, die damit im Zusammenhang steht, ärztliche Behandlung oder besondere Pflege und ist anzunehmen, dadurch lasse sich die Gefahr weiterer mit Strafe bedrohter Taten verhindern oder vermindern, so kann der Richter Einweisung in eine Heil- oder Pflegeanstalt anordnen. Er kann ambulante Behandlung anordnen, sofern der Täter für Dritte nicht gefährlich ist.

Gefährdet der Täter infolge seines Geisteszustandes die öffentliche Sicherheit in schwerwiegender Weise, so wird vom Richter seine Verwahrung angeordnet, wenn diese Maßnahme notwendig ist, um ihn vor weiterer Gefährdung anderer abzuhalten. Die Verwahrung wird in einer geeigneten Anstalt vollzogen.

Der Richter trifft seinen Entscheid auf Grund von Gutachten über den körperlichen und geistigen Zustand des Täters und über die Verwahrungs-, Behandlungs- oder Pflegebedürftigkeit.

2. Wird vom Richter Einweisung in eine Heil- oder Pflegeanstalt oder Verwahrung angeordnet, so schiebt er im Fall einer Freiheitsstrafe deren Vollzug auf.

Zwecks ambulanter Behandlung kann der Richter den Vollzug der Strafe aufschieben, um der Art der Behandlung Rechnung zu tragen. Er kann in diesem Falle entsprechend Artikel 41 Ziffer 2 Weisungen erteilen und wenn nötig eine Schutzaufsicht anordnen.

3. Wird die Behandlung in der Anstalt als erfolglos eingestellt, so entscheidet der Richter, ob und wieweit aufgeschobene Strafen noch vollstreckt werden sollen.

Erweist sich die ambulante Behandlung als unzweckmäßig oder für andere gefährlich, erfordert jedoch der Geisteszustand des Täters eine ärztliche Behandlung oder besondere Pflege, so wird vom Richter Einweisung in eine Heil- oder Pflegeanstalt angeordnet. Ist Behandlung in einer solchen Anstalt unnötig, so entscheidet der Richter, ob und wieweit aufgeschobene Strafen noch vollstreckt werden sollen.

An Stelle des Strafvollzugs kann der Richter eine andere sichernde Maßnahme anordnen, wenn deren Voraussetzungen erfüllt sind.

4. Die zuständige Behörde beschließt die Aufhebung der Maßnahme, wenn ihr Grund weggefallen ist.

Ist der Grund der Maßnahme nicht vollständig weggefallen, so kann die zuständige Behörde eine probeweise Entlassung aus der Anstalt oder der Behandlung anordnen. Sie kann den Entlassenen unter Schutzaufsicht stellen. Probezeit und Schutzaufsicht werden von ihr aufgehoben, wenn sie nicht mehr nötig sind.

Die zuständige Behörde hat ihren Beschluß dem Richter vor der Entlassung mitzuteilen.

5. Der Richter entscheidet nach Anhören des Arztes, ob und wieweit aufgeschobene Strafen im Zeitpunkt der Entlassung aus der Anstalt oder nach Beendigung der Behandlung noch vollstreckt werden sollen. Er kann insbesondere vom Strafvollzug ganz absehen, wenn zu befürchten ist, daß dieser den Erfolg der Maßnahme erheblich gefährdet.

Die Dauer des Freiheitsentzugs durch Vollzug der Maßnahmen in einer Anstalt ist auf die Dauer einer bei ihrer Anordnung aufgeschobenen Strafe anzurechnen.

Die zuständige Behörde äußert sich bei der Mitteilung ihres Beschlusses zur Frage, ob sie der Ansicht ist, der Vollzug von Strafen sei für den Entlassenen nachteilig.

Art. 43 f.: Die Maßnahmen können auch bei Unzurechnungsfähigkeit und verminderter Zurechnungsfähigkeit des Täters für die begangene Tat angeordnet werden: Art. 10 und 11 je Satz 2. – Beschränkte Anwendung bei Übertretungen: Art. 104 Abs. 2 (vgl. Bem. zu dieser Bestimmung).

Art. 43 in neuer Fassung gemäß BG vom 18. März 1971, in Kraft seit 1. Juli 1971 (ersetzt die früheren Art. 14–17).

Ziff. 1: Die Anordnung, Änderung und Aufhebung einer der in Art. 43 vorgesehenen Maßnahmen steht ausschließlich dem Strafrichter zu: BGE 115 IV 224. Als *Behandlung* kommt nur diejenige durch einen Arzt oder unter ärztlicher Aufsicht in Betracht: BGE 103 IV 3. Als solche gilt außer der Psychotherapie indessen auch eine medikamentöse Beeinflussung: BGE 100 IV 202, RS 1974 Nr. 709. Aussicht auf Verminderung der Rückfallgefahr durch die Behandlung: Nach BGE 105 IV 90 sollen schon geringe Erfolgsaussichten genügen (fraglich). Eine Beeinflußbarkeit des pathologischen Zustandes als solchem wird indessen nicht unbedingt vorausgesetzt; Aussicht auf Bekämpfung seiner kriminellen Auswirkungen kann ausreichen (vgl. ZR 76 Nr. 108 für die medikamentöse Behandlung). – Bei der *Heilanstalt* braucht es sich nicht um eine psychiatrische Klinik zu handeln. Es genügt eine ärztlich geleitete oder regelmäßig betreute Anstalt mit entsprechenden therapeutischen Einrichtungen und ausgebildetem, ärztlich überwachtem Personal: BGE 108 IV 86. – Welche der vorgesehenen Maßnahmen angeordnet werden soll, ist Ermessensfrage. Der Kassationshof kann nur einschreiten, wenn der kantonale Richter sein Ermessen überschreitet, von rechtlich unzulässigen Erwägungen ausgeht oder es unterläßt, sich gemäß Abs. 3 gutachtlich beraten zu lassen: BGE 100 IV 16. Bei gutachtlicher Empfehlung bloßer Gespräche mit dem Psychiater während der Vollstreckung einer Freiheitsstrafe kann von einer Maßnahme nach Art. 43 abgesehen und es der Vollzugsbehörde überlassen werden, das Nötige vorzukehren: BGE 102 IV 15. – Auch bei Anordnung von Maßnahmen gegenüber Zurechnungsunfähigen besteht Anspruch auf gerichtliche Überprüfung: BGE 116 Ia 63.

Ziff. 1 Abs. 1: Die ambulante psychotherapeutische Behandlung kann mit dem Vollzug der gleichzeitig ausgesprochenen Freiheitsstrafe verbunden werden (BGE 116 IV 101). Ob diese Anordnung zu treffen oder auf Anstaltseinweisung zu erkennen ist, hängt vom Zustand des Täters ab: BGE 100 IV 13, s. auch Pr 79 Nr. 176. Gerichtliche Überprüfung einer Versorgung: BGE 116 Ia 60.

Abs. 2: Gefährdung der öffentlichen Sicherheit: BGE 73 IV 150, 101 IV 126. – Der Täter darf nicht behandlungs- oder pflegebedürftig sein: BGE 81 IV 8, die Verwahrung ist ultima ratio und darf nicht angeordnet werden, wenn die bestehende Gefährlichkeit auf andere Weise behoben werden kann: BGE 101 IV 127; 103 IV 140 (zu verbüßende Reststrafe von 4½ Jahren genügt im konkreten Fall nicht, um von der Verwahrung abzusehen). – Auch nicht mehr heilbare Süchtige können nach Art. 43 Ziff. 1 Abs. 2 verwahrt werden: BGE 102 IV 234. – Die Maßnahme braucht nicht in einer ärztlich geleiteten Anstalt vollzogen zu werden: BGE 109 IV 72 (auch Strafanstalten kommen in Betracht).

Abs. 3: Vgl. Art. 13. – Die Einholung eines Gutachtens wird durch Art. 43 zwingend festgelegt: BGE 101 IV 128, 116 IV 103 (Gutachten bezüglich der Frage, ob im Hinblick auf eine ambulante Behandlung der Vollzug der Strafe aufzuschieben ist oder nicht), 118 IV 107. – Vor längerer Zeit erstattetes Gutachten vgl. BGE 99 Ib 355. – Voraussetzungen für das Abweichen von den Folgerungen eines Gutachtens: BGE 101 IV 129.

Ziff. 2: Maßnahmen nach Art. 43 oder 44 können nicht mit der Gewährung des bedingten Strafvollzugs nach Art. 41 Ziff. 1 verbunden werden: ZBJV 111 (1975) 87 und 233, RS 1983 Nr. 543.

Abs. 2: Bei Anordnung ambulanter Behandlung hat der *Strafvollzug* in der Regel sofort zu beginnen (möglicherweise gemäß VStGB 3 Art. 2 Abs. 2 in einer Maßnahmenanstalt). Er ist nur dann aufzuschieben, wenn der sofortige Vollzug der Strafe mit einer vordringlichen, wirkliche Aussicht auf Erfolg eröffnenden Behandlung unvereinbar ist oder diese erheblich beeinträchtigen würde: BGE 100 IV 13, 202; 101 IV 275, 105 IV 88 (verringerte Bereitschaft des Täters, sich behandeln zu lassen, genügt nicht), 107 IV 22, 115 IV 88 (die Regel gilt auch für die Weiterführung einer vor längerer Zeit begonnenen Behandlung), 116 IV 102, vgl. auch SJZ 81 (1985) 182 und 82 (1986) 80. Der Kassationshof erachtet (was im Hinblick auf Art. 41 Ziff. 1 naheliegen würde) nicht nur Freiheitsstrafen bis zu 18 Monaten als zugunsten einer Behandlung aufschiebbar, wenn der Täter eine schwere geistige Abnormität aufweist: BGE 120 IV 4 (wo VStGB 3 Art. 2 Abs. 2 unbeachtet bleibt). – Ob die Behandlung mit dem Strafvollzug vereinbar sei oder nicht, ist Ermessensfrage: BGE 101 IV 270. Das Gutachten hat sich dazu auszusprechen: BGE 100 IV 204, 105 IV 91, 115 IV 93, 116 IV 102 = Pr 81 Nr. 19. – Wird die Strafe nicht aufgeschoben, so gilt dies auch für eine frühere, durch Widerruf des bedingten Strafvollzuges vollstreckbar gewordene Strafe: BGE 100 IV 200. – Bei ambulanter Behandlung während des Strafvollzuges kann dieser unter den Voraussetzungen von VStGB 3 Art. 2 in einer Maßnahmenanstalt erfolgen.

Ziff. 3 Abs. 2: Aufhebung der ambulanten Behandlung und Anordnung des Strafvollzuges setzen keine förmliche Mahnung voraus: BGE 109 IV 12. – Bei der Anordnung des Vollzuges einer aufgeschobenen Strafe nach erfolgloser Einweisung in eine Heilanstalt ist in jedem Einzelfall zu prüfen, inwieweit der Maßnahmenvollzug angerechnet werden soll, wobei der mit ihm verbundene Grad der Freiheitsbeschränkung maßgebend ist: BGE 109 IV 80, vgl. auch BGE 111 IV 10 und 117 IV 226. Im Falle der ambulanten Behandlung ist der mit ihr verbunden gewesene Zeit- und Kostenaufwand des Verurteilten maßgebend: BGE 120 IV 177. – Entgegen SJZ 78 (1982) 186 kommt eine Gewährung des bedingten Aufschubes der zu vollziehenden Strafe (gemäß Art. 41 Ziff. 1) mangels günstiger Prognose nicht in Betracht.

Abs. 2: Die Einweisung in eine Heil- oder Pflegeanstalt ist selbst dann möglich, wenn die ambulante Behandlung erst nach der Strafverbüßung vollzogen wird und sich dann als unzweckmäßig erweist: ZBJV 113 (1977) 276. Bei Anordnung der Vollstreckung aufgeschobener Strafen soll nach dem gleichen Entscheid bei Festsetzung ihrer Dauer berücksichtigt werden, welchen Erfolg die Maßnahme hatte (problematisch) und mit welchem Zeit- und Kostenaufwand sie für den Betroffenen verbunden war.

Abs. 3: Die Beendigung einer ungeeigneten Maßnahme durch die Vollzugsbehörde hat nicht zur Folge, daß der Richter infolge einer formellen Bindung an diesen Entscheid keine gleichartige Maßnahme mehr in Erwägung ziehen dürfte: BGE 106 IV 103 (erfolglose ambulante Behandlung).

Ziff. 4 Abs. 2: Prüfung der Voraussetzungen einer probeweisen Entlassung: Art. 45 Ziff. 1. – Schutzaufsicht: Art. 47 und 379. – Weisungen: Art. 45 Ziff. 2. – Rückversetzung: Art. 45 Ziff. 3. – Bei Rückfall in der

Probezeit ist stets die Anordnung neuer Maßnahmen nach Art. 43
Ziff. 1 zu prüfen, auch wenn solche bereits auf Grund früherer Urteile
bestehen: ZR 73 Nr. 42. – Bewährung: Art. 45 Ziff. 4.

Ziff. 5: Auch im Falle der probeweisen Entlassung (Ziff. 4 Abs. 2) ist
erst bei der endgültigen Aufhebung der Maßnahmen über den Vollzug
der aufgeschobenen Strafe zu entscheiden: ZR 77 Nr. 110, BJM 1980,
36. Absehen vom Strafvollzug dürfte bei erfolgreicher Behandlung aus
pädagogisch-therapeutischen Gründen die Regel sein: BGE 107 IV 24.
Bei einem gegenteiligen Entscheid ist auch die Dauer des freiwilligen
Anstaltsaufenthaltes vor Anordnung der Maßnahme obligatorisch auf
die Dauer der Strafe anzurechnen, BGE 105 IV 298, und die Gewährung ihres bed. Vollzuges nach Art. 41 Ziff. 1 ist möglich: BGE 114 IV
93 (beide Entscheide zu Art. 44 Ziff. 5).

Behandlung von Trunk- und Rauschgiftsüchtigen

44 1. Ist der Täter trunksüchtig und steht die von ihm begangene
Tat damit im Zusammenhang, so kann der Richter seine Einweisung in eine Trinkerheilanstalt oder, wenn nötig, in eine andere Heilanstalt anordnen, um die Gefahr künftiger Verbrechen oder Vergehen zu verhüten. Der Richter kann auch ambulante Behandlung anordnen. Artikel 43 Ziffer 2 ist entsprechend anwendbar.

Der Richter holt, soweit erforderlich, ein Gutachten über den
körperlichen und geistigen Zustand des Täters sowie über die
Zweckmäßigkeit der Behandlung ein.

2. Die Trinkerheilanstalt ist von den übrigen Anstalten dieses Gesetzes getrennt zu führen.

3. Zeigt sich, daß der Eingewiesene nicht geheilt werden
kann, oder sind die Voraussetzungen der bedingten Entlassung
nach zwei Jahren Aufenthalt in der Anstalt noch nicht eingetreten, so entscheidet nach Einholung eines Berichts der Anstaltsleitung der Richter, ob und wieweit aufgeschobene Strafen noch
vollstreckt werden sollen.

An Stelle des Strafvollzuges kann der Richter eine andere
sichernde Maßnahme anordnen, wenn deren Voraussetzungen
erfüllt sind.

4. Hält die zuständige Behörde den Eingewiesenen für geheilt, so beschließt sie dessen Entlassung aus der Anstalt.

Die zuständige Behörde kann ihn für ein bis drei Jahre

bedingt entlassen und ihn für diese Zeit unter Schutzaufsicht stellen.

Die zuständige Behörde hat ihren Beschluß dem Richter vor der Entlassung mitzuteilen.

5. Der Richter entscheidet, ob und wieweit aufgeschobene Strafen im Zeitpunkt der Entlassung aus der Anstalt oder der Behandlung noch vollstreckt werden sollen. Die zuständige Behörde äußert sich hierüber bei der Mitteilung ihres Beschlusses. Die Dauer des Freiheitsentzuges durch den Vollzug der Maßnahme in einer Anstalt ist auf die Dauer der bei ihrer Anordnung aufgeschobenen Strafe anzurechnen.

6. Dieser Artikel ist sinngemäß auf Rauschgiftsüchtige anwendbar.

Erweist sich ein zu einer Strafe verurteilter Rauschgiftsüchtiger nachträglich als behandlungsbedürftig, behandlungsfähig und behandlungswillig, so kann ihn der Richter auf sein Gesuch hin in eine Anstalt für Rauschgiftsüchtige einweisen und den Vollzug der noch nicht verbüßten Strafe aufschieben.

Art. 44 in neuer Fassung gemäß BG vom 18. März 1971, in Kraft seit 1. Juli 1971. Vgl. auch Bem. zu Art. 43 f.

Ziff. 1: Der Richter, nicht die Verwaltungsbehörde, entscheidet über die Einweisung in eine Trinkerheilanstalt, wenn die Tatumstände auf einen Alkoholsüchtigen schließen lassen: BGE 96 IV 107. Die Anordnung der Maßnahme erfordert entgegen dem Wortlaut der Bestimmung nur ernsthafte Aussichten auf Herabsetzung der Rückfallgefahr, vgl. BGE 107 IV 23, 109 IV 75, ZBJV 122 (1986) 378.

Ziff. 1 Abs. 1: Ambulante Behandlung einer Drogensüchtigen mit kontrollierter Methadon-Abgabe: SJZ 78 (1982) 397. – Anwendbarkeit von Art. 43 Ziff. 2 (Strafaufschub): längere Freiheitsstrafen, bei denen das Maximum des Anstaltsaufenthalts von zwei Jahren nach Art. 44 Ziff. 3 Abs. 1 nicht einmal zwei Dritteln der Strafzeit gleichkommt, sind nur ausnahmsweise zwecks stationärer Trinkerbehandlung auszusetzen: BGE 107 IV 21. – Strafaufschub bei ambulanter Behandlung: Außer Art. 43 Ziff. 2 sind auch Ziff. 3 Abs. 2 und 3 dieser Bestimmung (betr. Abbruch der Behandlung) anwendbar: BGE 117 IV 398. – Bedeutung einer bereits begonnenen und aussichtsreichen Behandlung eines Drogensüchtigen: BGE 101 IV 357.

Abs. 2: Vgl. auch Art. 13. – Ausdrückliche Äußerung des kantonalen Richters zur Notwendigkeit eines Gutachtens bei Begehung von Straftaten durch Drogensüchtigen verlangt BGE 102 IV 75. Eine Maßnahme und die Begutachtung sind nicht schon deshalb abzulehnen, weil die körperliche Drogensucht nicht mehr besteht: BGE 115 IV 92.

Ziff. 3 Abs. 1: Vgl. Bem. zu Art. 43 Ziff. 3 Abs. 1 und Abs. 2. – Der Maßnahmenvollzug ist in der Regel auf die zu verbüßende Freiheitsstrafe anzurechnen. Davon kann ganz oder teilweise abgesehen werden, wenn der Mißerfolg der Maßnahme auf vorwerfbare, böswillige Obstruktion zurückzuführen und mit der Krankheit oder Sucht des Betroffenen nicht erklärbar ist: BGE 109 IV 80. Nach diesem Entscheid und BGE 117 IV 226 ist bei der Bestimmung der anrechenbaren Dauer der Grad der Beschränkung der persönlichen Freiheit des Betroffenen während des Maßnahmenvollzuges mitzuberücksichtigen; kritisch hiezu ZBJV 121 (1985) 35. – Analog zu Art. 43 Ziff. 3 Abs. 2 kann der nach Art. 44 erfolglos ambulant Behandelte nachträglich in eine Trinkerheilanstalt eingewiesen werden: ZBJV 113 (1977) 276.

Abs. 2: Wo als «andere sichernde Maßnahme» die Einweisung in eine Anstalt im Sinne des Art. 43 Ziff. 1 in Frage steht, hat der Richter so zu verfahren, wie es Art. 43 Ziff. 1 Abs. 3 vorschreibt, d. h. ein Gutachten einzuholen: BGE 100 IV 143. – Beim Vorliegen der entsprechenden Voraussetzungen kommt auch die Verwahrung nach Art. 43 Ziff. 1 Abs. 2 als «andere sichernde Maßnahme» in Betracht. Sie kann bei Aussichtslosigkeit einer Behandlung auch ohne vorherige Einweisung des Süchtigen in eine Heilanstalt angeordnet werden: BGE 102 IV 234, vgl. auch BGE 109 IV 76. Auch bei Scheitern einer ambulanten Behandlung besteht die Möglichkeit, eine andere Maßnahme anzuordnen: SJZ 81 (1985) 269.

Ziff. 4 Abs. 2: Prüfung der Voraussetzungen einer bedingten Entlassung: Art. 45 Ziff. 1. – Schutzaufsicht: Art. 47 und 379. – Weisungen: Art. 45 Ziff. 2. – Rückversetzung: Art. 45 Ziff. 3. – Bewährung: Art. 45 Ziff. 4.

Ziff. 5: Vgl. Bem. zu Art. 43 Ziff. 5. – Die Bestimmung findet auch im besonderen Fall Anwendung, daß jemand zwar eine gerichtlich angeordnete ambulante Behandlung nicht angetreten hat, aber sich freiwillig und mit Erfolg einer internen Therapie unterzog: BGE 114 IV 88.

Ziff. 6: Abs. 2 in der Fassung gemäß BG vom 21. Juni 1991, in Kraft ab 1. Januar 1992. Besondere Straftatbestände im Zusammenhang mit Rauschgiften im BetMG, Art. 19 ff.

Bedingte und probeweise Entlassung

45 1. Die zuständige Behörde prüft von Amtes wegen, ob und wann die bedingte oder probeweise Entlassung anzuordnen ist.

In bezug auf die bedingte oder probeweise Entlassung aus einer Anstalt nach Artikel 42 oder 43 hat die zuständige Behörde mindestens einmal jährlich Beschluß zu fassen, bei Verwahrung nach Artikel 42 erstmals auf das Ende der gesetzlichen Mindestdauer.

In allen Fällen hat sie vor dem Entscheid den zu Entlassenden oder seinen Vertreter anzuhören und von der Anstaltsleitung einen Bericht einzuholen.

2. Die zuständige Behörde kann dem Entlassenen Weisungen über sein Verhalten während der Probezeit erteilen, insbesondere über Berufsausübung, Aufenthalt, ärztliche Betreuung, Verzicht auf alkoholische Getränke und Schadensdeckung.

3. Begeht der Entlassene während der Probezeit ein Verbrechen oder Vergehen, für das er zu einer drei Monate übersteigenden und unbedingt zu vollziehenden Freiheitsstrafe verurteilt wird, so beantragt die zuständige Behörde dem Richter den Vollzug aufgeschobener Strafen oder ordnet die Rückversetzung an.

Wird der Entlassene zu einer milderen oder zu einer bedingt zu vollziehenden Strafe verurteilt, so kann die zuständige Behörde von einem Antrag an den Richter auf Vollzug aufgeschobener Strafen absehen und von der Rückversetzung Umgang nehmen.

Handelt der Entlassene trotz förmlicher Mahnung der zuständigen Behörde einer ihm erteilten Weisung zuwider, entzieht er sich beharrlich der Schutzaufsicht oder täuscht er in anderer Weise das auf ihn gesetzte Vertrauen, so beantragt die zuständige Behörde dem Richter den Vollzug aufgeschobener Strafen oder ordnet die Rückversetzung an. In leichten Fällen kann die zuständige Behörde von einem Antrag auf Vollzug aufgeschobener Strafen absehen und von der Rückversetzung Umgang nehmen.

Wird von der Rückversetzung Umgang genommen, so kann die zuständige Behörde den Entlassenen verwarnen, ihm weitere Weisungen erteilen und die Probezeit höchstens um die Hälfte der ursprünglich festgesetzten Dauer verlängern.

Die zuständige Behörde kann die Rückversetzung auch anordnen, wenn es sich herausstellt, daß der Zustand des Täters dies erfordert.

Bei Rückversetzung in den Vollzug der Maßnahmen des Arti-

kels 44 beträgt die neue Höchstdauer zwei Jahre. Die Gesamtdauer der Maßnahme bei mehrfacher Rückversetzung darf jedoch sechs Jahre nicht überschreiten.

Diese Ziffer gilt sinngemäß, wenn eine ambulante Behandlung unter Aufschub der Strafe gemäß Artikel 43 oder 44 angeordnet wurde.

4. Bewährt sich der Entlassene bis zum Ablauf der Probezeit, so ist er endgültig entlassen.

5. Artikel 40 über Unterbrechung des Vollzugs ist anwendbar, soweit der Zweck der Maßnahme dies zuläßt.

6. Sind seit der Verurteilung, dem Rückversetzungsbeschluß
oder der Unterbrechung der Maßnahme mehr als fünf Jahre
verstrichen, ohne daß deren Vollzug begonnen oder fortgesetzt
werden konnte, so entscheidet der Richter, ob und wieweit die
nicht vollzogenen Strafen noch vollstreckt werden sollen, wenn
die Maßnahme nicht mehr nötig ist. Für die Verwahrung ist die
Frist zehn Jahre; im Fall der Strafverjährung ist auch die Verwahrung nicht mehr zu vollziehen.

Art. 45 in neuer Fassung gemäß BG vom 18. März 1971, in Kraft seit
1. Juli 1971.

Ziff. 1 Abs. 3: Eine bedingte Entlassung aus der Verwahrung nach
Art. 42 ist frühestens nach Ablauf der gesetzlichen Mindestdauer von
drei Jahren möglich, wobei die Gewährung des rechtlichen Gehörs
zwingend vorgeschrieben ist: BGE 101 Ib 30.

Ziff. 3: Vor der Rückversetzung ist der Betroffene mindestens
schriftlich anzuhören: BGE 102 Ib 249. Der Anspruch auf rechtliches
Gehör besteht auch dort, wo die Rückversetzung zwingend vorgeschrieben ist: BGE 106 IV 333. – Wenn die Vollzugsbehörde wegen Un-
zweckmäßigkeit von der Rückversetzung in den Maßnahmevollzug ab-
sieht und den Strafvollzug beantragt, so muß der Richter diesen zwingend anordnen, wenn die Voraussetzungen von Art. 45 Ziff. 3 Abs. 1
erfüllt sind; er darf nicht von sich aus davon absehen: ZR 77 Nr. 69,
BJM 1985, 312.

Ziff. 5: Verhältnis zu Art. 397bis Abs. 1 lit. g: Art. 40 und 45 Ziff. 5
beschränken die kantonale Befugnis bezüglich der Unterbrechung des
Strafvollzugs, Art. 397bis regelt dagegen die Art und Weise des Vollzugs bei bestimmten Kategorien von Kranken: BGE 100 Ib 273.

Ziff. 6: Der Richter und nicht die Vollzugsbehörde entscheidet auch
über eine allfällige Fortsetzung der unterbrochenen Maßnahme: BGE
101 Ib 156.

3. Gemeinsame Bestimmungen für Freiheitsstrafen und sichernde Maßnahmen

1. In allen Anstalten werden Männer und Frauen getrennt. **46**

2. In der Anstalt sind die dem seelischen, geistigen und körperlichen Wohl der Eingewiesenen dienenden geeigneten Maßnahmen zu treffen und die entsprechenden Einrichtungen bereitzustellen.

3. Dem Rechtsanwalt und dem nach kantonalem Recht anerkannten Rechtsbeistand steht in einem gerichtlichen oder administrativen Verfahren innerhalb der allgemeinen Anstaltsordnung das Recht zum freien Verkehr mit dem Eingewiesenen zu, soweit nicht eidgenössische oder kantonale Verfahrensgesetze entgegenstehen. Bei Mißbrauch kann die Anstaltsleitung mit Zustimmung der zuständigen Behörde den freien Verkehr untersagen.
Der Briefverkehr mit Aufsichtsbehörden ist gewährleistet.

Art. 46: Neue Fassung mit Marginale gemäß BG vom 18. März 1971, in Kraft seit 1. Juli 1971.
Ziff. 2: Vgl. Art. 397bis Abs. 1 lit. g, k, l und VStGB 1 Art. 6.
Ziff. 3: Vgl. VStGB 1 Art. 5. Zum Umfang des zulässigen Verkehrs, insbesondere bei Sicherheitsrisiken BGE 107 IV 26.

Schutzaufsicht

[1] Die Schutzaufsicht sucht den ihr Anvertrauten zu einem ehr- **47** lichen Fortkommen zu verhelfen, indem sie ihnen mit Rat und Tat beisteht, namentlich bei der Beschaffung von Unterkunft und Arbeit.
[2] Sie beaufsichtigt die ihr Anvertrauten unauffällig, so daß ihr Fortkommen nicht erschwert wird.
[3] Sie hat darauf zu achten, daß trunksüchtige, rauschgiftsüchtige oder wegen ihres geistigen oder körperlichen Zustandes zu Rückfällen neigende Schützlinge in einer geeigneten Umgebung untergebracht und, wenn nötig, ärztlich betreut werden.

Art. 47 in neuer Fassung gemäß BG vom 18. März 1971, in Kraft seit 1. Juli 1971, vgl. auch Art. 379. Zu Inhalt und Zweck der Schutzaufsicht BGE 118 IV 219. Anordnung bei bedingtem Strafvollzug: Art. 41

Ziff. 2. – Bei bedingter oder probeweiser Entlassung: Art. 38 Ziff. 2 (dazu BGE 118 IV 219), 42 Ziff. 4 Abs. 2, 43 Ziff. 4 Abs. 2, 44 Ziff. 4 Abs. 2, 45 Ziff. 3 Abs. 3, 100ter Ziff. 1 Abs. 1. – Bei Strafaufschub während ambulanter Behandlung: Art. 43 Ziff. 2 Abs. 2. – Bei Sanktionen gegenüber Jugendlichen: Art. 94 Ziff. 1, 94bis, 95 Ziff. 4, 96 Ziff. 2. – Die Schutzaufsicht kann auch zur bloßen Überwachung des Täters während einer ihm auferlegten Probezeit angeordnet werden: BGE 104 IV 63 (bedingter Strafvollzug).

4.   Buße

Betrag

48 1. Bestimmt es das Gesetz nicht ausdrücklich anders, so ist der Höchstbetrag der Buße 40 000 Franken.

Handelt der Täter aus Gewinnsucht, so ist der Richter an diesen Höchstbetrag nicht gebunden.

2. Der Richter bestimmt den Betrag der Buße je nach den Verhältnissen des Täters so, daß dieser durch die Einbuße die Strafe erleidet, die seinem Verschulden angemessen ist.

Für die Verhältnisse des Täters sind namentlich von Bedeutung sein Einkommen und sein Vermögen, sein Familienstand und seine Familienpflichten, sein Beruf und Erwerb, sein Alter und seine Gesundheit.

3. Stirbt der Verurteilte, so fällt die Buße weg.

Art. 48 Ziff. 1 Abs. 1 in neuer Fassung gemäß BG vom 18. März 1971, in Kraft seit 1. Juli 1971. Empfänger der Buße: vgl. Art. 381 und 60 Abs. 2. – *Natur und Zweck* der Buße: BGE 86 II 75 f. (Bußen können im allgemeinen nicht gültig verbürgt werden). – Buße in Verbindung mit Zuchthaus- oder Gefängnisstrafe ist *nicht Nebenstrafe* (Art. 73 Ziff. 2): BGE 86 IV 231.

   Ziff. 1: Bei Übertretungen Fr. 5000.–: Art. 106. – *Vorbehalt* der Sonderbestimmungen in der *Nebengesetzgebung:* Art. 333 Abs. 1.

   Abs. 2 gilt auch bei Übertretungen: Art. 106 Abs. 2. – Begriff der Gewinnsucht: vgl. Bem. zu Art. 50 Abs. 1.

   Ziff. 2 Abs. 1: Die Bestimmung entspricht der allgemeinen Strafzumessungsregel von Art. 63: BGE 92 IV 5 f., 96 IV 180. – In erster Linie Berücksichtigung des Verschuldens, danach der finanziellen Verhältnisse des Täters: BGE 90 IV 155, 92 IV 5, 101 IV 16, 115 IV 174, 116 IV 4, sowie der erstandenen Untersuchungshaft: Art. 69 Satz 2. Auch eine vom Täter durch deliktisches Verhalten erzielte Kostenersparnis kann ins Gewicht fallen: BGE 119 IV 14. Zur Bußenbemessung beim haushaltführenden Ehegatten: BGE 116 IV 5. – Vgl. Art. 352 betr. Rechtshilfe zur Erlangung amtlicher Auskünfte über Einkommen und Vermögen des Täters: BGE 87 IV 141. – Verwirkung mehrerer Bußen: Art. 68 Ziff. 1 Abs. 2. – Abweichende Bemessungsregeln im BG über die Ordnungsbußen im Straßenverkehr vom 24. 6. 1970 (SR 741.03), Art. 1, und in VStrR Art. 8.

Vollzug

1. Die zuständige Behörde bestimmt dem Verurteilten eine **49** Frist von einem bis zu drei Monaten zur Zahlung. Hat der Verurteilte in der Schweiz keinen festen Wohnsitz, so ist er anzuhalten, die Buße sofort zu bezahlen oder Sicherheit dafür zu leisten.

Die zuständige Behörde kann dem Verurteilten gestatten, die Buße in Teilzahlungen zu entrichten, deren Betrag und Fälligkeit sie nach seinen Verhältnissen bestimmt. Sie kann ihm auch gestatten, die Buße durch freie Arbeit, namentlich für den Staat oder eine Gemeinde, abzuverdienen. Die zuständige Behörde kann in diesen Fällen die gewährte Frist verlängern.

2. Bezahlt der Verurteilte die Buße in der ihm bestimmten Zeit nicht und verdient er sie auch nicht ab, so ordnet die zuständige Behörde die Betreibung gegen ihn an, wenn ein Ergebnis davon zu erwarten ist.

3. Bezahlt der Verurteilte die Buße nicht und verdient er sie auch nicht ab, so wird sie durch den Richter in Haft umgewandelt.

Der Richter kann im Urteile selbst oder durch nachträglichen Beschluß die Umwandlung ausschließen, wenn ihm der Verurteilte nachweist, daß er schuldlos außerstande ist, die Buße zu bezahlen. Bei nachträglicher Ausschließung der Umwandlung ist das Verfahren unentgeltlich.

Im Falle der Umwandlung werden 30 Franken Buße einem Tag Haft gleichgesetzt, doch darf die Umwandlungsstrafe die Dauer von drei Monaten nicht übersteigen. Die Bestimmungen über den bedingten Strafvollzug sind auf die Umwandlungsstrafe anwendbar.

4. Sind die Voraussetzungen von Artikel 41 Ziffer 1 gegeben, so kann der Richter im Urteil anordnen, daß der Eintrag der

Verurteilung zu einer Buße im Strafregister zu löschen sei,
wenn der Verurteilte bis zum Ablauf einer vom Richter anzuset-
zenden Probezeit von einem bis zu zwei Jahren nicht wegen
einer während dieser Zeit begangenen strafbaren Handlung
verurteilt wird und wenn die Buße bezahlt, abverdient oder
erlassen ist. Artikel 41 Ziffern 2 und 3 sind sinngemäß anwendbar.

Die Löschung ist von der zuständigen Behörde des mit dem
Vollzug betrauten Kantons von Amtes wegen vorzunehmen.

Art. 49 Ziff. 3 Abs. 3 und 4 Abs. 1 in neuer Fassung gemäß BG vom
18. März 1971, in Kraft seit 1. Juli 1971; Ziff. 4 Abs. 2 neu eingefügt
durch das BG vom 18. März 1971, in Kraft seit 1. Januar 1974. – Urteilsvollstreckung: Art. 380, Verfügungsrecht über die Bußengelder:
Art. 381, Verwendung der Buße zugunsten des Geschädigten: Art. 60.
Ziff. 1: Die Frist *muß* dem Verurteilten, der in der Schweiz einen
festen Wohnsitz hat, angesetzt werden, gleichgültig wie die Aussichten
sind, Zahlung zu erhalten: BGE 74 IV 18.
Ziff. 2: Betreibung: BGE 86 IV 229, SchKG Art. 43.
Ziff. 3: Die *Umwandlung* erfolgt nicht schon im Urteil, sondern erst
nach erfolglosem Versuch der Eintreibung und nachdem dem Verurteilten Gelegenheit gegeben worden ist, den Nachweis unverschuldeter
Nichtzahlung zu leisten: BGE 74 IV 60. – Rechtsnatur des Umwand-
lungsentscheides: Die Haftstrafe ersetzt lediglich den zu leistenden
Geldbetrag, so daß dessen Bezahlung nach Ergehen jenes Entscheides
den Vollzug der Haft entfallen läßt: BGE 105 IV 16. – *Mehrere* Bußen
sind *einzeln umzuwandeln,* wobei jede einzelne Umwandlungsstrafe
die Höchstdauer von drei Monaten erreichen darf: BGE 68 IV 108, 105
IV 16, RS 1984 Nr. 648. – Grundsätzlich *keine Umwandlung der Buße,*
solange der mittellose Verurteilte eine Freiheitsstrafe oder Maßnahme
verbringt; Ausnahmen: BGE 77 IV 80. – Keine Umwandlung bei unbe-
kanntem Aufenthaltsort des Verurteilten: SJZ 67 (1971) 28. – Umwandlung gegenüber einem *Ausländer,* der sich in Strafverhaft befindet
und nach der Straferstehung die Schweiz verlassen muß: ZR 45 Nr. 83.
– Bußen von unter Fr. 30.– können nicht in Haft umgewandelt, Restbe-
träge unter Fr. 30.– bei der Umwandlung nicht berücksichtigt werden:
BGE 108 IV 1. – Für die Umwandlungsstrafe wird der bedingte Vollzug
regelmäßig mangels günstiger Prognose zu verweigern sein (anders
aber RS 1988 Nr. 324). Bei ganzer oder teilweiser Zahlung der Buße
nach Ausfällen einer Umwandlungsstrafe fällt diese im entsprechenden
Umfang dahin: BGE 103 Ib 190, 105 IV 16. – Das Verfahren des nachträglichen Ausschlusses der Umwandlung ist nur dann unentgeltlich,

wenn der Verurteilte nachgewiesenermaßen schuldlos die Buße nicht bezahlt hatte: ZBJV 111 (1975) 236. – Sonderregelung in VStrR Art. 10: BGE 103 Ib 189.

Ziff. 4: In das Strafregister aufzunehmende Verurteilungen zu Buße: Art. 360 lit. a und b. – Die Beschränkung der Probezeit auf zwei Jahre gilt *nicht* bei Verbindung der Buße mit einer bedingt vollziehbaren Freiheitsstrafe (wegen eines Verbrechens oder Vergehens); in diesem Fall ist eine einheitliche Bewährungsfrist festzulegen: SJZ 69 (1973) 13. Bei ausschließlicher Verurteilung wegen Übertretungen beträgt die Probezeit stets ein Jahr: Art. 105, 106 Abs. 3. – Löschung der bezahlten, abverdienten oder erlassenen Buße hat zu erfolgen, wenn der Gebüßte keine *im Zentralstrafregister einzutragende* Verurteilung wegen einer in der Probezeit begangenen Tat erfuhr; eine weitergehende Bewährung ist nicht erforderlich: BGE 101 IV 19, vgl. SJZ 70 (1974) 59. – Keine vorzeitige Löschung nach Umwandlung der Buße in Haft: ZR 77 Nr. 70. Über die Verweigerung der Löschung entscheidet auch bei Verbrechen und Vergehen während der Probezeit (anders als bei Art. 41 Ziff. 3 Abs. 3) der Richter, welcher die Buße ausgesprochen hatte: BGE 104 IV 65.

Verbindung mit Freiheitsstrafe

[1] Handelt der Täter aus Gewinnsucht, so kann ihn der Richter **50** neben der Freiheitsstrafe zu Buße verurteilen.

[2] Ist im Gesetz wahlweise Freiheitsstrafe oder Buße angedroht, so kann der Richter in jedem Falle die beiden Strafen verbinden.

Art. 50 Abs. 1: Aus *Gewinnsucht* handelt der Täter (wie bei Art. 48 Ziff. 1 Abs. 2 und 106 Abs. 2), wenn er besonders intensiv auf geldwerte Vorteile bedacht ist, namentlich wenn er sich um des Geldes willen gewohnheitsmäßig oder ohne Bedenken über die durch Gesetz, Anstand oder gute Sitten gezogenen Schranken hinwegsetzt, also auch vor verpöntem Gewinn nicht halt macht: BGE 94 IV 100, 100 IV 264 (gleicher Begriff gilt für BetMG Art. 19 Ziff. 1), 101 IV 134 (Dirnenlohn als ausschließliche Einnahmequelle), 107 IV 121. Nach diesem Entscheid wollen die erwähnten Bestimmungen den Täter erfassen, welcher außergewöhnlich begierig auf finanzielle Vorteile ist, und stellen damit ein *quantitatives* Kriterium auf. Demgegenüber bilden die Begriffe «Gewinnsucht» und «gewinnsüchtige Absicht», wo sie im *Besonderen Teil* des StGB verwendet werden, ein *qualitatives* Kriterium. In diesem Sinne handelt aus Gewinnsucht, wer eine in moralischer Hinsicht verwerfliche Bereicherung anstrebt, indem er die Menschenwürde betreffende Werte in Frage stellt, die nicht in Geld meßbar sind oder deren Umsetzung in Geld eine Verunglimpfung darstellt (vgl. auch BGE 109 IV 119).

Abs. 2: Die Buße ist in diesem Fall keine Nebenstrafe: BGE 86 IV 231. Vgl. zur Kumulation BGE 116 IV 7, ferner Art. 172bis.

5. Nebenstrafen

Amtsunfähigkeit

51 1. Wer als Behördemitglied oder Beamter durch ein Verbrechen oder Vergehen sich des Vertrauens unwürdig erwiesen hat, ist vom Richter auf zwei bis zehn Jahre unfähig zu erklären, Mitglied einer Behörde oder Beamter zu sein.

2. Wer zu Zuchthaus oder Gefängnis verurteilt wird, kann vom Richter auf zwei bis zehn Jahre von der Wählbarkeit als Behördemitglied oder Beamter ausgeschlossen werden, wenn er sich durch seine Tat des Vertrauens unwürdig erwiesen hat.

Wer als Gewohnheitsverbrecher nach Artikel 42 in eine Verwahrungsanstalt eingewiesen wird, bleibt zehn Jahre lang nicht wählbar.

3. Die Folgen der Amtsunfähigkeit treten mit der Rechtskraft des Urteils ein.

Die Dauer wird vom Tage an gerechnet, an welchem die Freiheitsstrafe verbüßt oder erlassen ist, bei bedingter Entlassung für den in der Probezeit sich bewährenden Täter beginnend mit dem Tage, an dem er bedingt entlassen wurde, bei der Verwahrung mit dem Tag der endgültigen Entlassung.

Zu Art. 51, 53–56: Bei Nebenstrafen ist bedingter Strafvollzug zulässig: Art. 41 Ziff. 1 Abs. 1. Seine Gewährung kann sich auch auf die Nebenstrafe beschränken, so v. a. wenn die Hauptstrafe 18 Monate übersteigt: Art. 41 Ziff. 1 Abs. 4, BGE 86 IV 215, 95 IV 15, vgl. auch BGE 104 IV 225, 114 IV 97 (maßgebend für den Entscheid ist einzig Art. 41 Ziff. 1 Abs. 1).

Art. 51: Neue Fassung mit Marginale gemäß BG vom 18. März 1971, in Kraft seit 1. Juli 1971. – Beamter: Art. 110 Ziff. 4. – *Wiedereinsetzung* in die Amtsfähigkeit: Art. 77.

Ziff. 1: Bei der Tat braucht es sich um kein Amtsdelikt zu handeln: BGE 76 IV 287.

Ziff. 2: Vgl. als Anwendungsfall BGE 98 IV 134 (Angriff auf die verfassungsmäßige Ordnung).

Aufgehoben durch BG vom 18. März 1971 ab 1. Juli 1971. **52**

Entziehung der elterlichen Gewalt und der Vormundschaft

[1] Hat jemand seine elterlichen oder die ihm als Vormund oder **53** Beistand obliegenden Pflichten durch ein Verbrechen oder ein Vergehen verletzt, für das er zu einer Freiheitsstrafe verurteilt wird, so kann ihm der Richter die elterliche Gewalt oder das Amt des Vormundes oder Beistandes entziehen und ihn unfähig erklären, die elterliche Gewalt auszuüben oder Vormund oder Beistand zu sein.

[2] In andern Fällen, in welchen der Richter den Verurteilten infolge der Begehung des Verbrechens oder des Vergehens für unwürdig hält, die elterliche Gewalt oder das Amt des Vormundes oder Beistandes auszuüben, macht er der Vormundschaftsbehörde davon Mitteilung.

Art. 53: Vgl. ZGB Art. 311 f. und 445. – Anwendbarkeit bei *Übertretungen:* Art. 104 Abs. 2. – Wiedereinsetzung: Art. 78. – BGE 89 IV 1 (Entzug erfolgt in bezug auf alle Kinder; er ist unabhängig von der Entziehung der elterlichen Gewalt durch die Vormundschaftsbehörde).

Verbot, einen Beruf, ein Gewerbe oder ein Handelsgeschäft auszuüben

[1] Hat jemand in der von einer behördlichen Bewilligung abhängi- **54** gen Ausübung eines Berufes, Gewerbes oder Handelsgeschäftes ein Verbrechen oder ein Vergehen begangen, für das er zu einer drei Monate übersteigenden Freiheitsstrafe verurteilt worden ist, und besteht die Gefahr weiteren Mißbrauches, so kann ihm der Richter die Ausübung des Berufes, des Gewerbes oder des Handelsgeschäftes für sechs Monate bis zu fünf Jahren untersagen.

[2] Das Verbot wird mit der Rechtskraft des Urteils wirksam. Wird der Verurteilte bedingt entlassen, so entscheidet die zuständige Behörde, ob und unter welchen Bedingungen der Beruf, das Gewerbe oder das Handelsgeschäft probeweise ausgeübt werden darf.

³ War dem bedingt Entlassenen die Weiterführung des Berufes, Gewerbes oder Handelsgeschäfts probeweise gestattet und bewährt er sich bis zum Ablauf der Probezeit, so wird die Nebenstrafe nicht mehr vollzogen. Wurde die Weiterführung nicht gestattet, so berechnet sich die Dauer des Verbotes vom Tage der bedingten Entlassung an.

⁴ Wurde eine bedingte Entlassung nicht gewährt oder hat der bedingt Entlassene die Probezeit nicht bestanden, so wird die Dauer des Verbotes von dem Tage an gerechnet, an dem die Freiheitsstrafe oder deren Rest verbüßt oder erlassen ist.

Art. 54 in neuer Fassung gemäß BG vom 5. Oktober 1950, in Kraft seit 5. Januar 1951. Ausnahmsweise Anwendbarkeit bei *Übertretungen:* Art. 104 Abs. 2. – Übertretung des Verbotes: Art. 294. – Aufhebung: Art. 79.

Abs. 1: Verhältnis zur Weisung beim bedingten Strafvollzug gemäß Art. 41 Ziff. 2: SJZ 43 (1947) 255, zur administrativen Entziehung der Bewilligung zur Berufsausübung: BGE 71 I 85, 378.

Abs. 4: Dauer des Berufsverbots ist auch dann vom Erlaß der Freiheitsstrafe an zu berechnen, wenn eine Maßnahme vorangegangen ist: BGE 78 IV 219. – Freies Ermessen bezüglich der Frage, ob Berufsverbot mit Rücksicht auf Heilbehandlung abzukürzen oder zu erlassen sei: BGE 78 IV 221.

Landesverweisung

55 ¹ Der Richter kann den Ausländer, der zu Zuchthaus oder Gefängnis verurteilt wird, für 3 bis 15 Jahre aus dem Gebiete der Schweiz verweisen. Bei Rückfall kann Verweisung auf Lebenszeit ausgesprochen werden.

² Wird der Verurteilte bedingt entlassen, so entscheidet die zuständige Behörde, ob und unter welchen Bedingungen der Vollzug der Landesverweisung probeweise aufgeschoben werden soll.

³ Hat sich ein bedingt Entlassener bis zum Ablauf der Probezeit bewährt, so wird die aufgeschobene Landesverweisung nicht mehr vollzogen. Wurde der Aufschub nicht gewährt, so wird die Dauer der Landesverweisung von dem Tag hinweg berechnet, an welchem der bedingt Entlassene die Schweiz verlassen hat.

⁴ Wurde eine bedingte Entlassung nicht gewährt oder hat der

bedingt Entlassene die Probezeit nicht bestanden, so wird die Verweisung an dem Tage wirksam, an dem die Freiheitsstrafe oder deren Rest verbüßt oder erlassen ist.

Art. 55 in neuer Fassung gemäß BG vom 5. Oktober 1950, in Kraft seit 5. Januar 1951.

Vgl. administrative Ausweisung: BV Art. 70, ANAG Art. 10f. Bei der Landesverweisung nach Art. 55 steht nicht der Strafcharakter, sondern derjenige einer sichernden Maßnahme im Vordergrund. BGE 117 IV 230. Zum Verhältnis der administrativen und asylrechtlichen Ausweisung zu Art. 55 BGE 105 Ib 167, 114 Ib 3, 116 IV 10, 118 IV 224. – Verweisungsbruch: Art. 291. – Beschränkte Anwendbarkeit bei Übertretungen: Art. 104 Abs. 2. – Die administrative Ausweisung ist unabhängig vom Entscheid über die Landesverweisung nach Art. 55 zulässig: BGE 105 Ib 167, 109 Ib 179, 114 Ib 3.

Abs. 1: Für die Anordnung der Landesverweisung sind in erster Linie das Verschulden des Täters, daneben aber auch seine persönlichen Verhältnisse, namentlich die Beziehungen zur Schweiz, sowie die Sicherungsbedürfnisse maßgebend: BGE 94 IV 103, 101 IV 210, 104 IV 223. Ihre Anordnung ist auch dann zulässig, wenn der Verurteilte eine Niederlassungsbewilligung besitzt (BGE 112 IV 70, 116 IV 109) oder mit einer Schweizerin verheiratet ist: SJZ 80 (1984) 252, BGE 117 IV 118. Landesverweisung bei *Flüchtlingen*: Der Richter hat vorfrageweise zu beurteilen, ob jemandem diese Stellung zukommt, wenn noch kein rechtskräftiger Entscheid der Asylbehörden vorliegt. Bei Anerkennung des Täters als Flüchtling darf er gemäß Art. 43 Abs. 1 des Asylgesetzes nur ausgewiesen werden, wenn er die innere oder äußere Sicherheit der Schweiz gefährdet oder die öffentliche Ordnung in schwerwiegender Weise verletzt hat: BGE 116 IV 109, 118 IV 224 (auch zu den eingeschränkten Möglichkeiten der Vollstreckung des Entscheides). – Zur Bemessung der Dauer: BGE 101 IV 210, 104 IV 225. – Der Begriff des *Rückfalls* ergibt sich aus Art. 67: BGE 94 IV 103. – Wenn der Ausgewiesene Gegenstand eines in der Schweiz abgewiesenen Auslieferungsbegehrens eines Nachbarlandes war, darf er zum Vollzug der Landesverweisung nicht über die Grenze dieses Landes abgeschoben werden: BGE 103 Ib 21. – Für die Gewährung des *bedingten Vollzuges* ist allein Art. 41 Ziff. 1 Abs. 1 maßgebend; er kann auch verweigert werden, wenn die Vollstreckung der Hauptstrafe bedingt aufgeschoben wird: BGE 104 IV 225, 114 IV 96. In diesem Fall darf nach dem letztgenannten Entscheid der bed. Vollzug der Landesverweisung auch dann nicht nachträglich gewährt werden, wenn sich der Bestrafte während der Probezeit für die bedingt vollziehbare Hauptstrafe (im Ausland) bewährt hat. – Zur Kognition des

Bundesgerichtes bei eidg. Nichtigkeitsbeschwerde BGE 104 IV 224, zu dessen Anforderungen an die Begründung des kant. Entscheides BGE 117 IV 117.

Abs. 2: Der Entscheid über den probeweisen Aufschub des Vollzuges ist unter Vorbehalt der öffentlichen Sicherheit im Hinblick auf die Möglichkeiten einer Resozialisierung des Täters zu treffen: BGE 100 Ib 364, 103 Ib 24 (Berücksichtigung einer drohenden fremdenpolizeilichen Ausweisung ist unzulässig), BGE 104 IV 225, 104 Ib 153 und 332 (Bessere Resozialisierungschancen in der Schweiz bzw. im Heimatstaat), 116 IV 284 (Fall der Wohnsitznahme in einer ausländischen Grenzstadt zur Schweiz), vgl. auch Sem 1982, 593, ZR 85 Nr. 3 und RS 1988 Nr. 456 (Gefährdung der öffentlichen Sicherheit, namentlich bei Drogenhändlern). Anwendung der Bestimmung auf Flüchtlinge: BGE 116 IV 108. Der probeweise Aufschub bezweckt v. a. Härten der Auslieferung gegenüber Ausländern zu verhindern, die vor der Tat in der Schweiz wohnhaft waren. Er unterliegt dem richterlichen Ermessen. Das Bundesgericht greift auf Nichtigkeitsbeschwerde hin nur ein, wenn die kantonale Instanz wesentliche Entscheidungselemente nicht in Betracht gezogen oder das ihr zustehende Ermessen mißbräuchlich gehandhabt hat: Sem 1982 S. 593. – Der Aufschub schließt die *fremdenpolizeiliche* Ausweisung nicht aus: BGE 114 Ib 3.

Abs. 4: Der Betroffene ist grundsätzlich in das Land seiner Wahl auszuweisen, wenn er die hiefür erforderlichen Einreisepapiere und finanziellen Mittel hat: BGE 110 IV 7.

Wirtshausverbot

56 [1] Ist ein Verbrechen oder ein Vergehen auf übermäßigen Genuß geistiger Getränke zurückzuführen, so kann der Richter dem Schuldigen, neben der Strafe, den Besuch von Wirtschaftsräumen, in denen alkoholhaltige Getränke verabreicht werden, für sechs Monate bis zu zwei Jahren verbieten. Bei besondern Verhältnissen kann die Wirksamkeit des Verbotes auf ein bestimmt umschriebenes Gebiet beschränkt werden.

[2] Die Kantone treffen die Anordnungen über die Bekanntgabe des Wirtshausverbotes.

[3] Das Verbot wird mit der Rechtskraft des Urteils wirksam. Lautet das Urteil auf Freiheitsstrafe, so wird die Dauer des Verbotes von dem Tag an gerechnet, an dem die Freiheitsstrafe verbüßt oder erlassen ist. Hat sich ein bedingt Entlassener während der Probezeit bewährt, so wird die Dauer des Verbots vom Tage

der bedingten Entlassung an gerechnet. Der Richter kann nach bestandener Probezeit das Wirtshausverbot aufheben.

Art. 56: Anwendbar auch bei *Übertretungen* (Art. 102) und Straßenverkehrsdelikten: BGE 78 IV 69. – Übertretung des Verbotes: Art. 295.

6.   Andere Maßnahmen

Friedensbürgschaft

1. Besteht die Gefahr, daß jemand ein Verbrechen oder ein **57** Vergehen, mit dem er gedroht hat, ausführen werde, oder legt jemand, der wegen eines Verbrechens oder eines Vergehens verurteilt wird, die bestimmte Absicht an den Tag, die Tat zu wiederholen, so kann ihm der Richter auf Antrag des Bedrohten das Versprechen abnehmen, die Tat nicht auszuführen, und ihn anhalten, angemessene Sicherheit dafür zu leisten.

2. Verweigert er das Versprechen, oder leistet er böswillig die Sicherheit nicht innerhalb der bestimmten Frist, so kann ihn der Richter durch Sicherheitshaft dazu anhalten.

Die Sicherheitshaft darf nicht länger als zwei Monate dauern und wird wie die Haft vollzogen.

3. Begeht er das Verbrechen oder das Vergehen innerhalb von zwei Jahren, nachdem er die Sicherheit geleistet hat, so verfällt die Sicherheit dem Staate. Andernfalls wird sie zurückgegeben.

Art. 57 ff.: Anspruch auf rechtliches Gehör auch bei rein vermögensrechtlichen Maßnahmen: BGE 101 Ia 292.

Art. 57: *Vorsorgliche Maßnahme.* – Voraussetzungen, Höhe der Sicherheit und Sicherheitshaft: BGE 71 IV 72, ZR 58 Nr. 66. – Vgl. Verwendung zugunsten des Geschädigten: Art. 60.

Einziehung

a)   Sicherungseinziehung

[1] Der Richter verfügt ohne Rücksicht auf die Strafbarkeit einer **58** bestimmten Person die Einziehung von Gegenständen, die zur Begehung einer strafbaren Handlung gedient haben oder bestimmt waren, oder die durch eine strafbare Handlung hervor-

gebracht worden sind, wenn diese Gegenstände die Sicherheit von Menschen, die Sittlichkeit oder die öffentliche Ordnung gefährden.

[2] Der Richter kann anordnen, daß die eingezogenen Gegenstände unbrauchbar gemacht oder vernichtet werden.

Art. 58–60 in neuer Fassung gemäß BG vom 18. März 1994, in Kraft seit 1. August 1994. Vgl. dazu Botschaft des Bundesrates über die Änderung des StGB und des MStG (Revision des Einziehungsrechts, Strafbarkeit der kriminellen Organisation, Melderecht des Financiers) in BBl 1993, S. 277 ff. (hier als «Botschaft 1993» zitiert). In Art. 58 und 59 werden die in den früheren Art. 58 und 58bis gemeinsam behandelten Arten der Sicherungseinziehung und Einziehung von Vermögenswerten nunmehr getrennt geregelt.

Art. 58 entspricht inhaltlich den bisherigen Bestimmungen von Art. 58 Abs. 1 lit. b und Art. 58 Abs. 3.

Abs. 1: Die Einziehung betrifft regelmäßig ein Objekt, welches mit einer bereits begangenen strafbaren Handlung, d. h. einem tatbestandsmäßigen und rechtswidrigen Verhalten im Zusammenhang steht (immerhin ist der subjektive Tatbestand entbehrlich, wenn ein nur deliktisch verwendbarer Gegenstand eingezogen werden soll: ZR 81 Nr. 1, vgl. BGE 89 IV 65). Zur Einziehung eines Hauses BGE 114 IV 99. Im Falle, daß Gegenstände zur Deliktsverübung *bestimmt* waren, braucht das Delikt dagegen noch nicht ins Stadium des Versuches oder einer strafbaren Vorbereitungshandlung gelangt zu sein; doch müssen die betreffenden Sachen im Hinblick auf eine zu begehende Straftat ernstlich als Tatmittel in Aussicht genommen worden sein: BGE 112 IV 72 (anschlußbereites Radarwarngerät), BGE 119 IV 82 (Einziehung eines schon am Zoll beschlagnahmten solchen Gerätes nur nach SVG Art. 57b Abs. 3).

Die Gefahr der (weiteren) deliktischen Verwendung des Gegenstandes kann sich sowohl aus dessen Beschaffenheit als auch nur aus dem zu erwartenden Gebrauch durch ihren Inhaber ergeben. Die Gefährdung der Sicherheit von Menschen, der Sittlichkeit oder der öffentlichen Ordnung ohne diese Maßnahme muß hinreichend wahrscheinlich sein: BGE 116 IV 120. Die Sache braucht nicht ausschließlich für Straftaten verwendbar zu sein: BGE 81 IV 219 (Destillierkolben, der von jemandem wiederholt zur verbotenen Herstellung von Absinth verwendet wurde). Weitere Anwendungsbeispiele: Gefälschte Waren, die möglicherweise von späteren Erwerbern als echt in Verkehr gebracht werden (BGE 89 IV 70, 101 IV 41), Waffen (BGE 103 IV 77), zur Störung der Tätigkeit öffentlicher Dienste geeignete Funkgeräte (BGE 104 IV

149), Radarwarngeräte (BGE 112 IV 72), Spionageausrüstung (BGE 102 IV 211), zum gleichen Zweck erworbenes Haus, in dem ein Nachrichtenübermittlungssystem installiert wurde (BGE 114 IV 98), durch deliktisches Recherchieren erlangte Unterlagen für die Pressebildberichterstattung (BGE 118 IV 325), wildernde Hunde (ZBJV 113 1977 279), Auto eines chronischen Unfallverursachers (SJZ 82 1986 114). Vgl. ferner BGE 116 IV 118 (Gewehr), 117 IV 339 (Kriegsmaterial). – Ausnahmsweises Absehen von der Einziehung ist zulässig, wenn der Grundsatz der Verhältnismäßigkeit eine weniger weit gehende Maßnahme gebietet, die dem Zweck der Einziehung genügt: BGE 104 IV 149. *Sonderbestimmungen betr. obligatorische Einziehung:* Siehe Sachregister unter «Einziehung»

Abs. 2: Die Bestimmung bezieht sich sinngemäß nur auf Gegenstände, die schon ihrer *Beschaffenheit* nach deliktsgefährlich sind. Statt die Gegenstände vernichten oder unbrauchbar machen zu lassen, kann der Richter weniger weit gehende Ersatzmaßnahmen treffen: BGE 89 IV 138 (Beschränkung des Zugangs zu unzüchtigen Kunstwerken auf den beschränkten Kreis «ernsthafter Interessenten»), 101 IV 211 (Übergabe der Ausrüstung von Spionen an die Bundesanwaltschaft zu Instruktionszwecken). – Verwendung nicht zu vernichtender oder unbrauchbar zu machender Gegenstände: Art. 60 (Verwendung zugunsten des Geschädigten), Art. 381 (Verfügungsrecht von Kantonen und Bund); zur Verwertung vgl. SJZ 82 1986 115.

Aufgehoben durch das BG vom 18. März 1994 ab 1. August 1994.   **58bis**

b)   Einziehung von Vermögenswerten

1. Der Richter verfügt die Einziehung von Vermögenswerten, **59** die durch eine strafbare Handlung erlangt worden sind oder dazu bestimmt waren, eine strafbare Handlung zu veranlassen oder zu belohnen, sofern sie nicht dem Verletzten zur Wiederherstellung des rechtmäßigen Zustandes ausgehändigt werden.

Die Einziehung ist ausgeschlossen, wenn ein Dritter die Vermögenswerte in Unkenntnis der Einziehungsgründe erworben hat und soweit er für sie eine gleichwertige Gegenleistung erbracht hat oder die Einziehung ihm gegenüber sonst eine unverhältnismäßige Härte darstellen würde.

Das Recht zur Einziehung verjährt nach fünf Jahren; ist jedoch die Verfolgung der strafbaren Handlung einer längeren Verjährungsfrist unterworfen, so findet diese Frist auch auf die Einziehung Anwendung.

Die Einziehung ist amtlich bekanntzumachen. Die Ansprüche Verletzter oder Dritter erlöschen fünf Jahre nach der amtlichen Bekanntmachung.

2. Sind die der Einziehung unterliegenden Vermögenswerte nicht mehr vorhanden, so erkennt der Richter auf eine Ersatzforderung des Staates in gleicher Höhe, gegenüber einem Dritten jedoch nur, soweit dies nicht nach Ziffer 1 Absatz 2 ausgeschlossen ist.

Der Richter kann von einer Ersatzforderung ganz oder teilweise absehen, wenn diese voraussichtlich uneinbringlich wäre oder die Wiedereingliederung des Betroffenen ernstlich behindern würde.

Die Untersuchungsbehörde kann im Hinblick auf die Durchsetzung der Ersatzforderung Vermögenswerte des Betroffenen mit Beschlag belegen. Die Beschlagnahme begründet bei der Zwangsvollstreckung der Ersatzforderung kein Vorzugsrecht zugunsten des Staates.

3. Der Richter verfügt die Einziehung aller Vermögenswerte, welche der Verfügungsmacht einer kriminellen Organisation unterliegen. Bei Vermögenswerten einer Person, die sich an einer kriminellen Organisation beteiligt oder sie unterstützt hat (Art. 260ter), wird die Verfügungsmacht der Organisation bis zum Beweis des Gegenteils vermutet.

4. Läßt sich der Umfang der einzuziehenden Vermögenswerte nicht oder nur mit unverhältnismäßigem Aufwand ermitteln, so kann der Richter ihn schätzen.

Art. 59 Ziff. 1 Abs. 1 (vgl. zum folgenden Botschaft 1993, S. 307) tritt an Stelle der bisherigen Bestimmungen von Art. 58 Abs. 1 lit. a und bezieht diejenige des früheren Art. 59 (Verfall von Geschenken und anderen Zuwendungen) in die Regelung der Einziehung von Vermögenswerten ein. Als solche gelten alle wirtschaftliche Vorteile in Form der Vermehrung von Aktiven und Erträgen oder Verminderung von Passiven und Aufwendungen (vgl. BGE 119 IV 16 betr. Kostenersparnis), auch beschränkte dingliche Rechte, Forderungen und immaterielle Rechte. Eingezogen werden können grundsätzlich nur diejenigen Objekte, welche jemandem ausgerichtet wurden, um ihn zu einer Straftat zu veranlassen bzw. für eine solche zu belohnen, oder die vom Täter oder einem Dritten (vgl. BGE 115 IV 175) unmittelbar durch ein Delikt erlangt wurden, nicht aber der Erlös aus deren allfälliger Veräußerung (sog. Spezialitätsprinzip). Dieses gilt jedoch nicht, soweit die unmittelbar erlangten Vermögenswerte in Bargeldern, Devisen, Checks, Guthaben (vgl. BGE 111 IV 8) oder anderen Forderungen bestehen, die dann in andere Werte umgewandelt werden; deren Einziehung ist möglich, solange sich ihr Weg nach dem Delikt zu diesem zurückverfolgen läßt. Zum unrechtmäßigen Vorteil aus einem von vornherein verbotenen Geschäft gehört nach der stark umstrittenen Praxis des Bundesgerichts der ganze Erlös ohne Abzug der Aufwendungen des Bevorteilten: BGE 103 IV 142, 109 IV 123, wobei jedoch dieses sog. Bruttoprinzip für reine Vermittlertätigkeiten nicht gilt: Pr 74 Nr. 112 (Provision bei Drogenhandel als unrechtmäßiger Vermögensvorteil). Eine vom Richter ausgesprochene Buße darf bei der Abschöpfung des Vermögensvorteils nicht angerechnet werden: BGE 115 IV 175. Die Neuregelung stellt am Schluß des Textes klar, daß nicht der Umweg über eine Einziehung beschritten werden muß, wenn die Vermögenswerte von einem bestimmten Geschädigten erlangt wurden und daher diesem herauszugeben sind. Andere eingezogene Werte können in Anwendung von Art. 60 zugunsten von Geschädigten verwendet werden, soweit der Täter ihnen nicht bereits Schadenersatz geleistet hat (vgl. BGE 117 IV 109).

Abs. 2 ersetzt den bisherigen Art. 58bis und bezieht sich auf den Fall, daß deliktisch erlangte und daher der Einziehung unterliegende Objekte einem Dritten übertragen wurden; er wird unter den beiden in der Bestimmung zuerst genannten, kumulativ zu erfüllenden Voraussetzungen in seinem Erwerb geschützt. Das geschieht aber bereits nicht mehr, wenn er nach den Umständen die deliktische Herkunft der Sachen annehmen mußte oder für diese nur eine erheblich unter dem Marktpreis liegende Gegenleistung erbracht hat. Im letzteren Fall kann sich der Richter immerhin mit einer Teileinziehung begnügen oder von einer solchen Maßnahme gänzlich absehen, wenn sie gegenüber dem Inhaber eine unverhältnismäßige Härte darstellen würde (vgl. Botschaft 1993, S. 309).

Abs. 3: Auf die Regelung, welche v. a. für Einziehungen außerhalb eines Strafverfahrens gegen eine bestimmte Person von Bedeutung ist, finden die allgemeinen Vorschriften des StGB über die Verfolgungsverjährung, namentlich auch über deren Ruhen und Unterbrechung, analog Anwendung (Botschaft 1993, S. 316).

Abs. 4 bezieht sich auf den Fall, daß die Anspruchsberechtigten nicht oder nicht vollständig bekannt sind. Es handelt sich um eine Verwirkungsfrist.

Ziff. 2 Abs. 1: Die Regelung soll verhindern, daß derjenige, welcher sich einschlägiger Vermögenswerte entledigt hat, besser gestellt wird als jemand, der sie behielt. Sie setzt voraus, daß die der Einziehung unterliegenden Gegenstände verbraucht, versteckt, veräußert worden oder aus anderen Gründen nicht mehr verfügbar sind. Dies trifft auch dann zu,

wenn durch das Delikt unmittelbar Bargeld, Devisen, Checks, Guthaben oder andere Forderungen erlangt und später derart in andere Werte
umgewandelt werden, daß sich deren Weg nicht mehr zurückverfolgen
läßt (vgl. Botschaft 1993, S. 311).

Abs. 2: Die Möglichkeit des ganzen oder teilweisen Absehens von
einer Ersatzforderung entspricht der Bundesgerichtspraxis zum früheren Recht (vgl. BGE 106 IV 10, 337, BGE 109 IV 25, Pr 74 Nr. 112).

Abs. 3: Die Bestimmung trägt dem Umstand Rechnung, daß den
Strafbehörden im Gegensatz zu den Einziehungsobjekten gemäß Ziff. 1
Abs. 1 eine direkte Zugriffsmöglichkeit auf Werte fehlt, die für eine Ersatzforderung in Frage kommen; diese muß auf betreibungsrechtlichem
Wege durchgesetzt werden. Die Regelung soll verhindern, daß der Betroffene bis dahin Dispositionen treffen kann, die ihn als zahlungsunfähig erscheinen lassen. Satz 2 stellt klar, daß die beschlagnahmten Werte
in einem Zwangsvollstreckungsverfahren, an dem auch weitere Gläubiger beteiligt sind, diesen nicht zugunsten des Staates entzogen werden
dürfen.

Abs. 4 (vgl. dazu Botschaft 1993, S. 316 ff.) dient der verbesserten Bekämpfung der organisierten Kriminalität, indem die Bestimmung den
Zugriff auf derart deliktisch erlangte Vermögenswerte, welche wiederum als «Betriebskapital» eingesetzt werden, erleichtert. Eine Einziehung ist möglich, ohne daß nachgewiesen werden muß, aus welcher konkreten Tat ein bestimmter Vermögenswert stammt. Die Regelung geht
davon aus, daß die der Verfügungsmacht einer kriminellen Organisation
(vgl. zu diesem Begriff Bem. zu Art. 260ter) unterstehenden Vermögenswerte mit großer Wahrscheinlichkeit deliktischer Herkunft sind.
Neben der rechtlichen reicht auch die tatsächliche Verfügungsmacht
(Herrschaftsmöglichkeit und -willen) der Organisation aus. Der erste
Satz von Art. 59 Abs. 4 soll v. a. die rechtshilfeweise Einziehung der in
der Schweiz befindlichen Vermögenswerte einer im Ausland operieren-
den Organisation ermöglichen. Die Bestimmung von Satz 2 trägt dem
Umstand Rechnung, daß durch organisierte Kriminalität erlangten
Mittel vielfach formell Eigentum eines einzelnen Beteiligten bilden bzw.
entsprechende Guthaben bei Banken usw. auf einen solchen lauten. Die
Einziehung derartiger Vermögenswerte (zu denen auch jene von juristischen und natürlichen Personen gehören, die vom Betroffenen be-
herrscht werden) setzt voraus, daß sich dieser nach Art. 260ter strafbar
gemacht hat. Es wird vermutet, daß alle formell ihm zustehenden Werte
in Wahrheit der Verfügungsmacht der Organisation unterstehen (was
z. B. nicht zutrifft, wenn diese nur durch Erpressung an sie herankom-
men kann). Der Betroffene hat, um die Einziehung zu verhindern, den
Gegenbeweis zu erbringen, z. B. zu belegen, daß er die dafür in Frage
kommende Objekte legal erworben hat.

Verwendung zugunsten des Geschädigten

[1] Erleidet jemand durch ein Verbrechen oder ein Vergehen **60** einen Schaden, der nicht durch eine Versicherung gedeckt ist, und ist anzunehmen, daß der Schädiger den Schaden nicht ersetzen wird, so spricht der Richter dem Geschädigten auf dessen Verlangen bis zur Höhe des gerichtlich oder durch Vergleich festgesetzten Schadenersatzes zu:

a) die vom Verurteilten bezahlte Buße;

b) einbezogene Gegenstände und Vermögenswerte oder deren Verwertungserlös unter Abzug der Verwertungskosten;

c) Ersatzforderungen;

d) den Betrag der Friedensbürgschaft.

[2] Der Richter kann dies jedoch nur anordnen, wenn der Geschädigte den entsprechenden Teil seiner Forderung an den Staat abtritt.

Art. 60 in der Fassung gemäß OHG, in Kraft seit 1. Januar 1993. Bei der Revision des StGB vom 18. März 1994 wurde lediglich in Abs. 1 lit. b im Hinblick auf die dadurch abgeschaffte Institution des Verfalls (früher Art. 59) die Möglichkeit der Zusprechung dem Staat verfallener Zuwendungen an den Geschädigten gestrichen – Die Verwendung zugunsten des Geschädigten gemäß Art. 60 *muß* angeordnet werden, wenn die hier genannten Voraussetzungen erfüllt sind, insoweit der Täter nicht bereits Schadenersatz geleistet hat (vgl. BGE 117 IV 111). Ansprüche aus Art. 60 richten sich gegen den Staat und sind öffentlichrechtlicher Natur, was ihre Durchsetzung durch Nichtigkeitsbeschwerde an den Kassationshof des Bundesgerichts oder durch zivilrechtliche Klage bei diesem ausschließt: BGE 104 IV 71, 118 Ib 266.

Veröffentlichung des Urteils

[1] Ist die Veröffentlichung eines Strafurteils im öffentlichen Interesse oder im Interesse des Verletzten oder Antragsberechtigten geboten, so ordnet sie der Richter auf Kosten des Verurteilten an. **61**

[2] Ist die Veröffentlichung eines freisprechenden Urteils im öffentlichen Interesse oder im Interesse des Freigesprochenen geboten, so ordnet sie der Richter auf Staatskosten oder auf Kosten des Anzeigers an.

[3] Die Veröffentlichung im Interesse des Verletzten, Antrags-

berechtigten oder Freigesprochenen erfolgt nur auf deren Antrag.

[4] Der Richter bestimmt Art und Umfang der Veröffentlichung.

Art. 61: Vgl. auch Art. 104 Abs. 2 betr. Übertretungen. – Die Bestimmung bildet eine hinreichende Grundlage dafür, daß die Zeitung,
in der eine verletzende Äußerung erschienen ist, und gegebenenfalls
auch ein drittes Presseerzeugnis dazu verpflichtet ist, das Urteil auf den
entsprechenden Beschluß des Gerichtes hin zu veröffentlichen: BGE
113 IV 115.

Abs. 1: Mindestens wenn die Urteilspublikation im öffentlichen Interesse angeordnet wird, ist sie vorwiegend nicht Nebenstrafe, sondern
Maßnahme und als solche dem bedingten Strafvollzug nicht zugänglich:
BGE 108 IV 159. – Das öffentliche Interesse kann nach BGE 92 IV 186
einerseits in dem durch Abhalten des Täters vor Wiederholungen liegen-
den Schutz der Öffentlichkeit liegen, andererseits aber auch in der Ab-
schreckung anderer Personen vor der Verübung ähnlicher Delikte (problematisch). – Öffentliches Interesse bei Verkehrsdelikten: BGE 78 IV
14, 18; bei Warenfälschung: BGE 88 IV 11 (Warnung des Publikums),
bei Erhebung wucherischer Mietzinsen: BGE 93 IV 90, bei unlauterem
Wettbewerb (um eine weitere Irreführung des Publikums zu vermeiden): BGE 101 IV 348, bei Delinquenz eines Anwaltes: BGE 108 IV 159. –
Interesse des Verletzten: ZR 46 Nr. 127 (Ehrverletzung im Wahlkampf),
vgl. auch ZR 86 Nr. 88. – Statt Veröffentlichung Urteilsmitteilung an
bestimmte Drittpersonen: RS 1956 Nr. 184.

Abs. 2: Auf Einstellungs- und Aufhebungsbeschlüsse einer Überwei-
sungsbehörde (Anklagekammer) ist die Bestimmung nicht anwendbar:
BGE 81 IV 220.

Abs. 4: Namensnennung in der Urteilspublikation entscheidet sich
nach dem Zweck der Publikation: BGE 88 IV 12. – Wird die Veröffentlichung eines Urteils wegen eines bestimmten Delikts angeordnet, dürfen Schuldsprüche für weitere Delikte nur in die Veröffentlichung einbezogen werden, wenn auch dafür ein wesentliches Interesse besteht:
BGE 101 IV 291. – Publikationsorgan: BGE 88 IV 14, ZR 55 Nr. 125,
SJZ 61 (1965) 65, RS 1959 Nr. 196, 1965 Nr. 13.

Strafregister

62 Über die Strafurteile und die Anordnung sichernder Maßnahmen werden Register geführt (Art. 359 bis 364).

Art. 62: Inhalt der Register: Art. 360, 361. Registerbehörden: Art.
359. Mitteilung vormerkungspflichtiger Tatsachen an diese: Art. 362.

Abgabe von Strafregisterauszügen: Art. 363. Löschung von Einträgen: Art. 41 Ziff. 4, 49 Ziff. 4, 80, 96 Abs. 4, 99. – Vgl. Verordnung über das Strafregister vom 21. Dezember 1973 (SR 331). – Urteile wegen *Übertretungen* werden nach Art. 9 Ziff. 2 dieses Erlasses in der Fassung vom 13. November 1991 (in Kraft ab 1. Januar 1992) nur in die Register eingetragen, wenn der Täter mit *Haft* bestraft wurde.

Zweiter Abschnitt
Die Strafzumessung

1. Allgemeine Regel

Der Richter mißt die Strafe nach dem Verschulden des Täters **63** zu; er berücksichtigt die Beweggründe, das Vorleben und die persönlichen Verhältnisse des Schuldigen.

Art. 63 bezieht sich auf die Festsetzung der Strafe innerhalb des von den einzelnen Bestimmungen vorgesehenen (ordentlichen) bzw. des nach Art. 65–68 erweiterten Strafrahmens. Umstände, die zur Anwendung eines qualifizierten oder privilegierten Tatbestandes führen, dürfen innerhalb des geänderten Strafrahmens nicht noch einmal straferhöhend oder -mindernd berücksichtigt werden: BGE 118 IV 118. Zur Zumessung der Buße vgl. Art. 48 Ziff. 2. – Ausgangspunkt ist die objektive Schwere des Deliktes, wie sie vom Vorsatz bzw. der Fahrlässigkeit umfaßt wird, so etwa der Deliktsbetrag (vgl. z. B. BGE 75 IV 105), die Art des Vergehens (vgl. z. B. BGE 96 IV 177, 102 IV 108) oder das Ausmaß des durch ein abstraktes Gefährdungsdelikt eröffneten Risikos (vgl. BGE 104 IV 37), sodann ist für das Verschulden auch das «Maß an Entscheidungsfreiheit» beim Täter (BGE 117 IV 8, 114, 118 IV 25) sowie die sog. Intensität des deliktischen Willens bedeutsam (vgl. z. B. BGE 94 IV 111, 98 IV 131, 107 IV 63). Daß die Tatbegehung durch einen «verdeckten Fahnder» veranlaßt wurde oder er sie erleichtert hat, ist gemäß Pr 80 Nr. 75 stets strafmindernd zu berücksichtigen (problematisch, vgl. auch BGE 118 IV 15), nicht aber der «Kulturkonflikt» bei einem Ausländer, der um die Strafbarkeit der Tat auch in seinem Heimatstaat weiß: BGE 117 IV 9. – Für die Berücksichtigung der Beweggründe wird v. a. darauf abzustellen sein, ob sie egoistischer Natur waren (vgl. BGE 98 IV 131, 107 IV 62) und ob der Täter aus eigenem Antrieb oder Veranlassung eines anderen handelte. Im Rahmen des *Vorlebens* fallen namentlich einerseits früheres Wohlverhalten, andererseits Zahl, Schwere und Zeitpunkt von Vorstrafen ins Gewicht; vgl. BGE 92 IV 121, 96 IV 179, 102 IV 233, 105 IV 226 (auch Vorstrafen im Ausland). Unter dem Gesichtspunkt der persönlichen Verhältnisse ist etwa zu berücksichtigen, ob der Täter Reue und Einsicht zeigte (BGE 113 IV 5, 117 IV 114, 118 IV 25 und 349), ob er mehr oder weniger strafempfindlich ist (BGE 92 IV 204, 96 IV 170, 102 IV 233; umstritten). Nach BGE 118 IV 337 soll, wenn eine Freiheitsstrafe von nicht erheblich längerer Dauer als 18 Monaten in Betracht fällt, der Umstand mitberücksichtigt werden, daß bis zu dieser Grenze der bedingte Strafvollzug nach Art. 41 Ziff. 1 möglich ist (durch Ansetzung der Strafe auf achtzehn Monate, problematisch). Vgl. auch BGE 120 IV 125 zur Berücksichtigung der dem Täter drohenden Rückversetzung in den Strafvollzug gemäß Art. 38 Ziff. 4 bei der Bemessung der Strafe für seine neuen Taten und zur Praxis des Kassationshofes im übrigen außer den vorstehend genannten Entscheiden BGE 117 IV 151, 397, 118 IV 118, 337. Generalpräventive Gesichtspunkte sollten dagegen außer Betracht fallen (anders aber BGE 92 IV 122, 107 IV 63, Sem 1976, 5, BGE 116 IV 290, 118 IV 16, 25, 350). – Um die Strafzumessung auf eidgenössische Nichtigkeitsbeschwerde hin überprüfen zu können, verlangt der Kassationshof in seiner neuen Praxis (BGE 117 IV 114, 151, 118 IV 16, 20, 328), daß sämtliche von ihm im erstgenannten Entscheid aufgelisteten und in BGE 118 IV 25 ergänzten Tat- und Täterkomponenten so zu erörtern sind, daß festgestellt werden kann, ob alle rechtlich maßgebenden Punkte Berücksichtigung fanden und ob und in welchem Maße sie strafmindernd oder -erhöhend in die Waagschale fielen. Dem kant. Richter wird aber immer noch ein weites Ermessen eingeräumt (vgl. zur Unzulässigkeit einer Zuständigkeitsordnung, welche dieses einschränkt, BGE 119 IV 278).

2. Strafmilderung

Mildernde Umstände

Der Richter kann die Strafe mildern:

64   wenn der Täter gehandelt hat
aus achtungswerten Beweggründen,
in schwerer Bedrängnis,
unter dem Eindruck einer schweren Drohung,
auf Veranlassung einer Person, der er Gehorsam schuldig oder von der er abhängig ist;
wenn der Täter durch das Verhalten des Verletzten ernstlich in Versuchung geführt wurde;

wenn Zorn oder großer Schmerz über eine ungerechte Reizung oder Kränkung ihn hingerissen hat;

wenn er aufrichtige Reue betätigt, namentlich den Schaden, soweit es ihm zuzumuten war, ersetzt hat;

wenn seit der Tat verhältnismäßig lange Zeit verstrichen ist und der Täter sich während dieser Zeit wohl verhalten hat;

wenn der Täter im Alter von 18 bis 20 Jahren noch nicht die volle Einsicht in das Unrecht seiner Tat besaß.

Art. 64: Letzter Absatz gemäß BG vom 18. März 1971, in Kraft seit 1. Juli 1971. – Im Falle der Milderung wird der ordentliche Strafrahmen nach den Ansätzen von Art. 65 *herabgesetzt:* BGE 116 IV 12. – *Weitere Milderungsgründe:* Art. 21 Abs. 1, 22 Abs. 1, 25, 173 Ziff. 4, 174 Ziff. 3, 185 Ziff. 4. – Es ist ins *Ermessen des Richters* gestellt, ob er die Strafe mildern will. Findet er, daß die Umstände des Falles dies nicht rechtfertigen, kann er dem Strafmilderungsgrund auch bloß innerhalb des angedrohten ordentlichen Strafrahmens Rechnung tragen. Das Bundesgericht schreitet auf *Nichtigkeitsbeschwerde* hin nur ein, wenn der Richter die Strafmilderung aus unsachlichen Gründen verweigert oder rechtlich erhebliche Gründe nicht oder unrichtig angewendet hat: BGE 97 IV 81, 98 IV 49, 311, 101 IV 390, 106 IV 340, 107 IV 97. – *Achtungswerte Beweggründe:* BGE 75 IV 44, 97 IV 80, 101 IV 387, 104 IV 245 (politische Motive sind nicht schon an sich achtenswert; vgl. auch Sem 1983, 273), 106 IV 340 (wo die Verwerflichkeit der Tat die allfällige Ehrenhaftigkeit der Motive völlig zurücktreten läßt, kann der Richter eine Milderung der Strafe ablehnen, ohne überhaupt über das Vorhandensein achtungswerter Beweggründe zu befinden), 107 IV 3, 112 IV 131, 114 IV 54, 115 IV 15, 66 (keine Milderung, wenn die achtungswerten Beweggründe gegenüber der der Tat völlig in den Hintergrund treten und sie mit diesen in keiner besonderen Beziehung stehen, im entschiedenen Fall bei Nichtbezahlen des Militärpflichtersatzes), 118 IV 76 (gleiches Problem und Ergebnis mit differenzierterer Begründung), SJZ 80 (1984) 274, BJM 1988, 211. Aus welchem Beweggrund der Täter handelte, ist Tatfrage, ob er achtenswert war, Rechtsfrage: BGE 107 IV 30. – *Schwere Bedrängnis* setzt eine – wenn auch vom Täter selbst verschuldete – notstandsähnliche Lage voraus, aus der er nur durch die strafbare Handlung einen Ausweg zu finden glaubt: BGE 83 IV 188, 107 IV 95 (psychische Bedrängnis), BGE 110 IV 10 (keine Strafmilderung erfolgt bei fehlender Verhältnismäßigkeit zwischen den Motiven des Täters und dem Wert des von ihm verletzten Rechtsgutes; hier Tötungsdelikt wegen finanzieller Notlage). – *Schwere Drohung:* BGE 104 IV 189 (bei Sonderfällen schwerer

Nötigung kann u. U. Schuld und damit Strafe gänzlich ausgeschlossen sein). – *Handeln auf Veranlassung eines anderen:* Dessen Einfluß muß für die Tat entscheidend gewesen sein und die Entscheidungsfreiheit des Täters in gleicher Weise herabgesetzt haben wie beim Handeln in schwerer Bedrängnis oder unter dem Eindruck einer schweren Drohung: BGE 102 IV 238. – *Ernstliche Versuchung:* Das Verhalten des Opfers muß so provozierend gewesen sein, daß selbst ein verantwortungsbewußter Mensch in der Situation des Täters Mühe gehabt hätte, zu widerstehen: BGE 102 IV 278 (Unzucht mit Kind), vgl. schon BGE 97 IV 76 (Notzucht) und 98 IV 67 (Unzucht mit Kind). – *Provokation:* Der Täter muß durch eine ungerechte Reizung oder Kränkung zutiefst aufgewühlt und zu einer spontanen Reaktion getrieben worden sein: BGE 104 IV 237. – *Betätigung aufrichtiger Reue* (dazu allgemein BGE 117 Ia 406): Sie setzt voraus, daß der Täter aus eigenem Entschluß etwas tut, das als Ausdruck seines Willens anzusehen ist, geschehenes Unrecht wieder gutzumachen. Nicht jede Schadensdeckung genügt. Verlangt wird vielmehr eine besondere Anstrengung von seiten des Fehlbaren, die er freiwillig, nicht nur vorübergehend und nicht nur unter dem Druck des drohenden oder hängigen Strafverfahrens erbringt: BGE 107 IV 99, vgl. schon BGE 96 IV 110 (Unzumutbarkeit der Schadensdeckung), 98 IV 309. – *Ablauf verhältnismäßig langer Zeit seit der Tat:* BGE 73 IV 159, 75 IV 44; *als Maßstab* für den Ablauf verhältnismäßig langer Zeit *gilt* nicht die absolute (Art. 72 Ziff. 2 Abs. 2), sondern die *ordentliche Verfolgungsverjährung* (Art. 70): BGE 92 IV 203, 102 IV 209; ob die Strafverfolgung der ordentlichen Verjährung nahe sei, entscheidet sich auf den Zeitpunkt der Ausfällung des Sachurteils: BGE 115 IV 96; dieser Milderungsgrund gilt nur für die Tatbestände, die den allgemeinen, nicht den in der Regel bloß zweijährigen besondere Verjährungsfristen unterliegen: BGE 89 IV 4, 92 IV 202. Anwendungsfall: BGE 116 IV 14. – *Jugendliches Alter:* BGE 103 IV 147 (Verhältnis zu Art. 11). Die Bestimmung setzt *kumulativ* auch verminderte Einsichtsfähigkeit voraus, die aber nicht durch Gutachten festgestellt zu werden braucht: BGE 115 IV 181.

Strafsätze

65 Findet der Richter, die Strafe sei zu mildern, so erkennt er:

statt auf lebenslängliches Zuchthaus: auf Zuchthaus von mindestens zehn Jahren;

statt auf Zuchthaus mit besonders bestimmter Mindestdauer: auf Zuchthaus;

statt auf Zuchthaus: auf Gefängnis von sechs Monaten bis zu fünf Jahren;

statt auf Gefängnis mit besonders bestimmter Mindestdauer:
auf Gefängnis;
statt auf Gefängnis: auf Haft oder Buße.

Zu Art. 65 und 66: Strafmilderungsgründe verpflichten nicht zur Unterschreitung des ordentlichen Strafrahmens, müssen aber mindestens innerhalb dieses Rahmens strafmindernd berücksichtigt werden. Miteinander zusammentreffende Strafmilderungs- und Strafschärfungsgründe (Art. 67 und 68) können sich gegenseitig kompensieren: BGE 116 IV 301.

Art. 65: Siehe Bem. zu Art. 64. Art. 65 bewirkt nur eine Erweiterung des ordentlichen Strafrahmens nach unten, ersetzt diesen also nicht: BGE 116 IV 12. Strafsätze bei Übertretungen: Art. 107. – Im Falle kumulativer Androhung von Gefängnis und Buße sind auch bei Vorliegen eines Milderungsgrundes beide Strafen zu verhängen: BGE 113 IV 14. Herabsetzung der Strafe um zwei Stufen beim Zusammentreffen von Milderungsgründen: BGE 95 IV 63 (Versuch und jugendliches Alter), 95 IV 118 (Gehilfenschaft und mildernde Umstände gemäß Art. 64). – Anwendung auf SVG Art. 96 Ziff. 2: Statt auf *Buße* mit Mindesthöhe kann auf Buße ohne besondere untere Grenze erkannt werden: BGE 90 IV 3.

Strafmilderung nach freiem Ermessen

[1] Wo das Gesetz eine Strafmilderung nach freiem Ermessen **66** vorsieht, ist der Richter an die Strafart und das Strafmaß, die für Verbrechen oder Vergehen angedroht sind, nicht gebunden.

[2] Der Richter ist aber an das gesetzliche Mindestmaß der Strafart gebunden.

Art. 66 Abs. 1: Vorgesehen wird eine solche Strafmilderung in den Art. 11, 20, 22 Abs 2., 23, 33 Abs. 2, 34 Ziff. 1 Abs. 2 und Ziff. 2, 120 Ziff. 3, 123 Ziff. 1 Abs. 2, 75 Abs. 2, 308. – Die Strafmilderung nach Art. 66 darf weniger weit oder weiter gehen als jene nach Art. 65; sie kann sich in der Herabsetzung der Strafe im angedrohten ordentlichen Rahmen erschöpfen: BGE 71 IV 69, 81 IV 46.

Abs. 2: Der Richter, welcher statt auf Zuchthaus auf Gefängnis erkennt, ist an das gesetzliche *Höchstmaß* dieser Strafe nicht gebunden: BGE 104 IV 154.

Verzicht auf Weiterverfolgung und Strafbefreiung

66bis ^{1} Ist der Täter durch die unmittelbaren Folgen seiner Tat so schwer betroffen worden, daß eine Strafe unangemessen wäre, so sieht die zuständige Behörde von der Strafverfolgung, der Überweisung an das Gericht oder der Bestrafung ab.

^{2} Unter der gleichen Voraussetzung ist vom Widerruf des bedingten Strafvollzuges oder der bedingten Entlassung abzusehen.

^{3} Als zuständige Behörden bezeichnen die Kantone Organe der Strafrechtspflege.

Art. 66bis: Neue Bestimmung, eingefügt durch das BG vom 23. Juni 1989, in Kraft seit 1. Januar 1990.

Unmittelbar betroffen durch die Folgen seiner Tat ist der Täter, wenn diese seine eigenen Rechtsgüter schädigte (so z. B., wenn er bei seinem Delikt oder der Notwehr gegen dieses verletzt wurde), aber auch wenn sie bei ihm seelisches Leiden bewirkte (so etwa, wenn bei einem von ihm fahrlässig verursachten Unfall ihm nahestehende Menschen körperlich geschädigt wurden). Unzureichend sind bloß mittelbare Folgen wie die Eröffnung eines Strafverfahrens gegen den Täter, die auf die Tat zurückzuführende Einbuße einer Arbeitsstelle oder Scheidung. Kriterien für die Angemessenheit der Strafe: BGE 117 IV 247. – Zuständig für die Anwendung der Bestimmung sind von den Kantonen zu bezeichnende Organe der Strafrechtspflege, also Untersuchungs-, Anklage- oder Gerichtsbehörden, nicht aber die Polizei.

3. Strafschärfung

Rückfall

67 1. Wird der Täter zu Zuchthaus oder Gefängnis verurteilt und sind zur Zeit der Tat noch nicht fünf Jahre vergangen, seit er eine Zuchthaus- oder Gefängnisstrafe ganz oder teilweise verbüßt hat, so erhöht der Richter die Dauer der Strafe, darf aber das Höchstmaß der Strafart nicht überschreiten.

Dem Vollzug der Vorstrafe sind gleichgestellt der Vollzug einer sichernden Maßnahme in einer Anstalt nach Artikel 42, 43, 44 oder einer Maßnahme nach Artikel 100bis sowie Erlaß durch Begnadigung.

2. Der Vollzug entsprechender Vorstrafen oder Maßnahmen im Ausland ist dem Vollzug in der Schweiz gleichgestellt, wenn

das Urteil den Grundsätzen des schweizerischen Rechts nicht widerspricht.

Zu Art. 67 und 68: Strafschärfungsgründe verpflichten nicht zur Überschreitung des ordentlichen Strafrahmens, müssen aber mindestens innerhalb dieses Rahmens straferhöhend berücksichtigt werden. Zusammentreffende Strafschärfungs- und Strafmilderungsgründe (Art. 65, 66) können sich gegenseitig kompensieren: BGE 116 IV 303.

Art. 67 in neuer Fassung gemäß BG vom 18. März 1971, in Kraft seit 1. Juli 1971. Beschränkte Anwendung bei Übertretungen (Art. 108). – Art. 67 sagt nichts aus über die Anwendbarkeit des bedingten Strafvollzuges, sondern befaßt sich nur mit der Strafschärfung bei rückfälligen Tätern: BGE 101 IV 10.

Ziff. 1: Nicht als verbüßt gilt eine Freiheitsstrafe mit bedingtem Vollzug auch dann, wenn sich der Täter in Untersuchungshaft befand, die ihm auf die Strafe angerechnet wurde: BGE 117 IV 122. – Frühere Bestrafung des Täters als Jugendlicher soll nach BGE 88 IV 72 ebenfalls Rückfall begründen (fragwürdig). – Zu erhöhen ist die Dauer der für die den Rückfall begründenden Straftat auszufällende Strafe, nicht die Dauer der bereits ganz oder teilweise verbüßten Strafe: BGE 110 IV 11. – *Angerechnete Untersuchungshaft* steht verbüßter Strafe gleich: BGE 84 IV 9, 103 IV 148, bei bedingtem Strafvollzug erst vom Zeitpunkt des Widerrufes an: SJZ 71 (1975) 12. – Vgl. ferner Art. 42 (Verwahrung rückfälliger Gewohnheitsverbrecher), Art. 55 Abs. 1 (Landesverweisung auf Lebenszeit bei rückfälligen Ausländern).

Zusammentreffen von strafbaren Handlungen oder Strafbestimmungen

1. Hat jemand durch eine oder mehrere Handlungen mehrere **68** Freiheitsstrafen verwirkt, so verurteilt ihn der Richter zu der Strafe der schwersten Tat und erhöht deren Dauer angemessen. Er kann jedoch das höchste Maß der angedrohten Strafe nicht um mehr als die Hälfte erhöhen. Dabei ist er an das gesetzliche Höchstmaß der Strafart gebunden.

Hat der Täter mehrere Bußen verwirkt, so verurteilt ihn der Richter zu der Buße, die seinem Verschulden angemessen ist.

Nebenstrafen und Maßnahmen können verhängt werden, auch wenn sie nur für eine der mehreren strafbaren Handlungen oder nur in einer der mehreren Strafbestimmungen angedroht sind.

2. Hat der Richter eine mit Freiheitsstrafe bedrohte Tat zu beurteilen, die der Täter begangen hat, bevor er wegen einer andern Tat zu Freiheitsstrafe verurteilt worden ist, so bestimmt der Richter die Strafe so, daß der Täter nicht schwerer bestraft wird, als wenn die mehreren strafbaren Handlungen gleichzeitig beurteilt worden wären.

Art. 68 Ziff. 1: Bezieht sich a) auf die *Realkonkurrenz,* das heißt das Zusammentreffen *mehrerer* strafbarer Handlungen, sei es durch Wiederholung derselben strafbaren Handlung, sei es durch Begehung verschiedener strafbarer Handlungen oder durch mehrfache Verübung gleichartiger Taten, b) auf die *Idealkonkurrenz,* d. h. die Begehung *einer* Handlung (dazu BGE 111 IV 149), die den Tatbestand der gleichen Strafbestimmung mehrfach oder die die Tatbestände *verschiedener* Strafbestimmungen erfüllt; sie ist zu unterscheiden von der sog. *unechten Gesetzeskonkurrenz,* wo dieselbe strafbare Handlung zwar verschiedene Straftatbestände zu erfüllen scheint, aber nur *eine* Strafbestimmung zur Anwendung gelangt, die den andern wegen *Spezialität* oder *Konsumtion* vorgeht oder wegen *Subsidiarität* allein noch in Betracht fällt. – Als einzige Tat wurde ferner nach der früheren Praxis des Bundesgerichtes (zuletzt BGE 109 IV 85), das sog. *fortgesetzte* Delikt behandelt. Darunter ist zu verstehen, daß mehrere gleichartige oder ähnliche Handlungen auf ein und denselben Willensentschluß des Täters zurückgehen. Seit einiger Zeit betrachtet indessen der Kassationshof die Rechtsfigur des fortgesetzten Delikts zutreffenderweise als nicht mehr haltbar: BGE 116 IV 123, 119 IV 77. Nach dem erstgenannten Entscheid ist Art. 68 ferner beim *gewerbsmäßigen* Delinquieren anzuwenden, wenn es in mehreren getrennten Phasen erfolgt, denen kein umfassender Willensentschluß zugrunde liegt und die auch objektiv nicht als Einheit im Sinne eines zusammenhängenden Geschehens erscheinen.

Schwerste Tat ist diejenige, welche unter den mit der höchsten Strafe *bedrohten* Tatbestand fällt: BGE 92 IV 83, 93 IV 10, 116 IV 304, vgl. auch BGE 95 IV 61 sowie für teils vor, teils nach Erreichung des 18. Altersjahres begangene Straftaten VStGB 1 Art. 1 Abs. 3. – Strafzumessung für mehrfachen Mord und andere Delikte eines vermindert zurechnungsfähigen Täters: BGE 116 IV 301. Keine Strafschärfung tritt ein, wenn der *gewerbsmäßig* handelnde Täter neben vollendeten Taten auch bloße Versuche verübt hat: BGE 105 IV 157. – Ist jemand für eine Tat mit einer Freiheitsstrafe, für eine andere mit Buße zu bestrafen, so sind beide Strafen auszufällen: BGE 102 IV 245.

Ziff. 2 (sog. retrospektive Konkurrenz): Die Bestimmung gibt dem

Verurteilten kein Recht, von ein und demselben Richter beurteilt zu werden: BGE 102 IV 241. Nach dieser Vorschrift ist nicht das frühere Urteil aufzuheben und eine Gesamtstrafe zu fällen, sondern eine *Zusatzstrafe* auszusprechen: BGE 80 IV 223, 102 IV 241. Zum Vorgehen bei deren Bemessung BGE 109 IV 93, 116 IV 16, 118 IV 121, 275. Die Bestimmung ist auch anwendbar, wenn das erste Urteil im Ausland gefällt wurde: BGE 109 IV 91 (die Strafzumessung für die Zusatzstrafe erfolgt jedoch ausschließlich nach schweizerischem Recht), 115 IV 22. – Eine Verurteilung wegen einer anderen Tat liegt schon mit der Fällung des Urteils vor, sofern dieses später rechtskräftig wird; für nach der Urteilsfällung begangene Delikte kommt in diesem Fall keine Zusatzstrafe in Betracht: BGE 109 IV 88, vgl. schon BGE 102 IV 244. Bevor eine Zusatzstrafe ausgefällt wird, ist die Rechtskraft der ersten Verurteilung abzuwarten. Doch darf in einem entscheidungsreifen Fall sofort geurteilt werden, wobei aber eine selbständige Strafe auszusprechen ist; es muß dann im ersten Verfahren eine Zusatzstrafe ausgefällt werden: BGE 102 IV 243. – In die Gesamtbewertung sind die mit der Grundstrafe belegten Taten auch dann einzubeziehen, wenn sie ohne die rechtskräftige Beurteilung im Zeitpunkt einer späteren Zusatzstrafe absolut verjährt wären: BGE 105 IV 81.

Der die Zusatzstrafe aussprechende Richter ist an die im früheren Urteil vertretenen Rechtsauffassungen nicht gebunden und kann namentlich den bedingten Strafvollzug verweigern, auch wenn er für die Grundstrafe gewährt worden war: BGE 105 IV 295. Dies *muß* geschehen, wenn die Zusatzstrafe zusammen mit der Grundstrafe 18 Monate übersteigt: BGE 94 IV 49 (selbst bei bereits erfolgter Löschung der Grundstrafe), 105 IV 82, 109 IV 71. – Kommt der neu entscheidende Richter zum Schluß, daß der erste Richter auch in Kenntnis aller vor der ersten Urteilsfällung begangenen Delikte keine höhere Strafe ausgesprochen hätte, so kann er auf die Ausfällung einer Zusatzstrafe verzichten: BGE 102 IV 241. – Zumessung einer Strafe für Delikte, die teils vor und teils nach einer früheren Verurteilung verübt wurden: BGE 94 IV 54, 102 IV 241, vgl. BGE 109 IV 70 (Frage der Gewährung des bedingten Strafvollzuges) und ZStrR 98 (1981) 328.

4. Anrechnung der Untersuchungshaft

Der Richter rechnet dem Verurteilten die Untersuchungshaft **69** auf die Freiheitsstrafe an, soweit der Täter die Untersuchungshaft nicht durch sein Verhalten nach der Tat herbeigeführt oder verlängert hat. Lautet das Urteil nur auf Buße, so kann er die

Dauer der Untersuchungshaft in angemessener Weise berücksichtigen.

Art. 69: «Untersuchungshaft» wird in Art. 110 Ziff. 7 definiert. Dazu gehört auch die im Ausland verbrachte Auslieferungshaft (BGE 97 IV 160, 102 Ib 252, 105 IV 85), der Beobachtungsaufenthalt nach Art. 13 in einer Klinik (BGE 85 IV 123 mit fragwürdiger Beschränkung auf geschlossene Anstalten) und andere freiheitsentziehende Ersatzmaßnahmen (BGE 113 IV 119). Abgrenzung von der Sicherheitshaft im Sinne von Art. 375: BGE 81 IV 21, vgl. BGE 105 IV 241 9. – Die *Anrechnung* ist im Urteilsdispositiv ausdrücklich festzuhalten: BGE 102 IV 160; ihre *Bedeutung* liegt darin, daß die Strafe im Umfang der angerechneten Haft als getilgt, d. h. verbüßt gilt und nur noch der eventuell nicht erstandene Teil der Strafe zu vollstrecken ist: BGE 84 IV 9. – Haft, die ausschließlich wegen Handlungen verhängt ist, die in der Folge nicht geahndet werden, kann nicht angerechnet werden: BGE 85 IV 12; ebensowenig kann Untersuchungshaft auf die im gleichen Verfahren widerrufene früher ausgesprochene Strafe angerechnet werden (Grundsatz der Identität der Tat): BGE 104 IV 7.

Nach der neueren Praxis des Bundesgerichts darf von der Anrechnung nur abgesehen werden, soweit der Beschuldigte durch sein Verhalten nach der Tat die Untersuchungshaft in der Absicht (gemeint wohl durch sein Verhalten nach Eröffnung des Verfahrens) herbeigeführt oder verlängert hat, dadurch den Strafvollzug zu verkürzen oder zu umgehen: BGE 117 IV 405. Entscheide aus der früheren Rechtsprechung: BGE 102 IV 157, 103 IV 10 (einfaches Leugnen sowie Auskunftsverweigerung genügen nicht zur Verweigerung der Anrechnung), 105 IV 241 (Verweigerung des vorzeitigen Strafantrittes während eines Berufungsverfahrens genügt nicht), RS 1991 Nr. 10. *Ablehnungsgründe:* BGE 102 IV 159 (Flucht), 103 IV 11 (lügenhafte Behauptungen und Einwendungen, welche die Behörden zu weiteren Untersuchungshandlungen nötigen), 105 IV 241 (trölerisches Ergreifen von Rechtsmitteln), vgl. auch BGE 90 IV 69 (Anstalten zur Flucht, zur Beseitigung von Beweismitteln oder zur Beeinflussung von Zeugen, trölerisches Ergreifen von Rechtsmitteln), 97 IV 161 (Verlassen der Schweiz). – Anrechnung auf eine Freiheitsstrafe bei Verwahrung (Art. 42): BGE 85 IV 7, 87 IV 1, vgl. BGE 105 IV 241. Keine Anrechnung auf die Mindestdauer einer Maßnahme gemäß Art. 100bis: RS 1979 Nr. 828. *Berechnung* der Dauer: Hat jemand am Tage der Verhaftung und an jenem der Entlassung zusammen mehr als 24 Stunden in Haft verbracht, so sind ihm beide Tage anzurechnen: SJZ 81 (1985) 375.

Dritter Abschnitt

Die Verjährung

1. Verfolgungsverjährung

Fristen

Die Strafverfolgung verjährt: **70**

in 20 Jahren, wenn die strafbare Tat mit lebenslänglichem Zuchthaus bedroht ist;

in zehn Jahren, wenn die strafbare Tat mit Gefängnis von mehr als drei Jahren oder mit Zuchthaus bedroht ist.

in fünf Jahren, wenn die strafbare Tat mit einer anderen Strafe bedroht ist.

Art. 70ff.: *Kürzere Verjährung* bei einzelnen Delikten (Art. 118 Abs. 2, 119 Ziff. 1 Abs. 2, 178 (dazu BGE 116 IV 81), 187 Ziff. 5, 213 Abs. 3, 302 Abs. 3) und in der Nebenstrafgesetzgebung; Pressevergehen: BGE 78 IV 129, Übertretungen: Art. 109, vgl. VStrR Art. 11: BGE 102 Ib 222, ZR 77 Nr. 76 und SJZ 75 (1979) 228 betr. Verhältnis dieser Bestimmung zu Art. 70ff. und 109. Für Kinder und Jugendliche gilt Art. 70 ebenfalls (BGE 92 IV 124), vgl. aber auch Art. 88 und 98. – Zur Berechnung der Frist Art. 110 Ziff. 6. Der Tag des Fristbeginns wird nicht mitgezählt: BGE 107 Ib 75.

Art. 70 in neuer Fassung gemäß BG vom 17. Juni 1994, in Kraft ab 1. Januar 1995 (Zuteilung von Vergehen mit Höchststrafe von über drei Jahren Gefängnis zur Kategorie der Delikte mit zehnjähriger Verjährungsfrist).

Die Bestimmung statuiert die sog. *relativen* Verjährungsfristen (vgl. zu den absoluten Art. 72 Ziff. 2 Abs. 2). Maßgebend für die Dauer der Verjährungsfrist ist die vom Gesetz auf die betreffende Tat angedrohte Höchststrafe unter Berücksichtigung der auf objektiven Kriterien beruhenden Schärfungs- und Milderungsgründe des *besonderen Teils* des StGB, nicht die Strafe, welche der Täter nach den Grundsätzen der Strafzumessung (Art. 63ff.) im Einzelfall verwirkt hat: BGE 108 IV 42; vgl. auch Bem. zu Art. 266bis und 273 Abs. 3. – *Wahrung der Frist:* Letztinstanzliche verurteilende Entscheide, die mit keinem kantonalen ordentlichen Rechtsmittel mehr angefochten werden können, schließen die Strafverfolgung auch dann ab, wenn gegen sie die Nichtigkeitsbeschwerde an das Bundesgericht oder die staatsrechtliche Beschwerde ergriffen wird: BGE 100 Ia 303, 105 IV 309. Die

115

gleiche Wirkung kommt schon erstinstanzlichen Urteilen zu, sofern gegen sie im Kanton nur ein außerordentliches Rechtsmittel zur Verfügung steht; entscheidend ist die formelle Rechtskraft, nicht die Vollstreckbarkeit des Urteils. Das dagegen bestehende Rechtsmittel ist außerordentlich, wenn ihm vorwiegend der Devolutiveffekt abgeht. Das bestimmt sich nach kantonalem Recht: BGE 105 IV 310, 111 IV 89. – Maßgebend für die Wahrung der Frist durch ein Urteil ist dessen Ausfällung, nicht der Zeitpunkt seiner Mitteilung: BGE 92 IV 172. Wirkung der Verjährung RS 1991 Nr. 11 (das Verfahren muß eingestellt werden, nicht Freispruch), bei eidg. Nichtigkeitsbeschwerde BGE 116 IV 82 (Nichteintreten).

Hebt der Kassationshof des Bundesgerichtes auf Beschwerde des Verurteilten hin einen Entscheid auf und weist die Sache zur Fortsetzung der Strafverfolgung an das kantonale Gericht zurück, so beginnt der noch nicht abgelaufene Teil der Verfolgungsverjährung von der Eröffnung des Bundesgerichtsentscheides an weiter zu laufen: BGE 92 IV 173, 111 IV 90. Das gleiche gilt bei Aufhebung eines Entscheides durch eine kantonale Kassationsinstanz (BGE 111 IV 89 und SJZ 75 1979 94 betr. Kanton Zürich) sowie bei Aufhebung eines Abwesenheitsurteils (SJZ 71 1975 160). – Kein erneutes Aufleben der Verfolgungsverjährung im Wiederaufnahmeverfahren zugunsten des Verurteilten: BGE 85 IV 170. – Bei Abschluß eines Verfahrens durch *Einstellung oder Freispruch* läuft die Verfolgungsverjährung weiter, auch wenn der Ankläger eidgenössische Nichtigkeitsbeschwerde erhebt: BGE 97 IV 157 (vgl. BGE 111 IV 90), ebenso bei kantonalzürcherischer Nichtigkeitsbeschwerde des Anklägers gegen einen Freispruch: ZR 87 Nr. 98. Ob die Verfolgungsverjährung eintrat, ist Rechtsfrage: BGE 97 IV 157.

Beginn

71 Die Verjährung beginnt:

mit dem Tag, an dem der Täter die strafbare Tätigkeit ausführt;

wenn er die strafbare Tätigkeit zu verschiedenen Zeiten ausführt, mit dem Tag, an dem er die letzte Tätigkeit ausführt;

wenn das strafbare Verhalten dauert, mit dem Tag, an dem dieses Verhalten aufhört.

Art. 71: Der Tag, mit dem die Verjährungsfrist beginnt, wird *nicht* mitgezählt: BGE 97 IV 238, 107 Ib 75. – *Beginn* der Verjährung bei Antragsdelikten: BGE 69 IV 74 (nicht erst im Zeitpunkt der Antragstellung), bei Delikten mit objektiven Strafbarkeitsbedingungen: BGE 101

IV 20 (nicht erst der Tag, an dem die objektive Strafbarkeitsbedingung eintritt; vgl. auch BGE 103 IV 233, 109 IV 116, bei mittelbarer Täterschaft und Anstiftung: BGE 69 IV 63 (mit der Tat des Werkzeuges bzw. Angestifteten), bei Mitwirkung mehrerer Personen als Mittäter oder Teilnehmer: BGE 102 IV 81 (Setzen des letzten Teilaktes, der unter das gesetzlich umschriebene strafbare Verhalten fällt, durch einen der Beteiligten), bei Unterlassungsdelikten: BGE 107 IV 10, ZR 66 Nr. 145 (Tag, an dem oder bis zu welchem der Täter hätte handeln sollen).

Abs. 2 bezieht sich v. a. auf sog. Kollektivdelikte (gewerbsmäßige Tatbegehung und «Einheitstaten»). Ist die letzte Teilhandlung nicht verjährt, bleiben alle vorausgegangenen Teilhandlungen des Kollektivdeliktes strafbar: BGE 105 IV 13, 118 IV 329, 119 IV 77; vgl. auch BGE 118 IV 315.

Abs. 3: Ein Dauerdelikt liegt vor, wenn die Begründung des rechtswidrigen Zustandes mit den Handlungen, die zu seiner Aufrechterhaltung vorgenommen werden, bzw. mit der Unterlassung seiner Aufhebung eine Einheit bildet, und das auf Perpetuierung des deliktischen Erfolgs gerichtete Verhalten vom betreffenden Straftatbestand ausdrücklich oder sinngemäß umfaßt wird: BGE 84 IV 17 (Hausfriedensbruch, Freiheitsberaubung), 93 IV 95 (nicht Ehrverletzung), 105 IV 237 (nicht Mehrfachehe), ZBl 79 (1978) 68, SJZ 73 (1977) 82 (nicht Bauen ohne Baubewilligung unter Verletzung materieller Bauvorschriften). Anwendung auf Erschleichung eines gerichtlichen Nachlaßvertrages (Art. 170): BGE 109 IV 116. Zur Abgrenzung des Dauerdelikts von der Einheitstat BGE 117 IV 413, 118 IV 318, 329.

Ruhen und Unterbrechung

1. Die Verjährung ruht, solange der Täter im Ausland eine **72** Freiheitsstrafe verbüßt.

2. Die Verjährung wird unterbrochen durch jede Untersuchungshandlung einer Strafverfolgungsbehörde oder Verfügung des Gerichts gegenüber dem Täter, namentlich durch Vorladungen, Einvernahmen, durch Erlaß von Haft- oder Hausdurchsuchungsbefehlen sowie durch Anordnung von Gutachten, ferner durch jede Ergreifung von Rechtsmitteln gegen einen Entscheid.

Mit jeder Unterbrechung beginnt die Verjährungsfrist neu zu laufen. Die Strafverfolgung ist jedoch in jedem Fall verjährt, wenn die ordentliche Verjährungsfrist um die Hälfte, bei Ehrverletzungen und bei Übertretungen um ihre ganze Dauer überschritten ist.

Art. 72 Ziff. 1: Die *Verjährung ruht ferner,* wenn eine gesetzliche Vorschrift die Strafbehörden vorübergehend an der Verfolgung hindert: BGE 88 IV 93, 90 IV 63; bei Aufhebung eines Urteils und Rückweisung der Sache aufgrund einer eidgenössischen Nichtigkeitsbeschwerde oder eines kantonalen außerordentlichen Rechtsmittels, und zwar für die Zeit zwischen der Ausfällung des angefochtenen Urteils und der Eröffnung des Bundesgerichtsentscheides bzw. dem Ergehen des kantonalen Rechsmittelentscheides: BGE 92 IV 173, BGE 111 IV 89. – Besondere Regelung in VStrR Art. 11 Abs. 3.

Ziff. 2 in neuer Fassung gemäß BG vom 5. Oktober 1950, in Kraft seit 5. Januar 1951.

Abs. 1: «Untersuchungshandlungen» sind nur solche, die den Prozeß fördern und nach außen in Erscheinung treten: BGE 90 IV 63, 114 IV 5, SJZ 63 (1967) 171 mit Aufzählung von Beispielen. Von Polizeiorganen verfügte oder unternommene Handlungen unterbrechen die Verjährung nicht: SJZ 62 (1966) 217, RS 1977 Nr. 223 (Anzeigen). Verfügungen der Strafverfolgungsbehörden können die Verjährung jedoch unterbrechen: BGE 115 IV 99. – *Unterbrechung* durch Eröffnung eines Verfahrens in der Schweiz bei Übernahme eines ausländischen Verfahrens. BGE 115 IV 98, Einreichen einer Verteidigungsschrift: BGE 75 IV 58; Einsprache gegen Strafverfügung: BGE 75 IV 57. Fristansetzung zur Stellung von Begehren um Beweisergänzung: RS 1984 Nr. 654; Anordnung einer Voruntersuchung: RS 1985 Nr. 864.

Abs. 2 Satz 2: Zeitpunkt bei Ehrverletzungsdelikten: BGE 116 IV 81, 117 IV 477. Bei der Berechnung bleiben Zeiten, während welcher die Verjährung ruhte, außer Betracht (vgl. BGE 111 IV 89, 115 Ia 325, 116 IV 81).

2. Vollstreckungsverjährung

Fristen

73 1. Die Strafen verjähren:
lebenslängliche Zuchthausstrafe in 30 Jahren;
Zuchthausstrafe von zehn oder mehr Jahren in 25 Jahren;
Zuchthausstrafe von fünf bis zu zehn Jahren in 20 Jahren;
Zuchthausstrafe von weniger als fünf Jahren in 15 Jahren;
Gefängnis von mehr als einem Jahr in zehn Jahren;
jede andere Strafe in fünf Jahren.
2. Die Verjährung der Hauptstrafe zieht die Verjährung der Nebenstrafen nach sich.

Art. 73–75bis: Zur Verjährung von Übertretungsstrafen vgl. Art. 109 und VStrR Art. 11, zum Verhältnis dieser Bestimmungen zu Art. 73 ff. BGE 102 Ib 222 und 104 IV 268. – Einschließung Jugendlicher: Art. 95 Ziff. 3 Abs. 3.

Art. 73 Ziff. 1 statuiert die sog. relativen Verjährungsfristen (vgl. für die absoluten Art. 75 Ziff. 2 Abs. 2).

Ziff. 2: Nebenstrafen: Art. 51, 53–57. – Mit *Freiheitsstrafe verbundene Buße* ist keine Nebenstrafe und verjährt daher gemäß Ziff. 1 in fünf Jahren: BGE 86 IV 231.

Beginn

Die Verjährung beginnt mit dem Tag, an dem das Urteil rechtlich vollstreckbar wird, beim bedingten Strafvollzug oder beim Vollzug einer Maßnahme mit dem Tag, an dem der Vollzug der Strafe angeordnet wird. **74**

Art. 74 in neuer Fassung gemäß BG vom 18. März 1971, in Kraft seit 1. Juli 1971.

Der Eintritt der Vollstreckbarkeit bestimmt sich nach kantonalem Recht und braucht nicht notwendigerweise mit dem Ende der Verfolgungsverjährung zusammenzufallen: BGE 105 IV 310. Er wird durch Einreichung einer Nichtigkeitsbeschwerde an den Kassationshof des Bundesgerichtes nicht gehemmt: BGE 92 IV 173. Maßgebend ist der Zeitpunkt der Ausfällung, nicht der Eröffnung des vollstreckbaren Entscheides: BGE 101 IV 392. – Auch bei nachträglicher *Umwandlung einer Buße in Haft* (Art. 49 Ziff. 3) beginnt die Verjährung im Zeitpunkt der Vollstreckbarkeit der *Buße:* BGE 105 IV 16, bei bedingtem Strafvollzug im Zeitpunkt dessen Widerrufes: BGE 90 IV 6, 94 IV 16. – Art. 41 Ziff. 3 Abs. 5: Wenn nach Ablauf der Probezeit fünf Jahre verstrichen sind, darf der Vollzug der aufgeschobenen Strafe nicht mehr angeordnet werden.

Ruhen und Unterbrechung

1. Die Verjährung einer Freiheitsstrafe ruht während des ununterbrochenen Vollzugs dieser oder einer andern Freiheitsstrafe oder sichernden Maßnahme, die unmittelbar vorausgehend vollzogen wird, und während der Probezeit bei bedingter Entlassung. **75**

2. Die Verjährung wird unterbrochen durch den Vollzug und durch jede auf Vollstreckung der Strafe gerichtete Handlung der Behörde, der die Vollstreckung obliegt.

Mit jeder Unterbrechung beginnt die Verjährungsfrist neu zu laufen. Jedoch ist die Strafe in jedem Fall verjährt, wenn die ordentliche Verjährungsfrist um die Hälfte überschritten ist.

Art. 75 in neuer Fassung gemäß BG vom 18. März 1971, in Kraft seit 1. Juli 1971.

Ziff. 1: Die Verjährung ruht ebenfalls, wenn einer Nichtigkeitsbeschwerde an das Bundesgericht aufschiebende Wirkung zuerkannt wurde (BStP Art. 272 Abs. 7): BGE 92 IV 173; vgl. auch BGE 101 Ia 109, 303.

Ziff. 2 Abs. 1: Unterbruch der Verjährung auch durch ein aussichtsloses Gesuch um Einleitung eines Auslieferungsverfahrens: RS 1975 Nr. 869, durch später widerrufene Vorladung zum Strafantritt: RS 1988 Nr. 462.

Abs. 2: Tragweite von Satz 2: BGE 100 Ib 274 (kein Eintritt der absoluten Verjährung, wenn die Frist wegen eines in Abs. 1 aufgezählten Grundes ruht; in casu Probezeit bei bedingter Entlassung).

3.   Unverjährbarkeit

75bis ¹ Keine Verjährung tritt ein für Verbrechen, die

1. auf die Ausrottung oder Unterdrückung einer Bevölkerungsgruppe aus Gründen ihrer Staatsangehörigkeit, Rasse, Religion oder ihrer ethnischen, sozialen oder politischen Zugehörigkeit gerichtet waren oder

2. in den Genfer Übereinkommen vom 12. August 1949 und den andern von der Schweiz ratifizierten internationalen Vereinbarungen über den Schutz der Kriegsopfer als schwer bezeichnet werden, sofern die Tat nach Art ihrer Begehung besonders schwer war, oder

3. als Mittel zu Erpressung oder Nötigung Leib und Leben von Menschen in Gefahr brachten oder zu bringen drohten, namentlich unter Verwendung von Massenvernichtungsmitteln, Auslösen von Katastrophen oder in Verbindung mit Geiselnahmen.

² Wäre die Strafverfolgung bei Anwendung der Artikel 70–72 verjährt, so kann der Richter die Strafe nach freiem Ermessen mildern.

Übergangsbestimmung

Artikel 75bis gilt, wenn die Strafverfolgung oder die Strafe nach bisherigem Recht im Zeitpunkt des Inkrafttretens dieser Änderung noch nicht verjährt war.

Art. 75bis eingefügt durch IRSG, in Kraft seit 1. Januar 1983.

Vierter Abschnitt
Die Rehabilitation

Aufgehoben durch BG vom 18. März 1971 ab 1. Juli 1971. **76**

Wiedereinsetzung in die Amtsfähigkeit

Ist der Täter unfähig erklärt worden, Mitglied einer Behörde **77** oder Beamter zu sein, und ist das Urteil seit mindestens zwei Jahren vollzogen, so kann ihn der Richter auf sein Gesuch wieder wählbar erklären, wenn sein Verhalten dies rechtfertigt und wenn er den gerichtlich oder durch Vergleich festgestellten Schaden ersetzt hat.

Art. 77: Neue Fassung mit Marginale gemäß BG vom 18. März 1971, in Kraft seit 1. Juli 1971. – Fristbeginn bei *bedingtem Vollzug der Hauptstrafe* mit der Rechtskraft des Urteils: BGE 71 IV 32, bei *bedingter Entlassung:* Art. 81 Abs. 2.

Wiedereinsetzung in die elterliche Gewalt und in die Fähigkeit, Vormund zu sein

Ist der Täter für unfähig erklärt worden, die elterliche Gewalt **78** auszuüben oder Vormund oder Beistand zu werden, und ist das Urteil seit mindestens zwei Jahren vollzogen, so kann der Richter ihn auf sein Gesuch, nach Anhörung der Vormundschaftsbehörde, in diese Fähigkeiten wieder einsetzen, wenn sein Verhalten dies rechtfertigt, und wenn er, soweit es ihm zuzumuten war, den gerichtlich oder durch Vergleich festgestellten Schaden ersetzt hat.

Art. 78: Entscheidend ist das Interesse des Kindes: ZR 53 Nr. 97 (vgl. auch SJZ 60 1964 177).

Aufhebung des Verbotes, einen Beruf, ein Gewerbe oder ein Handelsgeschäft auszuüben

79 Hat der Richter dem Täter die Ausübung eines Berufes, eines Gewerbes oder eines Handelsgeschäftes untersagt, und ist das Urteil seit mindestens zwei Jahren vollzogen, so kann der Richter ihn auf sein Gesuch zu der Ausübung des Berufes, des Gewerbes oder des Handelsgeschäftes wieder zulassen, wenn ein weiterer Mißbrauch nicht zu befürchten ist, und wenn der Verurteilte den gerichtlich oder durch Vergleich festgestellten Schaden, soweit es ihm zuzumuten war, ersetzt hat.

Art. 79: Fristbeginn bei *bedingtem Vollzug der Hauptstrafe* mit der Rechtskraft des Urteils: BGE 71 IV 32; SJZ 61 (1965) 377; bei *bedingter Entlassung:* Art. 81 Abs. 2.

Löschung des Eintrages im Strafregister

80 1. Der Strafregisterführer löscht den Eintrag von Amtes wegen, wenn seit dem Urteil über die richterlich zugemessene Dauer der Freiheitsstrafe hinaus folgende Fristen verstrichen sind:

bei Zuchthaus und Verwahrung nach Artikel 42: 20 Jahre,

bei Gefängnis, den übrigen sichernden Maßnahmen und der Maßnahme nach Artikel 100 bis: 15 Jahre,

bei Haft und den nach Artikel 37 bis Ziffer 1 vollziehbaren Gefängnisstrafen von nicht mehr als drei Monaten: zehn Jahre.

Bei Buße als Hauptstrafe wird der Eintrag zehn Jahre nach dem Urteil gelöscht.

2. Der Richter kann auf Gesuch des Verurteilten die Löschung verfügen, wenn das Verhalten des Verurteilten dies rechtfertigt und der Verurteilte den gerichtlich oder durch Vergleich festgestellten Schaden, soweit es ihm zuzumuten war, ersetzt hat, die Buße bezahlt, abverdient oder erlassen und das Urteil bezüglich der Nebenstrafen vollzogen ist.

In diesen Fällen betragen die Fristen für die Löschung seit Vollzug des Urteils:

bei Zuchthaus und Verwahrung nach Artikel 42: zehn Jahre,

bei Gefängnis, den übrigen sichernden Maßnahmen und den Maßnahmen nach Artikel 100 bis: fünf Jahre,

bei Haft, den nach Artikel 37 bis Ziffer 1 vollziehbaren Gefängnisstrafen von nicht mehr als drei Monaten und der Buße als Hauptstrafe: zwei Jahre.

Die Löschung kann schon früher verfügt werden, wenn ein besonders verdienstliches Verhalten des Verurteilten dies rechtfertigt.

Der für die Löschung des zuletzt eingetragenen Urteils zuständige Richter ist befugt, auch die gleichzeitige Löschung der andern Eintragungen zu verfügen, wenn die Voraussetzungen erfüllt sind.

Art. 80 in neuer Fassung mit Marginale gemäß BG vom 18. März 1971, in Kraft seit 1. Juli 1971. – Einträge in das Strafregister: Art. 360. – Wirkung der Löschung: Art. 363 Abs. 4. – Weitere Fälle der Löschung: Art. 41 Ziff. 4 und 49 Ziff. 4, im Jugendstrafrecht Art. 94 Ziff. 3, 95 Ziff. 5, 96 Ziff. 4, 99 und 361. – *Buße als Hauptstrafe:* BGE 86 IV 233.

Ziff. 2 Abs. 1: Wie das Verhalten des Gesuchstellers festzustellen ist, bestimmt das kantonale Prozeßrecht; er kann verpflichtet werden, sein bisheriges Wohlverhalten zu belegen: BGE 74 IV 79, 76 IV 222. – Dauer des Wohlverhaltens: BGE 76 IV 220. – Umfang des richterlichen Ermessens: BGE 70 IV 62, 76 IV 223. – Verweigerung der Löschung wegen *Nichtbezahlung der Verfahrenskosten* liegt im richterlichen Ermessen: BGE 69 IV 160. – Der Eintrag einer mit bedingt vollziehbarer Freiheitsstrafe verbundenen *Buße* kann erst zusammen mit jener gelöscht werden: BGE 68 IV 105, SJZ 69 (1973) 13. – *Verjährung der Schadenersatzansprüche* des Geschädigten beseitigt das Erfordernis der Schadensdeckung nicht: SJZ 40 (1944) 60. – Eine nicht vollzogene Strafe kann auch nach Eintritt der Verjährung nicht auf Gesuch hin, sondern nur unter den Voraussetzungen von Ziff. 1 gelöscht werden: ZBJV 119 (1983) 491.

Abs. 2: Beginn der Löschungsfristen bei bedingter Entlassung vgl. Art. 81 Abs. 2.

Abs. 3: Besonders verdienstliches Verhalten: BGE 101 IV 138 (verlangt mehr als bloße Pflichterfüllung und Wohlverhalten), vgl. auch BJM 1978, 268.

Gemeinsame Bestimmungen

[1] Der Verbüßung der Strafe wird der Erlaß durch Begnadigung **81** gleichgestellt, bei der Buße auch der Ausschluß ihrer Umwandlung.

[2] Wenn sich ein bedingt Entlassener bewährt hat, so laufen die Fristen zur Stellung des Rehabilitationsgesuches vom Tag

der bedingten Entlassung an. War der Verurteilte nach Artikel 42 verwahrt, so ist eine Rehabilitation nicht früher als fünf Jahre nach seiner endgültigen Entlassung zulässig.

[3] Weist der Richter ein Gesuch um Rehabilitation ab, so kann er verfügen, daß das Gesuch binnen einer Frist, die zwei Jahre nicht übersteigen soll, nicht erneuert werden darf.

Art. 81: Neue Fassung der Absätze 1 und 2 gemäß BG vom 18. März 1971, in Kraft seit 1. Juli 1971. – Begnadigung: Art. 394 f.

Abs. 1: Der Fristenlauf gemäß Art. 80 Abs. 2 beginnt mit dem Tag der Begnadigung, selbst wenn dann bereits ein großer Teil der Strafe verbüßt ist: BJM 1983 S. 84.

Vierter Titel
Kinder und Jugendliche

Erster Abschnitt
Kinder

Altersgrenzen

[1] Kinder, die das 7. Altersjahr noch nicht zurückgelegt haben, **82** fallen nicht unter dieses Gesetz.

[2] Begeht ein Kind, welches das 7., aber nicht das 15. Altersjahr zurückgelegt hat, eine vom Gesetz mit Strafe bedrohte Tat, so gelten die nachstehenden Bestimmungen.

Art. 82–99 (Jugendstrafrecht) in neuer Fassung gemäß BG vom 18. März 1971, in Kraft seit 1. Januar 1974. Die allgemeinen Bestimmungen des StGB finden insoweit Anwendung, als sie mit dem Sinn und Zweck des Jugendstrafrechts vereinbar sind: BGE 94 IV 57. – Für Strafen nach Art. 87 und 95 ist im Gegensatz zur besonderen Behandlung nach Art. 85 und 92 Schuldfähigkeit des Täters erforderlich. Das gleiche sollte bei Maßnahmen nach Art. 84 und 91 mindestens für Einweisung in eine Anstalt gelten (umstritten; vgl. BGE 68 IV 159, 70 IV 115, 76 IV 274, 79 IV 2, 88 IV 75). – Verfahren: Art. 369 ff. – Kein Ersatz jugendstrafrechtlicher durch vormundschaftliche Maßnahmen: BGE 70 IV 116.

Art. 82 Abs. 2: Verübung von Taten vor *und* nach dem zurückgelegten 15. Altersjahr: VStGB 1 Art. 1 Abs. 5.

Untersuchung

Die zuständige Behörde stellt den Sachverhalt fest. Soweit die **83** Beurteilung des Kindes es erfordert, macht sie Erhebungen über das Verhalten, die Erziehung und die Lebensverhältnisse des Kindes und zieht Berichte und Gutachten über dessen körperlichen und geistigen Zustand ein. Sie kann auch die Beobachtung des Kindes während einer gewissen Zeit anordnen.

Art. 83: Vgl. Art. 369 ff. – *Kognition des Bundesgerichtes* bezüglich der Untersuchung: BGE 70 IV 122 (es kann nur eine offensichtlich ungenügende Untersuchung gerügt werden).

Erziehungsmaßnahmen

84 [1] Bedarf das Kind einer besondern erzieherischen Betreuung, namentlich wenn es schwererziehbar, verwahrlost oder erheblich gefährdet ist, so wird von der urteilenden Behörde die Erziehungshilfe, die Unterbringung in einer geeigneten Familie oder in einem Erziehungsheim angeordnet.

[2] Durch die Erziehungshilfe ist dafür zu sorgen, daß das Kind angemessen gepflegt, erzogen und unterrichtet wird.

Art. 84 ff.: Zulässigkeit der eidg. Nichtigkeitsbeschwerde: BGE 70 IV 115. – Anstalten: Art. 382–385. – Aufsicht der Kantone über den Maßnahmenvollzug: Art. 391.

Art. 84 Abs. 1: Verwahrlosung, Gefährdung: BGE 70 IV 116, 122; zum Begriff der urteilenden Behörde BGE 113 IV 20. – Die Wahl der geeigneten Erziehungsmaßnahme unter den vom Gesetz vorgesehenen Möglichkeiten ist Ermessenssache; der Kassationshof greift nur ein, wenn der Sachrichter sich bei der Wahl der Erziehungsmaßnahme von rechtlich unzulässigen Kriterien leiten läßt oder wenn er das ihm zustehende Ermessen überschreitet: BGE 70 IV 124, 99 IV 137 (zu Art. 91). – Änderung der Maßnahme: Art. 86, Überwachung und Aufhebung: Art. 86bis, Durchführung der Erziehungshilfe: Art. 370.

Abs. 2: ZStrR 92 (1976) 275.

Besondere Behandlung

85 [1] Erfordert der Zustand des Kindes eine besondere Behandlung, namentlich wenn das Kind geisteskrank, schwachsinnig, blind, erheblich gehör- oder sprachbehindert, epileptisch oder in seiner geistigen oder sittlichen Entwicklung erheblich gestört oder ungewöhnlich zurückgeblieben ist, so ordnet die urteilende Behörde die notwendige Behandlung an.

[2] Diese Behandlung kann jederzeit auch neben den Maßnahmen des Artikels 84 angeordnet werden.

Art. 85: Änderung der Maßnahme: Art. 86, Überwachung und Aufhebung: Art. 86bis.

Änderung der Maßnahmen

[1] Die urteilende Behörde kann die getroffene Maßnahme **86** durch eine andere Maßnahme ersetzen.

[2] Vorgängig kann die Beobachtung des Kindes während einer gewissen Zeit angeordnet werden.

Art. 86 Abs. 1: Vgl. Bem. zu Art. 86bis Abs. 2 und 93 Abs. 1. – Die getroffene Maßnahme darf schon vor Vollzugsbeginn abgeändert werden, wenn sie die notwendige Wirkung nicht mehr erzielen kann: RS 1982 Nr. 339.

Vollzug und Aufhebung der Maßnahmen

[1] Die vollziehende Behörde überwacht in allen Fällen die Er- **86**[bis] ziehung und die besondere Behandlung des Kindes.

[2] Wenn das Kind das 15. Altersjahr zurückgelegt hat, können auf Anordnung der vollziehenden Behörde die Maßnahmen nach den Artikeln 91–94 vollzogen werden.

[3] Die vollziehende Behörde hebt die getroffenen Maßnahmen auf, wenn sie ihren Zweck erreicht haben, spätestens jedoch mit dem zurückgelegten 20. Altersjahr. Bei Heimversorgung ist die Heimleitung anzuhören.

Art. 86bis Abs. 2: Diese Bestimmung ermächtigt die *urteilende Behörde* nicht, eine Maßnahme nach Art. 91ff. *anzuordnen,* wenn keine nach Vollendung des 15. Altersjahres begangenen Delikte zu ahnden sind: SJZ 75 (1979) 161.

Disziplinarstrafen

[1] Bedarf das Kind weder einer Erziehungsmaßnahme noch be- **87** sonderer Behandlung, so erteilt ihm die urteilende Behörde einen Verweis oder verpflichtet es zu einer Arbeitsleistung oder verhängt Schularrest von einem bis zu sechs Halbtagen.

[2] In geringfügigen Fällen kann die urteilende Behörde auch von diesen Disziplinarstrafen absehen und die Ahndung dem Inhaber der elterlichen Gewalt überlassen.

Art. 87: Disziplinarstrafen kommen nur in Betracht, wenn die Voraussetzungen von Art. 84 und 85 nicht gegeben sind. Zur Zumessung vgl. Bem. zu Art. 95 Ziff. 1 Abs. 1.

Absehen von Maßnahmen und Disziplinarstrafen

88 Die urteilende Behörde kann von jeder Maßnahme oder Disziplinarstrafe absehen,

wenn bereits eine geeignete Maßnahme getroffen oder das Kind bestraft worden ist,

wenn das Kind aufrichtige Reue betätigt, insbesondere den Schaden durch eigene Leistung, soweit möglich, wiedergutgemacht hat,

oder wenn seit der Tat drei Monate verstrichen sind.

Art. 88: Vgl. Bem. zu Art. 98.

Zweiter Abschnitt

Jugendliche

Altersgrenzen

89 Begeht ein Jugendlicher, der das 15., aber nicht das 18. Altersjahr zurückgelegt hat, eine vom Gesetz mit Strafe bedrohte Tat, so gelten die nachstehenden Bestimmungen.

Art. 89: Vollendung des 18. bzw. 20. Altersjahres während des Verfahrens: VStGB 1 Art. 1 Abs. 1. – Verübung von Taten vor *und* nach dem zurückgelegten 18. Altersjahr: VStGB 1 Art. 1 Abs. 2–4.

Untersuchung

90 Die zuständige Behörde stellt den Sachverhalt fest. Soweit die Beurteilung des Jugendlichen es erfordert, macht sie Erhebungen über das Verhalten, die Erziehung und die Lebensverhältnisse des Jugendlichen und zieht Berichte und Gutachten über dessen körperlichen und geistigen Zustand ein. Sie kann auch die Beobachtung des Jugendlichen während einer gewissen Zeit anordnen.

Art. 90: *Kognition des Bundesgerichtes* bezüglich der Untersuchung vgl. Bem. zu Art. 83.

Erziehungsmaßnahmen

1. Bedarf der Jugendliche einer besondern erzieherischen Be- **91**
treuung, namentlich wenn er schwererziehbar, verwahrlost
oder erheblich gefährdet ist, so wird von der urteilenden Behörde die Erziehungshilfe, die Unterbringung in einer geeigneten Familie oder in einem Erziehungsheim angeordnet.

Mit der Erziehungshilfe kann Einschließung bis zu 14 Tagen
oder Buße verbunden werden.

Dem Jugendlichen können jederzeit bestimmte Weisungen
erteilt werden, insbesondere über Erlernung eines Berufes,
Aufenthalt, Verzicht auf alkoholische Getränke und Ersatz des
Schadens innert bestimmter Frist.

Durch die Erziehungshilfe ist dafür zu sorgen, daß der Jugendliche angemessen gepflegt, erzogen, unterrichtet und be-
ruflich ausgebildet wird, daß er regelmäßig arbeitet und seine
Freizeit und seinen Verdienst angemessen verwendet.

2. Ist der Jugendliche besonders verdorben oder hat er ein
Verbrechen oder ein schweres Vergehen verübt, das einen hohen Grad der Gefährlichkeit oder Schwererziehbarkeit bekundet, so wird von der urteilenden Behörde seine Einweisung in
ein Erziehungsheim für eine Mindestdauer von zwei Jahren angeordnet.

Art. 91ff.: Vgl. Bem. zu Art. 84ff. – Vorrang der Maßnahmen vor
den Strafen: BGE 94 IV 19, 95 IV 12. – In das Strafregister aufzunehmende Maßnahmen und Strafen: Art. 361. – Verübung einer neuen Tat
nach Anordnung einer Maßnahme: Art. 95 Ziff. 1 Abs. 2.

Art. 91: Die Anordnung der Maßnahmen setzt kein Delikt von qualifizierter Schwere voraus: BGE 117 IV 13. – Kognition des Bundesgerichts bezüglich Wahl der geeigneten Erziehungsmaßnahme: vgl. Bem.
zu Art. 84 Abs. 1. Einweisung in eine therapeutische Wohngemein-
schaft ist zulässig: BJM 1978, 33. Änderung der Maßnahme: Art. 93. –
Überwachung der Erziehung: Art. 93bis Abs. 1. – Bedingte Entlassung
und Aufhebung der Maßnahme: Art. 94. – Versetzung in eine Arbeitserziehungsanstalt: Art. 93bis Abs. 2, in ein Erziehungsheim für besonders schwierige Jugendliche: Art. 93ter, Durchführung der Erziehungshilfe: Art. 370.

Ziff. 2: Vgl. BGE 105 IV 94.

Besondere Behandlung

92 ^{1} Erfordert der Zustand des Jugendlichen eine besondere Behandlung, namentlich wenn der Jugendliche geisteskrank, schwachsinnig, blind, erheblich gehör- oder sprachbehindert, epileptisch, trunksüchtig, rauschgiftsüchtig oder in seiner geistigen oder sittlichen Entwicklung erheblich gestört oder ungewöhnlich zurückgeblieben ist, so ordnet die urteilende Behörde die notwendige Behandlung an.

^{2} Diese Behandlung kann jederzeit auch neben den Maßnahmen des Artikels 91 angeordnet werden.

Art. 92: Vgl. Art. 93 (Änderung der Maßnahmen), Art. 93bis Abs. 1 (Überwachung), Art. 94bis (Entlassung).

Abs. 2: Zulässig ist auch die Anordnung neben Maßnahmen gemäß Art. 93bis Abs. 2 und 93ter: BGE 105 IV 97.

Änderung der Maßnahmen

93 ^{1} Die urteilende Behörde kann die getroffene Maßnahme durch eine andere Maßnahme ersetzen.

^{2} Vorgängig kann die Beobachtung des Jugendlichen während einer gewissen Zeit angeordnet werden.

Art. 93 Abs. 3: Die getroffene Maßnahme darf schon vor Vollzugsbeginn abgeändert werden, wenn sie die notwendige Wirkung nicht mehr erzielen kann: RS 1982 Nr. 339. – Die urteilende Behörde kann die Maßnahme bis zur Erreichung der in Art. 94 Ziff. 5 vorgesehenen Höchstaltersgrenze ändern. Sie ist dabei nur an die gesetzlichen Voraussetzungen gebunden, unter welchen die neue Maßnahme überhaupt zulässig ist, und entscheidet im übrigen nach ihrem Ermessen: BGE 113 IV 19.

Vollzug und Versetzung in eine Arbeitserziehungsanstalt

93bis ^{1} Die vollziehende Behörde überwacht in allen Fällen die Erziehung und die besondere Behandlung des Jugendlichen.

^{2} Ist ein Jugendlicher in ein Erziehungsheim eingewiesen worden, so kann die vollziehende Behörde die Maßnahme in einer Arbeitserziehungsanstalt durchführen lassen, wenn er das 17. Altersjahr zurückgelegt hat.

Art. 93bis Abs. 2: Zur Arbeitserziehungsanstalt vgl. Art. 100bis. –
Die Einweisung in eine solche kann nötigenfalls schon von der urteilenden Behörde direkt angeordnet werden: BGE 105 IV 96. Die Verbindung mit einer Maßnahme gemäß Art. 92 ist zulässig: BGE 105 IV 97.

Einweisung in ein Erziehungsheim für besonders schwierige Jugendliche

¹ Erweist sich der nach Artikel 91 in ein Erziehungsheim oder **93**^{ter}
nach Artikel 93bis in eine Arbeitserziehungsanstalt Eingewiesene als außerordentlich schwer erziehbar, so kann ihn die vollziehende Behörde, wenn nötig nach Einholung eines Gutachtens, in ein Therapieheim einweisen.
² Erweist sich der Jugendliche in einem Erziehungsheim als untragbar und gehört er nicht in ein Therapieheim, so kann ihn die vollziehende Behörde in eine Anstalt für Nacherziehung einweisen. Eine vorübergehende Versetzung kann auch aus disziplinarischen Gründen erfolgen.

Art. 93ter: Die Einweisung in die hier genannten Institutionen kann schon von der *urteilenden* Behörde angeordnet werden, wenn aufgrund bisheriger Erfahrungen und eines jugendpsychiatrischen Gutachtens angenommen werden muß, daß die notwendige Maßnahme in keinem vorhandenen Erziehungsheim gemäß Art. 91 vollzogen werden kann: BGE 105 IV 96. – Die Maßnahmen von Art. 93ter können mit einer solchen nach Art. 92 verbunden werden: BGE 105 IV 97. – Übergangsbestimmung zu Art. 93ter Abs. 2: VStGB 1 Art. 7.

Bedingte Entlassung und Aufhebung der Maßnahme

1. Hat der Jugendliche mindestens ein Jahr in einer oder meh- **94**
reren Anstalten nach Artikel 91 Ziffer 1, 93bis Absatz 2 oder
93ter zugebracht, im Falle der Einweisung nach Artikel 91 Ziffer 2 mindestens zwei Jahre, und ist anzunehmen, der Zweck der Maßnahme sei erreicht, so kann ihn die vollziehende Behörde nach Anhören der Anstaltsleitung bedingt entlassen. Sie bestimmt eine Probezeit von sechs Monaten bis zu drei Jahren. Sie stellt den Entlassenen unter Schutzaufsicht. Damit können Weisungen nach Artikel 91 Ziffer 1 Absatz 3 verbunden werden.
   2. Handelt der Entlassene während der Probezeit trotz förm-

licher Mahnung der zuständigen Behörde einer ihm erteilten Weisung zuwider oder mißbraucht er in anderer Weise die Freiheit, so kann ihn die vollziehende Behörde verwarnen, ihm bestimmte Weisungen erteilen, ihn in eine Anstalt zurückversetzen oder der urteilenden Behörde die Anordnung einer andern Maßnahme beantragen.

Nötigenfalls kann die vollziehende Behörde die Probezeit höchstens bis auf drei Jahre, aber nicht über das 22. Altersjahr hinaus verlängern. Wurde der bedingt zu Entlassende nach Artikel 91 Ziffer 2 in ein Erziehungsheim eingewiesen, kann die Probezeit bis auf fünf Jahre verlängert werden, aber nicht über das 25. Altersjahr hinaus.

3. Bewährt sich der Entlassene bis zum Ablauf der Probezeit, so ist er endgültig entlassen. Die vollziehende Behörde verfügt die Löschung des Eintrags im Strafregister.

4. Die vollziehende Behörde hebt die übrigen Maßnahmen nach Artikel 91 Ziffer 1 auf, sobald sie ihren Zweck erreicht haben.

Haben sie ihren Zweck nicht vollständig erreicht, so kann die vollziehende Behörde den Jugendlichen bedingt entlassen. Es können damit Weisungen nach Artikel 91 Ziffer 1 Absatz 3 und Schutzaufsicht verbunden werden. Ziffer 2 Absatz 1 ist sinngemäß anwendbar. Weisungen und Schutzaufsicht werden aufgehoben, wenn sie nicht mehr nötig sind.

5. Die vollziehende Behörde hebt die Einweisung in ein Erziehungsheim nach Artikel 91 Ziffer 2 spätestens mit dem zurückgelegten 25. Altersjahr des Jugendlichen auf, die übrigen Maßnahmen mit dem zurückgelegten 22. Altersjahr.

Art. 94 Ziff. 1: Entscheide über bedingte Entlassung sind mit verwaltungsgerichtlicher Beschwerde anfechtbar: BGE 100 Ib 324. – Schutzaufsicht: Art. 47, 370, 379. – Aufhebung der Maßnahme wegen Vollzugsschwierigkeiten unzulässig: BGE 91 IV 178.

Ziff. 2: Auch die Verübung neuer Straftaten während der Probezeit ist Grund zur Rückversetzung nach Abs. 1: BGE 104 Ib 270.

Ziff. 3: Eintrag in das Strafregister: Art. 359, 361. – Wirkung der Löschung: Art. 363 Abs. 4. – Löschung in den übrigen Fällen: Art. 99.

Ziff. 4 Abs. 2: Schutzaufsicht: Art. 47, 370, 379.

Entlassung aus der besondern Behandlung

Die vollziehende Behörde verfügt die Entlassung aus einer An- **94bis**
stalt nach Artikel 92, sobald der Grund der Maßnahme weggefallen ist. Ist der Grund nicht vollständig weggefallen, so kann
die vollziehende Behörde eine probeweise Entlassung aus der
Anstalt verfügen. Artikel 94 Ziffern 1–3 sind sinngemäß anwendbar. Die vollziehende Behörde kann die Rückversetzung
auch anordnen, wenn es sich herausstellt, daß der Zustand des
Zöglings dies erfordert.

Bestrafung

1. Bedarf der Jugendliche weder einer Erziehungsmaßnahme **95**
noch besonderer Behandlung, so erteilt ihm die urteilende Behörde einen Verweis oder verpflichtet ihn zu einer Arbeitsleistung oder bestraft ihn mit Buße oder mit Einschließung von
einem Tag bis zu einem Jahr. Einschließung und Buße können
verbunden werden.

Begeht ein Jugendlicher, für den schon eine Maßnahme angeordnet ist, eine neue strafbare Tat und genügt die Weiterführung der Maßnahme oder ihre Änderung allein nicht, so kann er
mit Buße oder mit Einschließung bestraft werden. Ist er in einer
Anstalt versorgt, so ist deren Leiter anzuhören. Einschließung
und Buße können verbunden werden.

2. Wird der Jugendliche mit Buße bestraft, so sind die Artikel 48–50 dieses Gesetzes anzuwenden. Doch tritt im Falle der
Umwandlung an Stelle der Haft die Einschließung.

3. Die Einschließung wird in einem für Jugendliche geeigneten Raum vollzogen, jedoch nicht in einer Straf- oder Verwahrungsanstalt. Einschließung von mehr als einem Monat ist durch
Einweisung in ein Erziehungsheim zu vollziehen. Nach vollen-
detem 18. Altersjahr kann die Einschließung in einem Haftlokal
vollzogen werden, bei Einschließung von mehr als einem Monat
durch Einweisung in eine Arbeitserziehungsanstalt.

Der Jugendliche wird angemessen beschäftigt und erzieherisch betreut.

Wird die Einschließung binnen drei Jahren nicht vollzogen,
so fällt sie dahin.

4. Sind zwei Drittel der Einschließung verbüßt worden, min-

destens aber ein Monat, so kann die vollziehende Behörde von sich aus oder auf Antrag, nach Anhören des Anstaltsleiters, die bedingte Entlassung gewähren. Die vollziehende Behörde bestimmt eine Probezeit von sechs Monaten bis zu drei Jahren. Sie stellt den Entlassenen unter Schutzaufsicht. Damit können Weisungen nach Artikel 91 Ziffer 1 Absatz 3 verbunden werden.

5. Handelt der Entlassene während der Probezeit trotz förmlicher Mahnung der zuständigen Behörde einer ihm erteilten Weisung zuwider, oder täuscht er in anderer Weise das auf ihn gesetzte Vertrauen, so verfügt die vollziehende Behörde die Rückversetzung. In leichten Fällen kann sie statt dessen den Jugendlichen verwarnen, ihm weitere Weisungen erteilen und die Probezeit höchstens um die Hälfte der ursprünglich festgesetzten Dauer verlängern.

Bewährt sich der Entlassene bis zum Ablauf der Probezeit, so ist er endgültig entlassen. Die vollziehende Behörde verfügt die Löschung des Eintrags im Strafregister.

Art. 95 hat im Verhältnis zu Art. 91 und 92 subsidiäre Bedeutung: BGE 94 IV 19, 95 IV 12.

Ziff. 1 Abs. 1: Strafart und Strafmaß richten sich vor allem nach dem Alter und der Persönlichkeit des jugendlichen Täters, erst in zweiter Linie nach dem Verschulden: BGE 94 IV 56 (Zulässigkeit der bloßen Erteilung eines Verweises). – Bedingter Strafvollzug bei Einschließung und Buße: Art. 96.

Ziff. 1 Abs. 2 betrifft Maßnahmen nach Art. 91, 92, 93bis und 93ter.

Ziff. 3: Sorge für geeignete Räume und Anstalten: Art. 390. – Arbeitserziehungsanstalt: Art. 100bis. – Tageweiser Vollzug, Vollzug in Form der Halbgefangenschaft: VStGB 1 Art. 4, VStGB 3 Art. 1. – Ausnahmsweise ist der Vollzug in einem Bezirksgefängnis zulässig: BGE 112 IV 2.

Ziff. 4: Schutzaufsicht: Art. 47, 370, 379.

Ziff. 5: Eintrag in das Strafregister: Art. 359, 361. – Wirkung der Löschung: Art. 363 Abs. 4. – Löschung in den übrigen Fällen: Art. 99.

Bedingter Strafvollzug

96 1. Die urteilende Behörde kann die Einschließung und den Vollzug der Buße aufschieben und eine Probezeit von sechs Mo-

naten bis zu drei Jahren bestimmen, wenn nach Verhalten und
Charakter des Jugendlichen zu erwarten ist, daß er keine weiteren strafbaren Handlungen begehen werde, insbesondere wenn
er vorher noch keine oder nur geringfügige strafbare Handlungen begangen hat.

2. Der Jugendliche wird unter Schutzaufsicht gestellt, wenn
nicht besondere Umstände eine Ausnahme begründen. Dem
Jugendlichen können Weisungen gemäß Artikel 91 Ziffer 1 Absatz 3 erteilt werden.

3. Handelt der Jugendliche während der Probezeit trotz
förmlicher Mahnung der zuständigen Behörde einer ihm erteilten Weisung zuwider, oder täuscht er in anderer Weise das auf
ihn gesetzte Vertrauen, so verfügt die urteilende Behörde den
Vollzug der Strafe.

Statt den Strafvollzug anzuordnen, kann die urteilende Behörde in leichten Fällen den Jugendlichen verwarnen, ihm weitere Weisungen erteilen und die Probezeit höchstens um die
Hälfte der ursprünglich festgesetzten Dauer verlängern.

4. Bewährt sich der Jugendliche bis zum Ablauf der Probezeit, so verfügt die urteilende Behörde die Löschung des Eintrags im Strafregister.

Art. 96 Ziff. 2: Schutzaufsicht: Art. 47, 370, 379.

Ziff. 3: Bei Straftaten während der Probezeit, die nach Erreichung
des 18. Altersjahres begangen wurden, entscheidet der diese Taten beurteilende Richter auch über den Vollzug der Jugendstrafe (Art. 41
Ziff. 3 Abs. 3); der Entscheid erfolgt jedoch auch in diesem Fall nach
Art. 96 Ziff. 3: BGE 104 IV 75. – Die Verübung neuer Delikte ist nur
dann Vollzugsgrund, wenn sie das in den Täter gesetzte Vertrauen enttäuscht. Die Anordnung des Vollzuges kann jedoch auch erfolgen,
wenn für die neuen Straftaten wiederum der bedingte Strafvollzug gewährt wird: BGE 104 IV 75, zur anderweitigen Täuschung des Vertrauens BGE 117 IV 11.

Ziff. 4: Eintrag in das Strafregister: Art. 359, 361. – Wirkung der Löschung: Art. 363 Abs. 4. – Löschung in den übrigen Fällen: Art. 99.

Aufschub der Anordnung einer Strafe oder Maßnahme

[1] Kann nicht mit Sicherheit beurteilt werden, ob der Jugend- **97**
liche einer der vorgesehenen Maßnahmen bedarf oder ob er zu
bestrafen ist, so kann die urteilende Behörde den Entscheid

hierüber aufschieben. Sie setzt eine Probezeit von sechs Monaten bis zu drei Jahren fest und kann ihm Weisungen nach Artikel 91 Ziffer 1 Absatz 3 erteilen. Die weitere Entwicklung des Jugendlichen wird überwacht.

[2] Bewährt sich der Jugendliche während der Probezeit nicht, so verhängt die urteilende Behörde Einschließung oder Buße oder eine der vorgesehenen Maßnahmen.

[3] Bewährt sich der Jugendliche bis zum Ablauf der Probezeit, so beschließt die urteilende Behörde, von jeder Maßnahme oder Strafe abzusehen.

Art. 97 Abs. 2: Diese Bestimmung ist auch dann anzuwenden, wenn der Jugendliche in der Zwischenzeit das 18. Altersjahr vollendet und auch danach wieder delinquiert hat: RS 1978 Nr. 653. Für die Konkretisierung des Begriffes der Nichtbewährung sind die in den Art. 94 Ziff. 1 2, Art. 95 Ziff. 5 und Art. 96 Ziff. 3 verwendeten Umschreibungen heranzuziehen: BGE 117 IV 11.

Absehen von Maßnahmen oder Strafen

98 Die urteilende Behörde kann von jeder Maßnahme oder Strafe absehen,

wenn bereits eine geeignete Maßnahme getroffen oder der Jugendliche bestraft worden ist,

wenn der Jugendliche aufrichtige Reue betätigt, insbesondere den Schaden durch eigene Leistung, soweit möglich, wiedergutgemacht hat,

oder wenn seit der Tat ein Jahr verstrichen ist.

Art. 98: Für seine Anwendung ist vorauszusetzen, daß der Jugendliche unter erzieherischen Gesichtspunkten weder einer Maßnahme noch einer Strafe bedarf: BGE 100 IV 19.

Abs. 4: Der Richter hat diese Bestimmung nach Eintritt der zeitlichen Voraussetzung nicht schematisch anzuwenden, sondern zu prüfen, ob das Verhalten des Jugendlichen den Schluß auf eine innere Umkehr rechtfertige und jener keiner strafrechtlichen Sanktion bedürfe, wobei Art und Schwere der Tat sowie die persönlichen Verhältnisse des Täters zu berücksichtigen sind: BGE 100 IV 20. – Vgl. zur Verfolgungsverjährung im Jugendstrafrecht: BGE 92 IV 123.

Löschung des Eintrags im Strafregister

1. Der Strafregisterführer löscht den Eintrag von Amtes **99** wegen, wenn seit dem Urteil fünf Jahre, bei Einweisung in eine Anstalt nach Artikel 91 Ziffer 2 zehn Jahre verstrichen sind.

2. Die urteilende Behörde kann auf Gesuch die Löschung schon nach zwei Jahren seit Vollzug des Urteils verfügen, wenn das Verhalten des Gesuchstellers dies rechtfertigt und wenn er den behördlich oder durch Vergleich festgestellten Schaden, soweit es ihm zuzumuten war, ersetzt hat.

Hat der Gesuchsteller bei Beendigung der Erziehungsmaßnahme das 20. Altersjahr überschritten, so kann die urteilende Behörde die Löschungsfrist verkürzen.

3. Die urteilende Behörde kann im Urteil verfügen, daß es nicht im Strafregister einzutragen ist, wenn besondere Umstände dies rechtfertigen und der Täter nur eine leichte strafbare Handlung begangen hat.

4. Die für die Löschung des zuletzt eingetragenen Urteils zuständige urteilende Behörde ist befugt, auch die gleichzeitige Löschung der andern Eintragungen zu verfügen, wenn die Voraussetzungen erfüllt sind.

Art. 99: In das Strafregister aufzunehmende Maßnahmen und Strafen: Art. 361. Wirkung der Löschung: Art. 363 Abs. 4. – Weitere Fälle der Löschung: Art. 94 Ziff. 3, 95 Ziff. 5, 96 Ziff. 4 und 361. – Vgl. auch Art. 80.

Fünfter Titel

Junge Erwachsene

Altersgrenzen. Erhebungen

100 [1] Hat der Täter zur Zeit der Tat das 18., aber nicht das 25. Altersjahr zurückgelegt, so gelten unter Vorbehalt von Artikel 100bis und 100ter die allgemeinen Bestimmungen des Gesetzes.

[2] Soweit erforderlich, macht der Richter Erhebungen über das Verhalten des Täters, seine Erziehung und seine Lebensverhältnisse und zieht Berichte und Gutachten über dessen körperlichen und geistigen Zustand sowie die Erziehbarkeit zur Arbeit ein.

Art. 100–100ter: Neuer 5. Titel gemäß BG vom 18. März 1971, in Kraft seit 1. Juli 1971.

Art. 100 Abs. 1: Verübung von Taten vor *und* nach dem zurückgelegten 18. Altersjahr: VStGB 1 Art. 1 Abs. 2–4. – Besondere Bestimmung für Täter im Alter von 18 bis 20 Jahren: Art. 64 letzter Absatz (Strafmilderung). – Der für die Beurteilung von Verbrechen oder Vergehen junger Erwachsener zuständige Richter entscheidet auch über den Vollzug einer bedingt vollziehbaren Jugendstrafe (Art. 96), wenn die neue Straftat während der Probezeit begangen wurde: BGE 98 IV 166.

Abs. 2: Vgl. Art. 13, 43 Ziff. 1 Abs. 3, 44 Ziff. 1 Abs. 2. – *«Soweit erforderlich»:* BGE 101 IV 26 (keine Erhebungen, wenn Einweisung in eine Arbeitserziehungsanstalt nicht in Betracht gezogen wird, die Auskünfte in den Akten genügend erscheinen und eine Vervollständigung nur durch ein langdauerndes internationales Verfahren mit ungewissem Ergebnis erfolgen kann), 101 IV 143 (Frage offengelassen, ob deutscher, französischer oder italienischer Wortlaut maßgebend ist), 102 IV 171 (schon der Entscheid darüber, ob eine Strafe oder eine Maßnahme anzuwenden sei, kann Erhebungen nötig machen), Pr 83 Nr. 16 (die Einvernahme Dritter wird nicht zwingend vorgesehen).

Einweisung in eine Arbeitserziehungsanstalt

1. Ist der Täter in seiner charakterlichen Entwicklung erheblich **100bis** gestört oder gefährdet, oder ist er verwahrlost, liederlich oder arbeitsscheu, und steht seine Tat damit im Zusammenhang, so kann der Richter an Stelle einer Strafe seine Einweisung in eine Arbeitserziehungsanstalt anordnen, wenn anzunehmen ist, durch diese Maßnahme lasse sich die Gefahr künftiger Verbrechen oder Vergehen verhüten.

2. Die Arbeitserziehungsanstalt ist von den übrigen Anstalten dieses Gesetzes getrennt zu führen.

3. Der Eingewiesene wird zur Arbeit erzogen. Dabei ist auf seine Fähigkeiten Rücksicht zu nehmen; er soll in Stand gesetzt werden, in der Freiheit seinen Unterhalt zu erwerben. Seine charakterliche Festigung, seine geistige und körperliche Entwicklung sowie seine beruflichen Kenntnisse sind nach Möglichkeit zu fördern.

Dem Eingewiesenen kann eine berufliche Ausbildung oder Tätigkeit außerhalb der Anstalt ermöglicht werden.

4. Widersetzt sich der Eingewiesene beharrlich der Anstaltsdisziplin oder erweist er sich gegenüber den Erziehungsmethoden der Arbeitserziehungsanstalt als unzugänglich, so kann die zuständige Behörde die Maßnahme in einer Strafanstalt vollziehen lassen. Fällt der Grund der Versetzung dahin, so hat die zuständige Behörde den Eingewiesenen in die Arbeitserziehungsanstalt zurückzuversetzen.

Art. 100bis und ter (Arbeitserziehung): Sinn und Zweck der Maßnahme: BGE 118 IV 354. Besondere Vollzugsbestimmungen: VStGB 1 Art. 2 Abs. 8, Art. 3 Abs. 5, VStGB 2 Art. 1 und 2, VStGB 3 Art. 3 Abs. 1. – Versetzung Jugendlicher in die Arbeitserziehungsanstalt: Art. 93 bis Abs. 2.
Art. 100bis Ziff. 1: Anwendbar auch bei schweren Anlaßtaten (BGE 118 IV 352: Mord) und bei verminderter Zurechnungsfähigkeit: Art. 11. – Beschränkte Anwendbarkeit auf Übertretungen: Art. 104 Abs. 2. – Bei Anordnung der Maßnahme ist keine Grundstrafe mehr auszufällen (monistisches System): BGE 118 IV 356. – Der Richter muß die angeordnete Einweisung aufgrund eingehender Abklärungen gebührend begründen: BGE 102 IV 171, vgl. auch RS 1984 Nr. 690 (Pflicht zur Einholung eines Gutachtens). – *Absehen von der Maßnahme:* BGE 101 IV 143, 102 IV 168 (nur wenn Vollzug in der Schweiz

nicht möglich), vgl. auch BJM 1975, 149; BGE 103 IV 81 (raffinierter, einsichtsloser Drogenhändler), RS 1991 Nr. 13 (kriminelle Grundhaltung). Eine Begnadigung vom Vollzug einer angeordneten Arbeitserziehung ist ausgeschlossen: BGE 106 IV 135.

Ziff. 3 Abs. 2: Sog. Halbfreiheit, vgl. Bem. zu Art. 37 Ziff. 3 Abs. 2.

Ziff. 4: galt nur bis zur Schaffung einer *geschlossenen Arbeitserziehungsanstalt* (Ziff. III/2 des BG betr. Änderung des StGB vom 18. März 1971) und ist deshalb als dahingefallen zu betrachten.

Bedingte Entlassung und Aufhebung der Maßnahme

100ter 1. Nach einer Mindestdauer der Maßnahme von einem Jahr wird der Eingewiesene von der zuständigen Behörde für eine Probezeit von einem bis drei Jahren bedingt entlassen, wenn anzunehmen ist, er sei zur Arbeit tüchtig und willig und er werde sich in der Freiheit bewähren. Sie stellt den bedingt Entlassenen unter Schutzaufsicht.

Begeht der Entlassene während der Probezeit ein Verbrechen oder Vergehen, handelt er trotz förmlicher Mahnung der zuständigen Behörde einer ihm erteilten Weisung zuwider, entzieht er sich beharrlich der Schutzaufsicht oder täuscht er in anderer Weise das auf ihn gesetzte Vertrauen, so ordnet die zuständige Behörde die Rückversetzung an. In leichten Fällen kann von der Rückversetzung Umgang genommen werden.

Wird er wegen der strafbaren Handlung verurteilt, so kann von der Rückversetzung Umgang genommen werden.

Die Rückversetzung dauert höchstens zwei Jahre. Die Gesamtdauer der Maßnahme darf in keinem Fall vier Jahre überschreiten und ist von der zuständigen Behörde spätestens mit dem zurückgelegten 30. Altersjahr des Eingewiesenen aufzuheben.

Wird von der Rückversetzung Umgang genommen, so kann die zuständige Behörde statt dessen den Entlassenen verwarnen, ihm weitere Weisungen erteilen und die Probezeit höchstens um die Hälfte der ursprünglich festgesetzten Dauer verlängern.

2. Sind die Voraussetzungen der bedingten Entlassung nach drei Jahren Aufenthalt in der Anstalt noch nicht eingetreten, so hat die zuständige Behörde zu entscheiden, ob die Maßnahme aufzuheben oder höchstens um ein Jahr zu verlängern sei.

Spätestens mit dem zurückgelegten 30. Altersjahr des Eingewiesenen wird die Maßnahme von der zuständigen Behörde
aufgehoben.

3. Der Richter entscheidet, ob und wieweit im Zeitpunkt der
Entlassung aus dem Maßnahmevollzug oder im Fall seiner vorzeitigen Aufhebung allfällig aufgeschobene Strafen noch vollstreckt werden sollen. Hierüber äußert sich die zuständige Behörde bei der Mitteilung ihres Beschlusses.

4. Sind seit der Verurteilung, dem Rückversetzungsbeschluß
oder der Unterbrechung der Maßnahme mehr als drei Jahre
verstrichen, ohne daß deren Vollzug begonnen oder fortgesetzt
werden konnte, so entscheidet der Richter, ob die Maßnahme
noch nötig ist. Er kann auch nachträglich eine Strafe ausspre-
chen oder eine andere Maßnahme anordnen, wenn deren Voraussetzungen erfüllt sind.

Im gleichen Sinne entscheidet der Richter, wenn die Maßnahme aus irgendeinem Grunde schon vor Ablauf von drei Jahren aufgehoben werden muß, ohne daß die Voraussetzungen
für die bedingte Entlassung erfüllt sind.

5. Artikel 45 Ziffer 1, 2, 4 und 5 sind anwendbar.

Art. 100ter Ziff. 1 Abs. 1: Keine Anrechnung der Untersuchungshaft
auf die Mindestdauer der Maßnahme: VPB 1978 Nr. 88. – Die zuständige Behörde hat vor dem Entscheid über ein Entlassungsgesuch den
Betroffenen persönlich anzuhören: BGE 109 IV 13.

Abs. 2: Zum Begriff des «leichten Falles» vgl. BGE 97 I 924.

Ziff. 4 Abs. 2: Diese Bestimmung regelt außerordentliche Fälle der
Aufhebung der Arbeitserziehung, weshalb der Richter die Maßnahme
nur aus besonderen und zwingenden Gründen vorzeitig abbricht: BGE
100 IV 206 (Widerstand gegen die Maßnahme an sich genügt nicht).

Zweiter Teil

Übertretungen

Die Übertretung

Übertretungen sind die mit Haft oder Buße oder mit Buße allein **101** bedrohten Handlungen.

Art. 101: Maßgebend ist die auf den betreffenden Tatbestand *angedrohte Höchststrafe,* nicht die konkret verwirkte Sanktion: BGE 96 IV 32. – Beurteilung durch Verwaltungsbehörden: Art. 345 Ziff. 1 Abs. 2. – Strafregister: Art. 360. – Verfahren: Art. 367. – Übertretungen gemäß Nebenstrafgesetzen: Art. 333 Abs. 2 und 3. – Kantonales Übertretungsstrafrecht: Art. 335.

Anwendung der allgemeinen Bestimmungen des Ersten Teils

Die Bestimmungen des Ersten Teils gelten mit den nachfolgen- **102** den Änderungen auch für die Übertretungen.

Ausschluß der Anwendbarkeit

Die Bestimmungen über die Verwahrung von Gewohnheitsver- **103** brechern sind nicht anwendbar.

Art. 103 in neuer Fassung gemäß BG vom 18. März 1971, in Kraft seit 1. Juli 1971. Verwahrung: Art. 42.

Bedingte Anwendbarkeit

[1] Versuch und Gehilfenschaft werden nur in den vom Gesetz **104** ausdrücklich bestimmten Fällen bestraft.

[2] Die Einweisung in eine der in den Artikeln 43, 44 und 100bis genannten Anstalten, die Entziehung der elterlichen Gewalt und eines Amtes der Vormundschaft, das Verbot, einen Beruf, ein Gewerbe oder ein Handelsgeschäft zu betreiben, die Landesverweisung und die öffentliche Bekanntmachung des Urteils sind nur in den vom Gesetz ausdrücklich bestimmten Fällen zulässig.

Art. 104 Abs. 1: Versuch: Art. 21–23. – Gehilfenschaft: Art. 25.
Abs. 2: Neue Fassung gemäß BG vom 18. März 1971, in Kraft seit 1. Juli 1971, bezieht sich auch auf die *ambulante* Behandlung nach Art. 43 und 44: ZBJV 112 (1976) 342. Anwendung von Art. 44 bei Übertretungen des BetMG: Art. 19a Ziff. 4 dieses Gesetzes.

Bedingter Strafvollzug

105 Bei bedingtem Strafvollzuge beträgt die Probezeit ein Jahr.

Art. 105 gilt nur bei *ausschließlicher* Bestrafung wegen einer Übertretung.

Buße

106 [1] Bestimmt es das Gesetz nicht ausdrücklich anders, so ist der Höchstbetrag der Buße 5000 Franken.

[2] Handelt der Täter aus Gewinnsucht, so ist der Richter an diesen Höchstbetrag nicht gebunden.

[3] Die Probezeit für die Löschung des Eintrags im Strafregister nach Artikel 49 Ziffer 4 beträgt ein Jahr.

Art. 106 in neuer Fassung gemäß BG vom 18. März 1971, in Kraft seit 1. Juli 1971. Strafregistereintrag: Bem. zu Art. 360 lit. b.

Abs. 2: Zum Begriff der Gewinnsucht vgl. Bem. zu Art. 50 Abs. 1.

Abs. 3: Gilt nicht bei kumulativer Ausfällung von Freiheitsstrafe und Buße (vgl. Bem. zu Art. 49 Ziff. 4).

Strafmilderung

107 Bei mildernden Umständen tritt Buße an Stelle der Haft.

Art. 107: «Mildernde Umstände» entsprechen den Strafmilderungsgründen nach Art. 64 und führen obligatorisch zu einer bloßen Buße. Wird im Gesetz eine solche mit bestimmter Mindesthöhe vorgesehen, kann diese bei Vorliegen mildernder Umstände unterschritten werden: BGE 90 IV 3.

Rückfall

108 Der Rückfall wird nicht berücksichtigt, wenn zur Zeit der Tat wenigstens ein Jahr vergangen ist, seit der Täter eine Freiheitsstrafe verbüßt hat oder aus einer der in den Artikeln 42–44 und 100bis genannten Anstalten entlassen worden ist.

Art. 108 in neuer Fassung gemäß BG vom 18. März 1971, in Kraft seit 1. Juli 1971. Rückfall: Art. 67.

Verjährung

Eine Übertretung verjährt in einem Jahre, die Strafe einer **109** Übertretung in zwei Jahren.

Art. 109 in neuer Fassung gemäß BG vom 5. Oktober 1950, in Kraft seit 5. Januar 1951. – Besondere Regelung in VStrR Art. 11, betr. das Verhältnis dieser Bestimmung zu Art. 109 vgl. BGE 102 Ib 222, 104 IV 267, ZR 77 Nr. 76, SJZ 75 (1979) 228.

Art. 109 legt die relative Verjährungsfrist für die Verfolgung von Übertretungen auf ein Jahr, diejenige für die Vollstreckung der wegen solcher Taten ausgefällten Strafen auf zwei Jahre fest. Gemäß Art. 104 richten sich Ruhen und Unterbrechung der Fristen nach Art. 72 bzw. Art. 75. Die absolute Verjährung tritt für die Verfolgung von Übertretungen nach der ausdrücklichen Vorschrift von Art. 72 Ziff. 2 Abs. 2 nach zwei Jahren ein, für die Vollstreckung von Strafen nach drei Jahren (Art. 75 Ziff. 2 Abs. 2).

Erklärung gesetzlicher Ausdrücke

Für den Sprachgebrauch dieses Gesetzes gilt folgendes: **110**

1. (aufgehoben)

2. *Angehörige* einer Person sind ihr Ehegatte, ihre Verwandten gerader Linie, ihre vollbürtigen und halbbürtigen Geschwister, ihre Adoptiveltern und Adoptivkinder.

3. *Familiengenossen* sind Personen, die in gemeinsamem Haushalte leben.

4. Unter *Beamten* sind verstanden die Beamten und Angestellten einer öffentlichen Verwaltung und der Rechtspflege. Als Beamte gelten auch Personen, die provisorisch ein Amt bekleiden oder angestellt sind, oder die vorübergehend amtliche Funktionen ausüben.

5. *Urkunden* sind Schriften, die bestimmt und geeignet sind, oder Zeichen, die bestimmt sind, eine Tatsache von rechtlicher Bedeutung zu beweisen. Die Aufzeichnung auf Bild- und Datenträgern steht der Schriftform gleich, sofern sie demselben Zweck dient.

Öffentliche Urkunden sind die von einer Behörde, die von einem Beamten kraft seines Amtes und die von einer Person öffentlichen Glaubens in dieser Eigenschaft ausgestellten Urkunden. Nicht als öffentliche Urkunden gelten Schriftstücke, die von der Verwaltung der wirtschaftlichen Unternehmungen und Monopolbetriebe des Staates oder anderer öffentlichrechtlicher Körperschaften und Anstalten in zivilrechtlichen Geschäften ausgestellt werden.

6. *Tag, Monat, Jahr.* Der Tag hat 24 aufeinanderfolgende Stunden. Der Monat und das Jahr werden nach der Kalenderzeit berechnet.

7. Als *Untersuchungshaft* gilt jede in einem Strafverfahren verhängte Haft, Untersuchungs- und Sicherheitshaft.

Art. 110 Ziff. 1: Die Definition des Begriffes «Frau» wurde durch das BG vom 21. Juli 1991 aufgehoben.

Ziff. 2: *Keine Angehörigen* sind der geschiedene Ehegatte: BGE 71 IV 38 (vgl. aber Bem. zu Art. 217), Verschwägerte: BGE 74 IV 90, Stiefeltern und Stiefkinder: BGE 80 IV 98.

Ziff. 3: Familiengenossen essen und wohnen gemeinsam und schlafen unter dem gleichen Dach: BGE 102 IV 163; die Dauer des Zusammenlebens spielt keine Rolle: ZBJV 82 (1946) 298, anders aber RS 1982 Nr. 340, vgl. auch RS 1983 Nr. 440. Die Bedeutung eines Spitalaufenthaltes für die Hausgemeinschaft hängt von den Umständen des Einzelfalles ab: BGE 102 IV 162. – *Familiengenossen* sind: Zöglinge der einer Schule angegliederten Pension: ZR 44 Nr. 25, Dienstboten (auch während ihrer Ferienabwesenheit): RS 1955 Nr. 125, *nicht* aber Hotelangestellte in einem größeren Hotel: RS 1975 Nr. 885.

Ziff. 4: *Als Beamte* im Sinne dieser Bestimmung gelten: die Ehefrau eines Posthalters: SJZ 42 (1946) 27, *nicht* dagegen der Vormund, auch Amtsvormund: BGE 76 IV 150, 95 II 38, RS 1981 Nr. 161 (vgl. aber demgegenüber ZBJV 114 1978 452), eidgenössische Geschworene: BGE 76 IV 102, Beamter der Zürcher Kantonalbank: ZR 55 Nr. 129, Beamter einer Privatbahn (außer bei der Verrichtung bahnpolizeilicher Aufgaben): Krim 1982, 224. – Entscheidend für die *vorübergehende Ausübung amtlicher Funktion* ist nicht das Arbeitsverhältnis zum Staat, sondern die Erfüllung einer dem Staat zustehenden öffentlichrechtlichen Aufgabe: BGE 70 IV 218, 71 IV 142, RS 1975 Nr. 927 (Verkehrskadetten), ZR 76 Nr. 35 (Waagmeister), Leiter eines Universitätslabors (BGE 118 IV 316; kant. Recht maßgeben).

Ziff. 5: SJZ 64 (1968) 97, Krim 1963, 329 und 385.

Art. 110 Ziff. 5 Abs. 1 in neuer Fassung gemäß BG vom 17. Juni 1994. Durch die Revision wird klargestellt, daß Beweisbestimmung und -eignung kumulative Voraussetzungen für eine Schrifturkunde bilden und mit dem angefügten zweiten Satz die bisher umstrittene Frage nach der Urkundenqualität von Aufzeichnungen auf Daten- und Bildträgern (vgl. BGE 111 IV 119, 116 IV 344) im positiven Sinn beantwortet. Unter dem erstgenannten Begriff sind Informationen zu verstehen, die in eine Datenverarbeitungsanlage (vgl. Bem. zu Art. 143) eingegeben wurden und darin (namentlich auf einer Festplatte) oder auf einem separaten Träger (Diskette, Magnetband) gespeichert sind. Aufzeichnungen auf Bildträgern sind namentlich auf Mikrofilm aufgezeichnete Informationen. Die Aufzeichnung auf Bild- und Datenträgern steht der Schriftform gleich, sofern sie Beweiszwecken dient. In allen Fällen muß der Aussteller der Urkunde bzw. Verfasser der Aufzeichnung erkennbar sein.

Urkundenqualität kommt auch den *Fotokopien* einer Schrifturkunde zu. Gleiches gilt für eine durch *Telefax* empfangene Fernkopie eines Dokumentes mit Urkundenqualität, ohne daß dieses handschriftlich unterzeichnet sein müßte: BGE 120 IV 181.

Bei den von vornherein «zum Beweis bestimmten» sog. *Absichtsurkunden* geht das Bundesgericht mehrheitlich von einer durch die Beweiseignung objektivierten Beweisbestimmung aus, die sich ergeben kann: aus dem Gesetz: BGE 79 IV 163, 91 IV 7, 103 IV 176 (OR Art. 957 bezüglich Buchhaltung), 95 IV 71 (Universitätsordnung), 97 IV 214 (Luftfahrtgesetz), aus Sinn und Zweck der Schrift, d. h. daß die Schrift geeignet ist, gerade die erlogenen Tatsachen zu beweisen: BGE 72 IV 73, 139, 73 IV 50 oder aus der Natur der Schrift: BGE 88 IV 35, 96 IV 153, 102 IV 194 (bloße Behauptungen wollen nichts beweisen), 91 IV 192 (Buchhaltung einer nicht buchführungspflichtigen Gesellschaft). Für den Fall der *Falschbeurkundung* muß auch der Absichtsurkunde nach Gesetz oder Verkehrsübung Beweiseignung zukommen: BGE 101 IV 287, 103 IV 25, 28, 184, 105 IV 193. Dies trifft bezüglich des *Inhalts* eines von zwei Parteien unterzeichneten Vertrages nicht zu: BGE 120 IV 26. *Zufallsurkunden* erhalten den Urkundencharakter erst, wenn mit ihnen Beweis geführt werden soll, die Beweisbestimmung also zur Eignung hinzukommt. – *Beweiseignung* bedeutet nicht Beweiskraft, sondern nur Beweistauglichkeit: BGE 81 IV 241, 243, 91 IV 7, 97 IV 213, ZR 71 Nr. 65; sie ergibt sich aus Gesetz oder Verkehrsübung: BGE 117 IV 36, vgl. schon BGE 102 IV 34 (kantonales Prozeßrecht), 103 IV 23 und 116 IV 350 (Übung bei Banken), 105 IV 193 (Übung in der Revisionspraxis). – *Beweiszeichen* sind bildliche, symbolische Darstellungen sowie Buchstaben- und Zahlentexte, die nur kraft ihrer Verbindung mit einem bestimmten Gegenstand Beweis bilden, vgl. BGE 103 IV 30, 34 (Fleischstempel).

Rechtserhebliche Tatsache: Eine Tatsache ist erheblich, wenn sie allein oder in Verbindung mit anderen Entstehung, Aufhebung, Veränderung oder Feststellung eines Rechts bewirkt: BGE 96 IV 167 (Endverbrauchererklärung beim Handel mit Kriegsmaterial als Voraussetzung für die Ausfuhrbewilligung), 97 IV 214 (Eigentumsverhältnisse an Flugzeugen im Hinblick auf den Eintrag im Luftfahrzeugregister), 102 IV 57 (notarielle Feststellung der Gleichzeitigkeit zweier Willenserklärungen), 103 IV 150 (formungültiger Vertrag als Beweis für andere als durch ihn zu begründende Rechte oder Pflichten), 103 IV 239 (Bestätigung der vollen Liberierung auf Inhaberaktien).

Als *Urkunden* wurden nach der Rechtsprechung *im einzelnen* anerkannt: Stamm und Abschnitt der Posteinzahlungsscheine: BGE 97 IV 33, SJZ 62 (1966) 155, Reisecheck: BGE 87 IV 18; kaufmännische Buchhaltung und ihre Bestandteile sowie Bilanz: BGE 79 IV 163, 91 IV 189, 115 IV 228; 82 IV 140 (Lohnbücher), 91 IV 7 (Kontrollstreifen einer Registrierkasse), 100 IV 24 (Skonto der Garantieverpflichtungen einer Bank), 105 IV 193 (Vollständigkeitserklärung), 108 IV 25 (Kundenkonto bei einer Bank), vgl. auch BGE 116 IV 351 (Gutschrift mittels EDV); Lohnausweis: BGE 81 IV 167; Rechnungen, sofern sie die darin gemachten Angaben des Ausstellers ein für allemal festhalten: BGE 96 IV 152 (Angabe der gelieferten Warenmenge zur Täuschung der Zollbehörde), vom Architekten genehmigte Unternehmerrechnungen: BGE 119 IV 56, vgl. dagegen BGE 88 IV 34 (Kostgeldrechnung eines Alkoholikers zur Täuschung des Fürsorgers); Frachtbriefe, sofern sie zum Beweis geeignet sind: BGE 96 IV 152 (keine Beweiseignung bei Gewichtangaben auf einem Frachtbrief für Zollbehörden), 100 IV 178 (Beweiseignung bei falscher Absenderangabe auf Frachtbriefen für Wollsendungen an die Schweiz. Inlandwollzentrale); Rechnungen eines Dritten: BGE 106 IV 41, 376; Quittungen: BGE 101 IV 279, 103 IV 36, 150, 240, 106 IV 41, 116 IV 51 (mit unleserlicher Unterschrift), SJZ 70 (1974) 246, 77 (1981) 128 (auf Ordnungsbußenzettel), Bestätigung der vollen Liberierung auf Inhaberaktien: BGE 103 IV 239, Bankbescheinigungen: BGE 102 IV 194, 105 IV 245 (Erklärung über die gesicherte Finanzierung eines Bauvorhabens), Schuldanerkennung: SJZ 73 (1977) 41, schriftliche Bescheinigung eines Dritten über vom Steuerpflichtigen bezahlte Provisionen: SJZ 73 (1977) 62, Vertrag: Sem 1983 Nr. 446, Kaufvertrag: SJZ 73 (1977) 274, wegen Formfehler nichtiger Vertrag: BGE 103 IV 150 (Beweiseignung offengelassen), Endverbraucher-Erklärungen im Bewilligungsverfahren zur Ausfuhr von Kriegsmaterial: BGE 96 IV 164, beglaubigte Erklärung, eine Marke sei auf einen neuen Inhaber übergegangen (Markenschutzgesetz): BGE 100 IV 111; Fleischstempel: BGE 103 IV 31, Sortenkarte eines Weinhändlers: ZBJV 112 (1976) 383, Botenstatistikformulare von Postboten: ZR 76 Nr. 99, Ohrzeichen von Haustieren: SJZ 43 (1947) 261, auf Fahrzeugen angebrachte Fabriknummern: PKG 1958 S. 66, RS 1982 Nr. 357, Geigenzettel: SJZ 56 (1960) 72, Etiketten auf Kisten mit Angabe des Inhalts: BGE 119 IV 294 (fragwürdig), Testate von Dozenten: BGE 95 IV 70, Dienstrapporte, die nicht nur zum internen Gebrauch gestimmt sind: BGE 93 IV 55, vom Arzt ausgestellte Krankenscheine: BGE 103 IV 183, 117 IV 168, anonymer Brief: SJZ 39 (1942/43) 300, Einvernahmeprotokolle in bezug auf die Tatsache, daß der Einvernommene die protokollierten Aussagen gemacht hat: BGE 106 IV 374, Zeugnis über die Anerkennung der von einem ausländischen Institut verliehenen Doktorwürde durch eine schweizerische Universität: BGE 106 IV 272. – *Keine Urkunden* sind dagegen: Poststempel: BGE 77 IV 174, Checksouchen: BJM 1977, 195, Reisebericht eines Angestellten zuhanden des Arbeitgebers: BGE 88 IV 29, Regierapporte: BGE 117 IV 168, Lohnabrechnungen: BGE 118 IV 363. Kilometerzähler: SJZ 66 (1970) 108, ZR 61 Nr. 161, SJZ 69 (1973) 279, Röntgenbilder: SJZ 80 (1984) 215, Schriftstücke über informative Befragung von Personen: RS 1977 Nr. 230.

Abs. 2: *Öffentliche Urkunden* sind kraft der *hoheitlichen Funktion* des Ausstellers: Quittungen einer kantonalen psychiatrischen Heil- und Pflegeanstalt: BGE 76 IV 152 (da die Klinik kein wirtschaftliches, sondern ein Fürsorgeunternehmen ist, liegt auch bei freiwilligem Eintritt kein zivilrechtliches Geschäft im Sinne dieser Bestimmung vor), Rationierungsausweise: BGE 72 IV 32, notariell beurkundeter Grundstückkaufvertrag: BGE 78 IV 110, 84 IV 164, notariell beurkundeter Gründungsvertrag einer GmbH: BGE 81 IV 243, einer AG: BGE 101 IV 61, 146, Luftfahrzeugregister: ZR 71 Nr. 65 (aber kein Urkundencharakter bezüglich dem Nachweis privater Rechte), Waagschein: ZR 76 Nr. 35. Kantonalrechtliche Gültigkeitsvorschriften für öffentliche Urkunden sind für den Strafrichter nicht bindend: BGE 99 IV 198. – *Private Urkunden* sind wegen der *privatrechtlichen Natur des zugrundeliegenden Rechtsgeschäftes:* Postempfangsschein: SJZ 39 (1942/43) 147, Quittungen der Post im Postscheckverkehr: BGE 69 IV 65, Billette und Abonnemente der SBB: BGE 71 IV 153.

Zur Bundesurkunde vgl. Bemerkungen zu Art. 340 Ziff. 1 Abs. 3, zur Urkunde des Auslandes Bemerkungen zu Art. 255.

Ziff. 6: Berechnung von Monatsfristen: BGE 97 IV 240, 103 V 157.

Ziff. 7: vgl. Bem. zu Art. 69 sowie BGE 97 IV 160, 102 Ib 252 und 105 IV 85 (Auslieferungshaft), 85 IV 123 (Internierung in einer Heil- und Pflegeanstalt) und BGE 113 IV 120 (Auslieferungshaft, andere freiheitsentziehende Ersatzmaßnahmen).

Zweites Buch

Besondere Bestimmungen

Erster Titel
Strafbare Handlungen gegen Leib und Leben

1. Tötung

Vorsätzliche Tötung

Wer vorsätzlich einen Menschen tötet, ohne daß eine der beson- **111** dern Voraussetzungen der nachfolgenden Artikel zutrifft, wird mit Zuchthaus nicht unter fünf Jahren bestraft.

> **Zu Art. 111 ff.:** Zum Todesbegriff, insb. zum sog. Hirntod Richtlinien der Schweiz. Akademie der med. Wissenschaften vom 25. 1. 1969, in ZStrR 85 (1969) 334, dazu BGE 98 Ia 512; BGE 101 II 177, ZR 74 Nr. 92, SJZ 65 (1969) 248. Abweichung des zum Tode führenden Kausalverlaufes von den Vorstellungen des Täters: BGE 109 IV 95 (vollendete Tat auch bei unbedeutenden Abweichungen). Eventualvorsatz bei Tötungsdelikten: BGE 103 IV 67, Pr 71 Nr. 278. – Zur Sterbehilfe vgl. Bem. zu Art. 114.
>
> **Art. 111** ist Grundtatbestand. Liegt beim Täter oder einem Beteiligten eine «besondere Voraussetzung» vor, wird der Betreffende nach Art. 112, 113, 114 oder 116 beurteilt. Es handelt sich um «persönliche Verhältnisse», die nach Art. 26 die Qualifikation des Verhaltens anderer Beteiligter unberührt lassen. – Anwendungsfälle von Art. 111: BGE 102 IV 66, 103 IV 66, 104 IV 152, 109 IV 95.
>
> Strafbare Vorbereitungshandlungen: Art. 260bis. Verhältnis zu Art. 112 und 113: BGE 104 IV 151 (unterschiedliche Gesinnungen des Täters).

Mord

Handelt der Täter besonders skrupellos, sind namentlich sein **112** Beweggrund, der Zweck der Tat oder die Art der Ausführung besonders verwerflich, so ist die Strafe lebenslängliches Zuchthaus oder Zuchthaus nicht unter zehn Jahren.

> **Art. 112:** Neue Fassung gemäß BG vom 23. Juni 1989, in Kraft seit 1. Januar 1990, mit Verzicht auf obligatorische lebenslange Freiheitsstrafe. Das skrupellose Verhalten muß aus der Tat selbst hervorgehen;

Umstände aus der Zeit vor und nach ihrer Begehung fallen außer Betracht (vgl. BGE 117 IV 389). Die im Gesetz genannten Beispiele für solches Verhalten entsprechen im wesentlichen der bundesgerichtlichen Praxis zum Merkmal der besonders verwerflichen Gesinnung nach früherem Recht. Diese braucht indessen in den betreffenden Fällen nicht unbedingt vorzuliegen; maßgebend ist eine Gesamtwürdigung der Umstände (BGE 118 IV 124, vgl. auch BGE 117 IV 394 = Pr 81 Nr. 220 Erw 19 c). – *Besonders verwerflicher Beweggrund bzw. Zweck* kann v. a. bestehen in Habgier: BGE 100 IV 148, 115 IV 188, Pr 79 Nr. 276 (Raubmord), 106 IV 345 (unbegründete Rache am Opfer, anders aber bei einer Haßreaktion auf andauernde Demütigungen, BGE 118 IV 129), in der Elimination eines vom Täter als lästig empfundenen Menschen: BGE 70 IV 8 (Zeuge für eine Straftat des Täters), 77 IV 64 (Ehemann, der einer anderweitigen Heirat seiner Frau im Wege steht), 101 IV 283 (vom Täter geschwängerte Frau), Pr 71 Nr. 278 (den Täter nach Verübung eines Deliktes verfolgende Personen). – *Besonders verwerfliche Art der Ausführung:* Zufügung unnötiger physischer oder psychischer Leiden als besondere Grausamkeit: BGE 95 IV 163, 106 IV 345, 118 IV 124, heimtückisches Vorgehen: BGE 101 IV 282, in BGE 77 IV 57, 80 IV 234, 95 IV 162 und 104 IV 152 in fragwürdiger Weise schon bei Arg- oder Wehrlosigkeit des Opfers angenommen, Verwendung von Gift oder Feuer läßt für sich allein das Vergehen noch nicht als besonders verwerflich erscheinen: BGE 118 IV 124.

Die Annahme besonders skrupellosen Handelns wird entsprechend der früheren Praxis zum Merkmal der besonders verwerflichen Gesinnung auch dann nicht auszuschließen sein, wenn der Täter vermindert zurechnungsfähig bzw. charakterlich abnorm veranlagt ist (BGE 80 IV 239, 81 IV 150, 82 IV 8, 95 IV 167) oder im Affekt handelte (BGE 98 IV 153, 101 IV 284, Sem 1983, 273). Gleiches gilt auch ferner für den Umstand, daß der Täter nur mit eventuellem Tötungsvorsatz handelte (vgl. Pr 71 Nr. 278 und Pr 76 Nr. 53).

Zur Mittäterschaft bei Mord vgl. BGE 88 IV 54, 108 IV 91. Zur Strafzumessung bei wiederholtem Mord, begangen durch einen vermindert Zurechnungsfähigen: BGE 116 IV 301 (lebenslange Strafe zulässig). – Strafbare Vorbereitungshandlungen: Art. 260bis.

Totschlag

113 Handelt der Täter in einer nach den Umständen entschuldbaren heftigen Gemütsbewegung oder unter großer seelischer Belastung, so ist die Strafe Zuchthaus bis zu zehn Jahren oder Gefängnis von einem bis zu fünf Jahren.

Art. 113: Neue Fassung gemäß BG vom 23. Juni 1989, in Kraft seit 1. Januar 1990 (Einbezug des Handelns unter großer seelischer Belastung).

Handeln in *heftiger Gemütsbewegung:* Dieser Affekt muß sich auf die Verübung der Tat ausgeübt haben. Entschuldbar ist die heftige Gemütsbewegung, wenn sie bei objektiver Bewertung nach den sie auslösenden äußern Umständen gerechtfertigt erscheint; ihre bloße psychologische Erklärbarkeit genügt nicht: BGE 82 IV 87, 100 IV 151 (bei der Beurteilung sind auch die Persönlichkeit des Täters und weiter zurückliegende Umstände, die auf ihn einwirkten, zu berücksichtigen), 107 IV 106 und 162 (krankhafte Veranlagung des Täters begründet noch keine Entschuldbarkeit des Affektes), 108 IV 102 (entschuldbar ist die Gemütsbewegung, wenn sie in Anbetracht der gesamten Umstände menschlich verständlich erscheint, d. h. es muß angenommen werden können, auch ein anderer, an sich anständig Gesinnter wäre in der betreffenden Situation leicht in einen solchen Affekt geraten). Für die Beurteilung ist vom Durchschnittsmenschen der Rechtsgemeinschaft auszugehen, welcher der Täter nach Herkunft, Erziehung und täglicher Lebensführung angehört: BGE 107 IV 162. Bei heftiger Gemütsbewegung infolge einer Konfliktsituation darf der Täter diese nicht oder wenigstens nicht überwiegend selber verschuldet haben: BGE 100 IV 152, 107 IV 106, 108 IV 101, SJZ 69 (1973) 240. – Die Annahme einer entschuldbaren heftigen Gemütsbewegung im Sinne von Art. 113 schließt die gleichzeitige Anwendung von Art. 33 (Notwehr, Notwehrexzeß) nicht aus: BGE 102 IV 229. Zum Affekt, der erst durch einen Angriff auf den Täter entsteht, vgl. Art. 33 Abs. 2 Satz 2.

Handeln unter *großer seelischer Belastung:* Psychischer Druckzustand, der im Gegensatz zum Affekt nicht plötzlich auftritt, sondern sich über eine längere Zeit entwickelt hat. Auch diese Gemütslage muß entschuldbar sein: BGE 118 IV 233 und 119 IV 202 (Konfliktsituationen im Zusammenhang mit Liebesverhältnissen). Vgl. auch SJZ 66 (1970) 344.

Tötung auf Verlangen

Wer aus achtenswerten Beweggründen, namentlich aus Mitleid, einen Menschen auf dessen ernsthaftes und eindringliches Verlangen tötet, wird mit Gefängnis bestraft. **114**

Art. 114: Neue Fassung gemäß BG vom 23. Juni 1989, in Kraft seit 1. Januar 1990 (Einfügung des Erfordernisses achtenswerter Beweggründe). Die Anwendung der Bestimmung setzt ein ernstgemeintes, intensives Bitten einer urteilsfähigen Person voraus, getötet zu werden, welches für den Tatentschluß des Täters kausal ist. Außerdem muß dieser der Bitte aus achtenswerten Motiven nachkommen; bloßes Fehlen egoistischer Beweggründe reicht im Gegensatz zu Art. 115 nicht aus. Bei bloß irrtümlicher Annahme, alle diese Voraussetzungen seien gegeben, findet Art. 19 Anwendung.

Abgrenzungen: Wer dem Sterbewilligen lediglich bei einer Selbsttötung hilft, fällt unter Art. 115. Bittet dieser bei unheilbarer Krankheit um Absehen von lebensverlängernden medizinischen Maßnahmen, stellt deren Unterlassung regelmäßig straflos bleibende passive Sterbehilfe dar. Hiezu Richtlinien der Schweiz. Akademie der medizinischen Wissenschaften vom 28. Januar 1976 (ZBJV 113 1977 247, ZStrR 95 1978 33), Neufassung vom 18. November 1994. Vgl. ferner SJZ 73 (1977) 325 und ZStrR 95 (1978) 60.

Verleitung und Beihilfe zum Selbstmord

115 Wer aus selbstsüchtigen Beweggründen jemanden zum Selbstmorde verleitet oder ihm dazu Hilfe leistet, wird, wenn der Selbstmord ausgeführt oder versucht wurde, mit Zuchthaus bis zu fünf Jahren oder mit Gefängnis bestraft.

Art. 115: Selbstmord begeht, wer sich aus freien Stücken und durch eigenes Handeln tötet; Urteilsfähigkeit dürfte nicht unbedingt erforderlich sein. Das Verleiten entspricht der Anstiftung nach Art. 24, die Hilfeleistung der Gehilfenschaft nach Art. 25. Strafbarkeit dieser Verhaltensweisen tritt erst ein, wenn der Selbstmord mindestens versucht wurde, und setzt egoistische Motive wie den Wunsch nach finanziellem Profit (vgl. ZR 48 Nr. 89) oder nach Befreiung des Täters von einem ihm lästig gewordenen Menschen voraus. – Art. 115 regelt die Teilnahme am Selbstmord abschließend, so daß bei fehlendem Vorsatz des Verleitens oder der Hilfeleistung zum Selbstmord auch keine fahrlässige Tötung angenommen werden kann (RS 1983 Nr. 442). Aus dem gleichen Grunde darf eine für die Lebenserhaltung bei einem Menschen verantwortliche Person nicht wegen eines Tötungsdeliktes bestraft werden, wenn sie es aus altruistischen Beweggründen unterläßt, den Betroffenen vom Selbstmord abzuhalten oder nach einer darauf abzielenden Handlung dem Todeseintritt entgegenzuwirken.

Kindestötung

116 Tötet eine Mutter ihr Kind während der Geburt oder solange sie unter dem Einfluß des Geburtsvorganges steht, so wird sie mit Gefängnis bestraft.

Art. 116: Neue Fassung gemäß BG vom 23. Juni 1989, in Kraft seit 1. Januar 1990.

Die Anwendung der Bestimmung setzt keine besondere Bedrängnis oder Gemütsbewegung bei der Mutter voraus. Der Tatentschluß kann schon während der Schwangerschaft gefaßt worden sein: RS 1943 Nr. 281, SJZ 41 (1945) 29. Andere Täter sowie Teilnehmer an der Tat der Mutter sind gemäß Art. 26 nach Art. 111–113 zu beurteilen. Tötungshandlungen an ungeborenen Kindern fallen bis zum Beginn der Geburtswehen unter Art. 118 ff. (Abtreibung), vgl. BGE 119 IV 208.

Fahrlässige Tötung

Wer fahrlässig den Tod eines Menschen verursacht, wird mit **117** Gefängnis oder mit Buße bestraft.

Art. 117: Zur Fahrlässigkeit und zum erforderlichen Zusammenhang zwischen ihr und dem Tod eines Menschen vgl. Bem. zu Art. 18 Abs. 3. – Der nötige Kausalzusammenhang ist schon gegeben, wenn das Verhalten des Täters den Tod der von ihm verletzten, mit vorbestandenen Leiden behafteten Person bloß beschleunigt: ZR 69 Nr. 41, vgl. SJZ 69 (1973) 238 (Unterbliebene Behandlung einer krebskranken Patientin). Zur Kausalität s. auch BGE 115 IV 206. Zur Unterbrechung des Kausalzusammenhangs: BGE 115 IV 101. – Kriterien für die Größe des Verschuldens und die Strafzumessung bei fahrlässiger Tötung im Straßenverkehr: ZR 69 Nr. 40. – Fahrlässigkeit bei Kindestötung: RS 1984 Nr. 656. Straflos bleibt die fahrlässige Vernichtung der Leibesfrucht in der Gebärmutter: BGE 119 IV 208. – Entgegen BGE 113 IV 58 läßt sich nicht nach dem Muster der Mittäterschaft eine gemeinsame Haftung zweier Leute konstruieren, die unvorsichtigerweise schwere Steine über einen Abhang hinunterrollen lassen, von denen einer jemanden tödlich trifft, ohne daß festgestellt werden kann, wer ihn anstieß.

Fahrlässige Tötung durch Verletzung von Verkehrsregeln (SVG Art. 90): Der Täter wird ausschließlich nach Art. 117 bestraft, wenn außer dem Getöteten niemand konkret gefährdet wurde; im übrigen besteht Idealkonkurrenz mit SVG Art. 90 (BGE 91 IV 32, 213, 106 IV 395). – Das Umgangnehmen von Strafe gemäß SVG Art. 100 Ziff. 1 Abs. 2 fällt bei fahrlässiger Tötung außer Betracht: RS 1976 Nr. 131. Garantenstellung des Drogenverkäufers gegenüber dem Drogenkonsumenten aus Ingerenz: RS 1988 Nr. 467.

2.   Abtreibung

Abtreibung durch die Schwangere

118 [1] Treibt eine Schwangere ihre Frucht ab oder läßt sie ihre Frucht abtreiben, so wird sie mit Gefängnis bestraft.
[2] Die Verjährung tritt in zwei Jahren ein.

Zu Art. 118 ff.: SJZ 44 (1948) 17, 70 (1974) 238, ZStrR 61 (1946) 199, 67 (1952) 62, 165, 88 (1972) 264. – Der durch Art. 118 und 119 verfolgte Schutz bezieht sich auf das Leben und die Gesundheit der Frau sowie auf das keimende menschliche Leben von der Nidation bis zum Beginn der Geburt: BGE 74 IV 156, ZR 69 Nr. 42, SJZ 55 (1959) 244 Nr. 80 (wo noch Konzeption statt Nidation angenommen wird). – Die Abtreibung ist mit der Abtötung und nicht erst mit der Ausstoßung der Leibesfrucht vollendet: SJZ 55 (1959) 244 Nr. 80, ZR 53 Nr. 100 (dort auch Ausführungen zu Versuch und Vollendung). – Die nach Art. 118 Abs. 2 und 119 Ziff. 1 Abs. 4 verkürzte Verjährungsfrist nimmt Rücksicht auf Beweisschwierigkeiten: BGE 89 IV 5.

Art. 118 Abs. 1: Läßt sich die Schwangere die Frucht durch eine andere Person abtreiben (passive Abtreibung), ist diese nach Art. 119 strafbar. Vorbehalten bleibt die Straflosigkeit nach Art. 120. – Abtreibungshandlungen an einer vermeintlich Schwangeren sind als *Versuch* am absolut untauglichen Objekt (Art. 23) zu behandeln: BGE 76 IV 156. Das gilt auch dann, wenn das verwendete Mittel absolut untauglich ist: BGE 83 IV 133. Die Möglichkeit, in einem solchen Fall freizusprechen, besteht: ZR 50 Nr. 242, 243. Den letzten entscheidenden Schritt im Sinne von Art. 21 f. vollzieht die Frau, wenn sie mit dem Entschluß, die Schwangerschaft abzubrechen, den Arzt aufsucht, dieser aber den Eingriff verweigert: BGE 87 IV 156. In den Genuß der Strafbefreiung von Art. 21 Abs. 2 fällt nicht, wer die Abtreibung wegen äußerer Hindernisse abbricht: ZR 51 Nr. 91.

Die Abtreibung im Sinne der *Gehilfenschaft* (Art. 25) fördert, wer die Schwangere an einen Dritten weist, damit sie von diesem die Adresse des Abtreibers erfahre: BGE 78 IV 7; ebenso ist Gehilfe, wer der Schwangeren Abtreibungsmittel verschafft: ZR 51 Nr. 94. Ob die Gehilfenschaft der Schwangern oder dem aktiven Abtreiber geleistet wird und ob damit Art. 25 in Verbindung mit Art. 118 oder 119 anwendbar ist, entscheidet sich nach dem subjektiven Gesichtspunkt des Gehilfen, wessen Tat er fördern will: BGE 69 IV 207, 71 IV 120/121 (bestritten im Hinblick auf Art. 26 und 119). Bei dieser Betrachtungsweise bleibt auch der *Anstiftungsversuch* durch den Schwängerer nach Art. 24 Abs. 2 in Verbindung mit Art. 118 straflos: SJZ 49 (1953) 111 Nr. 43.

Dies gilt jedenfalls für die erfolglose Anstiftung der Frau gegenüber dem Fremdabtreiber.

Abs. 2 bezieht sich auf die Verfolgungsverjährung, Art. 70 bis 72. – Selbst wenn die verkürzte Frist fast abgelaufen ist, kommt der mildernde Umstand des verhältnismäßig langen Zeitablaufes seit der Tat nach Art. 64 nicht in Frage: BGE 89 IV 5.

Abtreibung durch Drittpersonen

1. Wer einer Schwangeren mit ihrer Einwilligung die Frucht ab- **119** treibt,

wer einer Schwangeren zu der Abtreibung Hilfe leistet,

wird mit Zuchthaus bis zu fünf Jahren oder mit Gefängnis bestraft.

Die Verjährung tritt in zwei Jahren ein.

2. Wer einer Schwangeren ohne Einwilligung die Frucht abtreibt, wird mit Zuchthaus bis zu zehn Jahren bestraft.

3. Die Strafe ist Zuchthaus nicht unter drei Jahren, wenn der Täter das Abtreiben gewerbsmäßig betreibt.

Art. 119: Fassung gemäß BG vom 23. Juni 1989, in Kraft seit 1. Januar 1990 (Streichung des qualifizierten Tatbestandes der Abtreibung mit Todesfolge). Verhältnis zur fahrlässigen (schweren) Körperverletzung (Art. 125): ZR 69 Nr. 44.

Ziff. 1 Abs. 1: Fremd-(aktive) Abtreibung an einer Nichtschwangern ist nach Art. 23 strafbar: BGE 74 IV 66.

Abs. 2: Gehilfenschaft im Sinne dieser Bestimmung bezieht sich nur auf die bei der Abtreibungshandlung geleistete Hilfe; wer vorher oder nachher die Tat unterstützt, ist gemäß Art. 25 i. V. mit Art. 118 oder 119 Ziff. 1 Abs. 1 strafbar: BGE 69 IV 206, 71 IV 119. – Vgl. auch Bem. zu Art. 118 Abs. 1.

Ziff. 3: Die Verfolgungsverjährung beträgt beim qualifizierten Tatbestand gemäß Art. 71 Abs. 3 10 Jahre, auch wenn die Schwangere in die Handlung eingewilligt hat: BGE 71 IV 238, 77 IV 9 Erw. 3. Zum Begriff der *Gewerbsmäßigkeit* siehe Bem. zu Art. 26, ZR 69 Nr. 43. Die Gewerbsmäßigkeit der Abtreibung verlangt nicht den Nachweis einer bestehenden Schwangerschaft: BGE 77 IV 8. Die schwere Strafdrohung trifft den Gehilfen nur, wenn er selber gewerbsmäßig handelt (Art. 25, 26): BGE 70 IV 125. Zum Kollektivdelikt der Gewerbsmäßigkeit gehören auch einzelne Fälle, in denen der Abtreiber ausnahmsweise auf ein Entgelt verzichtet: BGE 71 IV 237. – Abgrenzung der Gewerbsmäßigkeit von der fortgesetzten und wiederholten Tatverübung: ZR 69 Nr. 43 S. 119 Erw. 5.

Straflose Unterbrechung der Schwangerschaft

120 1. Eine Abtreibung im Sinne dieses Gesetzes liegt nicht vor, wenn die Schwangerschaft mit schriftlicher Zustimmung der Schwangern infolge von Handlungen unterbrochen wird, die ein patentierter Arzt nach Einholung eines Gutachtens eines zweiten patentierten Arztes vorgenommen hat, um eine nicht anders abwendbare Lebensgefahr oder große Gefahr dauernden schweren Schadens an der Gesundheit von der Schwangern abzuwenden.

Das in Abs. 1 verlangte Gutachten muß von einem für den Zustand der Schwangern sachverständigen Facharzt erstattet werden, der von der zuständigen Behörde des Kantons, in dem die Schwangere ihren Wohnsitz hat oder in dem der Eingriff erfolgen soll, allgemein oder von Fall zu Fall ermächtigt ist.

Ist die Schwangere nicht urteilsfähig, so ist die schriftliche Zustimmung ihres gesetzlichen Vertreters erforderlich.

2. Die Bestimmungen über den Notstand (Art. 34 Ziff. 2) bleiben vorbehalten, soweit eine unmittelbare, nicht anders abwendbare Lebensgefahr oder große Gefahr dauernden schweren Schadens an der Gesundheit der Schwangern besteht und die Unterbrechung der Schwangerschaft durch einen patentierten Arzt vorgenommen wird.

Der Arzt hat in solchen Fällen innert 24 Stunden nach dem Eingriff Anzeige an die zuständige Behörde des Kantons, in dem der Eingriff erfolgte, zu erstatten.

3. In den Fällen, in denen die Unterbrechung der Schwangerschaft wegen einer andern schweren Notlage der Schwangern erfolgt, kann der Richter die Strafe nach freiem Ermessen mildern (Art. 66).

4. Artikel 32 findet nicht Anwendung.

Art. 120 Ziff. 1: ZStrR 63 (1948) 476 (Meldepflicht), 71 (1956) 366 (Lebensgefahr). – Die Kantone können eine Meldepflicht des Arztes an die Gesundheitsbehörde über den vorgenommenen Schwangerschaftsabbruch einführen: BGE 74 I 136 ff. Eine kantonale Bestimmung, die von einer um Schwangerschaftsabbruch nachsuchenden Frau verlangt, daß sie seit mindestens zwei Monaten im Kanton Wohnsitz hat, widerspricht Art. 120: BGE 101 Ia 580. Unzulässig sind auch Vorschriften, welche die Vornahme der Operation durch einen Gynäkologen in einem Spital, die Begutachtung durch ein Gremium von Ärzten verlangen und die Gutachtertätigkeit auf schwangere Frauen mit Wohnsitz im Kanton des begutachtenden Arztes beschränken: BGE 114 Ia 452.

Ziff. 2: Vgl. Art. 121 und 321 Ziff. 3.

Nichtanzeigen einer Schwangerschaftsunterbrechung

Der Arzt, der bei einer von ihm gemäß Artikel 120 Ziffer 2, vor- **121** genommenen Unterbrechung der Schwangerschaft die vorgeschriebene Anzeige an die zuständige Behörde unterläßt, wird mit Haft oder mit Buße bestraft.

3. Körperverletzung

Schwere Körperverletzung

Wer vorsätzlich einen Menschen lebensgefährlich verletzt, **122**
    wer vorsätzlich den Körper, ein wichtiges Organ oder Glied eines Menschen verstümmelt oder ein wichtiges Organ oder Glied unbrauchbar macht, einen Menschen bleibend arbeitsunfähig, gebrechlich oder geisteskrank macht, das Gesicht eines Menschen arg und bleibend entstellt,
    wer vorsätzlich eine andere schwere Schädigung des Körpers oder der körperlichen oder geistigen Gesundheit eines Menschen verursacht,
    wird mit Zuchthaus bis zu zehn Jahren oder mit Gefängnis von sechs Monaten bis zu fünf Jahren bestraft.

Art. 122: Neue Fassung gemäß BG vom 23. Juni 1989, in Kraft seit 1. Januar 1990. Darin wurde namentlich die Qualifizierung der schweren Körperverletzung durch ihren für den Täter vorhersehbaren tödlichen Ausgang gestrichen. In derartigen Fällen ist seither neben Art. 122 auch Art. 117, fahrlässige Tötung, anzuwenden (Beispiele nach altem Recht: BGE 83 IV 189, 97 IV 91, 108 IV 12, 109 IV 6, 110 IV 75). Zur Anwendung auf die Übertragung des HIV-Virus: BGE 116 IV 133 (latentes Todesrisiko genügt). – Die «schwere» Körperverletzung ist ein unbestimmter Rechtsbegriff, so daß das Bundesgericht bei ihrer Beurteilung in Grenzfällen nur mit einer gewissen Zurückhaltung von der Auffassung der Vorinstanz abweicht (BGE 115 IV 20). – Vorbereitungshandlungen sind gemäß Art. 260bis strafbar.

Abs. 1: Vorausgesetzt wird eine unmittelbare Gefahr, welche die

Möglichkeit des Todes zur ernstlichen und dringenden Wahrscheinlichkeit macht. Wie lange dieser Zustand anhält und ob rechtzeitig wirksame ärztliche Hilfe geleistet werden kann, bleibt unerheblich: BGE 109 IV 18 (innere Blutung infolge Milzrisses), vgl. auch BGE 91 IV 194. Nach diesem Entscheid soll die Bestimmung auch auf anhaltendes Würgen des Opfers anwendbar sein, obwohl die Lebensgefahr hier nicht aus einer Verletzung resultiert, was abzulehnen ist.

Abs. 2: Wichtige Glieder sind neben Händen und Füßen z. B. Ellenbogen (SJZ 69 1972 379), Knie- und Hüftgelenke (BGE 105 IV 180). Als entsprechende Organe kommen neben lebenswichtigen wie Nieren, Leber usw. (in BGE 109 IV 20 für die Milz offengelassen) v. a. Sinnes- und Geschlechtsorgane in Betracht. Bei der Beurteilung der Wichtigkeit eines Gliedes oder Organes ist auch die berufliche und Freizeittätigkeit des Opfers zu berücksichtigen: BGE 105 IV 180. Zur Einwilligung des Betroffenen in eine Sterilisation vgl. die Richtlinien der Schweiz. Akademie der medizinischen Wissenschaften vom 17. November 1981, Schweiz. Ärztezeitung Bd. 63 1982 Heft 11.

Als Gebrechlichkeit gelten auch das dauernde Kranksein und andere dauernde Beeinträchtigungen der Gesundheit wie chronische Vergiftungen oder Drogensucht. Zur argen und bleibenden Entstellung des Gesichtes: BGE 115 IV 19 (sichtbar bleibende Schnittwunde vom Mundwinkel bis zum Ohransatz), ZR 71 Nr. 60 (Verbrennungen).

Abs. 3: Generalklausel für Schädigungen, deren Schwere den vorgenannten Fällen gleichkommt, so v. a. im Hinblick auf langes oder schmerzhaftes Krankenlager, lange Heilungsdauer oder Arbeitsunfähigkeit. Vgl. dazu BGE 97 IV 9, 101 IV 383, 105 IV 180, RS 1969 Nr. 81, SJZ 68 (1972) 43.

Einfache Körperverletzung

123 1. Wer vorsätzlich einen Menschen in anderer Weise am Körper oder der Gesundheit schädigt, wird, auf Antrag, mit Gefängnis bestraft.

In leichten Fällen kann der Richter die Strafe nach freiem Ermessen mildern (Art. 66).

2. Die Strafe ist Gefängnis, und der Täter wird von Amtes wegen verfolgt,

wenn er Gift, eine Waffe oder einen gefährlichen Gegenstand gebraucht,

wenn er die Tat an einem Wehrlosen oder an einer Person begeht, die unter seiner Obhut steht oder für die er zu sorgen hat, namentlich an einem Kind.

Art. 123: Neue Fassung gemäß BG vom 23. Juni 1989, in Kraft seit 1. Januar 1990. Darin wurden namentlich die Qualifizierungen der einfachen Körperverletzung durch die vorhersehbaren Folgen der Verursachung einer schweren Verletzung und des tödlichen Ausgangs gestrichen. In entsprechenden Fällen ist nunmehr neben Art. 123 auch Art. 125 Abs. 2 bzw. Art. 117 anzuwenden.

Ziff. 1 Abs. 1: «In anderer Weise» schädigt der Täter jemanden an Körper oder Gesundheit, wenn die Verletzung nicht die Voraussetzungen von Art. 122 erfüllt. – Abgrenzung der einfachen Körperverletzung von Tätlichkeiten nach Art. 126: Diese Bestimmung ist auf geringfügige Eingriffe in die körperliche Integrität anwendbar, die höchstens eine vorübergehende Beeinträchtigung des Wohlbefindens mit sich bringen (so regelmäßig noch bei kleineren Schwellungen, Quetschungen, Schürf- und Kratzwunden). Das Herbeiführen von selbst vorübergehenden Störungen, die einem krankhaften Zustand gleichkommen (z. B. Zufügen erheblicher Schmerzen, eines Nervenschocks, eines Rausch- oder Betäubungszustandes) oder eine wesentliche Beeinträchtigung des Aussehens mit sich bringen, gilt dagegen bereits als Schädigung im Sinne von Art. 123 Ziff. 1: BGE 103 IV 70, 107 IV 42, 119 IV 2, 27. Gleiches gilt nach der Praxis für erhebliche Eingriffe in die körperliche Integrität ohne gesundheitliche Störungen: BGE 103 IV 70 und 107 IV 42 (Kahlscheren), 99 IV 210 (Injektion). Alle Eingriffe jener Art, auch medizinischer Natur, sind daher nur mit Einwilligung des Betroffenen oder bei Vorliegen eines anderen Rechtfertigungsgrundes (Art. 32–34) zulässig. – Zum erforderlichen Vorsatz: BGE 74 IV 83, 103 IV 70 und 119 IV 3 betr. Eventualvorsatz.

Abs. 2: Diese Bestimmung ist auf Schädigungen anwendbar, die das Ausmaß von Tätlichkeiten (Art. 126) nur geringfügig überschreiten, sofern auch der Vorsatz des Täters nicht weiterging.

Ziff. 2 Abs. 1: Das Bundesgericht versteht unter *Waffen* alle Gegenstände, die für Angriff und Verteidigung bestimmt sind: BGE 96 IV 18 (Gummiknüppel), 111 IV 51, 96, 112 IV 13. Doch muß darüber hinaus gefordert werden, daß sie zur Verursachung schwerer Verletzungen geeignet sind. Bei der Verwendung von *Gift* ist dies aber nicht erforderlich: SJZ 83 (1987) 245. *Gefährlicher Gegenstand* (früher «gefährliches Werkzeug»): Entscheidend ist, daß die konkrete Art und Weise der Verwendung der betreffenden Sache die Gefahr einer schweren Schädigung nach Art. 122 mit sich bringt: BGE 101 IV 286 (gezielt nach dem Kopf eines Menschen geschleudertes Bierglas), 111 IV 124 (kräftiger Hieb mit einem Schlittschuh gegen ein Bein des Opfers), SJZ 86 (1990) 425 (Schlag mit Eishockeystock), vgl. BGE 101 IV 220 (verneint für leichten Schlag mit einem Meißel gegen den Kopf einer Person).

Abs. 2: Als *wehrlos* wird zu gelten haben, wer mindestens unter den konkreten Umständen zur Verteidigung völlig unfähig ist, vgl. BGE 85 IV 128, 105 IV 2. *Obhuts- oder Sorgeverhältnis zum Opfer:* Als Täter dürften neben Personen, die von Gesetzes wegen oder gemäß Vertrag eine Verantwortung für den Schutz von Leib und Leben des Geschädigten tragen, auch solche Personen in Frage kommen, welche vorübergehend dessen Betreuung übernehmen, wenn er mit Rücksicht auf sein Alter oder seines physischen oder psychischen Zustandes der Fürsorge bedarf. – Zur Tatverübung an Minderjährigen vgl. Art. 358bis.

124 Aufgehoben durch BG vom 23. Juni 1989 ab 1. Januar 1990.

Fahrlässige Körperverletzung

125 [1] Wer fahrlässig einen Menschen am Körper oder an der Gesundheit schädigt, wird, auf Antrag, mit Gefängnis oder mit Buße bestraft.

[2] Ist die Schädigung schwer, so wird der Täter von Amtes wegen verfolgt.

Art. 125 Abs. 1: Körperverletzung infolge der Mißachtung von Verkehrsregeln (SVG Art. 90): Diese Bestimmung ist neben Art. 125 anwendbar, sofern der Täter außer dem Verletzten weitere Menschen konkret gefährdete. Hat der als einziger konkret gefährdete Geschädigte im Falle von Art. 125 Abs. 1 auf Strafantrag verzichtet oder diesen zurückgezogen, ist der Täter nach SVG Art. 90 zu bestrafen (vgl. BGE 91 IV 32, 213, 96 IV 41, 106 IV 395, ZR 84 Nr. 20).

Abs. 2: Schwer im Sinne dieser Bestimmung ist die Körperverletzung, welche die Anforderungen von Art. 122 erfüllt: BGE 93 IV 12; SJZ 72 (1976) 145 (krebskranke Patientin, die durch behandlungsunfähigen Naturheilarzt nicht dem Facharzt zugewiesen wird), vgl. Bem. zu Art. 122.

Tätlichkeiten

126 [1] Wer gegen jemanden Tätlichkeiten verübt, die keine Schädigung des Körpers oder der Gesundheit zur Folge haben, wird, auf Antrag, mit Haft oder mit Buße bestraft.

[2] Der Täter wird von Amtes wegen verfolgt, wenn er die Tat wiederholt an einer Person begeht, die unter seiner Obhut steht oder für die er zu sorgen hat, namentlich an einem Kind.

Art. 126 Abs. 1: Nach der neuen Praxis des Bundesgerichts (BGE 117 IV 15, 119 V 25) ist eine Tätlichkeit anzunehmen bei einer das allgemein übliche und gesellschaftlich geduldete Maß überschreitenden physischen Einwirkung auf einen Menschen, die keine Schädigung des Körpers oder der Gesundheit zur Folge hat; die Verursachung von Schmerzen wird nicht mehr vorausgesetzt. Beispiele: Ohrfeigen, Faustschläge, Fußtritte, heftige Stöße, Bewerfen mit Gegenständen von einigem Gewicht, Begießen mit Flüssigkeiten, Zerzausen einer kunstvollen Frisur. Die Berufung auf ein *Züchtigungsrecht* setzt eine entsprechende Gesetzesgrundlage voraus (BGE 117 IV 18). – Zur Abgrenzung der Tätlichkeiten von einfacher Körperverletzung vgl. Bem. zu Art. 123, zur tätlichen Beschimpfung nach Art. 177 BGE 82 IV 181. – Verursacht jemand durch eine bloß vom Vorsatz auf Tätlichkeiten getragene Handlung in vorhersehbarer Weise eine Körperverletzung, so kommt neben Art. 126 auch Art. 125 zur Anwendung.

Abs. 2: eingefügt durch BG vom 23. Juni 1989, in Kraft seit 1. Januar 1990. Dieser qualifizierte Tatbestand kann nur von Personen erfüllt werden, unter deren Obhut das Opfer steht oder die für dieses zu sorgen haben (vgl. diesbezüglich Bem. zu Art. 123 Ziff. 2 Abs. 3). Vorausgesetzt werden wiederholte Tätlichkeiten. Sind diese zahlreich, genügt schon ihre Verübung während eines Zeitraums von wenigen Stunden. – Zur Tatbegehung an Minderjährigen vgl. Art. 358bis.

4. Gefährdung des Lebens und der Gesundheit

Aussetzung

Wer einen Hilflosen, der unter seiner Obhut steht oder für den **127** er zu sorgen hat, einer Gefahr für das Leben oder einer schweren unmittelbaren Gefahr für die Gesundheit aussetzt oder in einer solchen Gefahr im Stiche läßt, wird mit Zuchthaus bis zu fünf Jahren oder mit Gefängnis bestraft.

Art. 127: Neue Fassung gemäß BG vom 23. Juni 1989, in Kraft seit 1. Januar 1990 (Streichung der qualifizierten Aussetzung mit Todesfolge).

Der *objektive* Tatbestand setzt voraus, daß der Täter eine rechtliche Verantwortung für die Erhaltung bzw. Wiederherstellung der Gesundheit und körperlichen Unversehrtheit des Geschädigten trägt. Eine solche Garantenstellung kann sich v. a. aus dem Gesetz (namentlich für Ehegatten und Eltern des Opfers) und aus vertraglichen Verpflichtungen (z. B. bei Pflegepersonal oder Bergführern) ergeben. Ob auch das

Eingehen einer Gefahrengemeinschaft genügt, erscheint fraglich. Das
Bundesgericht hat im Zusammenschluß zweier Personen zur Verübung
eines Einbruchdiebstahls jedenfalls noch keine Gefahrengemeinschaft
erblickt (BGE 108 IV 17). Der Geschädigte muß zur Zeit des tatbestandsmäßigen Verhaltens hilflos sein, d. h. wegen seines Alters, Gesundheitszustandes oder äußerer Umstände fremder Hilfe bedürfen.
Erfaßt wird einerseits aktives Verhalten des Täters, welches das Opfer
einer konkreten Gefahr für das Leben oder für seine Gesundheit aussetzt; sie muß sehr nahe liegen und die Möglichkeit einer schweren
Schädigung eröffnen. Andererseits fällt auch unter den Tatbestand,
wer es unterläßt, dem bereits in einer solchen Gefahr befindlichen Geschädigten Hilfe zu bringen bzw. zu vermitteln. Die Garantenstellung
des Täters muß aber jedenfalls schon *vor* dem Eintritt der Gefahr bestanden haben (BGE 108 IV 17).

Subjektiv ist erforderlich, daß der Täter das Opfer mit Wissen und
Wollen in eine Gefahr der erwähnten Art bringt bzw. im Falle des Im-
Stiche-Lassens ihr Bestehen und die möglichen Hilfsmaßnahmen er-
kennt und sich dennoch entschließt, diese nicht zu ergreifen.

Unterlassung der Nothilfe

128 Wer einem Menschen, den er verletzt hat, oder einem Menschen, der in unmittelbarer Lebensgefahr schwebt, nicht hilft,
obwohl es ihm den Umständen nach zugemutet werden könnte,

wer andere davon abhält, Nothilfe zu leisten, oder sie dabei
behindert,

wird mit Gefängnis oder mit Buße bestraft.

Art. 128 in neuer Fassung gemäß BG vom 23. Juni 1989, in Kraft seit
1. Januar 1990. Der bisherige Tatbestand des Im-Stiche-Lassens eines
(vom Täter) Verletzten wurde erweitert. Mit Inkrafttreten dieser Bestimmung haben die Kantone die Gesetzgebungskompetenz in diesem
Gebiet verloren: BGE 116 IV 20.

Abs. 1: Fall der *Verletzung durch den Täter:* Dieser braucht sie nicht
schuldhaft verursacht zu haben. Eine Schädigung im Umfang einer einfachen Körperverletzung nach Art. 123 genügt, doch muß der von ihr
Betroffene überhaupt der Hilfe bedürfen; eine weitergehende Gefährdung ist indessen nicht erforderlich (BGE 111 IV 125). Das strafbare
Verhalten besteht darin, daß der Täter die hiefür nötigen Maßnahmen
nicht erbringt, obwohl er dazu in der Lage und ihm dies zumutbar gewesen wäre. – Imstiche-Lassen des Opfers nach erfolgtem Tötungsversuch
bleibt straflos: BGE 87 IV 8. Gleiches sollte entgegen BGE 111 IV 25
auch nach vorsätzlicher Körperverletzung gelten.

Fall des Menschen *in Lebensgefahr:* Diese muß unmittelbar sein, d. h. sofortiges Einschreiten erfordern. Ihre Ursache fällt nicht ins Gewicht, außer bei Akten, die auf Selbsttötung gerichtet sind; hier kann keine Hilfeleistungspflicht bestehen. Im übrigen verpflichtet das Gesetz jedermann zur Hilfe, der die Möglichkeit dazu hat und dem sie zumutbar ist (was v. a. nicht zuzutreffen braucht, wenn sie den Helfer selbst in erhebliche Gefahr bringen würde). Strafbar macht sich, wer unter solchen Umständen im Bewußtsein der bestehenden Lebensgefahr und der geeigneten Hilfemaßnahmen diese nicht erbringt.

In allen Fällen bleibt unmaßgeblich, ob die unterbliebene Hilfe wirksam gewesen wäre. – Verhältnis von Art. 128 Abs. 1 zu SVG Art. 92 (pflichtwidriges Verhalten bei Unfall): Abs. 2 dieser Bestimmung ist im Falle der Führerflucht eines Fahrzeuglenkers nach Unfall mit Personenschaden allein anwendbar. Bleibt er am Unfallort, ohne dem Verletzten zu helfen, geht demgegenüber Art. 128 vor. Gleiches gilt auch dann, wenn eine andere nach SVG Art. 51 Abs. 2 zur Hilfeleistung verpflichtete Person (Mitfahrer, unbeteiligter Anwesender) untätig bleibt, obwohl das Unfallopfer in Lebensgefahr schwebt.

Abs. 2: Strafbar macht sich jedermann, der einen anderen tätlich oder verbal von der beabsichtigten oder bereits im Gang befindlichen Nothilfe für einen Dritten abhält, sowie wer einen anderen dabei auch nur schon behindert. Unerheblich dürfte sein, ob der Nothelfer zu einem solchen Tun gemäß Abs. 1 verpflichtet war oder nicht.

Falscher Alarm

Wer wider besseres Wissen grundlos einen öffentlichen oder gemeinnützigen Sicherheitsdienst, einen Rettungs- oder Hilfsdienst, insbesondere Polizei, Feuerwehr, Sanität, alarmiert, wird mit Gefängnis oder mit Buße bestraft. **128**^{bis}

Art. 128bis: Neuer Tatbestand, eingefügt durch das BG vom 17. Juni 1994, in Kraft ab 1. Januar 1995. Die Bestimmung will verhindern, daß bedingt durch grundloses Ausrücken von solchen Diensten diese für eine gewisse Zeit nicht mehr oder nur beschränkt für tatsächliche Notlagen zur Verfügung stehen. Als weitere Rettungs- und Hilfsdienste kommen z. B. motorisierte Pikett-Notärzte, die REGA, Pistendienste und Organisationen zur Rettung von Bergsteigern in Betracht. Der Täter muß mindestens einem der Dienste persönlich oder durch eine Fernmeldeeinrichtung Meldung über ein angebliches Ereignis (Unfall, medizinischer Notfall, Brand, Deponierung eines auf Sprengstoff verdächtigen Koffers usw.) erstatten, welches einen unverzüglichen Einsatz erfordert. Die Bestimmung verlangt, daß der Täter im bestimmten Wissen darum handelt, daß der betreffende Dienst nicht benötigt wird.

Gefährdung des Lebens

129 Wer einen Menschen in skrupelloser Weise in unmittelbare Lebensgefahr bringt, wird mit Zuchthaus bis zu fünf Jahren oder mit Gefängnis bestraft.

Art. 129: Neue Fassung gemäß BG vom 23. Juni 1989, in Kraft seit Januar 1990 (der frühere Text setzte voraus, daß der Täter jemanden «wissentlich und gewissenlos» in unmittelbare Lebensgefahr bringt, und sah zwei Fälle qualifizierter Bestrafung vor).

Objektiv erfüllt den Tatbestand, wer einen anderen durch beliebiges Handeln in einen direkt daraus entspringenden Zustand bringt, aufgrund dessen nach dem gewöhnlichen Lauf der Dinge die akute Wahrscheinlichkeit oder sehr nahe Möglichkeit des Todeseintrittes besteht; vgl. BGE 94 IV 62 (Zielen mit schußbereiter Waffe auf einen Menschen), 100 IV 217 (Ziehen einer solchen Waffe, so daß ein ungewollt losgehender Schuß in der Nähe eines Menschen einschlagen kann), 101 IV 159 (verneint für das Aussetzen eines Betrunkenen in einer regnerischen Novembernacht unter einem Barackendach), 106 IV 14 (keine *unmittelbare* Lebensgefahr bei Abgabe von Heroin), 107 IV 163 und 111 IV 54 (Bejahung einer solchen Gefahr bei demjenigen, der im Verlaufe eines Handgemenges eine schußbereite Waffe zieht bzw. eine solche schießbereit zu machen versucht).

Subjektiv wird – wie die frühere Formulierung «willentlich» ausdrücklich hervorhob – der direkte Vorsatz des Täters verlangt, jemanden in unmittelbare Lebensgefahr zu bringen (vgl. BGE 94 IV 63, 101 IV 160, 106 IV 15). Andererseits muß er darauf vertrauen, daß sich die Gefahr nicht verwirklicht; nimmt er dagegen den Tod des Opfers in Kauf, finden bereits Art. 111 ff. Anwendung (vgl. BGE 107 IV 165). Das Element der Skrupellosigkeit entspricht dem der Gewissenlosigkeit im bisherigen Recht. Nach BGE 114 IV 108 soll die Handlung des Täters gewissenlos sein, wenn sie angesichts des Tatmittels und des Tatmotivs unter Berücksichtigung der Tatsituation den allgemein anerkannten Grundsätzen von Sitte und Moral zuwiderläuft (die frühere Rechtsprechung stellte v. a. auf den Beweggrund und die Nähe der Gefahr ab, vgl. BGE 100 IV 218, 107 IV 164, Pr 71 Nr. 110). Wer jemanden vorsätzlich in unmittelbare Lebensgefahr bringt, dürfte indessen höchstens dann nicht skrupellos handeln, wenn vom Gesetz anderweitig als entlastend anerkannte Umstände vorliegen, so wenn der Täter die Tat in Notwehrüberschreitung, auf Provokation durch das Opfer hin, in entschuldbarer Gemütsbewegung oder unter großer seelischer Belastung beging.

Zur Abgrenzung zwischen Versuch und Vollendung vgl. BGE 111 IV

51. Verursachte der Täter durch seine Handlung ungewollt eine Körperverletzung oder den Tod des Opfers, ist neben Art. 129 auch Art. 125 bzw. Art. 117 anwendbar. Brachte er den Geschädigten durch eine vorsätzliche Körperverletzung in Lebensgefahr, fällt dies unter Art. 122 Abs. 1. – Vgl. ferner Art. 221–230, 237 und 238, wo u. a. die Gefährdung von Menschen am Leben Tatbestandsmerkmal bildet.

Aufgehoben durch BG vom 23. Juni 1989 mit Wirkung ab 1. Januar 1990.

130 bis 132

Raufhandel

[1] Wer sich an einem Raufhandel beteiligt, der den Tod oder die Körperverletzung eines Menschen zur Folge hat, wird mit Gefängnis oder mit Buße bestraft.

133

[2] Nicht strafbar ist, wer ausschließlich abwehrt oder die Streitenden scheidet.

Art. 133: Neue Fassung gemäß BG vom 23. Juni 1989, in Kraft seit 1. Januar 1990. Raufhandel ist eine tätliche Auseinandersetzung, an der mindestens drei Personen teilnehmen und bei welcher zwei oder mehr Parteien wechselseitig tätlich gegeneinander vorgehen: BGE 100 IV 57 (Bewerfen mit harten Gegenständen genügt), 104 IV 57, 106 IV 249 und 107 IV 235 (als Beteiligter gilt auch, wer ausschließlich tätlich wird, um andere abzuwehren oder zu schlichten; er ist indessen entgegen RS 1991 Nr. 16 straflos). Im übrigen wird die Beteiligung am Raufhandel nur dann bestraft, wenn dieser zum Tod oder zur körperlichen Schädigung im Mindestumfang von Art. 123 eines Teilnehmers, nach dem revidierten Gesetzestext auch eines Dritten, führt: RS 1991 Nr. 17. Strafbar wird der Teilnehmer auch dann, wenn er vor Eintritt dieser Bedingung aus dem Kampf ausscheidet: BGE 106 IV 252. Nach dem gleichen Entscheid soll es sogar genügen, wenn sie erst nach Beendigung des Raufhandels eintritt, was indessen zu weit geht. – Der Vorsatz hat sich nur auf die Teilnahme an einem Raufhandel im erwähnten Sinn zu beziehen, vgl. dazu BGE 106 IV 251 (es reicht aus, wenn jemand sich zunächst nur mit *einer* Person auseinandersetzt, aber das Eingreifen eines Dritten in Kauf nimmt).

Bei nachgewiesener (vorsätzlicher oder fahrlässiger) Verursachung der körperlichen Schädigung eines Teilnehmers durch einen bestimmten anderen Beteiligten ist dieser neben Art. 133 auch nach Art. 111 ff. bzw. Art. 122 f. zu bestrafen: BGE 83 IV 192. Nur wegen des betreffenden Verletzungsdeliktes macht sich strafbar, wer zwar nur Abwehr übt, aber dabei die Grenzen der Notwehr überschreitet: BGE 106 IV 249.

Angriff

134 Wer sich an einem Angriff auf einen oder mehrere Menschen beteiligt, der den Tod oder die Körperverletzung eines Angegriffenen oder eines Dritten zur Folge hat, wird mit Gefängnis bis zu fünf Jahren bestraft.

Art. 134: Neue Bestimmung, eingefügt durch BG vom 23. Juni 1989, in Kraft seit 1. Januar 1990. Angriff ist die gewaltsame tätliche Einwirkung mindestens zweier Personen auf einen oder mehrere Menschen in feindseliger Absicht. Strafbar ist die Beteiligung daran erst, wenn ein Angegriffener oder Dritter infolge der Attacke verletzt oder getötet wird; diese objektive Strafbarkeitsbedingung entspricht jener beim Raufhandel (vgl. Bem. zu Art. 133). Der Vorsatz des Täters bezieht sich darauf, an einem solchen Angriff aktiv teilzunehmen. Erstreckte er sich nachweisbar darüber hinaus auf die einem Angegriffenen zugefügte körperliche Schädigung, ist deren Urheber neben Art. 134 auch wegen vorsätzlicher Körperverletzung (Art. 122 f.) bzw. eines Tötungsdelikts (Art. 111 ff.) zu bestrafen. War der Geschädigte die einzige angegriffene Person, gilt diese letztere Strafe diejenige nach Art. 134 ab: BGE 118 IV 229. Diese Bestimmung (und nicht Art. 133) sollte auch dann angewendet werden, wenn ein einseitiger Angriff von der Gegenseite tätlich abgewehrt wird.

Gewaltdarstellungen

135 [1] Wer Ton- oder Bildaufnahmen, Abbildungen, andere Gegenstände oder Vorführungen, die, ohne schutzwürdigen kulturellen oder wissenschaftlichen Wert zu haben, grausame Gewalttätigkeiten gegen Menschen oder Tiere eindringlich darstellen und dabei die elementare Würde des Menschen in schwerer Weise verletzen, herstellt, einführt, lagert, in Verkehr bringt, anpreist, ausstellt, anbietet, zeigt, überläßt oder zugänglich macht, wird mit Gefängnis oder mit Buße bestraft.

[2] Die Gegenstände werden eingezogen.

[3] Handelt der Täter aus Gewinnsucht, so ist die Strafe Gefängnis und Buße.

Art. 135: Neue Bestimmung, eingefügt durch BG vom 23. Juni 1989, in Kraft seit 1. Januar 1990. Sie richtet sich gegen die befürchtete Eignung von Gewaltdarstellungen, Menschen und insbesondere Jugendliche zu verrohen und ihrerseits zu Gewalttätigkeiten gegen Mitmenschen und Tiere zu verleiten. Die gesetzliche Umschreibung der Darstellungsmittel erfaßt allerdings literarische Schilderungen von Gewalttätigkeiten nicht.

Abs. 1: Die Bestimmung setzt die Darstellung grausamer Gewalttätigkeiten voraus. Das sind auf die Zufügung von Leiden ausgerichtete, brutale Einwirkungen. Diese müssen außerdem eindringlich dargestellt sein, d. h. beim Betrachter oder Hörer einen intensiven Eindruck erwecken. Bei Vorliegen dieser Voraussetzungen dürfte die Darstellung praktisch auch immer die elementare Würde des Menschen in schwerer Weise verletzen, wie dies vom Gesetz weiter gefordert wird. Nicht erfaßt werden Darstellungen von schutzwürdigem kulturellen oder wissenschaftlichen Wert, d. h. Darstellungen von künstlerischer, historischer oder dokumentarischer Bedeutung, welche die Verwerflichkeit von Gewalttätigkeiten bewußtmachen wollen.

Abs. 2: Die Einziehung der die Gewalttätigkeit darstellenden Gegenstände ist vorgeschrieben und hat auch zu erfolgen, wenn nicht alle Voraussetzungen von Art. 58 gegeben sein sollten.

Abs. 3: Unter «Gewinnsucht» ist im Besonderen Teil des StGB nach Auffassung des Bundesgerichts ein moralisch verwerfliches Bereicherungsstreben zu verstehen, das nicht durch ein ungewöhnliches Ausmaß charakterisiert zu sein braucht: BGE 107 IV 125, 109 IV 119, 113 IV 24.

Verabreichen gesundheitsgefährdender Stoffe an Kinder

Wer einem Kind unter 16 Jahren alkoholische Getränke oder **136** andere Stoffe in einer Menge, welche die Gesundheit gefährden kann, oder Betäubungsmittel im Sinne des Bundesgesetzes vom 3. Oktober 1951 über die Betäubungsmittel verabreicht oder zum Konsum zur Verfügung stellt, wird mit Gefängnis oder mit Buße bestraft.

Art. 136: Neue Fassung gemäß BG vom 23. Juni 1989, in Kraft seit 1. Januar 1990 (die Bestimmung pönalisierte früher nur die Abgabe geistiger Getränke an Kinder). Sie erfaßt Betäubungsmittel in beliebiger Quantität, alkoholische Getränke und weitere Stoffe wie Raucherwaren und nicht indizierte Medikamente in einer Menge, welche die Gesundheit gefährden kann. Diese kann schon erreicht sein, wenn sie eine bloß vorübergehende Schädigung im Ausmaß einer einfachen Körperverletzung (Art. 123) hervorruft. Neben dem Verabreichen (Eingeben, Anbieten zum sofortigen Konsum) ist auch die bloße Abgabe zur späteren Einnahme strafbar.

Bei Abgabe von *Betäubungsmitteln* an Kinder entfällt die von BetMG Art. 19b u. U. statuierte Straflosigkeit.

Zweiter Titel
Strafbare Handlungen gegen das Vermögen

1. Strafbare Handlungen gegen das Vermögen
Unrechtmäßige Aneignung

137 1. Wer sich eine fremde bewegliche Sache aneignet, um sich oder einen andern damit unrechtmäßig zu bereichern, wird, wenn nicht die besonderen Voraussetzungen der Artikel 138–140 zutreffen, mit Gefängnis oder mit Buße bestraft.

2. Hat der Täter die Sache gefunden oder ist sie ihm ohne seinen Willen zugekommen,

handelt er ohne Bereicherungsabsicht oder

handelt er zum Nachteil eines Angehörigen oder Familiengenossen,

so wird die Tat nur auf Antrag verfolgt.

Art. 137–172ter: Neue Fassung des 2. Titels gemäß BG vom 17. Juni 1994, in Kraft ab 1. Januar 1995. Vgl. dazu Botschaft des Bundesrats über die Änderung des StGB und des MStG vom 24. April 1991 in BBl 1991, S. 969 ff., hier als «Botschaft 1991» mit den Seitenzahlen in ihrer Separatausgabe gekennzeichnet. Gänzlich neu sind die sog. Computerdelikte in Art. 143, 143bis, 144bis, 147 und 150.–Art. 172bis (Verbindung von Freiheitsstrafe mit Buße) und 172ter (Geringfügige Vermögensdelikte) enthalten allgemeine Bestimmungen für den ganzen Titel. Im Hinblick auf Art. 172ter sind die Tatbestände von alt Art. 138 (Entwendung) und alt Art. 142 (Geringfügige Veruntreuung und Unterschlagung) weggefallen.

Art. 137: Die neugeschaffene Bestimmung verselbständigt die in den bisherigen Art. 137–141 als ungeschriebenes subjektives bzw. als objektives Tatbestandsmerkmal enthaltene unrechtmäßige Aneignung zu einem besonderen Delikt. Sie soll Anwendung finden, wenn sich ein solches Verhalten weder als Diebstahl bzw. Raub noch als Veruntreuung erfassen läßt.

Ziff. 1: Zum Begriff der *fremden, beweglichen Sache*: Körperlicher Gegenstand, nicht aber Rechte und Forderungen, soweit sie nicht in einem Wertpapier verkörpert sind: BGE 81 IV 158, 103 IV 88 (Schuldanerkennung ist keine Sache), 100 IV 31 (Zertifikat über Namensaktien als Sache). Unbeweglich sind Grundstücke und ihre Bestandteile. Es genügt aber, wenn die Sache erst durch ihre Wegnahme beweglich wird: BGE 72 IV 54 (Weidenlassen auf fremdem Grund), 100 IV 159 (Abbrechen von Mineralien aus Felsen). Fremd ist sie, wenn sie im zivilrechtlichen Eigentum eines andern steht: BGE 85 IV 230, 88 IV 16, 90 IV 19, 100 IV 156 (Abgrenzung zur herrenlosen Sache), vgl. auch 72 IV 152 (betr. Sachen Toter) und demgegenüber BGE 110 IV 13, wo übersehen wird, daß das an einer Tankstelle bereits in den Behälter eines Wagens abgefüllte Benzin zum Eigentum des Käufers geworden ist (vgl. auch Kritik in recht 1986 Nr. 1 S. 23 ff.). Auch Sachen, die von ihrem bisherigen Eigentümer dereliquiert wurden, sind für den Täter nicht «fremd»: BGE 115 IV 106 (Dereliktion bezüglich Altpapier, das zur Abholung durch eine gemeinnützige Organisation bereitgestellt wird, verneint).

Aneignung besteht nach bundesgerichtlicher Praxis darin, daß der Täter die fremde Sache oder ihren Wert wirtschaftlich seinem eigenen Vermögen einverleibt, um sie zu behalten, zu verbrauchen oder einem anderen zu veräußern, bzw. darin, daß er wie ein Eigentümer über die Sache verfügt, ohne diese Eigenschaft zu haben. Ein entsprechender Wille allein genügt nicht; er muß sich auch in einem äußerlichen Verhalten des Täters manifestieren (BGE 118 IV 151). *Absicht unrechtmäßiger Bereicherung:* Mit dieser letzteren ist jeder Vermögensvorteil gemeint, auf den der Täter keinen Rechtsanspruch hat. Er kann im Sach- oder Gebrauchswert des Deliktsobjektes bzw. im Erlös aus dessen Veräußerung bestehen (in BGE 111 IV 75 wird der letztere fälschlicherweise als «Gebrauchswert» bezeichnet), nicht aber im bloßen Beweiswert einer Urkunde (verkannt in BGE 114 IV 137). Die Absicht braucht sich nicht zu verwirklichen. Sie entfällt, wenn der Täter im Zeitpunkt der Tat dem Eigentümer der Sache deren vollen Gegenwert vergütet (gemäß BGE 107 IV 167 ausgenommen bei einem nicht ohne weiteres ersetzbaren Liebhaberobjekt), sowie wenn er irrtümlicherweise annimmt, einen Anspruch auf sie zu haben (BGE 98 IV 21).

Art. 137 Ziff. 1 ist im Verhältnis zu den mit strengeren Strafdrohungen versehen Art. 138–140 subsidiär, d. h. nur dann anwendbar, wenn die Aneignung der Sache bzw. deren Behändigung zu diesem Zweck weder die Tatbestandsmerkmale der Veruntreuung nach Art. 138 Ziff. 1 Abs. 1 noch jene des Diebstahls nach Art. 139 (die auch für Raub nach Art. 140 erforderlich sind) erfüllt. Für Art. 137 Ziff. 1 verbleiben v. a. folgende Konstellationen:

– Der Entschluß zur Aneignung wird erst *nach* der zunächst irrtümlich oder zu bloß vorübergehendem Gebrauch erfolgten Wegnahme einer Sache gefaßt;

– die vom Täter behändigte Sache befand sich weit außerhalb des Zugriffsbereiches ihres Eigentümers (z. B. auf dem Feld oder im Wald) oder auf einem Verstorbenen, so daß er sie mangels eines Gewahrsamsbruches nicht im Sinne von Art. 139 jemandem weggenommen hat;
– jemand hat sie ihm kurz übergeben oder in seinem Herrschaftsbereich zurückgelassen, ohne sie ihm i. S. von Art. 138 anzuvertrauen.

Ferner ist Art. 137 Ziff. 1 auf Personen anzuwenden, die an einer Veruntreuung nach Art. 138 Ziff. 1 Abs. 1 teilnehmen (siehe dort).

Ziff. 2 Abs. 1 ist eine besondere Form des Grundtatbestandes von Ziff. 1. Die Bestimmung ersetzt den bisherigen Art. 141 (Unterschlagung und Fundunterschlagung). Letztere betrifft eine Sache, die ihrem Inhaber ohne seinen Willen abhanden kam und sich in niemandes Gewahrsam mehr befindet (BGE 71 IV 89, 184). Bei ersterer ist dem Täter eine solche ohne seinen Willen *zugekommen,* wenn sie von einem anderen oder sonstwie ohne sein Zutun in seinen Herrschaftsbereich verbracht wurde. Im ersten Fall kann dies sowohl unbeabsichtigt geschehen sein (z. B. irrtümliche Zustellung einer Warensendung, vgl. BGE 98 IV 241) als auch mit Willen des bisherigen Inhabers (z. B. bei einer unbestellten Ansichtssendung, BGE 99 IV 7).

Abs. 2: Die Bestimmung ersetzt den bisherigen Art. 143 (Sachentziehung) teilweise, wobei kein Vermögensschaden mehr erforderlich ist. Im Gegensatz zu Art. 137 Ziff. 1 kann es sich auch um Sachen handeln, die dem Täter anvertraut worden sind oder die er wegnimmt. Die Absicht der (sinngemäß unrechtmäßigen) Bereicherung wird dem Täter v. a. fehlen, wenn er einen Anspruch auf die Sache zu haben glaubt oder diese, mindestens für ihn, keinen Vermögenswert aufweist.

Abs. 3: Der Angehörige bzw. Familiengenosse des Täters (vgl. zu diesen Begriffen Art. 110 Ziff. 2 und 3) muß Eigentümer, nicht bloß Inhaber des Deliktsobjektes sein.

Veruntreuung

138 1. Wer sich eine ihm anvertraute fremde bewegliche Sache aneignet, um sich oder einen andern damit unrechtmäßig zu bereichern,

wer ihm anvertraute Vermögenswerte unrechtmäßig in seinem oder eines anderen Nutzen verwendet,

wird mit Zuchthaus bis zu fünf Jahren oder mit Gefängnis bestraft.

Die Veruntreuung zum Nachteil eines Angehörigen oder Familiengenossen wird nur auf Antrag verfolgt.

2. Wer die Tat als Mitglied einer Behörde, als Beamter, Vormund, Beistand, berufsmäßiger Vermögensverwalter oder bei Ausübung eines Berufes, Gewerbes oder Handelsgeschäftes, zu der er durch eine Behörde ermächtigt ist, begeht, wird mit Zuchthaus bis zu zehn Jahren oder mit Gefängnis bestraft.

Art. 138 entspricht im wesentlichen dem bisherigen Art. 140.

Ziff. 1 Abs. 1: Begriff der fremden, beweglichen Sache: siehe Bem. zu Art. 137 Ziff. 1. Auch beim Täter befindliches *Geld* fällt unter Art. 138 Ziff. 1 Abs. 1 (nicht Abs. 2), wenn es noch im Eigentum eines anderen steht, insbesondere der Täter verpflichtet ist, es getrennt von seinem eigenen Geld aufzubewahren: BGE 81 IV 233, 105 IV 33. Fremd ist namentlich auch die vom Täter auf Abzahlung gekaufte Sache, sofern sie unter gültigem *Eigentumsvorbehalt* gemäß ZGB Art. 715 des Verkäufers oder Finanzierungsinstitutes steht: BGE 90 IV 182, 192 (unterbliebener Registereintrag). 95 IV 5, 118 IV 151. Vgl. ferner BGE 86 IV 165 und ZR 68 Nr. 36 (Mietvertrag zur Umgehung von ZGB Art. 715 bzw. der Bestimmungen über den Abzahlungskauf), SJZ 71 (1975) 112 (unzulässige Vereinbarung eines Eigentumsvorbehaltes zur Sicherung einer Darlehensschuld). Weiterverkauf oder Verpfändung der Sache in der irrtümlichen Annahme, sie stehe unter gültigem Eigentumsvorbehalt, ist versuchte Veruntreuung am untauglichen Objekt (Art. 23): BGE 90 IV 182, 192, 106 IV 255, SJZ 71 (1975) 112.

Nach der Rechtsprechung des Bundesgerichtes gilt als dem Täter *anvertraut,* was er mit der Verpflichtung empfängt, es in bestimmter Weise im Interesse eines anderen zu verwenden, insbesondere es zu verwahren, zu verwalten und abzuliefern, und zwar gemäß Weisungen, die ausdrücklich oder stillschweigend sein können: zuletzt BGE 117 IV 257, 118 IV 33, 241, vgl. aber auch ZBJV 98 (1962) 112 (was mit rechtlich beschränkter Verfügungsmacht überlassen wird, ohne daß eine unmittelbare Kontrolle der Verwendung möglich oder üblich ist) und ZStrR 98 (1981) 356. Belanglos ist, ob der Täter die Sache vom Verletzten selber oder von einem Dritten erhielt: BGE 101 IV 163, vgl. BGE 106 IV 16 (Bestimmung des Geschädigten). Der Täter braucht daran keinen ausschließlichen Gewahrsam zu haben: BGE 92 IV 90, 98 IV 25 (abzulehnen). Als Täter kommt auch ein Vorgesetzter in Frage, der gegenüber dem Gewahrsamsinhaber weisungsberechtigt ist (BGE 105 IV 33), ebenso das Organ einer juristischen Person, die den Gegenstand empfangen hat (BGE 106 IV 22). Die Verpflichtung zur Verwendung der Sache im Interesse eines anderen kann sich aus Gesetz, Amts- und Dienstpflichten (BGE 72 IV 153, 81 IV 232) sowie aus dem ausdrücklichen oder stillschweigend geäußerten Parteiwillen ergeben; dieser muß beidseitig sein: BGE 99 IV 202, 101 IV 163, vgl. auch BGE 86 IV 165 («tatsächliches» Vertrauensverhältnis, wenn der der Übergabe der Sache zugrundeliegende Vertrag ungültig ist, problematisch). Als anvertraut betrachtet wurden z. B. Kommissionsware (BGE 71 IV 25), Trödelware (BGE 75 IV 15), in der nur noch von der Frau bewohnten ehelichen Wohnung zurückgelassenes Mannesgut (BGE 88 IV 18), dem Agenten zum Verkauf übergebene Waren (BGE 92 IV 175).

Aneignung und Absicht unrechtmäßiger Bereicherung: Vgl. Bem. zu Art. 137 Ziff. 1, zur Aneignung insbes. BGE 118 IV 151. Die Bereicherungsabsicht kann auch ausgeschlossen sein, wenn der Täter fähig und willens ist, das sich angeeignete Geld zu *ersetzen,* und zwar *jederzeit,* wenn er die ihm anvertrauten Mittel dem Berechtigten nach seiner vertraglichen Verpflichtung stets zur Verfügung halten muß: BGE 91 IV 133, 118 IV 30. Die erwähnte Absicht entfällt ferner, wenn sich der Täter auf Verrechnung beruft und davon überzeugt ist, daß seine eigene Forderung verrechnet werden dürfe: BGE 105 IV 35, vgl. SJZ 77 (1981) 165 und RS 1983 Nr. 445.

Teilnahme: Anstifter, Gehilfen und Mittäter, denen die fremde Sache nicht selber anvertraut wurde, sind gemäß Art. 26 nur nach dem Grundtatbestand von Art. 137 Ziff. 1 zu verurteilen und zu bestrafen.

Abs. 2: Die Bestimmung bezieht sich auf die Veruntreuung von Objekten, die für den Täter nicht «fremd» sind (vgl. Bem. zu Art. 137 Ziff. 1), aber «wirtschaftlich zum Vermögen eines anderen gehören» (BGE 99 IV 206; zur Möglichkeit der Erfüllung des Tatbestandes durch den Alleinaktionär im Verhältnis zur Einmann-AG vgl. RS 1985 Nr. 783). – *Begriff der anvertrauten Vermögenswerte* (im früheren Recht «anvertrautes Gut»): Dazu gehören zunächst vertretbare wie nunmehr auch unvertretbare, d. h. individuell bestimmte *Sachen,* die durch fiduziarische Übereignung, Vermischung usw. ins Eigentum des Täters übergegangen sind. Außerdem sind *Forderungen* geschützt, insbesondere Bank- und Postguthaben einschließlich allfällige damit verbundene Kreditmöglichkeiten: BGE 109 IV 29, 111 IV 21, 118 IV 33, 119 IV 127. Der Begriff *«anvertraut»* wurde früher für das «Gut» vom Bundesgericht gleich umschrieben wie in Abs. 1 (siehe dort); doch schließt sich das Bundesgericht neuerdings der Lehrmeinung an, wonach eine Pflicht des Täters zur ständigen Erhaltung des Wertes eines ihm übertragenen Gutes vorausgesetzt werden muß (BGE 120 IV 118 betr. Verwendung eines Darlehens). – Ein *Guthaben* ist dem Bevollmächtigten dann anvertraut, wenn er ohne Mitwirkung des Treugebers über die Werte verfügen kann, selbst wenn das Konto auf dessen Namen lautet: BGE 109 IV 29, 111 IV 21 (umstritten, vgl. ZBJV 124 1988

400). Das Anvertrauen kann auch durch Ausstellung eines Blanko-checks auf das Konto erfolgen (BGE 119 IV 128). Eine «faktische Ver-fügungsbefugnis» genügt (BGE 117 IV 433). Anders verhält es sich, wenn jemand nicht direkt über ein Konto verfügt, sondern zu diesem Zweck andere täuschen muß (BGE 111 IV 130: Veranlassung von Zah-lungen zu Lasten von Kundenkonten durch einen Bankdirektor zu sei-nen eigenen Gunsten durch gefälschte Aufträge ist Betrug).

Entscheide, in denen «anvertrautes» Gut im Sinne des früheren Rechts angenommen wurde: BGE 70 IV 72 (Erlös aus dem im Auftrag des Malers verkauften Bild), 71 IV 25 (Erlös aus Kommissionsware), 73 IV 172 (auch zur Verübung einer unerlaubten Handlung übergebenes Geld), 75 IV 15 (Erlös aus Trödelware), 77 IV 12 (Wegnahme von Geld aus der Ladenkasse durch Verkäuferin), 92 IV 175 (Erlös aus dem Agenten zum Verkauf übergebenen Waren), 94 IV 138 (Lohnabzüge für Autokauf durch Arbeitnehmer), 98 IV 31 (teilweise einem Mitgläu-biger zustehende Zahlung auf Bankkonto), 98 IV 24 (dem Täter per-sönlich zugewendete Trinkgelder, die abmachungsgemäß in eine ge-meinsame Kasse der Angestellten hätten gelegt werden sollen), 101 IV 163 (für Materiallieferung und Arbeit eines anderen einkassiertes Geld), 106 IV 258 (unrechtmäßige Verwendung von Umsatzvergütun-gen und Versicherungsleistungen, die für einen Hoteleigentümer be-stimmt waren, durch den Geranten), 111 IV 20 (Devisenkonti einer Bank, über welche ein von ihr angestellter Devisenhändler allein verfü-gen kann).

Mangels «anvertrauten» Gutes wurde eine Veruntreuung *verneint* an pflichtwidrig angenommenen Provisionen eines Sachwalters: BGE 80 IV 55, an Provision in Form von Fondszertifikaten durch Organ der Fondsleitung: BGE 103 IV 238, an Tantiemen für das Mitglied eines Verwaltungsrates, das in diesem eine Behörde vertritt (BGE 118 IV 239), an zum voraus empfangenem Mietzins durch den Vermieter: BGE 73 IV 172, an Akontozahlungen des Mieters für Heizungskosten an den Vermieter: BGE 109 IV 24, durch zweckwidrige Verwendung eines Darlehens, wenn dieses im Interesse des Darlehensnehmers gege-ben wurde: BGE 85 IV 168, 120, bei Nichtablieferung von am Lohn der Arbeiter abgezogenen Beiträgen an die AHV; es gilt die Spezialbestim-mung von AHVG Art. 87: BGE 82 IV 137; an dem einem Wirt vom Aufsteller geschuldeten Anteil an den Einnahmen eines in der Wirt-schaft aufgestellten Spielautomaten: BGE 99 IV 202; an dem von der Krankenkasse einem Mitglied ausbezahlten Betrag, welchen dieses einer Klinik schuldet: BGE 117 IV 257; an den von einem Hotelier er-hobenen Kurtaxen, die der Gemeinde abzuliefern gewesen wären: BGE 106 IV 356, bei Ausstellung ungedeckter Eurochecks: BGE 111 IV 137. – *Unrechtmäßige Verwendung im Nutzen des Täters oder eines andern* liegt regelmäßig darin, daß der Täter das Empfangene zu seinen eigenen Gunsten oder im Interesse eines Dritten verbraucht, veräußert oder verpfändet, ohne dem Treugeber aus anderen Mitteln jederzeit entsprechende Werte zur Verfügung zu halten (vgl. BGE 81 IV 233, 118 IV 30, 34, ZStrR 92 1976 38). Unrechtmäßige Verwendung eines dem Täter anvertrauten *Bankkontos* kann auch darin liegen, daß er die damit verbundenen Kreditmöglichkeiten unerlaubterweise ausschöpft und damit einen Passivsaldo des Kontos herbeiführt bzw. erhöht: BGE 109 IV 33. Auch bei Abs. 2 ist die Absicht unrechtmäßiger Bereicherung vorauszusetzen: BGE 105 IV 34, 118 IV 29, vgl. Bem. zu Ziff. 1 Abs. 1.

Abs. 4: Vgl. Art. 110 Ziff. 2 und 3.

Ziff. 2: Beamter: Art. 110 Ziff. 4; RS 1982 Nr. 348 (Kassiererin einer öffentlich-rechtlichen Kirchgemeinde). – Berufsmäßiger Vermögensverwalter: BGE 69 IV 164, 97 IV 203 (Anlagefonds), 100 IV 30 (Vermögensverwaltung braucht nicht Haupttätigkeit zu sein), 117 IV 21 (die Verwaltung einer einzigen fremden Liegenschaft begründet keine solche Stellung), 106 IV 22, 110 IV 16, 120 IV 183 (berufsmäßiger Vermögensverwalter ist auch der verantwortliche Angestellte eines Unternehmens, das zivilrechtlich die Verwaltung des Vermögens übernommen hat). Behördliche Ermächtigung: BGE 103 IV 18 (Zulassung von Banken). 106 IV 22 (lautet die Ermächtigung auf eine jur. Person, so ist qualifizierter Täter, wer sich als Organ mit der bewilligungspflichtigen Tätigkeit befaßt), nun ausdrücklich bestimmt in Art. 172.

Diebstahl

139 1. Wer jemandem eine fremde bewegliche Sache zur Aneignung wegnimmt, um sich oder einen andern damit unrechtmäßig zu bereichern, wird mit Zuchthaus bis zu fünf Jahren oder mit Gefängnis bestraft.

2. Der Dieb wird mit Zuchthaus bis zu zehn Jahren oder mit Gefängnis nicht unter drei Monaten bestraft, wenn er gewerbsmäßig stiehlt.

3. Der Dieb wird mit Zuchthaus bis zu zehn Jahren oder Gefängnis nicht unter sechs Monaten bestraft,

wenn er den Diebstahl als Mitglied einer Bande ausführt, die sich zur fortgesetzten Verübung von Raub oder Diebstahl zusammengefunden hat,

wenn er zum Zweck des Diebstahls eine Schußwaffe oder eine andere gefährliche Waffe mit sich führt oder wenn er sonstwie durch die Art, wie er den Diebstahl begeht, seine besondere Gefährlichkeit offenbart.

4. Der Diebstahl zum Nachteil eines Angehörigen oder Familiengenossen wird nur auf Antrag verfolgt.

Art. 139 entspricht im wesentlichen dem früheren Art. 137, erwähnt aber das subjektive Tatbestandsmerkmal der Aneignungsabsicht nunmehr in Ziff. 1 ausdrücklich.

Ziff. 1: *Begriff der fremden, beweglichen Sache:* siehe Bem. zu Art. 137 Abs. 1.

Wegnehmen ist Bruch fremden und Begründung neuen Gewahrsams; dieser besteht in der tatsächlichen Sachherrschaft mit dem Willen, sie auszuüben: BGE 97 IV 196, 101 IV 35, 104 IV 73, 110 IV 80, 115 IV 106 (Gewahrsam des bisherigen Eigentümers an Altpapier bejaht, welches auf der Straße zum Abholen durch eine gemeinnützige Institution deponiert wird). Bestehender Mitgewahrsam des Täters schließt Diebstahl nicht aus: BGE 92 IV 90, 101 IV 35. – Wo bisher in höchst problematischer Weise ein Weiterbestehen der Herrschaftsmöglichkeit des Geschädigten angenommen wurde (BGE 100 IV 58 betr. eine Kristallkluft im Gebirge, BGE 112 IV 11 betr. einen in einer Telefonkabine liegengelassenen Geldbeutel), wird nunmehr Art. 137 (unrechtmäßige Aneignung) anwendbar sein. Vorübergehende Verhinderung in seiner Ausübung hebt den Gewahrsam nicht auf: BGE 80 IV 153, 100 IV 159, 104 IV 73, 110 IV 84, 112 IV 12. Nach BGE 110 IV 13 soll sogar an dem schon in den Tank des Wagens eines Kunden eingefüllten Benzin immer noch ein Gewahrsam des Inhabers der Tankstelle bestehen (unhaltbar, vgl. recht 1986, 24). Kein Wegnehmen im Sinne von Art. 137 liegt vor, wenn die Sache mit Einwilligung des Gewahrsamsinhabers behändigt wird; es sei denn, die von diesem für seine Zustimmung festgesetzten Bedingungen würden vom Täter nicht erfüllt: BGE 103 IV 84, vgl. BGE 100 IV 156 («Strahlen» von Mineralien unter Verletzung der vom Grundeigentümer aufgestellten Regeln, im Urteil allerdings unter dem Gesichtspunkt eines Rechtfertigungsgrundes geprüft). Im Stellen einer «Diebesfalle» liegt keine Einwilligung in das Behändigen der Sache durch den Dieb: SJZ 79 (1983) 81. Wegnahme kann auch dadurch erfolgen, daß der Täter die Ausübung des Gewahrsams durch dessen bisherigen Inhaber verunmöglicht: BGE 80 IV 154, oder daß er die Sache innerhalb der Herrschaftssphäre des bisherigen Inhabers versteckt: BGE 104 IV 157. Zur Vollendung der Wegnahme und damit des Diebstahls: BGE 92 IV 91, 98 IV 84 (bei Waren in Selbstbedienungsgeschäften und Warenhäusern, wenn sie versteckt werden).

Absicht der *Aneignung* und der *unrechtmäßigen Bereicherung:* siehe Bem. zu Art. 137 Ziff. 1. Sind beide oder eine dieser Voraussetzungen nicht gegeben, kommen unrechtmäßige Aneignung nach Art. 137 Ziff. 2 Abs. 2 oder Sachentziehung gemäß Art. 141 in Betracht. *Teilnahme:* Gehilfenschaft ist auch noch nach der Wegnahme der Sache durch den Täter bis zur sog. Beendigung der Tat (Eintritt der Bereicherung) möglich: BGE 98 IV 83 (Wegschaffen der von der Ladendiebin in einer Tasche versteckten Ware aus dem Geschäft). Entgegen Pr 70 Nr. 121 kann jedoch für Mittäterschaft nicht das gleiche gelten.

Abgrenzung zu *Art. 138:* Bei übergeordnetem Gewahrsam des Geschädigten an der dem Täter anvertrauten Sache liegt nach der problematischen Auffassung des Bundesgerichtes Diebstahl, bei gleichgeordnetem Gewahrsam Veruntreuung vor: BGE 101 IV 35 (vgl. ZBJV 109 1973 416 und BGE 92 IV 90, demgegenüber aber ZStrR 98 1981 356). Zu *Art. 144:* Unter diese Bestimmung fällt mangels Aneignungsabsicht die Wegnahme einer Sache in der ausschließlichen Absicht, sie zu zerstören oder unbrauchbar zu machen: BGE 85 IV 20.

Konkurrenzen: Diebstahl und Sachbeschädigung bei Einbruchdiebstahl: BGE 72 IV 116, Diebstahl und Betrug beim Verkauf gestohlener Ware an gutgläubige Dritte: BGE 94 IV 65.

Ziff. 2: Zur *Gewerbsmäßigkeit* vgl. Bem. zu Art. 26 und ferner BGE 116 IV 336 (Gewerbsmäßigkeit verneint).

Ziff. 3: *Bandenmäßige Begehung* ist anzunehmen, wenn zwei oder mehrere Täter sich mit dem ausdrücklich oder konkludent geäußerten Willen zusammenfinden, inskünftig zur Verübung mehrerer selbständiger, im einzelnen möglicherweise noch unbestimmter Diebstähle oder Raubtaten zusammenzuwirken: BGE 100 IV 220 (auf die Begehung von zwei Delikten beschränkter Wille genügt nicht), 102 IV 166. Der Täter braucht nicht zu wissen, daß nach der Rechtsprechung bereits zwei Personen zur Bildung einer Bande genügen: BGE 105 IV 181. – *Mitführen einer Waffe:* Vgl. Bem. zu Art. 140 Ziff. 2. *Besondere Gefährlichkeit* (vgl. auch Bem. zu Art. 140 Ziff. 3): Sie darf ausschließlich aus der Art der Tatbegehung geschlossen werden (BBl 1980, 1256/57). Neben dem dort erwähnten besonders kühnen, verwegenen, heimtückischen oder skrupellosen Vorgehen dürften auch besondere organisatorische Vorkehren und die Verwendung besonderer technischer Hilfsmittel ins Gewicht fallen. – Die «besondere Gefährlichkeit» ist ein nicht unter Art. 26 fallender sachlicher Umstand (vgl. BGE 109 IV 165). Demgemäß kann auch unter die qualifizierte Strafdrohung fallen, wer selber keine besondere Gefährlichkeit bekundet, aber mit entsprechenden Handlungen seiner Mittäter rechnet und sie billigt (BGE 109 IV 165). Ob die festgestellten Umstände eine besondere Gefährlichkeit des Täters offenbaren, ist Rechtsfrage: BGE 100 IV 29, 126; vgl. auch BGE 105 IV 185 und 106 IV 111.

Ziff. 4: Begriff von Angehörigen und Familiengenossen: Art. 110

Ziff. 2 und 3. Nach BGE 84 IV 14 wird das Antragserfordernis nicht schon dadurch begründet, daß der Inhaber des Gewahrsams an der gestohlenen Sache Angehöriger oder Familiengenosse des Täters ist.

Raub

1. Wer mit Gewalt gegen eine Person oder unter Androhung **140** gegenwärtiger Gefahr für Leib oder Leben oder nachdem er den Betroffenen zum Widerstand unfähig gemacht hat, einen Diebstahl begeht, wird mit Zuchthaus bis zu zehn Jahren oder mit Gefängnis nicht unter sechs Monaten bestraft.

Wer, bei einem Diebstahl auf frischer Tat ertappt, Nötigungshandlungen nach Absatz 1 begeht, um die gestohlene Sache zu behalten, wird mit der gleichen Strafe belegt.

2. Der Räuber wird mit Zuchthaus oder mit Gefängnis nicht unter einem Jahr bestraft, wenn er zum Zweck des Raubes eine Schußwaffe oder eine andere gefährliche Waffe mit sich führt.

3. Der Räuber wird mit Zuchthaus nicht unter zwei Jahren bestraft,

wenn er den Raub als Mitglied einer Bande ausführt, die sich zur fortgesetzten Verübung von Raub oder Diebstahl zusammengefunden hat,

wenn er sonstwie durch die Art, wie er den Raub begeht, seine besondere Gefährlichkeit offenbart.

4. Die Strafe ist Zuchthaus nicht unter fünf Jahren, wenn der Täter das Opfer in Lebensgefahr bringt, ihm eine schwere Körperverletzung zufügt oder es grausam behandelt.

Art. 140 ist anstelle des früheren Art. 139 getreten. Strafbare Vorbereitungshandlungen sind nach Art. 260bis strafbar, vgl. hiezu BGE 111 IV 150, Pr 78 Nr. 233.

Ziff. 1: Raub ist eine qualifizierte Form der Nötigung (Art. 181, vgl. BGE 107 IV 108), um einen Diebstahl begehen oder die weggenommene Sache behalten zu können; Gewaltanwendung zur bloßen Sicherung der Flucht des auf einem Diebstahl betretenen Täters genügt nicht, sondern führt höchstens zur Anwendung von Art. 139 Ziff. 3 (vgl. BGE 92 IV 154, 100 IV 164).

Die Nötigungshandlung muß sich gegen eine Person richten, die in bezug auf die zu stehlende Sache eine Schutzposition einnimmt, d. h. gegen den Gewahrsamsinhaber bzw. -hüter oder einen Dritten, der Nothilfe leistet (BGE 113 IV 66). Im Gegensatz zum bisherigen Recht müssen Gewaltanwendung und Drohung nicht mehr zur Widerstandsunfähigkeit des Opfers führen.

Verübung von Gewalt: Dafür kommt jede Art der Einwirkung auf den Körper des Opfers, wie z. B. durch Schußabgabe, Niederschlagen, Fesselung, Betäubung, Anwendung von Tränengas, in Betracht. So reicht es nach BGE 107 IV 108 bereits aus, wenn der Täter eine Frau umstößt. Keine solche Einwirkung liegt im sog. Entreißdiebstahl (BGE 81 IV 226, vgl. BGE 107 IV 108). *Androhung gegenwärtiger Gefahr für Leib oder Leben* kann sowohl ausdrücklich, wenn auch nur andeutungsweise, oder konkludent, etwa durch Vorhalten einer Waffe (BGE 72 IV 56) erfolgen. Der Täter braucht die Drohung nicht verwirklichen zu wollen, nur beim Opfer muß dieser Eindruck erweckt werden (z. B. beim Vorhalten einer nicht schießtauglichen Waffe, vgl. BGE 107 IV 33). *Bewirken von Widerstandsunfähigkeit:* Hierunter werden nach neuem Recht v. a. noch Freiheitsberaubung ohne Gewaltanwendung sowie Ausübung psychischen Drucks zu subsumieren sein, in letzterer Hinsicht namentlich durch Androhungen der genannten Art gegen Drittpersonen, für die sich der Gewahrsamsinhaber verantwortlich fühlt (vgl. BGE 102 IV 225, 113 IV 64). Ferner läßt sich diese Variante anwenden, wenn der Täter durch Irreführung bewirkt, daß sich das Opfer selber widerstandsunfähig macht, etwa wenn er ihm ein Betäubungsmittel enthaltendes Getränk vorsetzt. Kein Raub liegt dagegen vor, wenn der Dieb jemanden bestiehlt, der sich selber betrunken und damit widerstandsunfähig gemacht hat: BGE 101 IV 156.

Begehen eines Diebstahls (mit allen nach Art. 139 erforderlichen objektiven und subjektiven Merkmalen) wird nach neuem Recht für die Vollendung des Raubes stets vorausgesetzt. Sinngemäß muß der Diebstahl im Falle von Art. 140 Ziff. 1 Abs. 1 gerade durch die Nötigungshandlung ermöglicht worden sein. Von Abs. 2 wird erfaßt, wer *nach* der Vollendung des Diebstahls am Tatort oder bei Abtransport der Beute zu deren Sicherung Nötigungshandlungen der erwähnten Art gegenüber einer hinzukommenden Person begeht, von der er mindestens annimmt, sie könnte intervenieren. Bei dieser Variante ist die Tat bereits mit Vornahme einer Nötigungshandlung vollendet.

Raub *konsumiert* Freiheitsberaubung (Art. 182), wenn zwischen beiden Taten ein enger zeitlicher Zusammenhang besteht: BGE 98 IV 315 (problematisch), BJM 1985, 37 (vgl. aber SJZ 76 1980 316), und einfache Körperverletzung (Art. 123): RS 1974 Nr. 746.

Ziff. 2: Es genügt, daß der Täter die Waffe *zur Verfügung* hat; er braucht sie beim Raub nicht auch zu verwenden. Tut er dies, so kommen statt Ziff. 2 die Qualifikationen von Ziff. 3 und 4 in Betracht (vgl. BGE 110 IV 78). Nach BGE 110 IV 81 und 111 IV 49 hängt das Qualifikationsmerkmal von Ziff. 2 vom *objektiv* gefährlichen Charakter der

Waffe und nicht vom subjektiven Eindruck ab, den das Opfer oder ein Dritter von der Waffe haben könnte. Das Merkmal des Mitführens einer *Schußwaffe* ist daher nicht erfüllt, wenn diese defekt ist, dem Täter die erforderliche Munition nicht in nächster Nähe zur Verfügung steht oder er eine bloße Attrappe mit sich führt. Läßt sich diese oder die nicht einsatzfähige Schußwaffe aber dank besonderen Vorrichtungen (und nicht nur im Hinblick auf Form und Gewicht) als Schlag- oder Stichwaffe verwenden, so kommt das Qualifikationsmerkmal des Mitführens einer *«anderen gefährlichen Waffe»* in Frage. Unter diesen Begriff fallen ausschließlich Gegenstände, die nach ihrer Bestimmung zu Angriff oder Verteidigung dienen, nicht auch gefährliche Werkzeuge: BGE 111 IV 51, 112 IV 13, 113 IV 61 (bejaht für Geräte zum Versprühen von Tränengas in bestimmter chemischer Beschaffenheit), 117 IV 138 und 118 IV 146. Sie müssen sich dazu eignen, bei bestimmungsgemäßem Gebrauch schwere Verletzungen zu verursachen (BGE 118 IV 147).

Ziff. 3: Zur bandenmäßigen Begehung und besonderen Gefährlichkeit des Täters vgl. Bem. zu Art. 139 Ziff. 3. Nach BGE 116 IV 313 ist bei der Auslegung des zweitgenannten Begriffes der erhöhten Mindeststrafe und der Stellung dieses Qualifikationsgrundes zwischen jenen gemäß Ziff. 2 und Ziff. 4 von Art. 140 Rechnung zu tragen. Voraussetzung für die Bejahung der besonderen Gefährlichkeit bildet eine gegenüber dem Grundtatbestand erhebliche Erhöhung des Unrechtsgehaltes der Tat. In BGE 109 IV 163 wurde diese Qualifikation vorgenommen im Hinblick darauf, daß sich die Täter durch einen Trick und unter Ausnützung der Hilfsbereitschaft älterer Leute Zugang zu deren Wohnung verschafften, sie brutal niederschlugen und fesselten, ebenso in BGE 110 IV 79, weil die Täter mit vorgehaltener Schußwaffe Postkunden am Boden in Schach hielten und damit gefährdeten sowie die Tat besonders vorbereiteten und sich die Flucht sicherten. Nach BGE 117 IV 423 kann besondere Gefährlichkeit darin erblickt werden, daß die Täterschaft eine gezogene Schußwaffe zur Bedrohung des Opfers verwendet, ohne sie durchgeladen oder gespannt bzw. entsichert zu haben. Gegenteilig wurde für den Fall des Vorhaltens eines Taschenmessers in BGE 117 IV 137 entschieden.

Ziff. 4: Die erste Variante setzt voraus, daß der Täter das Opfer, d. h. eine Person, bei welcher die Wegnahme erzwungen werden soll (vgl. BGE 111 IV 130), vorsätzlich in konkrete Lebensgefahr bringt. Nach der neuen bundesgerichtlichen Praxis genügt hiefür die Bedrohung mit einer geladenen Schußwaffe regelmäßig nur noch dann, wenn diese bereits entsichert bzw. durchgeladen oder gespannt ist (BGE 117 IV 425, anders noch BGE 112 IV 14 und 17, 114 IV 9). Konkrete Lebensgefahr besteht auch, wenn das Opfer mit einem spitzen, in einem Abstand von 10–20 cm gegen seinen Hals gehaltenen Dolch bedroht wird: BGE 114 IV 9.

Sachentziehung

141 Wer dem Berechtigten ohne Aneignungsabsicht eine bewegliche Sache entzieht und ihm dadurch einen erheblichen Nachteil zufügt, wird, auf Antrag, mit Gefängnis oder mit Buße bestraft.

Art. 141 (früher Art. 143): Die Sachentziehung *mit* Aneignungsabsicht fällt nach neuem Recht unter Art. 137 Ziff. 2 Abs. 2. Spezialbestimmung für Entziehung von Motorfahrzeugen: SVG Art. 94 (Entwendung zum Gebrauch).

«Berechtigter» kann außer dem Eigentümer auch sein, wer weniger umfassende dingliche Rechte oder bloßen Besitz an der Sache hat: BGE 99 IV 141. *Entziehen* kann darin bestehen, daß man dem Berechtigten die Sache wegnimmt oder (bei bereits bestehendem Gewahrsam des Täters) vorenthält. Im ersten Fall kommt auch ihr Eigentümer als Täter in Betracht, z. B. der Vermieter, welcher den von ihm vermieteten Gegenstand dem Mieter wegnimmt: BGE 99 IV 142, 144. Im zweiten Fall kann die Sache dem Täter auch ohne seinen Willen zugekommen sein: BGE 99 IV 155. Die Verweigerung der Rückgabe einer beweglichen Sache entgegen einer vertraglichen Pflicht allein stellt keine Entziehung dar: BGE 115 IV 211. Im Gegensatz zum früheren Recht braucht dem Berechtigten durch den Entzug kein finanzieller Schaden mehr zu entstehen; auch ein anderweitiger erheblicher Nachteil genügt, so z. B. wenn die betroffene Sache nur Affektionswert hat oder für einige Zeit nicht für den Gebrauch zur Verfügung steht (vgl. BGE 96 IV 22). Zum *Strafantrag* legitimiert ist nur der an der Sache Berechtigte. Bei der Fristberechnung muß beachtet werden, daß Sachentziehung kein Dauerdelikt darstellt (vgl. Bem. zu Art. 29).

Unrechtmäßige Verwendung von Vermögenswerten

141bis Wer Vermögenswerte, die ihm ohne seinen Willen zugekommen sind, unrechtmäßig in seinem oder eines andern Nutzen verwendet, wird, auf Antrag, mit Gefängnis oder mit Buße bestraft.

Art. 141bis: Als Vermögenswerte im Sinne dieses neuen Tatbestandes kommen vertretbare Sachen und Buchgelder in Betracht, praktisch nur die letzteren. Die neue Bestimmung soll v. a. die widerrechtliche Verwendung von Zahlungen treffen, die irrtümlich auf ein Konto des Täters gutgeschrieben wurden. Die Formulierung «ohne seinen Willen» erscheint verfehlt; maßgebend ist, daß der Vermögenswert nicht für den Täter bestimmt war. Zur widerrechtlichen Verwendung vgl. Bem. zu Art. 138 Ziff. 1 Abs. 2.

Unrechtmäßige Entziehung von Energie

[1] Wer einer Anlage, die zur Verwertung von Naturkräften **142** dient, namentlich einer elektrischen Anlage, unrechtmäßig Energie entzieht, wird, auf Antrag, mit Gefängnis oder mit Buße bestraft.

[2] Handelt der Täter in der Absicht, sich oder einen andern unrechtmäßig zu bereichern, so wird er mit Zuchthaus bis zu fünf Jahren oder mit Gefängnis bestraft.

Art. 142 Abs. 1: Unrechtmäßig ist der Energiebezug, wenn er ohne Zustimmung des Betreibers der Anlage oder gegen die dafür geltenden Bestimmungen (z. B. unter Umgehung des Zählers) erfolgt.
Abs. 2: Zur Bereicherungsabsicht vgl. Bem. zu Art. 137 Ziff. 1.

Unbefugte Datenbeschaffung

[1] Wer in der Absicht, sich oder einen andern unrechtmäßig zu **143** bereichern, sich oder einem andern elektronisch oder in vergleichbarer Weise gespeicherte oder übermittelte Daten beschafft, die nicht für ihn bestimmt und gegen seinen unbefugten Zugriff besonders gesichert sind, wird mit Zuchthaus bis zu fünf Jahren oder mit Gefängnis bestraft.

[2] Die unbefugte Datenbeschaffung zum Nachteil eines Angehörigen oder Familiengenossen wird nur auf Antrag verfolgt.

Art. 143 Abs. 1: *Daten* sind Informationen, die von einem automatischen Datenverarbeitungssystem (auch als «EDV» oder «Computer» bezeichnet) mit Hilfe der dazugehörigen Programme in nicht direkt visuell erkennbarer, sondern codierter Form entgegengenommen, bearbeitet und wieder abgegeben werden. Der Datenverarbeitung auf elektronischer Basis sind entsprechende vergleichbare Verfahren gleichgestellt, wie z. B. die optische Speicherung mittels Laser-Technik auf CD. Die Bestimmung schützt auch die *Programme* (vgl. Botschaft 1991, 19). Sie setzt voraus, daß die Daten nicht für den Täter bestimmt sind, d. h. einem anderen zustehen und jener nicht zu ihrer Verwendung befugt ist. Die tatbestandsmäßige Handlung besteht darin, daß der Täter durch Kopieren von einem Computer oder einer Diskette, direktes Einlesen in eine eigene Einrichtung oder auf andere Weise die Verfügungsgewalt über die Daten erlangt (bei *Wegnahme* eines Datenträgers geht Diebstahl nach Art. 139 vor). Der Tatbestand läßt sich nur erfüllen, wenn die dem Geschädigten zustehenden Daten gegen einen unbefugten Zugriff des Täters als Außenstehendem (z. B. durch einen Zugangscode, Verschlüsselung, Einschließung von Disketten) *besonders gesichert* sind. Zur *Absicht unrechtmäßiger Bereicherung* vgl. Bem. zu Art. 137 Ziff. 1.

Abs. 2: Zu den Begriffen der Angehörigen und Familiengenossen vgl. Art. 110 Ziff. 2 und 3.

Unbefugtes Eindringen in ein Datenverarbeitungssystem

143bis Wer ohne Bereicherungsabsicht auf dem Wege von Datenübertragungseinrichtungen unbefugterweise in ein fremdes, gegen seinen Zugriff besonders gesichertes Datenverarbeitungssystem eindringt, wird, auf Antrag, mit Gefängnis oder mit Buße bestraft.

Art. 143bis: Dieser sog. «Hackertatbestand» ist im Verhältnis zu Art. 143, 144bis Ziff. 1, 147, 150 (in Form des «Zeitdiebstahls») und Art. 179novies subsidiär, erfaßt aber die verbleibenden Eingriffe nur, soweit der Täter ohne Bereicherungsabsicht handelt. Angriffsobjekt ist ein gegen den Zugriff des Täters besonders gesichertes fremdes Datenverarbeitungssystem (vgl. Bem. zu Art. 143). Letzterer dringt darin ein, indem er sich Zugang dazu verschafft, d. h. sich in die Lage bringt, von darin befindlichen Daten Kenntnis zu nehmen, ohne daß ihm eine entsprechende Befugnis zusteht. Für die Strafbarkeit nach Art. 143bis wird vorausgesetzt, daß dies auf dem Wege von Datenübertragungseinrichtungen geschieht, d. h. der Täter muß sich einer drahtgebundenen Linie bedienen oder drahtlos in Kanäle der Datenfernübermittlung einschalten. Nicht erfaßt wird also etwa das auch nach Art. 143 nicht strafbare Kopieren von Aufzeichnungen auf einem Datenträger, das ohne Bereicherungsabsicht erfolgt.

Sachbeschädigung

144 [1] Wer eine Sache, an der ein fremdes Eigentums-, Gebrauchs- oder Nutznießungsrecht besteht, beschädigt, zerstört oder unbrauchbar macht, wird, auf Antrag, mit Gefängnis oder mit Buße bestraft.

[2] Hat der Täter die Sachbeschädigung aus Anlaß einer öffentlichen Zusammenrottung begangen, so wird er von Amtes wegen verfolgt.

[3] Hat der Täter einen großen Schaden verursacht, so kann auf Zuchthaus bis zu fünf Jahren erkannt werden. Die Tat wird von Amtes wegen verfolgt.

Art. 144 Abs. 1: Vgl. auch die Sondertatbestände von Art. 254 und 267 Ziff. 1 Abs. 2 (Unterdrückung von Urkunden), Art. 270 und 298 (Beschädigung staatlicher Hoheitszeichen), Art. 221 ff. (gemeingefährliche Delikte), SVG Art. 93 (Beeinträchtigung der Betriebssicherheit eines Fahrzeuges).

Fremd ist für den Täter jede (auch unbewegliche) Sache, die nicht in seinem Eigentum steht; dies gilt auch für den Dienstbarkeitsberechtigten in bezug auf das von ihm beschädigte Grundstück: BGE 115 IV 27. Wo einem anderen ein Gebrauchs- oder Nutznießungsrecht zusteht, kommt auch der Eigentümer der Sache als Täter in Betracht.

Das *Beschädigen* umfaßt Substanzveränderung, Minderung der Funktionsfähigkeit und Minderung der Ansehnlichkeit: BGE 115 IV 28 (Entfernen der Grasnarbe von einer Böschung), vgl. ZBJV 111 (1975) 237 (Verunzierung von Fassaden, die nur mit Mühe entfernt werden kann). Auch eigenmächtiges Anbringen von Malereien mit künstlerischem Wert an Fassaden erfüllt den Tatbestand (unveröffentlichter Entscheid des Bundesgerichts vom 20. Nov. 1981 i. S. N., vgl. BGE 99 IV 145 (Sichtbehinderndes Bekleben der Frontscheibe eines Autos). Der Berechtigte braucht keinen Vermögensschaden zu erleiden.

Rechtfertigungsgründe: OR Art. 57 Abs. 1 (Töten Dritter gehörender Tiere, die auf einem Grundstück Schaden anrichten): BGE 77 IV 196. – ZGB Art. 737 (Dienstbarkeitsberechtigung): BGE 115 IV 29. – ZGB Art. 926 (Besitzesschutz): SJZ 63 (1967) 243 (Beschädigung eines unberechtigt auf einem Privatparkplatz abgestellten, die Wegfahrt des Berechtigten hindernden Autos). Zum *Strafantrag* vgl. Bem. zu Art. 28 ff.

Abs. 2 eingefügt durch BG vom 9. Oktober 1981, in Kraft seit 1. Oktober 1982. Zum Begriff der «öffentlichen Zusammenrottung» vgl. Bem. zu Art. 260.

Abs. 3: Zum «großen Schaden» vgl. BGE 117 IV 440. – Im Gegensatz zum früheren Recht braucht der Täter nicht mehr aus einer besonders verwerflichen Gesinnung zu handeln.

Datenbeschädigung

1. Wer unbefugt elektronisch oder in vergleichbarer Weise gespeicherte oder übermittelte Daten verändert, löscht oder unbrauchbar macht, wird, auf Antrag, mit Gefängnis oder mit Buße bestraft. **144bis**

Hat der Täter einen großen Schaden verursacht, so kann auf Zuchthaus bis zu fünf Jahren erkannt werden. Die Tat wird von Amtes wegen verfolgt.

2. Wer Programme, von denen er weiß oder annehmen muß,

daß sie zu den in Ziffer 1 genannten Zwecken verwendet werden sollen, herstellt, einführt, in Verkehr bringt, anpreist, anbietet oder sonstwie zugänglich macht oder zu ihrer Herstellung Anleitung gibt, wird mit Gefängnis oder mit Buße bestraft.

Handelt der Täter gewerbsmäßig, so kann auf Zuchthaus bis zu fünf Jahren erkannt werden.

Art. 144bis Ziff. 1: Die Bestimmung schützt den ordnungsgemäßen Bestand von Daten gegen Einwirkungen, die nicht in einer Beschädigung von Datenverarbeitungsanlagen oder -trägern i. S. von Art. 144 bestehen. Vorausgesetzt wird stets, daß der Täter nicht zur Veränderung oder Löschung von Daten befugt ist. Die Tatvariante des «Unbrauchbarmachens» soll Manipulationen erfassen, welche den Berechtigten (etwa durch Einfügen neuer Codes) den Zugang zu den Daten verunmöglichen. Der tatbestandsmäßige Erfolg besteht darin, daß Daten dem Berechtigten nicht mehr oder nicht mehr in ordnungsgemäßer Form zur Verfügung stehen; ein Vermögensschaden ist im Fall von Abs. 1 nicht erforderlich. *Subjektiv* wird Vorsatz verlangt. Dient eine Datenveränderung ausschließlich einem weitergehenden deliktischen Zweck wie zur Durchführung eines Computerbetruges nach Art. 147 oder einer Urkundenfälschung nach Art. 251 Ziff. 1, gehen die betreffenden Bestimmungen Art. 144bis vor.

Ziff. 2 macht bereits bestimmte Vorbereitungshandlungen zur Datenbeschädigung nach Ziff. 1 zu einem Offizialdelikt. Handlungsobjekte sind ausschließlich Computerprogramme, die entsprechende Schäden verursachen können, wenn sie in einem Datenverarbeitungssystem angewendet werden. Nicht erforderlich ist die Eigenschaft, sich in weitere Datenbestände fortzupflanzen («Computerviren»). Der Täter muß wissen oder mindestens im Sinne eines Eventualvorsatzes die von ihm erkannte Möglichkeit in Kauf nehmen, daß er bzw. eine nach ihm tätige andere Person das Programm im Sinn von Ziff. 1 anwendet. – Zum Begriff des gewerbsmäßigen Handelns vgl. Bem. zu Art. 26.

Veruntreuung und Entzug von Pfandsachen und Retentionsgegenständen

145 Der Schuldner, der in der Absicht, seinen Gläubiger zu schädigen, diesem eine als Pfand oder Retentionsgegenstand dienende Sache entzieht, eigenmächtig darüber verfügt, sie beschädigt, zerstört, entwertet oder unbrauchbar macht, wird, auf Antrag, mit Gefängnis oder mit Buße bestraft.

Art. 145: Im Gegensatz zu Art. 169 und 289 betrifft die Bestimmung keine amtlich beschlagnahmte Sachen, sondern solche, an denen kraft eines Vertrages oder Gesetzes (z. B. ZGB Art. 793 ff., 884 f., 884) ein Pfand- oder Retentionsrecht besteht. Das Tatobjekt kann sich beim Gläubiger oder beim Schuldner befinden. Begeht ein anderer als dieser eine der in Art. 145 genannten Handlungen, fällt er unter Art. 141 oder 144.

Betrug

[1] Wer in der Absicht, sich oder einen andern unrechtmäßig zu **146** bereichern, jemanden durch Vorspiegelung oder Unterdrückung von Tatsachen arglistig irreführt oder ihn in einem Irrtum arglistig bestärkt und so den Irrenden zu einem Verhalten bestimmt, wodurch dieser sich selbst oder einen andern am Vermögen schädigt, wird mit Zuchthaus bis zu fünf Jahren oder mit Gefängnis bestraft.

[2] Handelt der Täter gewerbsmäßig, so wird er mit Zuchthaus bis zu zehn Jahren oder mit Gefängnis nicht unter drei Monaten bestraft.

[3] Der Betrug zum Nachteil eines Angehörigen oder Familiengenossen wird nur auf Antrag verfolgt.

Art. 146: Betrugsähnliche Tatbestände enthalten Art. 147–155, 163, 170, VStrR Art. 14 (Leistungs- und Abgabebetrug).

Abs. 1: Das Irreführen (Täuschung) muß sich auf *Tatsachen* beziehen, d. h. auf objektiv feststehende Umstände: Äußerungen über ungewisse zukünftige Ereignisse oder Prognosen genügen nicht (BGE 89 IV 75, 102 IV 86), wohl aber solche über die Eignung einer angebotenen Leistung für die Zwecke des Kontrahenten (Pr 83 Nr. 173). Außerdem kommen sinngemäß nur Falschangaben in Betracht, welche für den Entscheid des Getäuschten über eine von ihm begehrte Leistung von Bedeutung sind, was namentlich nicht zutrifft, wenn er durch sie nicht geschädigt werden kann (vgl. BGE 110 IV 20, 111 IV 135, 112 IV 79). Auch sog. innere Tatsachen, namentlich der fehlende Zahlungswille und andere Absichten, können Gegenstand der Täuschung sein: BGE 102 IV 246, 105 IV 246, 107 IV 30, 110 IV 22. – Das Vorspiegeln von Tatsachen braucht nicht durch ausdrückliche Behauptungen zu geschehen; konkludentes Verhalten genügt, vgl. z. B. BGE 86 IV 205 (wer ein Darlehen anbegehrt, erklärt damit auch seinen Rückzahlungswillen), 87 IV 12 (Anbieten einer Sache zum Verkauf schließt die Behauptung in sich, über sie verfügungsberechtigt zu sein), SJZ 71 (1975) 208 (Eingehen eines Vertrages bekundet Erfüllungs-

wille), vgl. auch ZR 57 Nr. 123 (Besteigen eines Taxis zeigt Zahlungs-
willen an). – Die Irreführung kann auch über einen gutgläubigen Tatmittler erfolgen: BGE 105 IV 334. Sie setzt keine Urteilsfähigkeit des
Getäuschten voraus: BGE 80 IV 157, Pr 83 Nr. 173 Erw. 3c.

Arglist: Zusammenfassung der bundesgerichtlichen Rechtsprechung
in BGE 119 IV 35. Sie liegt unter folgenden alternativen Voraussetzungen
vor:

a) wenn der Täter ein ganzes *Lügengebäude* errichtet. Nach neuer
Praxis des Bundesgerichts müssen die Lügen raffiniert aufeinander abge-
stimmt sein. Arglist scheidet aus, wenn die Angaben in zumutbarer Weise
überprüfbar gewesen wären und schon die Aufdeckung einer einzigen
Lüge zur Aufdeckung des ganzen Schwindels genügt hätte (vgl. auch BGE
119 IV 286);

b) wenn sich der Täter *besonderer bzw. täuschender Machenschaften*
bedient, d. h. seine Behauptungen durch Handlungen oder Belege stützt,
die sie als glaubwürdig erscheinen lassen, namentlich rechtswidrig erlangte oder gefälschte Urkunden vorlegt (BGE 116 IV 25, 117 IV 155, vgl.
aber auch BGE 120 IV 16). Beispiele aus der älteren Praxis: BGE 71 IV 17,
73 IV 24, 78 IV 26, 99 IV 84, 106 IV 361;

c) wenn die Angaben *nicht* oder nur mit *besonderer Mühe* auf ihre
Richtigkeit *überprüft* werden können: BGE 106 IV 31 (Verwendung von
Spenden), 111 IV 55 (Reinheitsgrad von Drogen), 119 IV 29 (zurück-
gestellter Kilometerzähler eines Autos). Während früher *innere Tatsachen* stets als unüberprüfbar betrachtet wurden, scheidet nach BGE 118
IV 361 Arglist aus, wenn ohne weiteres überprüfbare (äußere) Tatsachen
erkennen lassen, daß eine zugesagte Leistung nicht erbracht werden
kann;

d) wenn der Täter den Geschädigten absichtlich von der Überprüfung
seiner Angaben *abhält:* BGE 72 IV 156, 76 IV 95, 99 IV 85, 86;

e) wenn dem Getäuschten eine Überprüfung der Angaben *nicht zumutbar* ist: BGE 77 IV 84 (Bestellung im Namen einer fiktiven Drittperson), 96 IV 147 (Verkauf eines angeblich unfallfreien Autos), 105 IV 104,
106 IV 362 (angebliche akademische Titel eines Psychologen);

f) wenn der Täter aus bestimmten Gründen voraussieht, daß der Ge-
täuschte von einer Überprüfung *absehen werde:* Klare Regelung oder
Zusicherung (BGE 99 IV 77: unterbleibende Abklärung der Deckung
eines Postchecks gemäß interner Weisung, vgl. demgegenüber BGE 107
IV 171), Vertrauensverhältnis zwischen Täter und Getäuschtem (BGE
118 IV 38: jahrelange Zusammenarbeit in einem Team, BGE 119 IV 37:
verneint bei bloßer Bekanntschaft aufgrund früherer Geschäftsbezie-
hungen), Ausnützung der Geistesschwäche, Unerfahrenheit, alters-
oder krankheitsbedingten Beeinträchtigung, Abhängigkeit oder Notlage
des Opfers, unter welchen Umständen anzunehmen ist, dieses werde

Rückfragen unterlassen oder sei schon gar nicht in der Lage, den Angaben des Täters zu mißtrauen: BGE 120 IV 187, vgl. schon BGE 119 IV 210.

Unterdrückung von Tatsachen umfaßt auch das bloße Verschweigen eines solchen Umstandes. Hiezu werden fälschlicherweise schon oft Fälle gerechnet, bei denen der Täter richtig betrachtet durch konkludentes Verhalten Tatsachen vorspiegelt (vgl. z. B. BGE 87 IV 12, 94 IV 65, 96 IV 145, zutreffend dagegen etwa RS 1988 Nr. 482). – Trifft dies nicht zu, setzt die Annahme eines Betruges das Bestehen einer Aufklärungspflicht über die verschwiegene Tatsache voraus, die sich aus Gesetz, Vertrag oder dem Grundsatz von Treu und Glauben ergeben können soll: BGE 86 IV 205, 109 Ib 55 (vgl. zu den beiden ersten Quellen weiter z. B. BGE 101 IV 113, 105 IV 103, 110 IV 24). Die Herleitung aus dem erwähnten Grundsatz ist zumindest problematisch. – Bei Mißachtung einer Aufklärungspflicht ist die Irreführung entgegen BGE 86 IV 205, 87 IV 12 und 110 IV 23 nicht ohne weiteres arglistig; dieses Tatbestandsmerkmal muß vielmehr nach den gleichen Kriterien wie bei der Vorspiegelung von Tatsachen geprüft werden (so BGE 107 IV 171).

Vermögensverfügung: Als solche gilt jede Handlung, Duldung oder Unterlassung des Irrenden, die geeignet ist, eine Vermögensverminderung herbeizuführen: BGE 96 IV 191. Dies trifft auch auf die Zweitunterschrift eines kollektiv zeichnungsberechtigten Firmenorgans zu, das aufgrund einer Irreführung durch den Erstunterzeichner eine vertragliche Verpflichtung unterzeichnet: BGE 118 IV 37. Der Irrende muß die Verfügung selbst vornehmen, eine gewisse Wahlfreiheit sowie die Verfügungsmacht (umstritten, ob nur rechtliche oder auch tatsächliche) haben: BGE 78 IV 89 (zu Unrecht abgelehnt bei Prozeßbetrug), ebenso SJZ 80 (1984) 215, anders aber SJZ 79 (1983) 231 und RS 1983 Nr. 558; vgl. auch BGE 103 IV 29. – Zwischen der Motivsetzung und der Vermögensverfügung muß ein *Kausalzusammenhang* bestehen: BGE 72 IV 73, 72 IV 129, 76 IV 161, 96 IV 188.

Vermögensschaden: Unter diesen Begriff fallen auch Anwartschaften, die im entgangenen Gewinn bestehen können, wenn auf einen solchen ein Anspruch bestand oder er mit an Sicherheit grenzender Wahrscheinlichkeit zu erwarten war: BGE 87 IV 11.

Schädigung liegt beim Abschluß *zweiseitiger* Verträge insbesondere auch dann vor, wenn Leistung und Gegenleistung selbst bei wirtschaftlicher Gleichwertigkeit in einem *für den Geschädigten* ungünstigeren Wertverhältnis stehen, als sie nach der vorgespiegelten Sachlage stehen müßten: BGE 98 IV 253 (Verwendung der erbrachten Leistung für einen anderen als den vorgespiegelten Zweck), 92 IV 129 (Verkauf gestohlener und deshalb mit Drittansprüchen belasteter Sachen), 93 IV 73 (Verkauf billiger Butter als Qualitätsbutter), 100 IV 275 (ungewollter Abschluß eines die vermögensrechtliche Verfügungsfreiheit beschränkenden Versicherungsvertrages), 111 IV 55 und 117 IV 150 (Verkauf überdurchschnittlich «gestreckter» Drogen). Objektive Gleichwertigkeit der versprochenen und der erbrachten Leistung schließt eine Schädigung nicht aus, wenn die gelieferte Sache nicht die zugesicherten Eigenschaften aufweist: BGE 99 IV 87 (Abgabe anderer als der bestellten Speisen und Getränke an Wirtshausgäste), 113 Ib 74 (Wertschriftenhandel). Beim *Kreditbetrug* ist die erhebliche Gefährdung der Rückforderung des Darlehens, die deren Wert wesentlich herabsetzt, erforderlich: BGE 82 IV 90, 102 IV 88. – Eine vorübergehende Schädigung genügt: BGE 102 IV 89, 175, 105 IV 104.

Vorsatz: Er muß sich auf alle objektiven Merkmale und den Kausalzusammenhang zwischen ihnen erstrecken. Für den Vorsatz der Täuschung ist namentlich erforderlich, daß der Täter die Bedeutung seiner falschen Angaben für die vom Geschädigten begehrte Vermögensdisposition erkennt; bezüglich des Vermögensschadens genügt Vorsatz auf vorübergehende Schädigung (vgl. BGE 102 IV 89 betr. Darlehensaufnahme). – Eventualvorsatz genügt: BGE 92 IV 67.

Bereicherungsabsicht: vgl. Bem. zu Art. 137 Ziff. 1. Auch wer einen Dritten unrechtmäßig bereichern will, begeht einen Betrug: BGE 100 IV 179. Die Bereicherung muß dem Schaden nicht entsprechen (Ablehnung des Grundsatzes der Stoffgleichheit; umstritten): BGE 84 IV 89, vgl. aber BGE 103 IV 30. Nach der bundesgerichtlichen Rechtsprechung muß die Bereicherungsabsicht *Motiv*, wenn auch nicht ausschließliches, des Handelns sein; es genügt nicht, wenn sie bloß notwendige Nebenfolge eines vom Täter erstrebten andern Erfolges ist: BGE 101 IV 206, 102 IV 83, 105 IV 335 (dagegen mit Recht ZBJV 112 1976 419). – Eventuelle Absicht genügt: BGE 69 IV 80, 72 IV 125. – Ob die Absicht der unrechtmäßigen Bereicherung bestand, ist Tatfrage: BGE 98 IV 86.

Zur *Mittäterschaft* vgl. Pr 84 Nr. 173 Erw. 5.

Abgrenzung zu Veruntreuung (Art. 138): SJZ 62 (1966) 206 (Miete einer Sache in der Absicht, sie zu verkaufen, ist Betrug), ZR 76 Nr. 35 (ein Zedent, der nach der Zession eingehende Zahlungen nicht an den Zessionar weiterleitet, ohne diese Absicht schon im Zeitpunkt der Zession gehabt zu haben, begeht eine Veruntreuung. BGE 111 IV 130 (Veranlassung von Zahlungen zu Lasten von Kundenkonten mittels gefälschter Aufträge durch den Direktor der Bank ist Betrug); zur *Erpressung* (Art. 156), BGE 71 IV 22 (Erpressung ist auch gegeben, wenn der Angriff auf die Willensfreiheit noch durch Täuschung verstärkt wird); zum *Inumlaufsetzen falschen Geldes* (Art. 242): BGE 99 IV 10; zum *Steuerbetrug* BGE 110 IV 25 (wer aus eigener Initiative, d. h. außerhalb eines Veranlagungs- oder ihm aufgezwungenen Rückerstattungsverfahrens, ausländische Steuerbehörden irreführt, begeht Betrug nach Art. 146). Unter diese Bestimmung fällt auch die Erschleichung eines kantonalen Stipendiums: BGE 112 IV 20. – *Konkurrenz* mit *Urkundenfälschung* (Art. 251): BGE 71 IV 209, 82 IV 140, 105 IV 247 (echte Konkurrenz); mit *Diebstahl* (Art. 137): BGE 92 IV 129 (echte Konkurrenz beim Verkauf gestohlener Sachen), mit *ungetreuer Geschäftsführung:* BGE 111 IV 60 (der Geschäftsführer ist nur nach Art. 146 zu bestrafen, wenn er diese Stellung betrügerisch erlangte); mit der *Spezialgesetzgebung:* ZStrR 78 (1962) 147; mit VStrR Art. 14: SJZ 74 (1978) 127 (VStrR Art. 14 geht als lex specialis Art. 146 vor); mit BetMG Art. 19 beim betrügerischen Verkauf von Drogen: BGE 111 IV 55 (echte Konkurrenz); mit Erschleichung einer Subvention gemäß Landwirtschaftsgesetz: BGE 87 IV 98, 93 IV 70 (nur Bestrafung nach StGB).

Abs. 2: *Gewerbsmäßigkeit:* vgl. Bem. zu Art. 26; BGE 106 IV 29 (Aufforderung an zahlreiche Personen zur Teilnahme an einer Geldsammlung zu angeblich wohltätigen Zwecken, vgl. zudem ZR 81 Nr. 78); BGE 110 IV 3 (Aufgabe zahlreicher Warenbestellungen, vgl. auch RS 1980 Nr. 923), BGE 115 IV 36 (82 Warenbezüge im Gesamtbetrag von ca. Fr. 42'000.–, BGE 116 IV 332 (Gewerbsmäßigkeit verneint bei einem Gesamtdeliktsbetrag von Fr. 8300.– innerhalb von 16 Monaten bei zwei Personen), BGE 119 IV 30 (bejaht für ein zusätzliches Einkommen von durchschnittlich Fr. 1000.– pro Monat).

Abs. 3: *Angehörige* und *Familiengenossen:* vgl. Bem. zu Art. 110 Ziff. 2 und 3.

Betrügerischer Mißbrauch einer Datenverarbeitungsanlage

[1] Wer in der Absicht, sich oder einen andern unrechtmäßig zu **147** bereichern, durch unrichtige, unvollständige oder unbefugte Verwendung von Daten oder in vergleichbarer Weise auf einen elektronischen oder vergleichbaren Datenverarbeitungs- oder Datenübermittlungsvorgang einwirkt und dadurch eine Vermögensverschiebung zum Schaden eines andern herbeiführt oder eine Vermögensverschiebung unmittelbar darnach verdeckt, wird mit Zuchthaus bis zu fünf Jahren oder mit Gefängnis bestraft.

[2] Handelt der Täter gewerbsmäßig, so wird er mit Zuchthaus bis zu zehn Jahren oder mit Gefängnis nicht unter drei Monaten bestraft.

[3] Der betrügerische Mißbrauch einer Datenverarbeitungsanlage zum Nachteil eines Angehörigen oder Familiengenossen wird nur auf Antrag verfolgt.

Art. 147 Abs. 1: Die Bestimmung ist dem Tatbestand des Betruges gemäß Art. 146 nachgebildet und ergänzt diesen für den Fall, daß jemand durch Manipulationen an oder mit Daten eine unrechtmäßige Vermögensverschiebung erreicht, ohne daß ein menschlicher Entscheidungsträger eingeschaltet ist und irregeführt werden müßte. Als Täter kommen sowohl Bedienungspersonal von Computern als auch Außenstehende in Betracht. Das tatbestandsmäßige Verhalten besteht in der Einwirkung auf einen Datenverarbeitungs- oder -übermittlungsvorgang durch bestimmte Mißbräuche. Eine *unrichtige* Verwendung von Daten ist gegeben, wenn sie im Widerspruch zur Sach- und Rechtslage im betreffenden Zeitpunkt steht. Mit der Tatvariante der *unvollständigen* Verwendung soll klargestellt werden, daß die Manipulationen auch den Charakter von Unterlassungen (pflichtwidrige Nichtverwendung und -eingabe von Daten) haben können. Die als *«unbefugte Verwendung»* umschriebene Verhaltensweise bezieht sich auf an sich richtige und vollständige Daten; ein betrugsähnlicher Zug liegt nur darin, daß der dazu nicht befugte Täter unter der Identität des Berechtigten von ihnen Gebrauch macht. Praktisch geht es v. a. um die Verwendung von ihm deliktisch erlangter Code-Karten (Bancomat, Postomat, Debitkarten für bargeldloses Zahlen an Ladenkassen).

Die Handlung des Täters muß bewirken, daß die Manipulation zu einem der Sach- und Rechtslage widersprechenden Ergebnis führt und die Datenverarbeitungsanlage selber eine entsprechende *Vermögensverschiebung* (z. B. Belastung eines Kontos und Gutschrift auf ein anderes, Barbezug unter Belastung eines fremden Kontos) vornimmt. Gleichgestellt wird die unmittelbar auf eine Vermögensverschiebung folgende, diese cachierende Manipulation. Damit soll namentlich der Fall erfaßt werden, daß der Täter anläßlich eines «Zug um Zug-Geschäftes» eine Leistung *vor* dem automatisierten Zahlungsvorgang erhält. *Subjektiv* wird wie beim Betrug außer Vorsatz auch die Absicht des Täters gefordert, sich oder einen anderen unrechtmäßig zu bereichern (vgl. Bem. zu Art. 137 Ziff. 1). – Muß der Täter zur Durchführung der Tat Daten verändern, welchen nach Art. 110 Ziff. 5 Abs. 1 zweiter Satz Urkundencharakter zukommt, wird er nur nach Art. 147 Abs. 1, nicht aber nach Art. 251 Ziff. 1 zu bestrafen sein.

Abs. 2: Zum Begriff des gewerbsmäßigen Handelns vgl. Bem. zu Art. 26.

Abs. 3: Zu den Begriffen der Angehörigen und Familiengenossen vgl. Art. 110 Ziff. 2 und 3.

Check- und Kreditkartenmißbrauch

[1] Wer, obschon er zahlungsunfähig oder zahlungsunwillig ist, **148** eine ihm vom Aussteller überlassene Check- oder Kreditkarte oder ein gleichartiges Zahlungsinstrument verwendet, um vermögenswerte Leistungen zu erlangen und den Aussteller dadurch am Vermögen schädigt, wird, sofern dieser und das Vertragsunternehmen die ihnen zumutbaren Maßnahmen gegen den Mißbrauch der Karte ergriffen haben, mit Gefängnis bis zu fünf Jahren bestraft.

[2] Handelt der Täter gewerbsmäßig, so wird er mit Zuchthaus bis zu zehn Jahren oder mit Gefängnis nicht unter drei Monaten bestraft.

Art. 148 Abs. 1: Diese neue Bestimmung stellt die den Aussteller am Vermögen schädigende vertragswidrige Verwendung einer Check- oder Kreditkarte durch deren (rechtmäßigen) *Inhaber* unter Strafe, die sich regelmäßig nicht als Betrug nach Art. 146 erfassen läßt. Der strafrechtliche Schutz erstreckt sich aber auch auf die Verwendung eines «gleichartigen Zahlungsinstrumentes», worunter heute v. a. mit oder ohne Karte durch Eingabe eines Codes ausgelöste Zahlungsvorgänge fallen. Das strafbare Verhalten besteht darin, daß der Täter die Karte bzw. das gleichgestellte Instrument bestimmungswidrig oder über die ihm gesetzten Limiten hinaus verwendet, obwohl er zahlungsunfähig oder zahlungsunwillig ist, und so eine vermögenswerte Leistung (Herausgabe von Waren, Geld, Bewirtung und Beherbergung usw.) erhält. Zahlungsunfähigkeit ist anzunehmen, wenn der Inhaber der Karte nicht in der Lage ist, seinen aus ihrer Verwendung entstehenden Verpflichtungen im Zeitpunkt ihrer Fälligkeit nachzukommen. Namentlich im Hinblick auf die Beweisschwierigkeiten hinsichtlich der Solvenz von Leuten aus Übersee wird die Zahlungsunwilligkeit gleichgestellt, die sich aus den Umständen ergeben kann. Vollendet ist die Tat damit, daß beim Aussteller ein Schaden eintritt, was im Hinblick auf die treffenden Pflichten gegenüber einem Vertragsunternehmen (z. B. zur Vergütung des Kaufpreises an Warenlieferanten) bereits mit der Honorierung der Karte durch dessen Organe der Fall sein kann. *Subjektiv* ist Vorsatz erforderlich. Als *objektive* Strafbarkeitsbedingung, die von ihm nicht erfaßt sein muß, verlangt das Gesetz, daß der Aussteller und das Vertragsunternehmen die ihnen zumutbaren Maßnahmen gegen den Mißbrauch der Karte getroffen haben. Beim letzteren kann es insbesondere daran fehlen, wenn eine vorgeschriebene Kontrolle (z. B. Vergleich der Unterschriften auf Karte und Beleg) oder Rückfrage beim Aussteller (z. B. Einholen einer Autorisation) unterbleibt.

Abs. 2: Zum Begriff des gewerbsmäßigen Handelns vgl. Bem. zu Art. 26.

Zechprellerei

149 Wer sich in einem Gastgewerbebetrieb beherbergen, Speisen oder Getränke vorsetzen läßt oder andere Dienstleistungen beansprucht und den Betriebsinhaber um die Bezahlung prellt, wird, auf Antrag, mit Gefängnis oder mit Buße bestraft.

Art. 149: Als zu bezahlende «andere Dienstleistungen» sind z. B. Telefontaxen, Gebühren für die Benützung hoteleigener Einrichtungen und für die Wäschebesorgung zu betrachten. Gemäß BGE 75 IV 16 prellt den Wirt um die Bezahlung, wer ihn entgegen seiner Erwartung vorsätzlich oder eventualvorsätzlich nicht oder nicht rechtzeitig, d. h. in der Regel spätestens beim Verlassen der Gaststätte, bezahlt (ebenso in bezug auf den objektiven Tatbestand: Sem 1984, 285). Anders verhält es sich aber, wenn der Gast sich zuvor mit dem Betriebsinhaber oder -personal über eine spätere Zahlung verständigt hat. – Zechprellerei wird nicht dadurch ausgeschlossen, daß der Wirt seinem Gast während langer Zeit Kredit gewährt: Sem 1984, 285. – Art. 149 ist indessen nur anwendbar, wenn der Gast nicht den Tatbestand des Betruges nach Art. 146 erfüllt: BGE 72 IV 120, ZR 61 Nr. 151, vgl. auch RS 1988 Nr. 482 (Hotelbetrug). – Beginn der Strafantragsfrist: BGE 75 IV 19. Antragsberechtigt soll gemäß RS 1988 Nr. 483 (vgl. schon ZR 61 Nr. 151) neben dem Wirt auch das Servicepersonal sein, welches den Schaden zu tragen hat; doch schließt OR Art. 321e i. V. mit Art. 362 eine entsprechende Abrede aus.

Erschleichen einer Leistung

150 Wer, ohne zu zahlen, eine Leistung erschleicht, von der er weiß, daß sie nur gegen Entgelt erbracht wird, namentlich indem er
    ein öffentliches Verkehrsmittel benützt,
    eine Aufführung, Ausstellung oder ähnliche Veranstaltung besucht,
    eine Leistung, die eine Datenverarbeitungsanlage erbringt oder die ein Automat vermittelt, beansprucht,
wird, auf Antrag, mit Gefängnis oder mit Buße bestraft.

Art. 150 tritt an die Stelle von Art. 151 des bisherigen Rechts. Die in dieser Bestimmung als Hauptbeispiele genannten Beispiele von Leistungen wurden um solche ergänzt, die eine Datenverarbeitungsanlage erbringt. Ihnen ist gemeinsam, daß sie einem größeren Publikum gegen Entgelt angeboten werden (was allerdings für Computerleistungen nur selten zutrifft) und daß Möglichkeiten dafür bestehen können, sie mißbräuchlich ohne Bezahlung in Anspruch zu nehmen, ohne daß eine bestimmte Person irregeführt und so zur Leistung veranlaßt werden muß (weshalb z. B. die Erschleichung einer Taxifahrt nicht unter diese Bestimmung, sondern unter Art. 146 fällt). Der Anbieter soll vor dem Entgehen von Gewinn für seine Leistungen geschützt werden. Vgl. als Anwendungsbeispiel BGE 114 IV 133: Empfang eines gebührenpflichtigen Fernsehprogramms durch Decodiergerät ohne Bezahlung. Zum sog. Schwarzfahren in öffentlichen Verkehrsmitteln: In BGE 117 IV 451 wurde in Abkehr von der früheren Praxis entschieden, daß ein Passagier den Tatbestand der Leistungserschleichung nur erfüllt, wenn er die von den Verkehrsbetrieben gegen unerlaubte Benützung getroffenen Sicherheitsvorkehren umgeht, sich versteckt oder sich sonstwie durch täuschendes Verhalten der Kontrolle entzieht (nicht aber wenn er dem Kontrolleur offen bekanntgibt, keinen gültigen Fahrausweis zu besitzen). Ist diese Voraussetzung nicht erfüllt, macht sich der Schwarzfahrer regelmäßig nach Art. 51 des BG über den Transport im öffentlichen Verkehr vom 4. Oktober 1985 (SR 742.40) strafbar. Dieses Gesetz bedroht nach der Revision vom 17. Juni 1994 in Abs. 1 lit. b denjenigen mit Buße, der vorsätzlich oder fahrlässig ohne gültigen Fahrausweis ein Fahrzeug auf einer Strecke benützt, auf der er den Fahrausweis selbst hätte entwerten müssen.

Arglistige Vermögensschädigung

Wer jemanden ohne Bereicherungsabsicht durch Vorspiege- **151** lung oder Unterdrückung von Tatsachen arglistig irreführt oder ihn in einem Irrtum arglistig bestärkt und so den Irrenden zu einem Verhalten bestimmt, wodurch dieser sich selbst oder einen andern am Vermögen schädigt, wird, auf Antrag, mit Gefängnis oder mit Buße bestraft.

Art. 151 unterscheidet sich vom Tatbestand des Betruges nach Art. 146 nur durch die fehlende Bereicherungsabsicht des Täters. Im Gegensatz zur boshaften Vermögensschädigung nach Art. 149 des früheren Rechts ist indessen sein Motiv belanglos. Die Bestimmung dürfte etwa im Fall aktuell werden, daß jemand auf einen anderen Namen angebliche Bestellungen tätigt und so den Lieferanten zu unnützen Aufwendungen veranlaßt.

Unwahre Angaben über kaufmännische Gewerbe

152 Wer als Gründer, als Inhaber, als unbeschränkt haftender Gesellschafter, als Bevollmächtigter oder als Mitglied der Geschäftsführung, des Verwaltungsrates, der Revisionsstelle oder als Liquidator einer Handelsgesellschaft, Genossenschaft oder eines andern Unternehmens, das ein nach kaufmännischer Art geführtes Gewerbe betreibt,

in öffentlichen Bekanntmachungen oder in Berichten oder Vorlagen an die Gesamtheit der Gesellschafter oder Genossenschafter oder an die an einem andern Unternehmen Beteiligten unwahre oder unvollständige Angaben von erheblicher Bedeutung macht oder machen läßt, die einen andern zu schädigenden Vermögensverfügungen veranlassen können,

wird mit Gefängnis oder mit Buße bestraft.

Art. 152: Umgestaltung des bisherigen Tatbestandes «Unwahre Angaben über Handelsgesellschaften und Genossenschaften». Erfaßt werden außer Vorgängen in Handelsgesellschaften nach OR Art. 552 ff. und Genossenschaften gemäß OR Art. 828 ff. solche in Unternehmen anderer Rechtsform (Einzelfirmen, einfache Gesellschaften, Vereine, Stiftungen), die ein kaufmännisches Gewerbe betreiben, sowie in anderen Gebilden, die in unzulässiger Weise sich in dieser Weise betätigen. Als Täter kommen nur die in der Bestimmung genannten Personen (bzw. diejenigen, welche faktisch entsprechende Funktionen ausüben) in Betracht. Sie können auch Mittelsmänner einsetzen, die dem in Art. 152 umschriebenen Täterkreis nicht angehören. Bekanntgaben sind *öffentlich,* wenn sie sich an einen größeren Kreis bestimmter oder unbestimmter Adressaten richten (vgl. schon BGE 92 IV 149 und demgegenüber BGE 104 IV 85). Erfaßt werden auch Publikationen im Handelsamtsblatt, die durch Falschangaben gegenüber dem Handelsregisteramt (vgl. Art. 153) bewirkt werden. Erfüllt der Täter mit seinem Vorgehen gegenüber bestimmten Adressaten der Mitteilung auch den Tatbestand des Betruges nach Art. 146, so findet dieser allein Anwendung, sofern die Information nicht noch an weitere Personen gerichtet war.

Unwahre Angaben gegenüber Handelsregisterbehörden

153 Wer eine Handelsregisterbehörde zu einer unwahren Eintragung veranlaßt oder ihr eine eintragungspflichtige Tatsache verschweigt, wird mit Gefängnis oder mit Buße bestraft.

Art. 153: Neue Bestimmung in Gestalt eines abstrakten Gefährdungsdelikts, die sich präventiv gegen die Wirtschaftskriminalität richtet. Es genügt, wenn der Täter der Handelsregisterbehörde falsche Angaben macht, die zu einer unwahren Eintragung im Handelsregister führen (z. B. über die einzutragenden Personen, ihren Wohnsitz, ihre Staatszugehörigkeit, über den Betrag, die Zusammensetzung oder die Liberierung des Grundkapitals). Im Fall, daß der Täter auch den Tatbestand von Art. 152 erfüllt oder die Eintragung im Sinne von Art. 253 erschleicht, gehen diese Bestimmungen dem Art. 153 vor. Vgl. ferner Art. 326ter und 326quater.

Aufgehoben durch das BG vom 17. Juni 1994.   **154**

Warenfälschung

1. Wer zum Zwecke der Täuschung in Handel und Verkehr   **155**
eine Ware herstellt, die einen höheren als ihren wirklichen Verkehrswert vorspiegelt, namentlich indem er eine Ware nachmacht oder verfälscht,
eine solche Ware einführt, lagert oder in Verkehr bringt,
wird, sofern die Tat nicht nach einer anderen Bestimmung mit höherer Strafe bedroht ist, mit Gefängnis oder mit Buße bestraft.

2. Handelt der Täter gewerbsmäßig, so wird er, sofern die Tat nicht nach einer anderen Bestimmung mit höherer Strafe bedroht ist, mit Gefängnis bestraft.

Art. 155 (im früheren Recht Art. 153–155): *Verhältnis* zu den *Geldfälschungstatbeständen* (Art. 240ff.): BGE 78 I 228 (außer Kurs gesetzte Münzen gelten als Ware); zur Falschdeklaration (LMV in Verbindung mit LMG Art. 41): BGE 72 IV 165, 81 IV 101 (wird die *Falschdeklaration* zum Zwecke der Täuschung in Handel und Verkehr vorgenommen, ist nur Art. 155 anzuwenden); zu *Herstellung und Inverkehrbringen gesundheitsschädlicher oder lebensgefährlicher Lebensmittel oder Gebrauchsgegenstände* (LMG Art. 38): BGE 81 IV 161 (echte Konkurrenz, da verschiedene Rechtsgüter geschützt werden).
Ziff. 1 Abs. 1–3: Unter den Begriff der «Waren» fallen nur Sachgüter, die in Handel und Verkehr gebracht werden; dies trifft nicht zu, wenn sie der Inhaber nur für den eigenen privaten Gebrauch verwenden will; BGE 101 IV 39, 114 IV 7. – Eine Ware ist *nachgemacht,* wenn sie von jemand anderem, aus anderem Material oder mit anderen Mitteln verfertigt wurde, als dies vorausgesetzt wird, vgl. BGE 85 IV 22,

101 IV 290, SJZ 78 (1982) 47 (Falsche Bezeichnung einer ausländischen Billigst-Uhr als Schweizer Uhr). Das Nachmachen an sich muß nicht unrechtmäßig sein; entscheidend ist, daß es zum Zwecke der Täuschung in Handel und Verkehr geschieht: BGE 83 IV 193 (Verkauf nachgemachter Goldstücke als echt). *Verfälscht* ist eine Ware, die in ihrer inneren Beschaffenheit nach Gesetz oder Verkehrsauffassung nicht dem entspricht, was der Käufer erwarten darf: BGE 97 IV 65, 98 IV 192. – Anwendungsfälle: BGE 71 IV 93 (Färben von Würsten, um Räuchern vorzutäuschen), 94 IV 109 (Verfälschen von Würsten durch Beigabe eines verbotenen Hilfsstoffes), 97 IV 65 (Zugabe von mehr als 5 % Magermilchpulver in Fleischkäse), 98 IV 192 (Beigabe von Futtertrester zu Birnenweggen), 84 IV 95 (das bloße Zufügen einer Markenbezeichnung auf Zifferblatt und Uhrwerk einer markenlosen Uhr ist noch keine Warenfälschung, wohl aber das Eingravieren von Fabrikationsnummern in das Uhrwerk), 101 IV 38 (Uhr, bei der nur das Werk der Herkunftsbezeichnung entspricht), 101 IV 290 (Behandlung von Briefmarkenreproduktionen so, daß sie wie echte Marken aussehen), ZBJV 112 (1976) 383 (Mischung gleichwertiger Weine), BGE 110 IV 86 (Glyzerinzusatz in Wein). – Ein höherer Verkehrswert kann ferner auch durch bloße *Falschdeklaration* einer an sich unverfälschten Ware vorgetäuscht werden. Die unrichtige Bezeichnung (Etikette, Markenzeichen usw.) muß aber stets auf der Ware selber oder ihrer Verpackung angebracht sein, damit der Tatbestand erfüllt ist. – *Bezweckte Täuschung in Handel und Verkehr:* Sie kann auch durch eine andere Person als den Fälscher erfolgen (BGE 89 IV 68), ist aber nicht gegeben, wenn die Ware lediglich von diesem oder Drittpersonen verwendet werden soll, die über die Fälschung orientiert sind: BGE 77 IV 177, vgl. BGE 114 IV 7. – *Täuschung* liegt objektiv vor, wenn der Käufer nicht ohne weiteres sieht, daß ihm gefälschte Ware angeboten wird: BGE 78 IV 93 (Verkauf gefärbter Würste als geräuchert), 94 IV 109 (durch Zugabe von Magermilchpulver hervorgerufenes größeres Volumen von Cervelats, was beim Käufer den Eindruck erweckt, mehr Fleisch zu erhalten), 101 IV 290 (Verkauf von Briefmarkenreproduktionen als echte Marken). Der Tatbestand wird nicht erfüllt, wenn nachgemachte Gegenstände ausdrücklich als solche bezeichnet werden: BGE 85 IV 22.

Abs. 4: Die Ausschlußklausel regelt namentlich das Verhältnis der Warenfälschung zu Betrug nach Art. 146; sind dessen Merkmale gegeben, ist ausschließlich diese Bestimmung anzuwenden.

Ziff. 2: Zum Begriff des gewerbsmäßigen Handelns vgl. Bem. zu Art. 26.

Erpressung

1. Wer in der Absicht, sich oder einen andern unrechtmäßig zu **156** bereichern, jemanden durch Gewalt oder Androhung ernstlicher Nachteile zu einem Verhalten bestimmt, wodurch dieser sich selber oder einen andern am Vermögen schädigt, wird mit Zuchthaus bis zu fünf Jahren oder mit Gefängnis bestraft.

2. Handelt der Täter gewerbsmäßig oder erpresst er die gleiche Person fortgesetzt,
so wird er mit Zuchthaus bis zu zehn Jahren bestraft.

3. Wendet der Täter gegen eine Person Gewalt an oder bedroht er sie mit einer gegenwärtigen Gefahr für Leib und Leben, so richtet sich die Strafe nach Artikel 140.

4. Droht der Täter mit einer Gefahr für Leib und Leben vieler Menschen oder mit schwerer Schädigung von Sachen, an denen ein hohes öffentliches Interesse besteht, so wird er mit Zuchthaus bestraft.

Art. 156 Ziff. 1: Wie beim Raub nach Art. 140 handelt es sich um einen Fall der qualifizierten Nötigung (Art. 181). Zum Begriff der *Gewalt* vgl. Bem. zu Art. 140 Ziff. 1. In Art. 156 Ziff. 1 wird nur die Gewalt gegen *Sachen* gemeint, wie sich aus Ziff. 3 ergibt. – *Androhung ernstlicher Nachteile:* Der Täter muß deren Eintritt oder Abwendung (vgl. SJZ 84 1988 270) als von seinem Willen abhängig hinstellen. Sie können Leib und Leben oder andere Rechtsgüter (Ehre, Freiheit, Vermögen) des Opfers selber oder von anderen Personen betreffen, für welche sich dieses verantwortlich fühlt. Ob der Täter willens und fähig ist, seine Drohung für den Fall der Nichterfüllung seines Ansinnens wahrzumachen, bleibt belanglos. Unter die Androhung ernstlicher Nachteile fällt auch die im früheren Art. 156 Ziff. 1 Abs. 2 besonders erwähnte «Chantage», bei welcher der Täter zur Erzielung eines Schweigegeldes mit dem Verrat, der Anzeige oder der Veröffentlichung von Umständen droht, die für das Opfer oder diesem nahestehende Personen nachteilig sind. Solche Umstände können wahr oder unwahr sein sowie ein strafbares oder strafloses Verhalten betreffen. Auch der angedrohte Verrat durch einen Dritten reicht aus, wenn der Täter vorgibt, auf dessen Schweigen Einfluß zu haben (BGE 71 IV 21). Zur abgenötigten *Vermögensdisposition* vgl. Bem. zu Art. 146. Bei Erpressung kommt v. a. die Überweisung und das Deponieren von Geld, die Unterzeichnung eines Checks, einer Schuldanerkennung (BGE 74 IV 94, 92 I 388) oder eines Forderungsverzichtes in Betracht. Entgegen BGE 100 IV 225 (Abnötigen eines Autos zum Gebrauch) disponiert indessen das Opfer nicht über sein Vermögen, wenn es gezwungen wird, Eingriffe der *Täterschaft* in das Rechtsgut zu dulden. Die Tat ist mit dem Eintritt des Vermögensschaden vollendet. – Zur Absicht unrechtmäßiger Bereicherung vgl. Bem. zu Art. 137 Ziff. 1.

Ziff. 2: Zum Begriff des gewerbsmäßigen Handelns vgl. Bem. zu Art. 26. Fortgesetzte Erpressung dürfte erst anzunehmen sein, wenn die Nötigung wiederholt wird, obschon das Opfer die verlangte Vermögensleistung erbracht hat.

Ziff. 3: Diese Bestimmung soll gewährleisten, daß die sog. räuberische Erpressung (Nötigung des Opfers, *selber* Geld oder andere Sachen dem Täter zu übergeben) der gleichen Strafe untersteht wie Raub nach Art. 140, wenn die hier vorausgesetzten Nötigungsmittel eingesetzt werden. Anstelle dieser Bestimmung wird aber Art. 156 Ziff. 3 erst anzuwenden sein, wenn der Täter auf die Mitwirkung des Opfers *angewiesen* ist, um den Gewahrsam am Deliktsgut zu erlangen.

Ziff. 4: Ein hohes öffentliches Interesse wird etwas an Verkehrsmitteln und -wegen, Anlagen für den Fernmeldeverkehr und zur Energieversorgung oder an kunstgeschichtlich wertvollen Objekten bestehen.

Wucher

157 1. Wer die Zwangslage, die Abhängigkeit, die Unerfahrenheit oder die Schwäche im Urteilsvermögen einer Person dadurch ausbeutet, daß er sich oder einem anderen für eine Leistung Vermögensvorteile gewähren oder versprechen läßt, die zur Leistung wirtschaftlich in einem offenbaren Mißverhältnis stehen,

wer eine wucherische Forderung erwirbt und sie weiterveräußert oder geltend macht,

wird mit Zuchthaus bis zu fünf Jahren oder mit Gefängnis bestraft.

2. Handelt der Täter gewerbsmäßig, so wird er mit Zuchthaus bis zu zehn Jahren bestraft.

Art. 157 Ziff. 1 Abs. 1: Das Gesetz zählt die Gründe der *Unterlegenheit* abschließend auf: *Notlage* (nach altem Recht) ist «jede Zwangslage, welche den Bewucherten in seiner Entschlußkraft dermaßen beeinträchtigt, daß er sich zu der wucherischen Leistung bereit erklärt»: BGE 70 IV 204 (Sperrung des Handelszweiges, in dem der Bewucherte tätig war), 82 IV 150 (Situation eines unverheirateten schwangeren Mädchens), 92 IV 137, 93 IV 89 (Wohnungsnot). Die Ursache der Zwangslage ist nicht beachtlich: BGE 80 IV 20. Auch eine juristische Person kann in einer solchen Lage sein und bewuchert werden:

BGE 80 IV 19. *Abhängigkeit* kann auch in psychischer Hörigkeit bestehen: BGE 111 IV 140. – *Schwäche im Urteilsvermögen* (früher Geistesschwäche): BGE 111 IV 140 (Trottelhaftigkeit, Bewußtseinsstörungen). – *Unerfahrenheit* ist die allgemeine Unfähigkeit zur Beurteilung von Geschäften der fraglichen Art: ZR 48 Nr. 92 (keine Unerfahrenheit bei Unkenntnis der für eine bestimmte Ware üblichen Preise). Unerfahrenheit in Glaubenssachen ist nicht erfaßbar: SJZ 81 (1985) 199. – Der Begriff der *Vermögensleistung* umfaßt alle vermögenswerten Leistungen: BGE 70 IV 205, 86 IV 66 (Darlehen), 92 IV 137, 93 IV 89 (Vermietung), 82 IV 147 (ärztliche Verrichtung). – Als Wuchergrundgeschäft kommen alle zweiseitigen Verträge in Frage, welche entgeltlich sind, nicht aber Gefälligkeiten, die mit Schenkungen belohnt werden: BGE 111 IV 41. – Das *offenbare Mißverhältnis zwischen Leistung und Gegenleistung* bemißt sich nach dem Preis oder Entgelt, die im Verkehr für Geschäfte dieser Art üblich sind: BGE 82 IV 148 (Abtreibung für Fr. 700.– anstelle des durch den Ärztetarif festgesetzten Höchstbetrags von Fr. 250.–), 92 IV 134 (um 25 % übersetzter Mietzins), ähnlich BGE 93 IV 185; vgl. auch ZBJV 112 (1976) 344 (kein Mißverhältnis zwischen Leistung und Gegenleistung im Drogenhandel, da dieser tendenziell wucherisch ist; Kritik), SJZ 81 (1985) 199 (Behandlung angeblich verhexter Leute ist keine im erwähnten Sinne meßbare Leistung). – Der *Vorsatz* muß sich auf die Situation der Unterlegenheit des Bewucherten, die auch nur vorübergehend sein kann, und das Mißverhältnis zwischen Leistung und Gegenleistung erstrecken: BGE 80 IV 20, 92 IV 137 (Irrtum darüber fällt unter Art. 19). – Der Geschäftsabschluß des Opfers wegen seiner Notlage und die Ausnützung dieser Situation durch den Täter stellen als Ausbeutung das entscheidende Tatbestandsmerkmal des Wuchers dar: BGE 86 IV 69. – Die *Einwilligung des Verletzten* kann die Strafbarkeit nicht ausschließen, da sie Merkmal des Wuchertatbestandes ist: BGE 82 IV 149. – *Vollendet* ist das Delikt mit Vertragsabschluß: BGE 86 IV 69. – Zur *Täterschaft* vgl. BGE 70 IV 202 (Vermittler des Geschäftes ist im allgemeinen nur als Teilnehmer zu bestrafen).

Ziff. 2: Zum Begriff der *Gewerbsmäßigkeit* vgl. Bem. zu Art. 26. Ein Anwendungsfall findet sich in Krim 1980, 78.

Ungetreue Geschäftsbesorgung

1. Wer aufgrund des Gesetzes, eines behördlichen Auftrages **158** oder eines Rechtsgeschäfts damit betraut ist, Vermögen eines andern zu verwalten oder eine solche Vermögensverwaltung zu beaufsichtigen, und dabei unter Verletzung seiner Pflichten be-

wirkt oder zuläßt, daß der andere am Vermögen geschädigt
wird, wird mit Gefängnis bestraft.

Wer als Geschäftsführer ohne Auftrag gleich handelt, wird
mit der gleichen Strafe belegt.

Handelt der Täter in der Absicht, sich oder einen andern unrechtmäßig zu bereichern, so kann auf Zuchthaus bis zu fünf
Jahren erkannt werden.

2. Wer in der Absicht, sich oder einen andern unrechtmäßig
zu bereichern, die ihm durch das Gesetz, einen behördlichen
Auftrag oder ein Rechtsgeschäft eingeräumte Ermächtigung,
jemanden zu vertreten, mißbraucht und dadurch den Vertretenen am Vermögen schädigt, wird mit Zuchthaus bis zu fünf
Jahren oder mit Gefängnis bestraft.

3. Die ungetreue Geschäftsbesorgung zum Nachteil eines
Angehörigen oder Familiengenossen wird nur auf Antrag verfolgt.

Art. 158 Ziff. 1, der sog. Treubruchstatbestand, übernimmt zunächst
in präzisierter Weise den Tatbestand der ungetreuen Geschäftsführung
nach Art. 159 des alten Rechts (hiezu eingehend BGE 120 IV 192). Wie
beim Geschäftsführer nach dieser Bestimmung wird auch für den Vermögensverwalter vorauszusetzen sein, daß er zu selbständiger Verfügung über wesentliche Werte befugt ist und bei rechtsgeschäftlicher
Begründung die Vermögensverwaltung der typische und wesentliche
Inhalt des Vertragsverhältnisses ist (vgl. BGE 102 IV 92, 105 IV 311).
Weitere Entscheide zum Begriff des Geschäftsführers nach altem
Recht: BGE 109 IV 112 (der Geschäftsführer einer Tochtergesellschaft
hat auch für die Vermögensinteressen der Muttergesellschaft zu sorgen, soweit sich das aus der Organisation und dem Zweck der Tochtergesellschaft ergibt), BGE 95 IV 66 (Geschäftsführerstellung verneint
für Buchhalter ohne Verfügungsrecht über Bank- und Postkonten), 100
IV 36 (Mitgliedschaft bei einer einfachen Gesellschaft an sich genügt
nicht), 100 IV 172, 101 IV 164 (verneint für einen Vormund, der von
seinem Mündel ein Grundstück erwirbt, wobei für dieses Geschäft ein
Beistand gewählt wird), vgl. auch BGE 105 Ib 427, 109 Ib 53. – Als Geschäftsführer gilt nicht nur, wer Rechtsgeschäfte nach außen abzuschließen hat, sondern auch, wer entsprechend seiner Fürsorgepflicht
im Innenverhältnis für fremde Vermögensinteressen sorgen soll, insbesondere wer darüber in leitender Stellung verfügt: BGE 97 IV 13 (tatsächlicher Leiter einer AG, der einen Strohmann benützt), 100 IV 172,
102 IV 90 (Angestellter einer Milchgenossenschaft, der für das Käse-

lager zu sorgen hat). – Auch der von einem anderen formell eingesetzte Strohmann ist neben ihm strafbar: BGE 105 IV 110.

Zum Kreis der möglichen Täter gehören nach neuem Recht auch Personen, die (z. B. als Vorgesetzte, Mitglieder eines Verwaltungsrates oder einer Vormundschaftsbehörde) eine Vermögensverwaltung zu *beaufsichtigen* haben. In Abs. 2 unterstellt das Gesetz den Geschäftsführer ohne Auftrag nunmehr der gleichen strafrechtlichen Verantwortlichkeit. Zu denken ist dabei etwa an den Vermögensverwalter, der nach dem Tod seines Auftraggebers ohne Vollmacht zum Schaden der Erben weiterwirtschaftet.

Um den Tatbestand zu erfüllen, wird zunächst vorausgesetzt, daß der Täter seine Obliegenheiten als Vermögensverwalter verletzt, was nicht zutrifft, wenn er einer anderen obligatorischen Pflicht gegenüber dem Geschäftsherrn nicht nachkommt (BGE 118 IV 246: Unterbliebene Ablieferung von Tantiemen), oder wenn er Geschäfte mit normalen Risiken abschließt. Dadurch bewirkt der Täter einen Schaden, oder ein solcher tritt ein, weil er dies pflichtwidrig zugelassen hat (z. B. wenn er verpflichtet gewesen wäre, von sich bietenden Geschäftsmöglichkeiten Gebrauch zu machen, den Bestand von Gütern zu erhalten oder gegen Machenschaften eines von ihnen beaufsichtigten Verwalters einzuschreiten).

Beispiele aus der Praxis zum bisherigen Recht:

Schädigung am Vermögen: Zu diesem gehören alle vermögenswerten Interessen des Geschäftsherrn. BGE 80 IV 246 (pflichtwidrig unterlassene Vermögensvermehrung), 81 IV 280 (Verwendung entlöhnter Arbeitszeit in fremdem Nutzen), 100 IV 172 (pflichtwidrige Verfügung über dem Geschäftsherrn gehörende Erfindung), 100 IV 113 (unbefugte Übertragung einer zum Vermögen einer AG gehörenden Marke auf einen Dritten), 105 IV 190 (Gewährung von Bankgarantien ohne entsprechenden Gegenwert und bei unüblichen Risiken); BGE 105 IV 313: Erledigung von Aufträgen in eigener Schwarzarbeit, statt sie an den Geschäftsherrn weiterzuleiten, vgl. auch BGE 103 IV 238. Ohne nachgewiesene Vermögensschädigung ist der Tatbestand von Art. 159 nicht erfüllt: BGE 101 IV 413. Eine solche fehlt bei einem sog. Insidergeschäft meistens: BGE 109 Ib 53. – *Vorsatz:* BGE 86 IV 15 (Eventualvorsatz genügt), 105 IV 190. – Erfüllt das Verhalten des Täters neben Art. 158 auch den Tatbestand der Veruntreuung, so ist ausschließlich Art. 138 anzuwenden: BGE 111 IV 22, SJZ 68 (1972) 117. – Wer sich die Stellung eines Geschäftsführers durch arglistige Täuschung erschleicht, um sich am anvertrauten Vermögen unrechtmäßig zu bereichern, ist nur aus Art. 146 zu bestrafen: BGE 111 IV 61, ZR 67 Nr. 69. – Verhältnis zu Art. 314: siehe dort.

Abs. 3: Zur Absicht unrechtmäßiger Bereicherung vgl. Bem. zu

Art. 137. Besteht sie, ist auch Veruntreuung nach Art. 138 gegeben und diese Bestimmung allein anwendbar, wenn das Tatobjekt eine fremde Sache oder einen Vermögenswert darstellt (nicht aber z. B. beim Einsatz von Arbeitskräften für private Zwecke des Täters ohne Entschädigung).

Ziff. 2, sog. Mißbrauchstatbestand: Täter werden nur Personen sein können, die nicht bereits als Vermögensverwalter nach Ziff. 1 gelten. Es genügt, wenn sie auch nur für ein einzelnes Rechtsgeschäft die Ermächtigung zur direkten oder indirekten Vertretung eines anderen erhalten haben. Das tatbestandsmäßige Verhalten besteht darin, daß durch einen Mißbrauch der Ermächtigung dem Vertretenen ein Vermögensschaden zugefügt wird. Das kann v. a. zutreffen, wenn vereinbarte gegenseitige Leistungen in einem krassen Mißverhältnis zu dessen Lasten stehen, womit die Gegenpartei unrechtmäßig bereichert wird. Bei rechtsgeschäftlichen Verfügungen des Täters über ihm anvertraute Sachen und Vermögenswerte ist Art. 158 im Verhältnis zu Art. 138 (Veruntreuung) subsidiär.

Ziff. 3: Zum Begriff des Angehörigen und des Familiengenossen vgl. Art. 110 Ziff. 2 und 3.

Mißbrauch von Lohnabzügen

159 Der Arbeitgeber, der die Verpflichtung verletzt, einen Lohnabzug für Steuern, Abgaben, Versicherungsprämien und -beiträge oder in anderer Weise für Rechnung des Arbeitnehmers zu verwenden, und damit diesen am Vermögen schädigt, wird mit Gefängnis oder mit Buße bestraft.

Art. 159: Die Bestimmung ergänzt den Tatbestand von Art. 140, der auf Lohnabzüge nicht anwendbar ist, weil die Beträge dem Arbeitnehmer noch nicht übertragen wurden und dieser sie demzufolge nicht dem Arbeitgeber anvertraut hat. Von Art. 159 erfaßt werden nur auf Rechnung des Arbeitnehmers zu verwendende, d. h. von *ihm* an Dritte geschuldete Beträge, aber nicht Leistungen, die der *Arbeitgeber* für ihn zu erbringen hat, wie z. B. AHV-Beträge und Quellensteuern. Dieser verletzt seine Verpflichtung, wenn er die abgezogenen Betreffnisse, obwohl er über entsprechende Mittel verfügt, in anderer Weise verwendet. Damit wird der Arbeitnehmer um jene Beträge geschädigt.

Hehlerei

1. Wer eine Sache, von der er weiß oder annehmen muß, daß **160**
sie ein anderer durch eine strafbare Handlung gegen das Vermögen erlangt hat, erwirbt, sich schenken läßt, zum Pfande
nimmt, verheimlicht oder veräußern hilft, wird mit Zuchthaus
bis zu fünf Jahren oder mit Gefängnis bestraft.

Der Hehler wird nach der Strafandrohung der Vortat bestraft, wenn sie milder ist.

Ist die Vortat ein Antragsdelikt, so wird die Hehlerei nur verfolgt, wenn ein Antrag auf Verfolgung der Vortat vorliegt.

2. Handelt der Täter gewerbsmäßig, so wird er mit Zuchthaus bis zu zehn Jahren oder mit Gefängnis nicht unter drei
Monaten bestraft.

Ziff. 1: Zum Begriff der Sache siehe Bem. zu Art. 137 Ziff. 1. Gegenstand der Hehlerei können nur körperliche Sachen sein: BGE 81
IV 158, 100 IV 31, 101 IV 405. Die Sache muß nicht für den Handel bestimmt sein: BGE 101 IV 405 (Hehlerei an gestohlenen Blankopässen).
– *Die strafbare Handlung,* durch welche die Sache erlangt wurde, muß
abgeschlossen sein: BGE 90 IV 16, 98 IV 85. Es genügt, daß die Vortat
tatbestandsmäßig und rechtswidrig ist; der Vortäter muß nicht bestraft
worden sein: BGE 69 IV 74, 73 IV 97, 101 IV 405 (auch im Ausland begangene Tat genügt). – Hehlerei ist nur an den *unmittelbar durch die
Vortat erlangten Sachen* möglich, nicht auch an deren Surrogaten (Er-
satz- oder Erlöshehlerei): BGE 105 IV 303, 116 IV 198. An Wechsel-
geld der *gleichen Währung* ist jedoch Hehlerei möglich: BGE 116
IV 199. – Wer an einer vom Vortäter deliktisch erlangten Sache *rechtmäßig Eigentum erworben* hat, kann keine Hehlerei mehr begehen:
BGE 90 IV 18, 105 IV 304 (Anforderungen an den guten Glauben zum
Eigentumserwerb nach Art. 714 Abs. 2 ZGB). Art. 160 verlangt *Vorsatz;* der Hehler muß im Moment seines Handelns mindestens um die
Möglichkeit wissen, daß der Gegenstand deliktisch erlangt wurde, und
sie in Kauf nehmen: BGE 69 IV 68, 90 IV 17, 101 IV 405 (die Vortat
braucht ihm nicht näher bekannt zu sein), 105 IV 305, Sem 1988, 401
(nach diesem Entscheid muß der Hehler nicht aus eigennützigen Motiven handeln).

Erwerb bedeutet Verschaffen eigener Verfügungsmacht im gegenseitigen Einverständnis von Vortäter und Hehler, außer durch Annahme
als Geschenk v. a. durch Kauf, Tausch, Aufnahme eines Darlehens
(hiezu BGE 68 IV 137). Mangels *freier* Verfügungsmacht begeht jedoch
entgegen JdT 1979 IV 107 und BGE 114 IV 111 keine Hehlerei, wer auf

Einladung des Diebes mit diesem zusammen gestohlene Eß- oder Trinkwaren konsumiert. – *Verheimlichen* besteht in jedem Tätigwerden, durch das dem Berechtigten oder der Behörde das Auffinden der Sache erschwert oder verunmöglicht wird; BGE 90 IV 17 (Verstecken, Verleugnen und Weiterverkauf von veruntreuten Autos). Auszunehmen ist jedoch die Vernichtung oder dauernde Beseitigung des Gegenstandes: SJZ 77 (1981) 358. Bloßes Schweigen genügt nicht, sofern keine Offenbarungspflicht besteht: BGE 76 IV 191, 86 IV 220. – *Hilfe bei der Veräußerung:* Die betreffende Formulierung tritt anstelle des Absetzenhelfens im früheren Gesetzestext und bringt zum Ausdruck, daß nur die Unterstützung der *rechtsgeschäftlichen* Übertragung an einen Dritten erfaßt wird. Sie kann namentlich dadurch geleistet werden, daß der Hehler Kaufsinteressenten vermittelt oder den Verkauf selber übernimmt. *Abgrenzung* zwischen *Gehilfenschaft* zur Vortat und Hehlerei: Wegschaffen und Verbergen der von einem anderen unrechtmäßig erlangten Sachen gilt erst dann als Hehlerei, wenn die Vortat abgeschlossen ist: BGE 90 IV 16 (bei Veruntreuung nach deren Vollendung durch Aneignung der Sache), 98 IV 84 (bei Diebstahl nach dessen Beendigung durch Eintritt der Bereicherung). – *Zusammentreffen von Anstiftung* oder *Gehilfenschaft* zur Vortat mit späterer Hehlerei an einer bei der Vortat erlangten Sache; BGE 70 IV 69, 98 IV 148, 111 IV 51 (echte Konkurrenz, umstritten).

Der *Gerichtsstand* des Hehlers wird durch seine eigene Tat begründet, außer wenn er an der mit einer schwereren Strafe bedrohten Vortat teilgenommen hat: BGE 98 IV 147.

Abs. 2: Mit milderer Strafe bedroht sind Aneignung nach Art. 137, Sachentziehung nach Art. 143 und allgemein geringfügige Vermögensdelikte (Art. 172ter Abs. 1).

Abs. 3: Dies gilt für die eben erwähnten Delikte (ausgenommen Art. 137 Ziff. 1) sowie Veruntreuung, Diebstahl und Betrug zum Nachteil eines Angehörigen oder Familiengenossen.

Ziff. 2: Zum Begriff der Gewerbsmäßigkeit vgl. Bem. zu Art. 26.

Ausnützen der Kenntnis vertraulicher Tatsachen

161 1. Wer als Mitglied des Verwaltungsrates, der Geschäftsleitung, der Revisionsstelle oder als Beauftragter einer Aktiengesellschaft oder einer sie beherrschenden oder von ihr abhängigen Gesellschaft,

als Mitglied einer Behörde oder als Beamter,

oder als Hilfsperson einer der vorgenannten Personen

sich oder einem andern einen Vermögensvorteil verschafft,

indem er die Kenntnis einer vertraulichen Tatsache, deren Bekanntwerden den Kurs von in der Schweiz börslich oder vorbörslich gehandelten Aktien, andern Wertschriften oder entsprechenden Bucheffekten der Gesellschaft oder von Optionen auf solche in voraussehbarer Weise erheblich beeinflussen wird, ausnützt oder diese Tatsache einem Dritten zur Kenntnis bringt,

wird mit Gefängnis oder Buße bestraft.

2. Wer eine solche Tatsache von einer der in Ziffer 1 genannten Personen unmittelbar oder mittelbar mitgeteilt erhält und sich oder einem andern durch Ausnützen dieser Mitteilung einen Vermögensvorteil verschafft,

wird mit Gefängnis bis zu einem Jahr oder mit Buße bestraft.

3. Als Tatsache im Sinne der Ziffern 1 und 2 gilt eine bevorstehende Emission neuer Beteiligungsrechte, eine Unternehmensverbindung oder ein ähnlicher Sachverhalt von vergleichbarer Tragweite.

4. Ist die Verbindung zweier Aktiengesellschaften geplant, so gelten die Ziffern 1–3 für beide Gesellschaften.

5. Die Ziffern 1–4 sind sinngemäß anwendbar, wenn die Ausnützung der Kenntnis einer vertraulichen Tatsache Anteilscheine, andere Wertschriften, Bucheffekten oder entsprechende Optionen einer Genossenschaft oder einer ausländischen Gesellschaft betrifft.

Art. 161 in der Fassung gemäß BG vom 18. Dezember 1987, in Kraft seit 1. Juli 1988.

Die Bestimmung wendet sich gegen den sog. *Insiderhandel.* Ein solches Geschäft tätigt, wer sich oder einem andern einen Vermögensvorteil verschafft, indem er vertrauliche Informationen ausnützt, über die er aufgrund besonderer Beziehungen zu einem Unternehmen verfügt und die bei Bekanntwerden bestimmte Wertschriftenkurse erheblich beeinflussen können.

Art. 161 ermöglicht die Gewährung *internationaler Rechtshilfe* und der mit ihr verbundenen Zwangsmaßnahmen nach dem Grundsatz der beidseitigen Strafbarkeit, namentlich nach IRSG Art. 64 Abs. 1, vgl. auch BGE 109 Ib 50, 113 Ib 72, 75.

Einziehung des durch den Insiderhandel erworbenen Vermögensvorteils: Art. 59.

Idealkonkurrenz zu Art. 162 (Verletzung des Fabrikations- oder Geschäftsgeheimnisses) halten BGE 113 I b 72, 77 und 118 I b 559 für möglich. Idealkonkurrenz wird dem Grundsatz nach bejaht im Verhältnis zu Art. 320, 321 (Verletzung des Amts- bzw. Berufsgeheimnisses): BGE 113 I b 76, 80.

Ziff. 1: Diese Bestimmung erfaßt die Handlungsweise von Insidern selber. Der mögliche Täterkreis erstreckt sich auf Organe und Beauftragte (Anwälte, Steuer- und Wirtschaftsberater) einer Aktiengesellschaft bzw. einer Mutter- oder Tochtergesellschaft, auf Behördenmitglieder oder Beamte, die aufgrund ihrer amtlichen Tätigkeit (z. B. als Börsenkommissäre) Einblick in Interna der erwähnten Art erhalten, sowie die unmittelbaren Mitarbeiter der genannten Personen.

Das *tatbestandsmäßige Verhalten* besteht darin, daß der Täter seinen Wissensvorsprung zum eigenen Vermögensvorteil oder zu dem eines Dritten ausnützt, indem er vor dem zu erwartenden Kursaufschwung oder Kursverlust Werttitel (Aktien, Obligationen usw.) im Börsengeschäft kauft bzw. verkauft oder die bevorstehende Entwicklung einem Dritten (Tipnehmer) zur Kenntnis bringt.

Subjektiv ist Vorsatz erforderlich (Art. 18 Abs. 1).

Ziff. 2: Der Tipnehmer macht sich nur strafbar, wenn ihm die relevante Tatsache unmittelbar oder mittelbar von einem *Insider* mitgeteilt wird, der aber nicht selber bestraft zu werden braucht. Nicht strafbar macht sich, wer zufällig in den Besitz des Insiderwissens gelangt, aus unverfänglichen Mitteilungen oder Andeutungen oder aus bloß auf eine Analyse des Börsengeschehens gestützte Information die richtigen Schlüsse zieht: BGE 119 IV 42.

Ziff. 3: Die mißbrauchten vertraulichen (nicht notwendigerweise geheimen) Kenntnisse beziehen sich auf die Emission neuer Beteiligungsrechte (Erhöhung des Aktienkapital nach OR Art. 650), die Unternehmensverbindung (in Form von Annexion, OR Art. 748, und Kombination, OR Art. 749) und Sachverhalte von vergleichbarer Tragweite, wie Geschäftsausweitung, eingetretene oder drohende Verluste, welche zu Kurssteigerungen oder Kurseinbußen führen können. Die bloße Verminderung des Nettoertrages einer Gesellschaft während eines Vierteljahres fällt nicht darunter: BGE 118 I b 551 = Pr 82 Nr. 150. Dagegen werden im Rahmen der «Verbindungen» schon Maßnahmen erfaßt, welche die Unabhängigkeit einer der Gesellschaften berühren: BGE 118 I b 453.

Ziff. 4: Die Aktien brauchen nicht börsenkotiert zu sein (BGE 118 I b 455).

Kursmanipulation

Wer in der Absicht, den Kurs von in der Schweiz börslich gehan- **161bis** delten Effekten erheblich zu beeinflussen, um daraus für sich oder Dritte einen unrechtmäßigen Vermögensvorteil zu erzielen,

a. wider besseres Wissen irreführende Informationen verbreitet oder

b. Käufe oder Verkäufe über diese Effekten tätigt, die beidseitig direkt oder indirekt auf Rechnung derselben Person oder zu diesem Zweck verbundener Personen erfolgen,

wird mit Haft oder Buße bestraft.

Art. 161bis: *Vorgesehene* neue Bestimmung im Rahmen eines BG über die Börsen und den Effektenhandel in der Fassung des Nationalrates vom 15. Juni 1994. Zur Zeit der Drucklegung dieser Gesetzesausgabe war die Differenzbereinigung noch nicht erfolgt und das Inkrafttreten unbestimmt.

2. Verletzung des Fabrikations- oder Geschäftsgeheimnisses

Wer ein Fabrikations- oder Geschäftsgeheimnis, das er infolge **162** einer gesetzlichen oder vertraglichen Pflicht bewahren sollte, verrät,

wer den Verrat für sich oder einen andern ausnutzt,

wird, auf Antrag, mit Gefängnis oder Buße bestraft.

Art. 162: vgl. Art. 273 (wirtschaftlicher Nachrichtendienst im Interesse des Auslandes), Art. 320, 321 (Verletzung des Amts- und Berufsgeheimnisses), UWG Art. 6, 23 (unlauterer Wettbewerb durch Verletzung des Fabrikations- und Geschäftsgeheimnisses), BG über die Banken und Sparkassen vom 7. November 1934/11. März 1971 (SR 952), Art. 47 (Bankgeheimnis), IRSG Art. 10 (Geheimnisschutz in der internationalen Rechtshilfe).

Schutzobjekt dieser Strafbestimmung ist das technische und wirtschaftliche Know-how eines Unternehmens. – Das *Geheimnis* i. S. von Art. 162 umfaßt bestimmte Tatsachen aus der Geschäftssphäre eines Unternehmens, die nur einem eng begrenzten Personenkreis bekannt oder zugänglich sind und nach den berechtigten Interessen des Geheimnisherrn der Geheimhaltung unterliegen sollen: BGE 80 IV 28, 109 Ib 56, ZR 82 Nr. 126. Fabrikations- und Geschäftsgeheimnisse beziehen sich auf technische oder betriebliche Belange, die für die geschäftlichen Erfolge von Bedeutung sind, wie z. B. Forschungs- und Entwicklungsarbeiten, Konstruktionen, Rezepte, Kenntnis von Preiskalkulationen, Bezugsquellen, Absatzmöglichkeiten, Abmachungen mit Lieferanten und Kunden: BGE 109 I b 56, ZR 57 Nr. 6, 68 Nr. 38, 82 Nr. 126.

Im Verhältnis zu Art. 273 besteht Idealkonkurrenz: BGE 101 IV 204. Wer sich den Verrat zu seinen Gunsten im Konkurrenzkampf zu Nutzen macht, wird nach den Spezialbestimmungen des UWG bestraft.

Im *Prozeß* kann der Richter die Pflicht zur Offenbarung von Fabrikations- und Geschäftsgeheimnissen u. U. erlassen, wenn das Interesse an der Geheimhaltung demjenigen an der Beweisführung überwiegt, vgl. BG betr. die Erfindungspatente vom 26. Juni 1954 (SR 232.14), Art. 68, Zürich ZPO §§ 145, 160, 184, Schaffhausen StPO Art. 116.

Abs. 1: Die *Pflicht des Arbeitnehmers* zur Wahrung des Fabrikations- und Geschäftsgeheimnisses ergibt sich aus OR Art. 321a Abs. 4 und kann auch nach Ablauf des Vertrages fortdauern: BGE 80 IV 29. Dabei ist allerdings zu beachten, daß es einem Dienstpflichtigen im allgemeinen nicht verwehrt werden kann, nach seinem Ausscheiden aus dem Betrieb die im normalen Verlauf seiner früheren Tätigkeit erworbenen Kenntnisse und Fähigkeiten auch für sein weiteres Fortkommen zu nutzen.

Verwaltungsräte und *Revisoren* von Aktiengesellschaften unterstehen gemäß OR Art. 730 der Schweigepflicht.

Der *Verrat* besteht darin, daß das Geheimnis durch mündliche oder schriftliche Mitteilungen, die Übergabe von Plänen oder auf ähnliche Weise offenbart wird; auch eine bloß teilweise Preisgabe des Geheimnisses genügt: BGE 80 IV 31, ZR 68 Nr. 38. Zur Vollendung gehört die Kenntnisnahme durch den Destinatär; nicht nötig ist die Auswertung der erlangten Kenntnisse. Vorher ist Versuch möglich: BGE 104 IV 181, ZR 68 Nr. 38.

Zum *Vorsatz:* ZR 68 Nr. 38.

Abs. 2 in neuer Fassung gemäß BG vom 17. Juni 1994: Die Bestrafung nach dieser Bestimmung setzt voraus, daß der Täter seine Kenntnisse durch Mitteilung eines Schweigepflichtigen nach Abs. 1 erwirbt. Dieser bleibt nach Abs. 2 straflos, wenn er das Geheimnis zu seinem eigenen Nutzen verwertet: BGE 109 I b 56. Sein Verhalten kann bei wettbewerbsmäßigem Handeln als unlauterer Wettbewerb nach UWG Art. 6, 23 geahndet werden: BGE 80 IV 33.

Abs. 3: Antragsberechtigt ist der Geheimnisherr, d. h. das Unternehmen, dem das Fabrikations- und Geschäftsgeheimnis zusteht: ZR 57 Nr. 6.

3. Konkurs- und Betreibungsverbrechen oder -vergehen

Betrügerischer Konkurs und Pfändungsbetrug

1. Der Schuldner, der zum Schaden der Gläubiger sein Vermö- **163** gen zum Scheine vermindert, namentlich

Vermögenswerte beiseiteschafft oder verheimlicht,

Schulden vortäuscht,

vorgetäuschte Forderungen anerkennt oder deren Geltendmachung veranlaßt,

wird, wenn über ihn der Konkurs eröffnet oder gegen ihn ein Verlustschein ausgestellt worden ist, mit Zuchthaus bis zu fünf Jahren oder mit Gefängnis bestraft.

2. Unter den gleichen Voraussetzungen wird der Dritte, der zum Schaden der Gläubiger eine solche Handlung vornimmt, mit Gefängnis bestraft.

Zu Art. 163–172: Durch die Tatbestände der Schuldbetreibungs- und Konkursdelikte werden die Ansprüche der Gläubiger in den betreffenden Verfahren, daneben aber auch die Interessen der Zwangsvollstreckung als Bestandteil der Rechtspflege geschützt. Zu beachten ist, daß eine Revision des SchKG, in dem jene Verfahren geregelt werden, vor dem Abschluß steht. Als Täter kommen namentlich der Schuldner selber sowie Organe von juristischen Personen und Gesellschaften in Betracht, gegen die sich die Zwangsvollstreckung richtet; die letzteren werden in Art. 172 besonders verantwortlich erklärt.

Art. 163–167 waren nach bisherigem Recht nur anwendbar, wenn die objektive Strafbarkeitsbedingung der Eröffnung des Konkurses bzw. der Ausstellung eines Verlustscheines eintrat. Nach dem neuen Art. 171 ist dies nunmehr auch der Fall, wenn ein gerichtlicher Nachlaßvertrag angenommen und bestätigt wird. Ein Kausalzusammenhang zwischen dem tatbestandsmäßigen Verhalten und dem (vom Vorsatz des Täters nicht notwendigerweise erfaßten) Eintritt der Strafbarkeitsbedingung braucht nicht zu bestehen. Dieser ist auch zur Bestrafung des Täters wegen *Versuches* erforderlich. Für die Eröffnung des *Konkurses* genügt, daß dies nach SchKG Art. 171 ff. rechtskräftig geschah (BGE 84 IV 16, 101 IV 22, 102 IV 175, 109 Ib 326). Das neue Recht enthält in Art. 171bis für den Fall des Konkurs*widerrufes* einen fakultativen Strafausschlußgrund. Beim Schuldner, welcher der Betreibung auf Pfändung unterliegt, bedarf es der Ausstellung eines provisorischen oder definitiven *Verlustscheines,* der aber stets rechtsgültig sein muß,

d. h. nicht in einem nichtigen Verfahren ausgestellt worden sein darf (BGE 70 IV 76, 84 IV 15, 89 IV 77).

Zu Art. 163 und 164: Diese Bestimmungen wollen die Pflicht des Schuldners sichern, bei drohendem oder eingetretenem Verfall des Vermögens dessen Rest seinen Gläubigern zu erhalten (BGE 74 IV 37, 97 IV 20). Sie sind bei der Revision von 1994 systematisch neu gestaltet worden: In Art. 163 wird nunmehr der Schuldner erfaßt, der im Konkurs bzw. bei der Pfändung betrugsähnlich sein Vermögen nur *scheinbar* vermindert, von Art. 164 derjenige, welcher dies in einer der beiden Arten von Zwangsvollstreckungen tatsächlich tut. Damit sind die Schwierigkeiten in deren Abgrenzungen entfallen. Erforderlich ist jedoch stets, daß die jeweils gewählte Form der Betreibung zulässig war (vgl. BGE 70 IV 76).

Art. 163 Ziff. 1: Tatobjekte (neu als «Vermögenswerte» statt «Vermögensstücke» bezeichnet) können außer körperlichen Gegenständen auch Rechte und Forderungen sein, so künftige Lohnforderungen und erwartetes Entgelt für andere Leistungen (vgl. BGE 105 IV 320). Erfaßt werden auch im *Ausland* erzielte Einkünfte und gelegene Vermögenswerte (BGE 113 IV 13). Ausgenommen werden solche, die als sog. Kompetenzstücke (nach SchKG Art. 92) unpfändbar sind. Nicht zur Konkursmasse einer Gesellschaft gehört ein von ihr verwalteter Anlagefonds, es sei denn, es handle sich bei ihm zustehenden Werten um solche, die mit dem Vermögen der Konkursitin verquickt sind (BGE 103 IV 235). Die weitgehend dem bisherigen Recht entsprechenden *Tathandlungen* können vor oder während der Durchführung des Konkurs- bzw. Betreibungsverfahrens begangen werden, auch in einem Arrestverfahren (BGE 89 IV 62). Vgl. im einzelnen BGE 85 IV 218 (behauptetes Dritteigentum an einem Vermögenswert), BGE 85 IV 219 und 102 IV 173 (Falschangaben über den Status einer Gesellschaft), BGE 105 IV 105 (Anerkennung fiktiver Forderungen), BGE 107 IV 177 (Wegschaffenlassen von Geräten einer Gesellschaft). Unerheblich bleibt, ob die Machenschaften von Behörden bzw. Gläubigern durchschaut werden und diesen letzteren Rechtsbehelfe dagegen zur Verfügung stehen (BGE 85 IV 20).

Der Täter muß *zum Schaden* (früher «zum Nachteile») der Gläubiger handeln, wofür ausreichen dürfte, daß sich sein Vorgehen objektiv eignet, um zum Verlust von Haftungssubstrat zu führen. Dies trifft etwa zu, wenn die Pfändung vorhandener Vermögenswerte unterbleibt (BGE 105 IV 321). Dagegen genügt es anders als nach bisherigem Recht (vgl. BGE 102 IV 175, 105 IV 321) nicht mehr, daß das Verhalten bloß zu vorübergehenden Nachteilen oder Erschwernissen bei der Zwangsvollstreckung führt. – *Subjektiv* muß direkter oder eventueller Vorsatz vorliegen, namentlich das Bewußtsein und der Wille, das Vermögen scheinbar zu vermindern. Wenn der Täter die betreffenden Handlungen noch vor Anhebung eines Zwangsvollstreckungsverfahrens verübt, muß der Täter mindestens mit der Möglichkeit rechnen, es werde in absehbarer Zeit zu einem solchen kommen (BGE 74 IV 33). Bezüglich des Handelns *zum Schaden* der Gläubiger wird sein Bewußtsein vorauszusetzen sein, daß infolge seines Tuns mindestens möglicherweise die Deckung der vorhandenen Forderungen nicht mehr gewährleistet ist bzw. ein bereits bestehender Ausfall noch vergrößert und dadurch ein Schaden eintreten kann, und er muß dies auch wollen oder zumindest in Kauf nehmen (vgl. Botschaft 1991, S. 92).

Ziff. 2 pönalisiert auch gleichartige Handlungen von Personen, die weder selber Schuldner noch Organ einer juristischen Person oder Gesellschaft sind, gegen welche sich das Verfahren richtet (vgl. Art. 172). Dadurch werden Fälle von Beihilfe zum Tun dieser Personen, aber auch eigenmächtiges Vorgehen des Dritten erfaßt.

Gläubigerschädigung durch Vermögensminderung

1. Der Schuldner, der zum Schaden der Gläubiger sein Vermögen vermindert, indem er **164**

Vermögenswerte beschädigt, zerstört, entwertet oder unbrauchbar macht,

Vermögenswerte unentgeltlich oder gegen eine Leistung mit offensichtlich geringerem Wert veräußert,

ohne sachlichen Grund anfallende Rechte ausschlägt oder auf Rechte unentgeltlich verzichtet,

wird, wenn über ihn der Konkurs eröffnet oder gegen ihn ein Verlustschein ausgestellt worden ist, mit Zuchthaus bis zu fünf Jahren oder mit Gefängnis bestraft.

2. Unter den gleichen Voraussetzungen wird der Dritte, der zum Schaden der Gläubiger eine solche Handlung vornimmt, mit Gefängnis bestraft.

Art. 164 Ziff. 1 erfaßt im Gegensatz zu Art. 193 Ziff. 1 die *tatsächliche* Vermögensverminderung. Die Aufzählung der entsprechenden tatbestandsmäßigen Handlungsweisen ist abschließend. Diejenige der Veräußerung von Vermögenswerten wurde gegenüber dem bisherigen Recht zur Angleichung an die sog. Schenkungspauliana nach SchKG Art. 260 in der Weise präzisiert, daß der Täter das betreffende Objekt verschenken oder zu einer offensichtlich untersetzten Gegenleistung abgeben muß. Beispiele aus der Judikatur zum früheren Recht: BGE 93 IV 17 (Übernahme einer bestrittenen Forderung zu einem überhöhten Wert an Stelle einer Zahlung), BGE 97 IV 21 (Begründung von Verbindlichkeiten durch Ausgabe von Gutscheinen), BGE 103 IV 235 (Ausschüttung nicht erwirtschafteter Erträge in einem Anlagefonds). Der *subjektive* Tatbestand ist analog zu Art. 193 Ziff. 1 zu verstehen (vgl. Bem. hiezu).

Ziff. 2: vgl. Bem. zu Art. 193 Ziff. 2.

Mißwirtschaft

165 1. Der Schuldner, der in anderer Weise als nach Artikel 164, durch Mißwirtschaft, namentlich durch ungenügende Kapitalausstattung, unverhältnismäßigen Aufwand, gewagte Spekulationen, leichtsinniges Gewähren oder Benützen von Kredit, Verschleudern von Vermögenswerten oder arge Nachlässigkeit in der Berufsausübung oder Vermögensverwaltung,

seine Überschuldung herbeiführt oder verschlimmert, seine Zahlungsunfähigkeit herbeiführt oder im Bewußtsein seiner Zahlungsunfähigkeit seine Vermögenslage verschlimmert,

wird, wenn über ihn der Konkurs eröffnet oder gegen ihn ein Verlustschein ausgestellt worden ist, mit Gefängnis bis zu fünf Jahren bestraft.

2. Der auf Pfändung betriebene Schuldner wird nur auf Antrag eines Gläubigers verfolgt, der einen Verlustschein gegen ihn erlangt hat.

Der Antrag ist innert drei Monaten seit der Zustellung des Verlustscheines zu stellen.

Dem Gläubiger, der den Schuldner zu leichtsinnigem Schuldenmachen, unverhältnismäßigem Aufwand oder zu gewagten Spekulationen verleitet oder ihn wucherisch ausgebeutet hat, steht kein Antragsrecht zu.

Art. 165, im Verhältnis zu Art. 163 und Art. 164 ein Auffangtatbestand, stellt eine ergänzte und redaktionell verbesserte Neufassung des bisherigen Tatbestandes «Leichtsinniger Konkurs und Vermögensverfall» dar. Er kann nur vom Schuldner selber oder einem der in Art. 172 genannten Organe (vgl. zur Revisionsstelle BGE 116 IV 29), nicht aber von einem Dritten erfüllt werden.

Ziff. 1: Als ein neues Beispiel tatbestandsmäßigen Verhaltens wird die ungenügende Kapitalausstattung genannt, die bei einer Aktiengesellschaft gegeben ist, wenn entweder das angebliche Grundkapital gar nicht vorhanden ist (Schwindelgründung) oder für die Gründung des Unternehmens völlig unzureichend war (vgl. Botschaft 1991, 96).

Verdeutlicht wird, daß auch die leichtsinnige Gewährung oder das Benützen von Kredit und das Verschleudern von Vermögenswerten – soweit es nicht unter Art. 163 bzw. Art. 164 fällt – als sog. Bankrotthandlung in Frage kommt (vgl. BGE 102 IV 23 und 104 IV 163). Nach BGE 77 IV 167 genügt schon eine einzige gewagte Spekulation (vgl. zu dieser auch RS 1972 Nr. 242 und ferner RS 1983 Nr. 560 betr. spekulativen Autohandel ohne finanzielle Basis). Zwischen der betreffenden Verhaltensweise und der Verschlimmerung der Vermögenslage bzw. dem Eintritt der Zahlungsunfähigkeit muß ein *Kausalzusammenhang* bestehen (BGE 102 IV 23, 104 IV 163, 109 I b 328), doch brauchen die Bankrotthandlungen nicht die einzige Ursache des tatbestandsmäßigen Erfolges zu sein (BGE 115 IV 41).

Subjektiv wird für den Fall, daß der Täter seine Überschuldung oder Zahlungsunfähigkeit herbeiführt, entsprechend der Judikatur zum früheren Recht neben Vorsatz auch grobe Fahrlässigkeit genügen. Sie liegt vor, wenn er unter Mißachtung einschlägiger Bestimmungen oder der nach den Umständen und seinen persönlichen Verhältnissen gebotenen Sorgfalt das Risiko seiner Insolvenz bewußt einging oder es in unverantwortlicher Weise negierte (vgl. BGE 115 IV 31). Für die *Verschlimmerung* als solche genügt ebenfalls grobe Fahrlässigkeit (BGE 104 IV 166, 115 IV 41), doch muß der Täter mindestens im Sinne eines Eventualvorsatzes um seine bereits eingetretene Zahlungsunfähigkeit gewußt haben (BGE 102 IV 22). Der Wille zur Benachteiligung von Gläubigern ist bei keiner Variante erforderlich (BGE 104 IV 165, 166).

Ziff. 2 (Antragserfordernis bei Betreibung auf Pfändung) findet keine Anwendung, wenn der Schuldner gemäß SchKG Art. 191 sich selber insolvent erklärt hat (vgl. BGE 81 IV 32).

Unterlassung der Buchführung

Der Schuldner, der die ihm gesetzlich obliegende Pflicht zur **166** ordnungsmäßigen Führung und Aufbewahrung von Geschäftsbüchern oder zur Aufstellung einer Bilanz verletzt, so daß sein Vermögensstand nicht oder nicht vollständig ersichtlich ist, wird, wenn über ihn der Konkurs eröffnet oder in einer gemäß Art. 43 des Schuldbetreibungs- und Konkursgesetzes erfolgten Pfändung gegen ihn ein Verlustschein ausgestellt worden ist, mit Gefängnis oder mit Buße bestraft.

Art. 166: Ergänzend Art. 325. Pflicht und Umfang der Buchführung ergeben sich aus OR Art. 558 Abs. 1, 598 Abs. 2, 662 ff., 805, 856, 957 ff. Diesen Vorschriften genügt nicht, wer die Unterlagen und Belege aufbewahrt, um mit ihrer Hilfe im Falle des Konkurses die Buchhaltung nachträglich zu erstellen: BGE 77 IV 166. – Das Verwaltungsratsmitglied hat (auch als Strohmann) die Pflicht, für die Einrichtung und Nachführung der Buchhaltung zu sorgen: BGE 96 IV 78. Eine Kontrollstelle kann sich der Unterlassung der Buchführung nicht schuldig machen: BGE 116 IV 30. – Subjektiv ist Vorsatz oder Eventualvorsatz erforderlich, was namentlich Wissen des Täters um die Buchhaltungspflicht und die als mögliche Konsequenz ihrer Verletzung eintretende Verschleierung des Vermögensstandes voraussetzt: BGE 117 IV 164, 450. Fehlt es an diesem Vorsatz oder ist der Schuldner nicht in Konkurs geraten bzw. ist gegen ihn kein Verlustschein ausgestellt worden, so liegt der Tatbestand von Art. 325 vor: BGE 72 IV 19.

Bevorzugung eines Gläubigers

167 Der Schuldner, der im Bewußtsein seiner Zahlungsunfähigkeit und in der Absicht, einzelne seiner Gläubiger zum Nachteil anderer zu bevorzugen, darauf abzielende Handlungen vornimmt, insbesondere nicht verfallene Schulden bezahlt, eine verfallene Schuld anders als durch übliche Zahlungsmittel tilgt, eine Schuld aus eigenen Mitteln sicherstellt, ohne daß er dazu verpflichtet war, wird, wenn über ihn der Konkurs eröffnet oder gegen ihn ein Verlustschein ausgestellt worden ist, mit Gefängnis bestraft.

Art. 167: vgl. SchKG Art. 285 ff. Die *Eigenart* des Tatbestandes liegt darin, daß der Schuldner einem oder mehreren Gläubigern in anfechtbarer Weise Befriedigung oder Sicherheit verschafft und dadurch andere benachteiligt. Die Bevorzugung muß eine krasse und ungerechtfertigte Ungleichheit zwischen den Gläubigern schaffen (BGE 116 IV 25). Eine tatsächliche oder endgültige Schädigung von anderen Gläubigern ist nicht erforderlich. Die Bevorzugung der einen Gläubiger und die damit verbundene Benachteiligung anderer brauchen nicht Beweggrund der Tat zu sein. Es genügt, daß der Täter sich dieser Folgen bewußt ist und die Bevorzugung in Kenntnis seiner Zahlungsunfähigkeit gleichwohl begeht: BGE 74 IV 44, 93 IV 18, 104 IV 80. – Tilgung einer Schuld mit ungewöhnlichen Zahlungsmitteln: BGE 75 IV 111 (Veräußerung von Ware unter dem Marktpreis an einen Gläubiger), Bevorzugung durch Sicherstellung der Schuld aus eigenen Mitteln: BGE 74 IV 43 (Bestellung eines Faustpfandes). Zur Generalklausel: BGE 117 IV 24 (Tatbestand bejaht, wenn das Organ einer faktisch in Liquidation befindlichen AG deren Einrichtungsgegenstände veräußert und den

Erlös ausschließlich zur vollumfänglichen Tilgung einer längst verfallenen Darlehensschuld der AG verwendet). – Art. 167 bedroht nur den Schuldner mit Strafe. Der *Gläubiger* macht sich einzig strafbar, wenn er den Schuldner zur Tat anstiftet (Art. 24) oder sie durch vorsätzliche Handlungen fördert, die über die bloße Annahme der Leistung hinausgehen; Problem der Teilnahme beim Sonderdelikt: BGE 74 IV 49, 75 IV 112. – Der *Verlustschein* muß demjenigen Gläubiger ausgestellt worden sein, den der Schuldner benachteiligen wollte: BGE 75 IV 109. Es genügt ein provisorischer Schuldschein nach SchKG Art. 115 Abs. 2: BGE 75 IV 110. Die Tat des Schuldners braucht für die Ausstellung des Verlustscheins nicht kausal zu sein: BGE 75 IV 111. – *Abgrenzung* zu Art. 164: Diese Bestimmung ist anzuwenden, wenn die Verminderung der Zwangsvollstreckungssubstrate zu Lasten der Gläubiger über die Bevorzugung einzelner Gläubiger hinausgeht; die eigenmächtige Verfügung zur Befriedigung eines Gläubigers wird ausschließlich durch Art. 169 erfaßt (vgl. BGE 93 IV 18 und 107 IV 172 zu alt Art. 163).

Bestechung bei Zwangsvollstreckung

[1] Wer einem Gläubiger oder dessen Vertreter besondere Vorteile zuwendet oder zusichert, um dessen Stimme in der Gläubigerversammlung oder im Gläubigerausschuß zu erlangen oder um dessen Zustimmung zu einem gerichtlichen Nachlaßvertrag oder dessen Ablehnung eines solchen Vertrages zu bewirken, wird mit Gefängnis oder mit Buße bestraft. **168**

[2] Wer dem Konkursverwalter, einem Mitglied der Konkursverwaltung, dem Sachwalter oder dem Liquidator besondere Vorteile zuwendet oder zusichert, um dessen Entscheidungen zu beeinflussen, wird mit Gefängnis bestraft.

[3] Wer sich solche Vorteile zuwenden oder zusichern läßt, wird mit der gleichen Strafe belegt.

Art. 168 (vgl. dazu SchKG Art. 235 f., 240 f., 252 f., 302) stellt eine ergänzte und redaktionell verbesserte Fassung des früheren Tatbestandes «Stimmenkauf» dar. Der bestechungsähnliche Tatbestand ist als abstraktes Gefährdungsdelikt bereits mit einer Verhaltensweise der darin genannten Art vollendet, ohne daß diese zu dem vom Täter angestrebten Ziel führen müßte (vgl. BGE 71 IV 34 zum alten Recht).

Abs. 1 und 2: Nach dem neuen Recht können auch andere Personen als der Schuldner betr. deren Organe Täter sein; als Adressaten der «aktiven Bestechung» kommen nunmehr auch der Konkursverwalter, ein Sachwalter oder ein Liquidator in Frage. Der für die Erfüllung des *subjektiven* Tatbestands erforderliche Vorsatz muß namentlich den Willen zur Beeinflussung des Adressaten durch Zusicherung besonderer Vorteile umfassen, nicht aber die Gefährdung von Gläubigerinteressen.

Abs. 3 statuiert die Strafbarkeit der «passiven Bestechung». Täter können alle Adressaten einer «aktiven Bestechung» werden. Im Rahmen des nötigen Vorsatzes muß namentlich das Wissen um den Zweck des besonderen Vorteils umfassen, den sie sich zuwenden oder zusichern lassen.

Verfügung über mit Beschlag belegte Vermögenswerte

169 Wer eigenmächtig zum Schaden der Gläubiger über einen Vermögenswert verfügt, der

amtlich gepfändet oder mit Arrest belegt ist,

in einem Betreibungs-, Konkurs- oder Retentionsverfahren amtlich aufgezeichnet ist oder

zu einem durch Liquidationsvergleich abgetretenen Vermögen gehört

oder einen solchen Vermögenswert beschädigt, zerstört, entwertet oder unbrauchbar macht,

wird mit Gefängnis bestraft.

Art. 169 erfaßt die zwangsvollstreckungsrechtlichen Beschlagnahmen nach SchKG Art. 83 Abs. 1, 91 Abs. 1, 96, 162, 183 Abs. 1, 221, 275 und 283. Dieser Tatbestand des sog. Verstrickungsbruches wurde in der Gesetzesrevision von 1994 redaktionell verbessert und ergänzt, namentlich durch eine schon von der Rechtsprechung zum früheren Gesetz vorgenommenen Ausweitung der Deliktsobjekte von Sachen auf Vermögenswerte sowie durch Einbezug der zu einem durch Liquidationsvergleich abgetretenen Vermögen gehörenden Werte. Täter kann nicht nur der Schuldner bzw. das Organ der betroffenen juristischen Person oder Gesellschaft sein, sondern auch ein Dritter.

Aus der Rechtsprechung zum früheren Art. 169:

Bereits erfolgte Zustellung von Pfändungs- bzw. Retentionsurkunde wird nicht vorausgesetzt: BGE 105 IV 323. – Unter die Bestimmung fallen auch Rechte und Forderungen bzw. die an ihrer Stelle als ebenfalls gepfändet zu behandelnden Ersatzwerte (Geldzahlungen aus einer Forderung): BGE 96 IV 112, SJZ 58 (1962) 93. Erfaßt werden der gepfändete Anspruch auf Lohn und anderes Arbeitseinkommen, gleichgültig ob der Verdienst aus selbständiger oder unselbständiger Erwerbstätigkeit stammt: BGE 96 IV 112 (Grundsätze der Erwerbsberechnung),

102 IV 249 (Berücksichtigung der Einkommensschwankungen), vgl. auch RS 1983 Nr. 450. Tatobjekt kann auch der zukünftige Dirnenlohn sein: BGE 91 IV 69. – Die *strafbare Handlung* umfaßt sowohl rechtliche als auch tatsächliche Verfügungen; es genügen auch vorübergehende Behinderungen oder Erschwerungen in der Zwangsvollstreckung: BGE 75 IV 64, SJZ 65 (1969) 295. Eine Verfügung kann auch in einer dolosen Verrechnung der gepfändeten Quote mit einer Gegenforderung (OR Art. 120 f.) bestehen: SJZ 65 (1969) 295, BGE 100 IV 228. Nur wer über tatsächlich verdientes Gut trotz Pfändung verfügt, ist strafbar: SJZ 61 (1965) 142, ZR 63 Nr. 7. Verfügung über gepfändetes Einkommen ist nur gegeben, wenn der Täter über Beträge verfügt, die das Existenzminimum übersteigen: RS 1966 Nr. 60, SJZ 64 (1968) 76. Von Art. 169 nicht erfaßt wird die Nichtablieferung der gepfändeten und dem Betreibungsschuldner abgezogenen Lohnquote seitens des Arbeitgebers: BGE 86 IV 172, vgl. RS 1984 Nr. 668. Die Anzeige der Lohnpfändung an den Arbeitgeber enthebt aber den Arbeitnehmer nicht von der Pflicht zur Ablieferung der gepfändeten Verdienstquote: RS 1985 Nr. 874. – Die Handlung muß auf eine *Benachteiligung* der Gläubiger ausgerichtet sein, Eventualvorsatz genügt: BGE 75 IV 174, 105 IV 325. Die Verfügung ist nicht strafbar, wenn alle Gläubiger damit einverstanden sind: SJZ 48 (1952) 169. – Wenn der Schuldner eigenmächtig über beschlagnahmte Vermögenswerte verfügt, ohne daß Gläubiger geschädigt werden, ist nur Art. 289 anwendbar: BGE 75 IV 174. Verhältnis zur Vernachlässigung von Unterstützungspflichten (Art. 217): BGE 99 IV 146.

Erschleichung eines gerichtlichen Nachlaßvertrages

Der Schuldner, der über seine Vermögenslage, namentlich **170** durch falsche Buchführung oder Bilanz, seine Gläubiger, den Sachwalter oder die Nachlaßbehörde irreführt, um dadurch eine Nachlaßstundung oder die Genehmigung eines gerichtlichen Nachlaßvertrages zu erwirken,

der Dritte, der eine solche Handlung zum Vorteile des Schuldners vornimmt,

wird mit Gefängnis bestraft.

Art. 170: Vgl. SchKG Art. 293, 295, 306. – Die Bestimmung bedroht jede Irreführung mit Strafe; es fällt darunter sowohl die Verheimlichung von Passiven wie auch das Vortäuschen einer zu günstigen Vermögenslage: BGE 84 IV 160. *Zum Tatbestand:* BGE 84 IV 159 (zu günstige Darstellung der Vermögenslage).

Gerichtlicher Nachlaßvertrag

171 ¹ Die Artikel 163 Ziffer 1, 164 Ziffer 1, 165 Ziffer 1, 166 und 167 gelten auch, wenn ein gerichtlicher Nachlaßvertrag angenommen und bestätigt worden ist.

² Hat der Schuldner oder der Dritte im Sinne von Artikel 163 Ziffer 2 und 164 Ziffer 2 eine besondere wirtschaftliche Anstrengung unternommen und dadurch das Zustandekommen des gerichtlichen Nachlaßvertrages erleichtert, so kann die zuständige Behörde bei ihm von der Strafverfolgung, der Überweisung an das Gericht oder der Bestrafung absehen.

Art. 171 Abs. 1 (vgl. Bem. zu Art. 163–172) bezieht sich auf den konkursähnlichen sog. Liquidationsvergleich nach SchKG Art. 316 a ff., der von den Gläubigern angenommen und von der Nachlaßbehörde bestätigt worden ist, nicht aber auf den sog. Prozentvergleich nach SchKG Art. 293 ff. als Sanierungsinstrument.

Abs. 2: Dieses fakultative Absehen von Strafe oder schon von weiterer Verfolgung oder Überweisung an das Gericht wird dem Grundsatz nach nur zum Zuge kommen, wenn der Täter ohne entsprechende Verpflichtung zusätzliche und erhebliche Vermögenswerte mobilisiert, z. B. der Schuldner, der einen Erbvorbezug erwirkt oder Organe einer juristischen Person, die bei deren Konkurs Teile zur verbesserten Schuldentilgung Teile ihres Privatvermögens zur Verfügung stellen (vgl. Botschaft 1991, S. 102). Die besonderen Anstrengungen müssen zum Zustandekommen des Nachlaßvertrages in ersichtlichem Ausmaß beigetragen haben. Sie sind den persönlichen Umständen i. S. von Art. 26 zuzurechnen.

Widerruf des Konkurses

171bis ¹ Wird der Konkurs widerrufen (Art. 195 SchKG), so kann die zuständige Behörde von der Strafverfolgung, der Überweisung an das Gericht oder der Bestrafung absehen.

² Wurde ein gerichtlicher Nachlaßvertrag abgeschlossen, so ist Absatz 1 nur anwendbar, wenn der Schuldner oder der Dritte im Sinne von Artikel 163 Ziffer 2 und 164 Ziffer 2 eine besondere wirtschaftliche Anstrengung unternommen und dadurch dessen Zustandekommen erleichtert hat.

Art. 171bis Abs. 1: Von dieser neugeschaffenen Möglichkeit kann z. B. Gebrauch gemacht werden, wenn alle Gläubiger nach erfolgter Befriedigung ihre Konkurseingaben zurückziehen oder ein Nachlaßvertrag zustandekommt.

Abs. 2: vgl. Bem. zu Art. 171.

4. Allgemeine Bestimmungen

Anwendung auf juristische Personen und Gesellschaften

Handelt jemand　　　　　　　　　　　　　　　　　　172

als Organ oder als Mitglied eines Organs einer juristischen Person,

als Mitarbeiter einer juristischen Person oder einer Gesellschaft, dem eine vergleichbare selbständige Entscheidungsbefugnis in seinem Tätigkeitsbereich zukommt, oder

ohne Organ, Mitglied eines Organs oder Mitarbeiter zu sein, als tatsächlicher Leiter einer juristischen Person oder Gesellschaft,

so ist eine in diesem Titel aufgeführte Strafbestimmung, nach welcher besondere persönliche Merkmale die Strafbarkeit begründen oder erhöhen, auch auf die genannten Personen anzuwenden, wenn diese Merkmale nicht bei ihnen persönlich, sondern bei der juristischen Person oder der Gesellschaft vorliegen.

Art. 172 regelt die in der bisherigen Bestimmung gleicher Bezifferung statuierte Verantwortlichkeit für strafbare Handlungen im Geschäftsbetrieb einer juristischen Person bzw. einer Kollektiv- oder Kommanditgesellschaft neu (vgl. auch die Parallelbestimmung von Art. 326). Zusätzlich erfaßt werden nun ausdrücklich – entsprechend der Praxis zum bisherigen Recht – Mitarbeiter einer juristischen Person oder einer Gesellschaft, die keine Organstellung einnehmen, aber (z. B. als Prokuristen oder Handlungsbevollmächtigte) eine selbständige Entscheidungsbefugnis innehaben, sowie tatsächliche Leiter solcher Gebilde (namentlich, wenn sie als Organe oder leitende Mitarbeiter «Strohmänner» einsetzen). Persönliche Merkmale, welche die Strafbarkeit begründen bzw. erhöhen (echte und unechte Sonderdelikte), finden sich namentlich in Art. 138, 145, 158, 159, 163–170. Diese Regelung bedeutet aber nicht, daß die Verantwortlichkeit der Personen mit den erwähnten Sondereigenschaften für andere im Geschäftsbetrieb der Gesellschaft begangene Straftaten ausgeschlossen wäre (vgl. BGE 97 IV 203, 100 IV 39, 105 IV 175).

Verbindung von Freiheitsstrafe mit Buße

172bis Ist in diesem Titel ausschließlich Freiheitsstrafe angedroht, so kann der Richter diese in jedem Falle mit Buße verbinden.

Geringfügige Vermögensdelikte

172ter [1] Richtet sich die Tat nur auf einen geringen Vermögenswert oder auf einen geringen Schaden, so wird der Täter, auf Antrag, mit Haft oder mit Buße bestraft.

[2] Diese Vorschrift gilt nicht bei qualifiziertem Diebstahl (Art. 139 Ziff. 2 und 3), bei Raub und Erpressung.

Art. 172 ter erweitert die frühere Privilegierung geringfügiger Vermögensdelikte durch besondere Tatbestände (Entwendung, geringfügige Veruntreuung und Unterschlagung, leichte Fälle von Sachentziehung und Hehlerei) auf alle Taten jener Art. Bei Tatbeständen, die einen Vermögensschaden voraussetzen, wird für die Privilegierung weiterhin der Deliktsbetrag bzw. der Marktwert der betroffenen Sache maßgebend sein, bei Fehlen eines solchen der Wert des Gegenstandes für den Täter (vgl. BGE 115 IV 191). Die Grenze dürfte heute bei ca. Fr. 200.– anzunehmen sein. Wird – wie bei Art. 141 und 144 – kein Vermögensschaden vorausgesetzt, schließt auch die Zufügung eines anderen schweren Nachteils bzw. ein hoher Affektionswert der betreffenden Sache die Anwendung von Art. 172 ter aus. Diese setzt im übrigen subjektiv voraus, daß sich auch der Vorsatz des Täters auf ein Vermögensdelikt geringfügigen Ausmaßes beschränkte.

Dritter Titel
Strafbare Handlungen gegen die Ehre und den Geheim- oder Privatbereich

1. Ehrverletzung

Üble Nachrede

1. Wer jemanden bei einem andern eines unehrenhaften Verhaltens oder anderer Tatsachen, die geeignet sind, seinen Ruf zu schädigen, beschuldigt oder verdächtigt, **173**

    wer eine solche Beschuldigung oder Verdächtigung weiterverbreitet,

    wird, auf Antrag, mit Gefängnis bis zu sechs Monaten oder mit Buße bestraft.

2. Beweist der Beschuldigte, daß die von ihm vorgebrachte oder weiterverbreitete Äußerung der Wahrheit entspricht, oder daß er ernsthafte Gründe hatte, sie in guten Treuen für wahr zu halten, so ist er nicht strafbar.

3. Der Beschuldigte wird zum Beweis nicht zugelassen und ist strafbar für Äußerungen, die ohne Wahrung öffentlicher Interessen oder sonstwie ohne begründete Veranlassung, vorwiegend in der Absicht vorgebracht oder verbreitet werden, jemandem Übles vorzuwerfen, insbesondere, wenn sich die Äußerungen auf das Privat- oder Familienleben beziehen.

4. Nimmt der Täter seine Äußerungen als unwahr zurück, so kann er milder bestraft oder ganz von Strafe befreit werden.

5. Hat der Beschuldigte den Wahrheitsbeweis nicht erbracht oder sind seine Äußerungen unwahr oder nimmt der Beschuldigte sie zurück, so hat der Richter dies im Urteil oder in einer andern Urkunde festzustellen.

Art. 173ff.: Abgeänderter Titel gemäß BG betr. Verstärkung des strafrechtlichen Schutzes des persönlichen Geheimbereichs vom 20. Dezember 1968, in Kraft seit 1. Mai 1969.

Art. 173–178 (Ehrverletzungen): Art. 173–175 beziehen sich ausschließlich auf *Tatsachen*behauptungen über den Verletzten, die gegenüber einem Dritten erhoben werden. – Strafrechtlichen Ehrenschutz genießen auch *juristische Personen:* BGE 96 IV 149, 108 IV 21, sowie Kollektivgesellschaften: BGE 114 IV 15, nicht aber andere Personenverbände sowie Behörden; es sei denn, die ehrverletzenden Äußerungen könnten auf das einzelne Mitglied bezogen werden: BGE 69 IV 84, 71 IV 106 (kantonale Strafbestimmung wegen «Amtsehrbeleidigung» unzulässig). Der Angriff gegen eine Personenmehrheit kann unter Umständen auch als solcher gegen eine (beleidigungsfähige) juristische Person erkennbar sein: BGE 105 IV 117. – Der Rechtfertigungsgrund der Wahrnehmung berechtigter Interessen ist auf Ehrverletzungsdelikte nicht mehr anwendbar: BGE 109 IV 42.

Ehre ist der Anspruch einer Person auf Geltung (BGE 114 IV 16). Geschützt wird der Ruf, *ein ehrbarer Mensch zu sein,* d. h. sich so zu benehmen, wie ein charakterlich anständiger Mensch sich zu verhalten pflegt: BGE 93 IV 21, 103 IV 158. Entscheidend dafür, ob die eingeklagte Äußerung ehrverletzend sei, ist der Sinn, welchen ihr der unbefangene Hörer nach den Umständen beilegen mußte: BGE 119 IV 47. In der politischen Auseinandersetzung ist eine strafrechtlich relevante Ehrverletzung nur mit großer Zurückhaltung anzunehmen: BGE 105 IV 113, 195; BGE 116 IV 150. Eine Äußerung ist schon dann ehrenrührig, wenn sie an sich geeignet ist, den Ruf zu schädigen, unabhängig davon, ob der Dritte die Beschuldigung oder Verdächtigung für wahr hält oder nicht: BGE 103 IV 20 (Überprüfbarkeit der Behauptung durch die Behörde, an die sie sich richtet, bleibt belanglos).

Nicht ehrverletzend sind gemäß ständiger Praxis des Bundesgerichts (zuletzt BGE 119 IV 47) Äußerungen, die sich lediglich eignen, jemanden in *anderer Hinsicht,* z. B. als Geschäfts- oder Berufsmann, als Politiker, Künstler oder Sportler, in der gesellschaftlichen Geltung bzw. in seiner sozialen Funktion herabzusetzen, sofern die Kritik nicht zugleich auch seine Geltung als ehrbarer Mensch trifft: BGE 71 IV 230 (Kritik an einem Kunstwerk, die auch seinen Schöpfer verächtlich macht), 77 IV 95 (Vorwurf an einen Politiker, den Bau eines Spielkasinos zu unterstützen), 80 IV 162 (kein ehrverletzender Charakter des Vorwurfes an Politiker, ein schlechter Demokrat zu sein), 92 IV 97 (Vorwurf an einen Apotheker, bei der Abgabe von Medikamenten willkürlich und unzuverlässig zu sein), 99 IV 149 (Vorwurf an einen Anwalt, Prozesse vor allem im eigenen Interesse einzuleiten), 103 IV 159 (kein ehrverletzender Charakter des Vorhaltes an einen Wahlkandidaten, er habe dem Gemeinwesen Waren zu einem stark übersetzten Preis angeboten, fragwürdig), 103 IV 161 (kein ehrverletzender Charakter des Vorwurfs, als Mitglied einer Kollegialbehörde bei Amtsgeschäften private Interessen berücksichtigt zu haben, es sei denn, damit werde unterstellt, öffentliche Interessen seien dabei pflichtwidrig vernachlässigt worden), 105 IV

113 (kein ehrverletzender Charakter des Vorwurfs, ein Zahnarzt habe den Zeitpunkt für die Änderung der Zahnstellung eines Kindes verpaßt), 105 IV 195 (kein ehrverletzender Charakter der Wertung einer politischen Aktion als schlecht und gegen das Allgemeinwohl verstoßend, weil dies lediglich den Ruf eines Menschen als Politiker betrifft, ihn aber nicht als Mensch verächtlich erscheinen läßt), 108 IV 95 (ein Politiker sei Drahtzieher rechtswidriger Demonstrationen), 115 IV 44 (Vorwurf an einen Geschäftsmann, ein Spekulant zu sein, verletzt dessen Ehre nicht, selbst wenn in unmittelbarem Kontext damit gesagt wird, er plage Asylbewerber), 116 IV 206 (Vorwurf an Polizeibeamte, Asylbewerber mit Falschangaben unter Druck gesetzt zu haben), 119 IV 47 (Zuschreiben der Verantwortlichkeit für ein unerklärliches «Finanzloch»). – Der Vorhalt eines *pathologischen Zustandes* ist nur dann ehrverletzend, wenn psychiatrische oder andere medizinische Fachausdrücke dazu mißbraucht werden, jemanden als charakterlich minderwertig hinzustellen: BGE 93 IV 22 («Psychopath»), 96 IV 55 («Querulant»), 98 IV 93 («perverse Geilheit»), RS 1983 Nr. 452 («Mongole»).

Strafantrag: Vgl. Art. 28 ff., *Verjährung:* Art. 178.

Stellung der Presse (Art. 55 BV, Pressefreiheit): BGE 104 IV 12 (im Bereich der Ehrverletzungen verfügt die Presse über keine Vorzugsstellung), 105 IV 118; vgl. auch Art. 27 Ziff. 5: BGE 106 IV 164 (hingegen genießt die Presse insofern ein Privileg, als der Berichterstatter öffentlicher Verhandlungen einer Behörde dort geäußerte ehrenrührige Behauptungen straflos weiterverbreiten darf), vgl. auch BGE 117 IV 28.

Art. 173 in der Fassung gemäß BG vom 5. Oktober 1950, in Kraft seit 1. Januar 1951.

Ziff. 1: *Zur Form* der Beschuldigung oder Verdächtigung vgl. Art. 176. Erfaßt werden auch Äußerungen von Parteien, Anwälten und Zeugen im Prozeß (BGE 80 IV 57, 86 IV 75, 98 IV 90, 109 IV 40, dagegen aber SJZ 73 1977 85) sowie in der Begründung von Entscheiden der Gerichte und Verwaltungsbehörden (BGE 98 IV 92, 106 IV 182). Doch sind sie allenfalls durch einen Rechtfertigungsgrund gedeckt (vgl. unten zu Ziff. 2 und 3). – Wer seinem Anwalt bei der Prozeßinstruktion ehrverletzende Angaben über die Gegenpartei macht, die jener dann in einer Rechtsschrift verwendet, gilt in der Regel als Beteiligter an der Ehrverletzung: BGE 110 IV 88 (fragwürdig). – Die *angegriffene Person* braucht nicht namentlich genannt zu sein. Es genügt, wenn nach den Umständen erkennbar ist, auf wen sich die Äußerung bezieht: BGE 92 IV 96, 99 IV 149, 105 IV 117. Angriffe auf ein Kollektiv verletzen den einzelnen ihm Angehörenden nur dann, wenn sie sich auf einen genügend abgegrenzten engeren Kreis von Personen beziehen: BGE 80 IV 166 (bejaht für eine Äußerung über 73 Nationalräte, die in einem be-

stimmten Sinn stimmten), 100 IV 45 (verneint für eine Äußerung über
«die Jäger»). – Zum Begriff des *«andern»:* BGE 86 IV 209 (auch der zu
instruierende Anwalt des Täters), 96 IV 194 (das Kind im Verhältnis zu
seinen Eltern), 103 IV 23 (die zur Überprüfung der Anschuldigung zuständige Behörde). Macht der Täter die Äußerung dem Verletzten
gegenüber, so muß er mindestens damit rechnen und es in Kauf nehmen, daß anwesende Dritte sie vernehmen könnten: BGE 73 IV 175.

Weiterverbreitung einer Beschuldigung oder einer Verdächtigung:
Mitteilung an eine einzige Person genügt. Die Strafbarkeit eines solchen Verhaltens wird nicht dadurch ausgeschlossen, daß man die
Quelle der Information nennt (BGE 118 IV 160, vgl. schon BGE 82 IV
79) oder deren Richtigkeit bezweifelt (BGE 102 IV 181).

Die Eignung zur Rufschädigung entfällt nicht, wenn bloß bereits Be-
kanntes weiterverbreitet wird: BGE 73 IV 30. Unerheblich ist es, ob
der Dritte die Unwahrheit der Äußerung sofort erkennt oder nach den
konkreten Umständen zu erwarten ist, er werde sie sofort erkennen:
BGE 103 IV 23.

Der *Vorsatz* braucht sich nicht auf die tatsächliche Schädigung des
Rufes (Beleidigungsabsicht) zu beziehen; es genügt, wenn der Täter
sich der Ehrenrührigkeit seiner Behauptung bewußt gewesen ist und sie
trotzdem erhoben hat: BGE 92 IV 97, 119 IV 47.

Verhältnis zu Art. 303 (falsche Anschuldigung): Diese Bestimmung
ist ausschließlich anzuwenden, wenn ihre Voraussetzungen erfüllt sind:
BGE 69 IV 116, 76 IV 245 (Bestrafung nach Art. 173, wenn kein direkter Vorsatz in bezug auf die Unwahrheit der Anschuldigung nachweisbar ist).

Ziff. 2 und 3: Die Entlastungsbeweise werden nur ausgeschlossen,
wenn kumulativ einerseits eine begründete Veranlassung für die Äuße-
rung fehlt und andererseits der Täter in der überwiegenden Absicht,
Übles vorzuwerfen, gehandelt hat: BGE 116 IV 37. – *Begründete Ver-
anlassung:* Eine solche muß objektiv bestanden haben *und* Beweggrund für die Äußerung gewesen sein: BGE 89 IV 191 (vgl. aber auch
BGE 82 IV 98, 101 IV 294). Diese kann sich auch auf das Privat- und
Familienleben des Verletzten beziehen: BGE 81 IV 284. Bejaht für die
Information künftiger Arbeitgeber über die vom Bewerber um eine
Vertrauenswürdigkeit erheischende Stellung begangenen Diebstähle
(BGE 81 IV 283), der Öffentlichkeit über Vorwürfe, die für die Eignung eines Wahlkandidaten für das zu besetzende Amt von Bedeutung
sind (BGE 82 IV 97), eines Zahnarztes über die Zahlungswilligkeit
einer Patientin, um dem Anfragenden einen Dienst zu erweisen (BGE
89 IV 192), für die Verbreitung eines Flugblattes, um den eines Diebstahls beschuldigten Chef einer Verwaltungsabteilung aus dem Amt zu
entfernen (BGE 101 IV 295), um fremdenfeindliche Tendenzen einer

Partei aufzudecken (SJZ 84 1988 377), vgl. auch BGE 98 IV 95 betr. begründete Veranlassung zu ehrverletzenden Äußerungen in der Begründung eines Gerichtsurteils und 82 IV 96, wonach bestehende Beleidigungsabsicht begründete Veranlassung nicht ausschließt, sowie RS 1985 Nr. 876 (Wahrung berechtigter Interessen im Scheidungsprozeß).
– *Beleidigungsabsicht* darf nicht allein aus dem Fehlen einer begründeten Veranlassung gefolgert werden: BGE 82 IV 96; sie liegt vor, wenn es dem Täter vorwiegend darum ging, jemanden zu Fall zu bringen und ihn als Delinquenten zu schmähen: BGE 101 IV 294. – In welcher Absicht der Täter handelte, ist Tatfrage, ob er aus begründeter Veranlassung handelte, Rechtsfrage: BGE 98 IV 95.

Der *Wahrheitsbeweis* ist erbracht, wenn alle wesentlichen Punkte der Äußerung bewiesen sind; verhältnismäßig unbedeutende Übertreibungen werden nicht geahndet. Erforderlich ist der Nachweis der ehrenrührigen *Tatsachen,* nicht bloß der Verdachtsmomente: BGE 102 IV 180. Im Gegensatz zum Gutglaubensbeweis kann der Wahrheitsbeweis sich auf Umstände stützen, die dem Täter erst nach der eingeklagten Äußerung bekannt werden oder sich aus einer späteren Abklärung ergeben: BGE 106 IV 116. Der Wahrheitsbeweis bezüglich eines behaupteten Deliktes oder eines diesbezüglich geäußerten Verdachtes ist grundsätzlich durch die entsprechende Verurteilung zu erbringen; es sei denn, gegen den Beschuldigten oder Verdächtigten habe aus irgendeinem Grunde (z. B. wegen Verjährung) kein Strafverfahren durchgeführt werden können: BGE 106 IV 117, 109 IV 36. – *Gutglaubensbeweis:* Der Beweis der guten Treue kann nicht mit Tatsachen geführt werden, die erst nach den ehrverletzenden Äußerungen eingetreten sind: BGE 102 IV 182, 106 IV 116, 107 IV 35. Ihm steht nicht entgegen, daß über die dem Verletzten vorgeworfene angebliche Straftat eine Strafuntersuchung durchgeführt wurde, die mit der Einstellung endete; doch muß der Täter besonders sorgfältig prüfen, ob er wirklich genügend ernsthafte Gründe habe, seine Verdächtigungen erneut vorzubringen: BGE 101 IV 295. Der Angeklagte genügt seiner Beweispflicht nicht, wenn er nachweist, daß er die Tatsachen, auf die er seinen Verdacht gestützt hat, für wahr halten durfte. Er muß darüber hinaus dartun, daß er gestützt auf diese Tatsachen den Antragsteller in guten Treuen des ehrenrührigen Verhaltens verdächtig halten durfte. Davon ist nicht immer schon dann abzusehen, wenn der Täter in seiner Äußerung seine Verdachtsgründe bekanntgibt: BGE 102 IV 183. *Anforderungen an ernsthafte Gründe, die Äußerung in guten Treuen für wahr zu halten:* Die erforderliche Informations- und Sorgfaltspflicht sowie der nötige Grad der Überzeugung bzw. des Verdachtes sind unter Berücksichtigung der Umstände des Einzelfalles (insbesondere Wert der wahrgenommenen Interessen,

Möglichkeit ihrer Wahrung in anderer Weise, fehlende oder bestehende Beleidigungsabsicht, vorhandene besondere Fähigkeit zur richtigen Einschätzung der Verdachtsmomente) zu beurteilen: BGE 102 IV 185, vgl. BGE 118 IV 163 betr. Publikationen wissenschaftlichen Inhalts. Zu besonderer Sorgfalt ist verpflichtet, wer Äußerungen ohne Vorliegen eines öffentlichen Interesses durch die Presse oder Flugblätter verbreitet: BGE 104 IV 16, s. auch 105 IV 118, vgl. ferner SJZ 71 (1975) 162. Geringere Anforderungen werden gestellt, wenn der Täter mit der Äußerung berechtigte Interessen verfolgte: BGE 116 IV 208. Indessen ist auch dem Anwalt im Prozeß untersagt, Anschuldigungen als sichere Tatsachen hinzustellen, wenn bloß Grund zu Verdächtigung besteht, BGE 109 IV 39. Besondere Zurückhaltung ist ferner dem Journalisten aufzuerlegen, der jemanden ohne bereits erfolgte Verurteilung strafbarer Handlungen bezichtigt: BGE 116 IV 33. Diese Berufsgattung genießt keine Sonderstellung: BGE 117 IV 29, 118 IV 161. Keine hohen Anforderungen sind zu stellen, wenn gegen den Anzeigeerstatter aufgrund seiner Anzeige eine Klage erhoben wurde (BGE 116 IV 205). – Wer den Gutglaubensbeweis erbringt, ist freizusprechen: BGE 119 IV 48.

Die *allgemeinen Rechtfertigungsgründe* des StGB haben den Vorrang vor dem Entlastungsbeweis: BGE 106 IV 181. Als solche kommen in Betracht *Amtspflichten:* BGE 72 IV 178 (Lehrer), 76 IV 25 (Polizeibeamter), 106 IV 181 (Begründung von Entscheiden der Gerichts- und Verwaltungsbehörden), 108 IV 95 (Information der Öffentlichkeit durch Behörden); *Berufspflichten:* BGE 109 IV 40 (Voraussetzungen der Rechtfertigung ehrverletzender Tatsachenbehauptungen von Anwälten in Prozessen); Darlegungs- und Behauptungspflichten der Parteien sowie ihrer Anwälte in Prozessen: BGE 116 IV 213, 118 IV 250; gesetzliche *Pflicht zur Zeugenaussage:* BGE 80 IV 60, SJZ 74 (1978) 128. – *Ausgeschlossen* ist dagegen Berufung auf den übergesetzlichen Rechtfertigungsgrund der Wahrung berechtigter Interessen (BGE 85 IV 183, 109 IV 42, relativiert in BGE 118 IV 162), auf Beweisnotstand (BGE 92 IV 98) und auf die Pflicht einer Partei im Zivilprozeß, möglichst genaue Angaben zur Verdeutlichung ihres Rechtsstandpunktes zu machen (BGE 98 IV 88). Ebensowenig sind ehrverletzende Tatsachenbehauptungen über einen anderen gerechtfertigt, wenn sie einer Behörde, deren Aufsicht dieser untersteht, im Sinne einer zu überprüfenden Anzeige unterbreitet werden (BGE 103 IV 22, fraglich).

Ziff. 4: Bedingung für die Anwendung dieser Bestimmung ist, daß der Täter seine Äußerung als unwahr (also nicht bloß unbewiesen) zurücknimmt und die Ehre des Verletzten wieder herstellt: BGE 112 IV 28.

Ziff. 5: Es genügt die Feststellung in den *Urteilserwägungen,* daß der Wahrheitsbeweis nicht erbracht worden sei: BGE 80 IV 251. Keine Nichtigkeitsbeschwerde des Freigesprochenen oder straflos Erklärten gegen eine Feststellung im Sinne von Art. 175 Ziff. 5: BGE 79 IV 90, vgl. aber BGE 96 IV 66.

Verleumdung

1. Wer jemanden wider besseres Wissen bei einem andern **174** eines unehrenhaften Verhaltens oder anderer Tatsachen, die geeignet sind, seinen Ruf zu schädigen, beschuldigt oder verdächtigt,

wer eine solche Beschuldigung oder Verdächtigung wider besseres Wissen verbreitet,

wird, auf Antrag, mit Gefängnis oder Buße bestraft.

2. Ist der Täter planmäßig darauf ausgegangen, den guten Ruf einer Person zu untergraben, so ist die Strafe Gefängnis nicht unter einem Monat.

3. Zieht der Täter seine Äußerungen vor dem Richter als unwahr zurück, so kann er milder bestraft werden. Der Richter stellt dem Verletzten über den Rückzug eine Urkunde aus.

Art. 174 Ziff. 1: Die Behauptung des Täters muß objektiv falsch sein. Zur *Form* der Beschuldigung vgl. Art. 176, zu den Begriffen «jemanden» und «anderer» Bem. zu Art. 173 Ziff. 1. Art. 174 verlangt direkten Vorsatz in bezug auf die Unwahrheit der Äußerung; hielt der Täter diese bloß für möglicherweise unrichtig, so kommt nur Art. 173 in Betracht: BGE 76 IV 244. Art. 174 steht zu Art. 307 (falsches Zeugnis) in Idealkonkurrenz, wird indessen von Art. 303 (falsche Anschuldigung) konsumiert: BGE 80 IV 58.

Ziff. 2: Planmäßigkeit des Vorgehens begründet kein Dauerdelikt: BGE 93 IV 94. Anwendungsfall RS 1948 Nr. 82.

Üble Nachrede oder Verleumdung gegen einen Verstorbenen oder einen verschollen Erklärten

[1] Richtet sich die üble Nachrede oder die Verleumdung gegen **175** einen Verstorbenen oder einen verschollen Erklärten, so steht das Antragsrecht den Angehörigen des Verstorbenen oder des verschollen Erklärten zu.

[2] Sind zur Zeit der Tat mehr als dreißig Jahre seit dem Tode

des Verstorbenen oder seit der Verschollenerklärung verflossen, so bleibt der Täter straflos.

Art. 175: Vgl. Art. 110 Ziff. 2 (Angehörige). Anwendungsfall: BGE 118 IV 156.

Gemeinsame Bestimmung

176 Der mündlichen üblen Nachrede und der mündlichen Verleumdung ist die Äußerung durch Schrift, Bild, Gebärde oder durch andere Mittel gleichgestellt.

Beschimpfung

177 [1] Wer jemanden in anderer Weise durch Wort, Schrift, Bild, Gebärde oder Tätlichkeiten in seiner Ehre angreift, wird, auf Antrag, mit Gefängnis bis zu drei Monaten oder mit Buße bestraft.

[2] Hat der Beschimpfte durch sein ungebührliches Verhalten zu der Beschimpfung unmittelbar Anlaß gegeben, so kann der Richter den Täter von Strafe befreien.

[3] Ist die Beschimpfung unmittelbar mit einer Beschimpfung oder Tätlichkeit erwidert worden, so kann der Richter einen oder beide Täter von Strafe befreien.

Art. 177 Abs. 1: Der Tatbestand erfaßt einerseits ehrenrührige Tatsachenbehauptungen gegenüber dem Verletzten selber, andererseits ehrverletzende Werturteile diesem sowie Dritten gegenüber (vgl. dazu BGE 92 IV 98, 93 IV 23, 104 IV 169). Zurückhaltung ist bei der Annahme einer Beschimpfung bei Äußerungen in einer politischen Auseinandersetzung geboten: BGE 116 IV 149. Strafbar ist auch die Beschimpfung einer juristischen Person oder Kollektivgesellschaft, selbst wenn sie nur an deren eigene Adresse erfolgte: BGE 114 IV 16. Der Betroffene muß in der Äußerung nicht namentlich genannt, sondern nur nach den Umständen erkennbar sein: BGE 92 IV 96. Durch die Beschimpfung einer Frau kann auch ihr *Ehemann verletzt* werden, sofern der Täter mit der Äußerung vorwiegend ihn treffen will: BGE 92 IV 117 («Hure»), vgl. auch BGE 86 IV 82. *Täterschaft:* BGE 104 IV 169 (Bejahung der Mittäterschaft der Organisatoren einer Kundgebung, die ein Transparent mit ehrverletzendem Text zuließen). *Vorsatz:* Der Täter braucht nur zu wissen, daß sein Werturteil ehrenrührig ist, nicht auch, daß es ungerechtfertigt ist: BGE 79 IV 22, vgl. auch BGE 93 IV 23. Verhältnis zu *Tätlichkeiten* (Art. 126): BGE 82 IV 180.

Entlastungsbeweise: Bei einem sog. gemischten Werturteil ist der Täter nicht strafbar, wenn er bezüglich der ihm zugrundeliegenden Tatsachenbehauptung den Entlastungsbeweis erbringt (vgl. Bem. zu Art. 173 Ziff. 2 und 3) und das daran anknüpfende Werturteil für sachlich vertretbar halten durfte: BGE 93 IV 23, vgl. auch BJM 1982, 142 und SJZ 86 (1990) 107. – Bei ehrenrührigen Tatsachenbehauptungen gegenüber dem Verletzten sind Art. 173 Ziff. 2 und 3 analog anwendbar: BGE 74 IV 101, SJZ 86 (1990) 107.

Abs. 2: Die Berücksichtigung der Provokation setzt nach BGE 83 IV 151 voraus, daß der Täter sie unmittelbar beantwortet, d. h. in der durch das ungebührliche Verhalten erregten Gemütsbewegung und ohne Zeit zu ruhiger Überlegung zu haben (wohl zu eng). Vgl. auch BGE 74 IV 101. Die Bestimmung ist auch bei bloß irrtümlicher Annahme eines ungebührlichen Verhaltens anwendbar: BGE 117 IV 272.

Abs. 3: Retorsion. – Bei der unmittelbaren Beantwortung (vgl. hiezu RS 1983 Nr. 452) kann der Richter von Strafe absehen, wenn die streitenden Teile sich schon an Ort und Stelle Gerechtigkeit verschafft haben und der Streit zu unbedeutend ist, als daß das öffentliche Interesse nochmalige Sühne verlangen würde: BGE 72 IV 21, vgl. auch BGE 82 IV 181. – Die Bestimmung ist auch anwendbar bei Tätlichkeiten im Sinne von Art. 126: BGE 72 IV 21, 108 IV 50; zum Begriff der Unmittelbarkeit: RS 1983 Nr. 452.

Zu Abs. 2 und 3: Es handelt sich nicht um Rechtfertigungsgründe, sondern um fakultative Strafbefreiungsgründe (BGE 109 IV 43). *Nichtigkeitsbeschwerde* des zwar schuldig erklärten, aber von Strafe befreiten Täters ist zulässig: BGE 96 IV 66 (Änderung der Rechtsprechung).

Verjährung

[1] Die Verfolgung der Vergehen gegen die Ehre verjährt in zwei **178** Jahren.
[2] Für das Erlöschen des Antragsrechtes gilt Art. 29.

Art. 278: Vgl. Art. 71 f. – Bei Ehrverletzung durch Strafanzeige: BGE 94 IV 21. Bei wiederholten Angriffen auf eine Person beginnt die Verjährung regelmäßig für jede Ehrverletzung in deren Zeitpunkt: BGE 119 IV 199 (keine Einheitstat).

Abs. 2: Vgl. RS 1984 Nr. 669.

2. Strafbare Handlungen gegen den Geheim- oder Privatbereich

Verletzung des Schriftgeheimnisses

179 Wer, ohne dazu berechtigt zu sein, eine verschlossene Schrift oder Sendung öffnet, um von ihrem Inhalte Kenntnis zu nehmen,

wer Tatsachen, deren Kenntnis er durch Öffnen einer nicht für ihn bestimmten verschlossenen Schrift oder Sendung erlangt hat, verbreitet oder ausnützt,

wird, auf Antrag, mit Haft oder mit Buße bestraft.

Art. 179ff.: Neuer Titel, Art. 179bis–179septies eingefügt durch das BG betreffend Verstärkung des strafrechtlichen Schutzes des persönlichen Geheimbereiches vom 20. Dezember 1968, in Kraft seit 1. Mai 1969. Hierzu SJZ 67 (1971) 301. – Zusätzlich neuer Art. 179octies eingefügt durch das BG über den Schutz der persönlichen Geheimsphäre vom 23. März 1979, in Kraft seit 1. Oktober 1979. – Vgl. die Sonderbestimmungen betr. Verletzung des Post- und Fernmeldegeheimnisses durch Personen, die mit post- und fernmeldedienstlichen Aufgaben betraut sind, im Postverkehrsgesetz (SR 783.0), Art. 57, und im Fernmeldegesetz (SR 784.10), Art. 53.

Art. 179 Abs. 1: Wird auf dem an eine Institution adressierten Umschlag der Vermerk «zu Handen von ...» angebracht, bedeutet dies nach der Verkehrsübung regelmäßig nicht, daß nur die betreffende Person zur Öffnung des Briefes berechtigt sein soll: BGE 114 IV 17, wonach dies jedenfalls auch ihrem Vorgesetzten zusteht.

Abs. 2: Ausnützung ist jede auf Erlangung irgendeines, auch nicht notwendigerweise pekuniären Vorteils gerichtete Benutzung der durch Öffnen der Schrift erlangten Kenntnis. Dem so handelnden Vorgesetzten ist das Öffnen auch dann wie eigenes Verhalten anzurechnen, wenn es aus generellem Auftrag oder mit Duldung der Geschäftsleitung durch einen Untergebenen erfolgt: BGE 88 IV 146 (problematisch).

Abs. 3: Strafantragsberechtigt ist nur der Adressat des Briefes, nicht der Dritte, an den dessen Inhalt weiterzuleiten war: BGE 101 IV 406.

Abhören und Aufnehmen fremder Gespräche

179bis Wer ein fremdes nichtöffentliches Gespräch, ohne die Einwilligung aller daran Beteiligten, mit einem Abhörgerät abhört oder auf einen Tonträger aufnimmt, wer eine Tatsache, von der er weiß oder annehmen muß, daß sie auf Grund einer nach Absatz 1 strafbaren Handlung zu seiner Kenntnis gelangte, auswertet oder einem Dritten bekanntgibt,

wer eine Aufnahme, von der er weiß oder annehmen muß, daß sie durch eine nach Absatz 1 strafbare Handlung hergestellt wurde, aufbewahrt oder einem Dritten zugänglich macht,

wird, auf Antrag, mit Gefängnis oder mit Buße bestraft.

Zu Art. 179bis und 179ter: *Geschützt* ist die Betätigung und Entfaltung der Persönlichkeit bei einem nichtöffentlichen Gespräch mit Rücksicht auf die Unbefangenheit und Vertraulichkeit der Äußerungen: BGE 111 IV 66 Erw. 2. Nicht maßgebend ist sein Inhalt; auch Erklärungen beruflicher oder amtlicher Natur (z. B. bei einer polizeilichen Einvernahme) fallen darunter, abweichend BGE 108 IV 162, offengelassen in BGE 111 IV 66. Ob sich die Beteiligten direkt oder telefonisch unterhalten, ist ohne Bedeutung.

Nichtöffentlich ist das Gespräch, wenn es nicht an die Allgemeinheit gerichtet ist und nur in einem in personeller Beziehung abgegrenzten Kreis gehört werden kann. Bei Übermittlung über Funk ist entscheidend, ob die benutzte Frequenz nur mit Spezialempfängern abgehört werden kann: BGE 118 IV 71. Öffentlich ist z. B. eine der Allgemeinheit zugängliche Gerichtsverhandlung: ZR 75 Nr. 37; vgl. auch BGE 111 IV 67, wo die Frage in bezug auf eine Versammlung einer Kirchgemeinde offengelassen wird.

Nicht erfaßt wird das Mithören und Aufnehmen von Funkgesprächen auf unerlaubten Frequenzen durch Telecom-Spezialisten zu Beweiszwecken: BGE 118 IV 70.

Strafantragsberechtigt ist einzig der Gesprächspartner, ohne dessen Einwilligung die nichtöffentliche Äußerung aufgenommen wird: BGE 111 IV 65 (keine Legitimation der Kirchgemeinde, in deren Versammlung das Tonband aufgenommen wurde).

Im *Prozeß* ist das Tonband als Augenscheinsobjekt zu qualifizieren. Seiner rechtmäßigen Verwendung als Beweismittel sind beim Fehlen von Rechtfertigungsgründen (Art. 32–34) enge Grenzen gesetzt: SJZ 71 (1975) 60. Heimliche Abhörungen der Gespräche zwischen Mitbeschuldigten oder zwischen dem Angeschuldigten und seinem Verteidiger verstoßen gegen elementare Verfahrensgrundsätze: SJZ 82 (1986) 253, ZBJV 88 (1952) 83. Im übrigen sind im Strafprozeß die Interessen an der Verbrechensaufdeckung und der Wahrung der Persönlichkeitsrechte gegeneinander abzuwägen: BGE 109 Ia 244 (dazu EuGRZ 1988 390), RS 1987 Nr. 184. – Für den Zivilprozeß vgl. SJZ 61 (1965) 13,

Nr. 14, ZR 66 Nr. 36 (Beweisverwertungsverbot), ZR 82 Nr. 33 (Verwertbarkeit nach dem Prinzip der Interessenabwägung).

Art. 179bis Abs. 1: Der Ausgangs- oder Grundtatbestand besteht im Abhören mittels technischer Einrichtungen jeder Art (Mikrophone, Minisender, Tonübertragung mittels Laserstrahlen), welche das *fremde* nichtöffentliche Gespräch durch Verstärkung oder Übertragung hörbar machen, oder in der Aufnahme gesprochener Worte auf einen Tonträger (Tonband, CD).

Abs. 2 bzw. 3 sind erfüllt, wenn der Täter eine gemäß Abs. 1 verbotenerweise hergestellte Tonaufnahme auswertet (z. B. durch Erstellen von Abschriften oder Kopien), einem Dritten zur Kenntnis bringt (z. B. durch Abspielen), sie aufbewahrt oder einem Dritten die Möglichkeit verschafft, den Tonträger zu behändigen. Eine mündliche Wiedergabe des im Sinne von Abs. 1 abgehörten Gespräches ist nicht tatbestandsmäßig.

Der Dritte, der die Aufzeichnung zur Kenntnis nimmt, ist als notwendiger Teilnehmer nicht strafbar, wenn er nicht als Anstifter oder Gehilfe handelt.

Der Täter, der sowohl die Ausgangshandlung nach Abs. 1 wie auch die Anschlußhandlungen nach Abs. 2 und 3 verübt, ist für beide Verhaltensweisen zur Verantwortung zu ziehen, sofern er sich nicht um das bloße Aufbewahren der Aufnahme handelt, was als mitbestrafte Nachtat zu gelten hat.

Unbefugtes Aufnehmen von Gesprächen

179ter Wer als Gesprächsteilnehmer ein nichtöffentliches Gespräch, ohne die Einwilligung der andern daran Beteiligten, auf einen Tonträger aufnimmt,

wer eine Aufnahme, von der er weiß oder annehmen muß, daß sie durch eine nach Absatz 1 strafbare Handlung hergestellt wurde, aufbewahrt, auswertet, einem Dritten zugänglich macht oder einem Dritten vom Inhalt der Aufnahme Kenntnis gibt,

wird, auf Antrag, mit Gefängnis bis zu einem Jahr oder mit Buße bestraft.

Art. 179ter: Diese Bestimmung wendet sich gegen den Täter, der als *Teilnehmer* eines Gesprächs ohne Wissen oder gegen den Willen des Partners dessen nichtöffentliche Äußerungen auf einen Tonträger aufnimmt (vgl. aber die Einschränkung im Schutz vor Aufzeichnungen von Telefongesprächen gemäß Art. 179quinquies). Strafbar sind ferner die im Anschluß an Abs. I verübten Nachfolgehandlungen.

Verletzung des Geheim- oder Privatbereichs durch Aufnahmegeräte

Wer eine Tatsache aus dem Geheimbereich eines andern oder **179**
eine nicht jedermann ohne weiteres zugängliche Tatsache aus ^{quater}
dem Privatbereich eines andern ohne dessen Einwilligung mit
einem Aufnahmegerät beobachtet oder auf einen Bildträger
aufnimmt,

wer eine Tatsache, von der er weiß oder annehmen muß, daß
sie auf Grund einer nach Absatz 1 strafbaren Handlung zu seiner Kenntnis gelangte, auswertet oder einem Dritten bekanntgibt,

wer eine Aufnahme, von der er weiß oder annehmen muß,
daß sie durch eine nach Absatz 1 strafbare Handlung hergestellt
wurde, aufbewahrt oder einem Dritten zugänglich macht,

wird, auf Antrag, mit Gefängnis oder mit Buße bestraft.

Art. 179quater: *Schutzobjekt* bildet das private Eigenleben des Indi-
viduums, soweit es sich auf den Intim-(Geheim-)Bereich oder auf Lebensverhältnisse bzw. auf Tatsachen bezieht, die nur einem begrenzten
Personenkreis zugänglich sind. Das trifft grundsätzlich auf Tatsachen
und Vorgänge innerhalb der dem Hausrecht unterstehenden Bereiche
(vgl. Art. 186) zu, nach BGE 118 IV 49 auch auf Vorplätzen von Häu-
sern. Gleichgültig bleibt, ob sich der Beobachter innerhalb oder außerhalb dieser Zonen befindet. Geschützt wird auch ein im Privatbereich
befindlicher Leichnam: BGE 118 IV 322. Die Tathandlung besteht in
der Beobachtung solcher nur mit einiger Mühe feststellbarer Verhältnisse mit Hilfe eines Aufnahmegeräts (z. B. Fernsehkamera, nicht aber
Fernrohr oder Feldstecher) oder in der bildlichen Fixierung der geschützten Tatsachen und Vorgänge, z. B. durch Aufnahmen mit einem
Teleobjektiv. Beobachten durch einen sog. Einwegspiegel genügt
nicht: BGE 117 IV 32. Strafbar sind ferner die in Abs. 2 und 3 umschriebenen Anschlußhandlungen.

Nicht strafbare Handlungen

Weder nach Artikel 179bis Absatz 1 noch nach Artikel 179ter **179**
Absatz 1 macht sich strafbar, ^{quinquies}

wer ein Gespräch, das über eine dem Telefonregal unterstehende Telefonanlage geführt wird, mittels einer von den PTT-
Betrieben bewilligten Sprechstelle oder Zusatzeinrichtung mithört oder auf einen Tonträger aufnimmt,

wer ein Gespräch, das über eine dem Telefonregal nicht unterstehende Telefon- oder Gegensprechanlage geführt wird, mittels einer Sprechstelle oder Zusatzeinrichtung dieser Anlage mithört oder auf einen Tonträger aufnimmt.

Art. 179quinquies Abs. 1: Entgegen dem Wortlaut entfällt auch die Tatbestandsmäßigkeit der Anschlußhandlungen nach Art. 179bis Abs. 2 und 3 bzw. Art. 179ter Abs. 2: BGE 114 IV 23 lit. b.

Abs. 2: Der Betrieb solcher Sprechstellen und Zusatzeinrichtungen ist nach FMG nicht mehr bewilligungspflichtig. Wer sie zum Abhören oder Aufzeichnen von Telefongesprächen verwendet, bleibt daher straflos (vgl. immerhin für Hauszentralen FMG Art. 35 Abs. 3).

Abs. 3: Diese Bestimmung bezieht sich auf Telefoneinrichtungen von Militär, SBB und reine Hausnetze.

Inverkehrbringen und Anpreisen von Abhör-, Ton- und Bildaufnahmegeräten

179
sexies
1. Wer technische Geräte, die insbesondere dem widerrechtlichen Abhören oder der widerrechtlichen Ton- oder Bildaufnahme dienen, herstellt, einführt, ausführt, erwirbt, lagert, besitzt, weiterschafft, einem andern übergibt, verkauft, vermietet, verleiht oder sonstwie in Verkehr bringt oder anpreist oder zur Herstellung solcher Geräte Anleitung gibt,

wird mit Gefängnis oder mit Buße bestraft.

2. Handelt der Täter im Interesse eines Dritten, so untersteht der Dritte, der die Widerhandlung kannte und sie nicht nach seinen Möglichkeiten verhindert hat, derselben Strafandrohung wie der Täter.

Ist der Dritte eine juristische Person, eine Kollektiv- oder eine Kommanditgesellschaft oder eine Einzelfirma, so findet Absatz 1 auf diejenigen Personen Anwendung, die für sie gehandelt haben oder hätten handeln sollen.

Art. 179sexies Ziff. 1: Erfaßt werden Geräte, die aufgrund ihrer Beschaffenheit zu illegalen Zwecken dienen können. Wichtigstes Charakteristikum ist die Tarnung, die es verunmöglicht, das Gerät wegen seiner äußeren Erscheinungsform in seiner eigentlichen Zweckbestimmung zu erkennen: SJZ 71 (1975) 210. Geräte zum Abhören von Funkgesprächen: SJZ 67 (1971) 106.

Mißbrauch des Telefons

Wer aus Bosheit oder Mutwillen eine dem Telefonregal unter- **179**
stehende Telefonanlage zur Beunruhigung oder Belästigung ^{septies}
eines andern mißbraucht, wird, auf Antrag, mit Haft oder mit
Buße bestraft.

Art. 179septies: Mißbräuchliche Verwendung des Telefons liegt vor
bei häufigen Anrufen, die den Empfänger beunruhigen oder belästi-
gen. Sie müssen nicht notwendigerweise anonym sein. Aus Bosheit
handelt, wer die Tat begeht, um andern Schaden zuzufügen oder sie in
Angst und Schrecken zu versetzen, und dabei sich selbst Befriedigung
verschafft. Verbale Äußerungen des Anrufers sind nicht erforderlich,
auch das Schweigen kann bisweilen genügen. Der Strafantrag kann nur
bis zum Zeitpunkt der Antragstellung wirksam gestellt werden: RS
1979 Nr. 769, 1990 Nr. 714.
Gestützt auf Telefonverordnung vom 13. September 1972 (SR
784.103) Art. 43 können vom belästigten Abonnenten seitens der PTT-
Verwaltung Abhilfemaßnahmen verlangt werden: ZBJV 122 (1986) 34.
– Dem den Mißbrauch betreibenden Abonnenten kann der Anschluß
gekündigt werden: RS 1990 Nr. 714.

Amtliche Überwachung

^{1} Wer in Ausübung ausdrücklicher, gesetzlicher Befugnis die **179**
amtliche Überwachung des Post- und Fernmeldeverkehrs einer ^{octies}
Person anordnet oder technische Überwachungsgeräte (Art.
179bis ff.) einsetzt, ist nicht strafbar, wenn er unverzüglich die
Genehmigung des zuständigen Richters einholt.
^{2} Die Genehmigung kann erteilt werden zur Verfolgung oder
Verhinderung eines Verbrechens oder eines Vergehens, dessen
Schwere oder Eigenart den Eingriff rechtfertigt.

Art. 179octies: Eingefügt durch das BG über den Schutz der persönlichen Geheimsphäre vom 23. März 1979, neue Fassung gemäß FMG,
in Kraft seit 1. Mai 1992.
Vgl. BV Art. 36 IV (Unverletzlichkeit des Post- und Telegrafenge-
heimnisses), StGB Art. 400bis Ziff. 1, BStP Art. 66, 66bis, ter, 72
(Überwachung im Bundesstrafprozeß). Unzulässigkeit der Anordnung
im Verwaltungsstrafverfahren des Bundes: BGE 118 IV 70.
Anforderungen an das kantonale Recht in bezug auf die Bestimmt-
heit der Regelung, Voraussetzung der Überwachung, Benachrichtigung bei erfolgloser Überwachung: BGE 109 Ia 278, ZBl 96 (1985) 19.

Zuständigkeit der Anklagekammer des Bundesgerichts nach Art. 357, Konflikte zwischen den Strafbehörden und der PTT über die Gewährung von Rechtshilfe auf dem Wege der Überwachung zu entscheiden: BGE 115 IV 69. Liegt ein Gesuch der zuständigen kantonalen Behörde an die Telefonverwaltung vor, so darf diese die Herausgabe der Aufzeichnungen von Telefongesprächen nicht von der schriftlichen Erklärung der Behörde, das Telefongeheimnis zu wahren, abhängig machen: BGE 115 IV 71.

Zur Praxis in den Kantonen Zürich: SJZ 79 (1983) 31 und 83 (1987) 382 (zur Verwertbarkeit der von der PTT den Strafbehörden übergebenen Protokolle und Auszüge der abgehörten Gespräche), 84 (1988) 13 (Behandlung von Zufallsfunden), Bern: ZBJV 122 (1986) 30, 36, Basel-Stadt: BJM 1984 218, 1985 54.

Unbefugtes Beschaffen von Personendaten

179
novies Wer unbefugt besonders schützenswerte Personendaten oder Persönlichkeitsprofile, die nicht frei zugänglich sind, aus einer Datensammlung beschafft, wird auf Antrag mit Gefängnis oder mit Buße bestraft.

Art. 179novies: eingefügt durch das BG über den Datenschutz vom 19. Juni 1992 (SR 235.1), in Kraft ab 1. Juli 1993.

Vierter Titel
Verbrechen und Vergehen gegen die Freiheit

Drohung

Wer jemanden durch schwere Drohung in Schrecken oder **180**
Angst versetzt, wird, auf Antrag, mit Gefängnis oder mit Buße
bestraft.

Art. 180: Der Täter muß dem Opfer einen schweren Nachteil in Aussicht stellen und dieses, damit die Tat vollendet ist, tatsächlich in Angst oder Schrecken versetzen (vgl. BGE 81 IV 106, 99 IV 215). – Die Drohung braucht nicht ernstgemeint, sondern nur nach der Vorstellung des Täters wirksam zu sein: BGE 79 IV 64. – Auch eine Scheindrohung ohne tatsächliche Gefahr für das Opfer (z. B. Drohung mit ungeladener Waffe) kann die beabsichtigte Wirkung erzielen: RS 1972 Nr. 328. – Warnschuß: SJZ 68 (1972) 144. – Vgl. auch Art. 57 (Friedensbürgschaft) und Art. 258 (Schreckung der Bevölkerung).

Nötigung

Wer jemanden durch Gewalt oder Androhung ernstlicher **181**
Nachteile oder durch andere Beschränkung seiner Handlungsfreiheit nötigt, etwas zu tun, zu unterlassen oder zu dulden, wird
mit Gefängnis oder mit Buße bestraft.

Art. 181 schützt nur die Freiheit, nicht aber die körperliche Integrität: BGE 99 IV 210 (kein Schutz vor eigenmächtigen ärztlichen Eingriffen). – *Gewaltanwendung* ist immer schon dann zu bejahen, wenn die vom Täter gewählte Art und Intensität derselben die Willensfreiheit des Opfers tatsächlich beeinträchtigen: BGE 101 IV 44 (zu weitgehend). *Androhung ernstlicher Nachteile:* Zusammenfassung der Präjudizien über die Voraussetzungen in BGE 120 IV 19. – Die Androhung muß sich auf ein Übel beziehen, auf dessen Eintritt der Täter Einfluß hat oder mindestens zu haben vorgibt: BGE 106 IV 28. Dieses Übel soll nach der bundesgerichtlichen Praxis (BGE 96 I 61, 105 IV 122, 107 IV 39) außer in einem Tun auch in einer Unterlassung des Täters bestehen können, was indessen nur richtig sein dürfte, wenn sich durch dessen passives Verhalten die Lage des Opfers weiter verschlechtern würde. –

Ernstlich ist der angedrohte Nachteil, wenn er sich objektiv dazu eignet, auch eine verständige Person in der Lage des Opfers gefügig zu machen: BGE 101 IV 48 (Drohung mit Strafanzeige und Einschüchterung
mit einem Dolch), 120 IV 18 (Drohung mit Strafanzeige ohne ernsthaf-
ten Grund). 101 IV 302 (in Aussicht gestellte Verteilung von Flugblättern mit Aufforderung zum Boykott), 105 IV 122 (angedrohtes Nicht-
abschließen eines Vertrages, welches bereits getätigte Aufwendungen
des Opfers nutzlos machen würde), 107 IV 39 (Verweigerung der Ausstellung eines Zeugnisses an einen Arbeitnehmer, wenn dieser nicht
kündige, in problematischer Weise als Nötigung betrachtet, obwohl das
Zeugnis auf dem Rechtsweg mit verhältnismäßig geringem Aufwand
erhältlich zu machen gewesen wäre), SJZ 78 (1982) 166 (briefliche Drohung beim Forderungsinkasso, Besuche am Arbeitsplatz sowie Kon-
takte zu Freunden und Bekannten des Schuldners aufzunehmen). Weitere Beispiele aus der älteren Praxis, die nur auf das objektive Ausmaß
des angedrohten Nachteils abstellte: BGE 81 IV 104 (Drohung, angeblich ehewidrige Beziehungen bekanntzugeben), 96 IV 62 (Drohung,
einen Strafantrag nicht zurückzuziehen), 99 IV 215 (Drohung von zahl-
reichen Demonstranten, Polizisten zusammenzuschlagen). Ob ein an-
gedrohter Nachteil «ernstlich» sei, ist Rechtsfrage (BGE 107 IV 37). –
Eine bloße Warnung genügt dem Erfordernis der Androhung ernstlicher Nachteile nicht: BGE 106 IV 128 (Nötigung bejaht bei der Drohung, jemanden namentlich im «Kassensturz» zu erwähnen).

Als *andere Beschränkung der Handlungsfreiheit* kommt nach BGE
107 IV 116 nur ein Zwangsmittel in Betracht, welches das üblicherweise
geduldete Maß der Beeinflussung so eindeutig überschreitet wie Gewalt oder Drohung. Als entsprechende Beschränkungen wurden z. B.
betrachtet akustische Einwirkungen durch Niederschreien eines Refe-
renten (BGE 101 IV 169) oder stetige Belästigung eines Nachbarn
durch überlaute Musik (SJZ 81 1985 26), die Wegnahme einer Zahn-
prothese (RS 1985 Nr. 77), die Bildung eines «Menschenteppichs», um
Autoinsassen am Verlassen eines Ausstellungsgeländes zu hindern
(BGE 108 IV 166), eine Blockade mit Lastwagen oder durch Fixierung
einer geschlossenen Bahnschranke, um den Verkehr zu unterbinden
(SJZ 82 1986 282, 119 IV 306, vgl. aber auch BGE 111 IV 169: Bummel-
fahrt zur Verkehrsbehinderung als bloße Verletzung von Verkehrsregeln), nicht aber das Verweilen einer Studentengruppe in einer Fakul-
tätssitzung trotz Aufforderung zum Verlassen des Raumes (BGE 107
IV 116). Ist der Tatbestand der Nötigung erfüllt, muß deren Rechtswidrigkeit (im Gegensatz zu den anderen Delikten) noch positiv begründet werden (BGE 119 IV 305). Sie ist unter folgenden alternativen
Voraussetzungen gegeben:

a) Der vom Täter verfolgte Zweck ist unerlaubt: BGE 81 IV 104

(Nötigung zur Verweigerung der Zeugenaussage), 101 IV 172 (zur Absage eines Vortrages, Verletzung der Meinungsäußerungsfreiheit), 105 IV 23 (zur Zahlung einer Provision an einen Beamten), 106 IV 130 (zur Bezahlung einer illiquiden Forderung);

b) Das verwendete Mittel ist unerlaubt: BGE 101 IV 45 (gewaltsame Durchsetzung der Residenzpflicht), 107 IV 38 (angedrohte Verweigerung eines Arbeitszeugnisses, auf welches ein Anspruch besteht), SJZ 81 (1985) 26 (Belästigung mit übermäßigem Lärm);

c) Die Verknüpfung zwischen einem an sich zulässigen Zweck mit einem ebensolchen Mittel ist rechtsmißbräuchlich oder sittenwidrig, bzw. es fehlt diesbezüglich an einer angemessenen Relation: BGE 87 IV 15 (Drohung mit Strafanzeige durch jemand, der selber an der betreffenden Tat beteiligt war), 103 IV 106 (angekündigte Strafanzeige wegen Betäubungsmittelhandels, um Anerkennung einer damit nicht zusammenhängenden Schuld zu erreichen), 106 IV 130 (Drohung mit Fernsehpublizität über das Gebaren eines Geschäftsmannes, um Bezahlung einer illiquiden Forderung zu erreichen), 115 IV 214 (Verweigerung der Reinstallation von Wärmepumpen kurz vor der Heizungsperiode, um sofortige Bezahlung zu erreichen). – *Vollendung* der Tat tritt ein, wenn das Opfer, und zwar gerade durch die Nötigungsmittel, zu dem vom Täter gewollten Verhalten gebracht worden ist (vgl. BGE 96 IV 60, 101 IV 46, RS 1978 Nr. 632). Ein Versprechen, die gewollte Leistung zu erbringen, wird noch nicht genügen (ebenso BGE 105 IV 123 beschränkt auf den Fall, daß es nicht ernst gemeint ist); doch liegt dann Versuch vor. – Der subjektive Tatbestand erfordert *Vorsatz:* BGE 96 IV 63, 101 IV 46; der Täter braucht nicht willens zu sein, die Drohung zu verwirklichen: BGE 105 IV 122. – *Rechtfertigungsgründe:* Die Meinungsäußerungsfreiheit gibt kein Recht, die Durchführung einer Veranstaltung zu sabotieren: BGE 101 IV 172. – *Verhältnis* zu *Drohung* (Art. 180): BGE 99 IV 216 (unechte Konkurrenz; Art. 181 konsumiert Art. 180).

Aufgehoben durch das BG vom 9. Oktober 1981 ab 1. Oktober **182** 1982.

Freiheitsberaubung und Entführung

1. Wer jemanden unrechtmäßig festnimmt oder gefangenhält **183** oder jemandem in anderer Weise unrechtmäßig die Freiheit entzieht,

wer jemanden durch Gewalt, List oder Drohung entführt,

wird mit Zuchthaus bis zu fünf Jahren oder mit Gefängnis bestraft.

2. Ebenso wird bestraft, wer jemanden entführt, der urteilsunfähig, widerstandsunfähig oder noch nicht 16 Jahre alt ist.

Art. 183–185: Abgeändert durch das BG vom 9. Oktober 1981, in
Kraft seit 1. Oktober 1982.
Art. 183: Strafbare Vorbereitungshandlungen: Art. 260bis.
Vgl. Art. 271 Ziff. 2 (Entführung für einen fremden Staat).
Ziff. 1 Abs. 1: Geschützt wird die *Fortbewegungsfreiheit,* d. h. die
Möglichkeit, sich nach eigener Wahl vom jeweiligen Aufenthaltsort an
einen andern Ort zu begeben: BGE 101 IV 160 (keine Freiheitsberaubung durch Verbringen eines Betrunkenen gegen seinen vermutlichen
Willen an einen anderen Aufenthaltsort). Unter die Bestimmung fällt
auch ein erzwungener Transport in einem Verkehrsmittel: BGE 89 IV
87, 99 IV 221. – *Festnehmen* kann durch beliebige Art von Beeinträchtigung der Willensfreiheit erfolgen, v. a. durch Gewalt und Drohung
(vgl. z. B. BGE 101 IV 403 und 104 IV 174, Körpergewalt und Fesselung bzw. Bedrohung mit Stellmesser). – *Gefangenhalten* ist die Fortsetzung des Festnehmens. – In allen Fällen muß die Entziehung der
Freiheit unrechtmäßig sein (vgl. dazu BGE 101 IV 404 betr. Festnahme
eines Tatverdächtigen durch Private) und u. E. ein Opfer betreffen,
welches zur Willensbildung bezüglich seines Aufenthaltsortes überhaupt fähig ist. – *Subjektiv* ist Vorsatz, auch hinsichtlich der Unrecht-
mäßigkeit des Freiheitsentzuges, erforderlich. – Das Dauerdelikt der
Freiheitsberaubung wird erst dadurch beendet, daß das Opfer die Freiheit wieder erlangt; bis zu diesem Zeitpunkt darf es Notwehr üben und
ist Beihilfe zur Tat möglich. – *Verhältnis der Freiheitsberaubung zu Gewalt und Drohung gegen Beamte* (Art. 285): BGE 70 IV 221 (Idealkonkurrenz); *zu Sexualdelikten* (Art. 187ff.): BGE 89 IV 87, 98 IV 104
(Realkonkurrenz, wenn eine über die zur Vergewaltigung oder sexuellen Nötigung hinausgehende Freiheitsberaubung vorliegt); *zu Raub*
(Art. 140): 98 IV 315 (es liegt eine als straflos qualifizierte Freiheitsberaubung vor, wenn die Handlungen zur Freiheitsberaubung in einem
sehr engen inhaltlichen und zeitlichen Zusammenhang zu den Handlungen zum Raub stehen, zu weitgehend), SJZ 76 (1980) 316 (Freiheitsberaubung zum Zwecke des Diebstahls oder der Beutesicherung wird
durch Raub konsumiert, was jedoch darüber hinausgeht und der
Fluchtsicherung dient, erfüllt den Tatbestand, vgl. auch BJM 1985
S. 33); *zu Körperverletzungsdelikten* (Art. 122f.): 104 IV 174 (Realkonkurrenz, wenn die Freiheitsberaubung über das hinausgeht, was zum
Angriff auf den Körper gehört). Aufhebung der Fortbewegungsfreiheit
als bloße Folge der Körperverletzung wird indessen allein durch
Art. 122f. erfaßt.
Abs. 2: Entführen setzt das (unrechtmäßige) Verbringen des Opfers

an einen Ort voraus, wo es für eine gewisse Zeit verbleiben soll und vom Täter in seiner Freiheit tatsächlich beschränkt wird: BGE 83 IV 154, vgl. auch BGE 106 IV 364 (beide Entscheide zur Kindesentführung nach alt Art. 185). Nach BGE 118 IV 63 muß der Täter als Folge der Verlegung des Opfers eine gewisse Machtposition über dieses erlangen. Eine persönliche Beziehung zwischen Täter und Opfer ist nicht erforderlich: BGE 99 IV 221 (zur Entführung einer Frau nach alt Art. 183).

Ziff. 2: Die Entführung eines Kindes kann in echte Konkurrenz zum Entziehen von Unmündigen nach Art. 220 treten (BGE 118 IV 65).

Erschwerende Umstände

Freiheitsberaubung und Entführung werden mit Zuchthaus be- **184** straft,

> wenn der Täter ein Lösegeld zu erlangen sucht,
> wenn er das Opfer grausam behandelt,
> wenn der Entzug der Freiheit mehr als zehn Tage dauert oder
> wenn die Gesundheit des Opfers erheblich gefährdet wird.

Art. 184 Abs. 2: Diese Bestimmung bezieht sich nur auf Lösegeldforderungen an das *Opfer* der Freiheitsberaubung bzw. Entführung selber; bei Forderungen an Dritte kommt ausschließlich Geiselnahme nach Art. 185 in Betracht: BGE 111 IV 145. Art. 183 i. V. mit Art. 184 Abs. 2 geht der Erpressung nach Art. 156 vor.

Abs. 3: «Grausame Behandlung» setzt das Zufügen besonderer, d. h. anderer Leiden voraus als diejenigen, welche die betreffende Person allein deswegen erduldet, weil sie ihrer Bewegungsfreiheit beraubt ist: BGE 106 IV 365 (Zufügung seelischer Schmerzen durch Äußerungen gegenüber dem fünfjährigen Opfer, Entscheid nach altem Recht).

Abs. 4: Nach BGE 119 IV 219 findet diese Bestimmung auch auf *Entführungen* Anwendung.

Abs. 5: Es muß sich um eine konkrete, im Zusammenhang mit der Freiheitsberaubung oder Entführung entstandene oder verstärkte Gefährdung handeln.

Geiselnahme

1. Wer jemanden der Freiheit beraubt, entführt oder sich sei- **185** ner sonstwie bemächtigt, um einen Dritten zu einer Handlung, Unterlassung oder Duldung zu nötigen,

> wer die von einem anderen auf diese Weise geschaffene Lage ausnützt, um einen Dritten zu nötigen,
> wird mit Zuchthaus bestraft.

2. Die Strafe ist Zuchthaus nicht unter drei Jahren, wenn der Täter droht, das Opfer zu töten, körperlich schwer zu verletzen oder grausam zu behandeln.

3. In besonders schweren Fällen, namentlich wenn die Tat viele Menschen betrifft, kann der Täter mit lebenslänglichem Zuchthaus bestraft werden.

4. Tritt der Täter von der Nötigung zurück und läßt er das Opfer frei, so kann er milder bestraft werden (Art. 65).

5. Strafbar ist auch, wer die Tat im Ausland begeht, wenn er in der Schweiz verhaftet und nicht ausgeliefert wird. Artikel 6 Ziffer 2 ist anwendbar.

Art. 185: Strafbare Vorbereitungshandlungen: Art. 260bis. Anwendungsfall: BGE 111 IV 147.

Ziff. 1 Abs. 1: Zur Freiheitsberaubung und Entführung vgl. Art. 183; es genügt auch, wenn sich der Täter – ohne einen dieser Tatbestände zu erfüllen – des Opfers sonstwie «bemächtigt», d. h. sich auch nur kurzfristig die Verfügungsgewalt über dieses verschafft. – Geiselnahme ist ebenfalls gegeben, wenn der Täter eine dieser Handlungen vornimmt, um eine andere Person zur Zahlung von *Lösegeld* zu veranlassen: BGE 111 IV 145 (vgl. Bem. zu Art. 184 Abs. 2). – Bei Geiselnahme zum Zweck des Raubes nach Art. 140 wird echte Konkurrenz zwischen diesem Tatbestand und Art. 185 anzunehmen sein (in BGE 113 IV 64 für den Fall eines Postraubes angenommen, bei welchem zunächst die Schalterbeamtin und erst dann eine Kundin bedroht wurde).

Ziff. 2: Zur grausamen Behandlung vgl. Bem. zu Art. 184 Abs. 3.

Ziff. 4: setzt voraus, daß der Täter aus eigenem Antrieb zurücktritt: BGE 119 IV 222 (keine Anwendbarkeit, wenn der Täter kein Interesse an der Weiterführung der Nötigung mehr hat).

Hausfriedensbruch

186 Wer gegen den Willen des Berechtigten in ein Haus, in eine Wohnung, in einen abgeschlossenen Raum eines Hauses oder in einen unmittelbar zu einem Hause gehörenden umfriedeten Platz, Hof oder Garten oder in einen Werkplatz unrechtmäßig eindringt oder, trotz der Aufforderung eines Berechtigten, sich zu entfernen, darin verweilt, wird, auf Antrag, mit Gefängnis oder mit Buße bestraft.

Art. 186: Die Bestimmung schützt das sog. Hausrecht, d. h. die Befugnis, über einen bestimmten Raum ungestört zu herrschen und darin den eigenen Willen frei zu betätigen (BGE 112 IV 33). *Geschützte Objekte: Haus* ist nach BGE 108 IV 39 jede mit dem Boden fest und dauernd verbundene Baute, hinsichtlich der ein schutzwürdiges Interesse eines Berechtigten besteht, über den umbauten Raum ungestört zu herrschen und in ihm den Willen frei zu betätigen, auch wenn die Räumlichkeit dem Publikum offensteht (vgl. auch RS 1984 Nr. 715 betr. Wirtshaus). Nach SJZ 80 (1984) 151 bzw. RS 1981 Nr. 187 sollen jedoch auch Wohnwagen und Segeljachten geschützt sein (letzteres ist fraglich). – «Abgeschlossener Raum» ist im Sinne von «umschlossen» und nicht von «verschlossen» zu verstehen: BGE 90 IV 77 (Spitalzimmer). – *Platz, Hof:* BGE 104 IV 107 (Kennzeichnung eines privaten, einem unbestimmten Personenkreis offenstehenden Platzes durch ein signalisiertes Verbot oder durch eine Abschrankung, damit das SVG nicht zur Anwendung kommt). *Garten:* Maßgebend ist nicht die Lückenlosigkeit, sondern die Erkennbarkeit der Umfriedung: RS 1981 Nr. 188. – Der *Werkplatz* braucht weder unmittelbar zu einem Haus zu gehören noch umfriedet zu sein: BGE 104 IV 257.

Berechtigter ist derjenige, dem die Verfügungsgewalt über das Haus (bzw. ein anderes Schutzobjekt) zusteht, gleichgültig, ob sie auf einem dinglichen oder obligatorischen oder auf einem öffentlichrechtlichen Verhältnis beruht: BGE 103 IV 163 (auch der Ehepartner des Eigentümers oder Mieters). Auch der Vormund kann Dritten verbieten, das Haus seines Mündels zu betreten: BGE 80 IV 70. Abgrenzung der Rechte von Hauseigentümer und Mieter in Mietshäusern: BGE 83 IV 156. Bei staatlichen und kommunalen Bauten bestimmt sich das verfügungsberechtigte Organ nach dem öffentlichen Recht: BGE 90 IV 76, 100 IV 53. Der Wille der Organe öffentlichrechtlicher Körperschaften sowie juristischer Personen kann auch durch Beamte oder Angestellte zum Ausdruck gebracht werden: BGE 90 IV 77, SJZ 79 (1983) 146. Zum *Strafantrag* legitimiert ist jedoch nur der Berechtigte bzw. das Organ selber: BGE 87 IV 121, 90 IV 76, ZR 56 Nr. 168, 66 Nr. 51, RS 1953 Nr. 82. Nach BGE 118 IV 322 kann auch ein soeben verstorbenes Opfer eines Hausfriedensbruches sein und das Antragsrecht von seinen Angehörigen ausgeübt werden (problematisch).

Eindringen gegen den Willen des Berechtigten: Der Wille des Berechtigten, daß jemand in einen bestimmten Raum nicht eindringen soll, braucht nicht ausdrücklich erklärt zu werden, sondern kann sich auch aus den Umständen ergeben: BGE 90 IV 77, 108 IV 39. Dies gilt auch für Räumlichkeiten, die dem *Publikum* zugänglich sind, aber in klar zutage tretender Weise nur für bestimmte Zwecke offenstehen: BGE 108 IV 39 (wer in eine Parkgarage eindringt, ohne Lenker eines dort abgestellten Fahrzeuges oder Mitfahrer zu sein, begeht objektiv Hausfriedensbruch). Auch der zweckwidrige Aufenthalt in den dem Publikum zugänglichen Räumen *öffentlichrechtlicher Körperschaften* kann den Tatbestand erfüllen, sofern ein Verbot, solche Räumlichkeiten zu betreten, bzw. das Gebot, sie zu verlassen, nicht willkürlich oder unverhältnismäßig ist: BGE 87 IV 22. Bloßes Erklettern von Fassaden, um durch Fenster Einblick in Zimmer zu erhalten, stellt kein «Eindringen» im Sinne des Tatbestandes dar: ZR 70 Nr. 9. Dieser wird hingegen bereits erfüllt, wenn sich der Täter mit einem Fuß im geschützten Raum befindet: BGE 87 IV 122. Das Eindringen in den geschützten Bereich muß stets *unrechtmäßig* sein, was z. B. nicht zutrifft, wenn unter den dafür geltenden Voraussetzungen eine Hausdurchsuchung vorgenommen wird. Wohnungsnot stellt indessen keinen Rechtfertigungsgrund für eine Hausbesetzung dar: Pr 82 Nr. 19. Zum *Vorsatz* gehört das Bewußtsein des Täters, daß das Eindringen gegen den Willen des Berechtigten erfolgt (BGE 90 IV 78) und unrechtmäßig ist.

Verweilen im Raum trotz Aufforderung des Berechtigten, ihn zu verlassen: Nach BGE 83 IV 70 setzt diese Tatbestandsvariante voraus, daß der Täter nach der Aufforderung noch eine gewisse Dauer im Raum verbleibt und sein Wille darauf gerichtet ist, sich dem Hausrecht entgegenzustellen (fragwürdig). Eine deutliche Willensäußerung der Beteiligten ist erforderlich: SJZ 67 (1971) 212. Keinen Hausfriedensbruch begeht der Pächter, welcher in dem ihm gekündigten Objekt über den Termin hinaus verbleibt, obwohl er vom Hauseigentümer zum Verlassen der Liegenschaft aufgefordert wurde: BGE 112 IV 32. – Das Verweilen im Raum muß ebenfalls unrechtmäßig erfolgen, um strafbar zu sein, was auch einen entsprechenden Vorsatz erfordert. Subjektiv müßte nach BGE 83 IV 70 ferner der Wille darauf gerichtet sein, sich dem Hausrecht entgegenzustellen (problematisch).

Beendet wird das Delikt erst mit dem Verlassen des Raumes. Bis dahin ist Notwehr zulässig, auch im Falle der Nichtbefolgung der Aufforderung zum Verlassen des Raumes: BGE 102 IV 5.

Verhältnis zu Art. 292: BGE 90 IV 78 (Ungehorsam gegen richterliche Ausweisung), 100 IV 53.

Fünfter Titel
Strafbare Handlungen gegen die sexuelle Integrität

1. Gefährdung der Entwicklung von Unmündigen

Sexuelle Handlungen mit Kindern

1. Wer mit einem Kind unter 16 Jahren eine sexuelle Handlung **187**
vornimmt,
es zu einer solchen Handlung verleitet oder
es in eine sexuelle Handlung einbezieht,
wird mit Zuchthaus bis zu fünf Jahren oder mit Gefängnis bestraft.

2. Die Handlung ist nicht strafbar, wenn der Altersunterschied zwischen den Beteiligten nicht mehr als drei Jahre beträgt.

3. Hat der Täter zur Zeit der Tat das 20. Altersjahr noch nicht zurückgelegt und liegen besondere Umstände vor oder hat die verletzte Person mit ihm die Ehe geschlossen, so kann die zuständige Behörde von der Strafverfolgung, der Überweisung an das Gericht oder der Bestrafung absehen.

4. Handelte der Täter in der irrigen Vorstellung, das Kind sei mindestens 16 Jahre alt, hätte er jedoch bei pflichtgemäßer Vorsicht den Irrtum vermeiden können, so ist die Strafe Gefängnis.

5. Die Verjährung tritt in fünf Jahren ein.

Art. 187–200: Neue Fassung des Fünften Titels gemäß BG vom 21. Juni 1991, in Kraft seit 1. Oktober 1992. Vgl. Botschaft über die Änderung des Schweizerischen Strafgesetzbuches und des Militärstrafgesetzes (Strafbare Handlungen gegen Leib und Leben, gegen die Sittlichkeit und gegen die Familie vom 26. Juni 1985, BBl 1985 II 109 ff., nachfolgend als «Botschaft» bezeichnet). – Die gemeinsame Begehung von Delikten des fünften Titels wird durch die besondere Bestimmung von Art. 200 zu einem Strafschärfungsgrund erhoben.

Art. 187 und 188: Vgl. auch Art. 358bis und 358ter betr. Mitteilungen bei strafbaren Handlungen gegenüber Unmündigen.

Ziff. 1: Der Tatbestand kann von Personen beiderlei Geschlechts erfüllt werden. Er umfaßt sowohl hetero- als auch homosexuelle Betätigung. Unter «sexueller Handlung» dürfte jede körperliche Betätigung zu verstehen sein, die vom Standpunkt eines objektiven Beobachters aus betrachtet auf die Erregung oder Befriedigung geschlechtlicher Lust gerichtet ist. Die Handlung muß sich daher jedenfalls auf geschlechtsspezifische oder mindestens erogene Körperteile beziehen (vgl. schon BGE 103 IV 169). Ob ihr Motiv in Sinneslust des Täters besteht, bleibt regelmäßig belanglos und kann höchstens dann von Bedeutung sein, wenn seine Handlung nicht schon objektiv eindeutig als «sexuell» erscheint (vgl. BGE 104 IV 89, 105 IV 38). Keine Rolle für die Strafbarkeit spielt es auch, ob das Kind bereits geschlechtsreif, gar sexuell erfahren oder nach dem Recht seines Heimatstaates ehemündig ist (BGE 82 IV 157, 86 IV 213). – Zur Frage eines entschuldbaren Rechtsirrtums über die Schutzaltersgrenze vgl. BGE 104 IV 218 (bejaht für einen 19jährigen Süditaliener). – Zur strafbaren Gehilfenschaft durch die Eltern des Opfers vgl. BGE 70 IV 79, 87 IV 54 und 96 IV 115. – Im Verhältnis zu den Art. 189, 190, 192 und 193 wird echte Konkurrenz anzunehmen sein (vgl. Botschaft, 1076, bezüglich Art. 190). In diesem Sinn wurde in BGE 119 IV 310 für das Verhältnis zwischen Art. 187 und 190 entschieden. Echte Konkurrenz zwischen Art. 187 und 191 kommt gemäß BGE 120 IV 198 in Betracht, wenn der Täter nicht nur die mangelnde Reife des Opfers ausnützt, sondern eine darüber hinausgehende Urteilsunfähigkeit oder andere Widerstandsunfähigkeit mißbraucht. In allen Fällen ist zu beachten, daß Art. 189–193 *ausschließlich* anzuwenden sind, wenn die Altersdifferenz zwischen Täter und Opfer nicht mehr als drei Jahre beträgt (Art. 187 Ziff. 2).

Abs. 1 erfaßt den Fall, daß das Kind unmittelbar an der geschlechtlichen Handlung teilnimmt. Gleichgültig ist, ob es bloß passiv bleibt oder aktiv, selbst als Initiant, tätig wird. Neben dem Geschlechtsverkehr (nach BGE 77 IV 170 die «naturgemäße Vereinigung der Geschlechtsteile» ohne Notwendigkeit des Samenergusses) werden v. a. erfaßt werden: Einführung des männlichen Gliedes in den After, in den Mund oder zwischen die Oberschenkel der Partnerin oder des Partners (vgl. BGE 86 IV 177, 87 IV 124, 91 IV 65), die manuelle oder anderweitige Reizung der Geschlechtsteile (vgl. BGE 87 IV 126), deren Belekken (vgl. BGE 84 IV 101) oder deren Betasten (i. d. R. auch über den Kleidern), nicht aber weniger weit gehende Zärtlichkeiten oder gemeinsames Nacktbaden.

Abs. 2: Der Tatbestand besteht darin, daß jemand das Kind dazu anhält, geschlechtliche Betätigungen mit einem Dritten im Sinne von Abs. 1 oder am eigenen Körper – wie z. B. Masturbation – vorzunehmen (vgl. Botschaft, 1066); eine eigentliche Anstiftung wird nicht erforderlich sein.

Abs. 3: Hier geht es darum, daß jemand allein oder zusammen mit anderen eine geschlechtliche Handlung mit Wissen und Willen vor einem Kinde vollzieht (vgl. Botschaft, 1066). Bloß verbale Äußerungen sexuellen Inhalts werden nicht genügen (vgl. BGE 90 IV 201), können aber den Tatbestand von Art. 198 Abs. 2 erfüllen. – Das Vorzeigen pornographischer Produkte an Kinder fällt unter Art. 197 Ziff. 1.

Ziff. 2 zielt darauf ab, einerseits puerile Akte zwischen Kindern und andererseits die sexuelle Betätigung im Rahmen von Liebesverhältnissen zwischen Partnern auszunehmen, von denen einer oder beide noch im Schutzalter stehen. Die Bestimmung setzt jedoch lediglich eine entsprechende Altersdifferenz voraus, geht also weiter. – Geschlechtliche Handlungen bleiben indessen auch bei einer Altersdifferenz bis zu drei Jahren nach Art. 190–193 strafbar, wenn die Voraussetzungen einer dieser Taten gegeben sind.

Ziff. 3 schafft die Möglichkeit, einen zur Zeit der Tat noch weniger als 20 Jahre alten Täter straflos zu lassen, wenn sein noch im Schutzalter stehendes Opfer inzwischen mit ihm die Ehe eingegangen ist oder wenn «besondere Umstände» vorliegen. Dabei wird namentlich an ein echtes Liebesverhältnis zwischen Partnern mit mehr als drei Jahren Altersdifferenz sowie an den Fall zu denken sein, daß die Initiative von demjenigen ausgeht, der noch im Schutzalter steht. Es bleibt den Kantonen überlassen, für Fälle gemäß Ziff. 4 zu bestimmen, daß schon das Verfahren eingestellt oder von einer Überweisung an das Gericht abgesehen werden kann.

Ziff. 4 gelangt erst zur Anwendung, wenn dem Täter in bezug auf das Alter des Opfers von unter 16 Jahren nicht einmal Eventualvorsatz zur Last gelegt werden kann (vgl. BGE 75 IV 5). Es handelt sich um eine Verbindung von Vorsatz- und Fahrlässigkeitsdelikt (BGE 84 IV 2). Letzteres gibt den Ausschlag, wenn das Gesetz – wie in Art. 41 Ziff. 1 Abs. 2 und 42 Ziff. 1 – bestimmte Folgen nur an Vorsatzdelikte knüpft. Zu den nach der früheren Bundesgerichtspraxis sehr weitgehenden Vorsichtspflichten vgl. BGE 84 IV 104, 85 IV 77, 100 IV 232, 102 IV 277. In BGE 119 IV 139 läßt der Kassationshof neuerdings mehrmalige Erkundigung des nicht viel älteren Täters nach dem Alter seiner Partnerin genügen.

Ziff. 5 betrifft die relative Verjährungsfrist, welche abweichend von Art. 70 geregelt wird. Die Verkürzung soll dazu dienen, das wieder im seelischen Gleichgewicht befindliche Opfer vor erneuten Erschütterungen durch Ermittlungs- und Untersuchungshandlungen zu schützen (Botschaft, 1069).

Sexuelle Handlungen mit Abhängigen

188 1. Wer mit einer unmündigen Person von mehr als 16 Jahren, die von ihm durch ein Erziehungs-, Betreuungs- oder Arbeitsverhältnis oder auf andere Weise abhängig ist, eine sexuelle Handlung vornimmt, indem er diese Abhängigkeit ausnützt,

wer eine solche Person unter Ausnützung ihrer Abhängigkeit zu einer sexuellen Handlung verleitet,

wird mit Gefängnis bestraft.

2. Hat die verletzte Person mit dem Täter die Ehe geschlossen, so kann die zuständige Behörde von der Strafverfolgung, der Überweisung an das Gericht oder der Bestrafung absehen.

Art. 188: Vgl. auch Art. 358bis und 358ter betr. Mitteilungen bei strafbaren Handlungen gegenüber Unmündigen.

Ziff. 1 Abs. 1: Als Opfer kommen nur Personen im Alter von 16 Jahren bis zum Eintritt der Mündigkeit in Frage. Das Opfer, welches beiderlei Geschlechts sein kann, muß vom Täter aus irgendwelchen Gründen abhängig sein. Als Hauptbeispiele nennt das Gesetz ein Erziehungs-, Betreuungs- oder Arbeitsverhältnis. Unter die zweite Kategorie fallen Konstellationen, in denen der Täter Aufsichtspflichten über das Opfer hat, ohne daß er direkt erzieherisch auf dieses einzuwirken hätte. Dies kann etwa bei Sozialarbeitern, Leitern von Ferienlagern und ihren Helfern oder Personen der Fall sein, denen der oder die Minderjährige für eine Reise anvertraut wurde (vgl. dazu BGE 99 IV 265). «Auf andere Weise abhängig» kann z. B. sein, wer sich von einem Psychotherapeuten behandeln läßt. Die Mitwirkung des Opfers bei der sexuellen Handlung (vgl. hiezu Bem. zu Art. 187 Ziff. 1 Abs. 1) muß gerade durch Ausnützung seiner Abhängigkeit erlangt worden sein, was das Bestehen eines Verhältnisses der genannten Art noch nicht ohne weiteres mit sich zu bringen braucht (vgl. Botschaft, 1070).

Abs. 2: Die tatbestandsmäßige Handlung entspricht derjenigen von Art. 187 Ziff. 1 Abs. 2. Bezieht sie sich auf das Verleiten zu geschlechtlichen Handlungen mit einem Dritten, so muß der oder die Geschädigte von diesem nicht im Sinne von Abs. 1 abhängig sein (Botschaft, 1070).

Ziff. 2: Absehen von Strafe ist fakultativ und kommt um so eher in Betracht, als sich das Opfer im Zeitpunkt der Tat dem normalen Heiratsalter genähert hat (Botschaft, 1070). Vgl. auch Bem. zu Art. 187 Ziff. 3.

2.   Angriffe auf die sexuelle Freiheit und Ehre

Sexuelle Nötigung

[1] Wer eine Person zur Duldung einer beischlafsähnlichen oder **189** einer anderen sexuellen Handlung nötigt, namentlich indem er sie bedroht, Gewalt anwendet, sie unter psychischen Druck setzt oder zum Widerstand unfähig macht, wird mit Zuchthaus bis zu zehn Jahren oder mit Gefängnis bestraft.

[2] Ist der Täter der Ehegatte des Opfers und lebt er mit diesem in einer Lebensgemeinschaft, wird die Tat auf Antrag verfolgt. Das Antragsrecht erlischt nach sechs Monaten. Artikel 28 Absatz 4 ist nicht anwendbar.

[3] Handelt der Täter grausam, verwendet er namentlich eine gefährliche Waffe oder einen anderen gefährlichen Gegenstand, so ist die Strafe Zuchthaus nicht unter drei Jahren. Die Tat wird in jedem Fall von Amtes wegen verfolgt.

Art. 189 Abs. 1: Erfaßt wird die Nötigung einer Person beliebigen Geschlechts zur Duldung einer sexuellen Handlung, die vom Täter selbst oder einem Dritten begangen werden kann. Fraglich ist, ob sich die Bestimmung auch auf den Fall anwenden läßt, daß das Opfer ausschließlich genötigt wird, selber am Täter eine sexuelle Handlung vorzunehmen. Die besondere Erwähnung beischlafsähnlicher Handlungen soll offenbar klarstellen, daß diese nicht unter Art. 190 fallen, und legt es nahe, in solchen Fällen die Strafe höher zu bemessen. Die ersten drei im Gesetz genannten Nötigungsmittel brauchen nicht zu einer vollständigen Widerstandsunfähigkeit des Opfers zu führen. Die Bedrohung muß im Gegensatz zum früheren Recht nicht mehr schwer sein; entsprechend dem Grundtatbestand von Art. 181 ist jedoch mindestens die Androhung eines ernstlichen Nachteils vorauszusetzen, der sich auf ein persönliches Rechtsgut des Opfers oder einer ihm nahestehenden Person bezieht. Unter «*psychischen Druck*» setzen wird der Täter das Opfer z. B., wenn er droht, ihm die Liebe zu entziehen, es zu verlassen oder sich das Leben zu nehmen, wenn er ihm Angst einflößt oder mit der Bekanntgabe kompromittierender Umstände droht.

Das Gesetz umfaßt sodann als Alternative ein Vorgehen, das den Geschädigten oder die Geschädigte *zum Widerstand unfähig macht,* um so den Fall der Anwendung von Narkotika, Drogen usw. einzubeziehen, die zur Einschränkung oder zum Verlust des Bewußtseins führen (vgl. Botschaft, 1071). Weitere Fälle, die sich nur durch die Generalklausel des «Nötigens» erfassen ließen, sind kaum ersichtlich. Nicht ausreichen wird jedenfalls das Ausnützen einer bereits bestehenden psychischen Ausnahmesituation oder Zwangslage (was sich immerhin im Rahmen von Art. 191 und 193 strafrechtlich erfassen läßt), die Anwendung von List und die überraschende Vornahme einer geschlechtlichen Handlung, der gegenüber gar kein Widerstand möglich ist; ein Vorgehen dieser letztgenannten Art fällt indessen nunmehr unter Art. 198 Abs. 2.

Abs. 2: Eines Strafantrages bedarf es nur, wenn die Beteiligten sowohl in einer noch bestehenden Ehe als auch in einer «Lebensgemeinschaft» (wohl mindestens im Sinne von Art. 110 Ziff. 3, vgl. Bem. zu dieser Bestimmung) leben. Bei Fehlen eines Antrages wird der Täter nach dem Sinn des Gesetzes auch nicht wegen Nötigung nach Art. 181 bestraft werden können.

Abs. 3: Zur «grausamen Handlung» vgl. Bem. zu Art. 190 Abs. 3, zur Verwendung einer gefährlichen Waffe oder eines anderen gefährlichen Gegenstandes Bem. zu Art. 123 Ziff. 2.

Vergewaltigung

190 [1] Wer eine Person weiblichen Geschlechts zur Duldung des Beischlafs nötigt, namentlich indem er sie bedroht, Gewalt anwendet, sie unter psychischen Druck setzt oder zum Widerstand unfähig macht, wird mit Zuchthaus bis zu zehn Jahren bestraft.

[2] Ist der Täter der Ehegatte des Opfers und lebt er mit diesem in einer Lebensgemeinschaft, wird die Tat auf Antrag verfolgt. Das Antragsrecht erlischt nach sechs Monaten. Artikel 28 Absatz 4 ist nicht anwendbar.

[3] Handelt der Täter grausam, verwendet er namentlich eine gefährliche Waffe oder einen anderen gefährlichen Gegenstand, so ist die Strafe Zuchthaus nicht unter drei Jahren. Die Tat wird in jedem Fall von Amtes wegen verfolgt.

Art. 190, Abs. 1: Zum Begriff des Beischlafs vgl. Bem. zu Art. 187 Ziff. 1, zu den Nötigungshandlungen Bem. zu Art. 189 Abs. 1, zum Beginn strafbaren Versuchs BGE 119 IV 226.

Abs. 2: Vgl. Bem. zu Art. 189 Abs. 2.

Abs. 3: «Grausames Handeln» setzt nach BGE 119 IV 50 voraus, daß der Täter dem Opfer *besondere* Leiden zufügt, die erheblich über das Maß dessen hinausgehen, was zur Erfüllung des Grundtatbestandes nötig ist. Im genannten Entscheid wurde das für minutenlanges intermittierendes Würgen des Opfers bejaht.

Schändung

Wer eine urteilsunfähige oder eine zum Widerstand unfähige **191** Person in Kenntnis ihres Zustandes zum Beischlaf, zu einer beischlafsähnlichen oder einer anderen sexuellen Handlung mißbraucht, wird mit Zuchthaus bis zu zehn Jahren oder mit Gefängnis bestraft.

Art. 191 soll Personen beiderlei Geschlechts schützen, die seelisch oder körperlich nicht in der Lage sind, sich gegen sexuelle Zumutungen zu wehren (Botschaft, 1077), und zwar vor allen geschlechtlichen Handlungen an oder mit ihnen. Die Bestimmung erfaßt auch den Täter oder die Täterin, welche mit dem Opfer verheiratet ist (vgl. Botschaft, 1077).

Die *Urteilsunfähigkeit* kann dauernd oder bloß vorübergehend sein (vgl. BGE 119 IV 231: Das angetrunkene Opfer wird plötzlich aus dem Schlaf geweckt). Sie wird sich darauf beziehen müssen, daß der oder die Geschädigte außerstande ist, einen vernünftigen Entscheid über die Einwilligung zu sexuellen Beziehungen zu treffen. Die *Widerstandsunfähigkeit* kann physischer oder psychischer Natur sein und demnach auch dann gegeben sein, wenn das Opfer in der Lage ist, sich einen vernünftigen Willen zu bilden. In diesem Fall muß die Strafbarkeit entfallen, wenn es in die sexuelle Handlung einwilligt. Auch in den übrigen Fällen braucht wohl nicht durchwegs ein «Mißbrauch», d. h. eine Ausnützung des dem Täter oder der Täterin bekannten abnormen Zustands des Opfers (Botschaft, 1077) vorzuliegen. Zu denken ist v. a. an jemanden, der infolge eines Rauschzustandes vorübergehend urteilsunfähig ist, aber mit den geschlechtlichen Handlungen eines ständigen Intimpartners ohnehin einverstanden gewesen wäre.

Sexuelle Handlungen mit Anstaltspfleglingen, Gefangenen, Beschuldigten

[1] Wer unter Ausnützung der Abhängigkeit einen Anstaltspfleg- **192** ling, Anstaltsinsassen, Gefangenen, Verhafteten oder Beschuldigten veranlaßt, eine sexuelle Handlung vorzunehmen oder zu dulden, wird mit Gefängnis bestraft.

[2] Hat die verletzte Person mit dem Täter die Ehe geschlossen, so kann die zuständige Behörde von der Strafverfolgung, der Überweisung an das Gericht oder der Bestrafung absehen.

Art. 192 fordert ausdrücklich, daß die Abhängigkeit der im Gesetzestext genannten Personen (vom Täter) *ausgenützt* werden muß, um das Opfer zu veranlassen, eine sexuelle Handlung (an sich oder einem Dritten) vorzunehmen oder eine solche zu dulden. Ob als solches auch jemand in Betracht fällt, der sich zur Behandlung vorübergehend in einer Klinik befindet, bleibt unklar. Alsdann besteht indessen i. d. R. keine Abhängigkeit von deren Personal.

Abs. 2: Vgl. Bem. zu Art. 188 Ziff. 2.

Ausnützung der Notlage

193 [1] Wer eine Person veranlaßt, eine sexuelle Handlung vorzunehmen oder zu dulden, indem er eine Notlage oder eine durch ein Arbeitsverhältnis oder eine in anderer Weise begründete Abhängigkeit ausnützt, wird mit Gefängnis bestraft.

[2] Hat die verletzte Person mit dem Täter die Ehe geschlossen, so kann die zuständige Behörde von der Strafverfolgung, der Überweisung an das Gericht oder der Bestrafung absehen.

Art. 193 erfaßt hetero- und homosexuelle Handlungen, zu deren Vornahme oder Duldung eine Frau oder ein Mann wegen einer Notlage oder einer Abhängigkeit gegenüber dem Täter oder der Täterin veranlaßt wird. Als Ausnützung einer *Notlage* kommt v. a. der Fall in Betracht, daß jemand vom Opfer dringend benötigte Geld- oder anderweitige Leistungen (nur) unter der Bedingung gewähren will, daß letzteres seinen Forderungen auf sexuellem Gebiet nachkommt. *Abhängigkeit* kann sowohl äußerlicher als auch psychischer Natur sein, so z. B. auch zwischen einer Patientin und ihrem Psychotherapeuten bestehen. Der besonders erwähnte Fall des Arbeitsverhältnisses bringt höchstens im Verhältnis zwischen Arbeitnehmern und ihren Arbeitgebern oder Vorgesetzten, auf deren «goodwill» sie angewiesen sind, ein Abhängigkeitsverhältnis mit sich. Der Täter oder die Täterin muß dieses ausnützen, was v. a. dann auszuschließen ist, wenn die abhängige Person den an sie gerichteten Ansinnen ohne Rücksicht auf ihre Situation nachgekommen wäre; gleiches gilt auch, wenn sie sich in einer Notlage befand. – Im Fall der Ausnützung der Abhängigkeit einer unmündigen Person wird allein der speziellere Tatbestand von Art. 188 anwendbar sein.

Abs. 2: Vgl. Bem. zu Art. 188 Ziff. 2

Exhibitionismus

194 [1] Wer eine exhibitionistische Handlung vornimmt, wird, auf Antrag, mit Gefängnis bis zu sechs Monaten oder mit Buße bestraft.

[2] Unterzieht sich der Täter einer ärztlichen Behandlung, so kann das Strafverfahren eingestellt werden. Es wird wieder aufgenommen, wenn sich der Täter der Behandlung entzieht.

Art. 194 Abs. 1: Das tatbestandsmäßige Verhalten besteht darin, daß jemand (theoretisch auch eine Frau) den Geschlechtsteil aus sexuellen Motiven, aber ohne weitergehende deliktische Absichten vor einer «Zielperson» zur Schau stellt. Eine psychopathologische Ursache solchen Verhaltens ist die Regel, darf aber für die Anwendung von Art. 194 Abs. 1 nicht gefordert werden. Die Handlung braucht nicht in der Öffentlichkeit begangen zu werden, muß aber tatsächlich von jemandem wahrgenommen worden sein, da sie nur auf Antrag strafbar ist und lediglich die betreffende Person als «verletzt» im Sinne von Art. 28 gelten kann. *Onaniert* der Exhibitionist bewußt vor einer «Zielperson» im Schutzalter, ist außer Art. 194 Abs. 1 auch Art. 187 Ziff. 1 Abs. 3 anwendbar.

Abs. 2 zielt darauf ab, der im Verhältnis zur Bestrafung unter präventiven Gesichtspunkten besseren Erfolg versprechenden freiwilligen psychotherapeutischen Behandlung des Täters den Vorzug zu geben (Botschaft, 1071). Die vorgesehene Möglichkeit der einstweiligen Einstellung des Strafverfahrens muß ohne Rücksicht darauf gelten, ob sie vom kantonalen Recht vorgesehen wird.

3.   Ausnützung sexueller Handlungen

Förderung der Prostitution

Wer eine unmündige Person der Prostitution zuführt,   **195**

wer eine Person unter Ausnützung ihrer Abhängigkeit oder eines Vermögensvorteils wegen der Prostitution zuführt,

wer die Handlungsfreiheit einer Person, die Prostitution betreibt, dadurch beeinträchtigt, daß er sie bei dieser Tätigkeit überwacht oder Ort, Zeit, Ausmaß oder andere Umstände der Prostitution bestimmt,

wer eine Person in der Prostitution festhält,

wird mit Zuchthaus bis zu zehn Jahren oder mit Gefängnis bestraft.

Art. 195: Durch diese Bestimmung sollen einerseits Personen beiderlei Geschlechts davor bewahrt werden, daß man sie gegen ihren Willen zur Prostitution verleitet. Andererseits sollen Leute, die der Prostitution bereits nachgehen, in ihrer Handlungsfreiheit geschützt werden.

Unter «Prostitution», die sowohl hetero- als auch homosexuell betrieben werden kann, ist das gelegentliche oder gewerbsmäßige Anbieten und Preisgeben des eigenen Körpers an beliebige Personen zu deren sexueller Befriedigung gegen Entlöhnung zu verstehen. Diese kann in Geld oder anderen materiellen Werten geleistet werden. Die sexuelle Handlung braucht nicht in der Vornahme des Beischlafs oder ähnlicher Handlungen zu bestehen (Botschaft, 1082 f.).

Abs. 1: Der Prostitution «führt zu», wer jemanden in dieses Gewerbe einführt und mit einer gewissen Intensität zu deren Ausübung bestimmt. Handelt es sich dabei um eine Person von unter 16 Jahren, besteht echte Konkurrenz mit Art. 187 Ziff. 1 Abs. 2 (vgl. Botschaft, 1083). Gleiches gilt regelmäßig auch für ältere Minderjährige im Verhältnis zu Art. 188 Ziff. 1 Abs. 2.

Abs. 2: Die Abhängigkeit der der Prostitution im Sinne von Abs. 1 zugeführten Person vom Täter kann aus beliebigen Gründen bestehen; v. a. kommt auch psychische Hörigkeit in Betracht. Um eines Vermögensvorteils wegen handelt namentlich, wer sich im Sinne der Zuhälterei von der sich prostituierenden Person ganz oder teilweise unterhalten lassen will.

Abs. 3: Hier bringt der Täter aus beliebigen Motiven die sich prostituierende Person dazu, ihre Tätigkeit in einer Weise auszuüben, die ihrem eigentlichen Willen nicht entspricht. «Andere Umstände» können namentlich die Art der von ihr vorzunehmenden sexuellen Handlungen und die dabei zu treffenden Vorkehren betreffen. Praktisch wird jene Person unter einem gewissen Druck des Täters stehen oder von ihm abhängig sein müssen, was indessen nicht nachgewiesen zu werden braucht (vgl. Botschaft, 1083 f.).

Abs. 4: «Festhalten» in der Prostitution meint Vorkehren aller Art, die diesem Zwecke dienen, wie z. B. Gewalt, Drohung, das Verstricken in Abhängigkeiten, namentlich auch finanzieller Art (Botschaft, 1083). Sinngemäß vorausgesetzt werden muß wohl der Wille oder mindestens der Wunsch der sich prostituierenden Person, ihre Tätigkeit aufzugeben.

Menschenhandel

196 [1] Wer mit Menschen Handel treibt, um der Unzucht eines anderen Vorschub zu leisten, wird mit Zuchthaus oder mit Gefängnis nicht unter sechs Monaten bestraft.

[2] Wer Anstalten zum Menschenhandel trifft, wird mit Zuchthaus bis zu fünf Jahren oder mit Gefängnis bestraft.

[3] In jedem Fall ist auch auf Buße zu erkennen.

Art. 196: Die Bestimmung entspricht den verschiedenen von der Schweiz ratifizierten internationalen Übereinkommen über die Unterdrückung bzw. Bekämpfung des Kinder-, Mädchen- und Frauenhandels (vgl. im einzelnen SR 0.311.31–0.311.34) Rechnung. Vgl. zum früheren Recht BGE 96 IV 118.

Abs. 1: Vorausgesetzt wird, daß der Täter mindestens eine Person mit oder gegen deren Willen entgeltlich an jemanden anderen vermittelt, der sie zu sexuellen Handlungen mit ihm selber oder mit Drittpersonen einsetzen will. Das Anwerben für eine derartige Tätigkeit in einem eigenen «Etablissement» des Täters genügt nicht. Wird das Opfer zum Zwecke der Vermittlung seiner Freiheit beraubt oder entführt, wird neben Art. 196 auch Art. 183 bzw. Art. 184 anzuwenden sein.

Abs. 2 erklärt alle Vorbereitungshandlungen zu einem Verhalten nach Abs. 1 für strafbar.

4. Pornographie

1. Wer pornographische Schriften, Ton- oder Bildaufnahmen, **197** Abbildungen, andere Gegenstände solcher Art oder pornographische Vorführungen einer Person unter 16 Jahren anbietet, zeigt, überläßt, zugänglich macht oder durch Radio oder Fernsehen verbreitet, wird mit Gefängnis oder mit Buße bestraft.

2. Wer Gegenstände oder Vorführungen im Sinne von Ziffer 1 öffentlich ausstellt oder zeigt oder sie sonst jemandem unaufgefordert anbietet, wird mit Buße bestraft.

Wer die Besucher von Ausstellungen oder Vorführungen in geschlossenen Räumen im voraus auf deren pornographischen Charakter hinweist, bleibt straflos.

3. Wer Gegenstände oder Vorführungen im Sinne von Ziffer 1, die sexuelle Handlungen mit Kindern oder mit Tieren, menschlichen Ausscheidungen oder Gewalttätigkeiten zum Inhalt haben, herstellt, einführt, lagert, in Verkehr bringt, anpreist, ausstellt, anbietet, zeigt, überläßt oder zugänglich macht, wird mit Gefängnis oder mit Buße bestraft.

Die Gegenstände werden eingezogen.

4. Handelt der Täter aus Gewinnsucht, so ist die Strafe Gefängnis und Buße.

5. Gegenstände oder Vorführungen im Sinne der Ziffern 1–3 sind nicht pornographisch, wenn sie einen schutzwürdigen kulturellen oder wissenschaftlichen Wert haben.

Art. 197 verbietet nur die sog. harte Pornographie vollständig. Im übrigen sollen *Kinder* auch vor anderen pornographischen Produkten geschützt und jedermann davor bewahrt werden, gegen seinen Willen Darstellungen sexuellen Inhalts wahrzunehmen. Vgl. auch Art. 358 (Mitteilung bei Pornographie).

Ziff. 1: Als *pornographisch* werden die hier genannten Gegenstände und Vorführungen zu gelten haben, wenn sie objektiv gesehen einseitig darauf angelegt sind, beim «Konsumenten» geschlechtliche Erregung hervorzurufen. Dies wird mindestens voraussetzen, daß sie menschliche Geschlechtsteile oder sexuelle Handlungen unter übermäßiger Betonung des Genitalbereiches aufdringlich in den Vordergrund rükken. Zu den tatbestandsmäßigen Handlungen: Zugänglich gemacht wird ein Objekt oder eine Vorführung dadurch, daß man es Personen unter 16 Jahren bewußt ermöglicht, sie aus eigener Initiative zu betrachten. Schlechthin strafbar ist die Verbreitung von Pornographie durch Radio und Fernsehen, weil solche Sendungen ohne weiteres auch von Kindern verfolgt werden können. Straflos bleibt die Herstellung pornographischer Erzeugnisse.

Ziff. 2: Diese Bestimmung dient außer dem Jugendschutz auch dem Zweck, zu verhindern, daß Erwachsene gegen ihren Willen pornographische Objekte und Vorführungen mitansehen müssen. Als «öffentliches Ausstellen» gilt schon das Aushängen von Bildern sexuellen Charakters zu Werbezwecken (vgl. Botschaft, 1090). «Unaufgefordertes Anbieten» von Pornographie kann persönlich oder durch die Zusendung entsprechenden Materials erfolgen.

Abs. 2: Der Strafausschluß setzt nicht voraus, daß die Besucher expressis verbis auf den pornographischen Charakter des Gezeigten hingewiesen werden; dieser braucht jenen nur auf irgendeine Weise deutlich erkennbar gemacht zu werden.

Ziff. 3 umschreibt die sog. «harte Pornographie». Strafbar ist hier schon, wer solche Produkte herstellt, ferner derjenige, welcher sie in irgendeiner Form publik macht oder Vorbereitungen dazu trifft; das Gesetz zählt alle dafür in Frage kommenden Verhaltensweisen auf. Die Einziehung entsprechender Objekte ist obligatorisch.

Ziff. 4: Zum Begriff der Gewinnsucht vgl. Bem. zu Art. 50 Abs. 1.

Ziff. 5: Zum Begriff des «schutzwürdigen kulturellen oder wissenschaftlichen Wertes» vgl. Bem. zu Art. 135.

5.   Übertretungen gegen die sexuelle Integrität

Sexuelle Belästigungen

Wer vor jemandem, der dies nicht erwartet, eine sexuelle Hand-   **198**
lung vornimmt und dadurch Ärgernis erregt,

   wer jemanden tätlich oder in grober Weise durch Worte sexuell belästigt,

   wird, auf Antrag, mit Haft oder Buße bestraft.

Art. 198 Abs. 1: Zum Begriff der sexuellen Handlung Bem. zu
Art. 187 Ziff. 1 Abs. 1; eine Entblößung der Geschlechtsteile ist nicht
erforderlich. Der Täter muß durch sein Verhalten Ärgernis erregen
und dies auch wollen, was voraussetzt, daß er sich der Gegenwart oder
mindestens der Möglichkeit des Hinzukommens Unbeteiligter bewußt
ist, sowie will oder in Kauf nimmt, daß sie an der Handlung Anstoß nehmen. Das Motiv kann sich hierin erschöpfen; sexuelle Beweggründe
sind nicht erforderlich (vgl. Botschaft, 1093). Die Handlung braucht
nicht öffentlich vorgenommen zu werden. *Exhibitionistisches* Verhalten gegenüber Einzelpersonen fällt, auch wenn es mit Onanie verbunden ist, ausschließlich unter den mit strengerer Strafe bedrohten Tatbestand von Art. 194 Abs. 1.

Abs. 2: Die tätliche Belästigung braucht den Tatbestand von Art. 126
nicht zu erfüllen und kann v. a. darin bestehen, daß der Täter in überra-
schender Weise dem Opfer an die Geschlechtsteile greift, diese ent-
blößt, oder auch schon darin, daß er einer Frau den Rock hochstreift
oder daruntergreift. Eine grobe verbale Belästigung wird voraussetzen,
daß die Äußerungen als Ausdruck nackter Geilheit in bezug auf eine
bestimmte «Zielperson» erscheinen.

Unzulässige Ausübung der Prostitution

Wer den kantonalen Vorschriften über Ort, Zeit oder Art der   **199**
Ausübung der Prostitution und über die Verhinderung belästigender Begleiterscheinungen zuwiderhandelt, wird mit Haft
oder mit Buße bestraft.

Art. 199: In der Bestimmung liegt eine Ermächtigung der Kantone
durch den Bundesgesetzgeber, Vorschriften über Ort, Zeit oder Art
der Ausübung der Prostitution (die als solche nicht verboten werden
darf) sowie über die Verhinderung belästigender Begleiterscheinungen
zu erlassen. Für die Mißachtung solcher Bestimmungen stellt Art. 199
eine Blankettstrafdrohung auf.

6. Gemeinsame Begehung

200 Wird eine strafbare Handlung dieses Titels gemeinsam von mehreren Personen ausgeführt, so kann der Richter die Strafe erhöhen, darf jedoch das höchste Maß der angedrohten Strafe nicht um mehr als die Hälfte überschreiten. Dabei ist er an das gesetzliche Höchstmaß der Strafart gebunden.

Art. 200 enthält einen in seinen Folgen dem Art. 68 Ziff. 1 entsprechenden besonderen Strafschärfungsgrund für die häufiger gewordene, noch verwerflichere und meist auch gefährliche gemeinsame Begehung einer der Taten von Art. 187–199, wobei praktisch v. a. solche gemäß Art. 187 und 189–191 in Betracht kommen werden. Dieses Vorgehen braucht nicht zum voraus geplant worden zu sein, es genügt auch ein spontan gefaßter gemeinsamer Tatentschluß oder der Beitritt zu einem solchen während der Begehung des Deliktes. Mindestens zwei Personen müssen an der *Ausführung* der Tat beteiligt sein, wenn auch eine davon bloß als Gehilfe. Die Strafe allfälliger weiterer Beteiligter, d. h. von Anstiftern und Gehilfen, die nur vor der Begehung tätig werden, wird sich ebenfalls nach Art. 200 richten, wenn sie um die gemeinsame Begehung wissen; dieser Umstand sachlicher Art fällt nicht unter Art. 26.

201 bis 212 Aufgehoben durch das BG vom 21. Juni 1991 ab 1. Oktober 1992.

Sechster Titel

Verbrechen und Vergehen gegen die Familie

Inzest

[1] Wer mit einem Blutsverwandten in gerader Linie oder einem **213**
voll- oder halbbürtigen Geschwister den Beischlaf vollzieht,
wird mit Gefängnis bestraft.

[2] Unmündige bleiben straflos, wenn sie verführt worden
sind.

[3] Die Verjährung tritt in zwei Jahren ein.

Art. 213 in neuer Fassung gemäß BG vom 23. Juni 1989, in Kraft seit
1. Januar 1990. Die Bestimmung soll die «Reinheit der Familie» bewahren und den Nachwuchs vor Erbschäden schützen (BGE 83 IV 160).
Abs. 1: Zum Begriff des Beischlafes vgl. Bem. zu Art. 187 Ziff. 1
Abs. 1 betr. «Geschlechtsverkehr». Maßgebend ist die natürliche Verwandtschaft zwischen den Beteiligten (vgl. BGE 82 IV 101 betr.
außereheliche Verwandtschaft). – Das Delikt dürfte mit Straftaten
nach Art. 187, 188 und 191 in Form des Beischlafes sowie mit Vergewaltigung nach Art. 190 echt konkurrieren.

Aufgehoben durch BG vom 23. Juni 1989, in Kraft seit 1. Januar **214**
1990.

Mehrfache Ehe

Wer eine Ehe schließt, obwohl er verheiratet ist,   **215**
    wer mit einer verheirateten Person eine Ehe schließt,
wird mit Gefängnis bestraft.

Art. 215 in neuer Fassung gemäß BG vom 23. Juni 1989, in Kraft seit
1. Januar 1990. Das strafbare Verhalten erschöpft sich in der verbotenen Heirat als solcher und wird nicht durch das Verbleiben im Zustand
mehrfacher Ehe fortgesetzt, so daß kein Dauerdelikt gegeben ist. Da es
sich um ein schlichtes Tätigkeitsdelikt handelt, kann Ort der Begehung
nur derjenige der Eheschließung sein: BGE 105 IV 330, vgl. ferner
VPB 1978 Nr. 46.

216 Aufgehoben durch BG vom 23. Juni 1989, in Kraft seit 1. Januar 1990.

Vernachlässigung von Unterhaltspflichten

217 ¹ Wer seine familienrechtlichen Unterhalts- oder Unterstützungspflichten nicht erfüllt, obschon er über die Mittel dazu verfügt oder verfügen könnte, wird, auf Antrag, mit Gefängnis bestraft.

² Das Antragsrecht steht auch den von den Kantonen bezeichneten Behörden und Stellen zu. Es ist unter Wahrung der Interessen der Familie auszuüben.

Art. 217 Abs. 1: Für das Bestehen der eine Unterhaltspflicht begründenden familiären Beziehung sind die Eintragungen im Zivilstandsregister (im Falle von ZGB Art. 261 Abs. 1 die richterliche Feststellung der Vaterschaft) maßgebend. Die Bestreitung, daß das eingetragene bzw. festgestellte Kindesverhältnis der natürlichen Abstammung entspreche, befreit nicht von der Unterhaltspflicht (BGE 86 IV 180). Zu den Pflichten dieser Art gehören zunächst diejenigen zwischen Ehegatten gemäß ZGB Art. 163 sowie die Unterhaltspflichten der Eltern gegenüber ihren Kindern nach ZGB Art. 276 Abs. 1. Lebt der Pflichtige mit den Berechtigten zusammen, kann er den Tatbestand von Art. 217 Abs. 1 erfüllen, ohne daß seine Beiträge durch den Zivilrichter festgelegt worden sein müßten. Alsdann wird der Umfang seiner Pflicht durch den Strafrichter beurteilt (sog. direkte Methode): BGE 89 IV 22, vgl. auch BGE 70 IV 168, 100 IV 175. Gleiches gilt, wenn der Pflichtige die eheliche Gemeinschaft nicht aufgenommen oder grundlos aufgelöst hat sowie wenn der Berechtigte aus einem gesetzlich vorgesehenen Grund oder im Einverständnis mit dem Berechtigten weggezogen ist (BGE 74 IV 159, 76 IV 118, 89 IV 22, 100 IV 175). – Nach Aufhebung des gemeinsamen Haushaltes bzw. Einreichung einer Scheidungs- oder Trennungsklage für die Dauer des Prozesses beschränkt sich der strafrechtliche Schutz regelmäßig (vgl. immerhin BGE 89 IV 21) auf die vom Zivilrichter bzw. durch Vereinbarung festgelegten Beiträge an Ehegatten und Kinder (sog. indirekte Methode), vgl. ZGB Art. 176 Abs. 1 Ziff. 1 und Abs. 3 i. V. mit Art. 276 Abs. 2, Art. 145 Abs. 2 und hiezu BGE 106 IV 37. Gleiches gilt bei Aufhebung der elterlichen Obhut durch die Vormundschaftsbehörde nach ZGB Art. 310 (Art. 276 Abs. 2).

Im Falle der *Scheidung* beschränken sich die Unterhaltsansprüche des geschiedenen Ehegatten und der nicht unter die elterliche Gewalt des Pflichtigen gestellten Kinder auf die gemäß ZGB Art. 151 oder 152 bzw. Art. 297 Abs. 3, Art. 156 Abs. 2 i. V. mit Art. 276 Abs. 2 vom Zivilrichter festgelegten bzw. durch Konvention vereinbarten Beiträge. Gleiches gilt für den Unterhaltsanspruch des Kindes gegenüber seinem Vater, der mit seiner Mutter nicht verheiratet ist, aber dessen Vaterschaft nach ZGB Art. 260 Abs. 1 anerkannt oder auf Klage hin nach ZGB Art. 261 Abs. 1 richterlich festgestellt wurde.

Die *Unterstützungsansprüche* Bedürftiger gemäß ZGB Art. 328 gegenüber ihren Verwandten in auf- und absteigender Linie sowie ihren Geschwistern sind nur in dem Umfang geschützt, in welchem diese Personen vom Zivilrichter zu bestimmten Leistungen verpflichtet wurden (BGE 70 IV 167).

In allen Fällen sind rechtskräftige Zivilurteile über Unterhalts- und Unterstützungspflichten für den Strafrichter verbindlich (vgl. BGE 73 IV 178, 93 IV 2, umstritten). Für die Strafbarkeit wird nicht vorausgesetzt, daß der Berechtigte die Leistungen tatsächlich benötigt (BGE 71 IV 195, 73 IV 179).

Das *tatbestandsmäßige Verhalten* besteht darin, daß der Täter die Unterhalts- bzw. Unterstützungsleistung im Zeitpunkt ihrer Fälligkeit nicht oder nur teilweise erbringt, obschon er über die Mittel dazu verfügt oder verfügen könnte. Mit dieser Formulierung bezieht sich das Gesetz auf die Rechtsprechung zum früheren Gesetzestext, nach welcher das Erfordernis der Nichterfüllung der Pflichten «aus bösem Willen» meist schon bisher dergestalt ausgelegt wurde. Vgl. zu dieser Praxis zuletzt Pr 69 Nr. 177 (mit Hinweisen auf frühere Entscheide), wonach jene Voraussetzung gegeben ist, wenn der Täter die Zahlungen, die ihm möglich und nach den Umständen zumutbar sind, ohne zureichenden Grund nicht leistet, sowie BGE 114 IV 124: Der Pflichtige muß in einem solchen Umfange einer entgeltlichen Tätigkeit nachgehen, daß er seine Unterhaltspflicht erfüllen kann, und zu diesem Zweck gegebenenfalls im Rahmen des Zumutbaren seine Stelle oder seinen Beruf wechseln; das Recht auf freie berufliche Tätigkeit wird durch die Unterhaltspflichten gegenüber der Familie beschränkt (vgl. zur Pflicht, einer entlöhnten Arbeit nachzugehen, auch ZR 73 Nr. 4, RS 1986 Nr. 47 und SJZ 82 1986 212). – Das Maß der zumutbaren Leistungen ergibt sich primär aus SchKG Art. 93, wobei jedoch zu berücksichtigen ist, daß sich der Alimentenschuldner regelmäßig nicht auf sein betreibungsrechtliches Existenzminimum berufen kann, sondern ein tieferes familienrechtliches Existenzminimum gilt: BGE 101 IV 52, Pr 69 Nr. 177 (zu Leistungen des in zweiter Ehe Verheirateten an Frau und Kinder aus erster Ehe). Anders wäre wohl aber zu entscheiden, wenn die berechtigte Person seine Leistungen für ihren Unterhalt nicht benötigt (vgl. BGE 111 III 15).

Der *Strafantrag* ist nach der Gerichtspraxis am Erfüllungsort der Unterhaltspflicht (= Begehungsort) zu stellen, d. h. regelmäßig am Wohnort des Berechtigten: BGE 87 IV 153, 98 IV 207 (ausgenommen bei Wohnsitz im Ausland, vgl. BGE 82 IV 69, 99 IV 181: Wohnsitz des Pflichtigen). Obliegt die Verfolgung des Vergehens nach Art. 217 StGB im Hinblick auf Art. 350 Ziff. 1 den Behörden eines anderen Ortes, kann indessen die Bestrafung auch dort beantragt werden (BGE 98 IV 207, 108 IV 170 = Pr 72 Nr. 22). Wenn der Pflichtige während einer gewissen Zeit und ohne Unterbrechung schuldhaft die Zahlung der Unterhaltsbeiträge unterläßt, beginnt die *Antragsfrist* erst mit der letzten schuldhaften Unterlassung zu laufen (BGE 118 IV 328). Der Antrag ist gültig für den Zeitraum, in dem der Täter ohne Unterbrechung den Tatbestand erfüllt hat (BGE 118 IV 329), erfaßt jedoch auch unter dieser Voraussetzung nach der Gerichtspraxis keine später unterbleibenden Zahlungen (vgl. z. B. SJZ 52 1956 129 und ZR 66 Nr. 56). – Im Hinblick auf den von der Gerichtspraxis angenommenen Begehungsort am Wohnsitz des Berechtigten kann, wenn dieser in der Schweiz liegt, hier nach Art. 3 auch der im Ausland wohnhafte Unterhaltspflichtige strafrechtlich erfaßt werden.

Abs. 2: Die von den Kantonen bezeichneten Behörden und Stellen sind von Gesetzes wegen antragsberechtigt, unabhängig davon, ob sie selbst materiell geschädigt sind (BGE 119 IV 316). Der Antragsberechtigung können jedoch Familieninteressen (wie z. B. der Fortbestand der Ehe) entgegenstehen, wobei solche nicht schon dann vorliegen, wenn das Verhältnis der geschiedenen Ehegatten ungetrübt ist (BGE 119 IV 318).

218 Aufgehoben durch BG vom 23. Juni 1989 ab 1. Januar 1990.

Verletzung der Fürsorge- oder Erziehungspflicht

219 [1] Wer seine Fürsorge- oder Erziehungspflicht gegenüber einer unmündigen Person verletzt oder vernachlässigt und sie dadurch in ihrer körperlichen oder seelischen Entwicklung gefährdet, wird mit Gefängnis bestraft.

[2] Handelt der Täter fahrlässig, so kann statt auf Gefängnis auf Buße erkannt werden.

Art. 219 in neuer Fassung gemäß BG vom 23. Juni 1989, in Kraft seit 1. Januar 1990. Vgl. auch Art. 357bis und 358ter betr. Mitteilung entsprechender Fälle an die vormundschaftlichen Behörden.

Der Tatbestand, welcher auch durch Unterlassung erfüllt werden kann, setzt als Täter stets einen sog. Garanten (vgl. Bem. zu Art. 9) voraus, d. h. jemanden, der kraft Gesetzes oder Vertrags dazu verpflichtet ist, mindestens während einer gewissen Dauer für die Erziehung des Unmündigen zu sorgen oder ihm die nötige Fürsorge angedeihen zu lassen (v. a. Eltern, Pflegeeltern, Vormünder, Lehrer, Tagesmütter, Krippen-, Hort- und Heimleiter, nicht aber etwa Babysitter, Musiklehrer oder Tourenleiter). – Die Tat wird erst mit dem Eintritt einer konkreten Gefahr für die körperliche oder seelische Entwicklung des Unmündigen vollendet, welche als Folge des tatbestandsmäßigen Verhaltens vom Vorsatz erfaßt (Abs. 1) bzw. voraussehbar gewesen (Abs. 2) sein muß. Dies erfordert praktisch eine massive Pflichtverletzung oder -vernachlässigung.

Entziehen von Unmündigen

Wer eine unmündige Person dem Inhaber der elterlichen oder **220** der vormundschaftlichen Gewalt entzieht oder sich weigert, sie ihm zurückzugeben, wird, auf Antrag, mit Gefängnis oder mit Buße bestraft.

Art. 220 in neuer Fassung gemäß BG vom 23. Juni 1989, in Kraft seit 1. Januar 1990.

Die Bestimmungen schützt richtig betrachtet nur das Recht des Gewaltinhabers, welcher zugleich die Obhut über die unmündige Person ausübt, deren *Aufenthaltsort* zu bestimmen (weitergehend aber BGE 118 IV 63 mit weiteren Hinweisen). Außer von Außenstehenden kann das Delikt nach der Rechtsprechung in bestimmten Fällen auch von einem Elternteil verübt werden, so wenn dieser dem anderen die Mitwirkung bei der Gewaltausübung faktisch verunmöglicht (BGE 95 IV 68: Verbringung der Kinder ins Ausland), wenn er nach Aufhebung des gemeinsamen Haushalts bzw. nach vorsorglichen Anordnungen für die Dauer von Scheidungs- und Trennungsprozessen dem anderen Ehegatten, unter dessen Obhut die Kinder gestellt wurden, diese entzieht (BGE 91 IV 137, 229, 110 IV 37), oder nach der Scheidung das gleiche mit einem ihm nicht zugesprochenen Kinde tut (BGE 91 IV 137, 229, 104 IV 90). In problematischer Weise soll bei Getrenntleben der Eltern sogar der Inhaber der Obhut selber den Tatbestand erfüllen, wenn er die Ausübung des dem anderen Ehegatten eingeräumten Besuchsrechts vereitelt (BGE 98 IV 38). Dieser darf jedoch dessen Verkürzung nicht eigenmächtig kompensieren (BGE 104 IV 92; keine Straflosigkeit wegen erlaubter Selbsthilfe nach OR Art. 52 Abs. 3).

Entziehen bedeutet nach bundesgerichtlicher Praxis die örtliche Trennung des Unmündigen vom Gewaltinhaber, und zwar unabhängig von allfälligem Einverständnis des ersteren (BGE 99 IV 270, 101

IV 303). Gleichzusetzen wird seine Entfernung von einem vom Gewaltinhaber getrennten, aber von diesem bestimmten Aufenthaltsort sein.

Wer sich *weigert*, dem Gewaltinhaber die unmündige Person *zurückzugeben*, macht sich nur strafbar, wenn er zur Herausgabe des Kindes
verpflichtet ist (BGE 91 IV 231, 92 IV 159, vgl. auch BGE 104 IV 92 und
110 IV 37 betr. Überschreitung des Besuchsrechts). Das strafbare Verhalten wird außerdem voraussetzen, daß der Pflichtige sich einer entsprechenden *Aufforderung* ausdrücklich oder konkludent widersetzt.
Vom Gesetz nicht erfaßt wird der Fall, daß ein weggelaufenes Kind
bloß vorübergehend beherbergt wird und daß die Rückgabe eines älteren Minderjährigen an seinem eigenen, nicht durch zumutbaren Zwang
überwindbaren Widerstand scheitert.

Zum *Strafantrag* vgl. Art. 28–31. Er kann einzig von den Inhabern
der vormundschaftlichen bzw. elterlichen Gewalt – auch von jedem von
diesen allein – gestellt werden: BGE 98 IV 2, 108 IV 25 (keine Legitimation von Verwaltungsbehörden bei bestehender elterlicher Gewalt),
ausgenommen im Falle der Vereitelung des Besuchsrechts (Antragsbe-
fugnis des Berechtigten). Die Ausübung des Antragsrechts durch jemanden, der durch eigenes grobes Unrecht Anlaß zur Entziehung geboten hat, erscheint als rechtsmißbräuchlich und damit unwirksam
(BGE 104 IV 95, 105 IV 231). Das Bundesgericht betrachtet Art. 220 –
was wohl nur für den früheren Fall des Vorenthaltens zutraf – als Dauerdelikt (BGE 91 IV 231, 92 IV 159), so daß die Antragsfrist erst beginnen würde, wenn der Täter den Unmündigen dem Inhaber der elterlichen oder vormundschaftlichen Gewalt wieder herausgibt. – Da die Bestimmung nur dessen Rechte schützt, kommt echte Konkurrenz zu
einem gegenüber dem Entzogenen selber verübten Delikt gegen die
Freiheit (Art. 183, 185) in Betracht (vgl. BGE 94 IV 2, 118 IV 64).

Siebenter Titel
Gemeingefährliche Verbrechen und Vergehen

Brandstiftung

[1] Wer vorsätzlich zum Schaden eines andern oder unter Herbeiführung einer Gemeingefahr eine Feuersbrunst verursacht, wird mit Zuchthaus bestraft. **221**

[2] Bringt der Täter wissentlich Leib und Leben von Menschen in Gefahr, so ist die Strafe Zuchthaus nicht unter drei Jahren.

[3] Ist nur ein geringer Schaden entstanden, so kann auf Gefängnis erkannt werden.

Zu Art. 221–230: *Gemeingefahr* ist ein Zustand, welcher die Verletzung von Rechtsgütern in einem nicht zum voraus bestimmten und abgegrenzten Umfang wahrscheinlich macht: BGE 85 IV 132, SJZ 85 (1989) 381. Die *konkrete* Gefährdung erfordert, daß die Tat die Schädigung nicht nur objektiv, sondern überdies nach dem normalen Lauf der Dinge wahrscheinlich macht: BGE 103 IV 243. Die *abstrakte* Gefährdung verlangt nicht, daß die Gefährdung manifest wird, es genügt, daß die Tat geeignet sein kann, den Schaden herbeizuführen: BGE 97 IV 209. Wo die Ausdrücke «in Gefahr bringt», «gefährdet» verwendet werden, ist im StGB die konkrete Gefahr gemeint. Ergänzend BG über die friedliche Verwendung der Atomenergie vom 23. Dezember 1959 (SR 732.0), Art. 29–32.

Art. 221: Strafbare Vorbereitungshandlungen: Art. 260bis. – Verhältnis von Brandstiftung und Versuch des Versicherungsbetruges: BGE 85 IV 229. Daß objektiv die Schädigung eines andern möglich ist, genügt nicht; der Täter muß dies von vornherein erkannt und bewußt in Kauf genommen haben: BGE 105 IV 40, 107 IV 182.

Abs. 1: Zur Erfüllung des Tatbestandsmerkmals der Feuersbrunst (zusammenfassende Darstellung in BGE 117 IV 285) genügt nicht jedes unbedeutende Feuer, der Brand muß sich in solcher Stärke entfachen, daß er vom Urheber nicht mehr bezwungen werden kann; auch das Verglühen oder Verglimmen erheblichen Ausmaßes stellt eine Feuersbrunst dar. Ungeachtet der Bezwingbarkeit durch den Täter kann aber strafbarer Versuch vorliegen, wenn sein Vorsatz, eine Feuersbrunst zu entfachen, nachgewiesen ist: BGE 115 IV 223, 117 IV 285. –

Als weitere Tatbestandsmerkmale werden alternativ die Herbeiführung einer Gemeingefahr oder eines Schadens zum Nachteil eines andern durch den Brand vorausgesetzt: BGE 105 IV 129, 107 IV 182. – Die *Gemeingefahr* muß konkret sein: BGE 83 IV 30. – Der *Schaden* kann den Pächter (BGE 83 IV 27), den Pfandgläubiger, dessen Forderung infolge des Minderwertes des Pfandobjektes nicht oder nicht mehr voll gedeckt wird (BGE 105 IV 40, 107 IV 184), oder den Mieter betreffen. Dagegen ist der Versicherer kein «anderer»: BGE 105 IV 39, 107 IV 182.

Abs. 2: Zur Erfüllung dieses qualifizierten Tatbestandes gehört, daß der Täter die Tatbestandsmerkmale von Abs. 1 vorsätzlich erfüllt und die durch seine Handlung herbeigeführte Gefahr für Leib und Leben von Menschen kennt: BGE 105 IV 132, 117 IV 285, RS 1988 Nr. 495, SJZ 65 (1969) 350.

Abs. 3: Ob ein geringer Schaden im Sinne dieses privilegierten Tatbestandes entstanden ist, entscheidet sich aufgrund des Wertes des durch die Brandstiftung gefährdeten Objektes. Ist der Schaden, den dieses erleidet, gegenüber dessen Wert verhältnismäßig gering, kann der fakultative Strafmilderungsgrund in Betracht gezogen werden: SJZ 70 (1974) 332. Die Bestimmung ist nur anwendbar, wenn keine Gefahr i. S. von Abs. 1 oder 2 eintrat (vgl. BGE 103 IV 244, umstritten).

Fahrlässige Verursachung einer Feuersbrunst

222 [1] Wer fahrlässig zum Schaden eines andern oder unter Herbeiführung einer Gemeingefahr eine Feuersbrunst verursacht, wird mit Gefängnis oder mit Buße bestraft.

[2] Bringt der Täter fahrlässig Leib und Leben von Menschen in Gefahr, so ist die Strafe Gefängnis.

Art. 222: Vgl. Bem. zu Art. 221.

Abs. 1: Wer – ohne den Vorsatz der Anstiftung – durch unbedachte Äußerungen über die «Wünschbarkeit» eines Brandes einen Gesprächspartner dazu anregt, den Brand zu legen, erfüllt nicht den Tatbestand der fahrlässigen Verursachung einer Brandstiftung: BGE 105 IV 333. – Bei Verursachung eines Brandes i. S. von Art. 222 infolge einer Unterlassung ist der rechtserhebliche Kausalzusammenhang nur dann gegeben, wenn die erwartete Handlung nicht hinzugedacht werden könnte, ohne daß der Erfolg höchstwahrscheinlich entfiele: Pr 79 Nr. 257. Zur Sorgfaltspflicht des Täters: BGE 91 IV 139 (brennende Zigarette), SJZ 62 (1966) 221 (Schweißarbeiten), RS 1979 Nr. 687 (Umgießen von Benzin in der Nähe einer Heizung).

Abs. 2: Der qualifizierte Tatbestand setzt nicht Vorsatz voraus, vielmehr genügt die Erkennbarkeit der Gefährdung von Menschen: SJZ 62 (1966) 221. – Bei arbeitsteiligem Zusammenwirken mehrerer Handwerker darf sich jeder Beteiligte nach dem Vertrauensgrundsatz darauf verlassen, daß der jeweils Verantwortliche seine Arbeit ordnungsgemäß verrichtet: Pr 79 Nr. 257.

Verursachung einer Explosion

223 1. Wer vorsätzlich eine Explosion von Gas, Benzin, Petroleum oder ähnlichen Stoffen verursacht und dadurch wissentlich Leib und Leben von Menschen oder fremdes Eigentum in Gefahr bringt, wird mit Zuchthaus bestraft.

Ist nur ein geringer Schaden entstanden, so kann auf Gefängnis erkannt werden.

2. Handelt der Täter fahrlässig, so ist die Strafe Gefängnis oder Buße.

Art. 223: Als Explosion gilt auch eine «Verpuffung» von Gas: BGE 110 IV 69. Für die Umschreibung der explosionsgefährlichen Gemische und Stoffe sowie ihre Behandlung ist VO III zum Arbeitsgesetz vom 26. März 1969 (SR 822.113), Art. 69 ff. zu beachten.

Ziff. 2: Täter einer fahrlässigen Verursachung einer Explosion kann auch sein, wer eine Einrichtung, deren Gebrauch mit besondern, nicht ohne weiteres erkennbaren Unfallrisiken verbunden ist, einem Dritten zum Gebrauch überläßt, ohne ihn entsprechend zu instruieren: BGE 110 IV 70.

Gefährdung durch Sprengstoffe und giftige Gase in verbrecherischer Absicht

224 [1] Wer vorsätzlich und in verbrecherischer Absicht durch Sprengstoffe oder giftige Gase Leib und Leben von Menschen oder fremdes Eigentum in Gefahr bringt, wird mit Zuchthaus bestraft.

[2] Ist nur Eigentum in unbedeutendem Umfange gefährdet worden, so kann auf Gefängnis erkannt werden.

Zu Art. 224–226: Der Begriff der Sprengstoffe ist im wesentlichen dem in Art. 4–7 BG über explosionsgefährliche Stoffe vom 25. März 1977 (SR 941.41) umschriebenen gleichzustellen: BGE 103 IV 243, 104 IV 235. Auch die Verwendung von pyrotechnischen Vergnügungsgegenständen kann die Tatbestände erfüllen: RS 1990 Nr. 818. –

Die Tatbestandsmerkmale von Art. 224 und 225 sind erfüllt, wenn der Täter Leib oder Leben von Menschen konkret in Gefahr bringt: BGE 103 IV 243. Stellvertretend für die Allgemeinheit vermag eine Individualgefahr zu genügen: RS 1979 Nr. 688, ZBJV 115 (1979) 427, anders jedoch SJZ 85 (1989) 381 Nr. 14. – Der Gefährdungsvorsatz ist gegeben, sobald der Täter die Gefahr kennt und trotzdem handelt: BGE 103 IV 243. – Bundesgerichtsbarkeit nach Art. 340 Ziff. 1 II. – Vgl. Art. 398 II lit. 1.

Art. 224, Abs. 1: Die verbrecherische Absicht ist gegeben, wenn der Täter mit dem Sprengstoffanschlag weitere Delikte, wie Tötung, Körperverletzung, Sachbeschädigung begehen wollte: BGE 103 IV 243. Mit diesen Delikten kann Idealkonkurrenz (Art. 68) zu Art. 224 vorliegen: BGE 103 IV 245, 2, RS 1975 Nr. 920. – Abs. 1 bleibt anwendbar, wenn der Täter zwar keinen oder nur unbedeutenden Sachschaden anrichtet, durch die Explosion aber Menschen gefährdet werden: BGE 103 IV 244.

Abs. 2: Der privilegierte Tatbestand kann lediglich angewendet werden, wenn Eigentum in unbedeutendem Umfang betroffen worden ist; der Umstand allein, daß sich der Vorsatz des Täters auf Eigentum in unbedeutendem Umfang bezogen hat, genügt nicht, wenn tatsächlich eine weitergehende Gefährdung eingetreten ist: BGE 115 IV 113.

Gefährdung ohne verbrecherische Absicht. Fahrlässige Gefährdung

225 [1] Wer vorsätzlich, jedoch ohne verbrecherische Absicht, oder wer fahrlässig durch Sprengstoffe oder giftige Gase Leib und Leben von Menschen oder fremdes Eigentum in Gefahr bringt, wird mit Gefängnis bis zu fünf Jahren bestraft.

[2] In leichten Fällen kann auf Buße erkannt werden.

Art. 225: Konkurrenz mit Körperverletzung (Art. 125): RS 1948 Nr. 83.

Herstellen, Verbergen, Weiterschaffen von Sprengstoffen und giftigen Gasen

226 [1] Wer Sprengstoffe oder giftige Gase herstellt, die, wie er weiß oder annehmen muß, zu verbrecherischem Gebrauche bestimmt sind, wird mit Zuchthaus bis zu zehn Jahren oder mit Gefängnis nicht unter sechs Monaten bestraft.

[2] Wer Sprengstoffe, giftige Gase oder Stoffe, die zu deren Herstellung geeignet sind, sich verschafft, einem andern über-

gibt, von einem andern übernimmt, aufbewahrt, verbirgt oder weiterschafft, wird, wenn er weiß oder annehmen muß, daß sie zu verbrecherischem Gebrauche bestimmt sind, mit Zuchthaus bis zu fünf Jahren oder mit Gefängnis nicht unter einem Monat bestraft.

[3] Wer jemandem, der, wie er weiß oder annehmen muß, einen verbrecherischen Gebrauch von Sprengstoff oder giftigen Gasen plant, zu deren Herstellung Anleitung gibt, wird mit Zuchthaus bis zu fünf Jahren oder mit Gefängnis nicht unter einem Monat bestraft.

Art. 226: Zur Auslegung und Konkurrenz mit Art. 224: BGE 103 IV 244. Weiterschaffen von Sprengstoffen für im Ausland zu verübende Anschläge: BGE 104 IV 243.

Verursachung einer Überschwemmung oder eines Einsturzes

1. Wer vorsätzlich eine Überschwemmung oder den Einsturz **227** eines Bauwerks oder den Absturz von Erd- und Felsmassen verursacht und dadurch wissentlich Leib und Leben von Menschen oder fremdes Eigentum in Gefahr bringt, wird mit Zuchthaus bestraft.

Ist nur ein geringer Schaden entstanden, so kann auf Gefängnis erkannt werden.

2. Handelt der Täter fahrlässig, so ist die Strafe Gefängnis oder Buße.

Art. 227: Vgl. Art. 229 (Gefährdung durch Verletzung der Regeln der Baukunde).

Ziff. 2: Der Bauingenieur, der trotz festgestellter Mängel an der Konstruktion und trotz der Unklarheit über deren Ursache weder eine sorgfältige Untersuchung durch einen Fachmann veranlaßt noch die Bauherrschaft informiert, dieser vielmehr bestätigt, die Konstruktion befinde sich in einwandfreiem Zustand, verletzt die von ihm verlangte Sorgfaltspflicht. Kausalzusammenhang zwischen diesem Verhalten und dem Einsturz: BGE 115 IV 205. Von einem berufsmäßigen und erfahrenen Unternehmer kann verlangt werden, daß er die Gefahren des Fehlens eines Entwässerungssystems auf einem steil abfallenden Gelände richtig einschätzt und entsprechende Vorkehren trifft: RS 1987 Nr. 272.

Beschädigung von elektrischen Anlagen, Wasserbauten und Schutzvorrichtungen

228 1. Wer vorsätzlich

elektrische Anlagen,

Wasserbauten, namentlich Dämme, Wehre, Deiche, Schleusen,

Schutzvorrichtungen gegen Naturereignisse, so gegen Bergsturz oder Lawinen,

beschädigt oder zerstört und dadurch wissentlich Leib und Leben von Menschen oder fremdes Eigentum in Gefahr bringt, wird mit Zuchthaus bestraft.

Ist nur ein geringer Schaden entstanden, so kann auf Gefängnis erkannt werden.

2. Handelt der Täter fahrlässig, so ist die Strafe Gefängnis oder Buße.

Art. 228: Vgl. Art. 239 (Störung von Betrieben, die der Allgemeinheit dienen). – Beschädigung eines Lichtmastes, der z. Z. der Tat nicht unter Strom stand: SJZ 39 (1942/43) 414. – Manipulation an elektrischen Zähleranlagen und Sicherungen mit Gefahr des Kurzschlusses: PKG 1950, 55.

Gefährdung durch Verletzung der Regeln der Baukunde

229 [1] Wer vorsätzlich bei der Leitung oder Ausführung eines Bauwerkes oder eines Abbruches die anerkannten Regeln der Baukunde außer acht läßt und dadurch wissentlich Leib und Leben von Mitmenschen gefährdet, wird mit Gefängnis und mit Buße bestraft.

[2] Läßt der Täter die anerkannten Regeln der Baukunde fahrlässig außer acht, so ist die Strafe Gefängnis oder Buße.

Art. 229: Bauwerk ist jede bauliche oder technische Anlage, die mit Grund und Boden verbunden ist: BGE 115 IV 48 lit. b, SJZ 60 (1964) 288. – Die Tathandlung besteht in der Außerachtlassung von anerkannten Regeln der Baukunde. Sie ergeben sich aus dem geschriebenen Recht (z. B. aus Verordnungen zur Verhütung von Betriebsunfällen, SR 832.30ff., aus gestützt auf UVG Art. 83 erlassene Richtlinien der Sozialversicherung: BGE 109 IV 126, 114 IV 175), oder entstammen unbestrittenem Erfahrungswissen: BGE 81 IV 118, 106 IV 268. Die Regeln richten sich an alle an einem Bauwerk beteiligten Personen (Architekt, Ingenieur, Baumeister, Bauarbeiter): SJZ 62 (1966) 256. Für die Einhaltung der Unfallverhütungsvorschriften hat jeder Arbeitgeber von Untergebenen, die gefährdet sind, zu sorgen: BGE 109 IV 17. Ein Hinweis auf die Gefahr ersetzt die Sicherungsmaßnahmen nicht: BGE 109 IV 17. Die Verantwortung des Sorgfaltspflichtigen ist unabhängig von der finanziellen Bedeutung des Arbeitsauftrages: BGE 109 IV 18. – Die Bestimmungen des Straßenverkehrsrechts finden auf Bauplätzen außerhalb öffentlicher Straßen keine Anwendung; sie können indessen bei der Beurteilung der Sorgfaltspflichten eines Fahrzeugführers an einer Baustelle sinngemäß herangezogen werden: BGE 115 IV 47 Erw. 2.

Das fehlerhafte Verhalten muß zu einer Gefährdung von Menschen führen; diejenige von Eigentum genügt nicht und kann auch nicht über Art. 227 bestraft werden: SJZ 62 (1966) 256. – Konkurrenz mit Art. 117, 125: SJZ 63 (1967) 249, 279, mit Art. 112 Abs. 5 UVG: BGE 81 IV 118.

Abs. 1: Diese Bestimmung erfordert, daß der Täter mit Wissen anerkannte Regeln der Baukunde mißachtet und damit die Gefährdung von Menschen will: SJZ 62 (1966) 242.

Abs. 2: Die Fahrlässigkeit setzt nicht voraus, daß dem Täter die Gefahr bekannt ist; fahrlässig handelt auch, wer diese Gefahr trotz gebotener Sorgfalt nicht erkennt: BGE 90 IV 251. Die Vorsichtspflicht bemißt sich nach den konkreten Umständen und den persönlichen Verhältnissen (Art. 18 Abs. 3): BGE 104 IV 102. – Pflichten im einzelnen: BGE 90 IV 249 (Baggerarbeiten im Bereich von Gasleitungen, Verantwortung des Baumeisters), 104 IV 102 (Instruktionspflicht des Bauunternehmers, Verantwortung des an mehreren Baustellen eingesetzten Bauführers), 106 IV 265 (Sicherheitsmaßnahmen bei ungewöhnlichen Konstruktionen), 114 IV 175 (Arbeiten an und auf Dächern).

Beseitigung oder Nichtanbringung von Sicherheitsvorrichtungen

1. Wer vorsätzlich in Fabriken oder in andern Betrieben oder **230** an Maschinen eine zur Verhütung von Unfällen dienende Vorrichtung beschädigt, zerstört, beseitigt, oder sonst unbrauchbar macht, oder außer Tätigkeit setzt,

wer vorsätzlich eine solche Vorrichtung vorschriftswidrig nicht anbringt,

und dadurch wissentlich Leib und Leben von Mitmenschen gefährdet,

wird mit Gefängnis und mit Buße bestraft.

2. Handelt der Täter fahrlässig, so ist die Strafe Gefängnis oder Buße.

Art. 230: Zur Errichtung von Sicherheitsvorrichtungen: OR Art. 328 Abs. 2, Art. 6 BG über die Arbeit in Industrie, Gewerbe und Handel vom 13. März 1964 (SR 822.111), VO III zum Arbeitsgesetz vom 26. März 1969 (SR 822.113), VO über die Verhinderung von Unfällen vom 19. Dezember 1983 (SR 832.30), BG über die Sicherheit technischer Einrichtungen und Geräte vom 19. März 1976 (SR 819.1). – Zum objektiven und subjektiven Tatbestand: BGE 81 IV 120. – Täter können nicht nur der Betriebsinhaber und seine Gehilfen sein, sondern jeder, der nach Gesetz, Vertrag oder auch bloß nach den Umständen zur Anbringung von Sicherheitsvorrichtungen verpflichtet ist; Kausalzusammenhang: BGE 81 IV 121. – Konkurrenz mit fahrlässiger Tötung: BGE 76 IV 81, mit fahrlässiger Körperverletzung: SJZ 74 (1978) 126. – Ergänzende Strafbestimmung UVG Art. 112 Abs. 5, Art. 59 I lit. a Arbeitsgesetz; Verhältnis von Art. 230 zu KUVG 66 (jetzt UVG Art. 112 Abs. 5): BGE 81 IV 118.

Ziff. 1: Der Gefährdungsvorsatz ist gegeben, wenn der Täter die Gefahr kennt und trotzdem handelt: BGE 94 IV 63, abweichend von BGE 73 IV 230.

Achter Titel
Verbrechen und Vergehen gegen die öffentliche Gesundheit

Verbreiten menschlicher Krankheiten

231 1. Wer vorsätzlich eine gefährliche übertragbare menschliche Krankheit verbreitet, wird mit Gefängnis von einem Monat bis zu fünf Jahren bestraft.

Hat der Täter aus gemeiner Gesinnung gehandelt, so ist die Strafe Zuchthaus bis zu fünf Jahren.

2. Handelt der Täter fahrlässig, so ist die Strafe Gefängnis oder Buße.

Art. 231: Vgl. auch BG über die Bekämpfung übertragbarer Krankheiten vom 18. Dezember 1970 (SR 818.01).

Zur Anwendung der Bestimmung auf Geschlechtskrankheiten SJZ 45 (1949) 140, 49 (1953) 226, auf Tuberkulose SJZ 59 (1963) 151, auf AIDS SJZ 84 (1988) 400, BGE 116 IV 125. Die Tat ist bereits mit der Übertragung des Krankheitserregers auf einen einzigen Menschen vollendet. Führt sie bei diesem zu gesundheitlicher Schädigung oder zum Tod, konkurriert Art. 231 echt mit Art. 111 f. oder 117, bzw. Art. 122 f. oder Art. 125, BGE 116 IV 125.

Ziff. 1 Abs. 1: Eventualvorsatz genügt und liegt bereits vor, wenn der Täter um die Möglichkeit weiß, Träger ansteckender Krankheitserreger zu sein und deren Übertragung in Kauf nimmt, was schon mit der Vornahme einer hiefür geeigneten Handlung (z. B. des ungeschützten Sexualverkehrs bei AIDS) dokumentiert werden kann.

Verbreiten von Tierseuchen

232 1. Wer vorsätzlich eine Seuche unter Haustieren verbreitet, wird mit Gefängnis bestraft.

Hat der Täter aus gemeiner Gesinnung einen großen Schaden verursacht, so ist die Strafe Zuchthaus bis zu fünf Jahren.

2. Handelt der Täter fahrlässig, so ist die Strafe Gefängnis oder Buße.

Art. 232: Vgl. auch Tierseuchengesetz vom 1. Juli 1966 (SR 916.40), namentlich Art. 1 mit Aufzählung der Seuchen.

Verbreiten von Schädlingen

233 1. Wer vorsätzlich einen für die Landwirtschaft oder für die Forstwirtschaft gefährlichen Schädling verbreitet, wird mit Gefängnis bestraft.

Hat der Täter aus gemeiner Gesinnung einen großen Schaden verursacht, so ist die Strafe Zuchthaus bis zu fünf Jahren.

2. Handelt der Täter fahrlässig, so ist die Strafe Gefängnis oder Buße.

Art. 233: Ergänzend BG betr. die eidgenössische Oberaufsicht über die Forstpolizei vom 11. Oktober 1902/23. September 1955 (SR 931.0), Art. 96 lit. e.

Verunreinigung von Trinkwasser

234 [1] Wer vorsätzlich das Trinkwasser für Menschen oder Haustiere mit gesundheitsschädlichen Stoffen verunreinigt, wird mit Zuchthaus bis zu fünf Jahren oder mit Gefängnis nicht unter einem Monat bestraft.

[2] Handelt der Täter fahrlässig, so ist die Strafe Gefängnis oder Buße.

Art. 234: Als Trinkwasser gilt auch nicht gefaßtes Wasser, welches mit einer Trinkwasser-Fassung in Verbindung steht oder von dem vorausgesehen werden kann, daß es in absehbarer Zeit als Trinkwasser verwendet werden könnte (BGE 98 IV 204). Das Wasser braucht nur einem beschränkten Kreis von Menschen oder Tieren zugänglich zu sein (BGE 78 IV 175).

Abs. 2: Zur Fahrlässigkeit beim Ausführen von Jauche BGE 97 I 471 und RS 1989 Nr. 604, bei der Revision eines Öltanks BGE 102 IV 187.

Ergänzend: BG über den Schutz von Gewässern gegen Verunreinigung vom 8. Oktober 1971 (SR 814.20). Nach Art. 41 dieses Erlasses sind dessen Strafbestimmungen im Verhältnis zu StGB Art. 234 subsidiär.

Herstellen von gesundheitsschädlichem Futter

1. Wer vorsätzlich Futter oder Futtermittel für Haustiere so be- **235**
handelt oder herstellt, daß sie die Gesundheit der Tiere gefährden, wird mit Gefängnis oder mit Buße bestraft.

Betreibt der Täter das Behandeln oder Herstellen gesundheitsschädlichen Futters gewerbsmäßig, so ist die Strafe Gefängnis nicht unter einem Monat und Buße. In diesen Fällen
wird das Strafurteil veröffentlicht.

2. Handelt der Täter fahrlässig, so ist die Strafe Buße.

3. Die Ware wird eingezogen. Sie kann unschädlich gemacht
oder vernichtet werden.

Art. 235 Ziff. 1 Abs. 2: Zur Gewerbsmäßigkeit vgl. Bem. zu Art. 26,
zur Veröffentlichung des Urteils Art. 61.
Ziff. 3: Zur Einziehung vgl. Art. 58.

Inverkehrbringen von gesundheitsschädlichem Futter

[1] Wer vorsätzlich gesundheitsschädliches Futter oder gesund- **236**
heitsschädliche Futtermittel einführt, lagert, feilhält oder in
Verkehr bringt, wird mit Gefängnis oder mit Buße bestraft. Das
Strafurteil wird veröffentlicht.

[2] Handelt der Täter fahrlässig, so ist die Strafe Buße.

[3] Die Ware wird eingezogen. Sie kann unschädlich gemacht
oder vernichtet werden.

Art. 236 Abs. 1: Zur Veröffentlichung des Urteils vgl. Art. 61.
Abs. 3: Zur Einziehung vgl. Art. 58.

Neunter Titel
Verbrechen und Vergehen gegen den öffentlichen Verkehr

Störung des öffentlichen Verkehrs

237 1. Wer vorsätzlich den öffentlichen Verkehr, namentlich den Verkehr auf der Straße, auf dem Wasser oder in der Luft, hindert, stört oder gefährdet und dadurch wissentlich Leib und Leben von Menschen in Gefahr bringt, wird mit Gefängnis bestraft.

Bringt der Täter dadurch wissentlich Leib und Leben vieler Menschen in Gefahr, so kann auf Zuchthaus bis zu zehn Jahren erkannt werden.

2. Handelt der Täter fahrlässig, so ist die Strafe Gefängnis oder Buße.

Art. 237: Verhältnis zu SVG Art. 90: Der Geltungsbereich von Art. 237 wird durch SVG Art. 90 erheblich eingeschränkt. Der zitierte Artikel lautet:

«1. Wer Verkehrsregeln dieses Gesetzes oder der Vollziehungsvorschriften des Bundesrates verletzt, wird mit Haft oder Buße bestraft.

2. Wer durch grobe Verletzung der Verkehrsregeln eine ernstliche Gefahr für die Sicherheit anderer hervorruft oder in Kauf nimmt, wird mit Gefängnis oder mit Buße bestraft.

3. Art. 237 Ziff. 2 des Schweizerischen Strafgesetzbuches findet in diesen Fällen keine Anwendung.»

Art. 237 gilt demnach uneingeschränkt nur für den Luftverkehr (dazu BGE 102 IV 27, ZBJV 113 1977 541), den Verkehr auf dem Wasser oder auf der Skipiste, dazu ZR 62 Nr. 122; ZBJV 108 (1972) 433. – Für den Straßenverkehr kommt Art. 237 noch bei vorsätzlicher Störung und konkreter Gefährdung von Menschen, und zwar auch durch Verletzung von Verkehrsregeln, zur Anwendung: BGE 95 IV 2, Krim 1977, 277, SJZ 72 (1976) 72; bei fahrlässiger Störung nur, wenn keine Verkehrsregeln verletzt werden (z. B. bei unsachgemäßer Autoreparatur).

SVG Art. 90 Ziff. 1 gilt bei der Verursachung einer abstrakten Gefahr infolge der Verletzung von Verkehrsregeln: BGE 90 IV 157. – Nach **SVG Art. 90 Ziff. 2** ist zu bestrafen die rücksichtslose oder sonst schwerwiegende Verletzung von Verkehrsregeln, deren Mißachtung in besonderem Maße zu Unfällen führen kann. Durch das regelwidrige Verhalten wird fahrlässig eine konkrete Gefahr für Menschen oder vorsätzlich bzw. fahrlässig eine erhöhte abstrakte Gefahr für andere herbeigeführt: BGE 106 IV 49, 111 IV 168 Erw. 2, Pr 75 Nr. 60.

Elemente von **Art. 237**: Öffentlichkeit des Verkehrs ist gegeben, wenn sich dieser auf Flächen bzw. in Lufträumen abspielt, welche einem unbestimmbaren Personenkreis offenstehen: BGE 105 IV 44. Umfang der Verkehrsfläche: auf der Straße: BGE 101 IV 175, in der Luft: BGE 105 IV 42. Die Anwendung verlangt keine Gemeingefahr: BGE 81 IV 123. Zum Tatbestand gehört jedoch eine Störung oder konkrete Individualgefahr: BGE 85 IV 137. Auch ein Mitfahrer kann gefährdet werden: BGE 100 IV 54, 105 IV 45. Die Gefahr besteht selbst, wenn sie durch einen Dritten oder durch Zufall abgewendet wird: BGE 85 IV 138. – Der Täter selber braucht nicht am öffentlichen Verkehr beteiligt zu sein: BGE 84 IV 49. – Zum adäquaten Kausalzusammenhang: BGE 82 IV 32, 87 IV 158. – Konkurrenz mit fahrlässiger Tötung oder Körperverletzung: BGE 76 IV 125.

Ziff. 1: Vorsätzliche Störung des öffentlichen Verkehrs mit wissentlicher Gefährdung von Menschen.

Abs. 1: Unter diese Bestimmung fällt die vorsätzliche Mißachtung des Haltezeichens eines auf der Straße stehenden Verkehrspolizisten, auf den der Automobilist mit unverminderter Geschwindigkeit zufährt: BGE 106 IV 371. – Die Vorschrift ist auch dann anwendbar, wenn bei einer Flugzeugentführung noch die Möglichkeit besteht, das durch die Störung geschaffene Risiko zu meistern: BGE 106 IV 123.

Abs. 2: Das Qualifikationsmoment muß nicht einschränkend interpretiert werden, sondern ist erfüllt, wenn wissentlich eine große, unbestimmte Zahl von Menschen in Gefahr gebracht wird: BGE 106 IV 124, vgl. auch BGE 115 IV 13. Abs. 2 ist anwendbar bei einem Bombenanschlag auf ein startendes Flugzeug: ZR 71 Nr. 7.

Ziff. 2: Fahrlässige Störung des öffentlichen Verkehrs mit erkennbarer Gefährdung von Menschen. Eine Verletzung und Tötung von Menschen muß nicht nur objektiv möglich, sondern wahrscheinlich sein: BGE 106 IV 123. Fahrlässigkeit im einzelnen: BGE 88 IV 2 (Gefährdung von Schwimmern durch Wasserskifahrer), 96 IV 3 (Fahrlässigkeit eines Barrierenwärters), 85 IV 79 (strafbar ist auch, wer auf eine von einem Dritten geschaffene Verkehrsgefahr nicht genügend Rücksicht nimmt), 116 IV 183 (Sorgfaltspflicht der bei Lawinengefahr für die Sperrung einer öffentlichen Straße Verantwortlichen).

Art. 237 Ziff. 2 steht zu einem Verletzungsdelikt (z. B. Art. 117 oder 125) in unechter Gesetzeskonkurrenz, wenn die Gefährdung nicht über die Verletzung hinausgeht. Fällt die Ahndung des Verletzungsdelikts

(z. B. infolge Rückzugs des Strafantrags bei Art. 125 Abs. 1) außer Betracht, so ist der Richter nicht gehindert, Art. 237 Ziff. 2 anzuwenden: BGE 96 IV 41, ZR 84 Nr. 20 S. 93 (zu SVG Art. 90).

Störung des Eisenbahnverkehrs

238 [1] Wer vorsätzlich den Eisenbahnverkehr hindert, stört oder gefährdet und dadurch wissentlich Leib und Leben von Menschen oder fremdes Eigentum in Gefahr bringt, namentlich die Gefahr einer Entgleisung oder eines Zusammenstoßes herbeiführt, wird mit Zuchthaus oder mit Gefängnis bestraft.

[2] Handelt der Täter fahrlässig und werden dadurch Leib und Leben von Menschen oder fremdes Eigentum erheblich gefährdet, so ist die Strafe Gefängnis oder Buße.

Art. 238: Ergänzend: BG betr. Handhabung der Bahnpolizei vom 18. Februar 1878 (SR 742.147.1), VO betr. das bei Gefährdung oder Unfällen von Eisenbahn- und Schiffsverkehr zu beachtende Verfahren vom 11. November 1925/9. Januar 1976 (SR 742.161). – Ermächtigung bei der Strafverfolgung von Beamten der SBB nach Verantwortlichkeitsgesetz vom 14. März 1958 (SR 170.32) Art. 15, dazu BGE 93 I 78.

Für den *Begriff* der Eisenbahn gilt die Umschreibung im Eisenbahngesetz vom 20. Dezember 1957 (SR 742.101): RS 1962 Nr. 181, 1964 Nr. 54. – Geschützt werden der technische Betrieb des fahrplanmäßigen und Rangier-Verkehrs als Ganzes sowie Personen und Sachen, die an diesem Verkehr teilnehmen oder diesem dienen: BGE 84 IV 20, 86 IV 105, 87 IV 89.

Das *Tatverhalten* besteht in der Herbeiführung einer zeitweiligen Verunmöglichung bzw. Beschränkung des Eisenbahnverkehrs oder eines Zustandes, der einen solchen Erfolg befürchten läßt: BGE 77 IV 179, 84 IV 20. Zum adäquaten Kausalzusammenhang zwischen dem Verhalten des Täters und der Störung: BGE 88 IV 109 Erw. 5.

Die Störung muß eine konkrete (individuelle) *Gefährdung* von Leib und Leben von Menschen oder fremdem Eigentum bewirken; verlangt wird keine Gemeingefahr: BGE 80 IV 182, 87 IV 90. Konkret gefährdet sind Menschen und Sachen, wenn der Eintritt einer Schädigung nach dem gewöhnlichen Lauf der Dinge wahrscheinlich ist und dieser Erfolg aus Zufall ausbleibt: BGE 87 IV 90, 93 I 79/80.

Störung des Eisenbahnverkehrs und Störung des öffentlichen Verkehrs (Art. 237) können ideal konkurrieren: BGE 78 IV 102.

Abs. 1: Das Erfordernis der Wissentlichkeit verlangt, daß der Täter die durch sein Verhalten herbeigeführte Gefährdung kennt; *dolus eventualis* reicht nicht aus, analog zu BGE 105 IV 132.

Abs. 2: Bei fahrlässiger Störung muß die Gefährdung von Menschen und Sachen *erheblich* sein. Mit dieser Formulierung wird erreicht, daß nicht jedes geringfügige Fehlverhalten des Personals bestraft werden muß: BGE 116 IV 48. Maßgebend für den Erheblichkeitsgrad ist die Bedeutung des Schadens bzw. seiner hypothetischen Größe im Falle des befürchteten Eintritts: BGE 87 IV 89, 93 I 79/80. Nach der VO betr. das bei Gefährdung und Unfällen im Bahn- und Schiffsverkehr zu beachtende Verfahren Art. 2 sind Sachschäden bis zu Fr. 15 000.– nicht erheblich. Entgegen der früheren Rechtsprechung begründet nicht jede Schnellbremsung eine erhebliche Gefahr: SJZ 67 (1971) 325, s. auch BGE 93 I 80.

Zu den Vorsichtspflichten des *Bahnpersonals:* Bedeutung von Dienstvorschriften: BGE 77 IV 180 Erw. 2, 88 IV 108, 100 IV 19 Erw. 2. Warnpflicht des Lokomotivführers, der sich einem unbewachten Bahnübergang nähert: BGE 77 IV 179 f. Die Rechtserheblichkeit einer zum Bahnunfall führenden Handlung oder Unterlassung wird durch andere mitwirkende Ursachen nicht ausgeschlossen, wenn nicht ganz außergewöhnliche Umstände vorliegen: BGE 88 IV 109, fehlerhaftes Verhalten eines Stationslehrlings: BGE 99 IV 64 Erw. 2, versehentliches unrichtiges Stellen einer Weiche: BGE 104 IV 19. – Zur *Vorsichtspflicht* des *Automobilisten* beim Überqueren eines Niveauüberganges: VO über die Straßensignalisation vom 5. September 1979 (SR 741.21) Art. 92, 93, BGE 86 IV 98, SJZ 84 (1988) 65 f. *Pflicht* des *Radfahrers:* BGE 87 IV 91 Erw. 3.

Ist die Gefährdung nicht erheblich, so ist subsidiär die Anwendung von Art. 239 Ziff. 2 (Störung von Betrieben, die der Allgemeinheit dienen) zu prüfen: BGE 116 IV 48.

Störung von Betrieben, die der Allgemeinheit dienen

1. Wer vorsätzlich den Betrieb einer öffentlichen Verkehrs- **239** anstalt, namentlich den Eisenbahn-, Post-, Telegraphen- oder Telephonbetrieb hindert, stört oder gefährdet,

wer vorsätzlich den Betrieb einer zur allgemeinen Versorgung mit Wasser, Licht, Kraft oder Wärme dienenden Anstalt oder Anlage hindert, stört oder gefährdet,

wird mit Gefängnis bestraft.

2. Handelt der Täter fahrlässig, so ist die Strafe Gefängnis oder Buße.

Art. 239: Die Bestimmung schützt das Interesse der Allgemeinheit daran, daß die öffentlichen Anstalten ungehindert ihren Dienst verrichten: BGE 116 IV 46. Von diesem Schutz wird nicht nur die technische Abwicklung, sondern auch die administrative und kommerzielle Tätigkeit eines Unternehmens erfaßt: BGE 73 IV 68, 90 IV 253 Erw. 2a, SJZ 82 (1986) 283 lit. b.

Als öffentliche *Verkehrsanstalt* gelten auch private Betriebe, die allgemeinen Verkehrszwecken dienen: BGE 85 IV 232. Das Eigentum an einem Teil der Anlagen berechtigt nicht zur Betriebsstörung: BGE 85 IV 233. Erfaßt werden u. a. Skilifts: SJZ 73 (1977) 43 Erw. 3, Fähren samt Zufahrtsstraßen: SJZ 82 (1986) 382. – Der allgemeinen *Versorgung* dienen Gaswerke samt Verteilernetz: BGE 90 IV 253 Erw. 2 lit. a, Anlagen zur Zubereitung von Trinkwasser, wobei es nicht darauf ankommt, ob auf sie unmittelbar oder mittelbar eingewirkt wird: SJZ 65 (1969) 192, 195 Erw. V. Kabelfernsehanlagen: RS 1991 Nr. 30.

Das *Tatverhalten* besteht in der Erwirkung einer Störung oder Gefährdung des Betriebes (dazu Bem. zu Art. 238), ohne daß eine Gefährdung von Menschen oder fremdem Eigentum erforderlich ist. Eine Störung liegt vor bei einem Betriebsunterbruch von mehr als einer Stunde (BGE 116 IV 49, vgl. demgegenüber BGE 119 IV 301), oder bei einer während Tagen dauernden geschmacklichen Beeinträchtigung von Trinkwasser mit Einschränkung des Wasserbezuges: SJZ 65 (1969) 192, 195.

Die Spezialvorschriften der Art. 237 und 238 gehen Art. 239 vor. Wenn aber die fahrlässige Störung des Eisenbahnverkehrs keine erhebliche i. S. von Art. 238 Abs. 2 ist, kann eine Bestrafung nach Art. 239 Ziff. 2 in Frage kommen: BGE 116 IV 48.

Ziff. 1: Vorsätzliche Störung durch Lastwagenblockade auf der Zufahrtsstraße zu einer Fähre in Konkurrenz mit Nötigung (Art. 181) und Verkehrsübertretung i. S. von SVG Art. 90 Ziff. 1: SJZ 82 (1986) 282 f. (Vorsatz), keine Berufung auf Notstand i. S. von Art. 34).

Ziff. 2: Bei Bauarbeiten hat der Verantwortliche zur Vermeidung einer Störung des Betriebes, der der Allgemeinheit dient, die Regeln der Baukunde (Art. 229) zu beachten: BGE 90 IV 253 Erw. 2b. – Adäquater Kausalzusammenhang zwischen dem fahrlässigen Verhalten des Täters und der Störung: SJZ 65 (1969) 194 Erw. IV/2.

Zehnter Titel

Fälschung von Geld, amtlichen Wertzeichen, amtlichen Zeichen, Maß und Gewicht

Geldfälschung

[1] Wer Metallgeld, Papiergeld oder Banknoten fälscht, um sie **240** als echt in Umlauf zu bringen, wird mit Zuchthaus bestraft.

[2] In besonders leichten Fällen ist die Strafe Gefängnis.

[3] Der Täter ist auch strafbar, wenn er die Tat im Auslande begangen hat, in der Schweiz betreten und nicht ausgeliefert wird, und wenn die Tat auch am Begehungsorte strafbar ist.

Art. 240–244: Vgl. Internationales Abkommen zur Bekämpfung der Falschmünzerei vom 20. April 1929 (SR 0.311.51). Die Bestimmungen sind sowohl auf schweizerisches als auch auf ausländisches Geld anwendbar (Art. 250); in bezug auf ersteres besteht Bundesgerichtsbarkeit (Art. 340 Ziff. 1 Abs. 5). Einziehung gefälschten Geldes: Art. 249. Strafbestimmungen bezüglich Fälschungsgeräte: Art. 247. Ergänzender Übertretungstatbestand: Art. 327.

Bei den *Gelddelikten* ist Schutzobjekt jedes von einem völkerrechtlich anerkannten Staat oder von einer durch ihn ermächtigten Stelle als Wertträger beglaubigtes Zahlungsmittel, solange es gesetzlichen Kurs hat: BGE 78 I 228, 82 IV 201. Der Vorsatz muß sich auch auf den gesetzlichen Kurs beziehen; bei einem Irrtum darüber kommt Art. 19 (Sachverhaltsirrtum) zur Anwendung: BGE 82 IV 202. Die Fälschung verrufenen, d. h. außer Kurs gesetzten Geldes kann unter die Tatbestände der Warenfälschung (Art. 153) oder des Betruges (Art. 148) fallen: BGE 78 I 228 (englische Gold-Sterling, französische Gold-Napoleon und mexikanische Goldpesos), 82 IV 201 (außer Kurs gesetzte saudiarabische Goldmünzen), 83 IV 193 (englische Gold-Sovereigns), 85 IV 23 (französische Gold-Napoleon), ZR 62 Nr. 117 (deutsche Gold-Kronen und -Doppelkronen), ausgenommen die alten schweizerischen Goldmünzen zu 100, 20 und 10 Fr. (Art. 10 BG über das Münzwesen vom 18. Dezember 1970, SR 941.10): BGE 80 IV 262, ZR 62 Nr. 117. Lediglich zurückgerufene Zahlungsmittel behalten ihren Geldcharakter bei wegen der Verpflichtung der Banken, sie weiterhin anzunehmen: BGE 76 IV 164.

Art. 240 Abs. 1: Die Tat wird schon mit der Fertigstellung eines einzigen Falsifikates vollendet. Es genügt auch, wenn der Täter das Geld in der Absicht fälscht, es als Falsifikat einem Dritten zu übergeben, und dabei aber weiß oder zumindest in Kauf nimmt, daß dieser Dritter oder dessen Abnehmer das Falschgeld als echt in Umlauf setzen werde (hierzu Art. 242): BGE 119 IV 157. Mangels entsprechender Absicht wird der Tatbestand nicht erfüllt durch den, der falsche Münzen einzig herstellt, um sie an Spielautomaten zu verwenden: SJZ 76 (1980) 317 (strafbar nur als Übertretung von Art. 9 des BG über das Münzwesen).

Abs. 3: Zum Erfordernis «in der Schweiz betreten» vgl. BGE 116 IV 252.

Geldverfälschung

241 ¹ Wer Metallgeld, Papiergeld oder Banknoten verfälscht, um sie zu einem höhern Wert in Umlauf zu bringen, wird mit Zuchthaus bis zu fünf Jahren oder mit Gefängnis nicht unter sechs Monaten bestraft.

² In besonders leichten Fällen ist die Strafe Gefängnis.

Art. 241 Abs. 1: Sinngemäß wird vorausgesetzt, daß der Täter echtem Geld den Anschein eines höheren Nennwertes verleiht. – «In Umlauf bringen»: Vgl. Bem. zu Art. 240 Abs. 1 sowie Art. 242.

In Umlaufsetzen falschen Geldes

242 ¹ Wer falsches oder verfälschtes Metallgeld oder Papiergeld, falsche oder verfälschte Banknoten als echt oder unverfälscht in Umlauf setzt, wird mit Zuchthaus bis zu drei Jahren oder mit Gefängnis bestraft.

² Hat der Täter oder sein Auftraggeber oder sein Vertreter das Geld oder die Banknoten als echt oder unverfälscht eingenommen, so ist die Strafe Gefängnis oder Buße.

Art. 242: *In Umlaufsetzen:* Darunter fällt jede entgeltliche oder unentgeltliche Weitergabe eines Falsifikates als Zahlungsmittel oder zu anderen Zwecken (vgl. BGE 80 IV 264). Wer falsches Geld einem Dritten als Falsifikat überläßt im Wissen, daß dieser es als echt weitergeben wird, macht sich nur strafbar, wenn er im Verhältnis zu ihm als Anstifter, Gehilfe oder Mittäter erscheint: BGE 85 IV 23, RS 1948 Nr. 87. – *Verhältnis zu Art. 148 (Betrug):* Diese Bestimmung soll nach BGE 99 IV 12 allein anwendbar sein (kritisch dazu, ZBJV 110 1974 394; für Idealkonkurrenz richtigerweise ZR 46 Nr. 93 RS, 1963 Nr. 147, 1968 Nr. 205), zu *Art. 240 und Art. 241:* Diese Bestimmungen sind allein anwendbar, wenn jemand seine eigenen Falsifikate in Umlauf setzt; offengelassen in BGE 119 IV 160, wonach jedenfalls der unvollendete Versuch des In-Umlaufsetzens falschen Geldes durch den Fälscher als durch die Verurteilung wegen Art. 246 Abs. 1 «mitbestrafte» Nachtat zu werten ist.

Münzverringerung

1. Wer Geldmünzen durch Beschneiden, Abfeilen, durch **243** chemische Behandlung oder auf andere Art verringert mit der Absicht, sie als vollwertig in Umlauf zu bringen, wird mit Gefängnis oder mit Buße bestraft.

Betreibt der Täter das Verringern gewerbsmäßig, so ist die Strafe Zuchthaus bis zu drei Jahren oder Gefängnis nicht unter einem Monat.

2. Wer so verringerte Geldmünzen als vollwertig in Umlauf bringt, wird mit Gefängnis oder mit Buße bestraft.

Hat der Täter oder sein Auftraggeber oder sein Vertreter die Münze als vollwertig eingenommen, so ist die Strafe Buße.

Art. 243 Ziff. 1 Abs. 1: Zur erforderlichen Absicht vgl. Bem. zu Art. 240.
Abs. 2: Vgl. Bem. zu Art. 26.
Ziff. 2: Vgl. Bem. zu Art. 242.

Einführen, Erwerben, Lagern falschen Geldes

[1] Wer falsches oder verfälschtes Metallgeld oder Papiergeld, **244** falsche oder verfälschte Banknoten oder verringerte Geldmünzen einführt, erwirbt oder lagert, um sie als echt, unverfälscht oder vollwertig in Umlauf zu bringen, wird mit Gefängnis bestraft.

[2] Wer sie in großer Menge einführt, erwirbt oder lagert, wird mit Zuchthaus bis zu fünf Jahren bestraft.

Art. 244: *Erwerben:* Bloßer Gewahrsam am Geld genügt nicht: das Vermögen des Täters muß rechtlich oder wirtschaftlich vermehrt sein: BGE 80 IV 255 (wird bloß Weitergabe an einen anderen bezweckt, kommt Gehilfenschaft zu dessen Erwerb in Betracht). – *Lagern:* Strafbar macht sich auch, wer nach der Übernahme von Räumen von seinem Vorgänger darin gelagertes Falschgeld dort beläßt, um es bei Gelegenheit in Umlauf zu bringen: BGE 103 IV 249. – Zur erforderlichen Absicht vgl. Bem. zu Art. 240. – Verhältnis zu Art. 241–243: Bloßes Lagern oder Einführen von eigenen Falsifikaten ist nicht zusätzlich nach Art. 244 zu ahnden. Das gleiche gilt, wenn jemand von ihm vorher eingeführte, erworbene oder gelagerte Falsifikate in Umlauf setzt (anders aber BGE 77 IV 15, 80 IV 255).

Fälschung amtlicher Wertzeichen

245 1. Wer amtliche Wertzeichen, namentlich Postmarken, Stempel- oder Gebührenmarken, fälscht oder verfälscht, um sie als echt oder unverfälscht zu verwenden,

wer entwerteten amtlichen Wertzeichen den Schein gültiger gibt, um sie als solche zu verwenden,

wird mit Gefängnis bestraft.

Der Täter ist auch strafbar, wenn er die Tat im Auslande begangen hat, in der Schweiz betreten und nicht ausgeliefert wird, und wenn die Tat auch am Begehungsorte strafbar ist.

2. Wer falsche, verfälschte oder entwertete amtliche Wertzeichen als echt, unverfälscht oder gültig verwendet, wird mit Gefängnis oder mit Buße bestraft.

Art. 245: Die Bestimmung ist sowohl auf schweizerische wie ausländische amtliche Wertzeichen anwendbar (Art. 250); in bezug auf diejenigen der Eidgenossenschaft besteht Bundesgerichtsbarkeit (Art. 340 Ziff. 1 Abs. 5), Einziehung gefälschter Wertzeichen: Art. 249. Strafbestimmungen bezüglich Fälschungsgeräten: Art. 247. Subsidiäre Bestimmungen: Art. 327, 328, PVG Art. 58.

Amtliche Wertzeichen: Zeichen, die eines ähnlichen Schutzes bedürfen wie Geld oder Banknoten, weil sie in beschränktem Umfange als Zahlungsmittel verwendet werden oder zur Bescheinigung einer Zahlung dienen: BGE 72 IV 31 (Rationierungsausweise sind keine Wertzeichen, wohl aber öffentliche Urkunden).

Ziff. 1: Vorauszusetzen ist stets, daß die Wertzeichen durch den Täter oder einen Dritten ihrem Zweck entsprechend verwendet werden sollen und unter diesem Gesichtspunkt einen Wert vortäuschen, der nicht oder nicht mehr gegeben ist (vgl. BGE 77 IV 175: Höchstens Warenfälschung liegt vor, wenn für Sammlerzwecke bestimmte Briefmarken mit einem zurückdatierten Stempel versehen werden).

Abs. 3: Zum Erfordernis «in der Schweiz betreten» vgl. BGE 116 IV 252.

Ziff. 2: Vom Fälscher selber begangen, wird dieses Delikt zur straflosen Nachtat.

Fälschung amtlicher Zeichen

Wer amtliche Zeichen, die die Behörde an einem Gegenstand **246** anbringt, um das Ergebnis einer Prüfung oder um eine Genehmigung festzustellen, zum Beispiel Stempel der Gold- und Silberkontrolle, Stempel der Fleischschauer, Marken der Zollverwaltung, fälscht oder verfälscht, um sie als echt oder unverfälscht zu verwenden,

wer falsche oder verfälschte Zeichen dieser Art als echt oder unverfälscht verwendet,

wird mit Gefängnis oder mit Buße bestraft.

Art. 246: Für Zeichen der Eidgenossenschaft besteht Bundesgerichtsbarkeit (Art. 340 Ziff. 1 Abs. 5). Einziehung gefälschter Zeichen: Art. 249. Verhältnis zu VStrR Art. 14 und 15: BGE 103 Ia 218. *Sondertatbestände:* Art. 248 (Fälschung von Maß und Gewicht), Art. 256 (Grenzverrückung), Art. 257 (Beseitigen von Vermessungs- und Wasserstandszeichen), Art. 268 (Verrückung staatlicher Grenzzeichen), SVG Art. 97 (Mißbrauch von Ausweisen und Schildern). – *Unbefugter Gebrauch echter* amtlicher Zeichen wird von Art. 246 nicht erfaßt, kann aber unter Art. 251 Ziff. 1 oder Art. 317 fallen: BGE 103 IV 35 (vgl. schon BGE 76 IV 31).

Fälschungsgeräte; unrechtmäßiger Gebrauch von Geräten

Wer Geräte zum Fälschen oder Verfälschen von Metallgeld, Pa- **247** piergeld, Banknoten oder amtlichen Wertzeichen anfertigt oder sich verschafft, um sie unrechtmäßig zu gebrauchen,

wer Geräte, womit Metallgeld, Papiergeld, Banknoten oder amtliche Wertzeichen hergestellt werden, unrechtmäßig gebraucht,

wird mit Gefängnis bestraft.

Art. 247 Abs. 1: Unter «unrechtmäßigem Gebrauch» ist eine Handlung des Täters oder eines Dritten zu verstehen, die den Tatbestand von Art. 240, 241 oder 245 erfüllt.

Abs. 2 erfaßt die Verwendung der Geräte zur Herstellung echten Geldes bzw. echter Wertzeichen durch einen Unbefugten.

Fälschung von Maß und Gewicht

248 Wer zum Zwecke der Täuschung in Handel und Verkehr

an Maßen, Gewichten, Waagen oder andern Meßinstrumenten ein falsches Eichzeichen anbringt oder ein vorhandenes Eichzeichen verfälscht,

an geeichten Maßen, Gewichten, Waagen oder andern Meßinstrumenten Veränderungen vornimmt,

falsche oder verfälschte Maße, Gewichte, Waagen oder andere Meßinstrumente gebraucht,

wird mit Zuchthaus bis zu fünf Jahren oder mit Gefängnis bestraft.

Art. 248: Gemäß Art. 340 Ziff. 1 Abs. 5 besteht Bundesgerichtsbarkeit. Einziehung: Art. 249. Subsidiäre Bestimmungen im BG über das Meßwesen vom 9. Juni 1977 (SR 941.20), Art. 21 ff.

Zähleranlagen für Elektrizitäts-, Gas- oder Wasserbezüge sind Meßinstrumente nach Art. 248: RS 1952 Nr. 127. Anbringen eines Eichzeichens, ohne dazu ermächtigt zu sein: SJZ 55 (1959) 245 (Ausschaben der Jahreszahl früherer, nunmehr ungültiger Eichungen an Weinfässern und Anbringen einer neuen). – Die Verurteilung wegen Betruges, der durch ein Verhalten nach Art. 248 begangen wurde, gilt dieses nicht ab: BGE 71 IV 207, 100 IV 179.

Abs. 2: Strafbar ist die Eichung durch einen Unbefugten auch dann, wenn die Angabe materiell richtig ist (PKG 1958 Nr. 15).

Abs. 4 erfaßt auch den Gebrauch von gemäß Abs. 3 veränderten Objekten, soweit sie geeicht sind. Durch den Fälscher selber erfüllt, wird der Tatbestand zur mitbestraften Nachtat.

Einziehung

249 Falsches, verfälschtes oder verringertes Metallgeld, falsches oder verfälschtes Papiergeld, falsche oder verfälschte Banknoten, amtliche Wertzeichen, amtliche Zeichen, Maße, Gewichte, Waagen oder andere Meßinstrumente, sowie die Fälschungsgeräte, werden eingezogen und unbrauchbar gemacht oder vernichtet.

Art. 249: Vgl. Art. 58. – Der Strafrichter kann zwar die Einziehung gefälschten Geldes anordnen, nicht aber dessen Übergabe an eine fremde Regierung, da dies Sache der Vollzugsbehörde ist: RS 1964 Nr. 135.

Geld und Wertzeichen des Auslandes

Die Bestimmungen dieses Titels finden auch Anwendung auf **250** Metallgeld, Papiergeld, Banknoten und Wertzeichen des Auslandes.

Art. 250: Vgl. Bem. zu Art. 240–244.

Elfter Titel
Urkundenfälschung

Urkundenfälschung

251 1. Wer in der Absicht, jemanden am Vermögen oder an andern Rechten zu schädigen oder sich oder einem andern einen unrechtmäßigen Vorteil zu verschaffen,

eine Urkunde fälscht oder verfälscht, die echte Unterschrift oder das echte Handzeichen eines andern zur Herstellung einer unechten Urkunde benützt oder eine rechtlich erhebliche Tatsache unrichtig beurkundet oder beurkunden läßt,

eine Urkunde dieser Art zur Täuschung gebraucht,

wird mit Zuchthaus bis zu fünf Jahren oder mit Gefängnis bestraft.

2. In besonders leichten Fällen kann auf Gefängnis oder Buße erkannt werden.

Art. 251 hat in der Fassung gemäß BG vom 17. Juni 1994 wenig bedeutsame Änderungen erfahren: Korrektur des Ausdruckes «unwahre» in «unechte Urkunde» in Ziff. 1 Abs. 2, Verzicht auf das Erfordernis der Herstellung einer zur Täuschung gebrauchten Urkunde durch einen *Dritten* in Ziff. 1 Abs. 3 (um auch denjenigen erfassen zu können, der die Urkunde selber gefälscht hat, aber hiefür – z. B. weil dies im Ausland geschah – nicht bestraft werden kann), Verzicht auf den qualifizierten Tatbestand der bisherigen Ziff. 2 bei Fälschung und Mißbrauch eines öffentlichen Registers, einer öffentlichen Urkunde usw.

Art. 251–257: Zum Begriff der Urkunde vgl. Bem. zu Art. 110 Ziff. 5. In bezug auf Urkunden der Eidgenossenschaft besteht gemäß Art. 340 Ziff. 1 Abs. 6 Bundesgerichtsbarkeit. Geschützt werden auch Urkunden des Auslandes (Art. 255). Urkundenfälschung durch *Beamte* wird durch Art. 317 erfaßt. Weitere Spezialtatbestände von Urkundendelikten finden sich in Art. 267, 277, 282, 318, VStrR Art. 15 (Urkundenfälschung: Erschleichen einer falschen Beurkundung) und Art. 16 (Unterdrückung von Urkunden), SVG Art. 97 (Mißbrauch von Ausweisen und Schildern). – Echte Konkurrenz besteht mit Art. 170 (BGE 114 IV 34) und Art. 146 (BGE 105 IV 247 = Pr 69 Nr. 13). Die Spezialtatbestände von Art. 245 und 246 gehen vor und schließen auch die subsidiäre Anwendung von Art. 251 aus (BGE 72 IV 30, 76 IV 33). SVG Art. 97 Ziff. 2 schließt für Fälschung von Kontrollschildern die Anwendung von Art. 251 aus. VStrR Art. 15 erfaßt in bezug auf das Bundesrecht jedes Urkundendelikt ausschließlich, welches sich gegen das Gemeinwesen richtet oder einen nach der Verwaltungsgesetzgebung unrechtmäßigen Vorteil bewirken soll (BGE 108 IV 182, 112 IV 21; nach dem erstgenannten Entscheid läßt sich auch die Falschbeurkundung durch einen Privaten nicht nach Art. 251 erfassen). Immerhin ist diese Bestimmung zusätzlich anzuwenden, wenn der Täter eine – objektiv mögliche – Verwendung der Urkunde zur Täuschung außerhalb des erwähnten Bereiches beabsichtigt oder nur schon in Kauf nimmt (BGE 108 IV 31, 181, vgl. auch SJZ 82 1986 162). Ebenso verhält es sich nach dieser Rechtsprechung bezüglich des kantonalen Rechts nur bei Steuerdelikten, während bei anderen Verstößen gegen das Verwaltungsrecht wiederum Art. 251 gilt (BGE 112 IV 20: Erschleichung von Studienbeiträgen durch eine falsche Bescheinigung).

Art. 251 Ziff. 1 Abs. 1: Der subjektive Tatbestand setzt außer der hier genannten Absicht zunächst das Bewußtsein und den Willen des Täters voraus, daß er selber oder ein anderer die Urkunde als vorgeblich echt bzw. wahr verwenden werde, und zwar gerade um jene Absicht zu verwirklichen; dolus eventualis genügt (vgl. BGE 101 IV 59, 102 IV 195, 103 IV 185). – *Schädigung am Vermögen oder an anderen Rechten:* Der Begriff des Vermögens entspricht demjenigen bei den Straftatbeständen gegen das Vermögen; als «andere Rechte» gelten alle subjektiven Rechte: BGE 83 IV 76. – Der *unrechtmäßige Vorteil* umfaßt jede Besserstellung ohne entsprechenden Rechtsanspruch, nicht nur Vermögensvorteile: BGE 75 IV 169 (Abschluß eines Auto-Mietvertrages), BGE 118 IV 259 (Behinderung der – namentlich gegen den Täter selber gerichteten – Strafverfolgung, BGE 96 IV 152 (Erlangen einer günstigeren Marktstellung), vgl. auch BGE 114 IV 27 (Bereitschaft zum Verkauf eines Autos), 100 IV 178 (Erlangen ungerechtfertigter Subventionen), 101 IV 58 (Täuschung der Steuerbehörden zur Erlangung eines unrechtmäßigen steuerlichen Vorteils reicht auch aus, wenn der Täter nicht nach den steuerstrafrechtlichen Normen zu beurteilen ist), 115 IV 58 (Absicht, einen guten Kunden zu behalten und eine Schadenersatzforderung desselben abzuwehren). Das Bundesgericht läßt umstrittenermaßen selbst die Absicht des Täters genügen, mit der gefälschten Urkunde ein ihm *wirklich zustehendes* Recht – auch außergerichtlich – durchzusetzen (BGE 102 IV 34, 106 IV 41, 375, 119 IV 236). Daß der angestrebte Vorteil von «strafrechtlich erheblicher Relevanz» ist, verlangt das Strafgesetz nicht: ZR 79 Nr. 19. – In welcher Absicht der Täter handelte, ist Tatfrage: BGE 100 IV 178, vgl. auch BGE 103 IV 38.

Abs. 2 umfaßt drei Tatbestände:

a) *Urkundenfälschung i. e. S.* (materielle Fälschung) als Herstellung einer unechten Urkunde; die Urkunde ist *gefälscht,* wenn der Schein erweckt wird, sie stamme von jemandem, von dem sie tatsächlich gar nicht stammt: BGE 118 IV 259 (Unterzeichnen mit falschem Namen); *verfälscht* wird eine Urkunde, wenn ihr Inhalt nachträglich unberechtigt abgeändert wird: BGE 88 IV 29 (u. U. die nachträgliche Erstellung oder Abänderung von Reiseberichten an den Arbeitgeber), 88 IV 31 (Anfertigung und Vordatierung einer neuen Forderungsabtretung anstelle des verlorengegangenen Originals), 102 IV 193 (Rückdatierung von Rechnungen), 115 IV 57 (Änderung des Datums auf einer Fotokopie eines der Behörde übergebenen Briefes), SJZ 73 (1977) 42 (Abtrennung eines Nachsatzes und Auflage nur des einen Teils der Schuldanerkennung in einem gerichtlichen Rechtsöffnungsverfahren), ZR 79 Nr. 19 (Auswechseln von Fotografien auf Ausweisschriften). – *Keine Urkunden(ver)fälschungen* wurden etwa in nachstehenden Urteilen angenommen: BGE 96 IV 51 (Forderung des Preises für von einem andern gelieferte Ware für sich selbst), 102 IV 193 (Herstellung fiktiver Fakturen und Geschäftsbriefe auf den Namen anderer Firmen, die dazu ihre Einwilligung geben). 106 IV 373 (Unterzeichnung der Einvernahmeprotokolle mit jenem falschen Namen, unter dem der Angeschuldigte zwecks Verschleierung seiner Vergangenheit gegenüber den Strafverfolgungsbehörden auftritt), BJM 1975, 23 (mißbräuchliche Verwendung echter Beweiszeichen: Vertauschen von Etiketten, durch die Teppiche gekennzeichnet werden, Urkundenfälschung zu Unrecht verneint).

b) *Blankettfälschung:* Benutzung der echten Unterschrift oder des echten Handzeichens eines andern zur Herstellung einer unwahren Urkunde. Als solche gilt auch das Vorlegen eines teilweise abgedeckten Textes zur Unterschrift (ZR 59 Nr. 57) und das Anbringen eines echten Beweiszeichens an einer Sache, für die es von dessen Urheber nicht bestimmt war (vgl. BGE 76 IV 33).

c) *Falschbeurkundung* (intellektuelle Fälschung) als Herstellung einer inhaltlich unrichtigen Urkunde durch unrichtiges Beurkunden oder Beurkundenlassen einer rechtlich erheblichen Tatsache. In dieser Hinsicht ist Art. 251 restriktiv anzuwenden; eine im Verhältnis zur «schriftlichen Lüge» erhöhte Überzeugungskraft der Urkunde kann nur angenommen werden, wenn allgemeingültige *objektive Garantien* die Wahrheit der Erklärung gewährleisten: BGE 117 IV 36, 166, 290, 118 IV 364, 119 IV 56, 120 IV 27, 127. – Entscheidend ist nicht, ob der Täter zur Beurkundung der rechtlich erheblichen Tatsache berechtigt war, sondern ob die Tatsache inhaltlich wahr ist: BGE 100 IV 111. *Im einzelnen:* BGE 70 IV 171 («Abschriften» von nicht bestehenden Zeugnissen), 79 IV 163, 91 IV 191, 103 IV 176, 108 IV 26, 114 IV 31 (wahrheitswidrige Führung der kaufmännischen Buchhaltung samt ihrer einzelnen Bestandteile, auch sofern keine gesetzliche Buchhaltungspflicht besteht), 81 IV 240, Krim 1975, 369 (Vortäuschung und Überbewertung von Sacheinlagen in einer Bilanz, im Sacheinlagevertrag und in den Statuten bei der Gründung einer GmbH resp. einer AG), 96 IV 152 (als Beweismittel geeignete Rechnung), 96 IV 164 (falsche Endverbraucher-Erklärung im Bewilligungsverfahren gemäß Kriegsmaterialbeschluß des BR von 1949), 96 IV 191, 100 IV 177 (falsche Absenderangaben bei Wollsendungen an die Schweiz. Inlandwollzentrale), 100 IV 277 (mit Willensmängeln behafteter Vertrag; Kritik in ZBJV 110 1975 506), 103 IV 183, vgl. 119 IV 57 (durch einen Arzt unrichtig ausgefüllter Krankenschein, um Kassenleistungen zu erwirken, auf die kein Anspruch besteht), BGE 103 IV 241 (Vortäuschung der Liberierung von Aktien), 91 IV 7 (Nichttippen und falsches Eingeben von aufzuzeichnenden Einnahmen auf Kontrollstreifen einer Registrierkasse), 105 IV 192 (Unterschreiben einer wahrheitswidrigen Vollständigkeitserklärung durch eine Prokuristin zuhanden der bankengesetzlichen Revisionsstelle), Pr 71 Nr. 188 (Herbeiführen eines zwar formell richtigen, aber materiell unrichtigen Habensaldos auf dem Kundenkonto bei einer Bank zur Täuschung einer bankinternen Kontrolle), ZR 71 Nr. 65 (Erstellen eines fiktiven Vertrags zur Erreichung eines Registereintrages), ZR 75 Nr. 38 (Verlängerung des auf Lebensmitteln aufzudruckenden Endverkaufsdatums, BGE 115 IV 118 (unrichtige Feststellungen in Abgas-Wartungsdokument), BGE 115 IV 228 (falsche Angaben auf Rechnung für Weine), 119 IV 55 (schriftliche Genehmigung einer Unternehmerrechnung durch den Architekten), 120 IV 127 (Herausgabe eines inhaltlich falschen Emissionsprospektes). – *Keine Falschbeurkundung* liegt bei bloßen *schriftlichen Lügen* vor, welche Tatsachen nicht beweisen, sondern lediglich behaupten (vgl. Bem. zu Art. 110 Ziff. 5): BGE 117 IV 168 (Erstellen von inhaltlich unwahren Regierapporten), 118 IV 364 (Ausstellen von Lohnabrechnungen, auf den Namen einer Person, die nicht mit dem wirklichen Arbeitnehmer identisch war), 120 IV 29 (einfach-schriftliche Vertragsurkunde), 72 IV 72 (Abtretung nicht bestehender Forderungen), 72 IV 139 (unrichtige Schadensmeldung), 73 IV 50 (unwahre Angaben im Hotelmeldeschein), 73 IV 109 (unrichtige Abrechnung), 117 IV 39 (fingierte Rechnung), 96 IV 151 (unwahre Angaben des Absenders in Frachtbrief oder Zolldeklaration oder zu Pflanzenschutzzeugnis), 103 IV 28 (Meldung unrichtiger Schlachtzahlen zur Erwirkung der Zuteilung größerer Einfuhrkontingente), 76 IV 89 (falsche Affidavits), 77 IV 172 (Abstempelung außer Kurs gesetzter Postmarken mit zurückdatiertem Datumstempel), 106 IV 373 (Protokolle bekunden nicht die Wahrheit der darin enthaltenen Aussagen), vgl. ferner BGE 116 IV 53. – Das *falsche Beurkundenlassen* ist ein Fall mittelbarer Täterschaft, der v. a. durch Täuschung des Beurkundenden bewirkt werden kann. Ist letzterer Beamter, kommt jedoch Art. 253 zur Anwendung.

Abs. 3: Vgl. BGE 96 IV 167 (Gebrauch falscher Endverbraucher-Erklärungen im Bewilligungsverfahren zur Ausfuhr von Kriegsmaterial), 106 IV 273 (Verkauf gefälschter «Zeugnisse über die Anerkennung der Doktorwürde»); 120 IV 130 (Verwaltungsratspräsident vertritt an der Generalversammlung einer AG inhaltlich falsche Bilanzen und gestattet ihre Publikation); unerheblich ist, ob der Hersteller der Urkunde dem subjektiven Tatbestand der Urkundenfälschung erfüllt: BGE 105 IV 245. – Der Gebrauch falscher Urkunden durch den Fälscher ist nur strafbar, wenn dieser für die Fälschung straflos blieb: BGE 95 IV 72 (Testate), 96 IV 167. – Verhältnis zu *Betrug:* BGE 105 IV 247 (Idealkonkurrenz).

Ziff. 2: Um besonders leicht zu sein, muß das inkriminierende Verhalten in objektiver wie in subjektiver Hinsicht Bagatellcharakter aufweisen, wobei ein strenger Maßstab anzulegen ist: BGE 96 IV 168, 103 IV 40, 114 IV 126 (Ablehnung der Anwendung bei Fälschungen von Endverbrauchererklärungen, Quittung bei Steuerbetrug, Schlußbilanz einer AG), vgl. auch PKG 1981 Nr. 29 (verneint bei Fälschung zur Vertuschung einer Veruntreuung von rund Fr. 20 000).

Fälschung von Ausweisen

252 1. Wer in der Absicht, sich oder einem andern das Fortkommen zu erleichtern,

Ausweisschriften, Zeugnisse, Bescheinigungen fälscht oder verfälscht,

eine Schrift dieser Art zur Täuschung gebraucht,

echte, nicht für ihn bestimmte Schriften dieser Art zur Täuschung mißbraucht,

wird mit Gefängnis oder mit Buße bestraft.

Art. 252 in neuer Fassung gemäß BG vom 17. Juni 1994: Streichung des Erfordernisses der Herstellung einer zur Täuschung gebrauchten Schrift durch einen *Dritten* in Ziff. 1 Abs. 3 (vgl. Bem. zu Art. 251) und des qualifizierten Tatbestandes für gewerbsmäßiges Fälschen und Verfälschen in Ziff. 2.

Ziff. 1 Abs. 1: Die Absicht, sich oder einem andern das Fortkommen zu erleichtern, stellt das Abgrenzungskriterium zu Art. 251 dar: sie umfaßt jede *unmittelbare Besserstellung der Person:* BGE 98 IV 59. Darunter fällt nach der Praxis beispielsweise die Fälschung eines Führerausweises, um sich Unannehmlichkeiten oder eine Strafverfolgung zu ersparen: BGE 98 IV 59 (problematisch); ebenso die Fälschung eines Identitätsausweises durch einen Jugendlichen zum Zwecke, sich einen unbeschränkten Zutritt zum Kino zu verschaffen: SJZ 63 (1967) 351. – Will sich der Täter aber unmittelbar einen unrechtmäßigen Vorteil verschaffen bzw. einen andern am Vermögen oder an weitern Rechten schädigen, muß er nach Art. 251 bestraft werden: BGE 111 IV 26. Das gilt für die Fälschung eines Warentestes zur Erleichterung des Absatzes: (BGE 70 IV 212) oder die Fälschung eines Identitätsausweises zur Vornahme von Agententätigkeiten: BGE 101 IV 205.

Abs. 2–4: *Geschützte Objekte sind zunächst Ausweisschriften:* Identitätskarte: BGE 89 IV 108, 99 IV 125, Paß: RS 1956 Nr. 231, Führerschein: BGE 98 IV 58, Heimatschein: RS 1948 Nr. 91; *Zeugnisse:* Testate: BGE 95 IV 73, Zeugnisabschriften: BGE 70 IV 170, Arbeitszeugnis: BGE 101 II 72, Viehgesundheitsschein: RS 1948 Nr. 92 und RS 1989 Nr. 605; *Bescheinigungen* als eine Art Generalklausel; die Konkretisierung ergibt sich aus der Absicht, sich oder einem andern das Fortkommen zu erleichtern: RS 1948 Nr. 90. Die Bescheinigung braucht sich nicht unbedingt auf rechtlich erhebliche Tatsachen zu beziehen, also Urkundencharakter zu haben (umstritten, offengelassen in BGE 95 IV 70); objektive Eignung zur Erleichterung des Fortkommens muß genügen. – *Tathandlung:* Strafbar ist das *Fälschen* oder *Verfälschen* (vgl. Bem. zu Art. 251 Ziff. 1 Abs. 2) sowie der Mißbrauch *echter* Schriften, nicht aber das Falschbeurkunden (abweichend BGE 70 IV 170). Der *Gebrauch zur Täuschung* durch den Fälscher ist nur strafbar, wenn dieser für die Fälschung straflos bleibt: BGE 95 IV 72. – Der Täter ist nicht nur wegen Widerhandlung gegen SVG Art. 97 Ziff. 1, sondern zusätzlich wegen Verletzung von Tatbeständen des StGB schuldig zu sprechen, wenn die strafbare Handlung zwar im Zusammenhang mit der SVG-Widerhandlung erfolgt, aber eine von dieser unabhängige Straftat darstellt. Wer ein Gesuch um Erteilung des für die Tätigkeit eines Privatdetektiven unerläßlichen Lernfahrausweises fälscht, ist gemäß StGB Art. 252 und SVG Art. 97 Ziff. 1 zu verurteilen: BGE 111 IV 27. Wer ausschließlich aus fremdenpolizeilichen Motiven ein falsches fremdenpolizeiliches Ausweispapier herstellt oder wissentlich gebraucht, ist einzig nach ANAG Art. 23 Abs. 1 zu bestrafen: BGE 117 IV 174.

Erschleichung einer falschen Beurkundung

253 Wer durch Täuschung bewirkt, daß ein Beamter oder eine Person öffentlichen Glaubens eine rechtlich erhebliche Tatsache unrichtig beurkundet, namentlich eine falsche Unterschrift oder eine unrichtige Abschrift beglaubigt,

wer eine so erschlichene Urkunde gebraucht, um einen andern über die darin beurkundete Tatsache zu täuschen,

wird mit Zuchthaus bis zu fünf Jahren oder mit Gefängnis bestraft.

Art. 253: Zum Begriff des *Beamten* vgl. Bem. zu Art. 110 Ziff. 4, zu demjenigen der *Urkunde* Bem. zu Art. 110 Ziff. 5. – *Rechtlich erhebliche Tatsache:* ZR 79 Nr. 145 (Die Motive zur Eheschließung sind keine rechtlich erheblichen Tatsachen, einzig der Wille, tatsächlich eine Ehe einzugehen, wird in der Eheschließungsurkunde festgehalten). – Als *Täuschung* genügen einfache Falschangaben. Sie kann auch in einer Unterlassung liegen: ZR 46 Nr. 128. Bei der Urkundsperson darf kein Vorsatz vorliegen, doch kann sie sich wegen Fahrlässigkeit nach Art. 317 Ziff. 2 strafbar machen.

Falschbeurkundung: Vgl. Bem. zu Art. 251 Ziff. 1 Abs. 2 und *im einzelnen* BGE 84 IV 164 (falscher Kaufpreis in einem öffentlich beurkundeten Kaufvertrag), 97 IV 210 (falscher Eintrag im Schweiz. Luftfahrzeugregister), 100 IV 240 (Überbewertung güterrechtlicher Vermögenswerte bei der öffentlichen Beurkundung des Güterstandes), 101 IV 61 (wahrheitswidrige Angabe bei der Gründung einer AG, die Einlagen stünden zur freien Verfügung der Gesellschaft), 101 IV 147 (Vortäuschung einer Bargründung bei beabsichtigter Sachübernahmegründung) 101 IV 306 (Erschleichung von Ausweisschriften durch sog. Legendenträger), SJZ 78 (1982) 274 (Erschleichung des Eintrags im Eheregister bei «Heirat» zweier gleichgeschlechtlicher Partner); *falsche Beglaubigung:* SJZ 73 (1977) 42 (Nachsatz auf dem Original einer Schuldanerkennung abgetrennt, fotokopiert und beglaubigen lassen); *keine Erschleichung einer Falschbeurkundung:* BGE 74 IV 162 (Eintragung einer Genossenschaft in das Handelsregister ohne vorausgegangene konstituierende Versammlung), 80 IV 115 (Erwirkung einer Jagdbewilligung durch unwahre Angaben), 105 IV 105 (Erwirken des Eintrags vorgetäuschter anerkannter Forderungen im Kollokationsplan beim Konkurs durch den Schuldner), BGE 119 IV 321 (Sacheinlagevertrag) SJZ 78 (1982) 129 (das Motiv einer Eheschließung zur fremdenpolizeilichen Besserstellung ist nicht Inhalt einer Eheschließungsurkunde, mithin kann diesbezüglich kein Erschleichen einer Falschbeurkundung vorliegen). *Subjektiver Tatbestand:* Erforderlich ist nur Vorsatz, nicht auch Schädigungs- oder Vorteilsabsicht. – *Vollendung* der Tat tritt mit der falschen Beurkundung ein; bezieht sich diese auf eine vereinbarte Schwarzzahlung, bleibt unerheblich, ob diese später geleistet wurde: RS 1980 Nr. 1094.

Verhältnis von Abs. 1 und Abs. 2: Der Gebrauch der erschlichenen Urkunde durch denjenigen, der sie erschlichen hat, ist straflose Nachtat: BGE 100 IV 243; zur *Urkundenfälschung*: BGE 107 IV 128 (Realkonkurrenz); zum *betrügerischen Konkurs* (Art. 163): BGE 105 IV 105 (unechte Gesetzeskonkurrenz); zum *Fiskalstrafrecht:* BGE 108 IV 31, 117 IV 182, SJZ 82 (1986) 162 (Idealkonkurrenz mit Steuerbetrug, wenn der Täter mit einer anderweitigen Verwendung des Falsifikates rechnet und dies in Kauf nimmt).

Unterdrückung von Urkunden

[1] Wer eine Urkunde, über die er nicht allein verfügen darf, beschädigt, vernichtet, beiseiteschafft oder entwendet, in der Absicht, jemanden am Vermögen oder an andern Rechten zu schädigen oder sich oder einem andern einen unrechtmäßigen Vorteil zu verschaffen, wird mit Zuchthaus bis zu fünf Jahren oder mit Gefängnis bestraft. **254**

[2] Die Unterdrückung von Urkunden zum Nachteil eines Angehörigen oder Familiengenossen wird nur auf Antrag verfolgt.

Art. 254 Abs. 1: Zum Begriff der Urkunde vgl. Bem. zu Art. 110 Ziff. 5. Die Tat richtet sich gegen die Verfügungsberechtigung eines anderen. Für diese ist nicht das Eigentum an der Urkunde maßgebend, sondern die Befugnis, von ihrer Funktion als Beweismittel Gebrauch zu machen (vgl. BGE 96 IV 168). – Das *Beschädigen* muß soweit gehen, daß die Urkunde nicht mehr zum Beweis verwendet werden kann. – *Beiseiteschaffen* bedeutet, dem Berechtigten den Gebrauch der Urkunde als Beweismittel zu verunmöglichen: BGE 90 IV 135 (bloßes Vorenthalten genügt noch nicht), 100 IV 25 (Verwahren im Pult am Arbeitsplatz ohne Wissen des Berechtigten reicht aus), BGE 113 IV 70 (Unterlassen der betriebsinternen Weiterleitung erfüllt die Voraussetzung nicht). Entwenden (= wegnehmen) erscheint als bloßer Unterfall des Beiseiteschaffens.

Subjektiv ist auch die Absicht erforderlich, dem Berechtigten die Beweisführung mit der Urkunde zu verunmöglichen (BGE 87 IV 19, vgl. BGE 73 IV 188). Zur Absicht, sich einen unrechtmäßigen Vorteil zu verschaffen, vgl. Bem. zu Art. 251 Ziff. 1 Abs. 1. Als solcher gilt auch Selbstbegünstigung (BGE 96 IV 169). – *Abgrenzung zu den Eigentumsdelikten:* Art. 254 ist nur anwendbar, wenn der Täter die Schrift gewollt als Urkunde entzieht und davon profitieren will, daß sie dem Berechtigten entzogen ist, also weder Aneignungswille noch Bereicherungsabsicht vorliegt: BGE 73 IV 187, 87 IV 18; vgl. auch Pr 77 Nr. 278 (in welchem Fall statt Veruntreuung richtigerweise Urkundenunterdrückung anzunehmen gewesen wäre); Verhältnis zu PVG Art. 57 Abs. 1 al. 2: BGE 97 IV 33.

Abs. 2: Zum Begriff des *Angehörigen* und *Familiengenossen* vgl. Bem. zu Art. 110 Ziff. 2 und 3.

Urkunden des Auslandes

255 Die Artikel 251–254 finden auch Anwendung auf Urkunden des Auslandes.

Art. 255: *Urkunden des Auslandes* sind z. B. der deutsche Bundespersonalausweis: BGE 99 IV 125, private Beweiszeichen: BGE 103 IV 31 (holländischer Fleischstempel).

Grenzverrückung

256 Wer in der Absicht, jemanden am Vermögen oder an andern Rechten zu schädigen oder sich oder einem andern einen unrechtmäßigen Vorteil zu verschaffen, einen Grenzstein oder ein anderes Grenzzeichen beseitigt, verrückt, unkenntlich macht, falsch setzt oder verfälscht, wird mit Zuchthaus bis zu drei Jahren oder mit Gefängnis bestraft.

Art. 256: Vgl. auch den Sondertatbestand von Art. 268 (Verrücken staatlicher Grenzzeichen). Die Bestimmung bezieht sich auf Markierungen zur gegenseitigen Abgrenzung von Grundstücken und setzt objektiv voraus, daß der Grenzstein bzw. das Grenzzeichen von der richtigen Stelle entfernt wird (RS 1986 Nr. 160). – Zur erforderlichen Absicht vgl. Bem. zu Art. 251 Ziff. 1 Abs. 1. – *Verhältnis zur Urkundenfälschung* (Art. 251): Art. 256 geht Art. 251 als lex specialis vor, außer wenn der Täter das falsche Grenzzeichen nicht selbst angebracht, es aber im Wissen um die Fälschung zur Täuschung gebraucht hat: SJZ 53 (1957) 349.

Beseitigung von Vermessungs- und Wasserstandszeichen

Wer ein öffentliches Vermessungs- oder Wasserstandszeichen **257** beseitigt, verrückt, unkenntlich macht oder falsch setzt, wird mit Gefängnis oder mit Buße bestraft.

Art. 257: Wasserstandszeichen sind Markierungen zur Feststellung des Umfanges einer Wasserberechtigung, nicht aber Pegelstand- oder Hochwassermarkierungen.

Zwölfter Titel
Verbrechen und Vergehen gegen den öffentlichen Frieden

Schreckung der Bevölkerung

258 Wer die Bevölkerung durch Androhen oder Vorspiegeln einer Gefahr für Leib, Leben oder Eigentum in Schrecken versetzt, wird mit Zuchthaus bis zu drei Jahren oder mit Gefängnis bestraft.

> **Art. 258–263:** Diese Bestimmungen regeln die strafbaren Handlungen gegen den öffentlichen Frieden nicht abschließend, sondern lassen kantonale Übertretungtatbestände i. S. von Art. 335 Ziff. 1 Abs. 1 zu: BGE 71 IV 104, 117 I a 475 (Zulässigkeit eines kantonalen Vermummungsverbotes).
>
> **Art. 258** in der Fassung gemäß BG vom 17. Juni 1994 (Einbezug der bloßen Vorspiegelung einer Gefahr, redaktionelle Vereinfachung). Vgl. auch Art. 180 (Drohung gegen jemand einzelnen) und Art. 285 (Drohung gegen Behörden und Beamte).

Öffentliche Aufforderung zu Verbrechen oder Gewalttätigkeit

259 [1] Wer öffentlich zu einem Verbrechen auffordert, wird mit Zuchthaus bis zu drei Jahren oder mit Gefängnis bestraft.

[2] Wer öffentlich zu einem Vergehen mit Gewalttätigkeit gegen Menschen oder Sachen auffordert, wird mit Gefängnis oder mit Buße bestraft.

> **Art. 259:** Zu den Begriffen Verbrechen und Vergehen vgl. Art. 9. – Sondertatbestand Art. 276 (Aufforderung zur Verletzung militärischer Dienstpflichten und zur Meuterei). – Art. 259 verstößt nicht gegen die Meinungsäußerungsfreiheit nach EMRK Art. 10: BGE 111 IV 154.
>
> Zur Annahme der Aufforderung bedarf es einer Äußerung von einer gewissen Eindringlichkeit, die nach Form und Inhalt geeignet ist, den Willen des unbefangenen Adressaten zu beeinflussen. Das Delikt, zu dem aufgefordert wird, muß nicht ausdrücklich genannt werden. Ent-

scheidend ist, wie die Aufforderung im Gesamtzusammenhang vom durchschnittlichen Leser oder Zuhörer verstanden wird: BGE 111 IV 152. – Die Aufforderung ist öffentlich, wenn sie an einem allgemein zugänglichen Ort geschieht, wo sie von einem unbestimmten Personenkreis gesehen oder gehört werden kann: BGE 111 IV 153. – Das Delikt ist mit der Aufforderung vollendet; daß jemand Kenntnis davon genommen hat, ist nicht erforderlich: BGE 111 IV 154.

Abs. 2 eingefügt gemäß BG vom 9. Oktober 1981, in Kraft seit 1. Oktober 1982, dazu ZStrR 100 (1983) 292, ZStrR 101 (1984) 130. Die Erweiterung auf gewaltsame Vergehen wurde ins Gesetz aufgenommen, weil die Aufforderung zu solchen Taten mitunter die Friedensordnung ebenso gefährden kann wie die Aufwiegelung zu einem Verbrechen. Als Vergehen mit Gewalttätigkeiten gegen Menschen oder Sachen fallen in Betracht: Gewaltsame einfache Körperverletzung (Art. 123), gewaltsame Sachbeschädigung (Art. 144), Nötigung mit Gewalt (Art. 181), gewaltsamer Hausfriedensbruch (Art. 186), gewaltsame Störung des öffentlichen Verkehrs (Art. 237), gewaltsame Störung von Betrieben, die der Allgemeinheit dienen (Art. 239), Landfriedensbruch (Art. 260), Gewalt und Drohung gegen Behörden (Art. 285), Gefangenenbefreiung mit Gewalt (Art. 310). – Die Gewalttätigkeit braucht nicht mit größeren Schäden einherzugehen (BGE 108 IV 35, 176 zu Art. 260).

Landfriedensbruch

[1] Wer an einer öffentlichen Zusammenrottung teilnimmt, bei **260** der mit vereinten Kräften gegen Menschen oder Sachen Gewalttätigkeiten begangen werden, wird mit Gefängnis oder mit Buße bestraft.

[2] Die Teilnehmer, die sich auf behördliche Aufforderung hin entfernen, bleiben straffrei, wenn sie weder selbst Gewalt angewendet noch zur Gewaltanwendung aufgefordert haben.

Art. 260: Vgl. auch Art. 133 (Raufhandel), Art. 285 Ziff. 2 (Gewalt und Drohung gegen Behörden und Beamte durch einen zusammengerotteten Haufen), Art. 310 Ziff. 2 (Befreiung von Gefangenen durch einen zusammengerotteten Haufen), Art. 311 (Meuterei von Gefangenen). – *Verhältnis zu Körperverletzung* (Art. 122–124): BGE 103 IV 247 (Idealkonkurrenz), *zu Gewalt und Drohung gegen Behörden und Beamte* (Art. 285): BGE 108 IV 179 (Idealkonkurrenz). – Zum Demonstrationsrecht BGE 100 Ia 396, 107 Ia 66, 108 IV 38, EuGRZ 1986, 304, ZBl 72 (1971) 33, 57. Zu einem kantonalen Vermummungsverbot: BGE 117 Ia 475.

Abs. 1: Eine öffentliche Zusammenrottung ist eine einer beliebigen Anzahl von Personen zugängliche Ansammlung einer großen Anzahl von Menschen, die nach außen als vereinigte Menge erscheint und von einer die Friedensordnung bedrohenden Grundhaltung getragen wird: BGE 103 IV 245, 108 IV 34, 176, ZR 71 Nr. 8. Im Sinne einer objektiven Strafbarkeitsbedingung müssen aus dieser Zusammenrottung heraus mit vereinten Kräften Gewalttätigkeiten an Menschen und/oder Sachen begangen worden sein: BGE 108 IV 35. Als solche gilt jede physische Einwirkung, auch ohne Anwendung besonderer Kraft oder Verursachung schwerer Schäden: BGE 103 IV 245, 108 IV 35, 176 (schon Besprayen oder Werfen von Beuteln mit Farbe), nicht aber Bildung eines «Menschenteppichs» (BGE 108 IV 165). Es reicht aus, wenn ein einzelner Teilnehmer an der Zusammenrottung solche Handlungen begeht, sofern sie als «Tat der Menge» erscheinen, d. h. von der drohenden Grundstimmung getragen werden: BGE 103 IV 245, 108 IV 35. Gewalttätigkeit liegt auch vor, wenn physische Kraft nicht angewendet, sondern nur angedroht wird und der Zusammenstoß nur deshalb vermieden werden kann, weil der Gegner der Demonstration der Gewalt weicht: BGE 99 IV 217, 103 IV 245. – Unter das Tatbestandsmerkmal der Teilnahme fällt jeder, der in der Menge der Zusammenrottung steht, bei der mit vereinten Kräften Gewalttätigkeiten begangen werden, auch wenn er solche nicht selber verübt. Es genügt, daß er nicht passiver Zuschauer ist. Subjektiv ist erforderlich, daß der Täter um den Charakter der Ansammlung weiß und sich ihr gleichwohl anschließt oder in ihr verbleibt; die Verübung von Gewalttätigkeiten muß er – als objektive Strafbarkeitsbedingung – nicht in den Vorsatz einbeziehen: BGE 108 IV 36.

Abs. 2: Auf diese Bestimmung kann sich nicht berufen, wer eine Zusammenrottung ohne behördliche Aufforderung erst dann verläßt, wenn die Polizei einschreitet und ihm die Verhaftung droht: Pr 72 Nr. 69.

Strafbare Vorbereitungshandlungen

260bis   ¹ Mit Zuchthaus bis zu fünf Jahren oder mit Gefängnis wird bestraft, wer planmäßig konkrete technische oder organisatorische Vorkehrungen trifft, deren Art und Umfang zeigen, daß er sich anschickt, eine der folgenden strafbaren Handlungen auszuführen:

    Art. 111 Vorsätzliche Tötung
    Art. 112 Mord
    Art. 122 Schwere Körperverletzung

Art. 139 Raub
Art. 183 Freiheitsberaubung und Entführung
Art. 185 Geiselnahme
Art. 221 Brandstiftung

[2] Führt der Täter aus eigenem Antrieb die Vorbereitungshandlung nicht zu Ende, so bleibt er straflos.

[3] Strafbar ist auch, wer die Vorbereitungshandlung im Ausland begeht, wenn die beabsichtigten strafbaren Handlungen in der Schweiz verübt werden sollen. Art. 3 Ziffer 1 Absatz 2 ist anwendbar.

Art. 260bis eingefügt gemäß BG vom 9. Oktober 1981, in Kraft seit 1. Oktober 1982; dazu ZStrR 100 (1983) 271 und 294, ZStrR 101 (1984) 131. – Bundesgerichtsbarkeit: Art. 340 Ziff. 1 Abs. 7.

Abs. 1: Technische Vorkehren sind das Bereitstellen von Deliktswerkzeug und Hilfsmitteln zur Tatausführung (nach BGE 111 IV 150 neben dem Zurverfügungstellen eines Wagens sogar schon das Umladen von Werkzeugen und Waffen), solche organisatorischer Natur und alle übrigen Maßnahmen, die den reibungslosen Ablauf des geplanten Delikts ermöglichen sollen (vgl. BGE 111 IV 150: Rollenverteilung zwischen Mittätern). Begriff der *planmäßigen* konkreten Vorkehrungen nach BGE 111 IV 157: Mehrere überlegt ausgeführte Handlungen, die im Rahmen eines deliktischen Vorhabens eine bestimmte Vorbereitungsfunktion haben. Sie müssen nach Art und Umfang so weit gediehen sein, daß vernünftigerweise angenommen werden kann, der Täter werde seine damit manifestierte Deliktabsicht ohne weiteres in Richtung auf eine Ausführung der Tat weiterverfolgen; d. h. er muß zumindest psychologisch an der Schwelle der Tatausführung angelangt sein. Nicht vorausgesetzt wird, daß der Täter auch objektiv zur Tat ansetzt und daß die Vorkehrungen auf ein nach Ort, Zeit und Begehungsweise bereits hinreichend konkretisierbares Delikt Bezug haben. Nicht erforderlich ist, daß der an den Vorbereitungshandlungen Beteiligte schon bei der Planung mitwirkte (BGE 111 IV 154). Vorbereitungshandlungen zu *Raub:* BGE 111 IV 158, Pr 78 (1989) Nr. 233, BGE 118 IV 367; zu *Geiselnahme* BGE 111 IV 145. Nicht strafbar ist der Versuch von Vorbereitungshandlungen, wohl aber im Falle ihrer Vollendung die Teilnahme daran. Ist die vorbereitete Tat ausgeführt worden, konsumiert die wegen ihr erfolgte Verurteilung den Tatbestand von Art. 260bis (einschränkend jedoch BGE 111 IV 149, vgl. auch Pr 78 (1989) Nr. 233).

Abs. 2: Nach dieser Bestimmung bleibt straflos, wer, nachdem er alle geplanten Vorbereitungshandlungen ausgeführt hat, aus eigenem Antrieb und in besonderer Weise bekundet, daß er nicht mehr bereit ist, das Hauptdelikt zu begehen. Hat er noch nicht alle geplanten Vorbereitungshandlungen zu Ende geführt, so genügt für die Bejahung des Rücktritts, daß er aus eigenem Antrieb auf die Ausführung eines wesentlichen Teils der Vorbereitungshandlungen verzichtet. Aus eigenem Antrieb tritt derjenige zurück, der aus inneren Motiven, unabhängig von äußeren Gegebenheiten, seinen Plan nicht weiter verfolgt: BGE 118 IV 367, vgl. schon BGE 115 IV 121. Pr. 78 Nr. 233.

Kriminelle Organisation

260ter 1. Wer sich an einer Organisation beteiligt, die ihren Aufbau und ihre personelle Zusammensetzung geheimhält und die den Zweck verfolgt, Gewaltverbrechen zu begehen oder sich mit verbrecherischen Mitteln zu bereichern,

wer eine solche Organisation in ihrer verbrecherischen Tätigkeit unterstützt,

wird mit Zuchthaus bis zu fünf Jahren oder mit Gefängnis bestraft.

2. Der Richter kann die Strafe nach freiem Ermessen mildern (Art. 66), wenn der Täter sich bemüht, die weitere verbrecherische Tätigkeit der Organisation zu verhindern.

3. Strafbar ist auch, wer die Tat im Ausland begeht, wenn die Organisation ihre verbrecherische Tätigkeit ganz oder teilweise in der Schweiz ausübt oder auszuüben beabsichtigt. Artikel 3 Ziffer 1 Absatz 2 ist anwendbar.

Art. 260 ter eingefügt durch BG vom 18. März 1994, in Kraft seit 1. August 1994, vgl. dazu Botschaft des Bundesrates über die Änderung des StGB und MStG in BBl 1993, S. 277 ff. Vgl. Art. 273 ter.

Ziff. 1: Die Organisation braucht kein rechtliches, sondern nur ein faktisches Gebilde zu sein, das indessen eine feste Struktur im Sinne objektiv feststellbarer, systematischer und planmäßiger Vorkehren aufweisen muß, welche die besondere Gefährlichkeit des Gebildes offenkundig machen. Das Erfordernis der Geheimhaltung von Aufbau (v. a. Rollenverteilung, Befehlsstrukturen) und personeller Zusammensetzung setzt eine systematische Abschottung der Organisation voraus und soll diese klar von legalen Gebilden abgrenzen, in deren Bereich nur gelegentlich Delikte verübt werden. Das Geheimhaltungselement läßt sich aber auch realisieren, indem die Organisation erlaubte Unternehmungen betreibt und ein entsprechendes Beziehungsnetz aufbaut, so daß sie sich eine «legale Fassade» beilegt. Die verbrecherische Zweckverfolgung braucht noch nicht in Taten umgesetzt worden zu sein. Es genügt, wenn sie sich als Ausdruck des gemeinsamen Handlungsziels in den festgestellten organisatorischen Vorkehren eindeutig manifestiert. Die Aktivitäten der Organisation müssen nicht ausschließlich, wohl aber im wesentlichen die Begehung von Verbrechen (i. S. von Art. 9 Abs. 1) betreffen. Soweit der Zweck nicht in der Verübung von Gewaltverbrechen besteht, muß das deliktische Streben nach wirtschaftlichen Vorteilen das Hauptziel der Organisation bilden.

An der Organisation *beteiligt* sich, wer sich in sie eingliedert, im Hinblick auf ihre verbrecherische Zwecksetzung eine Tätigkeit entfaltet und sich – sofern er keine Führungsposition einnimmt – dem Organisationszweck unterordnet. Die (informelle) Mitgliedschaft muß auf längere Zeit angelegt sein. Die Tatvariante der *Unterstützung* betrifft v. a. Mittelspersonen, die als Bindeglieder zu legaler Wirtschaft, Politik und Gesellschaft das kriminelle Handlungsziel der Organisation fördern. Ihnen braucht kein Beitrag zu einem bestimmten Einzeldelikt nachgewiesen zu werden. Es kann sich z. B. um die Beschaffung von Waffen und Verwaltung von Geldern handeln, wogegen bloße Sympathiebezeugungen nicht ausreichen.

Ziff. 2 bezweckt nicht die Überführung weiterer Mitglieder der Organisation, sondern primär die Verhinderung weiterer Straftaten, wie z. B. durch Warnung potentieller Opfer oder Meldung an Strafverfolgungsbehörden. Die Strafe kann auch dann gemildert werden, wenn den Bemühungen des Täters kein Erfolg beschieden wurde.

Ziff. 3 ist Art. 260 bis Abs. 3 nachgebildet und im Hinblick auf die zu einem besonderen Tatbestand verselbständigte Beteiligung an einer kriminellen Organisation bzw. deren Unterstützung erforderlich, wenn sich der Betreffende im Ausland in dieser Weise betätigt.

Störung der Glaubens- und Kultusfreiheit

Wer öffentlich und in gemeiner Weise die Überzeugung anderer **261** in Glaubenssachen, insbesondere den Glauben an Gott, beschimpft oder verspottet oder Gegenstände religiöser Verehrung verunehrt,

wer eine verfassungsmäßig gewährleistete Kultushandlung böswillig verhindert, stört oder öffentlich verspottet,

wer einen Ort oder einen Gegenstand, die für einen verfassungsmäßig gewährleisteten Kultus oder für eine solche Kultushandlung bestimmt sind, böswillig verunehrt,

wird mit Gefängnis bis zu sechs Monaten oder mit Buße bestraft.

Art. 261: Zur Glaubens- und Kultusfreiheit vgl. BV Art. 49, 50, dazu SJZ 81 (1985) 99.

Abs. 1: *Schutzobjekt* ist die Achtung vor dem Mitmenschen und seiner Überzeugung in religiösen Dingen, damit auch der religiöse Friede: BGE 86 IV 23, SJZ 81 (1985) 99. Diese religiöse Überzeugung wird beschimpft oder verspottet, wenn der Täter eine Mißachtung religiöser Gefühle bezeugt oder diese lächerlich macht: BGE 86 IV 23, SJZ 67 (1971) 227, 81 (1985) 99. – Die Voraussetzung der *Öffentlichkeit* ist schon dadurch gegeben, daß eine den Religionsfrieden störende Schmähschrift an Zeitungen versandt wird: ZR 42 Nr. 65. Erforderlich ist jedenfalls die Wahrnehmbarkeit durch eine unbestimmte Vielzahl von Personen: SJZ 81 (1985) 99. – Der Begriff «in gemeiner Weise» ist objektiver Art und bedeutet nach bundesgerichtlicher Praxis nur, daß die Verletzung eine gewisse Schwere erreicht, die Glaubensbeschimpfung eine grobe sein muß: BGE 86 IV 23 (Darstellung einer nackten an ein Kreuz gebundenen Frau), enger ZR 85 Nr. 44 S. 111, wonach es sich um eine auf Hohn und Schmähung ausgerichtete, das elementare Gebot der Toleranz verletzende Äußerung handeln muß. Nach diesem Entscheid ist bei der Beurteilung eines Filmes auf das Werk als ganzes abzustellen. Vgl. ferner SJZ 67 (1971) 227 (Kreuzesbild, auf dem der Gekreuzigte durch ein Walt-Disney-Schwein ersetzt wurde). – Keine gemeine Verspottung bei einer Zeitungskarikatur politischen Inhalts unter Verwendung des Davidsterns: SJZ 80 (1984) 29; ebenso bei einem religionskritischen Film: SJZ 81 (1985) 99 f. – Zum Vorsatz, insbesondere dolus eventualis: SJZ 67 (1971) 228.

Abs. 3 bezieht sich auf Objekte, die nicht selbst religiös verehrt, aber zur Durchführung kultischer Handlungen verwendet werden; die Verunehrung muß am betreffenden Ort oder Gegenstand selber, nicht nur durch eine Abbildung geschehen: ZR 85 Nr. 44 S. 111.

Rassendiskriminierung

261bis Wer öffentlich gegen eine Person oder eine Gruppe von Personen wegen ihrer Rasse, Ethnie oder Religion zu Haß oder Diskriminierung aufruft,

wer öffentlich Ideologien verbreitet, die auf die systematische Herabsetzung oder Verleumdung der Angehörigen einer Rasse, Ethnie oder Religion gerichtet sind,

wer mit dem gleichen Ziel Propagandaaktionen organisiert, fördert oder daran teilnimmt,

wer öffentlich durch Wort, Schrift, Bild, Gebärden, Tätlichkeiten oder in anderer Weise eine Person oder eine Gruppe von

Personen wegen ihrer Rasse, Ethnie oder Religion in einer gegen die Menschenwürde verstoßenden Weise herabsetzt oder diskriminiert oder aus einem dieser Gründe Völkermord oder andere Verbrechen gegen die Menschlichkeit leugnet, gröblich verharmlost oder zu rechtfertigen sucht,

wer eine von ihm angebotene Leistung, die für die Allgemeinheit bestimmt ist, einer Person oder einer Gruppe von Personen wegen ihrer Rasse, Ethnie oder Religion verweigert,

wird mit Gefängnis oder mit Buße bestraft.

Art. 261bis: Eingefügt durch BG vom 18. Juni 1993, in Kraft ab 1. Januar 1995.

Störung des Totenfriedens

1. Wer die Ruhestätte eines Toten in roher Weise verunehrt,   **262**
wer einen Leichenzug oder eine Leichenfeier böswillig stört oder verunehrt,

wer einen Leichnam verunehrt oder öffentlich beschimpft,

wird mit Gefängnis oder mit Buße bestraft.

2. Wer einen Leichnam oder Teile eines Leichnams oder die Asche eines Toten wider den Willen des Berechtigten wegnimmt, wird mit Gefängnis oder mit Buße bestraft.

Art. 262 Ziff. 1: Vgl. Art. 175, 177. – *Schutzobjekt* ist nicht die Ehre, sondern die Ehrfurcht gegenüber dem Verstorbenen oder seinem Leichnam (Pietätsgefühle gegenüber dem Toten), nicht aber der Angehörigen: BGE 73 IV 191, 109 IV 130, ZR 48 Nr. 98.

Abs. 1: Die *Verunehrung* der *Ruhestätte* in roher Weise verlangt brutale Angriffe, wie Zerstörung, Beschädigung oder Beschmieren von Gräbern oder gar das Ausgraben der Leiche. Keine solchen Handlungen stellen dar das Umkippen von Grabplatten, das Verstellen des Kreuzes oder die Behändigung des Grabschmuckes: BGE 109 IV 130, vgl. auch RS 1986 Nr. 130.

Abs. 3: Eine Verunehrung des *Leichnams* kann in dessen Schändung liegen, wenn die Art und Weise der Handlung das Ehrfurchtsgefühl des Täters vermissen läßt: ZR 48 Nr. 98. Keine Verunehrung liegt vor bei Entnahme von Goldzähnen aus dem Gebiß eines Verstorbenen (BGE 72 IV 155) oder der Öffnung der Leiche eines Patienten, der mit seiner Einwilligung oder derjenigen seiner Angehörigen ins Spital eingeliefert und nach seinem Tod obduziert wird: SJZ 81 (1985) 147 Erw. 2, s. auch BGE 98 Ia 519, 111 Ia 233. Zum Vorsatz: ZR 48 Nr. 98 S. 168. – Die *öffentliche Beschimpfung,* z. B. in einer Abdankungsrede, verlangt, daß der Täter bewußt und gewollt den Toten in Gegenwart des Leichnams Schimpf und Schande preisgibt: BGE 73 IV 191.

Ziff. 2: Die Bestimmung setzt einen dem Diebstahl (Art. 139) gleichkommenden Gewahrsamsbruch voraus; in der Überführung des Leichnams vom Spital ins Pathologische Institut zur Vornahme der Obduktion liegt keine solche Handlung: SJZ 81 (1985) 147 Erw. 2. Die Wegnahme braucht keinen verunehrenden Charakter zu haben; ihr Motiv ist beliebig: BGE 112 IV 36 (auch Handeln aus wissenschaftlichem Interesse genügt). Sie setzt indessen fehlende Zustimmung des Berechtigten voraus (vgl. BGE 73 IV 155, 112 IV 36). – Zur Organentnahme und -transplantation vgl. BGE 98 Ia 512, 101 II 181, ZR 74 Nr. 92. – Zwischen Ziffer 1 und Ziffer 2 kann echte Konkurrenz bestehen: ZR 48 Nr. 98 S. 189.

Verübung einer Tat in selbstverschuldeter Unzurechnungsfähigkeit

263 [1] Wer infolge selbstverschuldeter Trunkenheit oder Betäubung unzurechnungsfähig ist und in diesem Zustand eine als Verbrechen oder Vergehen bedrohte Tat verübt, wird mit Gefängnis bis zu sechs Monaten oder mit Buße bestraft.

[2] Hat der Täter in diesem selbstverschuldeten Zustand eine mit Zuchthaus als einziger Strafe bedrohte Tat verübt, so ist die Strafe Gefängnis.

Art. 263: Vgl. Krim 1983, 507. Vorausgesetzt wird, daß ein zunächst noch zurechnungsfähiger Täter sich vorsätzlich oder fahrlässig bis zur Unzurechnungsfähigkeit (vgl. Art. 10) betrinkt oder betäubt. Die Bestimmung ist auch auf *versuchte Verbrechen und Vergehen* anwendbar: BGE 83 IV 162; bei Antragsdelikten (Art. 28 ff.) nur, wenn ein Antrag gestellt ist: BGE 104 IV 250. Nach der neueren Praxis des Kassationshofes kommt sie auch für den Tatbestand des Fahrens in angetrunkenem Zustand (Art. 91 Abs. 1 SVG) in Betracht: BGE 117 IV 295, 118 IV 4. – *Verhältnis zu Art. 12:* Diese Bestimmung geht vor, wenn die Voraussetzungen der vorsätzlichen oder fahrlässigen actio libera in causa gegeben sind: BGE 93 IV 41, 104 IV 254, RS 1975 Nr. 876, 1978 Nr. 512.

264 Aufgehoben durch Art. 37 des Tierschutzgesetzes vom 9. März 1978 (SR 455).

Dreizehnter Titel
Verbrechen und Vergehen gegen den Staat
und die Landesverteidigung

1.   Verbrechen oder Vergehen gegen den Staat

Hochverrat

Wer eine Handlung vornimmt, die darauf gerichtet ist, mit Ge- **265**
walt

die Verfassung des Bundes oder eines Kantons abzuändern,

die verfassungsmäßigen Staatsbehörden abzusetzen oder sie
außerstand zu setzen, ihre Gewalt auszuüben,

schweizerisches Gebiet von der Eidgenossenschaft oder Gebiet von einem Kanton abzutrennen,

wird mit Zuchthaus oder mit Gefängnis von einem bis zu fünf
Jahren bestraft.

Zu Art. 265–278: Vgl. ZStrR 86 (1970) 347 und ZBJV 110 (1974)
249. – Zur Entstehung der Strafbestimmungen: SJZ 87 (1991) 72,
Erw. 10. – Auslandstat: Art. 4. – Verantwortlichkeit der Presse: Art. 27
Ziff. 6. – Rechtswidrige Vereinigung: Art. 275ter. – Bundesgerichtsbarkeit: Art. 340 Ziff. 1 Abs. 7, dazu VPB 1987 I Nr. 5 (Berücksichtigung des Opportunitätsprinzips), sofern die Straftat gegen den Bund
gerichtet ist. – Erfordernis der Ermächtigung zur Verfolgung bei politischen Delikten nach BStP Art. 105.

Art. 265: Vgl. Art. 275 (Gefährdung der verfassungsmäßigen Ordnung), Art. 285 (Gewalt und Drohung gegen Behörden und Beamte).

Der gewaltsame Angriff richtet sich gegen die verfassungsmäßigen
Leitprinzipien des Bundes oder der Kantone (Verfassungshochverrat)
oder gegen ihr Gebiet (Gebietshochverrat). – Verhältnis zu Art. 266:
BGE 73 IV 107.

Angriffe auf die Unabhängigkeit der Eidgenossenschaft

1. Wer eine Handlung vornimmt, die darauf gerichtet ist, **266**

die Unabhängigkeit der Eidgenossenschaft zu verletzen oder
zu gefährden,

eine die Unabhängigkeit der Eidgenossenschaft gefährdende Einmischung einer fremden Macht in die Angelegenheiten der Eidgenossenschaft herbeizuführen,

wird mit Zuchthaus oder mit Gefängnis von einem bis zu fünf Jahren bestraft.

2. Wer mit der Regierung eines fremden Staates oder mit deren Agenten in Beziehung tritt, um einen Krieg gegen die Eidgenossenschaft herbeizuführen, wird mit Zuchthaus nicht unter drei Jahren bestraft.

In schweren Fällen kann auf lebenslängliches Zuchthaus erkannt werden.

Art. 266: Ergänzung von Ziff. 2 durch BG vom 5. Oktober 1950, in Kraft seit 5. Januar 1951. Vgl. Bem. zu Art. 265. – Verhältnis zu Art. 275 (jetzt: 275ter): BGE 73 IV 103. – Durch den sog. politischen Landesverrat i. S. von Art. 266 wird die Existenz der Schweiz als unabhängiges, d. h. souveränes Land geschützt: BGE 73 IV 100f. Nach seiner Umschreibung richtet sich der Tatbestand auch gegen Vorbereitungshandlungen, welche in der Absicht begangen werden, die Unabhängigkeit des Landes zu verletzen oder zu gefährden; für diese letztere Variante ist eine konkrete Gefahr erforderlich, d. h., es muß ein Zustand geschaffen werden, der nach dem normalen Lauf der Dinge eine Verletzung der Unabhängigkeit als wahrscheinlich erscheinen läßt: BGE 79 IV 101f. Aus der hohen Strafdrohung ist indessen zu folgern, daß nicht jede noch so harmlose Handlung genügen kann: BGE 73 IV 102. – Zum *Vorsatz*: BGE 73 IV 102 lit. b (Eventualvorsatz genügt; das Bewußtsein der Rechtswidrigkeit gehört nicht zum Vorsatz).

Zum *schweren Fall* i. S. von Ziff. 2 Abs. 2 vgl. Bem. zu Art. 272 Ziff. 2, 273 Abs. 3.

Gegen die Sicherheit der Schweiz gerichtete ausländische Unternehmungen und Bestrebungen

266bis ¹ Wer mit dem Zwecke, ausländische, gegen die Sicherheit der Schweiz gerichtete Unternehmungen oder Bestrebungen hervorzurufen oder zu unterstützen, mit einem fremden Staat oder mit ausländischen Parteien oder mit andern Organisationen im Ausland oder mit ihren Agenten in Verbindung tritt oder unwahre oder entstellende Behauptungen aufstellt oder verbreitet, wird mit Gefängnis bis zu fünf Jahren bestraft.

² In schweren Fällen kann auf Zuchthaus erkannt werden.

Art. 266bis: Ergänzung des StGB durch BG vom 5. Oktober 1950, in Kraft seit 5. Januar 1951. – Das *tatbestandsmäßige Verhalten* umfaßt den sog. Wahlfang und die Anschwärzung, die mit dem Zweck begangen werden, ausländische, gegen die Sicherheit der Schweiz gerichtete Bestrebungen hervorzurufen oder zu unterstützen: BGE 79 IV 25. – Zum *Vorsatz:* BGE 79 IV 33 Erw. 4. – Für die Frage der *Verfolgungsverjährung* (Art. 70 und 72 Ziff. 2) ist entscheidend, ob ein schwerer Fall im Sinne von Abs. 2 (Verbrechen, Art. 9 Abs. 1) oder ein leichter bzw. mittlerer (Vergehen, Art. 9 Abs. 2) vorliegt: BGE 108 IV 44.

Diplomatischer Landesverrat

267 1. Wer vorsätzlich ein Geheimnis, dessen Bewahrung zum Wohle der Eidgenossenschaft geboten ist, einem fremden Staate, dessen Agenten oder der Öffentlichkeit bekannt oder zugänglich macht,

wer Urkunden oder Beweismittel, die sich auf Rechtsverhältnisse zwischen der Eidgenossenschaft oder einem Kanton und einem ausländischen Staate beziehen, verfälscht, vernichtet, beiseiteschafft oder entwendet und dadurch die Interessen der Eidgenossenschaft oder des Kantons vorsätzlich gefährdet,

wer als Bevollmächtigter der Eidgenossenschaft vorsätzlich Unterhandlungen mit einer auswärtigen Regierung zum Nachteile der Eidgenossenschaft führt,

wird mit Zuchthaus oder mit Gefängnis von einem bis zu fünf Jahren bestraft.

2. Handelt der Täter fahrlässig, so ist die Strafe Gefängnis oder Buße.

Art. 267: Begriff der Urkunden: Art. 110 Ziff. 5. – Vgl. Art. 320 (Verletzung des Amtsgeheimnisses), MStG Art. 86 (Verletzung militärischer Geheimnisse).

Verrückung staatlicher Grenzzeichen

268 Wer einen zur Feststellung der Landes-, Kantons- oder Gemeindegrenzen dienenden Grenzstein oder ein anderes diesem Zwecke dienendes Grenzzeichen beseitigt, verrückt, unkenntlich macht, falsch setzt oder verfälscht, wird mit Zuchthaus bis zu fünf Jahren oder mit Gefängnis bestraft.

Art. 268: Vgl. Art. 256 (andere Grenzzeichen).

Verletzung schweizerischer Gebietshoheit

269 Wer in Verletzung des Völkerrechts auf schweizerisches Gebiet eindringt, wird mit Zuchthaus oder mit Gefängnis bestraft.

Art. 269: Vgl. Art. 299 (Verletzung fremder Gebietshoheit). – Die Gebietshoheit bedeutet die Ausübung tatsächlicher Gewalt in staatlicher Hoheit (Gesetzgebung, Verwaltung und Rechtsprechung). Sie erstreckt sich auf Erde, Luft und Wasser. Die Verletzung des Völkerrechts besteht in der Mißachtung des in Art. 2 Abs. 4 der UNO-Charta verankerten und gewohnheitsrechtlich geltenden Einmischungs- bzw. Interventionsverbotes für fremde Staaten. Träger völkerrechtlicher Pflichten ist einzig der Staat, weshalb nur seine Funktionäre als Täter in Frage kommen; unzutreffend ZR 71 Nr. 7 in bezug auf Angehörige der Volksfront zur Befreiung Palästinas (PLO).

Tätliche Angriffe auf schweizerische Hoheitszeichen

270 Wer ein von einer Behörde angebrachtes schweizerisches Hoheitszeichen, insbesondere das Wappen oder die Fahne der Eidgenossenschaft oder eines Kantons, böswillig wegnimmt, beschädigt oder beleidigende Handlungen daran verübt, wird mit Gefängnis oder mit Buße bestraft.

Art. 270: Vgl. Bundesbeschluß betr. das eidgenössische Wappen vom 12. Dezember 1889 (SR 111.1) und Art. 298 (fremde Hoheitszeichen).

Verbotene Handlungen für einen fremden Staat

271 1. Wer auf schweizerischem Gebiet ohne Bewilligung für einen fremden Staat Handlungen vornimmt, die einer Behörde oder einem Beamten zukommen,

wer solche Handlungen für eine ausländische Partei oder eine andere Organisation des Auslandes vornimmt,

wer solchen Handlungen Vorschub leistet,

wird mit Gefängnis, in schweren Fällen mit Zuchthaus bestraft.

2. Wer jemanden durch Gewalt, List oder Drohung ins Ausland entführt, um ihn einer fremden Behörde, Partei oder anderen Organisation zu überliefern oder einer Gefahr für Leib und Leben auszusetzen, wird mit Zuchthaus bestraft.

3. Wer eine solche Entführung vorbereitet, wird mit Zuchthaus oder Gefängnis bestraft.

Art. 271: Neue Fassung gemäß BG vom 5. Oktober 1950, in Kraft seit 5. Januar 1951. Vgl. SJZ 65 (1969) 33, Schweizerisches Jahrbuch für Internationales Recht 1983, 93, EuGRZ 1987, 69. – Auslandstat: Art. 4. – Freiheitsberaubung und Entführung: Art. 183. – Rechtswidrige Vereinigung: Art. 275ter.

Ziff. 1 Abs. 1: Recht auf Anwesenheit ausländischer Behörden bei der Vornahme strafprozessualer Rechtshilfehandlungen in der Schweiz: IRSG Art. 65 lit. a und Europ. Rechtshilfeübereinkommen (SR 0.351.1) Art. 4. Ohne Bewilligung dürfen ausländische Behörden an einer Hausdurchsuchung oder Beschlagnahme zwar teilnehmen, sie aber nicht selber vornehmen: BGE 106 Ib 262. – Unter den Begriff der verbotenen Amtshandlung fällt jede Tätigkeit, die ihrer Natur nach amtlich (hoheitlich) ist (BGE 114 IV 130); dazu gehören insbesondere auch Untersuchungshandlungen zu straf-, steuer- und devisenrechtlichen Zwecken: BGE 65 I 43, 114 IV 130. Dagegen liegt keine Amtshandlung vor, wenn ein ausländischer Sicherheitsbeamter in Notwehr von der Schußwaffe Gebrauch macht: ZR 71 Nr. 7. Als für einen fremden Staat vorgenommen gilt jegliche Tätigkeit in dessen bzw. seiner Behörden Interesse (BGE 114 IV 132). – Zum Vorsatz: BGE 65 I 45.

Abs. 3: Unter Vorschubleisten wird jedes irgendwie geartete, die strafbare Tätigkeit fördernde Verhalten verstanden: BGE 114 IV 133.

Ziff. 2: Der Tatbestand beschränkt sich nicht auf politische Entführung, sondern bezieht sich ganz allgemein auf schweizerische Gebietshoheit; die Überführung an eine fremde Behörde, Partei oder andere Organisation muß aber beabsichtigt sein: BGE 80 IV 154. – Die entführte Person muß auf Verlangen der Schweiz auf deren Verlangen aus völkerrechtlichen Gründen zurückgegeben werden: EuGRZ 1983 437 Erw. 3 lit. a.

2. Verbotener Nachrichtendienst

Politischer Nachrichtendienst

1. Wer im Interesse eines fremden Staates oder einer ausländischen Partei oder einer anderen Organisation des Auslandes zum Nachteil der Schweiz oder ihrer Angehörigen, Einwohner oder Organisationen politischen Nachrichtendienst betreibt oder einen solchen Dienst einrichtet, **272**

    wer für solche Dienste anwirbt oder ihnen Vorschub leistet,

    wird mit Gefängnis bestraft.

2. In schweren Fällen ist die Strafe Zuchthaus. Als schwerer Fall gilt es insbesondere, wenn der Täter zu Handlungen aufreizt oder falsche Berichte erstattet, die geeignet sind, die innere oder äußere Sicherheit der Eidgenossenschaft zu gefährden.

Art. 272–274: Vgl. ZStrR 83 (1967) 23, 134 und Bem. zu Art. 273, 301.

Art. 272 in neuer Fassung gemäß BG vom 5. Oktober 1950, in Kraft seit 5. Januar 1951. – Rechtswidrige Vereinigung: Art. 275ter.

Ziff. 1: *Zweck* der Bestimmung ist Schutz schweizerischer Gebietshoheit gegenüber ausländischen Übergriffen durch Spitzeltätigkeit in allen Stadien und Formen: BGE 101 IV 189. Maßgebend ist die Gefahr, daß die bespitzelte Person im ausländischen Staat allenfalls Repressionen ausgesetzt sein könnte: SJZ 80 (1984) 273. – Zum *Begriff:* Jede Form der Spitzeltätigkeit soll geahndet werden. Nicht erforderlich ist, daß diese Tätigkeit sich auf Geheimnisse bezieht. Gegenstand des Nachrichtendienstes können auch Tatsachen sein, die einzeln einer örtlich begrenzten Öffentlichkeit bekannt sind, aber von der interessierten ausländischen Stelle nur durch einen Erkundigungs- und Meldedienst in Erfahrung gebracht, im größeren Rahmen systematisch erfaßt, verglichen und ausgewertet werden können: BGE 82 IV 163, SJZ 80 (1984) 272. Bereits das Austauschen von Tatsachen und Meldungen genügt, die Anzahl der übermittelten Informationen spielt keine Rolle: BGE 101 IV 189, SJZ 80 (1984) 273. Die Übermittlung einer Nachricht oder von Tatsachen reicht aus, auch wenn die Tätigkeit aus eigenem Antrieb des Täters erfolgt: SJZ 80 (1984) 273. Die Nachricht kann allgemeine politische Verhältnisse oder Entwicklungen, aber auch die politische Einstellung der Tätigkeit von Einzelpersonen betreffen: BGE 82 IV 163. Auf den Wert oder die Richtigkeit der Nachricht kommt es nicht an: BGE 80 IV 84, 89 IV 207; ebensowenig darauf, ob die Nachricht dem fremden Staat nützt bzw. der Schweiz oder ihren Bewohnern schadet: BGE 101 IV 196. – Jede in der Schweiz sich befindende Person, auch ein Angehöriger einer diplomatischen Mission, kann Opfer der Spionage sein: BGE 74 IV 205, 83 IV 161. – Der ausländische *Staat* braucht nicht diplomatisch anerkannt zu sein: ZR 63 Nr. 17. Für die ausländische *Organisation* genügt jede Mehrheit von Personen, die gemeinsame politische Ziele verfolgen: BGE 82 IV 163. – *Einrichten* und *Betreiben* eines Nachrichtendienstes erfassen auch ein Verhalten, das als Vorbereitung, Versuch, Anstiftung oder Gehilfenschaft gewertet werden kann; alle diese Handlungen gelten als vollendete Delikte: BGE 101 IV 189. – Zum *subjektiven* Tatbestand: BGE 74 IV 205, 80 IV 89, 91, SJZ 80 (1984) 273.

Ziff. 2: Kriterien des schweren Falls: BGE 101 IV 195. – Das Delikt ist nur in «schweren Fällen» ein Verbrechen, sonst ein Vergehen, wonach sich auch die Verfolgungsverjährung bestimmt (Art. 70 und 72 Ziff. 2): BGE 108 IV 41.

Wirtschaftlicher Nachrichtendienst

Wer ein Fabrikations- oder Geschäftsgeheimnis auskundschaf- **273** tet, um es einer fremden amtlichen Stelle oder einer ausländischen Organisation oder privaten Unternehmung oder ihren Agenten zugänglich zu machen,

wer ein Fabrikations- oder Geschäftsgeheimnis einer fremden amtlichen Stelle oder einer ausländischen Organisation oder privaten Unternehmung oder ihren Agenten zugänglich macht,

wird mit Gefängnis, in schweren Fällen mit Zuchthaus bestraft. Mit der Freiheitsstrafe kann Buße verbunden werden.

Art. 273: Vgl. ZStrR 93 (1977) 25, ZSR 104 (1985) 348. – Anwendbarkeit von Art. 7: BGE 104 IV 180. – Rechtswidrige Vereinigung: Art. 275ter. – Art. 162 (Verletzung von Fabrikations- und Geschäftsgeheimnissen): Es ist Idealkonkurrenz mit Art. 273 möglich: BGE 101 IV 204. – Vgl. auch Bem. zu Art. 272, 301. – Wahrung des Geheimnisses bei der Gewährung internationaler Rechtshilfe in Strafsachen: IRSG Art. 10 und 82.

Zweck der Strafbestimmung: Schutz der Gebietshoheit, Abwehr der Spitzeltätigkeit, Erhaltung der nationalen Wirtschaft; eine unmittelbare Verletzung oder Gefährdung ist nicht erforderlich: BGE 101 IV 313, 108 IV 47, 111 IV 78. – Der Begriff des *Geheimnisses* bezieht sich auf alle nicht offenkundigen oder allgemein bekannten Tatsachen, an deren Geheimhaltung ein schutzwürdiges Interesse sowie ein entsprechender Geheimhaltungswille bestehen; die betreffende Tatsache muß außerdem mit der schweizerischen Wirtschaft verknüpft sein: BGE 98 IV 210, 101 IV 313, 104 IV 177, VPB 1987 I Nr. 5. Das Geheimnis kann sich selbst auf ein illegales, strafbares oder vertragswidriges Verhalten beziehen: BGE 101 IV 314. Unter das Fabrikationsgeheimnis können die den Herstellungsprozeß betreffenden Tatsachen eingereiht werden: BGE 80 IV 27. Geschäftsgeheimnisse beziehen sich auf kaufmännische oder betriebliche Tatsachen im weitesten Sinne: BGE 65 I 333 (private Vermögens- und Einkommensverhältnisse), BGE 74

IV 104, ZR 72 Nr. 107 (Devisengeschäfte, Schmuggel), BGE 101 IV
313 (kommerzielle Interessen), BGE 111 IV 78 (Programme und Daten
von Computern). Unter Fabrikations- und Geschäftsgeheimnisse fallen
auch militärische Geheimnisse nach MStG Art. 86, wenn sie aus wirtschaftlichen Gründen geheimgehalten werden: BGE 97 IV 123. – Zum
Vorsatz (Art. 18 Abs. 2), Sachverhalts- (Art. 19) und Rechtsirrtum
(Art. 20): BGE 104 IV 181, VPB 1987 I Nr. 5. – Ausschluß der *Öffentlichkeit* von der Hauptverhandlung mit Rücksicht auf Geheimhaltungsinteressen: BGE 102 Ia 218.

Abs. 1: *Auskundschaften* ist jede Erkundungstätigkeit, die auf Ermittlung des fremden Geheimnisses gerichtet ist: ZStrR 93 (1977) 295.
– Amtliche Stelle kann auch der Staat im privaten Geschäftsverkehr
sein: BGE 95 I 449 (Stellung als Geschädigter in einem Strafverfahren).
– Private Organisation: ZStrR 93 (1977) 292f.

Abs. 2: *Zugänglichmachen:* Dieser Vorgang bedeutet, den vom
Gesetz umschriebenen Destinatären die Möglichkeit zu verschaffen,
auf unzulässige Weise in schweizerische Wirtschaftsgeheimnisse Einblick zu nehmen: VPB 1987 I Nr. 5. Es kommt nicht darauf an, ob
sich der Täter die Kenntnis vom Geheimnis rechtswidrig verschafft hat:
BGE 85 IV 140. – Unechte Gesetzeskonkurrenz zwischen Abs. 1
und 2: BGE 101 IV 200. – Auch die Übermittlung falscher Nach-
richten ist strafbar: BGE 71 IV 218, ZR 63 Nr. 15, 16. Die Handlung
braucht weder nützlich noch nachteilig zu sein: BGE 89 IV 208, 101 IV
196.

Abs. 3: Ein *schwerer Fall* betrifft den Verrat von privaten Geheimnissen, deren Bewahrung wegen ihrer großen Bedeutung auch im staatlichen Interesse liegt und deren Verletzung die nationale Sicherheit im
wirtschaftlichen Bereich – wenn auch bloß abstrakt – in beträchtlichem
Maße gefährdet: BGE 97 IV 123, 108 IV 47. Ob ein schwerer Fall vorliegt, beurteilt sich nach objektiven Kriterien ohne Rücksicht auf die
dem Täter eigenen subjektiven Umstände: BGE 111 IV 78. – Für die
Frage der relativen und absoluten Verfolgungsverjährung (Art. 70 und
72 Ziff. 2) ist maßgebend, ob es sich um einen leichten bzw. mittleren
oder einen schweren Fall handelt; je nachdem beträgt die absolute Frist
7½ oder 15 Jahre: BGE 108 IV 46.

Militärischer Nachrichtendienst

274 1. Wer für einen fremden Staat zum Nachteile der Schweiz militärischen Nachrichtendienst betreibt oder einen solchen Dienst
einrichtet,
> wer für solche Dienste anwirbt oder ihnen Vorschub leistet,
> wird mit Gefängnis oder mit Buße bestraft.

In schweren Fällen kann auf Zuchthaus erkannt werden.
2. Die Korrespondenz und das Material werden eingezogen.

Art. 274: Ergänzte Fassung gemäß BG vom 5. Oktober 1950, in Kraft seit 5. Januar 1951. Vgl. SJZ 68 (1972) 165 und Bem. zu Art. 273. – Rechtswidrige Vereinigung: Art. 275ter. Vgl. MStG Art. 86 (Verletzung militärischer Geheimnisse), dazu BGE 97 IV 116, Art. 301 (Nachrichtendienst gegen fremde Staaten). Ob eine von Art. 274 erfaßte Tatsache militärischen Charakter aufweist, beurteilt sich nach dem Interesse des fremden Staates: BGE 64 I 142. Die Strafbarkeit des Verhaltens setzt nicht voraus, daß der Nachrichtendienst dem ausländischen Staate, für den er bestimmt ist, nützlich und der Schweiz nachteilig sei: BGE 89 IV 207 f. Unter Einrichten eines Nachrichtendienstes sind alle Vorbereitungen zu verstehen, die eine geheime Übermittlung ermöglichen oder nach außen sichern sollen: BGE 101 IV 188 Erw. 2. – Zum subjektiven Tatbestand: BGE 61 IV 415, 419. – Teilnahmeformen: BGE 64 I 414.

Schwerer Fall: Vgl. Bem. zu Art. 273 Abs. 3.

3. Gefährdung der verfassungsmäßigen Ordnung

Angriffe auf die verfassungsmäßige Ordnung

Wer eine Handlung vornimmt, die darauf gerichtet ist, die ver- **275** fassungsmäßige Ordnung der Eidgenossenschaft oder der Kantone rechtswidrig zu stören oder zu ändern, wird mit Gefängnis bis zu fünf Jahren bestraft.

Zu Art. 275–275ter: Vgl. ZStrR 86 (1970) 347.
Art. 275: Neue Bestimmung gemäß BG vom 5. Oktober 1950, in Kraft seit 5. Januar 1951. – Der *objektive* Tatbestand ist im Blick auf Art. 265 (Hochverrat) zu beurteilen. Er umfaßt gewaltlose Angriffe, die mit ungesetzlichen Mitteln die Änderung der verfassungsrechtlichen Prinzipien des demokratischen, freiheitlichen Rechtsstaates herbeiführen oder das ordnungsgemäße Funktionieren der verfassungsmäßigen Staatsgewalten beeinträchtigen wollen. Zur Vollendung des Tatbestandes bedarf es allerdings keiner Änderung oder Störung der verfassungsmäßigen Ordnung: BGE 98 IV 127, SJZ 71 (1975) 365 – Zum *subjektiven* Tatbestand gehört, daß der Täter den hochverräterischen Charakter seiner Vorbereitungshandlungen und die Ungesetzlichkeit der angewendeten Kampfmittel kennt und damit einverstanden ist: SJZ 71 (1975) 365. – Zur Frage der Konkurrenz mit Art. 265ter: BGE 98 IV 130.

Staatsgefährliche Propaganda

275bis Wer eine Propaganda des Auslandes betreibt, die auf den gewaltsamen Umsturz der verfassungsmäßigen Ordnung der Eidgenossenschaft oder eines Kantons gerichtet ist, wird mit Gefängnis oder mit Buße bestraft.

Art. 275bis: Neue Bestimmung gemäß BG vom 5. Oktober 1950, in Kraft seit 5. Januar 1951. – Wie Art. 275 bezieht sich Art. 275bis auf die Gewährleistung der verfassungsmäßigen Ordnung. Angriffsmittel bildet die auf gewaltsame Veränderung dieser Ordnung ausgerichtete Propaganda im Interesse eines subversiven ausländischen Machtstrebens. Propaganda kann objektiv in irgendwelcher von den Mitbürgern wahrnehmbaren Handlung liegen, z. B. durch einen Vortrag, Verteilen von Flugblättern, Auflegen von Broschüren: BGE 68 IV 147.

Rechtswidrige Vereinigung

275ter Wer eine Vereinigung gründet, die bezweckt oder deren Tätigkeit darauf gerichtet ist, Handlungen vorzunehmen, die gemäß Artikel 265, 266, 266bis, 271–274, 275 und 275bis mit Strafe bedroht sind,

wer einer solchen Vereinigung beitritt oder sich an ihren Bestrebungen beteiligt,

wer zur Bildung solcher Vereinigungen auffordert oder deren Weisungen befolgt,

wird mit Gefängnis bestraft.

Art. 275ter: Neue Fassung gemäß BG vom 5. Oktober 1950, in Kraft seit 5. Januar 1951. – Die Bestimmung erfaßt Handlungen des Zusammenschlusses Gleichgesinnter zur Vorbereitung von Staatsdelikten. Die Strafwürdigkeit beruht auf der Überlegung, daß ein Komplott stark macht und deshalb gefährlich sein kann. – Art. 275ter ist nicht anwendbar, wenn Art. 266 (Angriff auf die Unabhängigkeit der Eidgenossenschaft) zutrifft: BGE 73 IV 103, Konkurrenz mit Art. 275: BGE 98 IV 130.

4. Störung der militärischen Sicherheit

Aufforderung und Verleitung zur Verletzung militärischer Dienstpflichten

1. Wer öffentlich zum Ungehorsam gegen militärische Befehle, **276** zur Dienstverletzung, zur Dienstverweigerung oder zum Ausreißen auffordert,

wer einen Dienstpflichtigen zu einer solchen Tat verleitet,

wird mit Gefängnis bestraft.

2. Geht die Aufforderung auf Meuterei oder auf Vorbereitung einer Meuterei, oder wird zur Meuterei oder zur Vorbereitung einer Meuterei verleitet, so ist die Strafe Zuchthaus oder Gefängnis.

Art. 276: Vgl. Art. 259 (Öffentliche Aufforderung zu Verbrechen oder Gewalttätigkeiten), Zivilschutzgesetz vom 23. März 1962 (SR 520.1), Art. 84 (Öffentliche Aufforderung zum Ungehorsam betr. Zivilschutzmaßnahmen und Zivilschutzübungen).

Ziff. 1: *Geschützt* ist die Wehrkraft der Armee und damit die militärische Sicherheit i. S. eines abstrakten Gefährdungsdeliktes: BGE 97 IV 108. – Die *Aufforderung* liegt in der mit einer gewissen Eindringlichkeit vorgetragenen mündlichen, schriftlichen oder bildlichen Äußerung, womit beim dienstpflichtigen Adressaten (der sich nicht im Militärdienst befinden muß) nach objektiver Betrachtung der Wille zu militärischem Ungehorsam, Dienstverweigerung usw. hervorgerufen werden kann. Die Verübung der entsprechenden Straftaten gehört nicht mehr zum Tatbestand: BGE 111 IV 152, MKGE 4 Nr. 69, 152, 9 Nr. 132. – *Öffentlich* ist die Aufforderung, wenn sie an einem jedermann zugänglichen Ort oder unter Umständen vorgetragen wird, die jedem zufällig hinzutretenden Dritten zum Zeugen der Äußerung werden läßt: BGE 111 IV 153, MKGE 8 Nr. 33.

Der *Vorsatz* muß auf die wissentliche und willentliche öffentliche Aufforderung und die abstrakte Möglichkeit der Verübung der Delikte gerichtet sein, nicht dagegen auf deren Verübung: BGE 97 IV 109.

Ziff. 2: Vgl. MStG Art. 63.

Fälschung von Aufgeboten oder Weisungen

1. Wer vorsätzlich ein militärisches Aufgebot oder eine für **277** Dienstpflichtige bestimmte Weisung fälscht, verfälscht, unterdrückt oder beseitigt,

wer ein gefälschtes oder verfälschtes Aufgebot oder eine solche Weisung gebraucht,

wird mit Zuchthaus oder mit Gefängnis bestraft.

2. Handelt der Täter fahrlässig, so ist die Strafe Gefängnis oder Buße.

Art. 277: Vgl. Art. 251 (Urkundenfälschung), Art. 254 (Unterdrükkung von Urkunden).

Störung des Militärdienstes

278 Wer eine Militärperson in der Ausübung des Dienstes hindert oder stört, wird mit Gefängnis bis zu sechs Monaten oder mit Buße bestraft.

Art. 278: Zivilschutzgesetz vom 23. März 1962 (SR 520) Art. 84 (Gefährdung von Veranstaltungen, Anlagen und Einrichtungen des Zivilschutzes).

Die Bestimmung schützt den einzelnen Dienstpflichtigen, die militärische Ordnung gegen von außen kommende Störungen. Die Tathandlung muß bewirken, daß der Angegriffene seine Funktionen – wenn auch nur vorübergehend – nicht ausüben kann oder der normale Dienstbetrieb beeinträchtigt bzw. erschwert wird; eine Störung der militärischen Sicherheit ist nicht erforderlich. Umgekehrt fallen Taktlosigkeiten von Neugierigen oder Unfug nicht unter Art. 278: MKGE 6 Nr. 104 Erw. 3 = RS 1956 Nr. 310bis, SJZ 56 (1960) 222.

Vierzehnter Titel
Vergehen gegen den Volkswillen

Störung und Hinderung von Wahlen und Abstimmungen

Wer eine durch Verfassung oder Gesetz vorgeschriebene Ver- **279**
sammlung, Wahl oder Abstimmung durch Gewalt oder Androhung ernstlicher Nachteile hindert oder stört,

wer die Sammlung oder die Ablieferung von Unterschriften
für ein Referendums- oder ein Initiativbegehren durch Gewalt
oder Androhung ernstlicher Nachteile hindert oder stört,

wird mit Gefängnis oder mit Buße bestraft.

Art. 279–283: Es besteht Bundesgerichtsbarkeit bei Wahlen, Abstimmungen, Referendums- und Initiativbegehren des Bundes:
Art. 340 Ziff. 1 Abs. 7.

Art. 279: Zur Hinderung und Störung durch Gewalt und Androhung
ernstlicher Nachteile vgl. Bem. zu Art. 181 (Nötigung). Im Gegensatz
zu dieser genügt eine anderweitige Beschränkung der Handlungsfreiheit, z. B. durch akustische Störung, nicht. Die tatbestandsmäßige
Handlung kann sich außer gegen Stimmberechtigte auch gegen die mit
der Wahl usw. betrauten Organe richten. Art. 279 geht dem Art. 181
vor.

Eingriffe in das Stimm- und Wahlrecht

Wer einen Stimmberechtigten an der Ausübung des Stimm- **280**
oder Wahlrechts, des Referendums oder der Initiative durch
Gewalt oder Androhung ernstlicher Nachteile hindert,

wer einen Stimmberechtigten durch Gewalt oder Androhung
ernstlicher Nachteile nötigt, eines dieser Rechte überhaupt
oder in einem bestimmten Sinn auszuüben,

wird mit Gefängnis oder mit Buße bestraft.

Abs. 280: Zur tatbestandsmäßigen Handlung und zum Verhältnis zu
Art. 181 vgl. Bem. zu Art. 279.

Abs. 1: Hinderung ist hier im Gegensatz zu Art. 279 im Sinne des
gänzlichen Unterbindens der Ausübung entsprechender Rechte zu verstehen.

Wahlbestechung

281 Wer einem Stimmberechtigten ein Geschenk oder einen andern Vorteil anbietet, verspricht, gibt oder zukommen läßt, damit er in einem bestimmten Sinne stimme oder wähle, einem Referendums- oder einem Initiativbegehren beitrete oder nicht beitrete,

wer einem Stimmberechtigten ein Geschenk oder einen andern Vorteil anbietet, verspricht, gibt oder zukommen läßt, damit er an einer Wahl oder Abstimmung nicht teilnehme,

wer sich als Stimmberechtigter einen solchen Vorteil versprechen oder geben läßt,

wird mit Gefängnis oder mit Buße bestraft.

Art. 281: Vgl. Art. 288 (Bestechen).

Abs. 1 und 2 (aktive Wahlbestechung): Vorauszusetzen ist, daß der Vorteil als Belohnung für das gewünschte Verhalten gekennzeichnet wird oder mindestens erkennbar ist; die Verteilung von Geschenken im Sinne einer Wahlpropaganda genügt nicht.

Abs. 3 (passive Wahlbestechung) setzt voraus, daß der Stimmberechtigte zusagt, sich gegen die Belohnung nach dem Wunsch des Bestechenden zu verhalten.

Wahlfälschung

282 1. Wer ein Stimmregister fälscht, verfälscht, beseitigt oder vernichtet,

wer unbefugt an einer Wahl oder Abstimmung oder an einem Referendums- oder Initiativbegehren teilnimmt,

wer das Ergebnis einer Wahl, einer Abstimmung oder einer Unterschriftensammlung zur Ausübung des Referendums oder der Initiative fälscht, insbesondere durch Hinzufügen, Ändern, Weglassen oder Streichen von Stimmzetteln oder Unterschriften, durch unrichtiges Auszählen oder unwahre Beurkundung des Ergebnisses,

wird mit Gefängnis oder mit Buße bestraft.

2. Handelt der Täter in amtlicher Eigenschaft, so ist die Strafe Gefängnis nicht unter einem Monat. Mit Gefängnis kann Buße verbunden werden.

Art. 282 Ziff. 1 Abs. 1: Zu den tatbestandsmäßigen Handlungen vgl. Bem. zu Art. 251 und Art. 254.

Abs. 2: Die Teilnahmebefugnis kann aus beliebigen Gründen, z. B. mangels Staatsbürgerschaft, fehlen (vgl. z. B. BGE 101 IV 206: als Schweizer ausgegebene Spione). Das Ergebnis braucht nicht verfälscht zu sein (BGE 112 IV 85). Nach diesem Entscheid macht sich auch strafbar, wer in die Liste eines Initiativbegehrens außer seinem eigenen Namen diejenigen anderer Personen einträgt.

Stimmenfang

Wer Wahl- oder Stimmzettel planmäßig einsammelt, ausfüllt **282bis** oder ändert oder wer derartige Wahl- oder Stimmzettel verteilt, wird mit Haft oder mit Buße bestraft.

Art. 282bis eingefügt durch das BG über die politischen Rechte vom 17. Dezember 1976, in Kraft seit 1. Juli 1978. Der Tatbestand, welcher gegen unterschwellige Beeinflussungen in der Stimmabgabe gerichtet ist, wird schon durch ein planmäßiges Einsammeln, Ausfüllen oder Ändern bzw. ein Verteilen (in größerer Zahl) von Wahl- oder Stimmzetteln erfüllt; deren Einlegung in die Urne oder eine Beeinflussung des Ergebnisses ist nicht erforderlich.

Verletzung des Abstimmungs- und Wahlgeheimnisses

Wer sich durch unrechtmäßiges Vorgehen Kenntnis davon ver- **283** schafft, wie einzelne Berechtigte stimmen oder wählen, wird mit Gefängnis oder mit Buße bestraft.

Art. 283: Der Tatbestand wird schon dadurch erfüllt, daß der Täter allein durch unrechtmäßiges Vorgehen (z. B. unbefugte Einsichtnahme in Wahlcouverts oder brieflich zugestellte Stimmzettel) Kenntnis davon erhält, wie ein einzelner gestimmt hat. Nicht erfaßt wird das Ausspionieren eines noch nicht veröffentlichten Ergebnisses einer Abstimmung.

Aufgehoben durch BG vom 18. März 1971 ab 1. Juli 1971.   **284**

Fünfzehnter Titel
Strafbare Handlungen gegen die öffentliche Gewalt

Gewalt und Drohung gegen Behörden und Beamte

285 1. Wer eine Behörde, ein Mitglied einer Behörde oder einen Beamten durch Gewalt oder Drohung an einer Handlung, die innerhalb ihrer Amtsbefugnisse liegt, hindert, zu einer Amtshandlung nötigt oder während einer Amtshandlung tätlich angreift, wird mit Gefängnis oder mit Buße bestraft.

2. Wird die Tat von einem zusammengerotteten Haufen begangen, so wird jeder, der an der Zusammenrottung teilnimmt, mit Gefängnis bestraft.

Der Teilnehmer, der Gewalt an Personen oder Sachen verübt, wird mit Zuchthaus bis zu drei Jahren oder mit Gefängnis nicht unter einem Monate bestraft.

Zu Art. 285–295: Vgl. Krim 1965, 327, 383. – *Bundesgerichtsbarkeit*, soweit die Straftat sich auf die *Bundesgewalt* bezieht: Art. 340 Ziff. 1 Abs. 7, dazu BGE 70 IV 217. – Die Art. 285–295 regeln die strafbaren Handlungen nicht abschließend; kantonale Übertretungstatbestände sind zulässig: BGE 117 Ia 476.

Art. 285: Vgl. ZStrR 91 (1975) 231, Krim 1956, 376. – Verhältnis zur Körperverletzung (Art. 122 und 123): BGE 103 IV 247 (Idealkonkurrenz), zu Landfriedensbruch (Art. 260): BGE 103 IV 247 (Idealkonkurrenz), zu Hinderung einer Amtshandlung (Art. 286): SJZ 67 (1971) 24. – Vgl. Art. 310 (Gefangenenbefreiung), Art. 311 (Meuterei von Gefangenen).

Ziff. 1: Ergänzt gemäß BG vom 5. Oktober 1950, in Kraft seit 5. Januar 1951.

Schutzobjekt ist die öffentliche Gewalt und die körperliche Integrität des öffentlichen Funktionärs bei der Verrichtung amtlicher Aufgaben: BGE 110 IV 92; zum Begriff des Beamten Art. 110 Ziff. 4. – Tathandlungen können sein: 1. Die Hinderung einer Amtshandlung durch Gewalt oder Drohung. Bereits eine Erschwerung von Amtshandlungen oder einer notwendigen Begleithandlung genügt: BGE 81 IV

164, 90 IV 137, SJZ 76 (1980) 351. Gewalt bedeutet physische Einwirkung, die aber nicht notwendigerweise Aufwendung körperlicher Kraft bedeuten muß: BGE 90 IV 137, 103 IV 245, SJZ 76 (1980) 350. Die Bestimmung schützt den Beamten nicht gegen Angriffe aus persönlichen Gründen, die nicht der Hinderung einer Amtshandlung dienen: BGE 110 IV 92. Zur Drohung vgl. Art. 180, 181. – 2. Die Nötigung zu einer Amtshandlung, vgl. Bem. zu Art. 181. Keine rechtswidrige Nötigung ist die Androhung eines zulässigen Druckmittels, z. B. einer begründeten Beschwerde gegen den Beamten: BGE 94 IV 118. – 3. Der tätliche Angriff bei einer Amtshandlung oder einer notwendigen Begleithandlung: BGE 101 IV 64.

Eine Amtshandlung verliert ihren strafrechtlichen Schutz nur, wenn sie *nichtig* ist, kein wirksamer Rechtsschutz zu erwarten ist und der Widerstand zur Wahrung oder Wiederherstellung des rechtmäßigen Zustandes dient: BGE 98 IV 44. Eine vom Amtes wegen und von jedermann zu beachtende Nichtigkeit liegt vor, wenn die Amtshandlung an einem schweren, offensichtlich erkennbaren materiellen oder formellen Rechtsmangel leidet: BGE 104 Ia 176, 115 Ia 4, MKGE 10 Nr. 56 Erw. 2. – Zum Vorsatz: BGE 101 IV 66.

Ziff. 2: Sog. Aufruhr. Vgl. Bem. zu Art. 260 (Landfriedensbruch). – Der Begriff des zusammengerotteten Haufens ist der gleiche wie die Zusammenrottung nach Art. 260, und die Teilnahme ist wie diejenige beim Landfriedensbruch auszulegen. Dagegen setzt Art. 285 Ziff. 2 nicht voraus, daß die Zusammenrottung öffentlich erfolgt: BGE 103 IV 246, SJZ 76 (1980) 351. Das Widerstandsrecht der Masse bei Demonstrationen beurteilt sich gleich wie das individuelle Widerstandsrecht nach Ziff. 1: BGE 98 IV 45.

Abs. 1: Nach dieser Bestimmung macht sich jeder Teilnehmer an einer Zusammenrottung strafbar, die Handlungen gemäß Art. 285 Ziff. 1 verübt. Nicht erforderlich ist, daß er selbst aktiv gehandelt hat. Die Gewalttätigkeit gegenüber Behördemitgliedern bzw. Beamten ist bloße objektive Strafbarkeitsbedingung, braucht also von Vorsatz nicht erfaßt zu sein: BGE 98 IV 47. – Zur Frage der Beschränkung der Strafverfolgung auf einzelne Personen aus dem zusammengerotteten Haufen: SJZ 76 (1980) 351. – Idealkonkurrenz mit Art. 260 (Landfriedensbruch) ist gegeben, wenn vom zusammengerotteten Haufen auch Gewalttätigkeiten begangen werden, die sich nicht gegen die öffentliche Gewalt richten: BGE 103 IV 246, 108 IV 179.

Abs. 2: Unter diese Bestimmung fällt nur der Teilnehmer, welcher selbst durch Gewalt an Personen oder Sachen den Tatbestand von Art. 285 Ziff. 1 erfüllt: BGE 108 IV 178.

Hinderung einer Amtshandlung

286 Wer eine Behörde, ein Mitglied einer Behörde oder einen Beamten an einer Handlung hindert, die innerhalb ihrer Amtsbefugnisse liegt, wird mit Gefängnis bis zu einem Monat oder mit Buße bestraft.

Art. 286: Ergänzt durch BG vom 5. Oktober 1950, in Kraft seit 5. Januar 1951. Vgl. Zollgesetz vom 1. Oktober 1925 (SR 631.0), Art. 104 Abs. 2 (Ordnungswidrigkeiten gegen Anordnungen der Zollbehörden), Volkszählungsgesetz vom 3. Februar 1860/23. Juni 1988 (SR 431.112) Art. 3 C (Behinderung der Volkszählung).

SJZ 52 (1956) 101, 67 (1971) 37, 74. – Beamter: Art. 110 Ziff. 4. – Verhältnis zu Art. 285 (Gewalt und Drohung gegen Behörden und Beamte): SJZ 67 (1971) 24, Art. 305 (Begünstigung): BGE 85 IV 144, Art. 323, 324 (Ungehorsam im Betreibungs- und Konkursverfahren): BGE 81 IV 326. – Vereitelung einer Blutprobe: SVG Art. 91 Abs. 3; diese Spezialbestimmung geht Art. 286 vor: ZBJV 121 (1985) 514, BGE 110 IV 93 (auch auf die Weigerung, sich einem Atemlufttest zu unterziehen, ist Art. 286 nicht anwendbar). Weigerung, Ausweise oder Bewilligungen im Straßenverkehr vorzuzeigen: SVG Art. 98 Ziff. 3bis. – Leichte Fälle von Hinderung einer Amtshandlung sowie bloße Störung einer Amtshandlung sind dem kantonalen Übertretungsstrafrecht vorbehalten: BGE 81 IV 165, 117 Ia 476, ZR 53 Nr. 120.

Art. 286 will vor allem den passiven Widerstand treffen, d. h. ein Verhalten gegenüber Amtshandlungen, das über den bloßen Ungehorsam gegen eine amtliche Verfügung hinausgeht (Art. 292): BGE 74 IV 63, 81 IV 164, ZBJV 121 (1985) 513. Bloßer Ungehorsam gegenüber einer Anordnung, der keine Hinderung der amtlichen Tätigkeit bewirkt, ist nach Art. 292 zu bestrafen, wenn der erforderliche Hinweis auf die Strafdrohung erfolgt ist: BGE 69 IV 3, 81 IV 164. – Die von Art. 286 geschützte Amtshandlung muß innerhalb der Amtsbefugnis liegen, d. h. die Behörde oder der Beamte muß für die Handlung zuständig sein. Trifft dies zu, so hat sich der von der Verfügung Betroffene ihr zu unterziehen, gleichgültig, ob die Anordnung rechtmäßig ist oder nicht, sofern die Rechtswidrigkeit nicht offenkundig ist: BGE 78 IV 118, 95 IV 175, 98 IV 43, SJZ 69 (1973) 39, s. auch Bem. zu Art. 292.

Unter den Begriff der Amtshandlung fallen außer dem Vollzug einer bestimmten öffentlichen Aufgabe auch die notwendigen Begleithandlungen: BGE 90 IV 139. Hinderung bedeutet, daß der Handlung Widerstand entgegengesetzt wird. Einspruch eines Bürgers gegen die Art der Vornahme der Handlung, die den Beamten zu deren freiwilliger Unterbrechung veranlaßt, genügt nicht: BGE 105 IV 49. Nicht erforderlich ist, daß die Handlung überhaupt nicht vorgenommen werden kann; es genügt, daß sie verzögert oder erschwert wird: BGE 90 IV 139, 107 IV 118, 120 IV 139. – Wer irrtümlich annimmt, daß ein Beamter zur Vornahme einer bestimmten Handlung nicht befugt sei, macht sich dadurch, daß er ihn daran hindert, nicht nach Art. 286 strafbar (Sachverhaltsirrtum nach Art. 19): BGE 116 IV 156 Erw. 3. – Zum Versuch: BGE 105 IV 50.

Im einzelnen: BGE 74 IV 63 (Fuchteln mit den Händen, um das Anlegen der Zange und damit die Verhaftung zu verhindern, fällt unter Art. 286), 81 IV 164 (Wegfahren trotz polizeilichen Verbots ist nicht nach Art. 286 strafbar), 94 IV 175, 103 IV 187 (Verunmöglichen einer Radarkontrolle durch Aufstellen eines Autos vor das Meßgerät ist nach Art. 286 verfolgbar, nicht dagegen das Handzeichen zur Verlangsamung der Geschwindigkeit; die Kantone sind nicht berechtigt, ein solches Verhalten als kantonalrechtliche Übertretung zu ahnden), BGE 104 IV 288, 103 IV 247 (Art. 286 ist nicht anwendbar bei berechtigter Auskunftsverweigerung gegenüber der Polizei), 107 IV 118 (Behinderung einer Sitzung durch Verweilen einer ungebetenen Gruppe im Sitzungslokal). BGE 110 IV 93 (die Ablehnung der polizeilichen Aufforderung, sich einem Atemlufttest zu unterziehen, erfüllt Art. 286 auch nicht, bevor die Blutprobe von zuständigen Beamten angeordnet wurde). BGE 120 IV 139 (Verhinderung einer polizeilichen Kontrolle durch Erzwingung der Durchfahrt bei einer Absperrung durch einen Autolenker; nach dem Entscheid ist der Mitfahrer nicht Mittäter, auch wenn er die Tat des Fahrers billigt).

Amtsanmaßung

Wer sich in rechtswidriger Absicht die Ausübung eines Amtes **287** oder militärische Befehlsgewalt anmaßt, wird mit Gefängnis oder mit Buße bestraft.

Art. 287: Vgl. MStG Art. 69. – Die bloße Vorspiegelung, Beamter zu sein, genügt nicht für die Amtsanmaßung: SJZ 42 (1946) 325; ZR 49 Nr. 84. Der Täter muß vielmehr unter Vorgabe dieser Stellung die ihm nicht zustehende Amtsgewalt beanspruchen: SJZ 67 (1971) 95. Damit ist das Delikt vollendet, gleichgültig, ob der Adressat der Anordnung Folge leistet oder nicht: MKGE 7 Nr. 55 (Idealkonkurrenz mit Nötigung nach Art. 181).

Bestechen

Wer einem Mitglied einer Behörde, einem Beamten, einer zur **288**

Ausübung des Richteramtes berufenen Person, einem Schiedsrichter, einem amtlich bestellten Sachverständigen, Übersetzer
oder Dolmetscher, einem Angehörigen des Heeres ein Geschenk oder einen andern Vorteil anbietet, verspricht, gibt oder
zukommen läßt, damit er seine Amts- oder Dienstpflicht ver-
letze, wird mit Gefängnis bestraft. Mit Gefängnis kann Buße
verbunden werden.

Art. 288: Beamter: Art. 110 Ziff. 4. – Vgl. Art. 59 (Einziehung von
Vermögenswerten), 315, 316 (sich bestechen lassen, Annahme von Geschenken). – Art. 288 und 315 sind auch anwendbar, wenn Bestecher
und Bestochener den Plan gemeinsam ausgeheckt haben: BGE 77 IV
48; wenn die gegen die Amtspflicht verstoßende Handlung nicht Amtshandlung ist: BGE 77 IV 48, oder vom Ermessen des Beamten abhängt:
ZBJV 82 (1946) 126. – Das Versprechen, dem zu Bestechenden den
Vorteil durch einen Dritten zukommen zu lassen, ist ebenfalls strafbar;
es genügt, daß der Täter mit der Möglichkeit rechnet, mit dem Versprechen den Beamten beeinflussen zu können: BGE 100 IV 57. – Idealkonkurrenz zwischen aktiver Bestechung und Anstiftung zu Urkundenfälschung im Amt (Art. 317): BGE 93 IV 52.

Bestechung von Privatpersonen im Wirtschaftskampf: UWG Art. 23
in Verbindung mit Art. 4 lit. b dieses Gesetzes.

Bruch amtlicher Beschlagnahme

289 Wer eine Sache, die amtlich mit Beschlag belegt ist, der amtlichen Gewalt entzieht, wird mit Gefängnis oder mit Buße bestraft.

Art. 289: Verhältnis zu Art. 169 (Verfügung über mit Beschlag be-
legte Vermögenswerte): Art. 289 (nach altem Recht) gelangt nur zur
Anwendung, wenn dem Gläubiger durch den Entzug der gepfändeten
Sache kein Nachteil erwächst: BGE 75 IV 174, ZBJV 110 (1974) 73.

Siegelbruch

290 Wer ein amtliches Zeichen, namentlich ein amtliches Siegel, mit
dem eine Sache verschlossen oder gekennzeichnet ist, erbricht,
entfernt oder unwirksam macht, wird mit Gefängnis oder mit
Buße bestraft.

Art. 290: Zum Begriff «amtlich»: BGE 95 IV 13. – Gültigkeit des
Zollverschlusses als amtliches Siegel: BGE 92 IV 195. – Die an einem

elektrischen Zähler angebrachte *Plombe* ist kein Siegel: SJZ 48 (1952) 276. – Vgl. Art. 179 (Verletzung des Schriftgeheimnisses).

Verweisungsbruch

291 ¹ Wer eine von einer zuständigen Behörde auferlegte Landes- oder Kantonsverweisung bricht, wird mit Gefängnis bestraft.

² Die Dauer dieser Strafe wird auf die Verweisungsdauer nicht angerechnet.

Art. 291: Nach BV Art. 45 kann sich jeder Schweizer an jedem Ort des Landes niederlassen. Die Möglichkeit der Kantone, diese Freiheit aus gewissen polizei- und fürsorgerechtlichen Gründen aufzuheben, wurde durch die Neufassung vom 7. Dezember 1975 außer Kraft gesetzt. So ist die Ausweisung nur noch gegen Ausländer, gestützt auf Art. 55, MStG Art. 40, BV Art. 70, ANAG Art. 10, möglich. – Überprüfbarkeit der von der zuständigen Behörde erlassenen Wegweisungsverfügung: BGE 98 IV 108. – Die *Verweisung* bricht nicht nur, wer in das verbotene Gebiet *eindringt,* sondern auch, wer darin *verweilt:* BGE 70 IV 174, vgl. ZR 45 Nr. 87. – Der Verweisungsbruch ist ein *Dauerdelikt,* das nicht nur beim Grenzübertritt, sondern so lange begangen wird, als der unberechtigte Aufenthalt andauert; Begünstigung hiezu: BGE 104 IV 188. – Verhältnis zu ANAG Art. 23 Abs. 1: Diese Bestimmung ist subsidiär (BGE 100 IV 246).

Ungehorsam gegen amtliche Verfügungen

292 Wer der von einer zuständigen Behörde oder einem zuständigen Beamten unter Hinweis auf die Strafdrohung dieses Artikels an ihn erlassenen Verfügung nicht Folge leistet, wird mit Haft oder mit Buße bestraft.

Art. 292: Vgl. ZStrR 91 (1977) 399, ZStrR 75 (1959) 139, ZStrR 94 (1977) 383. Die Bestimmung verbietet den Kantonen nicht, gestützt auf Art. 335 Ziff. 1 Abs. 2 die Nichtbefolgung von Urteilen in Zivilsachen mit Strafe zu bedrohen: BGE 69 IV 210.

Art. 292 gilt nur für Ungehorsam gegen Verfügungen, die sich an individuell bestimmbare Personen richten: BGE 92 I 35. Die verantwortlichen Organe einer juristischen Person, an die sich die Verfügung richtet, sind strafbar, wenn sie ungehorsam sind: BGE 78 IV 239. – Die Androhung der Strafe muß von einer Behörde ausgehen, ein Prozeßvergleich genügt nicht: ZR 76 Nr. 57. – Die der Strafdrohung unterstellte Verfügung muß eine besondere Belehrung über die strafrechtlichen Folgen des Ungehorsams enthalten, wobei auf die Sanktion von Buße oder Haft hinzuweisen ist: BGE 105 IV 249. Wer die Strafandrohung schon kennt, ist auch ohne ausdrückliche Belehrung strafbar: BGE 86 IV 28. Beim Erlaß einer anderen Verfügung durch eine andere Instanz ist eine Wiederholung erforderlich: BGE 105 IV 250. – Die Belehrung kann auch mündlich geschehen: Krim 1967, 44. – Die bloße Androhung von Strafe für künftigen Ungehorsam ist nicht mit der Nichtigkeitsbeschwerde anfechtbar, weil kein Urteil i. S. von BStP Art. 268 Ziff. 1 vorliegt: BGE 97 IV 70. – Ungehorsam gegen ein Konkurrenzverbot, Auslegung durch den Strafrichter: BGE 105 IV 283. – Zur Frage der mehrfachen Bestrafung bei wiederholtem Ungehorsam: BGE 104 IV 231, SJZ 58 (1962) 319. – Die Androhung von Haft oder Buße nach Art. 292 hat nur indirekte (psychologische) Wirkung; sie garantiert nicht die Wiederherstellung des eigenmächtig veränderten Zustandes: BGE 108 II 515.

Art. 292 ist auch anwendbar im *Zwangsvollstreckungsverfahren,* soweit keine Spezialbestimmungen betr. Ungehorsam (Art. 323, 324) bestehen: BGE 83 III 6. Im Arrestverfahren gemäß SchKG Art. 271 ff. darf jedoch Ungehorsam gegenüber einem Dritten, von dem Auskunft verlangt wird, nur angedroht werden, wenn der Arrestgläubiger für die Forderung einen Vollstreckungstitel nach SchKG Art. 80, 82 vorweisen kann: BGE 112 III 9. – Art. 323 geht Art. 292 vor. Falls dieser anzuwenden ist, ist der Schuldner vorher auf die Strafdrohung aufmerksam zu machen: ZR 81 Nr. 66.

Art. 292 ist als *Blankettnorm* nur anwendbar, wenn keine besondere Strafbestimmung besteht: BGE 90 IV 207, 97 I 471, 105 IV 249, RS 1972 Nr. 352. So geht Art. 186 (Hausfriedensbruch) bei Mißachtung eines behördlichen Hausverbotes vor, wenn die Behörde auch über das Hausrecht verfügt: BGE 100 IV 53 (siehe jedoch auch BGE 90 IV 207). – Begünstigung (Art. 305) geht Art. 292 nicht vor: SJZ 76 (1980) 325. – Der Richter kann jemandem unter Androhung von Art. 292 verbieten, zu behaupten, er sei der Vater eines Kindes, und mit diesem Kontakt aufzunehmen: BGE 108 II 348.

Zur *Rechtskontrolle* des Strafrichters: Nach der einen Auffassung verpflichtet der rechtsstaatliche Grundsatz der Gesetzmäßigkeit staatlichen Handelns den Richter zur vorfrageweise freien Überprüfung der Rechtmäßigkeit der Verfügung: bei negativem Ergebnis ist eine Bestrafung ausgeschlossen: SJZ 79 (1983) 99, ZR 53 Nr. 118. Die andere Auslegung bekennt sich mit Rücksicht auf die Rechtssicherheit und die einheitliche Rechtsanwendung zu einer differenzierten und eingeschränkten Kognitionsbefugnis des Richters: Hätte der Betroffene die Möglichkeit der verwaltungsgerichtlichen Beschwerde gehabt, jedoch auf das Rechtsmittel verzichtet, so beschränkt sich die Überprüfung auf offensichtliche Gesetzesverletzungen einschließlich des Mißbrauchs oder der Über- bzw. Unterschreitung des Ermessens. Keine Rechtskontrolle durch den Strafrichter findet statt, wenn ein Verwaltungsgericht die Gesetzesmäßigkeit überprüft und bestätigt hat. Stand für die Anfechtung der verwaltungsgerichtliche Weg nicht offen, übt der Strafrichter die volle Rechtskontrolle unter Ausschluß der Angemessenheit aus: BGE 98 IV 111, 266, 99 IV 166, 104 IV 137, MKGE 10 Nr. 56, ZR 87 Nr. 58 S. 148. – Zur Überprüfungsbefugnis im Rahmen der zürcherischen Nichtigkeitsbeschwerde (StPO § 430 Ziff. 6): SJZ 75 (1979) 94 f., kritisch SJZ 76 (1980) 157, zur Abgrenzung zwischen kantonaler und eidgenössischer Nichtigkeitsbeschwerde: ZR 87 Nr. 58. – Ein illoyales Verhalten der Verwaltungsbehörde gegenüber dem (ungehorsamen) Täter kann eine Bestrafung nach Art. 292 ausschließen: RS 1985 Nr. 880. – Ob die mißachtete Verfügung während der Zeit ihrer Anfechtbarkeit verbindlich ist, entscheidet sich nach dem Suspensiveffekt: BGE 90 IV 82. Das Fehlen einer Rechtsmittelbelehrung macht die Verfügung nicht unverbindlich: RS 1972 Nr. 351. – Zulässigkeit von Zwangsmaßnahmen gegenüber widerspenstigen Zeugen: BGE 117 Ia 493.

Für die Strafbarkeit ist *Vorsatz* erforderlich, d. h. namentlich das Wissen um die amtliche Anordnung und die strafrechtlichen Folgen ihrer Mißachtung. Daran fehlt es, wenn der Betroffene vom Inhalt der ihm zugestellten Sendung mit einer amtlichen Verfügung noch keine Kenntnis genommen hatte: BGE 119 IV 240.

Anerkennung eines *übergesetzlichen Rechtfertigungsgrundes* bei der Ungehorsamsstrafe gegenüber einem die Zeugenaussage verweigernden kommunalen Parlamentarier in bezug auf seine Informationsquelle: SJZ 83 (1987) 101; problematisch.

Veröffentlichung amtlicher geheimer Verhandlungen

[1] Wer, ohne dazu berechtigt zu sein, aus Akten, Verhandlungen oder Untersuchungen einer Behörde, die durch Gesetz oder durch Beschluß der Behörde im Rahmen ihrer Befugnis als geheim erklärt worden sind, etwas an die Öffentlichkeit bringt, wird mit Haft oder mit Buße bestraft. **293**

[2] Die Gehilfenschaft ist strafbar.

Art. 293: SJZ 79 (1983) 17. Vgl. Art. 27 (Verantwortlichkeit der Presse), Art. 267 (diplomatischer Landesverrat), Art. 320 (Verletzung des Amtsgeheimnisses), Art. 366 (parlamentarische Immunität, Strafverfolgung gegen Mitglieder der obersten Behörden).

Abs. 1: Die *Behörde* ist ein Sammelbegriff für Organe, die kraft öffentlichen Rechts mit hoheitlicher Zuständigkeit staatliche Funktionen ausüben; dazu gehört auch der Generalstabschef der Armee: BGE 114 IV 35. – Art. 293 gilt auch für Schriftstücke, in denen Verhandlungen ihren Niederschlag gefunden haben. Die Bestimmung will die freie Meinungsäußerung innerhalb einer Behörde schützen; der Gang der Beratungen soll nicht durch öffentliche Diskussionen gestört werden. Für den Begriff des *«Geheimnisses»* genügt die durch Gesetz oder Beschluß abgegebene Erklärung, daß die Verhandlungen geheim sein sollen; es braucht also kein Staats- oder Amtsgeheimnis vorzuliegen. Dementsprechend ist vom Strafrichter auch nicht zu prüfen, ob die unerlaubt bekanntgegebene Tatsache wirklich geheim gewesen ist oder nicht: BGE 107 IV 187, 114 IV 36, SJZ 77 (1981) 269. – Das *«Gesetz»* i. S. von Art. 293 kann auch eine Verordnung sein (i. c. Geschäftsreglement des Nationalrates [GRN], SR 171.13): BGE 107 IV 187, SJZ 77 (1981) 268. Für die Anwendung der Bestimmung reicht es aus, daß sich die geheime Natur der Verhandlungen aus dem Sinn des Gesetzes ergibt: BGE 107 IV 188 lit. c. – Die Berufspflicht des Journalisten (Art. 32), die Pressefreiheit und die Wahrung berechtigter Interessen vermögen keinen Rechtfertigungsgrund abzugeben: BGE 107 IV 191, SJZ 77 (1981) 269. – Das früher in Art. 22 GRN (vgl. nun Art. 24 der Neufassung dieses Erlasses vom 22. Juni 1990) statuierte *Sitzungsgeheimnis* ist keine Einschränkung der Meinungsäußerungsfreiheit i. S. v. EMRK Art. 10 Ziff. 2: BGE 108 Ia 278, EuGRZ 1983 40. – Zum Verhältnis von Art. 22 GRN zu Art. 293: BGE 108 IV 188. – Zum Gerichtsstand bei Veröffentlichung durch Radio oder Fernsehen: BGE 119 IV 251 (grundsätzlich am Ort des Sendestudios).

Abs. 2: Vgl. Art. 25, 104 Abs. 1.

Übertretung eines Berufsverbotes

294 Wer einen Beruf, ein Gewerbe oder ein Handelsgeschäft ausübt, dessen Ausübung ihm durch Strafurteil untersagt ist, wird mit Haft oder mit Buße bestraft.

Art. 294: Vgl. Art. 54. – Die Bestimmung bezieht sich nur auf die Nebenstrafe nach Art. 54, nicht aber auf Weisungen betreffend Berufsausübung i. S. von Art. 41 Ziff. 2 Abs. 1 oder administrative Berufsverbote. – Zur zeitlichen Berechnung: SJZ 61 (1965) 377 Nr. 187.

Übertretung des Wirtshaus- und Alkoholverbots

295 Wer ein durch gerichtliches Urteil erlassenes Wirtshausverbot übertritt, wer als Wirt geistige Getränke jemandem verabreicht oder verabreichen läßt, von dem er weiß oder wissen muß, daß ihm der Besuch der Wirtschaften durch Verfügung einer zuständigen Behörde verboten ist,

wird mit Haft oder mit Buße bestraft.

Art. 295: Vgl. Art. 56.

Abs. 1: Schon das Aufsuchen der Wirtschaft ohne Konsumation geistiger Getränke erfüllt den Tatbestand: RS 1946 Nr. 249.

Abs. 2: Strafbar ist die direkte Abgabe von Alkohol durch den Wirt selber oder durch das Personal, wenn er dieses anweist, Alkohol auszuschenken, bzw. dagegen nicht einschreitet, obwohl er dies tun könnte: SJZ 40 (1944) 192.

Sechzehnter Titel
Störung der Beziehungen zum Ausland

Beleidigung eines fremden Staates

296 Wer einen fremden Staat in der Person eines Oberhauptes, in seiner Regierung oder in der Person eines seiner diplomatischen Vertreter oder eines seiner offiziellen Delegierten an einer in der Schweiz tagenden diplomatischen Konferenz oder eines seiner offiziellen Vertreter bei einer in der Schweiz niedergelassenen oder tagenden zwischenstaatlichen Organisation oder Abteilung einer solchen öffentlich beleidigt, wird mit Gefängnis oder mit Buße bestraft.

> **Art. 296–301:** *Strafverfolgung* erst auf *Ermächtigung* des Bundesrates hin: Art. 302. – Bundesgerichtsbarkeit: Art. 340 Ziff. 1 Abs. 8.
> **Art. 296** in neuer Fassung gemäß BG vom 5. Oktober 1950, in Kraft seit 5. Januar 1951. – Zum Begriff der *Beleidigung* vgl. die Ehrverletzungstatbestände (Art. 173–178). – *Verjährung:* Art. 302 Abs. 3.

Beleidigung zwischenstaatlicher Organisationen

297 Wer eine in der Schweiz niedergelassene oder tagende zwischenstaatliche Organisation oder Abteilung einer solchen in der Person eines ihrer offiziellen Vertreter öffentlich beleidigt, wird mit Gefängnis oder mit Buße bestraft.

> **Art. 297** in neuer Fassung gemäß BG vom 5. Oktober 1950, in Kraft seit 5. Januar 1951. – Für die in der Schweiz niedergelassenen internationalen Organisationen vgl. die sog. «Sitzverträge» in SR 0.192.120.1 und Bem. zu Art. 296 – *Verjährung:* Art. 302 Abs. 3.

Tätliche Angriffe auf fremde Hoheitszeichen

298 Wer Hoheitszeichen eines fremden Staates, die von einer anerkannten Vertretung dieses Staates öffentlich angebracht sind, namentlich sein Wappen oder seine Fahne böswillig wegnimmt, beschädigt oder beleidigende Handlungen daran verübt, wird mit Gefängnis oder mit Buße bestraft.

Art. 298: Vgl. Art. 270 (schweizerische Hoheitszeichen).

Verletzung fremder Gebietshoheit

1. Wer die Gebietshoheit eines fremden Staates verletzt, insbe- **299** sondere durch unerlaubte Vornahme von Amtshandlungen auf dem fremden Staatsgebiete,

wer in Verletzung des Völkerrechtes auf fremdes Staatsgebiet eindringt,

wird mit Gefängnis oder mit Buße bestraft.

2. Wer versucht, vom Gebiete der Schweiz aus mit Gewalt die staatliche Ordnung eines fremden Staates zu stören, wird mit Gefängnis bestraft.

Art. 299: Vgl. Art. 269, 271 (schweizerische Gebietshoheit, verbotene Handlungen für einen fremden Staat).

Abs. 1: In diesen Fällen nimmt die Schweiz sinngemäß ungeachtet Art. 3 ff. auch ihre *Gerichtsbarkeit* in Anspruch.

Feindseligkeiten gegen einen Kriegführenden oder fremde Truppen

Wer vom neutralen Gebiete der Schweiz aus Feindseligkeiten **300** gegen einen Kriegführenden unternimmt oder unterstützt,

wer Feindseligkeiten gegen in die Schweiz zugelassene fremde Truppen unternimmt,

wird mit Zuchthaus oder mit Gefängnis bestraft.

Art. 300: Die Bestimmung stützt sich auf die Verpflichtung im V. Haager Abkommen vom 18. Oktober 1907 (SR 0.515.21) betr. die Rechte und Pflichten der neutralen Mächte und Privaten im Falle eines Landkrieges, Art. 1–5. – Ergänzend BV Art. 41, BG über das Kriegsmaterial vom 30. Juni 1972 (SR 514.51).

Nachrichtendienst gegen fremde Staaten

1. Wer im Gebiete der Schweiz für einen fremden Staat zum **301** Nachteil eines andern fremden Staates militärischen Nachrichtendienst betreibt oder einen solchen Dienst einrichtet,

wer für solche Dienste anwirbt oder ihnen Vorschub leistet,

wird mit Gefängnis oder mit Buße bestraft.

2. Die Korrespondenz und das Material werden eingezogen.

Art. 301: Vgl. Art. 274 (Militärischer Nachrichtendienst): Verhältnis zu MStG Art. 86: BGE 97 IV 122 (Frage offengelassen).

Ziff. 1 bezweckt die Verhinderung der Spitzeltätigkeit: BGE 101 IV 189. – Schutzobjekt sind die Beziehungen der Schweiz zum Ausland, wobei es unerheblich ist, ob der Nachrichtendienst dem betreffenden Land nützlich oder schädlich war (BGE 89 IV 207) und ob die Beziehungen zwischen dem fremden Staat und der Schweiz tatsächlich gestört wurden (BGE 89 IV 207, 101 IV 191, ZR 63 Nr. 17). – Fremder Staat ist jede staatliche Organisation, welche tatsächliche Machtbefugnisse ausübt, unabhängig von der diplomatischen Anerkennung durch die Schweiz: ZR 63 Nr. 17. – Die volle Strafbestimmung erfüllen auch Vorbereitung, Anstiftung und Gehilfenschaft: BGE 101 IV 189, ZR 63 Nr. 17.

Strafverfolgung

302 [1] Die Verbrechen und Vergehen dieses Titels werden nur auf Ermächtigung des Bundesrates verfolgt.

[2] Der Bundesrat ordnet die Verfolgung nur an, wenn in den Fällen des Artikels 296 die Regierung des fremden Staates und in den Fällen des Artikels 297 ein Organ der zwischenstaatlichen Organisation um die Strafverfolgung ersucht. In Zeiten aktiven Dienstes kann er die Verfolgung auch ohne ein solches Ersuchen anordnen.

[3] In den Fällen der Artikel 296 und 297 tritt die Verjährung in einem Jahr ein.

Art. 302 in neuer Fassung gemäß BG vom 5. Oktober 1950, in Kraft seit 5. Januar 1951.

Abs. 1: Vgl. BStP Art. 105. – Es handelt sich um Ermächtigungsdelikte, welche die Berücksichtigung des Opportunitätsprinzips erlauben: VPB 1987 I Nr. 5.

Abs. 3: Zur *Verjährung* vgl. Art. 71 und 72.

Siebzehnter Titel
Verbrechen und Vergehen gegen die Rechtspflege

Falsche Anschuldigung

1. Wer einen Nichtschuldigen wider besseres Wissen bei der **303** Behörde eines Verbrechens oder eines Vergehens beschuldigt, in der Absicht, eine Strafverfolgung gegen ihn herbeizuführen,

wer in anderer Weise arglistige Veranstaltungen trifft, in der Absicht, eine Strafverfolgung gegen einen Nichtschuldigen herbeizuführen,

wird mit Zuchthaus oder mit Gefängnis bestraft.

2. Betrifft die falsche Anschuldigung eine Übertretung, so ist die Strafe Gefängnis oder Buße.

Zu Art. 303ff.: Krim 1981, 412, Krim 1965, 433, 483, 533, ZStrR 73 (1958) 213. – Bundesgerichtsbarkeit, soweit die Delikte gegen die Bundesrechtspflege gerichtet sind: Art. 340 Ziff. 1 Abs. 7.

Art. 303: Die Bestimmung will einerseits den ungehinderten Gang der Rechtspflege, andererseits den Bürger vor ungerechtfertigter Strafverfolgung schützen: BGE 89 IV 206. Diese kann sich sowohl auf eine von einem anderen als auch auf eine überhaupt nicht begangene Tat beziehen. Vgl. Art. 308 (fakultative Strafmilderung).

Ziff. 1 Abs. 1: Die Anzeige kann auch bei einem Polizeibeamten erfolgen, wenn der Täter mit der Weiterleitung an die zuständige Behörde rechnete (BGE 75 IV 178), und auch an eine ausländische Behörde gerichtet sein: BGE 89 IV 206. Die Beschuldigung ist an keine bestimmte Form gebunden und kann auch in einem Verhör vorgetragen werden: BGE 85 IV 21, 95 IV 20. Sie muß sich auf ein strafbares Verhalten beziehen; die Beschuldigung, einen Disziplinarfehler begangen zu haben, genügt nicht: BGE 95 IV 21. Wer in seiner Anzeige bloß entstellende oder übertriebene Angaben über ein vom Beschuldigten tatsächlich verübtes Delikt macht, erfüllt den Tatbestand nicht: ZR 66 Nr. 60 (abweichend SJZ 65 1969 212), wohl aber dann, wenn er fälschlicherweise vorsätzliches Handeln des Beschuldigten behauptet, wo nur dieses strafbar ist (BGE 72 IV 76). Die angezeigte Person muß wohl bestimmbar sein, nicht aber mit Namen genannt werden: BGE 85 IV

83. Die Nennung erheblicher Verdachtsmomente gegen sie wird genügen. Mit einem gegenüber der angezeigten Person früher ergangenen freisprechenden Urteil oder Einstellungsbeschluß steht ihre Nichtschuld (unter Vorbehalt einer Wiederaufnahme jenes Verfahrens) für den Richter verbindlich fest: BGE 74 IV 75. Vollendet ist die Tat mit der Beschuldigung, ohne daß gegen den Betroffenen ein Verfahren eingeleitet worden sein müßte: BGE 72 IV 75.

Subjektiv ist erforderlich, daß der Täter in bezug auf seine Beschuldigung wider besseres Wissen handelte, d. h. im Bewußtsein ihrer Unwahrheit. Es genügt nicht, wenn er es bloß für möglich hielt, daß seine Beschuldigung falsch sei (Eventualvorsatz): BGE 76 IV 244. Sodann muß die Anzeige in der Absicht erfolgen, gegen den Beschuldigten ein Strafverfahren herbeizuführen, wobei Eventualabsicht ausreicht (BGE 80 IV 120, 85 IV 83). Daran fehlt es, wenn der Täter seine falsche Behauptung erst anbringt, nachdem – wie er weiß – gegen den Beschuldigten wegen des diesem zur Last gelegten Verhaltens bereits ein Verfahren eröffnet worden ist: BGE 102 IV 107, 111 IV 163. Ohne dieses Wissen wäre versuchte falsche Anschuldigung gegeben.

Verhältnis zu anderen Bestimmungen: Die in der falschen Anschuldigung enthaltene Verleumdung nach Art. 174 Ziff. 1 wird durch Art. 303 Ziff. 1 konsumiert (vgl. BGE 76 IV 245, 115 IV 3). Abgrenzung zu der nach Art. 305 straflosen Selbstbegünstigung: Wer nicht nur die Richtigkeit einer ihm gegenüber erfolgten Anzeige bestreitet, sondern überdies den Anzeigeerstatter seinerseits wider besseres Wissen wegen falscher Anschuldigung anzeigt, erfüllt den Tatbestand von Art. 303 Ziff. 1 Abs. 1 (SJZ 66 1970 154).

Abs. 2: Gefordert wird ein aktives Tun; unterlassenes Aufklären der Behörde, welches die jemand anderem drohende Strafverfolgung abzuwenden vermöchte, genügt nicht. Keine arglistige Veranstaltung liegt darin, daß der selber wegen Verletzung von Verkehrsregeln angezeigte Fahrzeuglenker mit seiner Begleiterin vereinbart, daß sich diese als Fahrerin ausgibt: BGE 111 IV 163.

Ziff. 2: Vgl. zum Begriff der Übertretung Art. 101.

Irreführung der Rechtspflege

304 1. Wer bei einer Behörde wider besseres Wissen anzeigt, es sei eine strafbare Handlung begangen worden,

wer sich selbst fälschlicherweise bei der Behörde einer strafbaren Handlung beschuldigt,

wird mit Gefängnis oder mit Buße bestraft.

2. In besonders leichten Fällen kann der Richter von einer Bestrafung Umgang nehmen.

Art. 304: Vgl. Art. 308 (fakultative Strafmilderung). Vom Delikt gemäß Art. 304 wird nur die Rechtspflege betroffen, im Gegensatz zu Art. 303 fehlt die «persönliche Spitze», BGE 86 IV 185.

Ziff. 1 Abs. 1: Die Tat kann auch durch eine Aussage in einem Verhör begangen werden: BGE 75 IV 178, 85 IV 82. Ihr Motiv bleibt belanglos. Eine Irreführung der Rechtspflege liegt auch dann vor, wenn der Beschuldigte eine gar nicht begangene Tat anzeigt, um so den Verdacht eines von ihm verübten Delikts von sich abzulenken: BGE 75 IV 179. Der Täter muß stets um die Strafbarkeit des von ihm angezeigten Verhaltens wissen: BGE 86 IV 185. – Zur Gehilfenschaft: BGE 75 IV 179/80. – Abs. 1 trifft nicht zu, wenn der Anzeiger über eine wirklich begangene strafbare Handlung oder über eine solche, die er für wirklich verübt hält, bewußt falsche Angaben macht: BGE 72 IV 140, 75 IV 178/9; Anwendung dieses Grundsatzes auf einen Fall, wo der Beschuldigte statt sich selber einen Unbekannten als Täter bezeichnete: SJZ 67 (1971) 160.

Abs. 2: Der Täter kann sich sowohl eines überhaupt nicht begangenen Deliktes bezichtigen als auch für jemanden ausgeben, der ein bestimmtes Delikt verübt hat oder auch nur wegen einer Tat angezeigt wurde. In diesem Fall genügt es, wenn er fälschlicherweise die Rolle des Angeschuldigten übernimmt. Ob er die angezeigte Tat in tatsächlicher und/oder rechtlicher Hinsicht bestreitet, ist unerheblich: BGE 111 IV 160. – Der Täter muß sich der Strafbarkeit des Verhaltens bewußt sein, das zur Anzeige gebracht wird (vgl. BGE 86 IV 185). – Keine Irreführung der Rechtspflege begeht, wer in einem gegen ihn geführten Strafverfahren die ihm vorgeworfene Tat fälschlicherweise gesteht (SJZ 65 1969 381 und 68 1972 217), wohl aber derjenige, der noch weitere, ihm noch nicht angelastete und von ihm nicht verübte Delikte zugibt (BGE 86 IV 184). – Teilnahme an der falschen Selbstbezichtigung eines anderen kommt nur in Form der Anstiftung oder Gehilfenschaft, nicht aber der Mittäterschaft in Betracht: BGE 111 IV 163.

Begünstigung

[1] Wer jemanden der Strafverfolgung, dem Strafvollzug oder **305** dem Vollzug einer der in den Artikeln 42–44 und 100bis vorgesehenen Maßnahmen entzieht, wird mit Gefängnis bestraft.

[1bis] Ebenso wird bestraft, wer jemanden, der im Ausland wegen eines Verbrechens nach Artikel 75bis verfolgt wird oder verurteilt wurde, der dortigen Strafverfolgung oder dem dortigen Vollzug einer Freiheitsstrafe oder sichernden Maßnahme entzieht.

[2] Steht der Täter in so nahen Beziehungen zu dem Begünstigten, daß sein Verhalten entschuldbar ist, so kann der Richter von einer Bestrafung Umgang nehmen.

Art. 305: ZStrR 94 (1977) 158, ZBJV 117 (1981) 357, recht 1984, 93. – Die Bestimmung schützt nur die *schweizerische* Strafrechtspflege: BGE 104 IV 241 (nun abgesehen von Abs. 1bis). – Vgl. auch Art. 310 und 319 (Befreiung bzw. Entweichenlassen von Gefangenen).

Abs. 1 in neuer Fassung gemäß BG vom 18. März 1971, in Kraft seit 1. Juli 1971.

Die Begünstigung ist sowohl im Stadium der Strafverfolgung als auch der Strafvollstreckung strafbar: BGE 99 IV 275, 101 IV 315, vgl. auch BGE 104 IV 190 (Begriff des Strafvollzuges). Das gilt auch für den Vollzug von Nebenstrafen: BGE 104 IV 188 (Landesverweisung). Die Begünstigung von *administrativ oder jugendstrafrechtlich in eine Anstalt Eingewiesenen* fällt jedoch nicht unter Art. 305: BGE 96 IV 75, 99 IV 275. – Für die Erfüllung des Tatbestandes kommt es nicht darauf an, ob der Begünstigte schuldig oder unschuldig ist: BGE 101 IV 315. – Begriff des *Entziehens:* Es besteht bei der Verfolgungsbegünstigung außer in der Verhinderung einer Untersuchung überhaupt schon in einer Erschwerung der Ermittlung oder Überführung eines Straftäters bzw. eines Verdächtigten: ZBJV 117 (1981) 379. Die Verhinderung eines einzelnen Aktes der Strafverfolgung genügt: BGE 103 IV 99. Bei der Hilfe an Flüchtige besteht der tatbestandsmäßige Erfolg nach BGE 99 IV 276, 103 IV 99 und 106 IV 191 erst darin, daß die Ergreifung des Täters um eine gewisse Zeit verzögert bzw. der Straf- oder Maßnahmenvollzug für eine gewisse Zeit verhindert wird. Nach BGE 104 IV 188 genügt jedoch schon jede Beihilfe zu einer wenn auch nur vorübergehenden Vereitelung des Vollzuges (ähnlich ZBJV 117 1981 364). Nach BGE 114 IV 39 soll nurmehr erforderlich sein, daß die Tathandlung *geeignet* ist, dem Begünstigten für eine gewisse Zeit der Strafverfolgung oder dem Strafvollzug zu entziehen (zu weitgehend). Durch *Unterlassen* kann der Tatbestand nur erfüllt werden, wenn der Begünstigende eine Garantenpflicht hat: BGE 117 IV 471 (in casu verneint). – *Einzelne Fälle:* Begünstigung bejaht bei Mißachtung der Anzeigepflicht: BGE 74 IV 166 (Verhältnis zum kantonalrechtlichen Tatbestand der Amtspflichtverletzung), BGE 109 IV 49, SJZ 85 (1989) 286 (Verfolgungspflicht des Polizeibeamten, Opportunitätsprinzip); Beseitigung von Beweismaterial: SJZ 58 (1962) 28, ZR 78 Nr. 87, Verweigerung der Herausgabe beschlagnahmter Beweisgegenstände: ZR 78 Nr. 71, Schmuggel von «Kassibern» eines Untersuchungshäftlings, worin die Empfänger zur Beseitigung bzw. Entkräftung von Beweismaterial aufgefordert werden: SJZ 76 (1980) 82, Beherbergung eines Verfolgten oder Verurteilten: BGE 103 IV 99, 104 IV 189, 106 IV 191

(Verbergen ist nicht erforderlich), finanzielle Unterstützung solcher Personen: BGE 106 IV 190, Vermittlung von Unterkünften an Flüchtige und deren Transport an solche Orte: BGE 99 IV 278. – *Keine* Begünstigung wird nach der Rechtsprechung begangen durch Verweigerung von Angaben gegenüber der Polizei, sofern keine besondere gesetzliche Auskunftspflicht besteht: BGE 103 IV 248 bzw. SJZ 65 (1969) 183 (zu Art. 51 Abs. 2 SVG); durch die Weigerung einer zur Zeugenaussage verpflichteten Person, Zeugnis über die Person eines ihr bekannten Straftäters abzulegen, sofern sie keine besondere Garantenstellung innehat: BGE 106 IV 277, anders und richtig noch BGE 101 IV 315, da schon die Mißachtung einer Mitwirkungspflicht genügen muß, vgl. ZBJV 117 (1981) 385; durch eine berechtigte Zeugnisverweigerung: BGE 101 IV 315, RS 1971 Nr. 106; durch das Sammeln von Beweismaterial für ein Wiederaufnahmeverfahren: SJZ 67 (1971) 97; durch den Rat eines Verteidigers an den Beschuldigten, zu schweigen: SJZ 74 (1978) 217 (anders ZStrR 96 1979 189). – *Subjektiver Tatbestand:* Erforderlich ist mindestens Eventualvorsatz, jemanden ganz, teilweise oder vorübergehend der Strafverfolgung zu entziehen; ein besonderer Beweggrund oder eine besondere Absicht wird nicht gefordert: BGE 99 IV 278, 103 IV 100, 114 IV 40. Die Person des Begünstigten braucht dem Täter nicht bekannt zu sein: ZR 78 Nr. 71.

Selbstbegünstigung bleibt als solche straflos, nicht aber ein allfälliges weiteres Delikt, das mit ihr verbunden ist: BGE 102 IV 31, 115 IV 230, 118 IV 181, 259. Teilnahmehandlungen des von der Strafverfolgung oder -vollstreckung Bedrohten zu seiner Begünstigung sind straflos: BGE 115 IV 232; straflos bleibt ferner die durch einen Tatbeteiligten zu Gunsten eines anderen verübte Begünstigung, wenn sie notwendigerweise mit der Selbstbegünstigung einhergeht und von einem auf diese letztere gerichteten Willen getragen wird: BGE 102 IV 31.

Verhältnis zu Art. 303 bzw. 304 Ziff. 1 Abs. 2: Wer einen andern oder sich selbst fälschlicherweise des von einem Dritten verübten Delikts bezichtigt, um diesen der Strafverfolgung zu entziehen, erfüllt jenen Tatbestand und Art. 305 in Idealkonkurrenz: BGE 111 IV 161, 165. – Verhältnis zur Befreiung von Gefangenen nach Art. 310: BGE 96 IV 76 (die *nach* der Befreiung geleistete Hilfe fällt unter Art. 305), zur Hehlerei: ZR 78 Nr. 87.

Abs. 1bis eingefügt durch BG vom 9. Oktober 1981, in Kraft seit 1. Oktober 1982, dazu ZStrR 101 (1984) 137.

Abs. 2 statuiert einen fakultativen Schuldausschlußgrund, der neben dem Verzicht auf Strafe auch zu deren Milderung nach freiem Ermessen, nicht aber Freispruch des Täters ermöglicht: BGE 106 IV 193. – Anstiftung zu weiteren Straftaten als Mittel der Begünstigung fällt nicht unter Abs. 2: BGE 81 IV 41.

Geldwäscherei

305bis 1. Wer eine Handlung vornimmt, die geeignet ist, die Ermittlung der Herkunft, die Auffindung oder die Einziehung von Vermögenswerten zu vereiteln, die, wie er weiß oder annehmen muß, aus einem Verbrechen herrühren,

wird mit Gefängnis oder mit Buße bestraft.

2. In schweren Fällen ist die Strafe Zuchthaus bis zu fünf Jahren oder Gefängnis. Mit der Freiheitsstrafe wird Buße bis zu 1 Million Franken verbunden.

Ein schwerer Fall liegt insbesondere vor, wenn der Täter

a. als Mitglied einer Verbrechensorganisation handelt;

b. als Mitglied einer Bande handelt, die sich zur fortgesetzten Ausübung der Geldwäscherei zusammengefunden hat;

c. durch gewerbsmäßige Geldwäscherei einen großen Umsatz oder einen erheblichen Gewinn erzielt.

3. Der Täter wird auch bestraft, wenn die Haupttat im Ausland begangen wurde und diese auch am Begehungsort strafbar ist.

Art. 305bis und 305ter Abs. 1 eingefügt durch BG vom 23. März 1990, in Kraft seit 1. August 1990. ZStrR 106 (1989) 160, SJZ 86 (1990) 189, recht 1992, 112, ZStrR 105 (1988) 418.

Art. 305bis Ziff. 1: Die Bestimmung ist gegen die Geldwäscherei im heute üblichen Wortsinn (Verschleierung der Herkunft von verbrecherischen Organisationen erlangter Vermögenswerte durch Transaktionen auf dem Finanzmarkt) gerichtet, erstreckt sich aber auch auf Werte, die von einzelnen durch ein Verbrechen im Sinne von Art. 9 erzielt wurden (vgl. BGE 119 IV 61). Nicht erforderlich ist, daß die verbrecherisch erlangten Vermögenswerte weiteren Verbrechen dienen: BGE 119 IV 243. Geht es um ein im Ausland verübtes Delikt (vgl. Ziff. 3 der Bestimmung), ist maßgebend, ob dieses nach schweizerischem Recht als Verbrechen zu beurteilen wäre. Ob und inwieweit auch Surrogate des Erlangten erfaßt werden, bleibt nach dem Gesetzestext unklar; ebenso, welche Bedeutung neben der Vereitelung der Einziehung (siehe dazu Art. 58, 59) derjenigen der Ermittlung der Herkunft und der Auffindung zukommt, da sich solche Handlungen ebenfalls zur Vereitelung der Einziehung eignen, wie z. B. Versilberung von Deliktsgut, Erwerb von Sachgütern aus deliktisch erlangtem Geld, dessen Einwechseln in andere Währung oder Einzahlung auf ein Konto. Jede Tathandlung, die geeignet ist, die Einziehung zu vereiteln, erfüllt den Tatbestand der Geldwäscherei. Das Verstecken von Drogengeld stellt eine solche Vereitelungshandlung dar: BGE 119 IV 63, 243. Das Anlegen von Drogengeld ist jedenfalls dann Geldwäscherei, wenn sich die Art und Weise, wie das Geld angelegt wird, von der einfachen Einzahlung von Bargeld auf ein Konto unterscheidet: BGE 119 IV 244. Bezüglich des Wissens um die deliktische Herkunft der Vermögenswerte genügt Eventualvorsatz: BGE 119 IV 247 («wie er annehmen mußte», vgl. Bem. zu Art. 160 Ziff. 1). Analog zu dieser Bestimmung wird nicht nach Art. 305bis bestraft werden können, wer als Täter oder Mittäter der Haupttat zu verurteilen ist.

Ziff. 2: Unter «Verbrechensorganisation» versteht die Botschaft des Bundesrates (BBl 1989 II 1085) einen Zusammenschluß von mindestens drei Personen für längere oder unbestimmte Zeit, zu deren Tätigkeit schwerste Delikte gehören. – Zur bandenmäßigen Begehung vgl. Bem. zu Art. 139 Ziff. 3, zur Gewerbsmäßigkeit Bem. zu Art. 26.

Ziff. 3: Nicht erforderlich ist Strafbarkeit auch der Geldwäscherei im Begehungsstaat der Haupttat (problematisch).

Mangelnde Sorgfalt bei Finanzgeschäften und Melderecht

¹ Wer berufsmäßig fremde Vermögenswerte annimmt, aufbe- **305ter** wahrt, anlegen oder übertragen hilft und es unterläßt, mit der nach den Umständen gebotenen Sorgfalt die Identität des wirtschaftlich Berechtigten festzustellen, wird mit Gefängnis bis zu einem Jahr, mit Haft oder Buße bestraft.

² Die von Absatz 1 erfaßten Personen sind berechtigt, den inländischen Strafverfolgungsbehörden und den vom Gesetz bezeichneten Bundesbehörden Wahrnehmungen zu melden, die darauf schließen lassen, daß Vermögenswerte aus einem Verbrechen herrühren.

Art. 305ter Abs. 1: Die Tat kann nur von Personen begangen werden, die sich berufsmäßig mit Finanzgeschäften befassen (Sonderdelikt), und ist wie Art. 305bis ein abstraktes Gefährdungsdelikt gegen die Rechtspflege. Das tatbestandsmäßige Verhalten besteht darin, daß der Täter eines der erwähnten Geldgeschäfte tätigt, ohne den wirtschaftlich Berechtigten, d. h. Inhaber des Vermögenswertes, richtig identifiziert zu haben, worauf sich auch sein Vorsatz erstrecken muß. Der Hinweis auf die gebotene Sorgfalt läßt sich so verstehen, daß im Hinblick auf die Strafbarkeit auch bei dolus eventualis einerseits ihre Einhaltung den Täter selbst bei verbleibenden Zweifeln über die Identität des Berechtigten entlastet, andererseits aber ihre Mißachtung den Vorsatz indiziert (SJZ 86 1990 190ff.).

Abs. 2 eingefügt durch BG vom 18. März 1994, in Kraft seit 1. August 1994. Die Bestimmung schafft einen besonderen Rechtfertigungsgrund i. S. von Art. 32, um den Financier jedenfalls vom Vorwurf zu bewahren, durch die Meldung das Bank-, Post- oder Geschäftsgeheimnis verletzt zu haben.

Falsche Beweisaussage der Partei

306 ¹ Wer in einem Zivilrechtsverfahren als Partei nach erfolgter richterlicher Ermahnung zur Wahrheit und nach Hinweis auf die Straffolgen eine falsche Beweisaussage zur Sache macht, wird mit Zuchthaus bis zu drei Jahren oder mit Gefängnis bestraft.

² Wird die Aussage mit einem Eid oder einem Handgelübde bekräftigt, so ist die Strafe Zuchthaus bis zu drei Jahren oder Gefängnis nicht unter drei Monaten.

Art. 306: Anwendung auf das Verwaltungs-, Verwaltungsgerichts- und das Schiedsgerichtsverfahren: Art. 309. Strafmilderung: Art. 308.

Eine *Beweisaussage* liegt nur vor, wenn sich die Aussage (im Gegensatz zu einem einfachen Parteiverhör) grundsätzlich eignet, Beweis zugunsten der aussagenden Partei zu bilden, was eine Frage des kantonalen Prozeßrechts ist (BGE 76 IV 279, 95 IV 77) und z. B. für ZPO Zürich § 150 zutrifft; ohne entsprechende gesetzliche Grundlage läßt sich Art. 305 durch bloßen Hinweis auf diese Bestimmung nicht anwendbar machen. – Das Prozeßgesetz bestimmt, welche Formvorschriften außer der in Art. 306 Abs. 1 selber aufgestellten Belehrung des Einzuvernehmenden bei der Abhörung der Parteien zu beachten sind, damit eine gültige Beweisaussage vorliegt: BGE 72 IV 37. – *Vollendung* der falschen Beweisaussage tritt mit der Bestätigung der Richtigkeit des Protokolls durch den Befragten ein: BGE 95 IV 79.

Abs. 2 kann nur zur Anwendung gelangen, wenn das betreffende Prozeßrecht die Möglichkeit der Aussage unter Eid oder mit Handgelübde vorsieht.

Falsches Zeugnis. Falsches Gutachten.
Falsche Übersetzung

307 ¹ Wer in einem gerichtlichen Verfahren als Zeuge, Sachverständiger, Übersetzer oder Dolmetscher zur Sache falsch aussagt, einen falschen Befund oder ein falsches Gutachten abgibt oder falsch übersetzt, wird mit Zuchthaus bis zu fünf Jahren oder mit Gefängnis bestraft.

[2] Werden die Aussage, der Befund, das Gutachten oder die Übersetzung mit einem Eid oder mit einem Handgelübde bekräftigt, so ist die Strafe Zuchthaus bis zu fünf Jahren oder Gefängnis nicht unter sechs Monaten.

[3] Bezieht sich die falsche Äußerung auf Tatsachen, die für die richterliche Entscheidung unerheblich sind, so ist die Strafe Gefängnis bis zu sechs Monaten.

Art. 307: ZStrR 91 (1975) 337, ZStrR 76 (1960) 348. – Anwendung auf das Verwaltungs-, Verwaltungsgerichts- und das Schiedsgerichtsverfahren: Art. 309. – Vgl. betr. Zeugnisverweigerung: Art. 292, 305.

Abs. 1: Die Strafbarkeit setzt Gültigkeit der Zeugeneinvernahme voraus, die wiederum davon abhängt, ob nach dem maßgebenden (in der Regel kantonalen) Verfahrensrecht der Befragte Zeugeneigenschaft besaß und die für Zuständigkeit und Formalitäten der Einvernahme bestehenden Gültigkeitsvorschriften (im Gegensatz zu bloßen Ordnungsvorschriften) beachtet wurden: vgl. BGE 92 IV 207, 98 IV 214 zur Zeugeneigenschaft, 71 IV 44 betr. Formfehler. Dabei braucht es sich nicht um ausdrückliche Bestimmungen zu handeln. Ist danach die Einvernahme als ungültig zu betrachten, stellen dabei erfolgte Falschaussagen entgegen BGE 94 IV 4 auch kein versuchtes falsches Zeugnis dar. – Die *Zeugeneigenschaft* setzt zunächst Zeugnisfähigkeit voraus, die v. a. wegen psychischer Beeinträchtigung oder Kindesalter entfallen kann (vgl. hiezu SJZ 69 1973 70). Sie fehlt ferner nach der Rechtsprechung einer Reihe von Kantonen auch dann, wenn der Befragte an der abzuklärenden Straftat beteiligt war, selbst wenn dies für den Einvernehmenden nicht ersichtlich war (sog. Materialtheorie, vgl. z. B. SJZ 63 1967 137 für Zürich, 62 1966 225 für St. Gallen, RS 1979 Nr. 699 für den Aargau). Der sogenannte anonyme Zeuge ist kein eigentlicher Zeuge im strafprozessualen Sinne: BGE 116 Ia 88. – Als *Gültigkeitsvorschriften* werden meistens der Hinweis auf die Strafdrohung für falsches Zeugnis, allenfalls verbunden mit Ermahnung zur Wahrheit (vgl. z. B. RS 1988 Nr. 398 für Luzern), sowie auf ein für den Einzuvernehmenden bestehendes Zeugnisverweigerungsrecht betrachtet (vgl. z. B. ZR 60 Nr. 25 für Zürich, ZBJV 102 1966 311 für Bern, RS 1965 Nr. 35 für Luzern, PKG 1966 Nr. 29 für Graubünden). Gleiches gilt in der Regel für Verlesen des Protokolls sowie dessen Unterzeichnung oder Bestätigung durch den Zeugen (vgl. RS 1961 Nr. 214, ZBJV 111 1975 418). Bloße Ordnungsvorschriften sind z. B. solche über Form und Zeitpunkt des Ergehens einer Vorladung (SJZ 69 1973 137).

Als *gerichtliches Verfahren* kommt auch dasjenige vor Untersuchungsbehörden und -richtern in Betracht, in einigen Kantonen ist außerdem die Polizei zu gewissen Zeugeneinvernahmen befugt (vgl. RS 1988 Nr. 500 für Graubünden). – Eine *Aussage zur Sache* liegt vor, wenn sie mit der Abklärung oder Feststellung des Vorganges zusammenhängt, der Gegenstand des Verfahrens bildet (BGE 93 IV 25), wozu auch die Beantwortung von Fragen zur Prüfung der Glaubwürdigkeit oder Zuverlässigkeit der Schilderung des Zeugen gehören (vgl. BGE 70 IV 84, 75 IV 68), ebenso falsche Angaben über seelische Gegebenheiten (Gefühle, Wille, Absicht), selbst in bezug auf andere Personen (BGE 93 IV 59). *Falsch* ist die Aussage auch dann, wenn der Zeuge einen von ihm nicht miterlebten Vorgang als eigene Beobachtung schildert, wenn er wahrheitswidrig angibt, über den Gegenstand der Befragung nichts aussagen zu können, oder in entstellter Weise nur einen Teil des relevanten Sachverhaltes wiedergibt.

Zum erforderlichen *Vorsatz* gehört v. a. das Bewußtsein – wenn auch bloß möglicherweise –, falsch auszusagen (vgl. für sein Fehlen z. B. BGE 71 IV 135), nicht aber das Wissen darum, daß die Aussage eine für die richterliche Entscheidung erhebliche Tatsache betrifft (BGE 93 IV 27). *Vollendet* ist die Tat mit dem Abschluß der Einvernahme, dessen Zeitpunkt sich wiederum nach dem maßgebenden Prozeßrecht bestimmt (BGE 85 IV 332, 98 IV 214), Erweckung eines Irrtums ist nicht erforderlich (vgl. BGE 106 IV 200 für offensichtliche Falschaussagen). Berichtigt der Zeuge seine falschen Aussagen vor dem Abschluß der Einvernahme, liegt nach der Rechtsprechung entgegen den allgemeinen Regeln kein strafbarer Versuch vor (BGE 85 IV 33, 95 IV 79, 107 IV 132), was im Hinblick auf Art. 308 Abs. 1 als vertretbar erscheint.

Anstiftung zu falschem Zeugnis ist auch dann strafbar, wenn sie durch einen Beschuldigten zum Zwecke seiner Begünstigung erfolgt: BGE 81 IV 40. Zum entsprechenden Vorsatz gehört insbesondere, daß der Anstifter mit einer Einvernahme des Angestifteten *als Zeuge* rechnet: BGE 98 IV 216. Vgl. zur Anstiftung 72 IV 99. Nicht strafbar ist die Weiterleitung eines anderen zu unbewußt falschem Zeugnis (mittelbare Täterschaft): BGE 71 IV 135.

Abs. 2: vgl. BGE 87 IV 12. Die Bestimmung kann nur zur Anwendung gelangen, wenn das betreffende Prozeßrecht die Möglichkeit der Aussage unter Eid oder mit Handgelübde vorsieht.

Abs. 3: Unerhebliche Tatsachen sind nur solche, die sich ihrer Natur nach nicht eignen, die richterliche Entscheidung zu beeinflussen: BGE 93 IV 26, 106 IV 198.

Strafmilderungen

[1] Berichtigt der Täter seine falsche Anschuldigung (Art. 303), **308** seine falsche Anzeige (Art. 304) oder Aussage (Art. 306 und 307) aus eigenem Antrieb und bevor durch sie ein Rechtsnachteil für einen andern entstanden ist, so kann der Richter die Strafe nach freiem Ermessen mildern (Art. 66) oder von einer Bestrafung Umgang nehmen.

[2] Hat der Täter eine falsche Äußerung getan (Art. 306 und 307), weil er durch die wahre Aussage sich oder seine Angehörigen der Gefahr strafrechtlicher Verfolgung aussetzen würde, so kann der Richter die Strafe nach freiem Ermessen mildern (Art. 66).

Art. 308 Abs. 1: Die Anwendung dieser Bestimmung auf Art. 307 setzt voraus, daß die Zeugenaussage vollendet ist (vgl. Bem. zu Art. 307 Abs. 1). Die Anwendung von Abs. 1 kann deshalb nicht mit der Begründung abgelehnt werden, die falsche Aussage sei nicht schon vorher widerrufen worden. Ein vager Hinweis, daß für einen andern ein Rechtsnachteil entstanden sein könnte, genügt für den Ausschluß von Abs. 1 nicht: BGE 107 IV 132; ebensowenig, wenn Dritte den Zeugen wiederholt zum Widerruf drängen und ernsthafte Schwierigkeiten in Aussicht stellen: BGE 108 IV 105. *«Eigener Antrieb»:* vgl. Bem. zu Art. 21 Abs. 2, BGE 108 IV 104 (das Motiv bleibt belanglos). Der Zeuge berichtigt nicht aus eigenem Antrieb, wenn er durch ein neues Verhör dazu geführt wird (BGE 69 IV 223) oder unter dem Druck von Drittpersonen handelt (BGE 108 IV 106).

Abs. 2: Sog. Ehrennotstand. – Angehörige: Art. 110 Ziff. 2. Durch Abs. 2 wird auch das falsche Zeugnis zugunsten eines bereits angeschuldigten Angehörigen erfaßt: BGE 118 IV 177. Dies gilt auch dann, wenn dem Zeugen ein Zeugnisverweigerungsrecht zusteht und er darauf hingewiesen worden ist: BGE 118 IV 180 (fragwürdig). – Abs. 2 ist auch anwendbar, wenn der Zeuge bloß glaubt, sich durch die wahre Aussage der Gefahr strafrechtlicher Verfolgung auszusetzen (Art. 19): BGE 75 IV 70. Abs. 2 schließt die Anwendung von Art. 34 aus für das im Ehrennotstand abgelegte falsche Zeugnis: BGE 87 IV 21. – Die Bestimmung ist nicht anwendbar bei Anstiftung zu falschem Zeugnis zu eigenen Gunsten oder zugunsten eines Angehörigen: BGE 118 IV 181.

Verwaltungssachen

Die Art. 306–308 finden auch Anwendung auf das Verwal- **309** tungsgerichtsverfahren, das Schiedsgerichtsverfahren und das

Verfahren vor Behörden und Beamten der Verwaltung, denen das Recht der Zeugenabhörung zusteht.

Art. 309: Vgl. VStrR Art. 15–17.

Befreiung von Gefangenen

310 1. Wer mit Gewalt, Drohung oder List einen Verhafteten, einen Gefangenen oder einen andern auf amtliche Anordnung in eine Anstalt Eingewiesenen befreit oder ihm zur Flucht behilflich ist, wird mit Gefängnis bestraft.

2. Wird die Tat von einem zusammengerotteten Haufen begangen, so wird jeder, der an der Zusammenrottung teilnimmt, mit Gefängnis bestraft.

Der Teilnehmer, der Gewalt an Personen oder Sachen verübt, wird mit Zuchthaus bis zu drei Jahren oder mit Gefängnis nicht unter einem Monat bestraft.

Art. 310: Die Bestimmung bezieht sich nur auf die Befreiung eines Gefangenen und die Hilfe zu seiner Flucht durch Dritte, auch Mitgefangene (vgl. ZBJV 123 1987 446), nicht aber auf die Selbstbefreiung (vgl. BGE 96 IV 75); diese ist nur im Rahmen von Art. 311 strafbar. Art. 310 geht ganz allgemein dem Art. 305 (Begünstigung) vor, bei Befreiung mit Gewalt oder Drohung auch den Art. 181 (Nötigung) und 285 (Gewalt und Drohung gegen Beamte).

Ziff. 1 betrifft im Gegensatz zu Art. 305 Abs. 1 nicht nur aufgrund strafrechtlicher Bestimmungen Inhaftierte, sondern auch administrativ in eine Anstalt Eingewiesene (BGE 96 IV 75). Befindet sich der Gefangene im Moment der Handlung des Täters außerhalb der Vollzugsanstalt, ist die Bestimmung nur anwendbar, wenn er dort in seiner Freiheit mindestens beschränkt war, wie z. B. bei einem überwachten Spitalaufenthalt (vgl. BGE 86 IV 217), nicht aber auf einen Urlaub. Unterstützung eines bereits in Freiheit befindlichen Gefangenen ist nach Art. 305 Abs. 1 zu beurteilen: BGE 96 IV 75. – Tatmittel: Auch für die Begehungsform der Fluchthilfe muß sich der Täter der Gewalt, Drohung oder List bedienen: BGE 96 IV 74. Vgl. zur Anwendung von List BGE 86 IV 218 (Eindringen des Täters in den Vollzugsort), ZBJV 123 (1987) 446 (Einschmuggeln von Ausbruchswerkzeugen durch einen in Halbgefangenschaft befindlichen Mitgefangenen). Die Tat ist in dem Moment vollendet, da der Gefangene alle zur Sicherung des Gewahrsams aufgerichteten Hindernisse überwunden hat: BGE 96 IV 76, vgl. auch BGE 98 IV 85. Zur Abgrenzung Vorbereitungshandlung – Versuch vgl. BGE 117 IV 396.

Ziff. 2: Zum «zusammengerotteten Haufen» vgl. Bem. zu Art. 260 und 285 Ziff. 2.

Meuterei von Gefangenen

1. Gefangene oder andere auf amtliche Anordnung in eine Anstalt Eingewiesene, die sich in der Absicht zusammenrotten, **311**

vereint Anstaltsbeamte oder andere mit ihrer Beaufsichtigung beauftragte Personen anzugreifen,

durch Gewalt oder Drohung mit Gewalt Anstaltsbeamte oder andere mit ihrer Beaufsichtigung beauftragte Personen zu einer Handlung oder Unterlassung zu nötigen,

gewaltsam auszubrechen,

werden mit Gefängnis nicht unter einem Monat bestraft.

2. Der Teilnehmer, der Gewalt an Personen oder Sachen verübt, wird mit Zuchthaus bis zu fünf Jahren oder mit Gefängnis nicht unter drei Monaten bestraft.

Art. 311: Die Strafbarkeit tritt bereits mit der Teilnahme des Täters an einer Zusammenrottung ein (vgl. zu diesem Begriff Bem. zu Art. 260 und 285 Ziff. 2). Dazu gehören mehrere (mehr als zwei) Beteiligte und der Vorsatz, einen eventuellen Widerstand durch offene Gewalt zu brechen: ZBJV 87 (1951) 217. Keine Zusammenrottung bilden Gefangene, die unfreiwillig die gleiche Zelle teilen (BJM 1980, 91). Wenden die zusammengerotteten Gefangenen andere Nötigungsmittel als die in Ziff. 1 genannten an (Streiks), kommt Art. 285 Ziff. 2, subsidiär Art. 181 in Frage.

Achtzehnter Titel
Strafbare Handlungen gegen die Amts- und Berufspflicht

Amtsmißbrauch

312 Mitglieder einer Behörde oder Beamte, die ihre Amtsgewalt mißbrauchen, um sich oder einem andern einen unrechtmäßigen Vorteil zu verschaffen oder einem andern einen Nachteil zuzufügen, werden mit Zuchthaus bis zu fünf Jahren oder mit Gefängnis bestraft.

Zu Art. 312–322: ZStrR 87 (1971) 292. – Beamter: Art. 110 Ziff. 4. – Bundesgerichtsbarkeit nach Art. 340 Ziff. 1 Abs. 7, wenn der Täter Bundesbeamter ist. Erfordernis der Ermächtigung gemäß Verantwortlichkeitsgesetz vom 14. März 1958, Art. 15 (SR 170.32). Die Strafverfolgung bedarf stets der Ermächtigung durch das Eidgenössische Justiz- und Polizeidepartement, wenn sich der Vorwurf der strafbaren Handlung auf die durch das Verantwortlichkeitsgesetz erfaßte amtliche Funktion bezieht, unabhängig davon, ob der Betroffene die Verfehlung erst nach Ausscheiden aus dieser Funktion begangen hat: BGE 111 IV 39. – Nicht abschließende Regelung; Zulässigkeit kantonaler Übertretungstatbestände: BGE 81 IV 330, 88 IV 70 (Amtspflichtverletzung). – Die Möglichkeit disziplinarischer Ahndung schließt die Anwendung der Art. 312 ff. nicht aus: BGE 99 IV 14.

Art. 312: Diese Bestimmung will nur Amtspflichtverletzungen bestrafen, die durch besondere, vom StGB umschriebene Merkmale gekennzeichnet sind. Mißbrauch der Amtspflicht i. S. von Art. 312 liegt nur vor, wenn der Täter in der Absicht der Erlangung eines unrechtmäßigen Vorteils oder der Zufügung eines widerrechtlichen Nachteils Machtbefugnisse, die ihm sein Amt verleiht, unrechtmäßig anwendet, d. h. kraft seines Amtes verfügt oder Zwang ausübt, wo dies nicht geschehen dürfte: BGE 104 IV 23, 108 IV 49, 113 IV 30, 114 IV 42 (keine Amtsgewalt übt aus, wer beim Vollzug von Reglementen und Verfügungen zu niedrige Besoldungen und Beiträge ausrichtet). – Nach Art. 312 ist nicht strafbar, wer seine amtliche Stelle benützt, um außerhalb seines Amts liegende Ziele zu verfolgen: BGE 88 IV 70 (zu beschränken wohl auf den Fall, daß der Täter dabei seine besonderen

Machtbefugnisse nicht ausnützt). – Der Beamte, der zwar legitime Ziele verfolgt, aber zur Erlangung derselben unzulässige oder unverhältnismäßige Mittel anwendet, erfüllt Art. 312: BGE 99 IV 14, 104 IV 23, RS 1990 Nr. 722. Idealkonkurrenz mit Körperverletzung (Art. 123) ist möglich: BGE 99 IV 14. – Ein Polizeibeamter, der auf die Beschimpfung durch einen Festgenommenen mit einem Schlag gegen dessen Kinn reagiert, erfüllt den Tatbestand nicht: BGE 108 IV 50. – Wer nach durchgeführter Submission eine Arbeit der öffentlichen Hand einem Interessenten verweigert und sie einem andern zuschlägt, übt keine hoheitlichen Befugnisse aus und erfüllt daher den Tatbestand von Art. 312 nicht: BGE 101 IV 410. Der angestrebte Vorteil bzw. Nachteil braucht nicht vermögensrechtlicher Natur zu sein: BGE 99 IV 14, 104 IV 23.

Gebührenüberforderung

Ein Beamter, der in gewinnsüchtiger Absicht Taxen, Gebühren **313** oder Vergütungen erhebt, die nicht geschuldet werden oder die gesetzlichen Ansätze überschreiten, wird mit Gefängnis oder mit Buße bestraft.

Art. 313: Zum Begriff der «gewinnsüchtigen Absicht» vgl. Bem. zu Art. 50 Abs. 1. – Im Verhältnis zu Betrug nach Art. 146 ist echte Konkurrenz anzunehmen; jedenfalls geht Art. 313 nicht vor (vgl. RS 1989 Nr. 597).

Ungetreue Amtsführung

Mitglieder einer Behörde oder Beamte, die bei einem Rechts- **314** geschäfte die von ihnen zu wahrenden öffentlichen Interessen schädigen, um sich oder einem andern einen unrechtmäßigen Vorteil zu verschaffen, werden mit Zuchthaus bis zu fünf Jahren oder mit Gefängnis bestraft. Mit der Freiheitsstrafe ist Buße zu verbinden.

Art. 314: Durch das BG vom 17. Juni 1994, in Kraft ab 1. Januar 1995, wurde die Höchststrafe von drei auf fünf Jahre Zuchthaus erhöht. Vgl. Art. 158 (ungetreue Geschäftsbesorgung). – Durch das inkriminierte Rechtsgeschäft selber und dessen Wirkungen müssen öffentliche Interessen finanzieller oder ideeller Art geschädigt sein: BGE 101 IV 411, 109 IV 170. Die ungetreue Amtsführung kann durch Täuschung bzw. Verschweigen wesentlicher Tatsachen oder Verletzung der maßgebenden (kantonalen) Ausstandsbestimmungen geschehen: BGE 109 IV 171. Es genügt, daß der Täter im Verlaufe seiner Amtstätigkeit die

Schädigung des Gemeinwesens herbeiführt: unwichtig ist, in welchem Stadium des Verfahrens dies geschieht: BGE 109 IV 172, RS 1986 Nr. 54. – Die Widerrechtlichkeit des ungetreuen Verhaltens wird durch die Gleichwertigkeit von angebotener und erbrachter Leistung nicht aufgehoben: BGE 109 IV 170. – Der unrechtmäßige Vorteil des Täters oder des Dritten kann auch ideeller Natur sein und z. B. in einer vorteilhaften Baumöglichkeit bestehen, indem durch die widerrechtliche Bewilligung eine solche außerhalb der Bauzone möglich wird: BGE 111 IV 84 (es ist indessen fraglich, ob dabei von einem «Rechtsgeschäft» die Rede sein kann). – Nur soweit Art. 314 nicht zutrifft, ist Art. 158 auch auf Beamte und Behördenmitglieder anwendbar: In diesem Sinn zum früheren Art. 159 BGE 113 I b 182 = Pr 76 Nr. 243, BGE 118 IV 246. Ist neben Art. 314 auch Art. 315 Abs. 1 erfüllt, besteht echte Konkurrenz: BGE 117 IV 288. Im Verhältnis zu Art. 315 Abs. 2 ist dagegen unechte Konkurrenz anzunehmen: BGE 117 IV 288 (Bestrafung nur nach der zweitgenannten Bestimmung).

Sich bestechen lassen

315 [1] Mitglieder einer Behörde, Beamte, zur Ausübung des Richteramtes berufene Personen, Schiedsrichter, amtlich bestellte Sachverständige, Übersetzer oder Dolmetscher, die für eine künftige pflichtwidrige Amtshandlung ein Geschenk oder einen andern ihnen nicht gebührenden Vorteil fordern, annehmen oder sich versprechen lassen, werden mit Zuchthaus bis zu drei Jahren oder mit Gefängnis bestraft.

[2] Hat der Täter infolge der Bestechung die Amtspflicht verletzt, so ist die Strafe Zuchthaus bis zu fünf Jahren oder Gefängnis nicht unter einem Monat.

Art. 315: Vgl. Art. 288 (Bestechen). – Straflosigkeit des Bestechenden schließt Strafbarkeit nicht aus: ZBJV 82 (1942) 338. Zum Verhältnis zu Art. 314 vgl. Bem. zu dieser Bestimmung. – Der Vorteil kann beliebiger Natur sein, muß aber eine Gegenleistung für die vom Täter gewünschte Amtshandlung sein. Hierunter soll nach BGE 72 IV 181 und 77 IV 48 auch eine bloß mit der Amtstätigkeit in Verbindung stehende, gegen die Amtspflicht verstoßende Handlung genügen (fraglich). – Ersatz für Auslagen, entstanden bei pflichtwidriger Vornahme einer Amtshandlung, ist keine Zuwendung eines Vermögensvorteils: ZR 54 Nr. 142. – Art. 315 setzt nicht voraus, daß der Bestecher den Bestochenen angestiftet hat, daher ist der Tatbestand auch gegeben, wenn Bestecher und Bestochener den Plan gemeinsam ausgeheckt haben:

BGE 77 IV 48. – Die Tat ist damit vollendet, daß der Täter den Vorteil verlangt, annimmt oder sich versprechen läßt (was eine Zusage der gewünschten Handlung gegen den offerierten Vorteil erfordert); deren tatsächliche Ausführung wird nur für den qualifizierten Fall von Abs. 2 vorausgesetzt. – Gewinnsucht: vgl. Bem. zu Art. 50. – Einziehung der Zuwendungen: Art. 59.

Annahme von Geschenken

Mitglieder einer Behörde, Beamte, zur Ausübung des Richter-   **316** amtes berufene Personen, Schiedsrichter, amtlich bestellte Sachverständige, Übersetzer oder Dolmetscher, die für eine künftige, nicht pflichtwidrige Amtshandlung ein Geschenk oder einen andern ihnen nicht gebührenden Vorteil fordern, annehmen oder sich versprechen lassen, werden mit Gefängnis bis zu sechs Monaten oder mit Buße bestraft.

Art. 316: ZStrR 96 (1979) 243. Die Bestimmung unterscheidet sich von Art. 315 nur insoweit, als es um einen Vorteil für eine *nicht* pflichtwidrige Amtshandlung geht. Zwischen ihr und der Zuwendung muß nur ein Kausalzusammenhang in dem Sinne bestehen, daß der Beamte die letztere nicht erhielte, wenn er nicht mit einer oder mehreren Amtshandlungen betraut wäre (vgl. BGE 118 IV 315, zu weitgehend BGE 71 IV 147, wonach es sich um eine ganz allgemeine günstige Geschäftsabwicklung für den Zuwendenden handeln müßte). Entgegen diesem Entscheid braucht bei ihm indessen keine Beeinflussungsabsicht zu bestehen. – Einziehung der Geschenke: Art. 59; BGE 71 IV 148.

Urkundenfälschung im Amt

1. Beamte oder Personen öffentlichen Glaubens, die vorsätz-   **317** lich eine Urkunde fälschen oder verfälschen oder die echte Unterschrift oder das echte Handzeichen eines andern zur Herstellung einer unechten Urkunde benützen,

Beamte oder Personen öffentlichen Glaubens, die vorsätzlich eine rechtlich erhebliche Tatsache unrichtig beurkunden, namentlich eine falsche Unterschrift oder ein falsches Handzeichen oder eine unrichtige Abschrift beglaubigen,

werden mit Zuchthaus bis zu fünf Jahren oder mit Gefängnis bestraft.

2. Handelt der Täter fahrlässig, so ist die Strafe Buße.

Art. 317 in der Fassung gemäß BG vom 17. Juni 1994, in Kraft ab 1. Januar 1995. Bei der Revision wurde in Ziff. 1 Abs. 1 der Ausdruck «unwahre» durch «unechte Urkunde» ersetzt (entsprechend Art. 251 Ziff. 1 Abs. 2) und in Ziff. 1 Abs. 3 die Mindeststrafe von sechs Monaten Gefängnis eliminiert.

Ziff. 1: Zum Begriff der Urkunde vgl. Art. 110 Ziff. 5 und Bem. hiezu. – Die strafbaren Verhaltensweisen entsprechen objektiv Art. 251 Ziff. 1 (vgl. Bem. hiezu, vgl. auch BGE 117 IV 291); statt dieser Bestimmung wird Art. 317 Ziff. 1 angewendet, wenn der Täter Beamter (vgl. Bem. zu Art. 285–295) oder Person öffentlichen Glaubens, d. h. zur Ausstellung öffentlicher Urkunden legitimiert, ist. Bei Beamten muß das Delikt indessen keine *öffentliche* Urkunde betreffen: BGE 93 IV 55. Deren Herstellung oder Abänderung braucht auch nicht zum normalen Amtsbereich des Beamten zu gehören; ein enger Zusammenhang damit genügt, sofern der Täter seine Amtspflicht mißbraucht: BGE 81 IV 288. – Für *Falschbeurkundung* i. S. von Abs. 2 der Bestimmung ist eine eindeutige schriftliche inhaltlich unrichtige Erklärung des Täters vorauszusetzen: BGE 117 IV 290 (verneint für den Staatsbuchhalter, der vom Kanton nicht geschuldete Beträge in eine Sammel-Zahlungsanweisung aufnimmt). Weitere Entscheide: Der Urkundencharakter wurde bejaht für den nicht bloß zum internen Gebrauch bestimmten Dienstrapport (BGE 93 IV 55) und für den Ordnungsbußenzettel (SJZ 77 1981 128), verneint für eine unrichtige Abrechnung über die Geschäftsführung des Beamten (BGE 73 IV 109) und den von einem Postgehilfen angebrachten rückdatierten Stempel auf einem frankierten Umschlag (BGE 77 IV 177). Die Falschbeurkundung kann auch durch Anbringen eines amtlichen Zeichens begangen werden: BGE 76 IV 32. Die Beweisfunktion einer notariellen Urkunde erstreckt sich auf die Wiedergabe des Unterzeichnungs- und Beurkundungsvorgangs (BGE 95 IV 114, 113 IV 79), die Anerkennung einer Unterschrift (BGE 99 IV 199) und die Gleichzeitigkeit zweier Willenserklärungen (BGE 102 IV 57).

Subjektiv ist im Gegensatz zu Art. 251 Ziff. 1 keine besondere Absicht erforderlich, wohl aber wie bei dieser Bestimmung, daß der Täter die unechte oder unwahre Urkunde mit dem Willen herstellt, daß sie zur Täuschung im Rechtsverkehr gebraucht wird, oder dies mindestens in Kauf nimmt (BGE 100 IV 182). BGE 113 IV 82 setzt den täuschenden Gebrauch in fragwürdiger Weise schon damit gleich, daß die Urkunde in den Rechtsverkehr gebracht wird (kritisch dazu ZBJV 125 1989 43).

Der *Anstifter* soll nach BGE 95 IV 115 auch dann aus Art. 317 zu bestrafen sein, wenn er nicht zum Täterkreis dieser Bestimmung gehört; richtigerweise wäre sie indessen im Verhältnis zu Art. 251 als *unechtes*

Sonderdelikt zu betrachten und demnach diese Bestimmung anzuwenden.

Ziff. 2: Der Fall fahrlässigen Handelns wird praktisch nur darin bestehen können, daß der Täter die Unwahrheit eines von ihm beglaubigten Sachverhaltes – z. B. bei falschen Erklärungen – aus pflichtwidriger Unvorsichtigkeit nicht erkennt.

Falsches ärztliches Zeugnis

1. Ärzte, Zahnärzte, Tierärzte und Hebammen, die vorsätzlich **318** ein unwahres Zeugnis ausstellen, das zum Gebrauche bei einer Behörde oder zur Erlangung eines unberechtigten Vorteils bestimmt, oder das geeignet ist, wichtige und berechtigte Interessen Dritter zu verletzen, werden mit Gefängnis oder mit Buße bestraft.

Hat der Täter dafür eine besondere Belohnung gefordert, angenommen oder sich versprechen lassen, so wird er mit Gefängnis bestraft.

2. Handelt der Täter fahrlässig, so ist die Strafe Buße.

Art. 318 Ziff. 1: Es muß sich um ein Zeugnis über einen Sachverhalt handeln, für den der Täter sachkundig ist. «Ausstellen» setzt auch voraus, daß er das Zeugnis dem Betroffenen oder einem Dritten aushändigt; daß es auch tatsächlich für einen der im Text genannten Zwecke verwendet wird, ist für die Vollendung der Tat nicht erforderlich.

Ziff. 2: Die Fahrlässigkeit muß sich sinngemäß auf die Unwahrheit des Zeugnisses beziehen, so z. B., wenn der Arzt bei einem wegen angetrunkenen Fahrens verdächtigten Fahrzeugführer die Angetrunkenheit ausschließt, obgleich später eine Blutalkoholkonzentration von 2,5‰ festgestellt wird: RS 1979 Nr. 701.

Entweichenlassen von Gefangenen

Der Beamte, der einem Verhafteten, einem Gefangenen oder **319** einem andern auf amtliche Anordnung in eine Anstalt Eingewiesenen zur Flucht behilflich ist oder ihn entweichen läßt, wird mit Zuchthaus bis zu drei Jahren oder mit Gefängnis bestraft.

Art. 319: Die Bestimmung findet statt Art. 310 Ziff. 1 Anwendung, wenn ein Beamter (der sinngemäß mindestens vorübergehend Überwachungsfunktionen ausüben muß) Täter ist. Alsdann kann aber auch eine Unterlassung genügen.

Verletzung des Amtsgeheimnisses

320 1. Wer ein Geheimnis offenbart, das ihm in seiner Eigenschaft als Mitglied einer Behörde oder als Beamter anvertraut worden ist oder das er in seiner amtlichen oder dienstlichen Stellung wahrgenommen hat, wird mit Gefängnis oder mit Buße bestraft.

Die Verletzung des Amtsgeheimnisses ist auch nach Beendigung des amtlichen oder dienstlichen Verhältnisses strafbar.

2. Der Täter ist nicht strafbar, wenn er das Geheimnis mit schriftlicher Einwilligung seiner vorgesetzten Behörde geoffenbart hat.

Zu Art. 320 und 321: ZStrR 56 (1942) 257. – Vgl. Art. 162 (Verletzung des Fabrikations- und Geschäftsgeheimnisses), Art. 267 (diplomatischer Landesverrat), Art. 273 (wirtschaftlicher Nachrichtendienst), Art. 283 (Verletzung des Abstimmungs- und Wahlgeheimnisses), Art. 329 (Verletzung militärischer Geheimnisse). – Für militärische Belange: MStG Art. 77 (Verletzung des Dienstgeheimnisses), Art. 86 (Landesverrat), Art. 106 (Verletzung militärischer Geheimnisse). – Schutz des Geheimnisses in der internationalen Rechtshilfe: IRSG Art. 10, 82. – Spezialbestimmungen: OHG Art. 4 Abs. 1, UVG Art. 102.

Das *Geheimnis* bezieht sich auf nicht allgemein bekannte oder zugängliche, also nur einem beschränkten Personenkreis vertraute Tatsachen, deren Schutz vor Preisgabe der Berechtigte (Geheimnisherr) will und an deren Geheimhaltung ein objektives Interesse besteht. Der Umstand, daß ein beschränkter Kreis in das Geheimnis eingeweiht ist, hebt dessen Charakter nicht auf: BGE 104 IV 177, 114 IV 46, 116 IV 65, SJZ 83 (1987) 343 f., ZR 71 Nr. 67.

Art. 320: Krim 1979, 369. – Vgl. Art. 110 Ziff. 4 (Beamter).

Verpflichtungen zur amtlichen Verschwiegenheit ergeben sich u. a. aus: PVG Art. 5, FMG Art. 15, AHVG Art. 50 Abs. 1.

Ein *Amtsgeheimnis* liegt vor, wenn eine Geheimhaltepflicht – z. B. nach dem Bundesbeamtengesetz vom 30. Juni 1927 (SR 172.221.10) Art. 27 – besteht und es sich materiell um ein Geheimnis handelt; dies gilt insbesondere, wenn Interessen des Gemeinwesens oder der beteiligten Personen auf dem Spiel stehen: BGE 99 IV 69, SJZ 76 (1980) 318, ZBJV 114 (1978) 455, ZR 76 Nr. 45. Der Täter muß die dem Geheimnis unterstehenden Tatsachen in seiner Eigenschaft als Amtsträger erfahren haben, und die geheimhaltungsbedürftige Tatsache muß sich auf seine amtliche Tätigkeit beziehen, wobei alle so erlangten Kenntnisse eingeschlossen sind: BGE 115 IV 236, 116 IV 66. Die so begründete

Schweigepflicht besteht auch dann, wenn die Information teilweise unrichtig ist, Mutmaßungen oder rechtswidrige Praktiken von staatlichen Organen enthält: BGE 116 IV 65, SJZ 83 (1987) 344. – Der *beamtete Arzt* steht je nach dem Bereich seiner Aufgabe (Verwaltungstätigkeit/ Betreuung von Patienten) unter dem Amts- oder Berufsgeheimnis (nach Art. 321): SJZ 81 (1985) 146, ZBJV 115 (1979) 426, ZR 76 Nr. 45 (vgl. jedoch BGE 118 II 257, wonach Ärzte, unabhängig vom jeweiligen Aufgabenbereich, dem Amtsgeheimnis unterstehen, sobald sie in amtlicher Eigenschaft und in Verrichtung hoheitlicher Befugnisse handeln).

Die Pflicht zur Verschwiegenheit kann auch gegenüber *anderen Dienstzweigen* bestehen, sofern deren Informierung nicht ausdrücklich vorgeschrieben oder sachlich geboten ist: SJZ 69 (1973) 330f. Eine Unterrichtung der vorgesetzten Instanz im Interesse der Amtsführung selbst unter Umgehung des Dienstweges ist nicht tatbestandsmäßig: BGE 116 IV 65, SJZ 69 (1973) 15.

Im *Straf- und Zivilprozeß* führt das Amtsgeheimnis zu einem Recht der Zeugnisverweigerung oder der Herausgabe von Akten, vgl. BStP Art. 78, Zürich StPO § 103, Abs. 1 ZPO §§ 159 Ziff. 2, 184 Abs. 3, BGE 80 I 3 (Akten der Vormundschaftsbehörde), ZBJV 114 (1978) 456 (anonyme Gewährsperson, dazu auch BGE 116 Ia 88). – Die Strafverfolgungsbehörde hat die Akten so zu führen, daß sie alle Ermittlungshandlungen enthalten; eine selektive Anlage von Akten kann nicht durch das Amtsgeheimnis gedeckt werden: BJM 1984, 258, dazu recht 1986, 40.

Ziff. 1: Ein (unerlaubtes) Offenbaren besteht in der Bekanntgabe oder im Zugänglichmachen des Geheimnisses an einen unbefugten Dritten, und zwar auch dann, wenn dieser selbst an eine gesetzliche Schweigepflicht gebunden ist: BGE 114 IV 48, vgl. auch BGE 116 IV 65. Nach diesem Entscheid ist dagegen (sinngemäß) nicht strafbar, wer als Beamter den Amtsvorsteher über ein für die Amtsführung relevantes Geheimnis orientiert.

Zum *Vorsatz* (Art. 18 Abs. 2): BGE 116 IV 66 Erw. 2. Zum *Rechtsirrtum* (Art. 20): BGE 116 IV 68. – Die Durchbrechung der Schweigepflicht ohne Einwilligung der vorgesetzten Behörde nach Ziff. 2 unter Berufung auf den übergesetzlichen Rechtfertigungsgrund der *Wahrung berechtigter Interessen* ist nur in seltenen Ausnahmefällen zulässig: BGE 94 IV 70, SJZ 83 (1987) 344, ZR 76 Nr. 45. Die Verletzung des Amtsgeheimnisses läßt sich jedenfalls nicht mit dem verfassungsmäßigen Recht auf Meinungsäußerungsfreiheit rechtfertigen: SJZ 69 (1973) 331f.

Verletzung des Berufsgeheimnisses

321 1. Geistliche, Rechtsanwälte, Verteidiger, Notare, nach Obligationenrecht zur Verschwiegenheit verpflichtete Revisoren, Ärzte, Zahnärzte, Apotheker, Hebammen, sowie ihre Hilfspersonen, die ein Geheimnis offenbaren, das ihnen infolge ihres Berufes anvertraut worden ist, oder das sie in dessen Ausübung wahrgenommen haben, werden, auf Antrag, mit Gefängnis oder mit Buße bestraft.

Ebenso werden Studierende bestraft, die ein Geheimnis offenbaren, das sie bei ihrem Studium wahrnehmen.

Die Verletzung des Berufsgeheimnisses ist auch nach Beendigung der Berufsausübung oder der Studien strafbar.

2. Der Täter ist nicht strafbar, wenn er das Geheimnis auf Grund einer Einwilligung des Berechtigten oder einer auf Gesuch des Täters erteilten schriftlichen Bewilligung der vorgesetzten Behörde oder Aufsichtsbehörde offenbart hat.

3. Vorbehalten bleiben die eidgenössischen und kantonalen Bestimmungen über die Zeugnispflicht und über die Auskunftspflicht gegenüber einer Behörde.

Art. 321: SJZ 62 (1966) 327, SJZ 76 (1980) 105, 125, BJM 1987, 57, ZStrR 88 (1972) 67, ZStrR 92 (1976) 179, SJZ 83 (1987) 25.

Begriff und Umfang: Das Berufsgeheimnis nach Art. 321 umfaßt alle geheimhaltungswürdigen Tatsachen, welche den in Art. 321 aufgezählten Personen bei der Erfüllung ihrer beruflichen Aufgaben anvertraut werden oder die sie bei dieser Gelegenheit wahrnehmen. – Art. 321 wird durch Art. 179novies und 321bis sowie durch Art. 35 (Verletzung der beruflichen Schweigepflicht) des BG über den Datenschutz (SR 235.1) ergänzt. Nach dieser Bestimmung wird auf Antrag bestraft, wer vorsätzlich geheime, besonders schützenswerte Personendaten oder Persönlichkeitsprofile unbefugt bekanntgibt, von denen er bei der Ausübung seines Berufes, der die Kenntnis solcher Daten erfordert, erfahren hat. – Was den Adressaten von Art. 321 außerhalb ihrer Berufsausübung mitgeteilt wird, fällt nur dann unter Art. 321, wenn ihnen das Geheimnis erkennbar in ihrer Eigenschaft als Geistlicher, Anwalt, Arzt usw. anvertraut wird: BGE 75 IV 74, 101 Ia 11. Mitteilungen oder Wahrnehmungen brauchen nicht mit der spezifischen Berufskenntnis zusammenzuhängen. Die Geheimhaltepflicht hat auch Mitteilungen von Dritten über den Klienten und dessen Mitteilungen über Drittpersonen zum Gegenstand: SJZ 62 (1966) 223, ZR 71 Nr. 67, RS 1988 Nr. 335, abweichend ZR 80 Nr. 7 (Gegenpartei des Anwalts). Die Geheimhaltepflicht erstreckt sich nicht nur auf das Wissen der Berufsperson, sondern auch auf Urkunden, medizinische Aufnahmen usw.: BGE 75 IV 74, ZR 76 Nr. 45.

Sinn: Die nach Art. 321 zur Geheimhaltung Verpflichteten sind zur richtigen Erfüllung ihrer Aufgaben auf vollständige Informationen angewiesen. Diese werden im Vertrauen auf die Verschwiegenheit des Ratgebers erteilt: BGE 112 Ib 606, 114 III 107, 115 Ia 199, ZR 88 Nr. 82.

Verhältnis von Art. 321 zum kantonalen *Berufs-* und *Disziplinarrecht:* BGE 97 I 835, ZR 71 Nr. 100, 76 Nr. 45.

Ziff. 1: Die *Geheimhaltepflichtigen* sind in Ziff. 1 abschließend aufgezählt: BGE 83 IV 197. Erfaßt wird auch der Laienpriester einer Gemeinschaft (SJZ 68 1972 60), der beamtete Spitalarzt bei der Patientenbetreuung (SJZ 81 1985 145, ZR 76 Nr. 45), nicht dagegen der Tierarzt: SJZ 54 (1958) 293. Revisoren sind die Mitglieder der Kontroll- bzw. Revisionsstelle nach OR Art. 727 ff., 819, 906 ff. – Der medizinische *Sachverständige* ist gegenüber Dritten stets an seine ärztliche Schweigepflicht gebunden, während er gegenüber dem Gericht im Rahmen seines Auftrages zur Auskunft verpflichtet ist: ZR 88 Nr. 69. Das Berufsgeheimnis überdauert den Tod des Geheimnisherrn, doch müssen dessen Interessen unter besonderen Umständen gegenüber gewichtigen Interessen der Erben zurücktreten: ZBl 91 (1990) 364 ff. (Einsicht in Krankengeschichten, Bestimmung eines Vertrauensarztes, der die Angehörigen über den Inhalt soweit unterrichtet, als es für deren rechtliche Anliegen von Bedeutung ist). – Betätigt sich ein Anwalt oder Notar neben seiner berufsspezifischen Tätigkeit auch als Verwaltungsrat seiner Klientin, so ist er nur für seine Haupttätigkeit nach Art. 321 geheimhaltepflichtig; für sein geschäftliches Wissen untersteht er eventuell dem Fabrikations- und Geschäftsgeheimnis nach Art. 162: BGE 112 Ib 608, 113 Ib 80, 114 III 108, 115 Ia 199, ZR 81 Nr. 98.

Der Begriff des *Offenbarens* umfaßt jede Art der Bekanntgabe; sie kann in strafbarer Weise auch gegenüber einem Berufskollegen erfolgen: BGE 75 IV 74. Information der Invalidenversicherung: BGE 106 IV 132. Vgl. auch die entsprechenden Bem. bei Art. 320. Offenbarung ohne Einwilligung oder Ermächtigung nach Ziff. 2 infolge Notwehr (Art. 33) oder eines übergesetzlichen Rechtfertigungsgrundes: ZR 71 Nr. 67. – Zum Vorsatz: ZR 71 Nr. 67. – Antragsrecht: Art. 28 ff., Antragsberechtigung bei Geheimnisverletzung nach dem Tod des Geheimnisherrn: BGE 87 IV 109. – Zur Strafzumessung: ZR 71 Nr. 67.

Ziff. 2: *Einwilligung des Berechtigten:* Berechtigter ist der Geheimnisherr, d. h. derjenige, auf den sich das Geheimnis bezieht; in der Regel also der Klient oder Patient (BGE 75 IV 75, 97 II 370), eventuell auch eine Drittperson: RS 1963 Nr. 178. Im Falle des Todes ist eine Entbindung durch die Erben denkbar: ZR 38 Nr. 109, ZBJV 86 (1950) 198,

ZGB 91 (1990) 364 ff. – Die Einwilligung kann konkludent geschehen oder später beigebracht werden: BGE 97 II 370, 98 IV 218. Ob die Berufsperson nach der Einwilligung zur Auskunft verpflichtet ist, entscheidet sich nach dem anwendbaren Prozeßrecht: BGE 97 II 370, RS 1956 Nr. 251, 1976 Nr. 143, 1979 Nr. 839.

Bewilligung der vorgesetzten Behörde oder der Aufsichtsbehörde: Das Gesuch ist vom Arzt, Anwalt, Geistlichen usw. selber zu stellen, nicht von der mit dem Verfahren befaßten Amtsstelle: ZR 47 Nr. 103. – Zuständig zur Entscheidung über die Entbindung sind nur die in Ziff. 2 genannten Behörden, nicht das mit dem Prozeß befaßte Gericht oder eine andere Behörde: SJZ 43 (1947) 262, 69 (1973) 42. – Vor dem Entscheid ist der Geheimnisherr in der Regel anzuhören: BGE 91 I 204, ZR 70 Nr. 97. – Ziff. 2 stellt es ins freie Ermessen der zuständigen Instanz, unter welchen Voraussetzungen die Bewilligung zu erteilen ist. Naturgemäß kann nur ein schutzwürdiges Interesse maßgebend sein, das gewichtiger erscheint als das entgegengesetzte Bedürfnis nach Geheimhaltung: BGE 102 Ia 520, RS 1984 Nr. 724, ZR 88 Nr. 82, § 14 Abs. 2 Zürcher Anwaltsgesetz vom 3. Juli 1938.

Ziff. 3: Eine für jedermann statuierte Auskunftspflicht fällt nicht unter den Vorbehalt von Ziff. 3. Die in Ziff. 1 genannten Berufspersonen müssen vielmehr durch das Gesetz namentlich zur Zeugnisablegung oder zur sonstigen Auskunft verpflichtet werden: ZBl 45 (1944) 314, ZR 50 Nr. 203. Bestimmungen, die solche Meldungen vorschreiben oder den Geheimnisträger dazu ermächtigen, finden sich z. B. in Art. 120 Ziff. 2 Abs. 1, Art. 358ter, VO über die Meldung ansteckender Krankheiten des Menschen vom 21. September 1987 (SR 818.141.1), Art. 1–5, in der kantonalen Gesundheitsgesetzgebung, in SVG Art. 14 Abs. 4. – Im Disziplinarverfahren vor der Aufsichtskommission über Rechtsanwälte kann sich der Anwalt nicht auf das Berufsgeheimnis berufen: ZR 75 Nr. 28. – Im Zivil- und Strafprozeß steht der Berufsperson in der Rolle des unbeteiligten Dritten ein Zeugnisverweigerungsrecht zu. Dieses Recht gilt auch für die Herausgabe von Akten, selbst wenn das Editionsverweigerungsrecht vom Gesetz nicht expressis verbis erwähnt wird: BGE 71 IV 175, 107 Ia 50. Die zur Verübung eines Verbrechens verwendeten Mittel oder die durch das Delikt erworbenen Gegenstände (Art. 58) sind jedoch auch von einem Zeugnisverweigerungsberechtigten herauszugeben: BGE 97 I 387. – Ist die Berufsperson Beschuldigter, so befreit die vorgesetzte Behörde oder die Aufsichtsbehörde von der Schweigepflicht: ZR 76 Nr. 122, 78 Nr. 112. Auch die Beschlagnahme von Beweismitteln, die an sich unter das Berufsgeheimnis fallen, ist zulässig, doch ist eine Interessenabwägung zwischen öffentlichen und privaten Interessen vorzunehmen: BGE 101 Ia 11, 102 Ia 520, 102 IV 214, 106 IV 424.

Berufsgeheimnisse in der medizinischen Forschung

[1] Wer ein Berufsgeheimnis unbefugterweise offenbart, das er **321bis** durch seine Tätigkeit für die Forschung im Bereich der Medizin oder des Gesundheitswesens erfahren hat, wird nach Artikel 321 bestraft.

[2] Berufsgeheimnisse dürfen für die Forschung im Bereich der Medizin oder des Gesundheitswesens offenbart werden, wenn eine Sachverständigenkommission dies bewilligt und der Berechtigte nach Aufklärung über seine Rechte es nicht ausdrücklich untersagt hat.

[3] Die Kommission erteilt die Bewilligung, wenn:

a. die Forschung nicht mit anonymisierten Daten durchgeführt werden kann;

b. es unmöglich oder unverhältnismäßig schwierig wäre, die Einwilligung des Berechtigten einzuholen, und

c. die Forschungsinteressen gegenüber den Geheimhaltungsinteressen überwiegen.

[4] Die Kommission verbindet die Bewilligung mit Auflagen zur Sicherung des Datenschutzes. Sie veröffentlicht die Bewilligung.

[5] Sind die schutzwürdigen Interessen der Berechtigten nicht gefährdet und werden die Personendaten zu Beginn der Forschung anonymisiert, so kann die Kommission generelle Bewilligungen erteilen oder andere Vereinfachungen vorsehen.

[6] Die Kommission ist an keine Weisungen gebunden.

[7] Der Bundesrat wählt den Präsidenten und die Mitglieder der Kommission. Er regelt ihre Organisation und ordnet das Verfahren.

Art. 321bis: eingefügt durch das BG über den Datenschutz vom 19. Juni 1992 (SR235.1), in Kraft ab 1. Juli 1993.
Abs. 7: dazu VO über die Offenbarung des Berufsgeheimnisses in der medizinischen Forschung vom 14. Juni 1993 (SR 235.154).

Preßübertretungen

1. Auf Druckschriften, die nicht lediglich den Bedürfnissen des **322** Verkehrs, des Gewerbes oder des geselligen oder häuslichen Lebens dienen, sind der Name des Verlegers und des Druckers und der Druckort anzugeben.

Fehlen diese Angaben, so werden der Verleger und der Drucker mit Buße bestraft.

2. Auf Zeitungen und Zeitschriften ist überdies der Name des verantwortlichen Redaktors anzugeben.

Leitet ein Redaktor nur einen Teil der Zeitung oder Zeitschrift, so ist er als verantwortlicher Redaktor dieses Teils zu bezeichnen. Für jeden Teil einer solchen Zeitung oder Zeitschrift muß ein verantwortlicher Redaktor angegeben werden.

Fehlen diese Angaben oder wird eine vorgeschobene Person als verantwortlicher Redaktor bezeichnet, so wird der Verleger mit Buße bestraft.

Art. 322: Die Bestimmung soll es ermöglichen, daß bei Pressedelikten nach der Regelung von Art. 27 vorgegangen werden kann (vgl. BGE 70 IV 177). Die verlangten Angaben müssen wahr sein: BGE 70 IV 177. Der Drucker und bei Zeitungen sowie Zeitschriften auch der verantwortliche Redaktor müssen selbst dann angegeben werden, wenn der Verfasser einer Veröffentlichung bekannt ist: BGE 70 IV 178.

Ziff. 1: Zum Begriff des Druckers: BGE 70 IV 177. Bei Ausführung der Druckarbeiten durch verschiedene Unternehmer gelten diese als Mittäter, wenn die verlangten Angaben fehlen: SJZ 71 (1975) 129. Der Verleger ist nur dann zu nennen, wenn ein solcher überhaupt vorhanden ist, was insbesondere bei Flugblättern und Plakaten nicht zutrifft: BGE 105 IV 133 (Begriff des Verlegers, Abgrenzung zum bloßen Verteiler).

Neunzehnter Titel
Übertretungen bundesrechtlicher Bestimmungen

Ungehorsam des Schuldners im Betreibungs- und Konkursverfahren

Mit Haft bis zu vierzehn Tagen oder mit Buße wird bestraft: **323**

1. der Schuldner, der einer Pfändung oder der Aufnahme eines Güterverzeichnisses, die ihm gemäß Gesetz angekündigt worden sind, weder selbst beiwohnt, noch sich dabei vertreten läßt (Art. 91, 163, 317e SchKG);

2. der Schuldner, der seine Vermögensgegenstände, auch wenn sie sich nicht in seinem Gewahrsam befinden, sowie seine Forderungen und Rechte gegenüber Dritten nicht so weit angibt, als dies zu einer genügenden Pfändung oder zum Vollzug eines Arrestes nötig ist (Art. 91, 275 des genannten Gesetzes);

3. der Schuldner, der seine Vermögensgegenstände, auch wenn sie sich nicht in seinem Gewahrsam befinden, sowie seine Forderungen und Rechte gegenüber Dritten bei Aufnahme eines Güterverzeichnisses nicht vollständig angibt (Art. 163, 317e des genannten Gesetzes);

4. der Gemeinschuldner, der dem Konkursamt nicht alle seine Vermögensstücke angibt und zur Verfügung stellt, obwohl ihn das Konkursamt auf diese Pflicht aufmerksam gemacht hat (Art. 222 Abs. 1 des genannten Gesetzes);

5. der Gemeinschuldner, der während des Konkursverfahrens nicht zur Verfügung der Konkursverwaltung steht, wenn er dieser Pflicht nicht durch besondere Erlaubnis enthoben wurde (Art. 229 des genannten Gesetzes).

Zu Art. 323 und 324: Vgl. Art. 163 bis 172 (Betreibungs- und Konkursdelikte). Anwendung auf juristische Personen und Handelsgesellschaften: Art. 326.
Art. 323 und 324 schützen nicht die Vermögenswerte der Gläubiger,

sondern die Rechtspflege auf dem Gebiete der Zwangsvollstreckung: BGE 102 IV 174. Die in Art. 323 und 324 aufgezählten Fälle der passiven Renitenz sind abschließend; eine subsidiäre Anwendung von Art. 286 (Hinderung einer Amtshandlung) ist im Betreibungs- und Konkursverfahren ausgeschlossen: BGE 81 IV 327. Ein passiver Widerstand außerhalb der Tatbestände von Art. 323 und 324 kann verfolgt werden, wenn dem Täter die Ungehorsamsstrafe nach Art. 292 angedroht worden ist: BGE 81 IV 238, 106 IV 280, ZR 81 Nr. 66.

Art. 323 Ziff. 1: Der Ungehorsamstatbestand setzt voraus, daß der Schuldner nach den Bestimmungen des SchKG von der bevorstehenden Amtshandlung unterrichtet wurde, davon Kenntnis nehmen konnte und Gründe vorliegen, die seine vertretungslose Abwesenheit ungerechtfertigt erscheinen lassen: BGE 82 IV 18, SJZ 67 (1971) 212f., RS 1968 Nr. 39. Den Tatbestand erfüllt auch, wer der Vorladung, sich im Amtslokal einzufinden, keine Folge leistet: BGE 106 IV 28f.

Ziff. 2 und 3: Die zwei Tatbestände beziehen sich nur insoweit auf das Verhalten des Schuldners, als dieser eine Auskunft über seine Vermögenswerte verweigert: BGE 74 IV 179. Ist die der Auskunft zugrundeliegende Zwangsvollstreckungshandlung nichtig im Sinne des SchKG, so kann die Verletzung der Offenbarungspflicht nicht strafbar sein: RS 1989 Nr. 618. – Die Verweigerung der Antwort auf die Frage des Vollstreckungsbeamten nach dem Verbleiben von Vermögenswerten ist nur unter Androhung der Ungehorsamsstrafe nach Art. 292 strafbar: BGE 70 IV 180; der Pflicht des Schuldners, bei der Lohnpfändung jeden Stellenwechsel mitzuteilen, ist ebenfalls über Art. 292 Nachachtung zu verschaffen: BGE 83 III 7, ZR 81 Nr. 66.

Ziff. 4: Diese Bestimmung und nicht Art. 163 Ziff. 1 (betrügerischer Konkurs) ist anzuwenden, wenn der Schuldner ohne Vorsatz der Benachteiligung von Gläubigern handelt: BGE 93 IV 92, sowie wenn er bloß die Auskunft über seinen Vermögensstand verweigert: BGE 102 IV 174.

Ungehorsam dritter Personen im Betreibungs- und Konkursverfahren

324 Mit Buße wird bestraft:

1. die erwachsene Person, die dem Konkursamte nicht alle Vermögensstücke eines gestorbenen oder flüchtigen Gemeinschuldners, mit dem sie in gemeinsamem Haushalte gelebt hat, angibt und zur Verfügung stellt, obwohl das Konkursamt

sie auf diese Pflicht aufmerksam gemacht hat (Art. 222 Abs. 2 SchKG);

2. wer sich binnen der Eingabefrist nicht als Schuldner des Gemeinschuldners anmeldet, obwohl das Konkursamt dazu aufgefordert hat (Art. 232 Abs. 2 Ziff. 3 des genannten Gesetzes);

3. wer Sachen des Gemeinschuldners als Pfandgläubiger oder aus anderen Gründen besitzt und sie dem Konkursamte binnen der Eingabefrist nicht zur Verfügung stellt, obwohl das Konkursamt dazu aufgefordert hat (Art. 232 Abs. 2 Ziff. 4 des genannten Gesetzes).

Art. 324: Anwendung auf juristische Personen, Handelsgesellschaften, Einzelfirmen: Art. 326. – Nur ein ungehorsames Verhalten, das weder unter Art. 324 noch Art. 323 fällt, kann nach Art. 292 (Ungehorsam gegen amtliche Verfügungen) geahndet werden. Auch in solchen Fällen kann dagegen Art. 286 (Hinderung einer Amtshandlung) nicht angewendet werden, wenn der Ungehorsam in einem passiven Verhalten besteht: BGE 81 IV 328.

Ordnungswidrige Führung der Geschäftsbücher

325 Wer vorsätzlich oder fahrlässig der gesetzlichen Pflicht, Geschäftsbücher ordnungsmäßig zu führen, nicht nachkommt,

wer vorsätzlich oder fahrlässig der gesetzlichen Pflicht, Geschäftsbücher, Geschäftsbriefe oder Geschäftstelegramme aufzubewahren, nicht nachkommt,

wird mit Haft oder mit Buße bestraft.

Art. 325: Buchführungspflicht: OR Art. 957 f. Anwendung auf juristische Personen, Handelsgesellschaften, Einzelfirmen: Art. 326.

Widerhandlungen gegen die Bestimmungen zum Schutz der Mieter von Wohn- und Geschäftsräumen

325bis Wer den Mieter unter Androhung von Nachteilen, insbesondere der späteren Kündigung des Mietverhältnisses, davon abhält oder abzuhalten versucht, Mietzinse oder sonstige Forderungen des Vermieters anzufechten,

wer dem Mieter kündigt, weil dieser die ihm nach Obligationenrecht zustehenden Rechte wahrnimmt oder wahrnehmen will, wer Mietzinse oder sonstige Forderungen nach einem gescheiterten Einigungsversuch oder nach einem richterlichen Entscheid in unzulässiger Weise durchsetzt oder durchzusetzen versucht,

wird auf Antrag des Mieters mit Haft oder mit Buße bestraft.

Art. 325bis eingefügt durch das BG über die Änderung des OR vom 15. Dezember 1989, in Kraft seit 1. Juli 1990 (AS 1990, 802). Vgl. Art. 326.

Anwendung auf juristische Personen, Handelsgesellschaften und Einzelfirmen
1. im Falle der Artikel 323–325

326 Handelt jemand

als Organ oder als Mitglied eines Organs einer juristischen Person,

als Mitarbeiter einer juristischen Person oder einer Gesellschaft, dem eine vergleichbare selbständige Entscheidungsbefugnis in seinem Tätigkeitsbereich zukommt, oder

ohne Organ, Mitglied eines Organs oder Mitarbeiter zu sein, als tatsächlicher Leiter einer juristischen Person oder Gesellschaft,

so sind die Artikel 323–325, nach welchen besondere persönliche Merkmale die Strafbarkeit begründen oder erhöhen, auch auf die genannten Personen anzuwenden, wenn diese Merkmale nicht bei ihnen persönlich, sondern bei der juristischen Person oder der Gesellschaft vorliegen.

Art. 326 in neuer Fassung gemäß BG vom 17. Juni 1994, in Kraft ab 1. Januar 1995. Die Regelung entspricht derjenigen von Art. 172 (vgl. Bem. zu dieser Bestimmung).

2. im Falle von Artikel 325bis

326bis ¹ Werden die im Artikel 325bis unter Strafe gestellten Handlungen beim Besorgen der Angelegenheiten einer juristischen Person, Kollektiv- oder Kommanditgesellschaft oder Einzelfirma oder sonst in Ausübung geschäftlicher oder dienstlicher

Verrichtungen für einen anderen begangen, so finden die Strafbestimmungen auf diejenigen natürlichen Personen Anwendung, die diese Handlungen begangen haben.

[2] Der Geschäftsführer oder Arbeitgeber, Auftraggeber oder Vertretene, der von der Widerhandlung Kenntnis hat oder nachträglich Kenntnis erhält und, obgleich es ihm möglich wäre, es unterläßt, sie abzuwenden oder ihre Wirkungen aufzuheben, untersteht der gleichen Strafandrohung wie der Täter.

[3] Ist der Geschäftsführer oder Arbeitgeber, Auftraggeber oder Vertretene eine juristische Person, Kollektiv- oder Kommanditgesellschaft, Einzelfirma oder Personengesamtheit ohne Rechtspersönlichkeit, so findet Absatz 2 auf die schuldigen Organe, Organmitglieder, geschäftsführenden Gesellschafter, tatsächlich leitenden Personen oder Liquidatoren Anwendung.

Art. 326bis eingefügt durch das BG über die Änderung des OR vom 15. Dezember 1989, in Kraft seit 1. Juli 1990 (AS 1990, 802).

Übertretung firmenrechtlicher Bestimmungen

Wer für ein im Handelsregister eingetragenes Unternehmen eine Bezeichnung verwendet, die mit der im Handelsregister eingetragenen nicht übereinstimmt und die irreführen kann, **326ter**

wer für ein im Handelsregister nicht eingetragenes Unternehmen eine irreführende Bezeichnung verwendet,

wer für ein im Handelsregister eingetragenes oder nicht eingetragenes Unternehmen ohne Bewilligung eine nationale, territoriale oder regionale Bezeichnung verwendet,

wer für ein im Handelsregister nicht eingetragenes ausländisches Unternehmen den Eindruck erweckt, der Sitz des Unternehmens oder eine Geschäftsniederlassung befinde sich in der Schweiz,

wird mit Haft oder mit Buße bestraft.

Art. 326ter, 326quater eingefügt durch das BG vom 17. Juni 1994, in Kraft ab 1. Januar 1995.

Unwahre Auskunft durch eine Personalvorsorgeeinrichtung

326^{quater} Wer als Organ einer Personalvorsorgeeinrichtung gesetzlich verpflichtet ist, Begünstigten oder Aufsichtsbehörden Auskunft zu erteilen und keine oder eine unwahre Auskunft erteilt, wird mit Haft oder mit Buße bestraft.

Art. 326 quater: Die gesetzliche Auskunftspflicht wird in ZGB Art. 89 bis Abs. 2 statuiert.

Wiedergeben und Nachahmen von Banknoten oder amtlichen Wertzeichen ohne Fälschungsabsicht

327 1. Wer, ohne die Absicht zu fälschen, schweizerische oder ausländische Banknoten so wiedergibt oder nachahmt, daß die Gefahr einer Verwechslung mit echten Noten geschaffen werden kann, insbesondere wenn die Gesamtheit, eine Seite oder der größte Teil einer Seite einer Banknote auf einem Material und in einer Größe, die mit Material und Größe des Originals übereinstimmen oder ihnen nahekommen, wiedergegeben oder nachgeahmt wird,

wer, ohne die Absicht zu fälschen, schweizerische oder ausländische amtliche Wertzeichen so wiedergibt oder nachahmt, daß die Gefahr einer Verwechslung mit echten Wertzeichen geschaffen werden kann,

wer solche Gegenstände einführt, anbietet oder in Verkehr bringt,

wird mit Haft oder mit Buße bestraft.

2. Handelt der Täter im Sinne von Ziffer 1 Absätze 1 und 2 fahrlässig, so wird er mit Buße bestaft.

3. Die Wiedergaben oder Nachahmungen oder die Druckerzeugnisse, welche sie enthalten, werden eingezogen.

Art. 327 in der Fassung vom 17. Juni 1994, in Kraft seit 1. Januar 1995, ist an die Stelle des bisherigen Tatbestandes «Nachmachen und Nachahmung von Papiergeld, Banknoten und amtlichen Wertzeichen ohne Fälschungsabsicht» getreten. Die Bestimmung ergänzt Art. 240 und 242 für den Fall, daß die Imitationen nicht als echte Banknoten in Umlauf gesetzt werden sollen.

Nachmachen von Postwertzeichen ohne Fälschungsabsicht

1. Wer Postwertzeichen des In- oder Auslandes nachmacht, um **328** sie als nachgemacht in Verkehr zu bringen, ohne die einzelnen Stücke als Nachmachungen kenntlich zu machen,

wer solche Nachmachungen einführt, feilhält oder in Verkehr bringt,

wird mit Haft oder mit Buße bestraft.

2. Die Nachmachungen werden eingezogen.

Art. 328 Ziff. 1: Subsidiäre Vorschrift zum Tatbestand des Nachmachens von Wertzeichen gemäß Art. 245, die im Gegensatz zu dieser Bestimmung keine Absicht des Täters voraussetzt, die Zeichen als echt bzw. unverfälscht zu verwenden.
Ziff. 2: Vgl. Art. 58.

Verletzung militärischer Geheimnisse

1. Wer unrechtmäßig **329**

in Anstalten oder andere Örtlichkeiten eindringt, zu denen der Zutritt von der Militärbehörde verboten ist,

militärische Anstalten oder Gegenstände abbildet, oder solche Abbildungen vervielfältigt oder veröffentlicht,

wird mit Haft oder mit Buße bestraft.

2. Versuch und Gehilfenschaft sind strafbar.

Art. 329–331: Bundesgerichtsbarkeit: Art. 340 Ziff. 1 Abs. 7.
Art. 329: Der Tatbestand kann auch ohne tatsächliche Beeinträchtigung militärischer Geheimnisse erfüllt werden: BGE 112 IV 86. – Verhältnis zu Art. 267 und 274 sowie zu MStG Art. 86 und 106 und zum BG über den Schutz militärischer Anlagen, Art. 7: BGE 112 IV 86 (Art. 321 ist subsidiär).

Handel mit militärisch beschlagnahmtem Material

Wer Gegenstände, die von der Heeresverwaltung zum Zwecke **330** der Landesverteidigung beschlagnahmt oder requiriert worden sind, unrechtmäßig verkauft oder erwirbt, zu Pfand gibt oder nimmt, verbraucht, beiseiteschafft, zerstört oder unbrauchbar macht, wird mit Haft bis zu einem Monat oder mit Buße bestraft.

Art. 330 pönalisiert zum Schutze der Landesverteidigung ein dem Art. 289 ähnliches Verhalten.

Unbefugtes Tragen der militärischen Uniform

331 Wer unbefugt die Uniform des schweizerischen Heeres trägt, wird mit Haft bis zu acht Tagen oder mit Buße bestraft.

Art. 331 bezieht sich nur auf Zivilpersonen. Unbefugtes Uniformtragen durch Heeresangehörige wird nach MStG, v. a. Art. 73 und 180, geahndet.

Nichtanzeigen eines Fundes

332 Wer beim Fund oder bei der Zuführung einer Sache nicht die in Art. 720 Absatz 2 und 725 Absatz 1 des Zivilgesetzbuches vorgeschriebene Anzeige erstattet, wird mit Buße bestraft.

Art. 332: Strafbar ist nur die *vorsätzliche* Unterlassung der Anzeige: BGE 85 IV 192. – Verhältnis zu Fundunterschlagung: Art. 332 ist subsidiär zu Art. 141 Abs. 2 (neu Art. 137 Ziff. 2 Abs. 1, unrechtmäßige Aneignung), d. h. nur anwendbar, wenn die Voraussetzungen dieses Tatbestandes nicht vorliegen oder der Täter mangels Strafantrag nicht verfolgt werden kann: BGE 71 IV 93, 85 IV 191. – Beginn der Verjährung: BGE 71 IV 186.

Drittes Buch

Einführung und Anwendung des Gesetzes

> **Erster Titel**
> **Verhältnis dieses Gesetzes**
> **zu andern Gesetzen des Bundes**
> **und zu den Gesetzen der Kantone**

1. Bundesgesetze

Anwendung des allgemeinen Teils auf andre Bundesgesetze

[1] Die allgemeinen Bestimmungen dieses Gesetzes finden auf **333** Taten, die in andern Bundesgesetzen mit Strafe bedroht sind, insoweit Anwendung, als diese Bundesgesetze nicht selbst Bestimmungen aufstellen.

[2] Ist in einem andern Bundesgesetze die Tat mit Freiheitsstrafe von mehr als drei Monaten bedroht, so finden die allgemeinen Bestimmungen über die Verbrechen und die Vergehen Anwendung, andernfalls die allgemeinen Bestimmungen über die Übertretungen, wobei, statt auf Gefängnis, auf Haft zu erkennen ist.

[3] Die in andern Bundesgesetzen unter Strafe gestellten Übertretungen sind strafbar, auch wenn sie fahrlässig begangen werden, sofern nicht nach dem Sinne der Vorschrift nur die vorsätzliche Begehung mit Strafe bedroht ist.

[4] Die Begnadigung richtet sich stets nach den Vorschriften dieses Gesetzes.

Art. 333: ZSR 90 (1971) II 325, ZStrR 107 (1990) 241, ZStrR 72 (1956) 361, ZStrR 74 (1959) 29, ZSR 90 (1971) II 107. – Anwendung der Art. 1–110, 333, 334 auf das kantonale Strafrecht als Ersatzstrafrecht: z. B. Zürich, Kantonales Straf- und Vollzugsgesetz vom 30. Juni 1971 §§ 2 Abs. 1, 3. Es wird damit jedoch nicht zu eidgenössischem Recht i. S. von BStP Art. 269 Abs. 1: BGE 97 IV 69.

Abs. 1: *Abweichungen von den allgemeinen Normen* sind als Ausnahmen nur dort anzuwenden, wo sie sich aus dem Gesetz klar ergeben: BGE 78 IV 71, 83 IV 124, 84 IV 94. – Der Begriff der *«Bundesgesetze»* umfaßt nicht nur das Gesetz im formellen Sinn, sondern allgemein materielles Gesetzesrecht, gleichgültig ob es in Form eines Gesetzes, eines Bundesbeschlusses oder einer Verordnung erlassen wurde: BGE 101 IV 94. Anwendung der Auslegungsgrundsätze auf das Nebenstrafrecht: BGE 103 IV 206. – Anwendung der allgemeinen Bestimmungen des StGB für die Verjährung nach AHVG Art. 87: BGE 111 V 175. – Anwendung der allgemeinen Bestimmungen des StGB bezüglich der Strafbarkeit juristischer Personen nach *Lebensmittelgesetz* vom 8. Dezember 1905 (SR 817.0): BGE 104 IV 141. Die Strafe wegen bundesrechtlicher Steuerwiderhandlung ist eine echte Strafe, auf sie finden nach Art. 333 Abs. 1 die allgemeinen Bestimmungen des StGB Anwendung: BGE 114 Ib 30 Erw. 4, SJZ 86 (1990) 48. – Für Taten, die in der *Verwaltungsgesetzgebung* des Bundes mit Strafe bedroht sind, gelten nach VStrR Art. 2 die allgemeinen Bestimmungen des StGB, soweit das VStrR oder das einzelne Verwaltungsgesetz nichts anderes bestimmt.

Abs. 2: Vgl. Art. 9 und 101.

Abs. 3: SVG Art. 100 Abs. 1: Sofern es das SVG nicht anders bestimmt, sind auch die fahrlässig verübten Vergehen dieses Gesetzes strafbar.

Abs. 4: Art. 394 ff.

334 ### Verweisungen auf aufgehobene Bestimmungen

Wird in Bundesvorschriften auf Bestimmungen verwiesen, die durch dieses Gesetz aufgehoben werden, so sind diese Verweisungen auf die entsprechenden Bestimmungen dieses Gesetzes zu beziehen.

Art. 334: Vgl. Art. 398.

2. Gesetze der Kantone

335 ### Polizei- und Verwaltungsstrafrecht, Steuerstrafrecht

1. Den Kantonen bleibt die Gesetzgebung über das Übertretungsstrafrecht insoweit vorbehalten, als es nicht Gegenstand der Bundesgesetzgebung ist.

Sie sind befugt, die Übertretung kantonaler Verwaltungs- und Prozeßvorschriften mit Strafe zu bedrohen.

2. Die Kantone sind befugt, Strafbestimmungen zum Schutze des kantonalen Steuerrechts aufzustellen.

Art. 335: ZStrR 97 (1980) 121, ZStrR 94 (1977), ZStrR 107 (1990) 281, ZStrR 91 (1975) 113.

Der Erlaß kantonaler Übertretungsstraftatbestände ist zulässig, wenn eidgenössisches Recht den Angriff auf ein Rechtsgut nicht durch ein geschlossenes System von Normen regelt: BGE 89 IV 95, 116 IV 21, ZBJV 121 (1985) 515. – Der Grundsatz «keine Strafe ohne Gesetz» gilt für die Kantone kraft BV Art. 4 als verfassungsmäßiges Recht: BGE 112 Ia 112. Jede Strafe, die einen Freiheitsentzug mit sich bringt, bedarf einer Grundlage in einem formellen Gesetz; für andere Strafen genügt eine Verordnung, die sich im Rahmen von Verfassung und Gesetz hält. Die Verordnung darf aber ein Verhalten, das der Gesetzgeber nicht verbieten wollte, nicht unter Strafe stellen: BGE 112 Ia 112. – Die Androhung einer Strafe, die automatisch das Mehrfache der geschuldeten Abgabe beträgt und keinen Spielraum für die Berücksichtigung der subjektiven Elemente läßt, ist mit BV Art. 4 unvereinbar: BGE 103 Ia 227.

Die Kantone können im kantonalen Übertretungsstrafrecht die allgemeinen Bestimmungen des StGB für anwendbar erklären, diese aber auch ausdrücklich ausschließen und eigene erlassen: BGE 101 Ia 110.

Im Bereich des kantonalen Rechts sind die Kantone befugt, eigene Gerichtsstandsbestimmungen zu erlassen, was allerdings nicht als empfehlenswert erscheint: BGE 113 Ia 169. Verweist das kantonale Recht auf die Bestimmungen des Gerichtsstandes im StGB, so gelten diese als kantonales Recht: BGE 97 IV 69, 113 Ia 108. – Gewährung interkantonaler Rechtshilfe auf dem Gebiete des kantonalen Rechts: BGE 85 I 106.

Im interkantonalen Verhältnis ist kantonales Übertretungsstrafrecht nur anwendbar, wenn Ausführung oder Erfolg der Tat sich im Kantonsgebiet verwirklicht: RS 1978 Nr. 522. – Nach kantonalem Recht zulässiges *Gemeindestrafrecht* gilt als *kantonales* Strafrecht: BGE 96 I 29. – Die *Befugnis, polizeiliche Gebote und Verbote aufzustellen,* schließt beim Fehlen einer abweichenden positiven Anordnung die Befugnis ein, auf die Übertretung dieser Vorschriften Strafe anzudrohen: BGE 78 I 307, 92 I 35, 96 I 31. – *Im einzelnen:* Verunreinigung fremden Eigentums: BGE 98 IV 95, *Ungehorsam* gegenüber der *Polizei:* BGE 81 IV 164. – *Amtspflichtverletzungen,* die nicht unter das StGB (Art. 312 ff.) fallen: BGE 81 IV 330, 88 IV 71. – Der *Gerichtsstand* für kantonale Straftatbestände bestimmt sich nach kantonalem Recht: BGE 71 IV 221, 88 IV 27.

Ziff. 1: Verhältnis zwischen Bundesstrafrecht und kantonalem *öffentlichem* Recht: BGE 74 I 143.

Abs. 1: *Polizeistrafrecht:* Die Kantone können die ihnen vorbehaltenen Polizeiübertretungen nur mit *Haft und Buße* (Art. 101) belegen;

dagegen dürfen sie neben der Strafe oder ohne solche strafrechtliche oder administrative Maßnahmen vorsehen: BGE 69 IV 7, 185.

A. *Zulässige* kantonale Übertretungstatbestände: Ungehorsam gegen die Polizei: BGE 81 IV 163. – Landstreicherei: BGE 69 IV 7; Bettel: BGE 70 IV 194. – Unbefugte Führung akademischer Titel (soweit nicht unlauterer Wettbewerb vorliegt): BGE 74 IV 109. – Störungen des öffentlichen Friedens, die nicht unter Art. 258 ff. fallen: BGE 71 IV 105, 117 Ia 474 (Vermummungsverbot). – Wald- und Feldfrevel: BGE 72 IV 54. – Verunreinigung fremden Eigentums: BGE 89 IV 95 (Verunreinigung fremder Gewässer). – In BGE 74 IV 168 wird offengelassen, ob neben Art. 312 ff. für eine kantonale Übertretungsstrafe wegen (leichterer) Amtspflichtverletzung noch Raum bleibe, in BGE 81 IV 330 bejaht. – Strafbestimmungen im Mietwesen: BGE 101 IV 214. – Strafbestimmungen im Gebiet des Straßenverkehrs sind nur insoweit zulässig, als diese kantonalen Vorschriften nicht Motorfahrzeuge, Fahrräder oder Eisenbahnfahrzeuge betreffen: BGE 104 IV 290; sollen solche Bestimmungen jedoch ein anderes Rechtsgut schützen, als dies die Verkehrsordnung tut, so sind sie zulässig: BGE 104 IV 108 (dies trifft nicht zu für einen privaten Vorplatz, der nicht durch ein signalisiertes Verbot dem öffentlichen Verkehr und damit der Herrschaft des SVG entzogen ist).

B. *Unzulässige* kantonale Übertretungstatbestände: Unterlassung der Nothilfe, die im rev. Art. 128 abschließend geregelt ist: BGE 116 IV 22. Formen der Sachentziehung, die nach StGB straflos sind: BGE 70 IV 123. – Formen fahrlässiger Sachbeschädigung, die nach Art. 145 straflos sind: SJZ 75 (1979) 47. Fahrlässige Hehlerei (Art. 160): RS 1977 Nr. 256. Amtsehrverletzung (Art. 173 f.): BGE 71 IV 100. – Einfache Unzucht (außerehelicher Geschlechtsverkehr): BGE 68 IV 111. – Einfache widernatürliche Unzucht: BGE 81 IV 126.

Abs. 2: *Kantonales Prozeß- und Verwaltungsstrafrecht:* Die Kantone können nach dieser Bestimmung nur das Bundesrecht ergänzen, aber nicht derogieren: BGE 112 IV 22 (Erschleichung staatlicher Leistungen fällt unter Art. 146, wenn die Voraussetzungen dieser Bestimmung gegeben sind). Zulässigkeit von Zwangsmaßnahmen gegen widerspenstige Zeugen: BGE 117 Ia 493. – *Falsche Parteiaussage,* die nicht unter Art. 306 fällt, als kantonaler Übertretungstatbestand: BGE 76 IV 282. – Bestrafung von *Ehrverletzungen im Prozeß:* BGE 86 IV 73. – Nichtbefolgung von Urteilen und Verfügungen in Zivilsachen: BGE 69 IV 210, 96 II 261 (Bestrafung wegen *Ungehorsams* gegen zivilgerichtliches Unterlassungsgebot); Verhältnis zu Art. 292 (Ungehorsam): BGE 69 IV 210. – Prozeßdisziplin: BGE 98 IV 89. – Strafrechtliche Absicherung formloser Beweismittel: BGE 104 IV 32. – Die Kantone sind befugt, die Verweigerung der Auskunft über den Lenker eines Motorfahrzeuges unter Strafe zu stellen: BGE 107 IV 149. – Zulässig sind kantonale Strafbestimmungen auf dem Gebiet des Gesundheitswesens: BGE 115 Ia 274 (Fortpflanzungsmedizin).

Ziff. 2: Die einfache Steuerhinterziehung (Zürcher Steuergesetz § 188) ist echtes Strafrecht und stellt einen kantonalen Übertretungstatbestand dar: SJZ 86 (1990) 48. Das gilt erst recht für die qualifizierte Steuerhinterziehung mittels gefälschter Urkunden (Steuerbetrug nach § 192 leg. cit.). Die Bestimmung droht Buße bis zu Fr. 20 000, in schweren Fällen in Verbindung mit Gefängnis bis zu drei Jahren an. Es handelt sich hiebei stets um ein Vergehen: ZR 88 Nr. 55. – Das kantonale Steuerstrafrecht geht als Sonderrecht dem gemeinen Strafrecht vor und läßt für dessen Anwendung keinen Raum, wenn nach dem Vorsatz des Täters eine Urkundenfälschung i. S. v. Art. 251 ausschließlich zu steuerlichen Zwecken erfolgte: Pr 71 (1982) Nr. 111 und BGE 108 IV 31 (Wer ein Falsifikat, welches erkennbar auch für nicht fiskalische Zwecke verwendbar ist, einem Dritten zur freien Verwendung überläßt, handelt eventualvorsätzlich in bezug auf den Tatbestand von Art. 251); im Verhältnis zu Art. 253 (Erschleichung einer Falschbeurkundung) ist demgegenüber der Beweggrund des Täters unerheblich, weil die Erschleichung einer falschen Beurkundung um ihrer selbst willen mit Strafe bedroht ist, da die Urkunde dank ihrer objektiven Beweisbestimmung zu irgendwelchen, nicht bloß zu den vom Täter geplanten Zwecken verwendet werden kann: BGE 84 IV 166, SJZ 82 (1986) 162, ZR 55 Nr. 39, 59 Nr. 60 (Falschbeurkundung eines Grundstückkaufes).

Zweiter Titel
Verhältnis dieses Gesetzes zum bisherigen Recht

Vollziehung früherer Strafurteile

336 Die Vollziehung von Strafurteilen, die auf Grund der bisherigen Strafgesetze ergangen sind, unterliegt folgenden Beschränkungen:

a) Wenn dieses Gesetz die Tat, für welche die Verurteilung erfolgt ist, nicht mit Strafe bedroht, so darf die Strafe nicht mehr vollzogen werden.

b) Ein Todesurteil darf nach dem Inkrafttreten dieses Gesetzes nicht mehr vollstreckt werden; die Todesstrafe ist in einem solchen Falle von Rechtes wegen in lebenslängliche Zuchthausstrafe umgewandelt.

c) Wenn ein Gefangener vor dem Inkrafttreten dieses Gesetzes in mehreren Kantonen oder von mehreren Gerichten desselben Kantons zu Freiheitsstrafen veurteilt worden ist und beim Inkrafttreten dieses Gesetzes von den verhängten Freiheitsstrafen noch mehr als fünf Jahre zu verbüßen hätte, so setzt das Bundesgericht auf sein Gesuch eine Gesamtstrafe gemäß Art. 68 fest. Das Bundesgericht überträgt die Vollziehung dieser Gesamtstrafe einem Kanton und legt den dadurch entlasteten Kantonen nach freiem Ermessen einen Kostenbeitrag auf.

d) Wenn ein Gefangener zur Zeit des Inkrafttretens dieses Gesetzes seine Strafe verbüßt und eines andern, vor diesem Zeitpunkt verübten, mit Freiheitsstrafe bedrohten Verbrechens oder Vergehens schuldig erklärt wird, so spricht der Richter, der das Urteil fällt, eine Gesamtstrafe aus und rechnet dem Verurteilten die auf Grund des ersten Urteils verbüßte Strafzeit an.

e) Die Bestimmungen dieses Gesetzes über die bedingte Entlassung finden auch auf Verurteilte Anwendung, die vor dem Inkrafttreten dieses Gesetzes bestraft worden sind.

Art. 336 lit. e ist nicht anwendbar auf *Vollzug von sichernden Maß-nahmen* (Art. 42 f.): BGE 97 I 921 (Art. 100ter).

Verjährung

[1] Die Bestimmungen dieses Gesetzes über die Verfolgungs- **337** und die Vollstreckungsverjährung finden auch Anwendung, wenn eine Tat vor Inkrafttreten dieses Gesetzes verübt oder be-urteilt worden ist und dieses Gesetz für den Täter das mildere ist.
[2] Der vor Inkrafttreten dieses Gesetzes abgelaufene Zeit-raum wird angerechnet.

Art. 337: Vgl. Art. 70 ff. Die unter altem Recht verübte Tat verjährt nach altem Recht, wenn dieses milder ist: BGE 77 IV 207, 78 IV 129. – Die Verjährungsvorschriften des StGB finden auch Anwendung auf das Verwaltungsstrafrecht (VStrR Art. 2): BGE 105 IV 8.

Rehabilitation

[1] Die Rehabilitation richtet sich nach den Bestimmungen dieses **338** Gesetzes auch bei Urteilen, die auf Grund der bisherigen Straf-gesetze ausgefällt worden sind.
[2] Ebenso richtet sich die Lösung der Eintragung eines vor In-krafttreten dieses Gesetzes ergangenen Urteils im Strafregister nach den Bestimmungen dieses Gesetzes.

Art. 338: Vgl. Art. 76 ff.

Auf Antrag strafbare Handlungen

1. Bei Handlungen, die nur auf Antrag strafbar sind, berechnet **339** sich die Frist zur Antragstellung nach dem Gesetz, unter dessen Herrschaft die Tat verübt worden ist.
2. Wenn für eine strafbare Handlung, die nach dem früheren Gesetze von Amtes wegen zu verfolgen war, dieses Gesetz einen Strafantrag erfordert, so läuft die Frist zur Stellung des Antrages vom Inkrafttreten dieses Gesetzes an.
War die Verfolgung bereits eingeleitet, so wird sie nur auf Antrag fortgeführt.
3. Wenn für eine Handlung, die nach dem frühern Gesetze nur auf Antrag strafbar war, dieses Gesetz die Verfolgung von

Amtes wegen verlangt, so bleibt das Erfordernis des Strafantrages für strafbare Handlungen, die unter der Herrschaft des alten Gesetzes begangen wurden, bestehen.

Art. 339: Vgl. Art. 28 ff.
Ziff. 2: BGE 78 IV 47.

Dritter Titel

Bundesgerichtsbarkeit und kantonale Gerichtsbarkeit

1. Bundesgerichtsbarkeit

Umfang

1. Der Bundesgerichtsbarkeit unterstehen: **340**

die strafbaren Handlungen des ersten und vierten Titels sowie der Artikel 139, 156, 187 und 188, sofern sie gegen völkerrechtlich geschützte Personen gerichtet sind;

die strafbaren Handlungen der Artikel 137–145, sofern sie Räumlichkeiten, Archive und Schriftstücke diplomatischer Missionen und konsularischer Posten betreffen;

die Geiselnahme nach Artikel 185 zur Nötigung von Behörden des Bundes oder des Auslandes;

die Verbrechen und Vergehen der Artikel 224–226;

die Verbrechen und Vergehen des zehnten Titels betreffend Metallgeld, Papiergeld und Banknoten, amtliche Wertzeichen und sonstige Zeichen des Bundes, Maß und Gewicht;

die Verbrechen und Vergehen des elften Titels, sofern Urkunden des Bundes in Betracht kommen;

die strafbaren Handlungen des Artikels 260bis sowie des dreizehnten bis fünfzehnten und des siebzehnten Titels, sofern sie gegen den Bund, die Behörden des Bundes, gegen den Volkswillen bei eidgenössischen Wahlen, Abstimmungen, Referendums- oder Initiativbegehren, gegen die Bundesgewalt oder gegen die Bundesrechtspflege gerichtet sind; ferner die Verbrechen und Vergehen des sechzehnten Titels und die von einem Bundesbeamten verübten Amtsverbrechen und Amtsvergehen (18. Titel) und die Übertretungen der Artikel 329–331;

die politischen Verbrechen und Vergehen, die Ursache oder Folge von Unruhen sind, durch die eine bewaffnete eidgenössische Intervention veranlaßt wird.

2. Die in besondern Bundesgesetzen enthaltenen Vorschrif-

ten über die Zuständigkeit des Bundesgerichts bleiben vorbehalten.

Zu Art. 340–344: ZStR 87 (1971) 166, Krim 1973, 516, Krim 1974, 509, Krim 1982, 397, 472. – Regelung des Verfahrens in der Bundesgerichtsbarkeit durch die BStP. – Über die Rechtsbehelfe des Beschuldigten, der die kantonale Gerichtsbarkeit zugunsten des Bundesgerichtes bestreitet: BGE 80 IV 135. Legitimation des Bundesanwaltes, die Zuständigkeit des Bundesgerichtes zu beanspruchen: BGE 101 IV 262, RS 1967 Nr. 107, 1973 Nr. 559.

Art. 340: Nach Art. 41 Ziff. 3 Abs. 3 hat der über die neue Straftat urteilende (kantonale) Richter auch über den Widerruf des von den Bundesassisen oder dem Bundesstrafgericht gewährten bedingten Strafvollzuges zu entscheiden: BGE 101 IV 262.

Ziff. 1 in neuer Fassung gemäß BG vom 9. Oktober 1981, in Kraft seit 1. Oktober 1982, dazu ZStR 101 (1984) 139.

Abs. 1: Nach den Revisionen vom 21. Juni 1991 und vom 17. Juni 1994 sind statt der angegebenen Artikel die Bestimmungen von Art. 140, 156, 189 und 190 angesprochen.

Abs. 2: Die Bestimmung ist nach der Revision vom 17. Juni 1994 wohl auf Art. 137–141 und 144 zu beziehen. Nach den anerkannten Grundsätzen des Völkerrechts unterstehen Räumlichkeiten diplomatischer Missionen der Immunität, sie sind jedoch nicht exterritorial in dem Sinne, daß die darin verübten Straftaten nicht der schweizerischen Gerichtsbarkeit unterstehen: BGE 109 IV 157/58.

Abs. 7: Als *Urkunde* des Bundes gilt nur ein Schriftstück, das von einer Behörde oder einem Beamten des Bundes in hoheitlicher Funktion oder in Erfüllung öffentlicher Aufgaben oder gewerblicher Verrichtungen ausgestellt wurde: BGE 96 IV 163. Der Begriff umfaßt auch Bundesbahnabonnemente: BGE 71 IV 153.

Abs. 8: *Bundesgewalt:* BGE 70 IV 215, 101 IV 187. – *Begünstigung* (Art. 305) in der Strafverfolgung durch Bundesbehörden: BGE 96 IV 163.

Abs. 9: *Intervention:* BV Art. 16, dazu ZStR 47 (1933) 425.

Ziff. 2: Vgl. die Zusammenstellung dieser besondern Erlasse in ZStR 87 (1971) 169, Krim 1973, 517 Anm. 4. – Umfang der Bundesgerichtsbarkeit bei Vergehen gegen die Ehre von *Mitgliedern der Bundesversammlung* (Garantiegesetz vom 26. März 1934, Art. 8 [SR 161.21]): BGE 80 IV 162.

Bundesassisen

Das Bundesgericht urteilt mit Zuziehung von Geschworenen **341** über

a) Hochverrat gegen die Eidgenossenschaft (Art. 265);
b) Aufruhr und Gewalttat gegen die Bundesbehörden;
c) Verbrechen und Vergehen gemäß Art. 299 und 300;
d) politische Verbrechen und Vergehen, die Ursache oder Folge von Unruhen sind, durch die eine bewaffnete eidgenössische Intervention veranlaßt wird;
e) Straffälle, in denen eine Bundesbehörde einen von ihr ernannten Beamten den Bundesassisen überweist.

Art. 341: Vgl. BV Art. 112. – Zusammensetzung und Regelung des Verfahrens: BStP Art. 1 Abs. 1 Ziff. 1, Art. 135–145, 182–209.

Die Bundesassisen sind das letzte schweizerische reine Schwurgericht, bei denen die Geschworenen die Schuldfrage beraten, die Kriminalkammer die Folgen des Wahrspruches bestimmt. – Die Bundesassisen tagten 1933 letztmals (Fall Nicole), vgl. ZStrR 47 (1933) 420, 489.

Lit. b abgeändert durch BG vom 5. Oktober 1950, in Kraft seit 5. Januar 1951. – Als Bundesbehörden gelten nur die Bundesversammlung, der Bundesrat und das Bundesgericht; zur Beurteilung von Gewalt oder Drohung gegen *Bundesbeamte* (Art. 285) ist das Bundesstrafgericht (Art. 342) zuständig: BGE 70 IV 216.

Bundesstrafgericht

Das Bundesstrafgericht beurteilt die Straffälle, die der Bundes- **342** gerichtsbarkeit unterstellt sind und nicht nach Maßgabe dieses Gesetzes in die Kompetenz der Bundesassisen fallen.

Art. 342: BStP Art. 1 Abs. 1 Ziff. 3 (5 Mitglieder). Für das Hauptverfahren gelten BStP Art. 135–141, 146–181.

Es besteht die Möglichkeit, die dem Bundesstrafgericht unterstehenden Delikte zur Untersuchung und Beurteilung an einen Kanton zu delegieren: BStP Art. 18, 107, 254–257. Der Kanton, an den die Strafsache abgetreten wird, ist auch zur Verfolgung und Beurteilung von nachträglichen entdeckten, zum delegierten Tatkomplex gehörenden gleichartigen Straftaten kompetent, die der Angeschuldigte außerhalb des in der Delegationsverfügung genannten Zeitraums, jedoch vor deren Erlaß begangen hat: BGE 113 IV 106. – Die Delegationsverfügung bezeichnet nur den örtlich zuständigen Kanton, nicht aber die Behörde, welche innerhalb des Kantons zuständig ist: ZBJV 125 (1989) 399. –

Vgl. auch Bem. zu Art. 346–351 (Gerichtsstand bei delegierten Strafsachen).

2.   Kantonale Gerichtsbarkeit

343   Die kantonalen Behörden verfolgen und beurteilen nach den Verfahrensbestimmungen der kantonalen Gesetze die unter dieses Gesetz fallenden strafbaren Handlungen, soweit sie nicht der Bundesgerichtsbarkeit unterstehen.

> **Art. 343:** Kantonale Behörden: Art. 345 ff., Verfahren: Art. 365 ff., BStP Art. 247–267. – Kassationsbeschwerde an den Kassationshof des Bundesgerichts: BStP Art. 268 ff.
>
> Soweit das Bundesrecht – z. B. VStrR Art. 82 – für das Verfahren vor den kantonalen Behörden auf das kantonale Prozeßrecht verweist, wird dieses nicht zu eidgenössischem Recht i. S. von BStP Art. 269 Abs. 1 (Nichtigkeitsbeschwerde an das Bundesgericht): BGE 103 IV 63.

3.   Zusammentreffen von strafbaren Handlungen oder Strafbestimmungen

344   1. Ist jemand mehrerer strafbarer Handlungen beschuldigt, von denen die einen dem Bundesstrafgerichte, die andern der kantonalen Gerichtsbarkeit unterstellt sind, so kann der Bundesrat auf Antrag der Bundesanwaltschaft die Vereinigung der Strafverfolgung und Beurteilung in der Hand der Bundesbehörde oder der kantonalen Behörde anordnen.

Dasselbe gilt, wenn eine Handlung unter mehrere Strafbestimmungen fällt, von denen die einen vom Bundesgericht, die andern von einem kantonalen Gericht anzuwenden sind.

2. Ist jemand mehrerer strafbarer Handlungen beschuldigt, von denen die einen den Bundesassisen, die andern dem Bundesstrafgericht oder der kantonalen Gerichtsbarkeit unterstellt sind, so sind die Bundesassisen ausschließlich zuständig.

Dasselbe gilt, wenn eine Handlung unter mehrere Strafbestimmungen fällt, von denen die einen von den Bundesassisen, die andern vom Bundesstrafgericht oder vom kantonalen Richter anzuwenden sind.

Art. 344: Vgl. Art. 68.

Ziff. 1 Abs. 1: *Tragweite der Vereinigungsverfügung;* nachträgliche Entdeckung neuer Delikte, deren Gerichtsstand streitig ist: BGE 97 IV 257.

1. Sachliche Zuständigkeit

345 1. Die Kantone bestimmen die Behörden, denen die Verfolgung und Beurteilung der in diesem Gesetze vorgesehenen, der kantonalen Gerichtsbarkeit unterstellten strafbaren Handlungen obliegt.

Die Beurteilung von Übertretungen kann auch einer Verwaltungsbehörde übertragen werden.

2. Die Kantone bestimmen die Behörden, die den Beschluß des Richters auf Verwahrung, Behandlung oder Versorgung von Unzurechnungsfähigen oder vermindert Zurechnungsfähigen zu vollziehen oder diese Maßnahmen aufzuheben haben.

Art. 345: Vgl. Art. 365 (Verfahren der kantonalen Strafbehörden), 369 (Zuständige Behörde im Verfahren gegen Kinder und Jugendliche). – Bei der Organisation der kantonalen Gerichte sind die Anforderungen von BV Art. 58 (Garantie des verfassungsmäßigen Richters) sowie EMRK Art. 5 und 6 zu beachten.

Ziff. 1 Abs. 1: Die Beurteilung von Verbrechen und Vergehen (Art. 9) muß nach dieser Bestimmung in Übereinstimmung mit EMRK Art. 5 Ziff. 1 lit. a und Art. 6 Ziff. 1 durch Gerichte erfolgen. – Die Autonomie der Kantone in der Organisation der Gerichte überläßt es ihrem Recht, über die Auswirkungen neuer Beweismittel oder Tatsachen i. S. Art. 397 das Revisionsgericht oder den Sachrichter im wiederaufgenommenen Verfahren entscheiden zu lassen: BGE 81 IV 45.

Abs. 2: Die Übertragung der Verfolgung und Ahndung von Übertretungen (Art. 101) an Verwaltungsbehörden verstößt nicht gegen die EMRK, wenn der Beschuldigte wegen jeder so ergangenen Entscheidung ein Gericht anrufen kann, das die Garantien von Art. 6 der Konvention bietet, d. h. unter anderem volle Kognition genießt: BGE 114 Ia 150, EuGRZ 1989 31 Ziff. 68–71.

Ziff. 2: Art. 42–44, 100bis, 374.

2. Örtliche Zuständigkeit

Gerichtsstand des Ortes der Begehung

[1] Für die Verfolgung und Beurteilung einer strafbaren Hand- **346** lung sind die Behörden des Ortes zuständig, wo die strafbare Handlung ausgeführt wurde. Liegt nur der Ort, wo der Erfolg eingetreten ist oder eintreten sollte, in der Schweiz, so sind die Behörden dieses Ortes zuständig.

[2] Ist die strafbare Handlung an mehreren Orten ausgeführt worden, oder ist der Erfolg an mehreren Orten eingetreten, so sind die Behörden des Ortes zuständig, wo die Untersuchung zuerst angehoben wurde.

Zu Art. 346–351: Diese Bestimmungen sind prozessualer Natur und setzen voraus, daß gemäß Art. 3 ff. die schweizerische Gerichtsbarkeit überhaupt gegeben ist: BGE 108 IV 146, 117 IV 375. Für das Bundesgericht ist es im Hinblick auf BV Art. 113 Abs. 3 nicht überprüfbar, ob die Bestimmungen in Art. 346 ff. verfassungsmäßig sind: BGE 113 Ia 169. – Die Gerichtsstandsregeln gelten im Bereich des Bundesstrafrechts auch *innerkantonal:* BGE 113 Ia 170; doch besteht kein ordentliches bundesrechtliches Rechtsmittel gegen Entscheide über innerkantonale Streitigkeiten über den Gerichtsstand: BGE 106 IV 93. – Analoge Anwendung auf das Verwaltungsstrafrecht des Bundes: VStrR Art. 22.

Im Bereich des kantonalen Strafrechts (Art. 335) ist es den Kantonen erlaubt, eine von Art. 346 ff. abweichende Bestimmung der örtlichen Zuständigkeit zu treffen. Doch ist es zweckmäßiger, wenn sie das eidgenössische Recht als rezipiertes oder subsidiäres kantonales Recht anwenden: BGE 113 Ia 168, SJZ 87 (1991) 13. Die Anrufung der Anklagekammer des Bundesgerichts nach Art. 351 ist nicht möglich: BGE 88 IV 47.

Abweichende Regelung der Zuständigkeit für das *Jugendstrafverfahren:* Art. 372. – *Anwendung* auf Widerhandlungen gegen Spezialgesetze des Bundes: BGE 88 IV 47; zu *Bundesstrafsachen,* die einem Kanton überwiesen werden (StGB Art. 340, BStP Art. 18 und 254; MStG Art. 220 Ziff. 2 und 221; VStrR Art. 22, 73): BGE 92 IV 59, 97 IV 257, 99 IV 49, 100 IV 127. – *Keine Anwendung* auf *kantonale* Strafsachen (Art. 335): BGE 71 IV 221, 88 IV 47, 119 IV 31. – *Keine Anwendung* bei der Frage der Entschädigung für Nachteile aus rechtmäßigen strafprozessualen Maßnahmen aufgrund kantonalen öffentlichen Rechts. Der eine Zwangsmaßnahme anordnende Kanton entscheidet über eine allfällige Entschädigung: BGE 108 Ia 15, 118 Ia 339.

Vom Gesetz abweichende Bestimmung des Gerichtsstandes durch
die *Anklagekammer des Bundesgerichts* (BStP Art. 262 und 263):
BGE 88 IV 43. Diese entscheidet auch über *Streitigkeiten um den interkantonalen Gerichtsstand* (BStP Art. 264): BGE 73 IV 54. – Im interkantonalen Verhältnis kann der Gerichtsstand auch durch *Verständigung unter den Kantonen* (bzw. Anerkennung) anders als nach den
Regeln des StGB bestimmt werden; Überprüfung nur auf Ermessensüberschreitung: BGE 116 IV 86 Erw. 4a, 117 IV 94, 119 IV 253. –
Konkludente Anerkennung der Zuständigkeit durch Vornahme von
Untersuchungshandlungen während längerer Zeit: BGE 88 IV 44. –
Der Gerichtsstand ist durch *Nichtigkeitsbeschwerde* gegen das Sachurteil *nicht* anfechtbar: BGE 91 IV 109. – Ein gültig gestellter Strafantrag entfaltet seine Rechtswirkungen auch, wenn das Verfahren später
infolge Prävention oder Verübung einer schwereren Tat an einen anderen Kanton abgetreten wird: BGE 108 IV 171.

Art. 346 Abs. 1 Satz 1: *Verhältnis* zu *Art. 348 Abs. 1:* BGE 92 IV 158
(Vorrang von Art. 346 Abs. 1); zu Art. 350: BGE 118 IV 92, zu
Art. 372: BGE 107 IV 79. – Die Ausführungshandlung bildet erst den
entscheidenden Schritt, von dem aus es kein Zurücktreten mehr gibt:
BGE 115 IV 277. Ort der Ausführung bei schriftlicher oder telefoni-
scher Begehung: BGE 98 IV 62 (Ort, an dem das Schriftstück abgefaßt
und versandt wurde bzw. von welchem aus der Täter telefonierte), bei
mittelbarer Täterschaft: BGE 85 IV 203 (auch am Ort, wo das «Werk-
zeug» handelte), bei Kollektivdelikten: BGE 91 IV 170, bei strafbaren
Handlungen, die durch Radio oder Fernsehen verübt werden: BGE 119
IV 252 (grundsätzlich am Ort des Sendestudios). – Die Beurteilung des
Ausführungsortes richtet sich nach der Handlung, die abgeklärt werden
soll, es wäre denn, daß sich die Anschuldigung bezüglich des Ortes der
Ausführung von vornherein als haltlos erwiese: BGE 98 IV 61. – *Gerichtsstand* für *Unterlassungsdelikte:* Vorenthalten von Unmündigen,
Art. 220: BGE 92 IV 158; Vernachlässigung von Unterhaltspflichten,
Art. 217: BGE 99 IV 182, 108 IV 171 (am Ort, wo der Täter seine Pflicht
verletzt, d. h. am Wohnsitz des Gläubigers); am *Erfüllungsort,* wenn
das Gemeinwesen in den Anspruch des Unterhaltsberechtigten eingetreten ist: BGE 81 IV 267.

Gerichtsstand des *Hehlers:* wo er seine strafbaren Handlungen begangen hat: BGE 98 IV 148. – Gerichtsstand bei *Betrug:* BGE 108 IV
143, 115 IV 272. – Für *Konkurs- und Betreibungsdelikte* (Art. 163 ff.)
gilt nach der bundesgerichtlichen Rechtsprechung regelmäßig der Gerichtsstand des Ortes der Konkurseröffnung bzw. der Pfändungsbetrei-
bung. Besteht dort aber nur ein rein fiktiver Geschäfts- oder Wohnsitz,
richtet er sich nach dem tatsächlichen Sitz: BGE 118 IV 298. – Für
schriftlich verübte *Ehrverletzungen:* BGE 74 IV 189, 86 IV 225, 102

IV 38, 116 IV 87 lit. c. Für Urkundenfälschung (Art. 251): BGE 116 IV 88.

Gerichtsstand des *Wohnortes des Täters,* wenn wegen Strittigkeit des Grenzverlaufes ungewiß ist, zu welchem Kanton der Tatort gehört: BGE 71 IV 159. – Widerspruch zwischen Art. 346 Abs. 1 und Art. 350 Ziff. 1 Abs. 2 bei Mittäterschaft; Ausnahme vom Grundsatz der Einheit des Verfahrens: BGE 70 IV 89, 72 IV 193.

Satz 2: Nur wenn der Täter im *Ausland* gehandelt hat, wird die Zuständigkeit der Behörde am Ort des Erfolgseintrittes begründet (Art. 7): BGE 86 IV 224. Erfolg ist der als Tatbestandselement umschriebene Außenerfolg eines sog. Erfolgsdeliktes: BGE 105 IV 327 (Praxisänderung).

Konkurrenz der Gerichtsstände des Begehungs-, des Wohn- und des Heimatortes beim Zusammentreffen mehrerer, zum Teil durch Mittäter verübter strafbarer Handlungen, wo Art. 350 Ziff. 1 und Art. 349 Abs. 2 den Konflikt nicht lösen: der Gerichtsstand des Begehungsortes geht den beiden andern vor, der Gerichtsstand des Wohnortes demjenigen der Heimat: BGE 73 IV 58. – Konkurrenz mehrerer Erfolgsorte bei Auslandstaten: Vgl. Bem. zu Art. 350 Abs. 2. – Kommen je nach rechtlicher Würdigung *einer* Tat mehrere Begehungsorte in Frage, so ist Art. 350 Ziff. 1 analog anwendbar: BGE 75 IV 137. – Bestimmung des Gerichtsstandes, *wenn Begehungsort und Täter noch unbekannt sind* und mehrere Möglichkeiten in Betracht fallen: BGE 87 IV 44. – Örtliche Zuständigkeit im *Verfahren gegen Kinder und Jugendliche* (Art. 372): BGE 86 IV 199 (Konkurrenz der Gerichtsstände). – *Auslandsdelikte:* Art. 348. – Vgl. ferner Bem. zu Art. 351.

Abs. 2: *Gerichtsstand der Prävention* bei mehreren Ausführungsorten gilt ohne Rücksicht darauf, an welchem Orte die wichtigere Ausführungshandlung vorgenommen wurde: BGE 71 IV 59; bei Dauerdelikten: BGE 85 IV 205, beim gewerbsmäßigen Betrug: BGE 86 IV 63. – Analog anwendbar, wenn bei Anhebung der Untersuchung Begehungsort und Täter unbekannt und mehrere Möglichkeiten und daher verschiedene Gerichtsstände in Betracht fallen: BGE 87 IV 43. – Die Untersuchung ist da *zuerst angehoben,* wo die Strafanzeige eingereicht wird (BGE 86 IV 63, 87 IV 47, 99 IV 182), oder am Ort der Behörde, die durch Vornahme von Erhebungen oder in anderer Weise zu erkennen gegeben hat, daß sie jemanden einer Straftat verdächtigt: BGE 86 IV 30, vgl. auch BGE 113 Ia 171. Die spätere Einstellung des Verfahrens ändert am Gerichtsstand der Prävention nichts: BGE 71 IV 59. – *Abgehen vom Grundsatz der Prävention* aus Zweckmäßigkeitsgründen: BGE 69 IV 39, 47; 85 IV 205, 86 IV 63, 131. – *Änderung* des Gerichtsstandes *im Laufe des Verfahrens* bei Bekanntwerden neuer

Tatsachen: BGE 97 IV 260; die zunächst auf Grund einer Anzeige zur Strafverfolgung zuständigen Behörden haben die für die Bestimmung des Gerichtsstandes erheblichen Tatsachen abzuklären: BGE 81 IV 72. – *Nur ausnahmsweise Teilung* der Gerichtsbarkeit: BGE 68 IV 124, 69 IV 47, 70 IV 90.

Gerichtsstand der Presse

347 [1] Bei strafbaren Handlungen, die im Inlande durch das Mittel der Druckerpresse begangen wurden, sind, soweit für sie die Verantwortlichkeit besonders geordnet ist, ausschließlich die Behörden des Ortes zuständig, wo die Druckschrift herausgegeben wurde. Ist jedoch der Verfasser der Druckschrift bekannt und hat er seinen Wohnort in der Schweiz, so sind die Behörden des Wohnortes gleichfalls zuständig. In diesem Falle wird das Verfahren da durchgeführt, wo die Untersuchung zuerst angehoben wurde.

[2] Ist der Ort der Herausgabe unbekannt, so sind die Behörden des Ortes zuständig, wo die Schrift gedruckt wurde.

[3] Ist auch dieser Ort unbekannt, so sind die Behörden des Ortes zuständig, wo die Druckschrift verbreitet wird. Erfolgt die Verbreitung an mehreren Orten, so sind die Behörden des Ortes zuständig, wo die Untersuchung zuerst angehoben wird.

[4] Kann der Täter an keinem dieser Orte vor Gericht gestellt werden, weil sein Wohnortskanton die Zuführung verweigert, so sind die Behörden seines Wohnortes zuständig.

Art. 347: Zum Begriff *Pressedelikt:* Art. 27, vgl. auch BGE 117 IV 365. – Erschöpft sich die Straftat nicht in der Publikation, wie zum Beispiel bei Betrug, so gelten Art. 346, 348f.: ZBJV 88 (1952) 44. – Ein Pressedelikt kann auch in der Schweiz verfolgt werden, wenn das Presseerzeugnis im Ausland gedruckt, aber in der Schweiz verbreitet wurde; es sind alsdann die allgemeinen Regeln von Art. 346, 348f. anzuwenden: BGE 102 IV 38, SJZ 73 (1977) 193f. – Die Anklagekammer des Bundesgerichtes ist nach BStP Art. 263 befugt, den Gerichtsstand abweichend von Art. 347 zu regeln: BGE 88 IV 48. – Gerichtsstandsvereinbarung unter den Kantonen, Möglichkeit der Anfechtung durch den Beschuldigten, Aufhebung durch die Anklagekammer des Bundesgerichtes, wenn die kantonalen Behörden von offensichtlich falschen Voraussetzungen ausgehen: BGE 116 IV 86.

Abs. 1: Herausgabeort ist derjenige Ort, in dem der für das

Presseerzeugnis Verantwortliche dieses zu Handen der Öffentlichkeit aus seinem Gewahrsam gibt, z. B. durch Aufgabe bei der Post: BGE 83 IV 117, 89 IV 181. Bei einer Großauflage mit verschiedenen Verteilungsorten bildet der Sitz des Unternehmens den Herausgabeort: SJZ 84 (1988) 347, vgl. auch BGE 116 IV 85. – Bei auf Antrag verfolgbaren Pressedelikten (Art. 28) hat der Antragsteller das Wahlrecht zwischen dem Gerichtsstand am Ort der Herausgabe oder des schweizerischen Wohnortes des bekannten Verfassers: BGE 114 IV 180 Erw. 2, 116 IV 85, vgl. auch BGE 117 IV 364.

Auch in Pressestrafsachen, die verschiedene Delikte mit mehreren Verletzten und Tätern verschiedenen Wohnorts betreffen, ist bei sachlichem Zusammenhang der Taten ein einheitlicher Gerichtsstand zu bestimmen. Eine Ausnahme besteht, wenn ein Verletzter das ihm gemäß Abs. 1 Satz 2 zustehende Wahlrecht für einen Teil der Anschuldigungen ausgeübt hat: BGE 114 IV 183.

Abs. 2: Der Druckort liegt dort, wo der technische Druckvorgang stattfindet und der nach Art. 322 Ziff. 1 anzugeben ist: BGE 70 IV 177.

Abs. 3: Verbreitungsort ist der Ort der Absetzung des Presseproduktes.

Abs. 4: Vgl. Art. 352 Abs. 2.

Gerichtsstand bei strafbaren Handlungen im Auslande

[1] Ist die strafbare Handlung im Auslande verübt worden, oder **348** ist der Ort der Begehung der Tat nicht zu ermitteln, so sind die Behörden des Ortes zuständig, wo der Täter wohnt. Hat der Täter keinen Wohnort in der Schweiz, so sind die Behörden des Heimatortes zuständig. Hat der Täter in der Schweiz weder Wohnort noch Heimatort, so ist der Gerichtsstand an dem Orte, wo der Täter betreten wird, begründet.

[2] Ist keiner dieser Gerichtsstände begründet, so sind die Behörden des Kantons zuständig, der die Auslieferung veranlaßt hat. Die kantonale Regierung bestimmt in diesem Falle die örtlich zuständige Behörde.

Art. 348: Gerichtsstand des *schweizerischen* Ausführungs- oder Erfolgsortes (Art. 346) *geht* Art. 348 Abs. 1 *vor*. BGE 86 IV 70, 92 IV 158 (Art. 348 Abs. 1 gilt im Verhältnis zum Gerichtsstand des Art. 346 Abs. 1 nur, wenn kein Erfolgsort in der Schweiz liegt, der Täter aber dennoch dem schweizerischen Gesetz gemäß Art. 4–6bis unterworfen ist). – Analoge Anwendung, wenn der Grenzverlauf ungewiß ist, also nicht feststeht, zu welchem Kanton der Tatort gehört: BGE 71 IV 159. –

Konkurrenz mit Gerichtsstand des Begehungsortes (Art. 346 Ziff. 1): BGE 73 IV 58. – *«Wohnort»*: BGE 76 IV 268 (bei Umzug des Beschuldigten zwischen Anhebung der Untersuchung im Ausland und Weiterverfolgung in der Schweiz), 97 IV 151 (Mittelpunkt des Lebens). – Gerichtsstand für im Ausland begangene Tat von in verschiedenen Kantonen wohnenden Mittätern: BGE 86 IV 130 (analoge Anwendung von Art. 349 Abs. 2).

Gerichtsstand der Teilnehmer

349 [1] Zur Verfolgung und Beurteilung der Anstifter und Gehilfen sind die Behörden zuständig, denen die Verfolgung und Beurteilung des Täters obliegt.

[2] Sind an der Tat mehrere als Mittäter beteiligt, so sind die Behörden des Ortes zuständig, wo die Untersuchung zuerst angehoben wurde.

Art. 349 gilt auch dann, wenn das Gesetz für die Tat des Anstifters, des Gehilfen oder Mittäters eine besondere Strafnorm enthält: BGE 73 IV 204, 90 IV 236 (Anwendung auf SVG Art. 96 Ziff. 3 und 100 Ziff. 2 Abs. 1). – Selbständiger Gerichtsstand des *Hehlers* (Art. 346): BGE 77 IV 123, 98 IV 148 (Hehlerei in Verbindung mit Teilnahme an Vortat). – Anwendbarkeit auf Pressedelikte bei verschiedenen Autoren zusammenhängender Artikel in der gleichen Zeitung: BGE 114 IV 183.

Abs. 1: Die Anklagekammer des Bundesgerichts kann den Gehilfen bei triftigen Gründen *getrennt* vom Täter verfolgen und beurteilen lassen; namentlich wenn zwei oder mehrere Tätergruppen zur Hauptsache voneinander unabhängig gehandelt haben (BStP Art. 262): BGE 112 IV 141. – Gehilfe und Anstifter können den Gerichtsstand anfechten, auch wenn er vom Täter anerkannt worden ist: BGE 76 IV 271.

Abs. 2: Dieser Absatz gilt primär für Fälle, wo die Mittäter derselben Tat an verschiedenen Orten handeln: BGE 95 IV 40. Entsprechend dem Grundgedanken dieser Bestimmung und Art. 350 Ziff. 1 sind Mittäter auch dann gemeinsam zu verfolgen, wenn sie außerhalb der Mittäterschaft anderwärts weitere Delikte begangen haben; maßgebend ist diesfalls der Ort, wo einer der Beschuldigten die mit der schwersten Strafe bedrohte Tat verübte oder wo der Gerichtsstand der Prävention liegt: BGE 109 IV 57. Bei nur zum Teil gemeinsam verübten Straftaten durch mehrere Gruppen besteht die Möglichkeit des «forum secundum praeventionis» durch Bildung eines einheitlichen Gerichtsstandes unter den Kantonen, bei denen das Schwergewicht der Delikte liegt und derjenige als zuständig erklärt wird, wo das Strafverfahren zuerst angehoben wurde: BGE 112 IV 141. – Abweichungen sind in einzelnen Fällen aus Gründen der Zweckmäßigkeit zulässig; sei es, daß gemäß BStP Art. 262 die Einheit des Gerichtsstandes für die Mittäter geopfert wird, sei es, daß die Behörden sie wahren, aber in Anwendung von BStP Art. 263 die Zuständigkeit anders ordnen, als Art. 350 Ziff. 1 es verlangen würde: BGE 95 IV 40. – Mittäterschaft bei Betrug: BGE 71 IV 60. – Vorgehen, wenn Begehungsort und Täter noch unbekannt sind und mit verschiedenen Möglichkeiten zu rechnen ist: BGE 87 IV 43. – Mittäter einer Auslandtat: BGE 96 IV 130. – Der *Gerichtsstand der ersten Untersuchung* kann nur in einem Kanton begründet werden, dem an sich in der betreffenden Sache Gerichtsbarkeit zustand: BGE 73 IV 58.

Gerichtsstand bei Zusammentreffen mehrerer strafbarer Handlungen

1. Wird jemand wegen mehrerer, an verschiedenen Orten ver- **350** übter strafbarer Handlungen verfolgt, so sind die Behörden des Ortes, wo die mit der schwersten Strafe bedrohte Tat verübt worden ist, auch für die Verfolgung und die Beurteilung der andern Taten zuständig.

Sind diese strafbaren Handlungen mit der gleichen Strafe bedroht, so sind die Behörden des Ortes zuständig, wo die Untersuchung zuerst angehoben wird.

2. Ist jemand entgegen der Vorschrift über das Zusammentreffen mehrerer strafbarer Handlungen (Art. 68) von mehreren Gerichten zu mehreren Freiheitsstrafen verurteilt worden, so setzt das Gericht, das die schwerste Strafe ausgesprochen hat, auf Gesuch des Verurteilten eine Gesamtstrafe fest.

Art. 350: Vgl. Art. 68. – BStP Art. 263: Die Anklagekammer des Bundesgerichtes kann den Gerichtsstand aus triftigen Gründen anders bestimmen oder teilen; sie braucht dabei die Einheit des Gerichtsstands nicht zu wahren: BGE 95 IV 34, 40, 99 IV 17, 109 IV 58. – Die Kantone können sich *über den Gerichtsstand* verständigen: BGE 74 IV 125; nur bei triftigen Gründen: BGE 78 IV 206. – Die kantonalen Strafbehörden sind *verpflichtet,* dafür zu sorgen, daß der Anspruch des Beschuldigten, von einem einzigen Richter beurteilt zu werden, erfüllt wird; wenn sie erfahren, daß er noch in einem andern Kanton Offizialdelikte begangen hat, so müssen sie mit den Behörden dieses Kantons in Verbindung treten, um den interkantonalen Gerichtsstand zu bestimmen: BGE 87 IV 46, 100 IV 125.

Beim Zusammentreffen mehrerer strafbaren Handlungen kommt es auf die Verdachtslage im Zeitpunkt der Gerichtsstandsbestimmung an, unabhängig davon, welche Delikte später dem Täter nachgewiesen werden können: BGE 113 IV 109, 116 IV 85.

Kantonale Vorschriften über die sachliche Zuständigkeit – z. B. getrennte Behandlung der Übertretungen von Verbrechen und Vergehen – können die bundesrechtlichen Bestimmungen über den interkantonalen Gerichtsstand nicht unwirksam machen: BGE 95 IV 34. – Art. 68 und 350 geben dem Beschuldigten keinen Anspruch, in einem einzigen Verfahren beurteilt zu werden: BGE 95 IV 35, 97 IV 55, 56, 99 IV 17.

Ziff. 1 Abs. 1: Art. 350 gilt immer dann, wenn dem Täter mehrere strafbare Handlungen vorgeworfen werden, die nach den übrigen Gerichtsstandsbestimmungen an verschiedenen Orten zu verfolgen wären: BGE 71 IV 158, 76 IV 267. Bilden die einzelnen Handlungen eine juristische Handlungseinheit («Kollektivdelikt»), so bestimmt sich der Gerichtsstand nach Art. 346: BGE 118 IV 93 (Gerichtsstand für mehrere Betäubungsmitteldelikte). Vom gesetzlichen Gerichtsstand kann ausnahmsweise abgewichen werden, wenn in einem Kanton ein offensichtliches Schwurgericht der deliktischen Tätigkeit liegt: BGE 117 IV 89. Sondergerichtsstand für Konkurs- und Betreibungsdelikte: BGE 118 IV 299. – Analog anwendbar, wenn der Beschuldigte für eine *einzige* Tat verfolgt wird, für die jedoch je nach ihrer rechtlichen Würdigung mehrere Begehungsorte in Betracht kämen: BGE 75 IV 138. – Wegen einer Tat verfolgt ist der Beschuldigte von der Aufnahme der Verfolgung bis zur Beurteilung in einem Sach- oder Prozeßurteil: BGE 111 IV 46. Ein Kontumazialurteil, das auf Verlangen des Beschuldigten dahinfällt, schließt die Verfolgung i. S. von Art. 350 Ziff. 1 nicht ab: BGE 99 IV 16. – Der Gerichtsstand des Begehungsortes der mit der schwersten Strafe bedrohten Tat gilt weiter, selbst wenn das wegen dieser Tat angehobene Verfahren eingestellt worden ist, ohne mit den an andern Orten angehobenen Verfahren vereinigt worden zu sein: BGE 76 IV 206. – Der Kanton, der nach Art. 350 Ziff. 1 zuständig ist, bedarf zur Verfolgung der in einem andern Kanton verübten Handlungen keiner Ermächtigung: BGE 81 IV 67. – *Nachträgliche Änderung* des Gerichtsstandes: BGE 96 IV 93 und 97 IV 150 (nur bei triftigen Gründen), bei teilweiser Einstellung des Verfahrens: BGE 71 IV 61, bei neuen Tatsachen: BGE 71 IV 61, 72 IV 41, 78 IV 206.

Bestimmung der mit der schwersten Strafe bedrohten Tat: entscheidend ist nicht, *was* der Täter begangen hat, sondern der Tatbestand, der ihm vorgeworfen wird, das heißt nach der Aktenlage überhaupt in Frage kommt: BGE 71 IV 165, 92 IV 154 (Raub oder qualifizierter Diebstahl), 97 IV 149 (offensichtlich haltlose Beschuldigungen fallen außer Betracht). – Zu berücksichtigen sind die Merkmale, welche die einzelnen Taten qualifizieren oder privilegieren, nicht aber die im allgemeinen Teil des StGB geregelten Strafschärfungs- und Strafmilderungsgründe: BGE 71 IV 165, 98 IV 146. Der Gerichtsstand hängt von der strafbaren Handlung ab, derentwegen eine Strafverfolgung stattfindet, nicht von einer theoretisch möglichen künftigen Änderung der prozessualen Lage: BGE 98 IV 146. *Maßgebend* in erster Linie die *angedrohte Höchststrafe* und in zweiter Linie die angedrohte Mindeststrafe: BGE 76 IV 263. Das *vollendete* Verbrechen ist mit schwererer Strafe bedroht als das *versuchte:* BGE 75 IV 95, 109 IV 57. Doch gelten vollendete und versuchte Straftaten, die in einem *Kollektivdelikt* aufgehen, als mit gleicher Strafe bedroht: BGE 105 IV 158. Vor Vollendung des 18. Altersjahrs begangene Straftaten sind leichter als nachher verübte: BGE 96 IV 23. Das Erfordernis des Strafantrages ändert an der Strafdrohung nichts: BGE 98 IV 147. Wo die grundsätzlich am Gläubigerwohnsitz bestehende Verfolgungspflicht (Art. 346 Abs. 1 StGB) wegen eines anderen, vom nämlichen Täter begangenen schwereren Delikts oder infolge Prävention gemäß Art. 350 StGB der Behörde eines anderen Kantons obliegt, ist der vom Verletzten dort gestellte Strafantrag gültig, sofern er den Formerfordernissen des betreffenden kantonalen Verfahrensrechtes genügt: BGE 108 IV 171. – In Betracht kommen nur Handlungen, derentwegen im *Kanton des Begehungsortes* die Verfolgung aufgenommen oder doch Strafanzeige (Strafantrag) erstattet worden ist: BGE 75 IV 140. – Konkurrenz mit Art. 346 Abs. 1 bei Mittäterschaft: BGE 72 IV 193.

Abs. 2: Gerichtsstand der *Prävention:* Die Untersuchung ist dort zuerst angehoben, wo zeitlich die ersten Ermittlungsmaßnahmen gegen den (bekannten oder unbekannten) Täter getroffen werden, wobei beim Offizialdelikt eine mündlich erstattete Anzeige des Geschädigten genügt: BGE 114 IV 77, 78. BGE 98 IV 63, 106 IV 34. Der Gerichtsstand wird jedoch *nicht* begründet durch die Entgegennahme der ersten Strafanzeige in einem Kanton, dem die Gerichtsbarkeit zur Verfolgung der angezeigten Tat nicht zusteht: BGE 72 IV 95, 73 IV 58. Die Bestimmung gilt analog auch für den Fall, daß der Täter im Ausland Straftaten verübte, deren Erfolge an verschiedenen Orten in der Schweiz eintraten (Art. 346 Abs. 1 Satz 2): BGE 106 IV 33. – Erhebungen einer bürgerlichen Behörde in einer *Militärstrafsache,* vor Übertragung der Gerichtsbarkeit an die bürgerliche Behörde, fallen bei Bestimmung des Gerichtsstandes außer Betracht: BGE 92 IV 59. Bedeutung im Zusammenhang mit Art. 349 Abs. 2: BGE 109 IV 57.

Ziff. 2: Bedeutung im Verhältnis zu Art. 351: BGE 68 IV 4.

Streitiger Gerichtsstand

351 Ist der Gerichtsstand unter den Behörden mehrerer Kantone streitig, so bezeichnet das Bundesgericht den Kanton, der zur Verfolgung und Beurteilung berechtigt und verpflichtet ist.

Art. 351: BStP Art. 264 und VStrR Art. 22 Abs. 2: Zuständigkeit der Anklagekammer. – Vgl. Bem. zu Art. 346–351.

Verfügungen des Bundesanwaltes oder des Militärdepartementes, mit denen die Verfolgung einem Kanton *übertragen* wird (BStP Art. 18, 254; MStG Art. 220 Ziff. 2, 221), können in der Regel nicht bei der Anklagekammer in Wiedererwägung gezogen werden, weil diese Verfügungen die Zuständigkeit eines Kantons verbindlich festlegen: BGE 81 IV 264, 92 IV 59, 99 IV 49 und 97 IV 258 (Ausnahmen). Die Anklagekammer ist nicht zuständig, einer kantonalen Behörde die Gerichtsbarkeit abzusprechen und die Sache den Bundesbehörden zur Verfolgung und Beurteilung zu überweisen: BGE 80 IV 135. – Zur Zuständigkeit der Anklagekammer bei Überweisung einer Verwaltungsstrafsache an einen Kanton nach VStrR Art. 22, 73: BGE 82 IV 124, 97 IV 54, 100 IV 126. Der Antrag auf Gerichtsstandsbestimmung durch die Anklagekammer ist gesetzlich nicht befristet. Die Anrufung kann jedoch nur solange erfolgen, als der Täter *verfolgt* wird; das trifft dann nicht mehr zu, wenn ein erstinstanzliches Sachurteil im Schuld- und Strafpunkt ergangen ist: BGE 111 IV 46. Das Begehren wird vorläufig abgewiesen, wenn die für den Entscheid notwendigen Grundlagen fehlen: BGE 107 IV 79. Eine *Nichtigkeitsbeschwerde* an das Bundesgericht wegen Unzuständigkeit der Gerichte eines Kantons ist ausgeschlossen: BGE 106 IV 159, ebenso die kantonale Kassationsbeschwerde gemäß Zürich StPO § 430 Ziff. 1: ZR 89 Nr. 41. Der Entscheid der Anklagekammer über den Gerichtsstand ist für die kantonalen Behörden verbindlich, nicht aber ihre Würdigung der Straftatbestände; BGE 91 IV 54. – Die Anrufung der Anklagekammer ist ausgeschlossen gegen Entscheidungen in *innerkantonalen* Streitigkeiten über den Gerichtsstand: BGE 91 IV 52; ebenso zur Beurteilung der schweizerischen *Gerichtsbarkeit* nach Art. 3–7: BGE 80 IV 135.

Die Kantone sind verpflichtet, einen *negativen Kompetenzkonflikt* von Amtes wegen der Anklagekammer zu unterbreiten: BGE 78 IV 250. – *Zur Anrufung der Anklagekammer sind befugt:* Der *Beschuldigte,* auch wenn zwischen den Kantonen der Gerichtsstand nicht streitig ist (BGE 70 IV 88, 71 IV 58), und ohne vorher versucht zu haben, den Gerichtsstand auf dem Wege der kantonalen Verständigung zu lösen: BGE 87 IV 47. Auch der Gehilfe oder der Anstifter ist legitimiert, selbst wenn der Haupttäter den Gerichtsstand anerkennt: BGE 76 IV

271. Die Anrufung muß möglichst frühzeitig geschehen und bevor die Untersuchung so weit fortgeschritten ist, daß ein Wechsel des Gerichtsstandes nicht mehr zu verantworten ist, oder das Sachurteil bevorsteht: BGE 86 IV 67, 87 IV 47. – Der *Verletzte* oder *Privatstrafkläger,* sofern ein Gerichtsstandskonflikt vorliegt: BGE 99 IV 48 (es genügt, wenn nur ein Kanton seine Zuständigkeit verneint). Die Erschöpfung des kantonalen Instanzenzuges ist nicht erforderlich: BGE 83 IV 116. Haben sich die Kantone auf eine Zuständigkeit geeinigt, so ist nicht der Anzeiger, wohl aber der Antragsteller (Art. 28) legitimiert: BGE 116 IV 85. Zum Antragserfordernis (Art. 28 f.) im interkantonalen Verhältnis: BGE 89 IV 180. – Der *Bundesanwalt,* soweit er nach BStP Art. 270 Abs. 6 Nichtigkeitsbeschwerde führen kann: BGE 100 IV 126. – Der kantonale *Ankläger.* – Anforderungen an das *Gesuch* um Bestimmung des Gerichtsstandes: BGE 112 IV 143, 116 IV 175, 117 IV 93. – Solange die Frage der Zuständigkeit offen oder umstritten ist, hat jeder Kanton die sein Gebiet betreffenden Tatsachen zu erforschen, soweit es der Entscheid über den Gerichtsstand erfordert: BGE 107 IV 80. Zur gleichen Pflicht des Verletzten bei Antragsdelikten: BGE 73 IV 63. Ist ein Verfahren zur Verfolgung eines Antragsdeliktes formgerecht anhängig gemacht worden, so gelten sinngemäß die Regeln für das Offizialdelikt: ZStrR 92 (1976) 164. Pflicht der kantonalen Behörden zur Aufnahme von Verhandlungen, wenn Anlaß zur Abklärung des Gerichtsstandes besteht: BGE 78 IV 250, 87 IV 47, 100 IV 125. – Bei der Beurteilung muß die Anklagekammer von den Vorwürfen ausgehen, wie sie dem Täter im Zeitpunkt des bei ihr hängigen Verfahrens gemacht werden; dabei kommt es nicht darauf an, ob dem Beschuldigten später die Tat auch nachgewiesen werden kann: BGE 113 IV 109 Erw. 1, 116 IV 85 Erw. 2. An die Subsumtion durch die kantonalen Behörden ist die Kammer nicht gebunden: BGE 112 IV 63 Erw. 2. Amtshandlungen, welche in Verletzung der Vorschriften über den interkantonalen Gerichtsstand vorgenommen wurden, können von der Anklagekammer *aufgehoben* werden: BGE 74 IV 189. – Kosten- und Entschädigungsfolgen im Verfahren vor Anklagekammer: OG Art. 153, 156; BGE 74 IV 191, 87 IV 145. Entscheid über die Tragung von Untersuchungskosten: BGE 116 IV 90 (analoge Anwendung von Art. 354 Abs. 1). *Änderung* des von der Anklagekammer angeordneten Gerichtsstandes nur aus triftigen Gründen: BGE 97 IV 150. – Diese Rechtsprechung gilt auch, wenn sich die Kantone *freiwillig* auf einen Gerichtsstand geeinigt haben: BGE 78 IV 206, 85 IV 210, 97 IV 150.

Für das Verfahren gegen *Kinder* und *Jugendliche* siehe Bem. zu Art. 372.

a) Automatisiertes Fahndungssystem (RIPOL)
2 a. Amtshilfe im Bereich der Polizei

351bis ¹ Der Bund führt zusammen mit den Kantonen ein automatisiertes Personen- und Sachfahndungssystem (RIPOL) zur Unterstützung von Behörden des Bundes und der Kantone bei der Erfüllung folgender gesetzlicher Aufgaben:

a. Verhaftung von Personen oder Ermittlung ihres Aufenthaltes zu Zwecken der Strafuntersuchung oder des Straf- und Maßnahmenvollzuges;

b. Anhaltung bei vormundschaftlichen Maßnahmen oder fürsorgerischer Freiheitsentziehung;

c. Ermittlung des Aufenthaltes vermißter Personen;

d. Kontrolle von Fernhaltemaßnahmen gegenüber Ausländern nach dem Bundesgesetz vom 26. März 1931 über Aufenthalt und Niederlassung der Ausländer;

e. Bekanntgabe von Aberkennungen ausländischer Führerausweise;

f. Ermittlung des Aufenthaltes von Führern von Motorfahrzeugen ohne Versicherungsschutz;

g. Fahndung nach abhandengekommenen Fahrzeugen und Gegenständen.

² Folgende Behörden können im Rahmen von Absatz 1 über das RIPOL Ausschreibungen verbreiten:

a. das Bundesamt für Polizeiwesen;

b. die Bundesanwaltschaft;

c. Die Zentralbehörde zur Behandlung internationaler Kindsentführungen;

d. das Bundesamt für Ausländerfragen;

e. das Bundesamt für Flüchtlinge;

f. die Oberzolldirektion;

g. die Militärjustizbehörden;

h. die Zivil- und Polizeibehörden der Kantone.

³ Personendaten aus dem RIPOL können für die Erfüllung der Aufgaben nach Absatz 1 folgenden Behörden bekanntgegeben werden:

a. den Behörden nach Absatz 2;

b. den Grenzstellen;

c. dem Beschwerdedienst des Eidgenössischen Justiz- und Polizeidepartements;

d. den schweizerischen Vertretungen im Ausland;

e. den Interpolstellen;

f. den Straßenverkehrsämtern;

g. den kantonalen Fremdenpolizeibehörden;

h. weiteren Justiz- und Verwaltungsbehörden.

[4] Der Bundesrat:

a. regelt die Einzelheiten, insbesondere die Verantwortung für die Datenbearbeitung, die Kategorien der zu erfassenden Daten, die Aufbewahrungsdauer der Daten und die Zusammenarbeit mit den Kantonen;

b. bestimmt die Behörden, welche Personendaten direkt ins RIPOL eingeben, solche direkt abfragen oder denen Personendaten im Einzelfall bekanntgegeben werden können;

c. regelt die Verfahrensrechte der betroffenen Personen, insbesondere die Einsicht in ihre Daten sowie deren Berichtigung, Archivierung und Vernichtung.

Art. 351bis–351septies eingefügt durch das BG vom 19. Juni 1992, in Kraft seit 1. Juli 1993.

b) Zusammenarbeit mit INTERPOL
Zuständigkeit

[1] Das Bundesamt für Polizeiwesen nimmt die Aufgaben eines **351ter** Nationalen Zentralbüros im Sinne der Statuten der Internationalen Kriminalpolizeilichen Organisation (INTERPOL) wahr.

[2] Es ist zuständig für die Informationsvermittlung zwischen den Strafverfolgungsbehörden von Bund und Kantonen einerseits sowie den Nationalen Zentralbüros anderer Staaten und dem Generalsekretariat von INTERPOL andererseits.

Aufgaben

[1] Das Bundesamt für Polizeiwesen vermittelt kriminalpolizeili- **351^quater** che Informationen zur Verfolgung von Straftaten und zur Vollstreckung von Strafen und Maßnahmen.

[2] Es kann kriminalpolizeiliche Informationen zur Verhütung von Straftaten übermitteln, wenn aufgrund konkreter Umstände mit der großen Wahrscheinlichkeit eines Verbrechens oder Vergehens zu rechnen ist

³ Es kann Informationen zur Suche nach Vermißten und zur Identifizierung von Unbekannten vermitteln.

⁴ Zur Verhinderung und Aufklärung von Straftaten kann das Bundesamt für Polizeiwesen von Privaten Informationen entgegennehmen und Private orientieren, wenn dies im Interesse der betroffenen Person ist und deren Zustimmung vorliegt oder nach den Umständen vorausgesetzt werden kann.

Datenschutz

351
quinquies

¹ Der Austausch kriminalpolizeilicher Informationen richtet sich nach den Grundsätzen des Rechtshilfegesetzes vom 20. März 1991 sowie nach den vom Bundesrat als anwendbar erklärten Statuten und Reglementen von INTERPOL.

² Für den Austausch von Informationen zur Suche nach Vermißten, zur Identifizierung von Unbekannten und zu administrativen Zwecken gilt das Bundesgesetz vom 19. Juni 1992 über den Datenschutz.

³ Das Bundesamt für Polizeiwesen kann den Zentralbüros anderer Staaten Informationen direkt vermitteln, wenn der Empfängerstaat den datenschutzrechtlichen Vorschriften von INTERPOL untersteht.

Finanzhilfen und Abgeltungen

351
sexies

Der Bund kann Finanzhilfen und Abgeltungen an INTERPOL ausrichten.

c) Zusammenarbeit bei der Identifizierung von Personen

351
septies

¹ Das Schweizerische Zentralpolizeibüro registriert und speichert erkennungsdienstliche Daten, die von Behörden der Kantone, des Bundes und des Auslandes bei Strafverfolgungen oder bei der Erfüllung anderer gesetzlicher Aufgaben erhoben und ihm übermittelt worden sind. Es vergleicht diese Daten untereinander, um eine gesuchte oder unbekannte Person zu identifizieren.

² Es teilt das Ergebnis seiner Abklärung der anfragenden Behörde, den Strafverfolgungsbehörden, welche gegen die gleiche Person eine Untersuchung führen, sowie anderen Behörden mit, welche zur Erfüllung ihrer gesetzlichen Aufgabe die Identität dieser Person kennen müssen.

[3] Der Bundesrat:

a. regelt die Einzelheiten, insbesondere die Verantwortung für die Datenbearbeitung, die zu erfassenden Personen und ihre Verfahrensrechte, die Aufbewahrung der Daten und die Zusammenarbeit mit den Kantonen;

b. bezeichnet die Behörden, die für die Einsicht in die Daten sowie deren Berichtigung und Vernichtung zuständig sind.

3. Rechtshilfe

Verpflichtung gegenüber dem Bund und unter den Kantonen

[1] In Strafsachen, auf die dieses Gesetz oder ein anderes Bundesgesetz Anwendung findet, sind der Bund und die Kantone gegenseitig und die Kantone unter sich zu Rechtshilfe verpflichtet. Insbesondere sind Haft- und Zuführungsbefehle in solchen Strafsachen in der ganzen Schweiz zu vollziehen.   **352**

[2] Ein Kanton darf einem andern Kanton die Zuführung des Beschuldigten oder Verurteilten nur bei politischen oder durch das Mittel der Druckerpresse begangenen Verbrechen oder Vergehen verweigern. Im Falle der Verweigerung ist der Kanton verpflichtet, die Beurteilung des Beschuldigten selbst zu übernehmen.

[3] Der Zugeführte darf vom ersuchenden Kantone weder wegen eines politischen noch wegen eines durch das Mittel der Druckerpresse begangenen Verbrechens oder Vergehens, noch wegen einer Übertretung kantonalen Rechtes verfolgt werden, es sei denn, daß die Zuführung wegen einer solchen Straftat bewilligt worden ist.

Zu Art. 352–358: Vgl. Art. 374, 380 (Urteilsvollstreckung). – Die Rechtshilfe zwischen den Kantonen wird weitgehend durch das im Anhang IV der vorliegenden StBG-Ausgabe wiedergegebenen *Konkordat über die Rechtshilfe und die interkantonale Zusammenarbeit in Strafsachen* von 1992, SR 351.71 (im folgenden als «Konkordat» bezeichnet), geregelt.

Art. 352 Abs. 1: Rechtshilfe im Sinne dieser Bestimmung ist jede Maßnahme, um die eine Behörde im Rahmen ihrer Zuständigkeit in einem hängigen Strafverfahren für die Zwecke der Strafverfolgung oder des Urteilsvollzuges ersucht wird. Die in Art. 352 Abs. 1 statuierte

Pflicht zur Hilfeleistung erstreckt sich auf alle Strafsachen des eidgenössischen Rechts im Verhältnis zwischen Bund und Kantonen sowie zwischen den Kantonen unter sich: BGE 96 IV 183, 102 IV 220, 118 IV 378 = Pr 82 Nr. 98. Die interkantonal um Rechtshilfe ersuchte Behörde hat die materielle Zulässigkeit der prozessualen Vorkehr, um die sie ersucht wird, nicht zu prüfen, sondern sich darauf zu beschränken, diese unter Beachtung ihres eigenen Verfahrensrechts zu treffen: BGE 119 IV 88. Mit staatsrechtlicher Beschwerde kann sowohl das Begehren der Maßnahme durch den ersuchenden Kanton als auch der Entscheid über deren Anordnung durch den ersuchten Kanton separat angefochten werden: Noch nicht veröffentlichtes Urteil der I. öffentlichrechtlichen Abteilung des Bundesgerichts vom 1. Juli 1994, referiert in ZBJV 130 (1994) 645, Praxisänderung gegenüber BGE 117 Ia 5 (vgl. auch Konkordat Art. 18 und 19 Ziff. 2). – Ein Kanton hat nur die Pflicht zum Vollzug von Freiheitsstrafen aufgrund von Urteilen der Bundesstrafbehörden (Art. 340–342), nicht aber von derartigen Sanktionen, die von den Gerichten anderer Kantone ausgefällt werden: Art. 374, BGE 68 IV 94. Eine Ausnahme besteht dann, wenn der ersuchte Kanton die Auslieferung des Verurteilten zum Zweck des Strafvollzuges gestützt auf Art. 352 Abs. 2 verweigert: BGE 118 IV 385. – Die Vollstreckung von Urteilen in bezug auf Bußen, Kosten und Einziehung richtet sich nach Art. 380.

Abs. 2: Zum Begriff des politischen Delikts BGE 118 IV 380. Bei zulässiger Verweigerung der Zuführung einer in einem anderen Kanton bereits verurteilten Person kann der ersuchte Kanton diese im Hinblick die materielle Rechtskraft des Entscheides und auf den Grundsatz «ne bis in idem» nicht nochmals beurteilen, sondern muß die vom ersuchenden Kanton ausgefällte Strafe vollziehen: BGE 118 IV 388.

Verfahren

353 [1] Der Verkehr in Rechtshilfesachen findet unmittelbar von Behörde zu Behörde statt.

[2] Telegraphisch oder telephonisch übermittelte Haftbefehle sind sofort schriftlich zu bestätigen.

[3] Die Beamten der Polizei haben auch unaufgefordert Rechtshilfe zu leisten.

[4] Ein Beschuldigter oder Verurteilter ist vor der Zuführung an den ersuchenden Kanton von der zuständigen Behörde zu Protokoll anzuhören.

Art. 353: Vgl. Konkordat Art. 15.

Abs. 1: Direkter Verkehr ist auch zwischen einer Strafbehörde und einer Verwaltungsinstanz möglich: BGE 87 IV 139.

Abs. 4: Zum Anspruch auf rechtliches Gehör vgl. BGE 118 IV 374.

Unentgeltlichkeit

[1] Die Rechtshilfe wird unentgeltlich geleistet. Immerhin sind **354** Auslagen für wissenschaftliche oder technische Gutachten durch die ersuchende Behörde zu ersetzen.

[2] Artikel 27 Absatz 1 des Bundesgesetzes über die Bundesstrafrechtspflege bleibt vorbehalten.

[3] Werden einer Partei Kosten auferlegt, so sind ihr im gleichen Maße die bei Leistung der Rechtshilfe entstandenen Kosten zu überbinden, auch wenn die ersuchende Behörde zum Ersatze nicht verpflichtet ist.

Art. 354: Vgl. Konkordat Art. 23. Die Zuführung von Verhafteten erfolgt unentgeltlich: BGE 69 IV 235, 70 IV 191.

Amtshandlungen in andern Kantonen

[1] Eine Strafverfolgungsbehörde oder ein Gericht darf eine **355** Amtshandlung auf dem Gebiete eines andern Kantons nur mit Zustimmung der zuständigen Behörde dieses Kantons vornehmen. In dringenden Fällen darf die Amtshandlung auch ohne Zustimmung der zuständigen Behörde vorgenommen werden, indessen ist diese unverzüglich unter Darlegung des Sachverhaltes davon in Kenntnis zu setzen.

[2] Anwendbar ist das Prozeßrecht des Kantons, in dem die Handlung vorgenommen wird.

[3] Die in einem andern Kantone wohnenden Personen können durch die Post vorgeladen werden. Zeugen dürfen einen angemessenen Vorschuß der Reisekosten verlangen.

[4] Zeugen und Sachverständige sind verpflichtet, der Vorladung in einen andern Kanton Folge zu leisten.

[5] An Personen, die in einem andern Kanton wohnen, können Entscheide und Urteile sowie Strafbefehle und Strafmandate nach den für Gerichtsurkunden aufgestellten Vorschriften des Bundesgesetzes betreffend den Postverkehr zugestellt werden, auch wenn eine ausdrückliche Annahmeerklärung des Ange-

schuldigten nötig ist, um das Strafverfahren ohne dessen Einvernahme oder ohne gerichtliche Beurteilung abzuschließen. Die Unterzeichnung der an den Absender zurückgehenden Empfangsbestätigung gilt nicht als Annahmeerklärung des Angeschuldigten.

Art. 355: Vgl. dazu Konkordat Art. 3–14. Diese Regelung weicht von Art. 355 Abs. 1 und 2 ab, namentlich indem für die Verfahrenshandlung auf fremdem Gebiet keine Bewilligung, sondern nur eine Benachrichtigung erforderlich ist und das Recht des ersuchenden Kantons angewendet wird.

Abs. 2: Frühere Entscheide zum Verhältnis außerhalb des Konkordats: Die um Rechtshilfe angegangene Behörde hat die Notwendigkeit und Zweckmäßigkeit der nachgesuchten Amtshandlung nicht zu prüfen: BGE 115 IV 71. – Das Recht des Bundes oder des ersuchten Kantons bestimmt, welche Handlungen eine ersuchende Behörde verlangen darf und in welcher Form sie vorzunehmen ist; doch darf die Pflicht zur Hilfeleistung dadurch nicht so beeinträchtigt werden, daß sie den bundesrechtlichen Anforderungen nicht mehr entspricht: BGE 71 IV 174, 87 IV 141 Erw. 4, 102 IV 222 Erw. 4 (Pflicht zur Wahrung von Geheimhaltungsinteressen, vgl. dazu auch VStrR Art. 30 Abs. 3). – Zum Zeugnisverweigerungsrecht SJZ 60 (1964) 108. – Zuständigkeit und anwendbares Recht bei Schadenersatzbegehren wegen ungerechtfertigter oder unverschuldeter, von einem Kanton auf Ersuchen eines anderen vollzogenen Untersuchungshaft: BGE 118 Ia 388.

Abs. 5 in neuer Fassung gemäß BG vom 18. März 1971, in Kraft seit 1. Juli 1971.

Nacheile

356 [1] Die Beamten der Polizei sind berechtigt, in dringenden Fällen einen Beschuldigten oder einen Verurteilten auf das Gebiet eines andern Kantons zu verfolgen und dort festzunehmen.

[2] Der Festgenommene ist sofort dem nächsten zur Ausstellung eines Haftbefehls ermächtigten Beamten des Kantons zur Festnahme zuzuführen. Dieser hört den Festgenommenen zu Protokoll an und trifft die erforderlichen weiteren Verfügungen.

Art. 356: Zulässigkeit der Anordnung und Durchführung einer Blutprobe gegenüber einem Automobilisten von der Polizei im örtlichen Zuständigkeitsbereich einer anderen Polizei: ZBJV 90 (1989) 422.

Anstände zwischen Kantonen

Anstände in der Rechtshilfe zwischen Bund und Kantonen oder **357** zwischen Kantonen entscheidet das Bundesgericht. Bis dieser Entscheid erfolgt, sind angeordnete Sicherheitsmaßnahmen aufrechtzuerhalten.

Art. 357: Zuständigkeit der Anklagekammer gemäß BStP Art. 252 Abs. 3. Die Kompetenz bezieht sich auf Akte der Rechtshilfe i. S. von Art. 352, in denen eine Behörde des Bundes oder eines Kantons den Behörden eines andern Gemeindewesens ein Ersuchen um Unterstützung abschlägig beantwortet hat: BGE 87 IV 140, 141. Es handelt sich um einen Spezialfall der staatsrechtlichen Klage nach OG Art. 83 lit. a und b.

Die Legitimation zur Vertretung vor Bundesgericht wird durch das kantonale Recht bestimmt; von Bundesrechts wegen wird diejenige Behörde als Vertreterin anerkannt, bei welcher das Verfahren hängig ist und deren Begehren abgelehnt wurde: BGE 87 IV 139. – Die Möglichkeit der Anrufung ist grundsätzlich unbefristet: BGE 86 IV 230, 106 IV 215, 216. – Eine Erschöpfung des Instanzentzuges ist bei Streitigkeiten zwischen Bundes- und Kantonsbehörden nicht erforderlich: BGE 115 IV 69.

Anstände auf dem Gebiete des kantonalen Strafrechts sind mit staatsrechtlicher Klage nach OG Art. 83 lit. b vor Bundesgericht anhängig zu machen: BGE 85 I 106.

Mitteilung bei Pornographie

Stellt eine Untersuchungsbehörde fest, daß pornographische **358** Gegenstände (Art. 197 Ziff. 3) in einem fremden Staat hergestellt oder von dort aus eingeführt worden sind, so informiert sie sofort die zur Bekämpfung der Pornographie eingesetzte Zentralstelle der Bundesanwaltschaft.

Art. 358 in neuer Fassung gemäß BG vom 21. Juni 1991, in Kraft seit 1. Oktober 1992.

Vierter Titel bis
Mitteilung bei strafbaren Handlungen gegenüber Unmündigen

Mitteilungspflicht

358bis Stellt die zuständige Behörde bei der Verfolgung von strafbaren Handlungen gegenüber Unmündigen fest, daß weitere Maßnahmen erforderlich sind, so informiert sie sofort die vormundschaftlichen Behörden.

Art. 358bis: eingefügt durch BG vom 23. Juni 1989, in Kraft seit 1. Januar 1990.

Mitteilungsrecht

358ter Ist an einem Unmündigen eine strafbare Handlung begangen worden, so sind die zur Wahrung des Amts- und Berufsgeheimnisses (Art. 320 und 321) verpflichteten Personen berechtigt, dies in seinem Interesse den vormundschaftlichen Behörden zu melden.

Art. 358ter: eingefügt durch BG vom 23. Juni 1989, in Kraft seit 1. Januar 1990.

Fünfter Titel

Strafregister

Registerbehörden

Strafregister werden geführt: **359**

a) bei dem Schweizerischen Zentralpolizeibureau über alle Personen, die im Gebiete der Eidgenossenschaft verurteilt worden sind, sowie über alle im Auslande verurteilten Schweizer;

b) in den Kantonen von einer durch diese zu bezeichnenden Amtsstelle über alle Personen, die von den Behörden des Kantons verurteilt worden sind, sowie über alle verurteilten Kantonsbürger.

Zu Art. 359 ff.: Art. 62.

Inhalt

In die Strafregister sind aufzunehmen: **360**

a) die Verurteilungen wegen Verbrechen und Vergehen;

b) die Verurteilungen wegen der durch Verordnung des Bundesrates zu bezeichnenden Übertretungen dieses oder eines andern Bundesgesetzes;

c) die aus dem Ausland eingehenden Mitteilungen über dort erfolgte, nach diesem Gesetze vormerkungspflichtige Verurteilungen;

d) die Tatsache, daß eine Verurteilung mit bedingtem Strafvollzug erfolgt ist;

e) die Tatsachen, die eine Änderung erfolgter Eintragungen herbeiführen.

Art. 360: Vgl. VO über das Strafregister vom 21. Dezember 1973, in Kraft seit 1. Januar 1974 (SR 331). – Die auf Grund kantonaler Strafbestimmungen ergangenen Urteile werden nicht im eidgenössischen Strafregister eingetragen: ZR 68 Nr. 47.

Lit. a: Einzutragen sind auch Verurteilungen wegen Ehrverletzungen, die im Zivilprozeßverfahren ergangen sind: BGE 69 IV 94.

Lit. b: Die eintragungspflichtigen Übertretungen sind auf Tatbestände beschränkt, die ihrer Strafdrohung nach der Umschreibung des Art. 101 entsprechen: BGE 96 IV 31. – Gemäß Art. 9 Ziff. 2 und 2bis der VO über das Strafregister vom 21. Dezember 1973 (SR 331) in der Fassung vom 13. November 1991 (in Kraft ab 1. Januar 1992) werden Verurteilungen wegen Übertretungen regelmäßig nur noch eingetragen, sofern eine Haftstrafe ausgesprochen wurde. Zur Meldung von Verurteilungen wegen Straßenverkehrsdelikten an die Straßenverkehrsbehörde vgl. VO über die Zulassung von Personen und Fahrzeugen zum Straßenverkehr (SR 741.51), Art. 123.

Lit. d: Zum bedingten Strafvollzug Art. 41, 96, 105, vgl. auch Art. 49 Ziff. 4 und 106 Abs. 3 (bedingte Löschbarkeit des Eintrages von Bußen).

Maßnahmen und Strafen betreffend Jugendliche

361 In das Strafregister sind auch aufzunehmen die gegenüber Jugendlichen wegen eines Verbrechens oder Vergehens verhängten Maßnahmen und Strafen, mit Ausnahme des Verweises und der Buße. Die wegen eines Vergehens erfolgten Eintragungen sind von vorneherein als gelöscht zu behandeln.

Art. 361 in neuer Fassung mit Marginale gemäß BG vom 18. März 1971, in Kraft seit 1. Juli 1971. – Löschung des Eintrages: Art. 99.

Mitteilung der vormerkungspflichtigen Tatsachen

362 ^{1} Alle vormerkungspflichtigen Tatsachen sind dem Schweizerischen Zentralpolizeibureau mitzuteilen.

^{2} Das Zentralpolizeibureau trägt die ihm gemeldeten Tatsachen in das zentrale Strafregister ein und teilt sie dem Heimatkanton oder dem Heimatstaate des Verurteilten mit.

Art. 362: Verurteilungen von Schweizern im Ausland werden den Registerbehörden im Rahmen bestehender Staatsverträge gemeldet.

Mitteilung der Eintragungen

363 ^{1} Gerichtlichen und andern Behörden des Bundes, der Kantone oder der Gemeinden ist auf Ersuchen ein amtlicher Auszug aus dem Strafregister zu verabfolgen.

^{2} An Privatpersonen dürfen keine Auszüge aus dem Strafregister abgegeben werden. Jedermann hat jedoch das Recht, Registerauszüge, die seine Person betreffen, zu verlangen.

³ Der Bundesrat ist befugt, für Registerauszüge, die zu besondern Zwecken ausgestellt werden, einschränkende Bestimmungen aufzustellen.

⁴ Ein gelöschter Eintrag darf nur Untersuchungsämtern, Strafgerichten, Strafvollzugsbehörden und den für die Rehabilitation und die Löschung zuständigen Gerichten mitgeteilt werden, unter Hinweis auf die Löschung, und nur wenn die Person, über die Auskunft verlangt wird, in dem Strafverfahren Beschuldigter oder dem Strafvollzug Unterworfener ist oder wenn ein Verfahren zur Rehabilitation oder Löschung hängig ist. Ein gelöschter Eintrag ist auch den Verwaltungsbehörden bekanntzugeben, die für die Erteilung und den Entzug von Führerausweisen gemäß Artikel 14 und 16 des Bundesgesetzes vom 19. Dezember 1958 über den Straßenverkehr zuständig sind.

Art. 363 Abs. 3 in neuer Fassung gemäß BG vom 5. Oktober 1950, in Kraft seit 5. Januar 1951.
Abs. 4 in neuer Fassung gemäß BG vom 18. März 1971, in Kraft seit 1. Juli 1971. – Vgl. zur Löschung Art. 41 Ziff. 4, 49 Ziff. 4, 80, 96 Ziff. 4, 99. Keine solche wird durch Begnadigung bewirkt (vgl. SJZ 66 1970 12). – *Tragweite:* Die Löschung bewirkt lediglich, daß das Urteil nur noch den in Abs. 4 genannten Behörden mitgeteilt werden darf: BGE 94 IV 50, ZBJV 111 (1975) 409 (beide Entscheide zu alt Abs. 4). – *Unzulässig* sind Mitteilungen an eine Sanitätskommission im Administrativverfahren betreffend das Verbot der Ausübung der Heiltätigkeit: BGE 95 I 17 (Entscheid zu alt Abs. 4).

Bekanntgabe hängiger Strafuntersuchungen

¹ Das Schweizerische Zentralpolizeibüro speichert während **363bis** zwei Jahren die Gesuche von Strafjustizbehörden des Bundes und der Kantone um Strafregisterauszüge. Es erfaßt:

a. die anfragende Behörde,

b. die Personalien der beschuldigten Person;

c. die Beschuldigung (Verbrechen und Vergehen) und

d. das Datum der Zustellung des Registerauszuges.

² Ersucht eine Strafjustizbehörde im Rahmen eines Strafverfahrens um einen Strafregisterauszug, gibt ihr das Schweizerische Zentralpolizeibüro Daten nach Absatz 1 bekannt, soweit diese die gleiche Person betreffen.

³ Die Strafjustizbehörde meldet dem Schweizerischen Zen-

tralpolizeibüro Freisprüche oder Einstellungsverfügungen in Verfahren, für welche nach Absatz 1 ein Strafregisterauszug eingeholt worden ist. Das Schweizerische Zentralpolizeibüro vernichtet anschließend die nach Absatz 1 gespeicherten Daten.

[4] Der Bundesrat:

a. regelt die Einzelheiten, insbesondere die Verantwortung für die Datenbearbeitung, die Verfahrensrechte der betroffenen Personen und die Zusammenarbeit mit den Kantonen;

b. bezeichnet die Behörden, die für die Einsicht in die Daten sowie deren Berichtigung und Vernichtung zuständig sind.

Art. 363 bis eingefügt durch BG vom 19. Juni 1992, in Kraft seit 1. Juli 1993. Auszüge aus dem Strafregister, Mitteilungen an das Schweiz. Zentralpolizeibüro: vgl. Art. 262, 263.

Vollziehungsbestimmung

364 Der Bundesrat erläßt durch Verordnung die ergänzenden Vorschriften über das Strafregister und stellt die Formulare fest.

Art. 364: Vgl. Bem. zu Art. 360.

Sechster Titel
Verfahren

Verfahren der kantonalen Strafbehörden

[1] Die Kantone bestimmen das Verfahren vor den kantonalen **365**
Behörden.

[2] Vorbehalten sind die Vorschriften dieses Gesetzes und
die Bestimmungen des Bundesstrafrechtspflegegesetzes betreffend das kantonale gerichtliche Verfahren und die Nichtigkeitsbeschwerde bei Anwendung eidgenössischer Strafgesetze.

Art. 365 Abs. 1: Das kantonale Verfahrensrecht darf der vollen Auswirkung des materiellen Bundesrechts nicht hindernd im Wege stehen:
BGE 69 IV 158. Das kantonale Prozeßrecht kann ein gemäßigtes Opportunitätsprinzip gewähren: BGE 109 IV 49. – Erfordernis der Beachtung des rechtlichen Gehörs: BGE 109 Ia 178, 233. – Ob im kantonalen
Verfahren eine Frage als Tat- oder Rechtsfrage zu gelten habe, beurteilt sich nach dem den Kantonen vorbehaltenen Prozeßrecht: BGE 94
IV 145, 99 IV 127. – Ergänzende Verfahrensvorschriften in der EMRK
sind von den Kantonen zu beachten.

Abs. 2: Bestimmungen betreffend das kantonale Verfahren finden
sich in Art. 247–267, solche über die Nichtigkeitsbeschwerde in
Art. 268–278 des BG über die Bundesstrafrechtspflege vom 15. Juni
1934 (SR 312.0).

Parlamentarische Immunität. Strafverfolgung gegen Mitglieder der obersten Behörden

[1] Die Bestimmungen des Bundesgesetzes vom 9. Dezember **366**
1850 über die Verantwortlichkeit der eidgenössischen Behörden und Beamten und des Bundesgesetzes vom 26. März 1934
über die politischen und polizeilichen Garantien zugunsten der
Eidgenossenschaft bleiben in Kraft.

[2] Die Kantone bleiben berechtigt, Bestimmungen zu erlassen, wonach:

a) die strafrechtliche Verantwortlichkeit der Mitglieder ihrer gesetzgebenden Behörden wegen Äußerungen in den Verhandlungen dieser Behörden aufgehoben oder beschränkt wird;

b) die Strafverfolgung der Mitglieder ihrer obersten Vollziehungs- und Gerichtsbehörden wegen Verbrechen oder Vergehen im Amte vom Vorentscheid einer nicht richterlichen Behörde abhängig gemacht und die Beurteilung in solchen Fällen einer besonderen Behörde übertragen wird.

Art. 366 Abs. 1: ZBl 59 (1958) 325, ZBl 89 (1988) 351. Es gelten für das Strafverfolgungsprivileg der Mitglieder der Eidgenössischen Räte sowie des Bundesrates, Bundesgerichts und des Bundeskanzlers: BG über die politischen und polizeilichen Garantien zugunsten der Eidgenossenschaft vom 26. März 1934 (SR 170.21) Art. 1–7 und für die strafrechtliche Verantwortlichkeit von Magistratspersonen (parlamentarische Immunität und die strafrechtliche Verfolgung von Bundesbeamten für Straftaten im Dienste, Ermächtigungsdelikt): BG über die Verantwortlichkeit des Bundes sowie seiner Behördenmitglieder und Beamten vom 14. März 1958 (SR 172.32) Art. 13–16.

Abs. 2 lit. a: Wesen der Immunität, Voraussetzung zu ihrer Aufhebung, Anfechtung des Beschlusses mit staatsrechtlicher Beschwerde: BGE 100 Ia 1, vgl. auch BGE 113 Ia 189 (Kanton Neuenburg). – Die Kantone sind im Bereich der parlamentarischen Immunität nur im Rahmen der bundesrechtlichen Delegationsnormen zum Erlaß selbständiger Vorschriften befugt, dürfen also die Immunität z. B. nicht auf Mitglieder kommunaler Parlamente ausdehnen (vgl. RS 1987 Nr. 268, Kanton Tessin).

Lit. b: Der Verzicht auf ein Strafverfahren kann auch auf außerstrafrechtliche, staatspolitische Gründe gestützt werden: BGE 106 IV 43, vgl. auch ZR 77 Nr. 111 (Regelung im Kanton Zürich).

Verfahren bei Übertretungen

367 Die in diesem oder in andern Bundesgesetzen vorgesehenen Übertretungen sind, soweit sie der kantonalen Gerichtsbarkeit unterliegen, nach dem Verfahren zu behandeln, das der Kanton für Übertretungen vorschreibt.

Art. 367: Die Definition der Übertretung findet sich in Art. 101; vgl. auch Art. 333 Abs. 2. – Kantonale Gerichtsbarkeit: Art. 343.

Kostentragung

Die Kantone bestimmen, unter Vorbehalt der Unterstützungs- **368**
pflicht der Verwandten (Art. 328 ZGB), wer die Kosten des
Vollzuges von Strafen und Maßnahmen zu tragen hat, wenn
weder der Betroffene selbst noch, falls er unmündig ist, die Eltern die Kosten bestreiten können.

Art. 368 in neuer Fassung gemäß BG vom 18. März 1971, in Kraft seit
1. Juli 1971. Die Vollzugskosten bei Kindern und Jugendlichen werden
in Art. 373 geregelt. – Die Bestimmung räumt den Kantonen die Kompetenz ein, die Vollzugskosten dem zahlungsfähigen Betroffenen aufzuerlegen. Das gilt auch für Maßnahmen an einem Unzurechnungsfähigen: VPB 1982 Nr. 51.

Siebenter Titel
Verfahren gegen Kinder und gegen Jugendliche

Zuständige Behörden

369 Die Kantone bezeichnen die für die Behandlung der Kinder und der Jugendlichen zuständigen Behörden.

> **Art. 369:** Vgl. Art. 345. – Im Jugendstrafverfahren kann auch die Beurteilung von Verbrechen und Vergehen *Verwaltungsbehörden* übertragen werden: BGE 68 IV 158, 78 IV 150, vgl. auch BGE 113 IV 20 (der im Jugendstrafrecht verwendete Begriff der «urteilenden Behörde» besagt nicht, daß es sich dabei um ein Gericht handeln müßte). Entscheide von Verwaltungsbehörden (praktisch v. a. Jugendanwaltschaften) sind indessen gemäß EMRK Art. 5 und 6 einem Rechtsmittel an eine gerichtliche Instanz zu unterstellen.

Freiwillige Mitwirkung

370 Zur Durchführung der Erziehungshilfe und der Schutzaufsicht können geeignete freiwillige Vereinigungen und Privatpersonen herangezogen werden.

> **Art. 370** in neuer Fassung gemäß BG vom 18. März 1971, in Kraft seit 1. Januar 1974.

Verfahren

371 Die Kantone ordnen das Verfahren gegen Kinder und gegen Jugendliche.

> **Art. 371:** Vgl. Bem. zu Art. 365. Anwendbares Verfahren bei Übertritt des Täters in eine andere Altersstufe: VStGB 1 Art. 1 Abs. 1, 2, 5.

Zuständigkeit der Behörden

372 1. Für das Verfahren gegen Kinder und gegen Jugendliche sind die Behörden des Wohnsitzes oder, wenn das Kind oder der

Jugendliche sich dauernd an einem andern Ort aufhält, die Behörden des Aufenthaltsortes zuständig. Übertretungen werden am Begehungsort verfolgt.

In Ermangelung eines Wohnsitzes oder eines dauernden Aufenthaltes finden die allgemeinen Bestimmungen über den Gerichtsstand Anwendung.

Bestehen zwischen Kantonen Anstände über die Zuständigkeit, so entscheidet der Bundesrat.

2. Die schweizerische Behörde kann von einer Strafverfolgung absehen, wenn die zuständige Behörde des Staates, in dem sich der Täter dauernd aufhält, ein Verfahren wegen dieser Tat eingeleitet hat oder einzuleiten sich bereit erklärt.

Die nach Ziffer 1 zuständige schweizerische Behörde kann auf Ersuchen der ausländischen Behörde auch die Beurteilung von Kindern und Jugendlichen übernehmen, die eine strafbare Handlung im Ausland begangen haben, sofern sie Schweizer sind oder in der Schweiz Wohnsitz haben oder sich dauernd in der Schweiz aufhalten. Die schweizerische Behörde wendet ausschließlich schweizerisches Recht an.

Art. 372 in neuer Fassung gemäß BG vom 18. März 1971, in Kraft seit 1. Januar 1974.

Ziff. 1 Abs. 1: Der Wohnsitz bestimmt sich nach ZGB Art. 25. – Wechsel des Wohnsitzes während des Verfahrens: SJZ 58 (1962) 133. – Begriff des dauernden Aufenthalts an einem andern Ort: BGE 86 IV 198. Negativer Kompetenzkonflikt zwischen dem Kanton des Wohnortes und jenem des Aufenthaltsortes: VPB 1979 Nr. 18 (zuständig ist derjenige Kanton, in dem sich der Jugendliche auf Anordnung der Vormundschaftsbehörde in einem Erziehungsheim aufhält und wo der Schwerpunkt seiner Straftaten liegt; nicht zuständig ist derjenige Kanton, in welchen nach Einleitung des Strafverfahrens der Inhaber der elterlichen Gewalt den Wohnsitz verlegt hat). – Konkurrenz des besonderen Gerichtsstandes von Satz 1 mit dem allgemeinen von Art. 346 ff. bei Verübung von Straftaten vor *und* nach dem vollendeten 18. Altersjahr: BGE 86 IV 197, 96 IV 25 (bei Anständen zwischen den Kantonen entscheidet die Anklagekammer des Bundesgerichtes, wobei in jedem Einzelfall in Anlehnung an die auf Grund von BStP Art. 263 entwickelten Grundsätze abzuwägen ist, welcher Gerichtsstand den Vorzug verdient), 107 IV 79 (im Hinblick auf VStGB 1 Art. 1 Abs. 2 erforderliche Entscheidungsgrundlagen). Gemeinsame Verübung von Straftaten durch Beteiligte mit unterschiedlichem Wohnsitz im gleichen Kanton:

RS 1984 Nr. 730 (Vereinigung der Verfahren am Wohnsitz des Haupttäters als zulässig betrachtet).

Ziff. 1 Abs. 2: vgl. Art. 346 ff.

Ziff. 1 Abs. 3: Ausnahme zu Art. 351; gilt nur, wenn der Täter ausschließlich vor dem 18. Altersjahr delinquierte (vgl. Bem. zu Ziff. 1 Abs. 1) und die Untersuchung noch vor dem 20. Altersjahr eingeleitet wurde (vgl. VStGB 1 Art. 1 Abs. 1). Der Bundesrat hat seine Befugnis dem Eidg. Justiz- und Polizeidepartement übertragen (BRB vom 16. 6. 1942).

Ziff. 2: Von Art. 3–6 abweichende Sonderregelung des räumlichen Geltungsbereiches.

Kostentragung

373 Die Kantone bestimmen, unter Vorbehalt der Unterstützungspflicht der Verwandten, wer die Kosten der gegen Kinder und Jugendliche angeordneten Maßnahmen und Strafen zu tragen hat, wenn weder der Versorgte noch die Eltern die Kosten bestreiten können (Art. 284 ZGB[1]).

[1] Heute, nach Änderung des ZGB, Art. 293.

Art. 373 in neuer Fassung mit Marginale gemäß BG vom 18. März 1971, in Kraft seit 1. Januar 1974. Die Bestimmung bringt zum Ausdruck, daß die Kosten in erster Linie vom «Versorgten» und von seinen Eltern, in zweiter Linie von seinen unterstützungspflichtigen Verwandten zu tragen sind: RS 1983 Nr. 488.

Achter Titel
Strafvollzug – Schutzaufsicht

1.   Im allgemeinen

Pflicht zum Strafvollzuge

¹ Die Kantone vollziehen die von ihren Strafgerichten auf **374** Grund dieses Gesetzes ausgefällten Urteile. Sie sind verpflichtet, die Urteile der Bundesstrafbehörden gegen Ersatz der Kosten zu vollziehen.

² Den Urteilen sind die von Polizeibehörden und andern zuständigen Behörden erlassenen Strafentscheide und die Beschlüsse der Einstellungsbehörden gleichgestellt.

Art. 374: Vgl. BGE 68 IV 94 (keine Pflicht, von andern Kantonen ausgesprochene Freiheitsstrafen zu vollziehen, dagegen Pflicht zur Zuführung des Verurteilten gemäß Art. 352), 106 Ia 177 (interkantonale Zuständigkeit bei Vollzug einer Freiheitsstrafe in einem anderen als dem Urteilskanton: für den Entscheid über die Aushändigung von Druckschriften an eine Strafgefangene kann die Zuständigkeit des Urteilskantons vereinbart werden), 100 Ib 272 (Vollzug bei Verwahrung oder Strafe an kranken, gebrechlichen oder betagten Personen nach kantonalem Recht, solange der Bundesrat keine Vorschriften darüber aufgestellt hat), 101 IV 265 (Vollzug beim Widerruf einer durch das Bundesgericht angeordneten bedingt vollziehbaren Strafe durch die Kantone).

Anrechnung der Sicherheitshaft

¹ Auf die zu vollziehende Freiheitsstrafe ist unverkürzt die Haft **375** anzurechnen, die der Verurteilte zwischen der Fällung des letzten Urteils und dem Beginne der Vollziehung der Freiheitsstrafe erlitten hat.

² Hat der Angeklagte trölerisch ein Rechtsmittel ergriffen, so wird die Dauer der dadurch verlängerten Sicherheitshaft nicht angerechnet.

Art. 375: Diese Bestimmung ist auch auf die Auslieferungshaft anzuwenden, die ein im Ausland zur Vollstreckung eines rechtskräftigen, inländischen Strafurteils verhafteter Täter erstanden hat, wenn der Verurteilte sich nicht durch Flucht dem Strafvollzug entzogen oder die Auslieferungshaft schuldhaft herbeigeführt oder verlängert hatte: BGE 102 Ib 252.

Abs. 1 gilt erst, wenn das gerichtliche Verfahren, inbegriffen ein eventuelles kantonales Kassationsverfahren, abgeschlossen ist: BGE 81 IV 21 (bezüglich des Kassationsverfahrens kaum zutreffend, da sonst Abs. 2 bedeutungslos wäre), vgl. auch BGE 105 IV 241.

Abs. 2 in neuer Fassung gemäß BG vom 18. März 1971, in Kraft seit 1. Juli 1971.

2. Verdienstanteil

Grundsatz

376 Personen, die nach diesem Gesetz in eine Anstalt eingewiesen werden, soll für die ihnen zugewiesene Arbeit bei gutem Verhalten und befriedigender Arbeitsleistung ein Verdienstanteil zukommen, dessen Höhe von den Kantonen bestimmt wird.

Art. 376–378: Diese Bestimmungen beziehen sich nicht auf (außerhalb der Anstalt beschäftigte) Gefangene im Regime der Halbfreiheit. Diesbezüglich unterwirft das StGB die Kantone keinen Beschränkungen: VPB 1981 Nr. 59. Dasselbe gilt für Freizeitarbeiten der Anstaltsinsassen für die Privatwirtschaft: VPB 1984 Nr. 90.

Art. 376: Neue Fassung gemäß BG vom 18. März 1971, in Kraft seit 1. Juli 1971.

Zum Verdienstanteil (Pekulium) Art. 37 Ziff. 1 Abs. 2, 37bis Ziff. 3, 39 Ziff. 3, 42 Ziff. 3, 100bis Ziff. 3. – Vgl. ferner VStGB 1 Art. 6. Verhältnis zu Art. 377: 106 IV 381 (Abzüge vom noch nicht ausbezahlten Verdienstanteil bestimmen sich nach Art. 376, während Art. 377 Abhebungen vom bereits ausbezahlten Verdienstanteil regelt). – Voraussetzungen des Anspruchs auf Verdienstanteil sind produktive Arbeit und gute Führung: BGE 106 IV 381 (verneint bei Flucht aus der Anstalt und Nichtrückkehr aus dem Urlaub; Berechnung der Höhe der Abzüge). Es besteht kein Anspruch auf eine der Arbeitsleistung *angemessene* Entlöhnung: BGE 106 Ia 360.

Verwendung während des Freiheitsentzuges

[1] Der Verdienstanteil wird den Insassen der Anstalt während **377** der Dauer der Freiheitsentziehung gutgeschrieben.

[2] Das Anstaltsreglement bestimmt darüber, ob und wie weit während der Dauer der Freiheitsentziehung aus diesem Verdienstanteil Ausgaben zugunsten der Insassen oder dessen Familie gemacht werden dürfen.

Art. 377: Marginale in neuer Fassung gemäß BG vom 18. März 1971, in Kraft seit 1. Juli 1971. – Auslagen, die ein Häftling durch Disziplinarvergehen verschuldet, dürfen in beschränktem Umfang aus seinem Verdienstanteil gedeckt werden: BGE 102 Ib 255. Verhältnis zu Art. 376: BGE 106 IV 381 (Abzüge zulässig, um einen Schaden der Anstalt zu decken).

Abs. 2: Verfügungen über Zahlungen aus dem Verdienstanteil eines Gefangenen bedürfen einer entsprechenden Vorschrift in der Anstaltsverordnung: BGE 103 Ia 414 (Kauf einer Brille).

Verwendung nach der Entlassung

[1] Bei der Entlassung aus der Anstalt verfügt die Anstaltsleitung **378** nach freiem Ermessen, ob der Betrag ganz oder teilweise dem Entlassenen, den Organen der Schutzaufsicht, der Vormundschaftsbehörde oder der Armenbehörde zu sachgemäßer Verwendung für den Entlassenen auszubezahlen sei.

[2] Das Guthaben aus Verdienstanteil sowie die auf Rechnung des Guthabens ausbezahlten Beträge dürfen weder gepfändet noch mit Arrest belegt noch in eine Konkursmasse einbezogen werden. Jede Abtretung oder Verpfändung des Guthabens aus Verdienstanteil ist nichtig.

Art. 378 Abs. 2: Zu Pfändung, Arrest- und Konkursbeschlag vgl. SchKG Art. 88 ff., 197 ff., 271 ff.

3. Schutzaufsicht

1. Die Kantone haben die Schutzaufsicht für die gesetzlich vor- **379** gesehenen Fälle einzurichten. Sie können sie auch geeigneten freiwilligen Vereinigungen übertragen.

Für jeden Schützling wird ein Fürsorger bezeichnet.

2. Die Schutzaufsicht ist von dem Kanton auszuüben, der sie

verfügt hat. Vorbehalten bleiben die Möglichkeit der Abtretung des Strafvollzuges oder der Schutzaufsicht an einen andern Kanton und die Regelung des Vollzuges bei Zusammentreffen mehrerer Strafen und Maßnahmen.

Übersiedelt der Schützling in einen andern Kanton, so hat dessen Schutzaufsichtsamt auf Ersuchen des Kantons, der die Schutzaufsicht verfügt hat, bei der Bestellung des Fürsorgers mitzuhelfen.

Ist der Schützling aus dem Vollzugskanton ausgewiesen, so bleibt die Ausweisung für die Dauer der Schutzaufsicht aufgeschoben.

Art. 379: Neue Fassung gemäß BG vom 18. März 1971, in Kraft seit 1. Juli 1971.

Vgl. zur Anordnung der Schutzaufsicht Art. 47, 38 Ziff. 2, 41 Ziff. 2, 42 Ziff. 4 Abs. 2, 43 Ziff. 2 Abs. 2 und Ziff. 4 Abs. 2, 44 Ziff. 4 Abs. 2, 94 Ziff. 1 und Ziff. 4 Abs. 2, 96 Ziff. 2, 100ter Ziff. 1 1.

Ziff. 1 Abs. 2 eingefügt durch das BG vom 18. März 1971, in Kraft seit 1. Juli 1974.

Ziff. 2 Abs. 3 ist durch die Abschaffung der Kantonsverweisung obsolet geworden.

4. Bußen, Kosten, Einziehung, Verfall von Geschenken, Schadenersatz

Vollstreckung

380 ¹ Die auf Grund dieses oder eines andern Bundesgesetzes oder des kantonalen Übertretungsrechtes ergangenen rechtskräftigen Urteile sind mit Bezug auf Bußen, Kosten, Einziehung von Gegenständen, Verfall von Geschenken und andern Zuwendungen und Schadenersatz in der ganzen Schweiz vollstreckbar.

² Den Urteilen sind die von Polizeibehörden und andern zuständigen Behörden erlassenen Strafentscheide und die Beschlüsse der Einstellungsbehörde gleichgestellt.

Art. 380: Vgl. zur Rechtshilfe Art. 352 und 357, ferner BGE 118 IV 393. – Kein Kanton kann einen andern Kanton verhalten, Bußen anders als durch die Organe der Schuldbetreibung zu vollstrecken: BGE 68 IV 96. – Einziehung: BGE 79 IV 175.

Verfügungsrecht

[1] Über die auf Grund dieses Gesetzes verhängten Bußen, Ein- **381** ziehungen und verfallen erklärten Geschenke und andern Zuwendungen verfügen die Kantone.

[2] In den von den Bundesassisen und vom Bundesstrafgericht beurteilten Straffällen verfügt darüber der Bund.

Art. 381: Zu Buße und Einziehung vgl. Art. 48–50, 58, 59, 106.

Neunter Titel
Anstalten

1.   Anstalten

Pflicht der Kantone zur Errichtung

382 [1] Die Kantone sorgen dafür, daß die den Vorschriften dieses Gesetzes entsprechenden Anstalten zur Verfügung stehen.
[2] Die Kantone können über die gemeinsame Errichtung von Anstalten Vereinbarungen treffen.

> **Art. 382 und 383:** Die Kantone haben sich für die Errichtung und den Betrieb zu drei Konkordaten zusammengeschlossen:
> – Vereinbarung der Kantone ZH, GL, SH, AR, AI, SG, GR und TG über den Vollzug freiheitsentziehender Maßnahmen gemäß Schweizerischem Strafgesetzbuch und Versorgungen gemäß eidgenössischem und kantonalem Recht vom 31. März 1976 (Ostschweizer Konkordat), SR 343.1;
> – Konkordat über den Vollzug von Strafen und Maßnahmen nach dem Schweizerischen Strafgesetzbuch und dem Recht der Kantone der Nordwest- und Innerschweiz vom 4. März 1959, SR 343.2;
> – Konkordat über den Straf- und Maßnahmenvollzug an Erwachsenen und jungen Erwachsenen in den Westschweizer Kantonen und im Kanton Tessin vom 22. Oktober 1984, SR 343.3.
>
> Bundesbeiträge an Errichtung und Betrieb von Anstalten: Vgl. BG über die Leistungen des Bundes für den Straf- und Maßnahmenvollzug vom 5. Oktober 1984 (SR 341) und zugehörige VO (SR 341.1).
>
> **Art. 382** in neuer Fassung gemäß BG vom 18. März 1971, in Kraft seit 1. Juli 1971.

Pflicht der Kantone zum Betriebe

383 [1] Die Kantone sorgen dafür, daß die Anstaltsreglemente und der Betrieb der Anstalten diesem Gesetz entsprechen. Sie sorgen dafür, daß den in Erziehungsanstalten eingewiesenen Jugendlichen eine Berufslehre ermöglicht wird.
[2] Die Kantone können über den gemeinsamen Betrieb von

Anstalten Vereinbarungen treffen oder sich das Mitbenüt-
zungsrecht an Anstalten anderer Kantone sichern.

Zulassung von Privatanstalten

Die Kantone können mit Privatanstalten, die den Anforderun- **384**
gen dieses Gesetzes entsprechen, Vereinbarungen treffen über
die Einweisung in Trinkerheilanstalten, andere Heilanstalten
und Pflegeanstalten, offene Anstalten für Verwahrte, Heime
für die zeitweilige Unterbringung bedingt Entlassener oder Ent-
lassungsanwärter, Erziehungsheime für Kinder und Jugendliche, Beobachtungsanstalten, Erziehungsheime für besonders
schwierige Jugendliche sowie Arbeitserziehungsanstalten für
Frauen.

Art. 384 in neuer Fassung gemäß BG vom 18. März 1971, in Kraft seit
1. Juli 1971.

2.   Räume und Anstalten für die Einschließung
         Jugendlicher

Die Kantone sorgen dafür, daß für die Einschließung Jugend- **385**
licher (Art. 95) geeignete Räume oder Anstalten zur Verfügung
stehen.

Art. 385: Neue Fassung mit Marginale gemäß BG vom 18. März
1971, in Kraft seit 1. Januar 1974.

3. und 4.: Bestimmungen seit dem 1. Januar 1967 ersetzt durch **386**
das BG über die Bundesbeiträge an Strafvollzugs- und Erzie- **bis**
hungsanstalten vom 6. Oktober 1966 (SR 341).   **390**

5.   Aufsicht der Kantone

Die Kantone unterstellen die für den Vollzug von erzieheri- **391**
schen und sichernden Maßnahmen bestimmten Privatanstalten
sowie die Erziehungshilfe und die Unterbringung in einer Familie (Art. 84 und 91) einer sachgemäßen, insbesondere auch ärztlichen Aufsicht.

Art. 391: Neue Fassung mit Marginale gemäß BG vom 18. März 1971, in Kraft seit 1. Januar 1974.

6.   Oberaufsicht des Bundes

392 Der Bundesrat hat über die Beobachtung dieses Gesetzes und der dazu gehörigen Ausführungsbestimmungen zu wachen (Art. 102 Ziff. 2 BV).

Art. 392: Vgl. BStP Art. 247 Abs. 3. Gegen kantonale Einzelentscheide auf dem Gebiet des Strafvollzuges steht nach Erschöpfung des kantonalen Instanzenzuges die Verwaltungsgerichtsbeschwerde an das Bundesgericht zur Verfügung (OG Art. 97, 98 lit. g). Im übrigen kommt auch die Aufsichtsbeschwerde an den Bundesrat in Betracht (zu den formellen Voraussetzungen vgl. VPB 1978 Nr. 56, wo das Verhältnis zur Verwaltungsgerichtsbeschwerde ungeklärt bleibt).

393 Aufgehoben durch das BG vom 18. März 1971.

Zehnter Titel

Begnadigung
Wiederaufnahme des Verfahrens

1. Begnadigung

Zuständigkeit

Das Recht der Begnadigung mit Bezug auf Urteile, die auf **394**
Grund dieses oder eines andern Bundesgesetzes ergangen sind,
wird ausgeübt:

  a) in den Fällen, in denen die Bundesassisen oder das Bundesstrafgericht oder eine Verwaltungsbehörde des Bundes geurteilt haben, durch die Bundesversammlung;

  b) in den Fällen, in denen eine kantonale Behörde geurteilt hat, durch die Begnadigungsbehörde des Kantons.

Zu Art. 394 ff.: ZStrR 73 (1958) 93; SJZ 54 (1958) 67, 71 (1975) 74, 81 (1985) 196. – Vgl. Art. 67 Ziff. 1 Abs. 2, 81 Abs. 1, 333 Abs. 4, BV Art. 85 Ziff. 7, 92.

Die Begnadigung ist ein außerhalb des normalen Strafverfahrens stehender, aus Gründen der Gerechtigkeit angeordneter Eingriff in den Vollzug der Strafe. Sie bedeutet den gänzlichen oder teilweisen Verzicht auf den Vollzug einer rechtskräftig ausgesprochenen Strafe oder die Umwandlung der Strafe in eine mildere Strafart. Auch wenn die Begnadigung bedingt gewährt wird, hat sie einen andern Charakter als der vom Richter gemäß Art. 41 angeordnete bedingte Strafvollzug: BGE 84 IV 141. – Soweit die Begnadigung nach Art. 394 lit. a dem Bund zukommt, wird sie von der Vereinigten Bundesversammlung ausgesprochen: BV Art. 85 Ziff. 7, 92, StGB Art. 394 lit. a.

Von der Einzelbegnadigung sind zu unterscheiden die in BV Art. 85 Ziff. 7 erwähnte *Amnestie* und die *Abolition*. Erstere bedeutet den Verzicht des Staates auf den Strafvollzug oder die Strafverfolgung gegenüber einer Mehrzahl von Personen, die nicht individuell bezeichnet sind, deren Widerhandlungen aber durch ein gemeinsames Merkmal bestimmt sind. Amnestie ist also entweder Massenbegnadigung oder Niederschlagung der Strafverfolgung (Abolition), die gegenüber einer größeren Zahl von Beschuldigten ausgesprochen wird. Die Zuständigkeit zur Amnestierung für Straftaten des eidgenössischen Rechts liegt beim Bund, auch wenn die Verfolgung und Beurteilung nach Art. 343 den Kantonen zusteht. Die Amnestierung bedarf eines übereinstimmenden Beschlusses der getrennt beratenden Kammern, BV Art. 85 Ziff. 7, 89 I.

Art. 394 Lit. a: Vgl. zu diesen Fällen Art. 340 bis 342, VStrR Art. 21 Abs. 1. – Nach jener Bestimmung wird das Recht der Begnadigung in den Fällen, in denen eine Verwaltungsbehörde des Bundes geurteilt hat, durch die Vereinigte Bundesversammlung ausgeübt. Diese Zuständigkeit ist auch maßgebend, wenn die kantonale Behörde die Buße nach VStrR Art. 91 in Haft umgewandelt hat: ZBl 48 (1947) 487. – Geschäftsverkehrsgesetz vom 23. März 1962 (SR 171.11).

Lit. b: Vgl. zu diesen Fällen Art. 343. – Örtlich zuständig ist die Behörde desjenigen Kantons, der die durch die Begnadigung zu erlassende Strafe durch rechtskräftiges Urteil auferlegt hat. Dies ist das Haupturteil, nicht der Widerrufsentscheid nach Art. 41 Ziff. 3 Abs. 3, der lediglich den Vollzug der durch Haupturteil ausgesprochenen Strafe anordnet: BGE 101 Ia 283. – Der Widerruf der bedingten Begnadigung ist Sache der Begnadigungsbehörde: BGE 84 IV 144 f. – Zur zürcherischen Ordnung der Begnadigung, die es der Gesetzgebung überläßt, die Fälle zu bestimmen, in denen der Regierungsrat das Gesuch dem Kantonsrat zu unterbreiten hat: BGE 95 I 544. – Den Vollzugsbehörden kommen keine Begnadigungskompetenzen zu (vgl. BGE 108 Ia 70).

Begnadigungsgesuch

395 [1] Das Begnadigungsgesuch kann vom Verurteilten, von seinem gesetzlichen Vertreter und, mit Einwilligung des Verurteilten, von seinem Verteidiger oder von seinem Ehegatten gestellt werden.

[2] Bei politischen Verbrechen und Vergehen und bei Straftaten, die mit einem politischen Verbrechen oder Vergehen zusammenhängen, ist überdies der Bundesrat oder die Kantonsregierung zur Einleitung des Begnadigungsverfahrens befugt.

[3] Die Begnadigungsbehörde kann bestimmen, daß ein abgelehntes Begnadigungsgesuch vor Ablauf eines gewissen Zeitraums nicht erneuert werden darf.

Art. 395: Eine Befristung der Begnadigungsmöglichkeit ist, soweit sie nicht ausdrücklich vom Bundesrecht vorgesehen ist, bundesrechtswidrig: BGE 106 Ia 133. Das Begnadigungsgesuch kann Kritik an dem der Begnadigung unterstellten Urteil üben: BGE 103 Ia 432.

Wirkungen

[1] Durch Begnadigung können alle durch rechtskräftiges Urteil **396** auferlegten Strafen ganz oder teilweise erlassen oder die Strafen in mildere Strafarten umgewandelt werden.
[2] Der Gnadenerlaß bestimmt den Umfang der Begnadigung.

Art. 396: Auf die Gewährung der Gnade besteht kein Rechtsanspruch, und die Ausübung des Begnadigungsrechtes steht im freien Ermessen der Behörde: BGE 95 I 544. Der Entscheid über Ablehnung oder Gewährung der Begnadigung bedarf deshalb von Bundesrechts wegen keiner Begründung: BGE 107 Ia 105. – Die Anfechtung eines die Begnadigung ablehnenden Beschlusses ist mit staatsrechtlicher Beschwerde möglich, die materielle Kognition des Bundesgerichts ist eingeschränkt: BGE 95 I 544, 106 Ia 132, 107 Ia 104 (keine staatsrechtliche Beschwerde wegen Willkür).

Die Begnadigung ist nur auf nicht verbüßte Strafen, nicht aber auf sichernde und andere Maßnahmen gemäß Art. 42–45, 57–62 und 100bis anwendbar (zur Unterscheidung zwischen Freiheitsstrafe und freiheitsentziehenden Maßnahmen BGE 106 IV 136); die Begnadigung hebt das Urteil nicht auf, sondern bedeutet bloß Verzicht auf Strafvollzug: BGE 80 IV 11, 84 IV 142. – Die Begnadigung kann auch auf die Gewährung des bedingten Strafvollzuges beschränkt werden. Der Widerruf ist nicht Sache des Strafrichters, wenn das kantonale Recht nichts anderes anordnet, sondern grundsätzlich der Begnadigungsbehörde: BGE 84 IV 144f.

2. Wiederaufnahme des Verfahrens

Die Kantone haben gegenüber Urteilen, die auf Grund dieses **397** oder eines andern Bundesgesetzes ergangen sind, wegen erheblicher Tatsachen oder Beweismittel, die dem Gerichte zur Zeit des frühern Verfahrens nicht bekannt waren, die Wiederaufnahme des Verfahrens zugunsten des Verurteilten zu gestatten.

Zu Art. 397: BGE 107 Ia 102 (Rechtsnatur des Wiederaufnahmeverfahrens). – Art. 397 stellt einen *bundesrechtlichen Revisionsgrund* auf *i. S. einer Minimalvorschrift* an die Kantone auf, denen im übrigen die Ordnung dieses Rechtsmittels obliegt: BGE 69 IV 137, 106 IV 46, 107 IV 135 (das Vorsehen weiterer Revisionsgründe im kantonalen Prozeßrecht verstößt nicht gegen Art. 397); Art. 397 ist auch dann anwendbar, wenn das kantonale Recht für die betreffenden Fälle keine Wiederaufnahme vorsieht: BGE 100 IV 251 (Strafverfügung), bezieht sich aber nur auf Sachurteile: RS 1989 Nr. 622 (keine Anwendung auf einen Nichteintretensentscheid wegen verspäteter Einreichung einer Beschwerde). Es kann die Revision nur verlangt werden, wenn sich der dem Urteil zugrundegelegte Sachverhalt als unrichtig erweist, nicht auch zur Überprüfung und Änderung seiner rechtlichen Würdigung: BGE 92 IV 179 (vgl. auch BGE 117 IV 42: Anordnung einer Maßnahme statt einer ausschließlichen Strafe wirkt zugunsten des Verurteilten). Ein Schreibfehler ist kein Revisionsgrund: BGE 101 Ib 222. – Als *Urteil* gelten auch rechtskräftige Entscheide von Verwaltungsbehörden auf Grund von Bundesgesetzen wie Strafbefehle und Strafverfügungen (BGE 100 IV 249, vgl. RS 1986 Nr. 133 betr. SVG) sowie solche über den Widerruf des bedingten Strafvollzuges (BGE 83 IV 3). – Das vereinfachte Verfahren nach dem BG über Ordnungsbußen im Straßenverkehr gehört zum Verfahrensrecht des Bundes; ist eine Ordnungsbuße vom Betroffenen ohne gerichtliche Beurteilung innert 10 Tagen bezahlt worden, besteht keine Möglichkeit der Revision: BGE 106 IV 206.

Voraussetzungen für die Bewilligung der Wiederaufnahme: *Nicht bekannt* waren dem Gericht zur Zeit des früheren Verfahrens Tatsachen oder Beweismittel, die ihm überhaupt nicht in irgendeiner Form (erstere auch in Form einer Hypothese) zur Beurteilung vorlagen (BGE 80 IV 42, 92 IV 179, 116 IV 357), sowie Tatsachen, die zwar aus den Akten ersichtlich waren, aber vom Gericht übersehen wurden (BGE 99 IV 183). Die Neuheit einer Tatsache kann nicht mit der Begründung verneint werden, der Verurteilte berufe sich zu deren Beweis auf ein altes Beweismittel: BGE 116 IV 357. Neue *Gutachten* gelten nicht als solche Beweismittel, wenn sie nur eine schon im früheren Verfahren geltend gemachte, aber nicht als erwiesen angenommene Tatsache dartun sollen. Dagegen kann die Wiederaufnahme des Verfahrens auf ein neues Gutachten gestützt werden, wenn es geeignet ist, eine neue Tatsache zu beweisen: BGE 101 IV 249 (früher nicht geprüfte Verminderung der Zurechnungsfähigkeit).

Erheblich sind neue Tatsachen oder Beweismittel, die geeignet sind, die Beweisgrundlage des früheren Urteils so zu erschüttern, daß aufgrund des veränderten Sachverhalts ein wesentlich milderes Urteil möglich ist oder ein – auch nur teilweiser – Freispruch in Betracht kommt. Es genügt, wenn ein Nachweis der neuen Tatsache möglich, d. h. nicht ausgeschlossen ist. Doch muß sie im Falle des Nachweises mit Sicherheit oder mindestens Wahrscheinlichkeit zu einer Änderung des früheren Urteils führen. Werden mehrere neue Tatsachen vorgebracht, müssen sie in einer Gesamtwürdigung beurteilt werden. Zu diesem Zweck darf ein in einem ersten Wiederaufnahmeverfahren mangels Erheblichkeit abgelehnter Revisionsgrund *zusammen* mit anderen neuen Tatsachen oder Beweismitteln in einem zweiten Revisionsgesuch vorgebracht werden.

Im sog. *Bewilligungsverfahren* geht es nur um den Entscheid, ob die genannten Voraussetzungen dafür vorhanden sind, das Verfahren gegen den Verurteilten wieder aufzunehmen; eine endgültige Beurteilung der Beweisfrage ist ausgeschlossen. Ob das frühere Urteil tatsächlich durch ein neues zu ersetzen ist, hat erst der Richter im wiederaufgenommenen Verfahren zu entscheiden: BGE 116 IV 356 (vgl. zur früheren Rechtsprechung bezüglich der Voraussetzungen BGE 92 IV 179, 101 IV 249, 317).

Die Verweigerung der Wiederaufnahme kann mittels *Nichtigkeitsbeschwerde an den Kassationshof* des Bundesgerichts angefochten werden: BGE 69 IV 137, 76 I 196, 106 IV 47 (keine Nichtigkeitsbeschwerde gegen einen auf kantonales Recht gestützten Beschluß, das Verfahren sei wieder aufzunehmen). Ob eine Tatsache oder ein Beweismittel dem Sachrichter bekannt war, stellt jedoch eine Tatfrage dar, die vom Bundesgericht nicht überprüft werden kann. Das gleiche gilt für die Frage der Beweiskraft neuer Tatsachen und Beweismittel: BGE 92 IV 179, 101 IV 249, 109 IV 173, 116 IV 356. Rechtsfragen sind nach diesem Entscheid, ob die letzte kantonale Instanz von den richtigen Begriffen der «neuen Tatsache», des «neuen Beweismittels» und deren «Erheblichkeit» ausgegangen ist und ob die voraussichtliche Veränderung der tatsächlichen Grundlagen rechtlich relevant ist, d. h. zu einem im Schuld- oder Strafpunkt für den Verurteilten günstigeren Urteil führen kann. – Dem Kassationshof kann auch die nach Bundesrecht zu beurteilende Frage vorgelegt werden, ob der Verurteilte die für sein Wiederaufnahmegesuch erforderliche Prozeßfähigkeit besitze: BGE 88 IV 111 (bejaht für einen urteilsfähigen Entmündigten). Auf Nichtigkeitsbeschwerde hin kann der Vollzug des Urteils, dessen Revision abgelehnt wurde, vom Kassationshof nicht gemäß BStP Art. 272 Abs. 7 aufgeschoben werden: BGE 88 IV 40 (das kantonale Recht allein entscheidet über die Vollstreckbarkeit eines Urteils während des Revisionsverfahrens). – Ein rechtskräftig abgewiesenes Wiederaufnahmebegehren kann nicht aus denselben Gründen wiederholt werden: ZR 65 Nr. 91.

Verfahren nach bewilligter Wiederaufnahme: Das StGB stellt keine Vorschriften darüber auf, nach welchen prozessualen Grundsätzen das neue Sachurteil auszufällen sei: BGE 86 IV 79 (das Bundesrecht steht einer Berücksichtigung *nach* dem früheren Urteil eingetretener persönlicher Umstände bei der Strafzumessung nicht entgegen). Umfang der Wiederholung des Verfahrens nach zürcherischem Prozeßrecht: ZR 75 Nr. 98. – *Materieller Entscheid nach gewährter* Revision: Der damit befaßte Richter hat auf der Grundlage des aktuellen Standes der Tatsachen zu entscheiden und nicht, wie im Beschwerdeverfahren, auf der Basis des dem angefochtenen Urteil zugrundeliegenden Sachverhalts: BGE 107 IV 135. – Im wiederaufgenommenen Verfahren lebt die Verfolgungsverjährung nicht wieder auf; die Vollstreckungsverjährung läuft auch dann weiter, wenn das frühere Urteil bereits im Bewilligungsverfahren aufgehoben wurde: BGE 85 IV 169 und Pr 78 (1989) Nr. 45.

Befugnis des Bundesrates zum Erlaß von ergänzenden Bestimmungen

[1] Der Bundesrat ist befugt, nach Anhören der Kantone, ergän-   **397**^{bis} zende Bestimmungen aufzustellen über

a) den Vollzug von Gesamtstrafen, Zusatzstrafen und mehreren gleichzeitig vollziehbaren Einzelstrafen und Maßnahmen,

b) die Übernahme des Vollzuges von Strafen und Maßnahmen durch einen andern Kanton,

c) die Beteiligung des Heimat- und Wohnkantons an den Kosten des Vollzuges von Strafen und Maßnahmen,

d) das Vorgehen, wenn ein Täter zwischen der Begehung der Tat und der Beurteilung oder während des Vollzuges einer Strafe oder Maßnahme von einer Altersstufe in eine andere übertritt, sowie wenn die strafbaren Handlungen in verschiedenen Altersstufen verübt wurden,

e) den tageweisen Vollzug von Haftstrafen und Einschließungsstrafen von nicht mehr als zwei Wochen, sowie den Vollzug von Einschließungsstrafen in besondern Lagern und ähnlichen Einrichtungen,

f) den Vollzug der Haftstrafen und Einschließungsstrafen in der Form, daß der Verurteilte nur die Freizeit und die Nacht in der Anstalt zu verbringen hat,

g) den Vollzug von Strafen und Maßnahmen an kranken, gebrechlichen und betagten Personen,

h) die gänzliche Entfernung des Strafregistereintrags,

i) die Arbeit in den Anstalten und die Nachtruhe,

k) die Anstaltskleidung und die Anstaltskost,

l) den Empfang von Besuchen und den Briefverkehr,

m) die Entlöhnung der Arbeit und der Freizeitbeschäftigung

[2] Der Bundesrat kann über die Trennung der Anstalten für

Frauen auf Antrag der zuständigen kantonalen Behörde besondere Bestimmungen aufstellen.

[3] Der Bundesrat kann über die Trennung der Anstalten des Kantons Tessin auf Antrag der zuständigen kantonalen Behörde besondere Bestimmungen aufstellen.

[4] Der Bundesrat ist befugt, zwecks Weiterentwicklung der Methoden des Straf- und Maßnahmenvollzugs versuchsweise für beschränkte Zeit vom Gesetz abweichende Vollzugsformen zu gestatten.

Art. 397 bis eingefügt durch BG vom 18. März 1971, in Kraft seit 1. Juli 1971.
Abs. 1: Zu lit. a vgl. VStGB 1 (abgedruckt in Anhang I) Art. 2 und 3, zu lit. b und c VStGB 1 Art. 3, zu lit. d VStGB 1 Art. 1, zu lit. e VStGB 1 Art. 4, BGE 115 IV 131, zu lit. f VStGB 1 Art. 4 und VStGB 3 (abgedruckt in Anhang III) Art. 1, BGE 113 IV 9, zu lit. l VStGB 1 Art. 5, zu lit. g, i, k und m VStGB 1 Art. 1 und 6 (vgl. zu lit. g BGE 100 Ib 272).
Abs. 2: VStGB 2 (abgedruckt in Anhang II).
Abs. 4: Vgl. VStGB 3 Art. 2, 3 und 3a betr. Vollzug von Strafen in Maßnahmeanstalten und in Form gemeinnütziger Arbeit sowie Wohn- und Arbeitsexternat bei Maßnahmen.

Aufhebung von Bundesrecht

398 [1] Mit dem Inkrafttreten dieses Gesetzes sind die damit in Widerspruch stehenden strafrechtlichen Bestimmungen des Bundes aufgehoben.

[2] Insbesondere sind aufgehoben:

a) das Bundesgesetz vom 4. Februar 1853 über das Bundesstrafrecht der schweizerischen Eidgenossenschaft; das Bundesgesetz vom 30. Juli 1859 betreffend die Werbung und den Eintritt in den fremden Kriegsdienst; der Bundesbeschluß vom 5. Juni 1902 betreffend Revision von Art. 67 des Bundesgesetzes über das Bundesstrafrecht; das Bundesgesetz vom 30. März 1906 betreffend Ergänzung des Bundesstrafrechts in bezug auf die anarchistischen Verbrechen; das Bundesgesetz vom 8. Oktober 1936 betreffend Angriffe auf die Unabhängigkeit der Eidgenossenschaft.

b) das Bundesgesetz vom 24. Juli 1852 über die Auslieferung von Verbrechern oder Angeschuldigten; das Bundesgesetz vom

2. Februar 1872 betreffend Ergänzung des Auslieferungsgesetzes; das Konkordat vom 8. Juni 1809 und 8. Juli 1818 betreffend die Ausschreibung, Verfolgung, Festsetzung und Auslieferung von Verbrechern oder Beschuldigten, die diesfälligen Kosten, die Verhöre und Evokation von Zeugen in Kriminalfällen und die Restitution gestohlener Effekten;

c) Art. 25, Ziff. 3, des Bundesgesetzes vom 11. April 1889 über Schuldbetreibung und Konkurs;

d) das Bundesgesetz vom 1. Juli 1922 betreffend Umwandlung der Geldbuße in Gefängnis und die in andern Bundesgesetzen enthaltenen Bestimmungen über die Umwandlung der Bußen;

e) Art. 55–59 des Bundesgesetzes vom 24. Juni 1902 betreffend die elektrischen Schwach- und Starkstromanlagen;

f) Art. 36, 37, 42, 43, 44, 47, 49–52 und 53 Abs. 2 des Bundesgesetzes vom 8. Dezember 1905 betreffend den Verkehr mit Lebensmitteln und Gebrauchsgegenständen;

g) Art. 30 und 32 des Bundesgesetzes vom 24. Juni 1909 über Maß und Gewicht;

h) Art. 66–71 des Bundesgesetzes vom 7. April 1921 über die Schweizerische Nationalbank;

i) in Art. 38, Abs. 3, des Bundesgesetzes vom 14. Oktober 1922 betreffend den Telegraphen- und Telephonverkehr die Worte: «und der Kantone»;

k) vom Bundesgesetz vom 2. Oktober 1924 betreffend den Postverkehr, Art. 56, Ziff. 1; Art. 58, soweit er Postwertzeichen betrifft; Art. 62, Ziff. 1, Abs. 4; in Art. 63 die Worte: «und der Kantone»;

l) das Bundesgesetz vom 19. Dezember 1924 betreffend den verbrecherischen Gebrauch von Sprengstoffen und giftigen Gasen;

m) das Bundesgesetz vom 30. September 1925 betreffend Bestrafung des Frauen- und Kinderhandels, sowie der Verbreitung und des Vertriebes von unzüchtigen Veröffentlichungen;

n) Art. 13–18, 23–25 und 27 des Bundesgesetzes vom 3. Juni 1931 über das Münzwesen;

o) Art. 9, 10, Ziff. 1 und 4, Art. 19, 20, 21, 27, Abs. 2, Art. 71, 72, 260, 261, 262, Abs. 1 und 2, Art. 263, Abs. 1, 2 und 4, Art. 327–330, 335–338 des Bundesstrafrechtspflegegesetzes;

p) Art. 1–7 des Bundesbeschlusses vom 21. Juni 1935 betreffend den Schutz der Sicherheit der Eidgenossenschaft.

Art. 398: Vgl. Art. 334. – Die Aufzählung der aufgehobenen Bestimmungen ist nicht erschöpfend: BGE 69 IV 226, 101 IV 264 (grundsätzliche Aufhebung aller früheren strafrechtlichen Bestimmungen des Bundes, die mit dem StGB im Widerspruch stehen). – Auslegung von Abs. 2 lit. d und o: BGE 68 IV 140, 75 IV 89 (BStP Art. 317 und 339 sind nicht aufgehoben).

Abänderung von Bundesrecht

399 Mit dem Inkrafttreten dieses Gesetzes werden die nachstehenden Bestimmungen des Bundesrechts wie folgt abgeändert:

a) Art. 3, Ziff. 15, des Bundesgesetzes vom 22. Januar 1892 betreffend die Auslieferung gegenüber dem Auslande erhält folgenden Wortlaut: «Gewerbsmäßige Kuppelei, Frauen- und Kinderhandel»;

b) in Art. 39, 40 und 41 des Bundesgesetzes vom 8. Dezember 1905 betreffend den Verkehr mit Lebensmitteln und Gebrauchsgegenständen ist die Freiheitsstrafe Haft;

c) (aufgehoben)

d) Art. 262, Abs. 3, des Bundesstrafrechtspflegegesetzes erhält folgenden Wortlaut: «Die Anklagekammer des Bundesgerichts kann die Zuständigkeit bei Teilnahme mehrerer an einer strafbaren Handlung anders als in Art. 349 des Schweizerischen Strafgesetzbuches bestimmen.»

e) Art. 263, Abs. 3, des Bundesstrafrechtspflegegesetzes erhält folgenden Wortlaut: «Die Anklagekammer des Bundesgerichts kann die Zuständigkeit beim Zusammentreffen mehrerer strafbarer Handlungen anders als in Art. 350 des Schweizerischen Strafgesetzbuches bestimmen.»

Art. 399: Vgl. Art. 334. – Lit. a: Obsolet geworden durch Inkrafttreten des IRSG. Zu lit. c: Ersetzt durch BetMG Art. 27.

Aufhebung kantonalen Rechts

¹ Mit dem Inkrafttreten dieses Gesetzes sind die strafrecht- **400** lichen Bestimmungen der Kantone aufgehoben.
² Vorbehalten bleiben die strafrechtlichen Bestimmungen der Kantone über Gegenstände, die dieses Gesetz der kantonalen Gesetzgebung ausdrücklich überlassen hat.

Art. 400 Abs. 2: Vgl. Bem. zu Art. 335.

Übergangsbestimmung betreffend den Schutz der persönlichen Geheimsphäre

1. Jeder Kanton bezeichnet eine einzige richterliche Behörde **400**^{bis} zur Genehmigung der Überwachung nach Artikel 179octies.

2. Während der ersten drei Jahre nach dem Inkrafttreten des Artikels 179octies können die kantonalen Strafuntersuchungsorgane unter den Voraussetzungen von Artikel 66 des Bundesstrafrechtspflegegesetzes die amtliche Überwachung des Post-, Telefon- und Telegrafenverkehrs bestimmter Personen anordnen oder technische Überwachungsgeräte einsetzen, solange das kantonale Recht die ausdrückliche gesetzliche Grundlage im Sinne dieses Gesetzes nicht enthält.

Der kantonale Polizeidirektor kann diese Maßnahmen auch anordnen, um eine strafbare Handlung, die den Eingriff rechtfertigt, zu verhindern, wenn bestimmte Umstände auf die Vorbereitung einer solchen Tat schließen lassen.

Als richterliche Genehmigungsbehörde gilt der Präsident der kantonalen Anklagekammer oder, wenn keine besondere Anklagekammer besteht, der Präsident des Obergerichts.

Das Verfahren richtet sich sinngemäß nach den Artikeln 66bis, 66ter und 66quater Absatz 1 des Bundesstrafrechtspflegegesetzes.

Art. 400bis: Neuer Artikel, eingefügt durch Ziff. VII des BG über den Schutz der Geheimsphäre vom 23. März 1979, in Kraft seit 1. Oktober 1979. Vgl. Art. 179octies.
Ziff. 2: Obsolet geworden durch Ablauf der darin gesetzten Frist.

Inkrafttreten dieses Gesetzes

401 [1] Dieses Gesetz tritt mit dem 1. Januar 1942 in Kraft.

[2] Die Kantone haben die nötigen Einführungsbestimmungen bis zum 31. Dezember 1940 dem Bundesrat zur Genehmigung vorzulegen. Versäumt ein Kanton diese Frist, so erläßt der Bundesrat vorläufig, unter Anzeige an die Bundesversammlung, die erforderlichen Verordnungen an Stelle des Kantons.

Art. 401: BGE 68 IV 36, 60.

Anhang

Verordnung (1)
zum Schweizerischen Strafgesetzbuch
(VStGB 1)

vom 13. November 1973
(SR 311.01)

Übertritt des Täters in eine andere Altersstufe

[1] Auf den Täter, der zur Zeit der Tat ein Jugendlicher war und **1** gegen den die Untersuchung vor dem zurückgelegten 20. Altersjahr eingeleitet wird, bleibt das Verfahren gegen Jugendliche anwendbar.

[2] Hat sich ein Täter teils vor und teils nach dem zurückgelegten 18. Altersjahr strafbar gemacht, so ist das Verfahren gegen Erwachsene anwendbar. Wird die Untersuchung vor dem zurückgelegten 20. Altersjahr des Täters eingeleitet und bedarf er voraussichtlich einer Maßnahme des Jugendrechts, so kann das Verfahren gegen Jugendliche angewendet werden.

[3] Hat sich ein Täter teils vor und teils nach dem zurückgelegten 18. Altersjahr strafbar gemacht und ist er zu bestrafen, so ist Artikel 68 Ziffer 1 StGB sinngemäß anwendbar. Die Strafandrohung für die vor dem zurückgelegten 18. Altersjahr begangene Tat bestimmt sich nach Artikel 95 StGB und gilt in jedem Fall als leichter als die Freiheitsstrafen des Erwachsenenrechts.

[4] Hat sich ein Täter teils vor und teils nach dem zurückgelegten 18. Altersjahr strafbar gemacht und bedarf er einer Maßnahme, so ist diejenige Maßnahme des Jugend- oder Erwachsenenrechts anzuordnen, die dem Zustand des Täters angepaßt ist. Ordnet der Richter eine Maßnahme des Jugendrechts an, so erkennt er auch auf die Strafe des Erwachsenenrechts, schiebt

aber im Fall einer Freiheitsstrafe deren Vollzug auf und entscheidet erst vor der Entlassung aus der Maßnahme, ob und
wieweit die Freiheitsstrafe im Zeitpunkt der Entlassung noch
vollstreckt werden soll.

[5] Hat sich ein Jugendlicher teils vor und teils nach dem zurückgelegten 15. Altersjahr strafbar gemacht, so sind das Verfahren gegen Jugendliche sowie sinngemäß Absatz 3 Satz 1 und
Absatz 4 anwendbar.

Art. 1 Abs. 2 Satz 2: Nach diesen Kriterien richtet sich auch, ob der
Gerichtsstand nach Art. 346 ff. oder 372 zu bestimmen ist: BGE 107 IV
79.

Abs. 3: Da sich Strafen gemäß StGB Art. 95 mit jenen des Erwachsenenrechts nicht kombinieren lassen, ist die Strafe in derartigen Fällen
in sinngemäßer Anwendung von Art. 68 Ziff. 1 nach der späteren Tat zu
bemessen und für die frühere angemessen zu erhöhen: BJM 1982, S. 94.

Abs. 4: Die Vorschrift verstößt nicht gegen das StGB: BGE 111 IV 7.
Haben mehrere Gerichte im Sinne dieser Bestimmung neben der Anordnung einer Maßnahme auf eine Freiheitsstrafe erkannt, deren Vollzug aber aufgeschoben, so hat jedes Gericht vor der Entlassung des Jugendlichen aus der Maßnahme selbständig über den Vollzug der von
ihm aufgeschobenen Strafe zu befinden; sich widersprechende Entscheide sind nach Möglichkeit zu vermeiden: RS 1982 Nr. 381. Analoge
Anwendung von Satz 2 auf *Kollision* zwischen einer vom Jugendrichter
angeordneten Maßnahme und einer vom «Erwachsenenrichter» ausgefällten Strafe: BGE 113 IV 21 Erw. 2b. – Richtlinien für den Entscheid
über die Vollstreckung der Strafe im Zeitpunkt der Entlassung (Satz 2
a. E.): BGE 111 IV 9.

Gleichzeitig vollziehbare Freiheitsstrafen und Maßnahmen

2 [1] Treffen Zuchthausstrafen miteinander oder mit Gefängnis-
oder Haftstrafen im Vollzug zusammen, so sind die Strafen gemeinsam gemäß Artikel 37 StGB zu vollziehen.

[2] Treffen Gefängnisstrafen im Vollzug zusammen, so sind sie
gemeinsam wie folgt zu vollziehen:

a. gemäß Artikel 37 StGB bei einer Gesamtdauer von mehr
als drei Monaten;

b. gemäß Artikel 37 bis Ziffer 1 Absatz 1 StGB bei einer Gesamtdauer von nicht mehr als drei Monaten;

   c. gemäß Artikel 37 bis Ziffer 2 StGB bei einer Gesamtdauer von nicht mehr als drei Monaten einschließlich einer Reststrafe im Sinne dieser Gesetzesbestimmung.

[3] Treffen Haftstrafen und eine Gefängnisstrafe im Vollzug zusammen, so sind sie gemeinsam entsprechend der Dauer der Gefängnisstrafe gemäß den Artikeln 37, 37 bis Ziffer 1 Absatz 1 oder Ziffer 2 StGB zu vollziehen.

[4] Treffen Haftstrafen und mehrere Gefängnisstrafen im Vollzug zusammen, so sind sie gemeinsam entsprechend der Gesamtdauer der Gefängnisstrafen gemäß Absatz 2 Buchstaben *a*, *b* oder *c* zu vollziehen.

[5] Der früheste Zeitpunkt der bedingten Entlassung berechnet sich auf Grund der Gesamtdauer der Strafen, die gemeinsam vollzogen werden; auch eine Reststrafe wegen Widerrufs der bedingten Entlassung darf dabei angemessen berücksichtigt werden.

[6] Treffen Haftstrafen im Vollzug zusammen, so sind sie gemeinsam gemäß Artikel 39 StGB zu vollziehen; hat der Verurteilte zwei Drittel ihrer Gesamtdauer und wenigstens drei Monate verbüßt, so kann ihn die zuständige Behörde entsprechend Artikel 38 StGB bedingt entlassen.

[7] Treffen Verwahrungen nach Artikel 42 StGB miteinander oder mit Freiheitsstrafen im Vollzug zusammen, so sind sie gemeinsam zu vollziehen, wobei die Strafen in den Verwahrungen untergehen. Der früheste Zeitpunkt der bedingten Entlassung ist auf Grund der Verwahrung, die am längsten dauert, und der Gesamtdauer der in den Verwahrungen untergehenden Strafen zu berechnen; auch eine Reststrafe wegen Widerrufs der bedingten Entlassung darf dabei angemessen berücksichtigt werden.

[8] Treffen Maßnahmen nach den Artikeln 43, 44 oder 100 bis StGB miteinander, mit einer Verwahrung nach Artikel 42 StGB oder mit Freiheitsstrafen im Vollzug zusammen, so ist von der zuständigen Behörde vorerst die am dringlichsten oder zweckmäßigsten erscheinende Maßnahme oder Strafe zu vollziehen und der Vollzug der andern aufzuschieben; vorbehalten bleiben die Artikel 38 Ziffer 4 Absatz 5 und 41 Ziffer 3 Absatz 4 StGB. Ob und wieweit die aufgeschobenen Maßnahmen oder Strafen später noch vollstreckt werden sollen, entscheidet der Richter,

der auf die zum Vollzug gelangte Maßnahme oder Strafe erkannt hat, im Sinne der Artikel 43, 44, 45 oder 100 ter StGB.

Art. 2: Dieser Artikel enthält keine Bestimmung über die chronologische Reihenfolge der zu verbüßenden Strafen: BGE 113 IV 51.

Abs. 2: Gefängnisstrafen, die im Vollzug zusammentreffen, sind gemeinsam gemäß Art. 37 bis Ziff. 1 Abs. 1 zu vollziehen, wenn die Gesamtdauer *sechs* Monate (Art. 1 VStGB 3) nicht übersteigt: BGE 113 IV 9.

Abs. 5: Vgl. BGE 115 IV 7, RS 1989 Nr. 562.

Abs. 8: SJZ 78 (1982) 329 (zuständig ist nicht mehr ausschließlich der Richter, welcher die letzte *Strafe* ausfällte. Werden von verschiedenen Richtern angeordnete Maßnahmen *gleichzeitig* vollzogen, entscheidet derjenige, welcher mit dem Fall am besten vertraut ist).

Gleichzeitig vollziehbare Freiheitsstrafen und Maßnahmen aus verschiedenen Kantonen

3 [1] Treffen Freiheitsstrafen aus verschiedenen Kantonen im Vollzug zusammen, so ist der gemeinsame Vollzug gemäß Artikel 2 Absätze 1–6 in der Regel von dem Kanton zu übernehmen und anzuordnen, dessen Richter auf die längste Strafe erkannt hat.

[2] Jeder Kanton trägt die Vollzugskosten der von seinem Richter ausgesprochenen Freiheitsstrafe selbst, auch die Kosten der bedingt oder wegen einer Maßnahme aufgeschobenen Strafe, deren Vollzug vom Richter eines andern Kantons angeordnet wurde.

[3] Der gemeinsame Vollzug von Verwahrungen und Freiheitsstrafen aus verschiedenen Kantonen gemäß Artikel 2 Absatz 7 ist in der Regel von dem Kanton zu übernehmen und anzuordnen, dessen Richter die Verwahrung bzw. die erste Verwahrung angeordnet hat.

[4] Dem Kanton, der den gemeinsamen Vollzug gemäß den Absätzen 1 oder 3 übernommen hat, stehen die den Vollzug betreffenden Verfügungskompetenzen auch in bezug auf die Freiheitsstrafen und Verwahrungen aus den andern Kantonen zu.

[5] Treffen aus verschiedenen Kantonen Maßnahmen nach den Artikeln 43, 44 oder 100 bis StGB miteinander, mit einer Verwahrung nach Artikel 42 StGB oder mit Freiheitsstrafen im

Vollzug zusammen, so verständigen sich die zuständigen Behörden der Urteilskantone darüber, welche Maßnahme oder Strafe gemäß Artikel 2 Absatz 8 als erste zu vollziehen ist. Der Vollzug ist in der Regel von dem Kanton zu übernehmen und anzuordnen, dessen Richter auf die als erste zu vollziehende Maßnahme oder Strafe erkannt hat.

[6] Bei Schweizer Bürgern kann der Heimat- oder Wohnkanton von dem gemäß den Absätzen 3 oder 5 bestimmten Vollzugskanton den Vollzug der Maßnahme gemäß dem Konkordat vom 23. Juni 1944 über die Kosten des Strafvollzugs übernehmen.

Tageweiser Strafvollzug und Vollzug in der Form der Halbgefangenschaft

[1] Den Kantonen ist gestattet, für Einschließungsstrafen **4** (Art. 95 StGB), Haftstrafen und kurze Gefängnisstrafen (Art. 37bis StGB) den tageweisen Vollzug und den Vollzug in der Form der Halbgefangenschaft einzuführen.

[2] Der tageweise Vollzug ist nur für Strafen von nicht mehr als zwei Wochen zulässig.

[3] Beim Vollzug in Form der Halbgefangenschaft setzt der Verurteilte beim Strafantritt seine bisherige Arbeit oder eine begonnene Ausbildung außerhalb der Anstalt fort und verbringt nur die Ruhezeit und die Freizeit in der Anstalt.

Art. 4 Abs. 1: Gemäß VStGB 3 Art. 1 können die Kantone den Vollzug in Form der Halbgefangenschaft nunmehr auch für Gefängnis- und Einschließungsstrafen von *drei bis sechs Monaten* vorsehen (vgl. BGE 113 IV 8). – Die Kantone dürfen die Höchstdauer der in Form der Halbgefangenschaft vollziehbaren Strafen auf weniger als die vom Bundesrecht vorgesehene Höchstgrenze beschränken (BGE 102 Ib 137) und diese Art des Vollzuges aus sachlich vertretbaren Gründen auf bestimmte Kategorien von Gefangenen beschränken (BGE 106 IV 108 und BGE 115 IV 133 betr. den Ausschluß von Rückfälligen).
Abs. 3: Keine Halbgefangenschaft ist möglich, wenn der Verurteilte nicht in einem Arbeits- oder Ausbildungsverhältnis steht, das weitergeführt werden könnte: RS 1986 Nr. 61, 1989 Nr. 624; doch kommt Art. 39 Ziff. 3 Abs. 2 in Betracht.

Empfang von Besuchen und Briefverkehr

5 [1] Der Empfang von Besuchen und der Briefverkehr sind nur soweit beschränkt, als es die Ordnung in der Anstalt gebietet. Die Anstaltsleitung kann wenn nötig im Einzelfall weitere Einschränkungen verfügen.

[2] Soweit tunlich, ist dem Eingewiesenen der Verkehr mit den Angehörigen zu erleichtern.

[3] Besuche und Briefverkehr sind nur unter Kontrolle gestattet. Die Anstaltsleitung kann aber insoweit auf die Überwachung von Besuchen und des Briefverkehrs verzichten, als sie annehmen darf, daß ihr Vertrauen nicht mißbraucht wird.

[4] Die Anstaltsleitung kann innerhalb der allgemeinen Anstaltsordnung Geistlichen, Ärzten, Rechtsanwälten, Verteidigern, Notaren, Vormündern und Personen mit ähnlichen Aufgaben den freien Verkehr mit den Eingewiesenen gestatten.

[5] Vorbehalten bleiben Artikel 46 Ziffer 3 StGB, Artikel 36 des Wiener Übereinkommens vom 24. April 1963 über konsularische Beziehungen sowie andere für die Schweiz verbindliche völkerrechtliche Regeln über den Besuchs- und Briefverkehr.

Art. 5: Kant. Regelungen des Besuchsverkehrs haben regelmäßig keine selbständige Bedeutung: BGE 118 Ib 133.

Kantonale Bestimmungen

6 [1] Die Kantone erlassen Bestimmungen über
– den Vollzug von Strafen und Maßnahmen an kranken, gebrechlichen und betagten Personen,
– die Arbeit in den Anstalten und die Nachtruhe,
– die Anstaltskleidung und die Anstaltskost sowie
– die Entlöhnung der Arbeit und der Freizeitbeschäftigung.

[2] Geltende und neue kantonale Bestimmungen über die in Absatz 1 aufgezählten Gegenstände sowie ergänzende kantonale Bestimmungen zu Artikel 5 sind dem Eidgenössischen Justiz- und Polizeidepartement mitzuteilen.

Art. 6 in der Fassung vom 19. März 1990, in Kraft seit 1. Mai 1990.

Übergangsbestimmung zu Artikel 93ter Absatz 2 StGB

Bis zur Schaffung einer Anstalt für Nacherziehung kann die zu- **7**
ständige Behörde einen Jugendlichen, der sich in einem Erziehungsheim als untragbar erweist und nicht in ein Therapieheim
gehört, je nach den persönlichen Umständen in eine Anstalt für
Erstmalige (Art. 37 Ziff. 2 Abs. 2 StGB), eine freier geführte
Anstalt (Art. 37 Ziff. 3 Abs. 2 StGB), eine Arbeitserziehungsanstalt (Art. 100 bis) oder für die Dauer von längstens drei Monaten in eine Haftanstalt (Art. 39 StGB) einweisen.

Art. 7 in neuer Fassung vom 16. November 1983, in Kraft seit 1. Januar 1984. Zur Gesetzmäßigkeit der Bestimmung in ihrer alten Fassung: BGE 105 IV 95.

Inkrafttreten

[1] Diese Verordnung tritt am 1. Januar 1974 in Kraft. **8**
[2] Artikel 7 gilt längstens bis 31. Dezember 1983.

Art. 8 Abs. 2 bezieht sich auf Art. 7 in der Fassung vom 13. November
1973.

Verordnung (2)
zum Schweizerischen Strafgesetzbuch
(VStGB 2)

vom 6. Dezember 1982
(SR 311.02)

**Besondere Regelungen über Vollzugsanstalten
für Frauen**

1 [1] Das Eidgenössische Justiz- und Polizeidepartement kann auf
Antrag der zuständigen kantonalen Behörden für einzelne Voll-
zugsanstalten für Frauen Regelungen bewilligen, die von den
Bestimmungen der Artikel 37, 39, 42 und 100bis StGB über die
Trennung der Anstalten abweichen, wenn

a. die geringe Platzzahl die gesetzlich vorgeschriebene Trennung nicht erlaubt, die Anstalt aber trotzdem einem ausgewie-
senen Bedürfnis entspricht und einen zweckentsprechenden, individuellen Vollzug der Strafen und Maßnahmen gewährleistet,
oder

b. der Vollzugszweck sich dank einer anderen Trennung besser erreichen läßt.

[2] Die Bewilligung kann befristet oder an Bedingungen oder
Auflagen geknüpft werden.

Übergangsbestimmungen zu Artikel 100bis StGB

2 Bis zur Schaffung einer Arbeitserziehungsanstalt für Frauen hat
die zuständige Behörde eine Frau, die sich einer Maßnahme
nach Artikel 100bis StGB unterziehen muß, je nach den persönlichen Umständen in ein Erziehungsheim für weibliche Jugendliche, eine Frauenstrafanstalt oder eine andere geeignete Anstalt einzuweisen.

Inkrafttreten

3 Diese Verordnung tritt am 1. Januar 1983 in Kraft.

Anhang III

Verordnung (3)
zum Schweizerischen Strafgesetzbuch
(VStGB 3)

vom 16. Dezember 1985
(SR 311.03)

Halbgefangenschaft

[1] Das Eidgenössische Justiz- und Polizeidepartement (Departement) kann einem Kanton bewilligen, auch Gefängnis- und Einschließungsstrafen (Art. 36 und 95 StGB) von drei bis sechs Monaten in der Form der Halbgefangenschaft (Art. 4 Abs. 3 der Verordnung 1 vom 13. November 1973 zum StGB) zu vollziehen. **1**

[2] Ausgenommen sind Reststrafen, die durch Anrechnung der Untersuchungshaft oder aus anderen Gründen entstanden sind.

Übergangsbestimmung zu Abs. 1:

Kantone, welche die Halbgefangenschaft für Strafen von mehr als drei Monaten aufgrund einer Genehmigung nach altem Recht eingeführt haben, bedürfen keiner Bewilligung, solange die entsprechenden kantonalen Rechtsgrundlagen unverändert bleiben. Die an die Genehmigung kantonaler Erlasse geknüpften Bedingungen und Auflagen behalten ihre Gültigkeit.

Art. 1 Abs. 1 und Übergangsbestimmung hiezu in der Fassung vom 19. März 1990, in Kraft seit 1. Mai 1990.

Treffen Haft- und Gefängnisstrafen von insgesamt mehr als sechs Monaten zusammen, so kann der Vollzug in Form der Halbgefangenschaft gewährt werden, wenn die Gefängnisstrafe allein nicht mehr als sechs Monate beträgt: BGE 113 IV 9. Ein Kanton verstößt nicht gegen Bundesrecht, wenn er die Gewährung der Halbgefangenschaft davon abhängig macht, daß der Verurteilte nicht mehr als einmal während der fünf der Straftat vorangegangenen Jahre zu einer Freiheitsstrafe verurteilt worden ist: BGE 115 IV 134.

Strafvollzug in einer Maßnahmeanstalt

2 [1] Das Departement kann einem Kanton bewilligen, Gefängnis- und Zuchthausstrafen ausnahmsweise in einer bestimmten Anstalt für den Vollzug von Maßnahmen (Art. 43 und 44 StGB) zu vollziehen.

[2] Der Vollzug in dieser Form darf nur verfügt werden, wenn der Richter eine ambulante Behandlung angeordnet hat und diese in einer Strafanstalt nicht ausreichend gewährleistet werden kann.

[3] Diese Einweisungen dürfen die Maßnahmeanstalt ihrem Zweck nicht entfremden.

Art. 2 Abs. 1 in der Fassung vom 19. März 1990, in Kraft seit 1. Mai 1990.

Wohn- und Arbeitsexternat

3 [1] Das Departement kann einem Kanton bewilligen, Maßnahmen an Erwachsenen und jungen Erwachsenen (Art. 42, 43, 44 und 100 bis StGB) ausnahmsweise außerhalb der Anstalt unter deren Aufsicht zu vollziehen.

[2] Der Vollzug in dieser Form darf nur verfügt werden, wenn begründete Aussicht besteht, daß er entscheidend dazu beiträgt, den Zweck der Maßnahme zu erreichen.

Gemeinnützige Arbeit

3a [1] Das Departement kann einem Kanton bewilligen, Freiheitsstrafen bis zu einer Dauer von höchstens 30 Tagen in der Form der gemeinnützigen Arbeit zu vollziehen. Der Vollzug in dieser Form darf nur mit Zustimmung des Verurteilten verfügt werden.

[2] Die gemeinnützige Arbeit ist so auszugestalten, daß die Eingriffe in die Rechte des Verurteilten mit jenen anderer Vollzugsformen insgesamt vergleichbar sind. Ein Tag Freiheitsentzug entspricht acht Stunden gemeinnütziger Arbeit. Pro Woche müssen in der Regel mindestens zwölf Stunden gemeinnütziger Arbeit geleistet werden.

Art. 3a: Neue Bestimmung, eingefügt durch Änderung der Verordnung vom 19. März 1990, in Kraft seit 1. Mai 1990.

Ergänzende Bedingungen und Auflagen

Das Departement kann seine Bewilligung an Bedingungen und **4** Auflagen knüpfen.

Auswertung der Erfahrungen

[1] Die Kantone werten die Erfahrungen mit den in dieser Ver- **5** ordnung erwähnten Vollzugsformen aus und berichten dem Departement periodisch darüber.

[2] Das Departement bestimmt den Zeitpunkt der Berichterstattung sowie die für die Auswertung nötigen statistischen Angaben.

Kantonale Erlasse

[1] Die Kantone erlassen die Ausführungsbestimmungen. **6**

[2] Sie regeln wenn nötig Zuständigkeit, Organisation und Verfahren der kantonalen Behörden, die im Einzelfall verfügen. Gegen Entscheide letzter kantonaler Instanzen bleibt die Verwaltungsgerichtsbeschwerde an das Bundesgericht vorbehalten (Art. 103 ff. des Bundesrechtspflegegesetzes).

Art. 6 in der Fassung vom 19. März 1990, in Kraft seit 1. Mai 1990.

Inkrafttreten und Geltungsdauer

Diese Verordnung tritt am 1. Januar 1986 in Kraft und gilt bis **7** zum 31. Dezember 1995.

Art. 7 in der Fassung vom 19. März 1990, in Kraft seit 1. Mai 1990.

Konkordat über die Rechtshilfe und die interkantonale Zusammenarbeit in Strafsachen

Angenommen
von der Konferenz der kantonalen Justiz- und Polizeidirektoren am
5. November 1992;
vom Bundesrat genehmigt am 4. Januar 1993, in Kraft seit
2. November 1993 (SR 351.71)

1. Kapitel: Allgemeine Bestimmungen

Zweck

1 Das Konkordat bezweckt die effiziente Bekämpfung der Kriminalität durch Förderung der interkantonalen Zusammenarbeit, indem es insbesondere

a. den Untersuchungs- und Gerichtsbehörden die Kompetenz gibt, Verfahrenshandlungen in einem anderen Kanton durchzuführen (2. Kapitel);

b. die Rechtshilfe in Strafsachen erleichtert (3. Kapitel).

Anwendungsbereich

2 1. Das Konkordat kommt nur zur Anwendung in Verfahren, in denen materielles Bundesstrafrecht (Strafgesetzbuch und andere Bundesgesetze) anwendbar ist, unter Ausschluß der kantonalen Strafgesetzgebung.

2. Es steht jedoch den Kantonen unter Vorbehalt des Grundsatzes des Gegenrechts frei, den Anwendungsbereich des Konkordates durch eine an das Eidgenössische Justiz- und Polizeidepartement zuhanden des Bundesrates gerichtete Erklärung auf die kantonale Gesetzgebung auszudehnen.

2. Kapitel: Verfahrenshandlungen in einem andern Kanton

Grundsatz

1. Die mit einer Strafsache befaßte Untersuchungs- oder Ge- **3** richtsbehörde kann Verfahrenshandlungen direkt in einem andern Kanton anordnen und durchführen.

2. Außer in dringenden Fällen benachrichtigt sie vorgängig die zuständige Behörde dieses Kantons (Art. 24).

3. Die zuständige Behörde des Kantons, in dem die Verfahrenshandlung durchgeführt wird, wird in allen Fällen benachrichtigt.

Anwendbares Recht

Die mit der Sache befaßte Untersuchungs- oder Gerichtsbe- **4** hörde wendet das Verfahrensrecht ihres Kantons an.

Amtssprache

1. Verfahrenshandlungen werden in der Sprache der mit der **5** Sache befaßten Behörde durchgeführt.

2. Verfügungen werden in der Sprache der mit der Sache befaßten Behörde erlassen.

3. Wenn jedoch die Person, die Gegenstand eines Entscheides ist, die Sprache dieser Behörde nicht versteht, hat sie in der Regel Anspruch auf einen unentgeltlichen Übersetzer oder Dolmetscher.

Inanspruchnahme der Polizei

Ist für die Durchführung einer Verfahrenshandlung ein polizei- **6** liches Einschreiten notwendig, wird die zuständige Polizei mit dem Einverständnis der örtlich zuständigen Untersuchungs- oder Gerichtsbehörde (Art. 24) beigezogen.

Postzustellungen

Gerichtsurkunden können Empfängern, die sich in einem an- **7** dern Kanton aufhalten, direkt durch die Post nach den Vorschriften des Postverkehrsgesetzes vom 2. Oktober 1924 und seiner Vollzugsverordnung zugestellt werden.

Vorladungen

8 1. Personen, die in einen Konkordatskanton vorgeladen werden, sind verpflichtet, dort zu erscheinen.

Sie werden in der Amtssprache ihres Aufenthaltsortes vorgeladen.

2. Zeugen wie auch Sachverständige, die ihren Auftrag akzeptiert haben, können einen angemessenen Reisespesenvorschuß verlangen.

3. Die Vorladung enthält gegebenenfalls den Hinweis, daß bei unentschuldigtem Nichterscheinen ein Vorführbefehl erlassen werden kann.

Verhandlungen, Augenscheine

9 Die mit der Sache befaßte Untersuchungs- oder Gerichtsbehörde kann in einem andern Kanton Sitzungen abhalten, dort Augenscheine und Verhandlungen durchführen oder durchführen lassen.

Durchsuchungen, Beschlagnahme

10 1. Durchsuchungen und Beschlagnahmen müssen durch einen schriftlichen und kurz begründeten Entscheid angeordnet werden.

2. In dringenden Fällen kann die Begründung nachgereicht werden.

Mitteilungspflicht

11 Die Untersuchungs- oder Gerichtsbehörde, die in ihrer amtlichen Stellung Kenntnis von einem in einem andern Kanton begangenen, von Amtes wegen zu verfolgenden Verbrechen oder Vergehen erhält, ist verpflichtet, die zuständige Behörde dieses Kantons (Art. 24) zu benachrichtigen.

Rechtsmittelbelehrung

12 Wenn das kantonale Verfahrensrecht des mit der Sache befaßten Kantons ein Rechtsmittel gegen einen Entscheid vorsieht, muß dieser die Rechtsmittelbelehrung, die Rechtsmittelinstanz und die Rechtsmittelfrist angeben.

Rechtsmittel. Sprache

Das Rechtsmittel muß in der Sprache der mit der Sache befaß- **13** ten Behörde oder in derjenigen des Ortes, wo der Entscheid vollstreckt wird, abgefaßt werden.

Kosten

Die Verfahrenskosten, insbesondere für Übersetzer, Dolmet- **14** scher, Zeugen, Gutachten, wissenschaftliche Arbeiten gehen zu Lasten des mit der Sache befaßten Kantons.

3. Kapitel: Auf Verlangen eines andern Kantons vorgenommene Verfahrensverhandlungen

Direkter Geschäftsverkehr

1. Die Behörden der Konkordatskantone verkehren direkt **15** miteinander. Das Ersuchungsschreiben kann in der Sprache der ersuchenden oder der ersuchten Behörde gehalten werden.

2. Falls über die Zuständigkeit einer Behörde Ungewißheit besteht, werden die Gerichtsurkunden und die Rechtshilfegesuche rechtsgültig einer einzigen Behörde zugestellt (Art. 24).

3. Wenn die ersuchte Behörde feststellt, daß die Gerichtsurkunde oder das Rechtshilfegesuch in den Zuständigkeitsbereich einer anderen Behörde fällt, stellt sie dieses von Amtes wegen der zuständigen Behörde zu.

Anwendbares Recht

Die ersuchte Behörde wendet ihr kantonales Recht an. **16**

Rechte der Parteien

1. Die Parteien, ihre Vertreter und die ersuchende Behörde **17** können an den einzelnen Rechtshilfehandlungen teilnehmen, wenn dieses Recht durch den ersuchten Kanton vorgesehen ist oder wenn es die ersuchende Behörde ausdrücklich verlangt.

2. In diesem Fall gibt die ersuchte Behörde der ersuchenden Behörde und den Pateien Zeit und Ort bekannt, wo die Rechtshilfehandlung durchgeführt werden soll.

Rechtsmittelbelehrung

18 Wenn das anwendbare Recht ein Rechtsmittel gegen einen Entscheid vorsieht, muß dieser die Rechtsmittelbelehrung, die Rechtsmittelinstanz und die Rechtsmittelfrist angeben.

Rechtsmittel. Verfahren und Zuständigkeit

19 1. Die Rechtsmittelschrift muß in der Sprache der ersuchten oder in derjenigen der ersuchenden Behörde abgefaßt werden.

2. Bei der Behörde des ersuchten Kantons können nur die Beschwerdegründe betreffend Gewährung und Ausführung der Rechtshilfe geltend gemacht werden. In allen anderen Fällen, namentlich bei Einwendungen materieller Art, muß das Rechtsmittel bei der zuständigen Behörde des ersuchenden Kantons eingereicht werden; Art. 18 ist sinngemäß anwendbar.

Vollzug von Haftbefehlen

20 Zuführungsbegehren und Haftbefehle werden nach den Vorschriften des Art. 353 StGB vollstreckt.

Vernehmung von verhafteten Personen

21 Die gestützt auf einen Vorführbefehl oder Haftbefehl in einen anderen Konkordatskanton festgenommene Person muß innerhalb von 24 Stunden einvernommen werden. Die Behörde muß die betreffende Person summarisch über die Gründe ihrer Verhaftung und die ihr vorgeworfenen strafbaren Handlungen informieren.

Zustellung durch die Polizei

22 Gerichtsurkunden, die nicht durch die Post zugestellt werden können, werden direkt durch die Polizei des Kantons, wo die Zustellung erfolgen soll, zugestellt.

Kosten

23 1. Die Rechtshilfe ist unentgeltlich. Die Kosten namentlich für Übersetzungen, Dolmetscher, Vorladungen, Expertisen, wissenschaftliche Arbeiten und Gefangenentransporte gehen jedoch zu Lasten des mit der Sache befaßten Kantons.

2. Die interkantonalen Vereinbarungen bleiben vorbehalten.

4. Kapitel: Schlußbestimmungen

Zuständige Behörde

Jeder Konkordatskanton bezeichnet eine einzige Behörde, die **24** von einem anderen Kanton angeordnete oder verlangte Verfahrenshandlungen bewilligt und ausführt und die Mitteilungen erhalten soll (Art. 3, 6, 11 und 15).

Beitritt und Rücktritt

1. Jeder Kanton kann dem Konkordat beitreten. Die Beitritt- **25** serklärung sowie das im Anhang zum Konkordat erwähnte Verzeichnis ist dem Eidgenössischen Justiz- und Polizeidepartement zuhanden des Bundesrates einzureichen.

2. Wenn ein Kanton vom Konkordat zurücktreten will, so hat er dies dem Eidgenössischen Justiz- und Polizeidepartement zuhanden des Bundesrates mitzuteilen. Der Rücktritt wird mit dem Ablauf des der Erklärung folgenden Kalenderjahres rechtswirksam.

Inkrafttreten

Das Konkordat tritt, sobald ihm mindestens zwei Kantone bei- **26** getreten sind, mit seiner Veröffentlichung in der Sammlung der eidgenössischen Gesetze in Kraft, für die später beitretenden Kantone mit der Veröffentlichung ihres Beitritts in der Sammlung der eidgenössischen Gesetze.

Das gleiche gilt für die Erklärung betreffend die Ausdehnung des Anwendungsbereichs des Konkordates und die Mitteilung des Verzeichnisses der kantonalen Behörden sowie die Nachträge und Änderungen, die darin vorgenommen werden.

Anmerkung
Dem Konkordat sind bis zum Abschluß der vorliegenden Gesetzesausgabe folgende Kantone beigetreten: LU, UR, SZ, ZH, OW, GL, ZG, FR, SO, BS, AR, VD, VS, NE, GE.

Sachregister

Die Zahlenangaben beziehen sich auf die Artikel des StGB. Die Stichworte
betreffen deren Text oder die Bemerkungen dazu.

St. wahrgenommenen Geheimnisses 320.
- *Überwachung* des Post-, Telefon-
oder Telegraphenverkehrs einer
Person 179^{octies}.
- *Verfügungen,* Ungehorsam 292.
- *Wertzeichen,* Fälschung, Verfälschung 245 Ziff. 1; Verwendung
falscher, verfälschter, entwerteter a. W. 245 Ziff. 2; Fälschungsgeräte, unrechtmäßiger Gebrauch von Geräten 247; ohne
Fälschungsabsicht nachmachen
oder nachahmen 327.
- *Zeichen,* Fälschung, Verfälschung 246 Abs. 1; Verwendung
falscher oder verfälschter a. Z.
246 Abs. 2.
- *Zeichen,* namentlich Siegel, er-
brechen, entfernen, unwirksam
machen 290.
Amtsanmaßung 287.
Amtsführung, ungetreue 314.
Amtsgeheimnis, Verletzung 320.
Amtshandlung, Nötigung zu einer
A. 285; Hinderung einer A. 286,
285.
- sich bestechen lassen 315; Annahme von Geschenken 316.
- für einen fremden Staat auf
schweiz. Gebiet 271, auf fremdem Staatsgebiet 299 Ziff. 1
Abs. 1.
- in andern Kantonen, Rechtshilfe
355.
Amtshilfe im Bereich der Polizei
351bis–351^{septies}.
Amtsmißbrauch 312.
Amtspflicht, durch die A. gebotene
Tat 32.
- Strafbare Handlung gegen die A.
312–317, 319, 320.
Amtsunfähigkeit 51, Wiedereinsetzung 77.
Aneignungsdelikte 137–140.
Aneignung, unrechtmäßige 137.
Anerkennung vorgetäuschter For-
derungen 163.

Angaben, unwahre A. über kaufmännische Gewerbe 152.
Angehörige, gesetzlicher Ausdruck
110 Ziff. 2;
- strafbare Handlungen zum Nachteil von Angehörigen: s. Strafantrag.
Angriff 134, bei Notwehr 33 Abs. 1.
- *auf die Unabhängigkeit* der Eidgenossenschaft 266.
- *tätlicher* A. auf schweiz. Hoheitszeichen 270, auf fremde Hoheitszeichen 298; Gewalt und Drohung gegen Behörden und Beamte 285.
- *auf Anstaltsbeamte* 311 Ziff. 1
Abs. 2.
Anlagen, die der Versorgung mit
Wasser, Licht, Kraft oder Wärme
dienen, Betriebsstörung 239.
Anrechnung der Untersuchungshaft 69, 110 Ziff. 7; der Sicherheitshaft 375; einer im Auslande
ganz oder teilweise verbüßten
Strafe 3 Ziff. 1 Abs. 2, 4 Abs. 2, 6
Ziff. 2 Abs. 4, 6bis Ziff. 2 Abs. 4.
Anschuldigung, falsche 303.
Anstalten für Strafen und Maßnah-
men: 37, 37bis, 39, 42–44, 46,
100bis; Pflicht der Kantone zur Er-
richtung und zum Betriebe 382,
383; Zulassung von Privatanstal-
ten 384; Aufsicht des Kantons 391;
Oberaufsicht des Bundes 392.
Anstaltsbeamte, Angriffe auf solche
311 Ziff. 1 Abs. 3.
Anstaltsinsassen, sexuelle Handlun-
gen mit solchen 192.
- Eingewiesene: Befreiung 310,
Meuterei 311, Entweichenlassen
319.
Anstaltsreglemente, kant. 383.
Ansteckung mit Krankheiten 231.
Anstiftung 24.
Antrag s. Strafantrag.
Anzeige, Unterlassung derselben
bei Fund oder bei Zuführung
einer Sache 332.

Ausweisschriften, Fälschung, Verfälschung, Mißbrauch 252.

Auszug aus dem Strafregister 363, 363bis.

Automaten, Erschleichen einer Leistung 150.

Bande, bei Diebstahl 139 Ziff. 3; bei Raub 140 Ziff. 3, bei Geldwäscherei 305bis Ziff. 2 Abs. 2 lit. b.

Banknoten, s. Geld.

Baukunde, Verletzung ihrer Regeln 229.

Bauwerk, Verursachung eines Einsturzes 227.

Beamte, gesetzlicher Ausdruck 110 Ziff. 4.

– Amtsunfähigkeit 51, 77.

– Ausnützen der Kenntnis vertraulicher Tatsachen 161, Veruntreuung im Amte 138 Ziff. 2.

– Strafbare Handlungen gegenüber B. bei strafbaren Handlungen gegen die öffentliche Gewalt 285–295.

– s. auch Amtspflicht.

Bedingte Entlassung

– Jugendlicher aus der Erziehungsanstalt 94, aus der Einschließung 95 Ziff. 4.

– von Strafgefangenen 38.

– aus sichernden Maßnahmen 42 Ziff. 4, 44 Ziff. 4 Abs. 2, 45, 100ter Ziff. 1.

Bedingter Strafvollzug 41.

– bei Jugendlichen 96.

– bei Übertretungen 105.

Bedrängnis, schwere 64 Abs. 1.

Beendigung der Straftat, Bem. zu 25 und 33 Abs. 1.

Befreiung von Gefangenen 310.

Begehungsort der Tat 7; Gerichtsstand 346–351; mild. Recht 5 Abs. 1, 6 Ziff. 1.

Beglaubigung, falsche 317.

Begnadigung: 394–396.

Begünstigung bei Strafverfolgung,

Vollzug einer Strafe oder Maßnahme 305.

Begutachtung, s. Gutachten.

Behandlung von geistig Abnormen 43; von Gewohnheitstrinkern, Rauschgiftsüchtigen 44.

– besondere B. von Kindern 85, von Jugendlichen 92.

– ärztliche bei Exhibitionismus 194 Abs. 2.

Behörde, Behördenmitglied, s. Beamte.

Beihilfe 25, zum Selbstmord 115.

Beischlaf, Vergewaltigung 190, Schändung 191.

– zwischen Blutsverwandten 213.

Beiseiteschaffen von Vermögensstücken 163.

Beistand, Veruntreuung 138 Ziff. 2.

Bekanntgabe hängiger Strafuntersuchungen 363bis.

Bekanntmachen eines Staatsgeheimnisses 267 Ziff. 1.

Belästigung, sexuelle 198.

Beleidigende Handlungen an Hoheitszeichen, schweizerischen oder kantonalen 270, solchen fremder Staaten 298.

Beleidigung, öffentliche eines fremden Staates 296, von zwischenstaatlichen Organisationen 297; s. auch Ehrverletzung.

Beobachtung von Kindern und Jugendlichen 83, 90.

Bereicherungsabsicht, Unrechtmäßige Aneignung 137 Ziff. 1, Veruntreuung 138, Diebstahl 139, unrechtmäßige Energieentziehung 142 Abs. 2, unbefugte Datenbeschaffung 143 Abs. 1, Betrug 146, betrügerischer Mißbrauch einer Datenverarbeitungsanlage 147 Abs. 1, Erpressung 156 Ziff. 1, ungetreue Geschäftsbesorgung 158 Ziff. 1 Abs. 3 und Ziff. 2.

Berichterstattung *wahrheitsgetreue,* über öffentliche Verhandlungen

amtlichen Wertzeichen, amtlichen Zeichen, Maß und Gewicht 249; von Korrespondenz und Material bei militär. Nachrichtendienst 274 Ziff. 2, 301 Ziff. 2; von gesundheitsschädlichem Futter oder Futtermittel 235 Ziff. 3, 236 Abs. 3; von Nachmachungen oder Nachahmungen oder Druckerzeugnissen 327 Ziff. 3, 328 Ziff. 2.

Eisenbahn, Erschleichen einer Fahrt 150.

Eisenbahnbetrieb, Störung, Hinderung, Gefährdung 238–239.

Elektrische Anlagen, Beschädigung 228.

Elektrizitätswerk, Betriebsstörung 239 Ziff. 1 Abs. 2.

Elterliche Gewalt, Entzug 53, Wiedereinsetzung 78, Züchtigungsrecht 32, Verletzung der Pflichten 219.

Energieeentzug, unrechtmäßiger 142.

Entführung durch Gewalt, List oder Drohung 183; qualifizierter Tatbestand 184; zur Nötigung eines Dritten, Geiselnahme 185; ins Ausland 271.

Entweichenlassen von Gefangenen und Eingewiesenen 319.

Entziehen von Unmündigen 220.

Entziehung
– einer *Sache* 141.
– von *Energie* 142.

Entzug und Veruntreuung von Pfandsachen und Retentionsgegenständen 145.

Erfolg, Eintreten des E., Begehungsort 7; Nichteintreten des E., Versuch 22.

Erfolgsdelikt Bem. zu 7.

Erledigungsprinzip 3 Ziff. 2, 5 Abs. 2, 6 Ziff. 2.

Erleichterung des Fortkommens 252 Ziff. 1.

Erpressung 156, gewerbsmäßige, fortgesetzte 156 Ziff. 2.

Erschleichung einer falschen Beurkundung 253.
– eines gerichtlichen Nachlaßvertrages 170.
– einer Leistung 150.

Erziehungsmaßnahmen für Kinder 84; für Jugendliche 91, 93bis, 93ter.

Erziehungspflicht, Verletzung 219.

Ethnie, s. Rassendiskriminierung.

Eventualvorsatz 18 Abs. 2.

Exhibitionismus 194.

Explosion, Verursachung 223.

Fabrikationsgeheimnis, Verletzung 162, Auskundschaftung, zugänglich machen, im Interesse des Auslandes 273.

Fahnen der Eidgenossenschaft, der Schweiz, tätliche Angriffe 270; fremder Staaten 298.

Fahndungssystem, s. RIPOL und INTERPOL.

Fahrlässigkeit 18 Abs. 3.

Falsche *Beurkundung* 253.
– *Berichterstattung,* politischer Nachrichtendienst 272 Ziff. 2.
– *Anschuldigung* 303.
– *Strafanzeige* oder Selbstbezichtigung 304.
– *Beweisaussage* der Partei 306.
– *Übersetzung* 307.
– *Unterschrift* 317 Ziff. 1 Abs. 2.

Falscher Alarm 128bis.

Falsches *ärztliches Zeugnis* 318.
– *Gutachten* 307, Zeugnis 307.

Falschbeurkundung 251 Ziff. 1.
– Erschleichen einer falschen Beurkundung 253.
– Urkundenfälschung durch Beamte 317.

Falschgeld Bem. zu 240 Abs. 1.

Falsch setzen, Grenzsteine oder -zeichen 256, von Vermessungs- oder Wasserstandszeichen 257, der Landes-, Kantons- oder Gemeindegrenzen 268.

Fälschung von Geld, amtlichen Wertzeichen, amtlichen Zei-

männischer Art geführten Gewerbes, unwahre Angaben, 152.
- *ohne Auftrag*, ungetreue Geschäftsbesorgung 158 Ziff. 1 Abs. 2.

Geschäftsgeheimnis, Verletzung 162.

Geschäftsleitung, Mitglied der G. 161.

Geschenke, sich bestechen lassen 315; Annahme durch Amtspersonen 316; Bestechen 288.

Geschlechtertrennung in allen Anstalten 46 Ziff. 1.

Geschwister, Angehörige 110 Ziff. 2; Beischlaf 213.

Gesetzeskonkurrenz 68 Ziff. 1.

Gesetzliche Ausdrücke 110.

Gespräche, unbefugtes Abhören und Aufnehmen 179bis, 179ter; Aufnahmegeräte 179^{quater}, 179^{sexies}; nicht strafbar: $179^{quinquies}$; amtliche Überwachung 179^{octies}; Telephonmißbrauch $179^{septies}$.

Gesundheit, Gefährdung 127–136.
- *geistige*, Beeinträchtigung 11.

Gesundheitsgefährdende Stoffe, Verabreichung an Kinder 136.

Gesundheitsschädliche Stoffe, Verunreinigung von Trinkwasser 234.

Gesundheitsschädliches Futter, Futtermittel, Herstellung 235, in Verkehr bringen 236.

Gewaltanwendung bei Raub 140 Ziff. 1, Erpressung 156 Ziff. 1.

Gewaltdarstellung 135.

Gewalttätigkeit, öff. Aufforderung zur G. 259.
- gegen Menschen oder Sachen, Landfriedensbruch 260.

Gewerbeverbot 54, Aufhebung 79; Übertretung 294.

Gewerbsmäßigkeit, Abtreibung durch Dritte 119 Ziff. 3, Diebstahl 139 Ziff. 2, Datenbeschädigung 144bis Ziff. 2 Abs. 2, Betrug

146 Abs. 2, betrügerischer Mißbrauch einer Datenverarbeitungsanlage 147 Abs. 2, Check- und Kreditkartenmißbrauch 148 Abs. 2, Warenfälschung 155 Ziff. 2, Erpressung 156 Ziff. 2, Wucher 157 Ziff. 2, Hehlerei 160 Ziff. 2, Herstellung von gesundheitsschädlichem Futter 235 Ziff. 1 Abs. 2, Münzverringerung 243 Ziff. 1 Abs. 2, Geldwäscherei 305bis Ziff. 2 Abs. 2 lit. c.

Gewohnheitstrinker, Behandlung 44.

Gewohnheitsverbrecher, Einweisung in eine Verwahrungsanstalt 42, keine Anwendung bei Übertretungen 103.

Gift, einfache Körperverletzung mit G. 123 Ziff. 2 Abs. 2.

Giftige Gase, Stoffe, Gefährdung 224–226.

Glaubens- und Kultusfreiheit, Störung 261.

Gläubiger, Irreführung 170.
- strafbare Handlungen zum Nachteil der G., 163–165, 167, 169.

Gläubigerbevorzugung 167.

Gläubigerschädigung durch Vermögensminderung 164.

Gottesglauben, Beschimpfung, Verspottung 261.

Grabschändung 262 Ziff. 1.

Grenzsteine, -zeichen beseitigen, verrücken, unkenntlich machen, falsch setzen, verfälschen 256, 268; staatl. 268.

Grenzverrückung 256.

Gründer eines nach kaufmännischer Art geführten Gewerbes, unwahre Angaben 152.

Gründung einer rechtswidrigen Vereinigung 275ter.

Gutachten, Einholung eines solchen bei zweifelhaftem Geisteszustand eines Beschuldigten 13; bei Gewohnheitsverbrechern 42 Ziff. 1 Abs. 2; geistig Abnormen

List s. Arglist.

Lohnabzüge, Mißbrauch 159.

Löschung des Urteils im Strafregister, Rehabilitation 80, 99, 338 Abs. 2; bei Bewährung nach Ablauf der Probezeit 41 Ziff. 4, 94 Ziff. 3, 95 Ziff. 5 Abs. 2, 96 Ziff. 4; Mitteilung gelöschter Vorstrafen 363 Abs. 4.
– der Maßnahmen gegenüber Jugendlichen im Strafregister 99.

Lösegeld, Forderung bei Freiheitsberaubung und Entführung 184.

Luftverkehr, Hinderung, Störung, Gefährdung 237.

Marken der Postverwaltung, Fälschung, Verfälschung 245; der Zollverwaltung 246.

Maschinen, Beseitigung oder Nichtanbringung von Sicherheitsvorrichtungen an M. 230.

Maß und Gewicht, Fälschung 248.

Maßnahmen, *sichernde* 42–44; jemanden einer sichernden M. entziehen 305.
– *andere* 57–62.
– gegenüber Kindern 84, 85.
– gegenüber Jugendlichen 91–93ter.
– gegenüber jungen Erwachsenen 100bis.
– beim Zusammentreffen von mehreren strafbaren Handlungen oder Strafbestimmungen 68 Ziff. 1 Abs. 3.
– Zuständigkeit der kantonalen Behörden zum Vollzug oder zur Aufhebung 345 Ziff. 2.

Medizinische Forschung, Berufsgeheimnisse 321bis.

Mehrfache Ehe 215.

Meineid 306 Abs. 2, 307 Abs. 2.

Melderecht, bei Finanzgeschäften 305ter.

Menschenhandel 196.

Meßinstrumente, Fälschung und Gebrauch falscher M. 248; Einziehung 249.

Metallgeld s. Geld.

Meuterei, militärische, Aufforderung oder Verleitung zu M. 276 Ziff. 2; von Gefangenen 311.

Mieter, Widerhandlungen gegen die Bestimmungen zum Schutz der M. von Wohn- und Geschäftsräumen 325bis.

Mikrofilm s. Urkunde.

Milderes Recht, zeitliche Geltung des StGB 2 Abs. 2, des Begehungsortes im Auslande 5 Abs. 1, 6 Ziff. 1, 6bis Ziff. 1; Verfolgungs- und Vollstreckungsverjährung 337.

Mildernde Umstände, Strafmilderung 64, Strafsätze 65, Strafmilderung nach freiem Ermessen 66.

Militärdienst, Störung, Hinderung 278.

Militärisch beschlagnahmtes oder requiriertes Material, Handel damit 330.

Militärische *Anstalten oder Gegenstände,* Abbildung, Vervielfältigung oder Veröffentlichung von Abbildungen 329 Ziff. 1 Abs. 2.
– *Befehlsgewalt,* Anmaßung 287.
– *Geheimnisse,* Verletzung 329.
– *Sicherheit,* Störung 276–278.
– *Uniform,* unbefugtes Tragen 331.

Militärischer Nachrichtendienst zum Nachteil der Schweiz 274, zum Nachteil fremder Staaten 301.

Militärperson, Bestechen 288.

Militärstrafrecht, persönliche Geltung des Gesetzes 8, Kompetenzkonflikte 351.

Minderjährige Kinder 82–88; Jugendliche 89–99, Junge Erwachsene 100–100ter.

Mißbrauch des Telefons 179^{septies}
– zu sexuellen Handlungen, Schändung 191.
– echter Ausweise 252 Ziff. 1 Abs. 4.

Handelsgesellschaften oder Genossenschaften 152.
- *Urkunde,* gesetzlicher Ausdruck 110 Ziff. 5 Abs. 2.
- *Verhandlungen* einer Behörde, Berichterstattung 27 Ziff. 5.
- *Vermessungs- und Wasserstandszeichen,* Beseitigung 257.
- *Zusammenrottung,* Sachbeschädigung 144 Abs. 2; Landfriedensbruch 260.

Öffentlicher *Frieden,* Verbrechen und Vergehen dagegen 258–264.
- *Verkehr,* Verbrechen und Vergehen dagegen 237–239.

Öffentliches Interesse, Schädigung durch ungetreue Amtsführung 314.

Öffentliche Verkehrsmittel, Erschleichen einer Leistung 150.

Öffnen einer verschlossenen Schrift oder Sendung 179 Abs. 1.

Ordnungsbußen Bem. zu 48 Ziff. 2 Abs. 1.

Organe juristischer Personen: Strafbarkeit 1; 172; 326.

Organisationen, kriminelle 260ter.
- des Auslandes 271–273; zwischenstaatliche, Beleidigung 297.

Papiergeld s. Geld.

Parlamentarische Immunität 366.

Partei, falsche Beweisaussage in einem Zivilrechtsverfahren 306.

Pekulium s. Verdienstanteil.

Personalitätsprinzip, aktives 6, passives 5.

Personendaten, unbefugtes Beschaffen 179^{novies}.

Persönliche Geltung des Gesetzes 8.
- *Verhältnisse* beim Täter, Anstifter und Gehilfen 26, Strafzumessung 63.

Personalvorsorgeeinrichtung, unwahre Auskunft durch diese 326^{quater}.

Petroleum, Verursachung einer Explosion 223.

Pfand, zum Pf. nehmen einer durch strafbare Handlung erlangten Sache, Hehlerei 160; zu Pf. geben oder nehmen militärisch beschlagnahmten oder requirierten Materials 330.

Pfandgläubiger, eines Gemeinschuldners, Ungehorsam im Konkursverfahren 324 Ziff. 3.

Pfandsachen, Veruntreuung und Entzug 145; Verfügung über gepfändete, mit Arrest belegte oder amtlich aufgezeichnete Sachen 169.

Pfändung, Abwesenheit des Schuldners 323 Ziff. 1, Verschweigung von Vermögensstükken, Forderungen und Rechten durch den Schuldner 323 Ziff. 2.

Pfändungsbetrug 163.

Pflege, besondere von geistig Abnormen 43.

Photographieren militärischer Objekte 329.

Plünderung, Drohung damit 258.

Politischer Nachrichtendienst zum Nachteile der Schweiz 272.

Polizei Amtshilfe 351bis–351^{septies}; Rechtshilfe 353; Nacheile 356.

Polygamie 215.

Pornographie 197.

Postbetrieb, Störung 239.

Postwertzeichen, Fälschung, Verfälschung 245.
- Nachmachen ohne Fälschungsabsicht 328.

Presse, durch sie begangene strafbare Handlungen, Verantwortlichkeit 27.

Pressübertretungen 322.

Privatanstalten, Zulassung 384, Aufsicht der Kantone 391.

Privatbereich, strafbare Handlungen gegen diesen 179, 179bis–179^{novies}.

Probezeit, bei *bedingter Entlassung* aus Freiheitsstrafen 38 Ziff. 2 – Ziff. 5, aus der Verwahrung von

derung, Störung 279; unbefugte Teilnahme 282 Ziff. 1 Abs. 2.

Wahlfälschung 282.

Wahlgeheimnis, Verletzung 283.

Wahlrecht, Eingriffe 280.

Wahrheitsbeweis bei übler Nachrede 173 Ziff. 2.

Wahrung berechtigter Interessen Bem. zu 32.

Wappen der Eidgenossenschaft, der Kantone 270; fremder Staaten 298.

Warenfälschung 155, Inverkehrbringen, Einführen und Lagern gefälschter W. 155.

Wasserbauten, Beschädigung 228.

Wasserstandszeichen, Beseitigung 257.

Wasserwerk, Störung 239.

Wegnahme fremder, beweglicher Sachen 139.

Wehrloser, Verletzung 123 Ziff. 2 Abs. 2.

Weisungen beim bedingten Strafvollzug 41 Ziff. 2; bei bedingter oder probeweiser Entlassung 38 Ziff. 3, 42 Ziff. 4, 45 Ziff. 2, 100ter Ziff. 1; bei ambulanter Behandlung 43 Ziff. 2, 44 Ziff. 1; gegenüber Jugendlichen 91 Ziff. 1 Abs. 3, 94 Ziff. 1 und 4, 95 Ziff. 4, 96 Ziff. 2., 97 Abs. 1.

Wertzeichen, amtliche, Fälschung, Verfälschung 245 Ziff. 1, Verwendung falscher, verfälschter oder entwerteter W. 245 Ziff. 2; Fälschungsgeräte 247 Abs. 1, unrechtmäßiger Gebrauch von Geräten 247 Abs. 2, des Auslandes 250.

Widerruf unwahrer Äußerungen 173 Ziff. 4, 174 Ziff. 3.

Widerstand, zum W. unfähig machen, Raub 140 Ziff. 1, Erpressung 156 Ziff. 1, sexuelle Nötigung 189 Abs. 1, Vergewaltigung 190 Abs. 1.

– zum W. unfähige Person, Schän-

dung 191, Entführung 183 Ziff. 2.

– passiver 286.

Wiederaufnahme des Verfahrens, s. Revision.

Wiedereinsetzung in entzogene Rechte 77–81.

Wirtschaftlicher Nachrichtendienst im Interesse des Auslandes 273.

Wirtshausverbot 56; Übertretung 295, Aufhebung 56 Abs. 3.

Wohnort, Gerichtsstand 347, 348; Zuständigkeit der Behörden im Verfahren gegen Kinder und Jugendliche 372 Abs. 1.

Wohnung, unrechtmäßiges Eindringen und Verweilen 186.

Wucher 157.

Zahlungsunfähigkeit, Herbeiführung 165 Ziff. 1.

Zahnärzte, falsches ärztliches Zeugnis 318, Verletzung des Berufsgeheimnisses 321.

Zechprellerei 149.

Zeichen 110 Ziff. 5, amtliche, Fälschung, Verfälschung 246; Siegelbruch 290.

– amtliche Wertzeichen 245; Eichzeichen 248.

– Grenzzeichen verrücken 256.

– Vermessungs- und Wasserstandszeichen beseitigen 257.

Zeitdiebstahl 150.

Zeitschriften, Zeitungen, erforderliche Angaben auf solchen 322; s. ferner Presse.

Zentralpolizeibüro, schweizerisches, Strafregister 359 lit. a, 362.

Zerstörung fremder Sachen 144 Abs. 1; von Vermögenswerten 164 Ziff. 1; von Pfandsachen, Retentionsgegenständen 169; von elektrischen Anlagen, Wasserbauten, Schutzvorrichtungen 228; von Sicherheitsvorrichtungen 230; von Urkunden 254; von militärisch beschlagnahmtem oder requiriertem Material 330.